国家出版基金项目
NATIONAL PUBLICATION FOUNDATION

欧亚历史文化文库

总策划 张余胜
兰州大学出版社

蒙古纪行

丛书主编　余太山

〔俄〕格·尼·波塔宁 著

〔苏联〕B.B.奥布鲁切夫 编

吴吉康　吴立珺　译

图书在版编目（CIP）数据

蒙古纪行 /（俄）波塔宁著;（苏）奥布鲁切夫编;
吴吉康,吴立珺译. —兰州 :兰州大学出版社,2013.4
（欧亚历史文化文库/余太山主编）
ISBN 978-7-311-04090-1

Ⅰ.①蒙… Ⅱ.①波… ②奥… ③吴… ④吴… Ⅲ.
①游记—蒙古 Ⅳ.①K931.19

中国版本图书馆 CIP 数据核字（2013）第 071783 号

总 策 划　张余胜

书　　名　蒙古纪行
丛书主编　余太山
作　　者　〔俄〕 格·尼·波塔宁　著
　　　　　〔苏联〕B. B.奥布鲁切夫　编
　　　　　　吴吉康　吴立珺　译
出版发行　兰州大学出版社　（地址:兰州市天水南路 222 号　730000）
电　　话　0931－8912613（总编办公室）　　0931－8617156（营销中心）
　　　　　0931－8914298（读者服务部）
网　　址　http://www.onbook.com.cn
电子信箱　press@lzu.edu.cn
印　　刷　兰州人民印刷厂
开　　本　700 mm×1000 mm　1/16
印　　张　31.25
字　　数　426 千
版　　次　2013 年 5 月第 1 版
印　　次　2013 年 5 月第 1 次印刷
书　　号　ISBN 978-7-311-04090-1
定　　价　96.00 元

（图书若有破损、缺页、掉页可随时与本社联系）
淘宝网邮购地址:http://lzup.taobao.com

出 版 说 明

　　随着20世纪以来联系地、整体地看待世界和事物的系统科学理念的深入人心，人文社会学科也出现了整合的趋势，熔东北亚、北亚、中亚和中、东欧历史文化研究于一炉的内陆欧亚学于是应运而生。时至今日，内陆欧亚学研究取得的成果已成为人类不可多得的宝贵财富。

　　当下，日益高涨的全球化和区域化呼声，既要求世界范围内的广泛合作，也强调区域内的协调发展。我国作为内陆欧亚的大国之一，加之20世纪末欧亚大陆桥再度开通，深入开展内陆欧亚历史文化的研究已是责无旁贷；而为改革开放的深入和中国特色社会主义建设创造有利周边环境的需要，亦使得内陆欧亚历史文化研究的现实意义更为突出和迫切。因此，将针对古代活动于内陆欧亚这一广泛区域的诸民族的历史文化研究成果呈现给广大的读者，不仅是实现当今该地区各国共赢的历史基础，也是这一地区各族人民共同进步与发展的需求。

　　甘肃作为古代西北丝绸之路的必经之地与重要组

1

成部分,历史上曾经是草原文明与农耕文明交汇的锋面,是多民族历史文化交融的历史舞台,世界几大文明(希腊—罗马文明、阿拉伯—波斯文明、印度文明和中华文明)在此交汇、碰撞,域内多民族文化在此融合。同时,甘肃也是现代欧亚大陆桥的必经之地与重要组成部分,是现代内陆欧亚商贸流通、文化交流的主要通道。

基于上述考虑,甘肃省新闻出版局将这套《欧亚历史文化文库》确定为2009—2012年重点出版项目,依此展开甘版图书的品牌建设,确实是既有眼光,亦有气魄的。

丛书主编余太山先生出于对自己耕耘了大半辈子的学科的热爱与执著,联络、组织这个领域国内外的知名专家和学者,把他们的研究成果呈现给了各位读者,其兢兢业业、如临如履的工作态度,令人感动。谨在此表示我们的谢意。

出版《欧亚历史文化文库》这样一套书,对于我们这样一个立足学术与教育出版的出版社来说,既是机遇,也是挑战。我们本着重点图书重点做的原则,严格于每一个环节和过程,力争不负作者、对得起读者。

我们更希望通过这套丛书的出版,使我们的学术出版在这个领域里与学界的发展相偕相伴,这是我们的理想,是我们的不懈追求。当然,我们最根本的目的,是向读者提交一份出色的答卷。

我们期待着读者的回声。

总　序

本文库所称"欧亚"(Eurasia)是指内陆欧亚,这是一个地理概念。其范围大致东起黑龙江、松花江流域,西抵多瑙河、伏尔加河流域,具体而言除中欧和东欧外,主要包括我国东三省、内蒙古自治区、新疆维吾尔自治区,以及蒙古高原、西伯利亚、哈萨克斯坦、乌兹别克斯坦、吉尔吉斯斯坦、土库曼斯坦、塔吉克斯坦、阿富汗斯坦、巴基斯坦和西北印度。其核心地带即所谓欧亚草原(Eurasian Steppes)。

内陆欧亚历史文化研究的对象主要是历史上活动于欧亚草原及其周邻地区(我国甘肃、宁夏、青海、西藏,以及小亚、伊朗、阿拉伯、印度、日本、朝鲜乃至西欧、北非等地)的诸民族本身,及其与世界其他地区在经济、政治、文化各方面的交流和交涉。由于内陆欧亚自然地理环境的特殊性,其历史文化呈现出鲜明的特色。

内陆欧亚历史文化研究是世界历史文化研究中不可或缺的组成部分,东亚、西亚、南亚以及欧洲、美洲历史文化上的许多疑难问题,都必须通过加强内陆欧亚历史文化的研究,特别是将内陆欧亚历史文化视做一个整体加以研究,才能获得确解。

中国作为内陆欧亚的大国,其历史进程从一开始就和内陆欧亚有千丝万缕的联系。我们只要注意到历代王朝的创建者中有一半以上有内陆欧亚渊源就不难理解这一点了。可以说,今后中国史研究要有大的突破,在很大程度上有待于内陆欧亚史研究的进展。

古代内陆欧亚对于古代中外关系史的发展具有不同寻常的意义。古代中国与位于它东北、西北和北方,乃至西北次大陆的国家和地区的关系,无疑是古代中外关系史最主要的篇章,而只有通过研究内陆欧亚史,才能真正把握之。

内陆欧亚历史文化研究既饶有学术趣味,也是加深睦邻关系,为改革开放和建设有中国特色的社会主义创造有利周边环境的需要,因而亦具有重要的现实政治意义。由此可见,我国深入开展内陆欧亚历史文化的研究责无旁贷。

为了联合全国内陆欧亚学的研究力量,更好地建设和发展内陆欧亚学这一新学科,繁荣社会主义文化,适应打造学术精品的战略要求,在深思熟虑和广泛征求意见后,我们决定编辑出版这套《欧亚历史文化文库》。

本文库所收大别为三类:一,研究专著;二,译著;三,知识性丛书。其中,研究专著旨在收辑有关诸课题的各种研究成果;译著旨在介绍国外学术界高质量的研究专著;知识性丛书收辑有关的通俗读物。不言而喻,这三类著作对于一个学科的发展都是不可或缺的。

构建和发展中国的内陆欧亚学,任重道远。衷心希望全国各族学者共同努力,一起推进内陆欧亚研究的发展。愿本文库有蓬勃的生命力,拥有越来越多的作者和读者。

最后,甘肃省新闻出版局支持这一文库编辑出版,确实需要眼光和魄力,特此致敬、致谢。

余太山

2010 年 6 月 30 日

目 录

编者的话

格·尼·波塔宁无疑是毕生研究亚洲的自然环境和民族的最大的俄罗斯旅行家之一。因此,地理出版社筹划出版经典地理学家文集自然而然要收入格·尼·波塔宁的著作。

本卷格·尼·波塔宁文集收编的是他在 1876—1877 年和 1879—1880 年对蒙古西北部进行第一次大规模考察旅行及 1899 年去大兴安岭做最后一次旅行时写的日记;这样,本卷包括的主要是有关蒙古的材料,因而定名为《蒙古纪行》;不过应该指出,在本卷所刊的著作中格·尼·波塔宁不仅讲述了蒙古,也写到了图瓦(乌梁海边疆区)、新疆和满洲。

由于本卷的篇幅有限,而格·尼·波塔宁有关蒙古著述达 127 印张以上之多,不得不做了大幅度的删减,其中最大的一项就是没有刊印仅为少数人关注的民族志方面的材料(《蒙古西北地区概况》,第 Ⅱ 及第 Ⅳ 分册—74 印张),那些材料有一部分为附注所采用。

那两册书刊载着格·尼·波塔宁收集到的 222 则当地的故事和传说(有 323 种说法),本书收入了其中的 39 则故事,这些故事足可让人对蒙古、阿尔泰、图瓦和布里亚特等民族的民俗有一个大致的概念。格·尼·波塔宁不太通晓当地的各种语言,无法亲自把这些故事和传说记录下来,而不得不求助于翻译人员,因此故事只记下了简单情节,语言乏味。

接下来对格·尼·波塔宁所著《蒙古西北地区概况》(第 Ⅰ 及第 Ⅲ 分册)的文本也做了删节。编者时时谨记:"这部描述蒙古西北地区的著作资料丰富,语言简练优雅,决无信手滥记的细枝末节,应视为经典之作。"[1]

---

〔1〕В. В. 萨波日尼科夫:《额尔齐斯与科布多两河源头的蒙古阿尔泰》,托尔斯克,1911 年,第 Ⅷ 页。

　　有鉴于此,格·尼·波塔宁著作的编辑者所面临的乃是一项十分艰难的任务,因为他对两次蒙古之行的记述有一个显著的特点,即所包括的地理资料极其丰富,而决无涉及参加考察活动人员感受之语。格·尼·波塔宁本人在《蒙古西北部概况》第 I 分册的前言中对此曾有过一段自白:

　　　　我们俄罗斯旅行家常常受到指摘,说他们刊行记述他们旅行的著作时只考虑自己那些博学的读者,却把其他的人抛诸脑后,在他们的著作中全是枯燥的事实,而对具有普遍趣味的现象却避而不谈。我的书比其他任何一本著作都更应受到这样的批评,因为我仅只讲述地形地貌和某些民族的真实状况,而把个人的印象和他人对当地自然环境的性质及土著人生活方式的描述从旅行记述中删除。我的初衷本来是这样的:我想在刊印完关于该地域地形地貌和民族方面情况的报告之后,为一般的读者单另写一些旅途随笔,在那些随笔中可以摘引其他作者有关蒙古的记述来充实我个人的回忆,这样,它就会成为一本根据我们对该地进行勘查和研究所取得的最新成果尽可能全面地介绍这一地域的通俗书籍。目前我感到要写这样一本书自己还力不从心;为此必须非常了解这个地域的自然环境,居民的经济生活状况,遗存的古代文字资料及民间口头创作的作品,至少也要通过译文去了解,还得非常熟悉我国有关这个研究对象的文献资料。我期望着把对蒙古的研究工作继续做下去,因此认为着手去做这件事的时机尚未到来;所以我应该暂缓出版这样的书,如果时间允许,要先分别出几篇有关我们考察旅行生活中一些突出事件的故事。

　　确实,格·尼·波塔宁总是从一个仿佛在客观地进行观察的第三者角度去写日记的,因此书中几乎没有讲到旅途中遇到的困难(图瓦之行除外)。格·尼·波塔宁仅限于直白地叙事,而并不做绘声绘色的描述,这就使他讲述蒙古的书有别于 H. M. 普热瓦利斯基和 Π. K. 科兹洛夫的著作。那两位旅行家的著作可以比做是色彩斑斓的风景画,画面反映着画家个人对大自然的感受,对景观的描绘鲜明醒目;而格·尼·波塔宁写蒙古的书籍则是一帧照片（且没有色彩），它能使人对自然环境有相当清晰的了解，但却根本不说明艺术家对所观察的景观持何种态度。如此进一步类推，就可以认定这样一点：图画可以为画家所观察的景色提供一个清晰的总体概念。然而细微之处在画面上却消失不见了，取而代之的是画笔涂抹的印痕；格·尼·波塔宁对自然环境的描述最引人注目的恰恰是日记字里行间无处不在的那些细枝末节。

于是编者的首要任务就是从书稿中剔除文中往往比比皆是的细枝末节，以求在不破坏行文特点的前提下凸现主要内容。为此目的，不得不大幅度地压缩格·尼·波塔宁1876—1877年和1879—1880年两次蒙古西北部之行所写日记的篇幅。被删掉的首先是其中所有经过打听得来现今已毫无意义的有关各条道路的材料；其次，有随同波塔宁考察的地形测绘学家拉斐洛夫和奥尔洛夫所写的日记，以及格·尼·波塔宁带回来的禽鸟、昆虫、鱼类和爬虫的清单，通过测量气压判定地表高度和依据天象判定方位的资料、摘自中国史学著作材料的译文；此外还删去了一些无关紧要的细节，从而大大减缩日记的本文；波塔宁以一个非专业人士所做且并非总能正确加以说明的地质观察、有关科布多商业贸易的资料等等也被大大压缩。在删减格·尼·波塔宁的日记本文时，我们对原著的文字未做任何改动，尽管其中有一些冗文赘句、陈词旧字和方言俚语；必要的时候，对个别的词语用方括号加上了现代的说法或是在注释中加以说明。这样做的时候中，对这些词语我们是根据同一时期出版的《达利词典》（1880—1882年第2版）予以解释的；所以说，我们竭力要把原著的格调最大限度地保存下来。有少数情况，进行压缩时不得不把大段大段的原文用寥寥数语加以表述，这些语句也加上了方括号，为使原文的意思更加确切而加进的字句也做了这样的处理；有一些此类订正是在注释中加以补充说明的。必须指出，原书的文字校订工作做得不够好，因此，同一个地理名称和概念以及植物的拉丁文名称在文中就有不同的拼音形式（бэль 和 бель，зарость 和 заросль，等等）。此次刊印把拼音尽可能地统一起来了。格·尼·波塔宁使用的度量单位也不一致——他用的既有俄制度量单位也有公制度量单

·欧·亚·历·史·文·化·文·库·

位;对文中的度量单位未做改动,而是在书末列了一个俄制度量单位对公制度量单位的换算表;有几处把我们加进的公制度量放在了方括号内。许多地点现今用的是另外一种名称,但我们全书都保留了格·尼·波塔宁采用的拼音形式,只在第一次提及该名称时用方括号给出了现在的名称。格·尼·波塔宁自己就曾指出,由于不认识蒙古文字,他只能靠用耳朵听记录名称,因此他的书中可能有许许多多通俗的,甚至是走了样的名称。对名称所做的某些订正在注释中都有说明。在校勘日记的过程中,我们尽量把日期加到行文中去,而把"6 月 4 日,原地休息一天"之类的记载干脆删掉,只有在当日发生了什么有趣的事情时,才保留关于原地休息的记载,因此日记正文并不是一天接一天连续记载的。

由于格·尼·波塔宁所写记述文的风格是段落冗长(可达两页),分号用得极多,我们有时就在有利于文意表达的情况下把长段断开,并使用句号,以便于阅读。

在这里有必要对我们认为为阐释原文而必须附上的那些注释和附注的性质做一说明。格·尼·波塔宁在其日记中阐述的基本上是地形学、地理学和商贸方面的问题,其次是史学和民族学方面的问题;为阐述后两类问题,《蒙古西北部概况》单另编辑了两个(第 II 和第 IV)分册。因此,除地理学和商贸方面的注释(为做这些注释我们不仅利用了格·尼·波塔宁的附注和文献资料,还使用了 B. B. 萨波日尼科夫教授 1908 和 1909 年两次考察期间在蒙古阿尔泰进行个人观察得来的材料)之外,还同样要借助格·尼·波塔宁列在《蒙古西北部概况》上述两个分册中的广泛材料在史学和民族学方面进行补充。对第一次旅行所加的附注自然是数量最多的,为大兴安岭之行加的附注数量最少,对大兴安岭之行的叙述性质已经接近普热瓦利斯基的著作,其中需要解释和补充的事情较少。所有的脚注,除特别加以说明的之外,均为格·尼·波塔宁所做。我们并不把格·尼·波塔宁的附注看做是他收集来的故事:他在这些附注中不仅力图表明东方的、亚洲的民俗和东欧的民俗的形成有共同的动因,而且还力图证明这些动因当中有许多都源出自中亚;这种观点现今并未得到普遍的认同。

为了便于阅读格·尼·波塔宁的这部日记,我们决定把文中的拉丁文植物名称换成俄文名称(况且格·尼·波塔宁本人就常常使用俄文名称),这样一来就得编制相应的俄文植物名称索引。这需要做大量的工作,编制过程中审查拉丁文名称并确定俄文名称这项主要工作由 Л.Е.罗金承担;我们向他深表谢意。所附植物索引只收列了格·尼·波塔宁著作中讲到的那些植物;我们没有可能把他考察归来带回并移交给科学院植物园(今 В.Л.科马罗夫植物研究所)的所有植物都一一列出;格·尼·波塔宁的那套植物标本包括数千种植物,目前植物研究所正着手进行全面整理(对保存在研究所植物标本总汇中的所有蒙古植物也都要整理)。

鉴于格·尼·波塔宁在文中常常使用当地的(蒙古语的,布里亚特语的、哈萨克语的,等等)植物名称,我们认为亦应把这些名称列表附上,并指出相应的拉丁文和俄文的名称;А.А.尤纳托夫对这份索引做了审订,我们向他致谢。

植物标本是格·尼·波塔宁亲自动手采集的,除对地理和民族两方面的状况进行观察之外,他最为注重的就是植物了;因此,我们认为有必要在附注中对几种蒙古最具典型意义的植物的特征予以说明。

格·尼·波塔宁日记中说到的那些动物的拉丁文名称表经过 А.Г.班尼科夫的审校的。

文集末尾附有格·尼·波塔宁在俄罗斯地理学会刊物上发表的著作目录,它是由 Э.А.罗米绍夫斯卡娅为我们汇辑编排的。作为对该目录的补充,我们收入了格·尼·波塔宁的忠实伴侣亚·维·波塔尼娜的论文目录。

加在格·尼·波塔宁文集中的插图,我们采用的是《蒙古西北部概况》中所附与民族志方面的素材(石俑,坟墓,衣装等等)相关的素描画;为了能对蒙古和唐努山脉的景观形成一个概念,收进了 Э.М.穆尔扎耶夫盛情为编辑部提供的照片;А.Н.福尔莫佐夫做得很漂亮的动物素描画(取自他所著《在蒙古》一书,1928 年)为此书文字增添了浓厚的生气,使各章节的收尾趣味盎然。格·尼·波塔宁行进路线图由A.A.乌里扬诺夫绘制,图上地名的标音根据Э.M.穆尔扎耶夫所著《蒙古人民共和国:自然地理概述》(莫斯科,国家地理书籍出版社,1948年)一书做了校订。

关于取自《蒙古西北部概况》的那些插图有必要做一说明:格·尼·波塔宁在概况的第Ⅱ分册中曾经指出,凯来克苏尔画得不准确,那些图只可看做是蒙古人坟墓的一种示意图,因为事实上垒砌中央的、圆形的和四边形的坟头所用的石块是乱放着的,并不像画中表现的那样摆成整齐的一列;之所以出现这种错误是因为那些图是根据格·尼·波塔宁的草图画出来,在他第二次去蒙古时又把石头按图摆放过的;波塔宁认为这一情形应加以说明,以免读者误解。格·尼·波塔宁的另外一个愿望——把石俑(达音拔都和科布多区上的那些)素描不准确的地方纠正过来,我们做到了,本书中的这些素描画比1881年版的《蒙古西北部概况》中的那些更为符合实物。

在整理格·尼·波塔宁的著述过程中,我们经常得到B.A.奥布鲁切夫院士、Э.M.穆尔扎耶夫和H.Г.弗拉德金的指点,对他们宝贵的建议我们表示深深的谢意。

苏联地理学会(会长Л.C.贝格院士,学术秘书C.B.卡列斯尼克教授和副学术秘书K.M.扎瓦茨卡娅)帮助编者获得了此次出版格·尼·波塔宁有关蒙古的著作所必需的资料,为此我们十分感谢上述几位学者,也感谢C.A.托卡列夫教授对写注释用的民族志资料和故事提出的宝贵意见。

B.A.奥布鲁切夫院士在其简短的序言中阐述了格·尼·波塔宁研究中央亚细亚的著作的意义。格·尼·波塔宁的详尽传记将附刊在格·尼·波塔宁记述他中国唐古特—西藏边陲之行的下一卷文集中。

B.B.奥布鲁切夫[1]

---

〔1〕本书根据前苏联国家出版社联合公司国家地理书籍出版社1948年版翻译。——译者著

格·尼·波塔宁考察中亚的功绩

对再版格·尼·波塔宁文集我表示欢迎,想在此讲一讲他这位研究中央亚细亚的自然环境和居民的专家所建树的功绩。格·尼·波塔宁(1835—1920年)的生平与学术和社会活动我在另外一本书里[1]已有详尽的叙述,在此我只谈他的考察旅行活动;他所进行的考察旅行为了解中亚提供的材料数量不在 H. M. 普热瓦利斯基那几次广为人知的考察旅行之下;而在某些方面(对蒙古和中国自然环境的考察,对居住在蒙古和中亚的各蒙古和突厥民族的研究)格·尼·波塔宁做的工作甚至比普热瓦利斯基还要多。作为一个真正的人道主义者,格里戈里·尼古拉耶维奇对各个民族都极具爱心,兴致勃勃地研究他们的生活、习俗、信仰、传说;他异常勤奋谦虚,与他的夫人(考察旅行中形影不离的同伴和助手)亚历山德拉·维克托罗夫娜一起收集了大量的材料。为了编制蒙古西部动植物目录,他使用了33种生息在蒙古和西伯利亚的民族的语言和方言,他为收集来的蒙古民族志材料撰写的附注内容极其充实,仅是这些附注用小号铅字排出来就有20多个印张,这些就足以说明问题了。

格·尼·波塔宁对亚洲的考察始于1863年(比普热瓦利斯基要早),终于1899年,在这段时间里他进行了8次旅行;我现在只讲收进本书的那些材料所记述的几次旅行。

1876—1877年由地理学会提供费用对蒙古进行考察。考察队于1876年夏季从斋桑城出发东进,绕过乌伦古湖,从科布多河上游穿过蒙古阿尔泰山,于秋天下行到达蒙古西北部的商贸中心科布多城,在那

---

[1]格·尼·波塔宁:《莫斯科—列宁格勒》,苏联科学院出版社,1947年,第288页。——作者注

·欧·亚·历·史·文·化·文·库·

里过了一个冬天,对俄国贸易的环境条件进行研究。1877年春,旅行家们离开科布多,再次穿过蒙古阿尔泰山,随后在去位于东天山山脉末端的巴里坤和哈密两地及返回的途中两次越过准噶尔戈壁,而后又一次穿过蒙古阿尔泰山,来到乌里雅苏台城。夏季的后一半时间就用来研究这片一直达到库苏泊和乌布萨湖的杭爱山地带;深秋时分考察队从乌兰固木回到科布多,再前往俄罗斯境内丘亚河畔的科什阿加奇,12月17日到达那里,旅行也就此结束。

此次旅行的成果是对蒙古阿尔泰山、准噶尔戈壁、天山东端、杭爱山地区和蒙古西北部湖泊地带进行了考察;除带回动植物和地质标本,沿途进行了地形测量之外,还收集到有关俄罗斯在科布多、乌兰固木、乌里雅苏台、巴里坤和哈密的商贸活动、蒙古西北部的道路及由蒙古去中国的路线的资料,以及大量民族志方面的材料。格·尼·波塔宁的报告就是两卷《蒙古西北部概况》,第1卷包括非常详尽的旅途日记和所有的地理和自然—历史方面的观察资料,第2卷是民族志和考古方面的内容(蒙古西北部的突厥和蒙古部落和宗族、古迹、宗教、家庭和社会方面的生活习俗,外部环境,迷信传说和符咒,星座和动植物的名称,轶闻故事)。

我们发现波塔宁的旅途日记有其胜过普热瓦利斯基对行程的记述之处,这就是对旅行全程讲得很详尽,有大量通过个人观察和深入询问而得来的资料;而对普热瓦利斯基书中占了过多篇幅的个人感受、旅途中令人伤脑筋的麻烦事及狩猎时遇上的奇闻逸事,格·尼极少提及。自然,他的报告因此就比较枯燥,作为消遣来阅读会索然寡味,然而其科学价值却大增。不足之处是对所考察的区域没有进行综述,格·尼认为自己的观察不够周详充分,因而没有做总的结论,读者只能自己去得出论断了。

1879年春,第二次蒙古之行开始。从丘亚河上的科什阿加奇考察起,行进到乌兰固木,随后在去科布多和返回的途中去了蒙古西北部的几个大的湖泊和哈尔基尔山脉终年积雪的群峰,接着翻越唐努山脉,走过叶尼塞河流经乌梁海边疆区的上游地带(乌卢肯河及哈肯河),直到深秋时节,考察过色楞格河流域部分地区之后,才到达濒临库苏泊西岸的达尔哈特人库连。把考察队的牲口托付给那里的蒙古人照料过冬,参加旅行的人员经萨彦岭和通卡山去伊尔库茨克冬休。1880年本来拟定要对东杭爱山脉和蒙古中部进行研究,但是因同中国发生纠纷,这一计划无法实现,于是在春天格·尼一个人回到了达尔哈特人库连,还向西绕多德诺尔湖进行了一番考察。

关于此次旅行的报告就是《蒙古西北部概况》的第3、4两卷,第3卷收入了日记、植物目录等等,第4卷是民族志方面的材料(有关突厥和蒙古的部族,家庭、村社和宗教方面的生活习俗的内容,迷信传说,轶闻故事)。编纂和出版关于两次蒙古之行的报告的工作,格·尼是在1880—1883年间于彼得堡进行的。

1884—1886年间,他在中国、西藏东缘和蒙古中部旅行;考察的成果就是《中国唐古特——西藏边陲和蒙古中部地区》这本大部头著作。

1892年他动身去西藏的东缘进行考察,旅行期间他的妻子亚·维·波塔宁娜去世;格·尼·波塔宁因失去这样一位始终不渝的挚爱的朋友和助手而悲痛不已,无法继续进行科学研究,便返回了俄国。

格·尼回到彼得堡之后,因亚·维的亡故而根本不能正常工作,便在那里待了5年,大部分时间是根据他自己的材料以及书籍资料对亚洲和欧洲的民间传说故事做一些研究工作。后来,尽管他已64岁了,心思却又一次转向了亚洲腹地。可是蒙古还有一片地域没有经格·尼本人亲自去了解过,那就是位于兴安岭山脉的蒙古东缘。1899年春天,格·尼靠着地理学会和植物园的资助动身去了那个地方;考察从东外贝加尔的库卢苏台边卡开始,穿越蒙古的东缘向南行进,考察了大兴安岭的中段,于入秋时分经由另一条路线返回到外贝加尔,主要是收集了植物标本和民族志方面的资料。在刊于《地理学会通报》上的旅途日记中,格·尼一如往常详细地记述了这一地带和生活在那里的人。

这是波塔宁最后一次去亚洲腹地旅行。此后的20年间他住在伊尔库茨克,克拉斯诺雅尔斯克和托木斯克,夏天还出去旅行,不过路途相对都不远:外贝加尔、阿尔泰、吉尔吉斯草原,到一些地理状况已经明

·欧·亚·历·史·文·化·文·库·

了的地方去,仅仅是要收集民族志方面的资料,而主要的兴趣在于撰写关于东方叙事文学的书所需要的民间传说、故事、迷信传说。

把波塔宁的观察所得和与他同时在亚洲腹地工作的其他旅行家的著作加以对照,我们才能对波塔宁在考察研究亚洲方面的功绩有一个较为充分、正确的认识。

等将来把 19 世纪后半期亚洲内地地理学方面的发现和研究成果写成一部历史的时候,在其篇章中将会有 3 位俄罗斯旅行家的名字并列在荣耀的位置上——格·尼·波塔宁,H. M. 普热瓦利斯基和 M. B. 佩夫佐夫。

自第 7 世纪的基督教传教士开始,已经有很多欧洲人曾先于这 3 位旅行家深入过亚洲大陆的腹地。在他们之后到那里考察过的人也为数甚多,因此,我们今天所掌握的有关这个最大的洲上一些内陆地区的科学资料远比 50 年前波塔宁、普热瓦利斯基和佩夫佐夫完成他们的旅行并把其成果公之于众的那个时候要多得多。

然而,这 3 个名字恰好出现在两种考察研究方法(旧的、偶尔为之的、非系统性的方法和崭新的方法)交替的时刻。这 3 位旅行家是在亚洲内陆开展现代科学考察工作的先驱。在他们之前,我们对蒙古、准噶尔、新疆和西藏的广阔地带知之甚少,就是我们已知的那些事情当中有很多又是不确切或干脆就是杜撰出来的,例如有资料说东天山山脉有活火山;还传说准噶尔有一个叫维贝的山洞,吹出的风威力奇大无比,足以将途经此地的商队横扫进旁边的湖水之中;或是说吐鲁番附近的火焰山中兀立着巨大的神仙骨骸,等等。

19 世纪前半期的学者要付出多少耐心细致的劳动,才能从钱群、石发祥、钱德[1]等等中国古代西行的旅行家们写下的书籍中发掘出些许地理资料,才能把曾经深入亚洲腹地的马可·波罗、普拉诺·卡尔皮尼、鲁不鲁乞等等中世纪旅行家记述的内容破解出来并和地图对上号啊!

然而,尽管这些学者努力工作多年,他们绘制出来的各种亚洲内陆

---

〔1〕此 3 位中国旅行家的名字都是音译。——译者注

地图不仅有许多空白,而且还有很多错误,且常常是大错特错,即使是其中最好的地图,例如洪堡附在其经典著作《Asie Centrale》中的那幅,如果用现代的地图与之比对,也会轻易地发现这种情况。

对亚洲内陆真正的科学考察活动的确是始于波塔宁、普热瓦利斯基和佩夫佐夫的旅行考察的。他们3个人全都到过准噶尔、蒙古和西藏。他们各自的路线时而靠近,甚至交叉,时而相距很远;有一些地方3个人全都去过,但更多的地方他们当中只有两个人或是一个人到过。

如果把他们3个人的行进路线勾画在一张地图上面,我们就看得出来,亚洲内陆的各个部分都被他们从不同的方向交叉穿行过,除西藏的南半部外,任何一个地区至少也有他们当中1个人的经过路线。他们的旅途报告有的为该地区所仅有,有的则相互补充。

3个人加在一起就为亚洲内陆的地理面貌勾勒出一幅基本的轮廓,后来的各种专业的旅行家就开始在那上面描花绣叶,就是说往一幅概貌图上填加详细的内容。在波塔宁、普热瓦利斯基和佩夫佐夫考察旅行之前,进行更为细致的现代化工作所必不可少的这样一种基本轮廓并不存在,有的只是一些零星片段,虽然经过李特尔、洪堡、李希霍芬等地理学家一再努力,相互之间往往还是联系不起来。

这三位一体的地理工作先驱中的任何一位都是不可或缺的——否则该幅轮廓就会立即出现大片空白。甚至很难断定他们当中谁比谁做的工作更多,把哪一个排在考察研究亚洲内陆工作者的首位,哪一个排在第二位,哪一个排在第三位?正确的答案是这样的:对于某一些地区(例如蒙古北部、鄂尔多斯、西藏东缘)来说,波塔宁做的工作比较多;对于另一些地区(阿拉善山、柴达木盆地、西藏北部)来说,普热瓦利斯基做得多一些;对于第三部分地区(准噶尔、昆仑山西段)来说,佩夫佐夫做得多些。然而,波塔宁和普热瓦利斯基同时还收集了很多有关准噶尔的资料,普热瓦利斯基也收集过有关鄂尔多斯的资料,而佩夫佐夫也曾收集过关于西藏北部等地的资料。

普热瓦利斯基的重大地理发现要多一些,因为他是第一个深入到鄂尔多斯、阿拉善山、南山、罗布泊和西藏去的人。可是另外两个人也

·欧·亚·历·史·文·化·文·库·

蒙古纪行

都有不少发现,而在民族志方面波塔宁做的事情比普热瓦利斯基和佩夫佐夫两人加在一起的还要多。

所有这3位先驱人物的旅行报告是现今研究亚洲内陆自然环境和居民状况的博物学家案头必备的参考书,不仅仅是对地理学家和民族志学者,对地质、动物、植物,甚至气候和考古学科的工作者都是如此。

然而这些旅行报告尽管内容都很丰富,却并不雷同:我们看得出来,普热瓦利斯基对大自然的描绘比较绚丽,对旅行过程、路途偶逢和狩猎奇遇的叙述饶有趣味;而波塔宁和佩夫佐夫则对地域特点讲得更为准确,对所见所闻记得比较翔实。普热瓦利斯基和佩夫佐夫都是军官,旅行时都有数目不少的军人护卫,有这样一支卫队,他们的胆子更壮,更少受制于当地的居民和官府,然而却令土著人产生不信任感,妨碍他们与土著人密切交往。

波塔宁则没有军人护卫,旅行时一身平民打扮,还带着妻子,他在土著人的村落、中国的城镇、佛教寺院里待过多日,因而对各族人的生活和习俗了解得比普热瓦利斯基和佩夫佐夫透彻切得多。他以自身的事例证明,不要卫队,只雇上几个人就可以放心地在亚洲内陆(西藏除外)旅行,仍然可以想去哪里就去哪里。

波塔宁对亚洲内陆的各个民族特别关心,有感情,他的总结报告对这些民族的生活、习俗等等的描述自然而然就比另外两位旅行家的报告更为充分、详尽。

对于波塔宁来说,中央亚细亚的各个地区就是一座独特的博物馆,那里保存着许多民族(有的已经消失)物质文明和精神文明的遗迹,在那里能够收集到丰富的民间传说故事和一般性的民族志方面的材料。波塔宁善于博取当地民众的好感和信任,这一点对他在观察研究宗教、仪典和风俗习惯这样一些人类生活的微妙方面取得成绩大有裨益。他的棚屋、帐幕和房子里常常是高朋满座,他就不失时机地从这些人口中获取令他感兴趣的材料。

普热瓦利斯基热衷于在地理方面有所发现,特别急于奔向能够做出最大发现的那种地方——这就是神秘的西藏,其首府拉萨和北方的

6

屏障昆仑山脉,这些地方才是他历次旅行的最终目的地。而对去西藏途经的那些亚洲地区,他仅顺带地予以关注,常常没有足够地留意,令人遗憾。普热瓦利斯基神往的是高可比勃朗峰的辽阔高原,绵延数百俄里巅峰终年白雪皑皑的崇山峻岭,而对亚洲内陆大片的丘陵地带和平坦的荒漠则没有多大兴趣,这种倾向严重地影响到他对这些地带的描述。佩夫佐夫(特别是波塔宁)则没有这方面的缺憾。他们并没有一心只记着旅行的最终目的地而把其余地方置诸脑后,他们的总结报告对南去昆仑山脉和西藏险峰中途经过的这些丘陵地带和平坦荒漠有同样详尽的描述。

波塔宁具备在亚洲内陆考察旅行的人不可或缺的个人品质:历经艰难困苦使他身强体健,对生活和工作条件要求非常简单且耐力极强,通晓当地语言、善于同土著人交往,掌握扎实的地理和自然科学知识,谙熟有关西伯利亚和亚洲内陆的地理文献资料。当然,还有热爱事业和对科学无保留献身的忠诚。

就这样,格·尼·波塔宁和普热瓦利斯基、佩夫佐夫一起为亚洲内陆的现代自然地理学奠定了基础。由于波塔宁多次的旅行考察,为科学贡献出了第一批关于蒙古很多地区相当详尽的资料,这些地区就是蒙古阿尔泰山脉、杭爱山脉、唐努山脉和兴安岭横亘其上、众多湖泊和荒漠星罗棋布的蒙古北部、东部和中部;其次还有鄂尔多斯和五台山所在的中国北方一些地区,以及西藏东缘、毗连的中国内陆南部和南山东段那一带地方的资料。波塔宁还让我们了解了居住在这些地方的各个民族,他们的生活、风尚、宗教信仰和创作。在他旅行考察的总结报告中,我们能够读到有关突厥部族(阿尔泰人、图瓦人、哈萨克人、乌兹别克人、和屯人)、蒙古部族(喀尔喀人、杜尔伯特人、达尔哈特人、布里亚特人、土尔扈特人、鄂尔多斯蒙古人,青海湖撒拉人和南山撒拉人、土族人、哈拉耶古尔人和希拉耶古尔人)、唐古特人、"东干人"和汉族人的信息。这些总结报告收录了300多则神话,故事,历史传说和其他的民间创作作品,还有在西藏边缘同汉族人和唐古特人杂居而鲜为人知的几个蒙古部族的方言。这些内容广泛的记载为波塔宁撰写关于总体的

·欧·亚·历·史·文·化·文·库·

东方民族传说故事的著作和将之同斯拉夫的及西欧的传说故事进行对比提供了材料。

但是，格里戈里·尼古拉耶维奇也有很多书是写生息在俄罗斯境内的蒙古和突厥两个语系的各个民族的——他对伊尔库茨克省和外贝加尔州的布里亚特人、西西伯利亚的阿尔泰人、哈萨克人、喀山省和维亚特省的乌德穆尔特人和楚瓦什人的生活、迷信说法、传说故事都做过研究。

波塔宁旅行考察活动的特殊功绩在于他收集到了十分丰富而且新颖的民族志资料。就这一点说，不仅是在与他同时完成的，甚至是后来才进行的其他一切亚洲内陆考察活动中，他的工作是首屈一指的。取得这样收获的决定性因素是波塔宁十分留意民族志方面的资料，特别是民间的传说故事。他嗜好并醉心于收集亚洲各个民族的神话，故事和宗教观念，把不同民族对同一类内容的不同说法加以对照，探寻其内在的联系和思想上的一致性，从而得出欧亚两洲各民族在精神上相近，特别是欧洲中世纪的传说故事和东方汗国的（восточноордынские）传说故事一致，且前者受后者的影响这样一些令人感兴趣的结论。

我们还能从他的总结报告中发现关于所考察地区居民进行商贸和渔猎活动的记载，例如曾经讲到俄罗斯人在蒙古从事贸易活动、在斋桑湖上捕鱼作业的情形等等。也不能不说一说波塔宁收集来的那些植物标本。据植物学家鉴定，在所有俄罗斯亚洲内陆的旅行家当中，格里戈里·尼古拉耶维奇提供的植物标本集是最完全、做得最精心的；他在旅途日记中写下的关于一个地方植物群的总体特性和某一种植物分布情况的笔记则是对这些标本的补充。植物标本集是格里戈里·尼古拉耶维奇在妻子的协助下亲手制做的，而关于动物的概述则常常是他那支考察队中的其他成员记写的。格里戈里·尼古拉耶维奇对植物学比对其他门类的自然科学懂得更多，也更为喜爱，他收集植物就像收集典型的民间创作作品一样地热衷和精心。Э.布雷特施奈德在其著名的《欧洲人在中国的植物学发现史》（英文版）一书中列出了160种新的鲜花植物，其中就有3个新的属是波塔宁发现的，然而那个时候（1898年）

他的收集品中的新东西还有一部分未经分析研究,因此现今他的发现数量应该还要多,很多个新的种和一个属以他的名字命名。

波塔宁旅行考察带回的动物标本一部分是他本人收集的,另一部分是由他那些热心程度并不亚于他的工作人员收集起来的,那些标本也很齐全,其中有很多新的属和种,能帮助我们了解动物的分布情形。

波塔宁从亚洲各部族那里收集来的民间传说故事素材汇集成为他那套《蒙古西北部概况》中的两个卷册和西藏边缘地带纪行的第2卷。

除地理和民间传说故事方面的长篇巨著外,50年来波塔宁还撰写了大量论述各种各样问题(以同西伯利亚相关的问题为主)的文章和简讯,陆续发表在各种报刊上,主要是西伯利亚的报利。

早在1886年,地理学会就把它的最高奖励——康斯坦丁诺夫奖章授予了格·尼·波塔宁,以表彰他对西藏东缘所做的考察和他为促进地理学科的发展而进行的全部活动。他是地理学会和许多与地理学和民族志学相关的其他学会的名誉会员。

B. A. 奥布鲁切夫院士

蒙古西北部概况

旅途日记（1876—1877 年）

受俄罗斯皇家地理学会委托于 1876—1877 年完成之考察旅行成果。

1 1876:从斋桑关到科布多

对蒙古西北部地区进行考察的目的是收集关于从一个方向上说是在乌伦古湖和库苏泊之间、从另一个方向上说是在唐努山脉和天山山脉之间的那片地域的地理资料。

参加考察的人员有:地形测绘队的 П. А. 拉斐洛夫中尉,圣彼得堡大学学士、蒙古问题专家 A. M. 波兹涅耶夫、学生志愿者 M. M. 别列佐夫斯基和我们夫妇二人;此外,H. A. 谢韦尔佐夫还自己提供费用资助另一位志愿者——退役近卫军军士、动物标本制作师 A. ф. 科洛米采夫参与考察。所有这些人员于旧俄历 7 月 20 日在斋桑关 [斋桑] [1] 会齐。

斋桑关位于斋桑盆地南缘;南面基契基涅套山脉的峭壁俯瞰于其上,关旁一道多石的山溪杰米尼自巉岩重叠的山间峡谷流出;东南面少尔山脉西段末端耸立在基契基涅套山的背后,然而其终年积雪的中央山峰 [穆斯套] 从关上却看不到。关的位置靠近基契基涅套的山麓,自山麓向北是朝斋桑盆地缓缓下降的斜坡;因此从地势高的关上往这边眺望,没有任何山丘遮挡的原野一直伸展到地平线上,视野异常开阔。斋桑关的镇子被杰米尼河分隔成两个部分;西岸是平民百姓的居住区,有 3 或 4 条街巷,两旁是一色的低矮砖坯小房;东岸则是仅有一条街道的哥萨克村。平民百姓居住区里有一座木结构的教堂,有商场和 117 间房屋(其中只有 7 间是木造的)。斋桑关内设有斋桑警务署,辖区包

---

[1]本书中所用的方括号,是编者 B. B. 奥布鲁切夫对原著一些词语加的说明、补充或更正(具体说明见本书"编者的话"第 3 页),主要是为了与原著中作者所使用的圆括号(的内容)相区别。全书同。——译者注

括3个哥萨克村和11个吉尔吉斯[哈萨克][1]乡,总人口男女合计6.6万人(其中俄罗斯族2471人)。斋桑关有一所吉尔吉斯警务署提供经费的亚洲人学校,吉尔吉斯[哈萨克]儿童在那里按着教堂附设的学校[小学]的大纲学习鞑靼语和俄语以及其他课程。[2]

1876年7月20日,第一天走了7俄里路程。道路平坦,与基契基涅套山麓平行着径直向东。大部分路程都是在黑夜里走过的,因为从关里出发已经是黄昏时分了。夜是阴沉沉的,风雨大作,雷电交加。途中走过好多座架在灌溉渠上已经破损的小木桥。深夜雷雨停息了,这时便有此前我们哪一个人都未曾碰上过的大群蚊虫朝我们袭来。我刚把自己那盏不很大的灯点着,蚊子便立即不断地朝它飞扑过来。蚊群稠密极了,面部皮肤被飞蚊撞击得就好像有人在不停地往上面撒灰烬一样。落在没有加灯罩的烛火上的蚊虫不计其数,很快就把蜡烛弄灭了。我们多数人都几乎整夜无眠。

7月21日,道路依然是从岩山山麓以北不远处通过;肯杰利克[肯杰雷克]河畔一个同名的村镇里住着来自比斯克防线[3]的哥萨克;最早的一批移民来到这里已有5年左右的时间,最后一批是在我们到来之前3年来的。肯杰利克河湍急地从镇旁流过,水量也比斋桑关旁的杰米尼河大;靠近镇旁这一河段的水很浑浊,因为在这个地方河水已经

---

[1]格·尼·波塔宁在这里称为吉尔吉斯人的确切说是哈萨克人,全书同(以下全书注释,除特别说明的之外,均为编者注)。——译者注

[2]斋桑——现今哈萨克苏维埃社会主义共和国东哈萨克州地区首府,1931年有人口5118人。自波塔宁、普热瓦利斯基和其他一些俄罗斯旅行家从斋桑出发去蒙古、中国、西藏做长期考察或是从遥远的地域返回祖国的那个时期以来,斋桑发生了巨大的变化;该地现在有许多工业企业和教育机构。城市规划得很整齐,街道宽阔,灌渠沿岸栽满树木;近来葡萄种植业发展迅猛。

经斋桑同中国新疆的北部地区和蒙古南部有大量的商业贸易;因此在这里设立了海关。

与其他同蒙古西部有通关贸易业务的海关相比,斋桑海关出口俄国货物的数量最大,这是由于经额尔齐斯河的水上运输较之经科什阿加奇和其他海关的陆上运输费用相对低廉的缘故。

因为想在黑额尔齐斯河斋桑湖以上河段开通航运,在黑额尔齐斯河上阿尔卡别克河口处组建了海关站。

[3]在俄罗斯人深入西伯利亚的时候,曾修建了一系列的边防工事,称作线;其中在阿尔泰修筑了科雷万和库兹涅茨克两条工事线。18世纪70年代这两条工事线因比斯克附近新修筑了一些要塞而得到加强,并更名为比斯克防御工事线(Л. A. 乌斯季诺娃:《奥伊罗特自治州牧民定居点的地理状况》,载《地理学问题》,第5辑,莫斯科:国家地理书籍出版社,1947年,第130页)。

穿流在沙土冲积层中间了。肯杰利克这里的山上已固结的沙层上生长着麻黄丛和灌木蓼;肯杰利克河谷的砾石[1]上则长满了河柏。沙质悬崖上到处是两个种类的黄蜂所筑的窝巢。从肯杰利克镇朝北望去,视野为一些并不太高大的山冈所遮挡,已经没有斋桑关那么开阔了;再往东走,我们将要进入位于穆兹德套[穆斯套]主峰以北,或者可能更准确一点是东北那片山峦更多的地带。

7月23日,一开始就涉渡肯杰利克河,渡河过程中遇上了雷雨冰雹,河顺利渡过去了;水最深处没到马腹的一半。过了肯杰利克河在黏土草原上行进,一些地方地面上有碎石;生长猪毛菜属植物说明土壤含盐。在这片草原上我们第一次见到了沙蜥,后来就经常能看到了。在萨雷布拉克河畔的停宿地点捉到一条甲颜面蛇。肯杰利克河把少尔山脉西北坡所有的水流都汇集于一身,萨雷布拉克则是我们途经的最后一条注入该河的支流;肯杰利克河下游一泛滥,洪水就与黑额尔齐斯河泛出的洪水汇合,形成一个连片的沼泽地。

7月24日,起初在长满艾蒿、有的地方还有针茅的起伏不平的黏土地上进行。后来我们蹚水过了不很深的拉斯忒[乌拉斯忒]河,[2]河岸生长着杨树、河柳以及缠绕着菟丝子的野蔷薇。当时在拉斯忒河畔,在我们渡河处的上游有一支派驻该地对国境线实施夏季监视的迈科普恰盖军事分队。从拉斯忒河开始,去乌伦古湖的路就分成了两条:一条是南边的山路,要通过迈科普恰盖分队。这条路上水和牧草都很丰富,但是岩石多,山隘多,驮畜走起来比较困难。另外那条北路走的是荒原,虽然缺少饲草,可是平坦,大车通行毫无困难。我们走了后一条路。拉斯忒河东岸有一道迈科普恰盖[迈科普切盖]山脉,把该河河谷与另外一条同名的河流分隔开。为便于区分,另外那条河被称为大拉斯忒河——乌利孔拉斯忒[乌利昆乌拉斯忒]河。北边的草原道路从迈科普恰盖山北麓下经过。

---

〔1〕编者的注中原本如此。——译者注
〔2〕大概是蒙古语的乌里雅苏台被吉尔吉斯人说走了样,也就是杨树河。——作者注

5

登上从西面的拉斯忒河这边数的第一个峰脊,我们看到了南方的穆兹德套山,它是由3座白雪皑皑的平顶山峰组成的。前方现出了考克普卡[1]和诺亥[2]两座山峰的巉崖峭壁。正如我们在路上看到的那样,迈科普恰盖的顶峰是坚硬的岩石;该山的北麓连着一片刻赤土壤,也就是受到冲刷后因含氧化铁而呈赭色的黏土冲积层;[3]这种刻赤土壤在斋桑湖北岸和乌岺固河布伦托霍依[布隆托霍依]村以上河段分布很广;吉尔吉斯人[哈萨克人]有时对它有一些特殊的叫法。

登上冲蚀而成的槽沟北侧悬崖的东端,我们来到一片广阔而平坦的草原上,乌利孔拉斯忒河从中间流过,走到距河岸还有几俄里的一大片草地边上停下来歇宿,这儿有几眼泉水往外喷涌,形成一片沼泽;草地上长满了禾本科植物和苔草,在这些绿草当中紧贴地面长着一片片丘耶塔班(无梗蓟)。在这个地方我们遇上了一支小俄罗斯人(乌克兰人)运输队,他们从乌斯特卡明诺戈尔斯克往布伦托霍依运送粮食,一周前才离开那儿往回走。从停宿地这里可以看到很多彼此不相接连的山峦。

7月26日和27日行进在位于少尔山脉北麓与朱万卡拉山、绍闻山(这是土尔扈特人使用的名称,吉尔吉斯人则把这些山叫做谢里坚或者谢利坚山)岩岭之间的一片地带上,这些山岭是自西向东的走向,到处都是黏土地,地面上有一层细碎的石子儿,有的地方已被车子碾轧

---

〔1〕蒙古语:灰色的牛。——作者注

〔2〕蒙古语:狗。——作者注

〔3〕冲积层——红色的、黄色的、杂色的第3纪沉积层,即所谓的瀚海沉积层——推断出来的昔日大海(据地质学家李希霍芬的看法,曾占据了戈壁的整个腹地)的遗存物;B.A.奥布鲁切夫于1892—1894年在中国进行旅行考察期间,曾在研究沉积物的基础上得出结论,根本不存在什么瀚海,所有的沉积物,包括第3纪以及更早的侏罗纪的沉积物都是陆地沉积或是湖成沉积。

有趣的是 П.П.苏什金根据其他方面的资料也得出了同样的结论,他写道:"对中央亚细亚禽鸟的研究以及将之同西伯利亚动物群所做的对比使我们得出一个重要结论,即有关在现今的中央亚细亚曾经存在过第3纪内陆海的推断与鸟类的动物地理资料完全不符;相反,如果把中央亚细亚设想为一片至少是从第3纪就存在的陆地,不过植物很可能比现在要丰富一些,自然还要有几块相当大的能使许多现代荒漠禽鸟身上具有的适应性状得以形成的古代荒漠区域,那么现代的物种分布状况就可以很容易地得到解释"(П.П.苏什金:《苏联阿尔泰地区及毗连的蒙古西北地带的禽鸟》,第1卷,莫斯科—列宁格勒:苏联科学院出版社,1938年,第10页)。

平整,有的地方还没有。拉斯忒河谷和图曼德河谷之间有一道坡度不太大的山隘,先是上坡,然后经一个陡坡下到杰曼图曼德河边,不过坡度不大。可以看到河畔有杨树和桦树的林子,吉尔吉斯人说还有桎格达(胡颓子)。我们发现杰曼图曼德河的河道已经完全干涸,它有十来俄丈宽,表层全是大块的砾石,上面散布着约1.5英尺高的球状粉包苣丛,灌木丛缀满了黄色的花朵。

　　过了这条小河,我们还得要翻越另一道由朱万卡拉朝南向少尔山脉伸展过去的平缓山岭;山岭的东面有一条贾克舍图曼德河流过,奔向朱万卡拉和绍闰两道山脉之间的地带。在我们停宿的这个地方,此河只不过是一道小溪,流淌在平坦河岸中间长满青草的黑色淤泥上;有些地方小河很窄,水就从青草中间流过。吉尔吉斯人认为图曼德这个河名据说起源于长年笼罩在河源头之上的雾气。我们在贾克舍图曼德河岸边除河柳之外没有见到其他的树木。从拉斯忒河到图曼德河的整片草原都是更为古老的冲积层受冲刷而形成的黄色黏土,山脚下还能见到这种冲积层保留在原地的厚厚的残存部分。

　　河水把这些冲积层冲刷起来,更加平展地铺摊在少尔和朱万卡拉两山之间的大片土地上;在河谷深处重又沉积起来的黏土水平表面上生成了盐碱土,而在从一个河谷通向另一个河谷的隘口处黏土盖上了厚度不超过一指的一层小块碎石;这种土壤里的植物很容易被刨出来,为数众多的啮齿目动物就在这里毫不费力地掏挖它们的洞穴,在颜色灰暗的碎石地面上远远就能看到堆在洞穴上的黄色土丘。

　　从图曼德通向谢米兹契的路靠近谢里坚山的南麓,还是那样的土壤,就是说依旧是覆盖着碎石的黄色黏土。从贾克舍图曼德河往东到乌伦古湖再没有河流了;谢里坚山和考克普卡山山麓一带只有一些契利克,就是地下水从泉眼喷涌出来形成的块块绿色沃土,上面长满了拂子茅、河柳和草地牧草(块根老鹳草,短芒大麦,图林根花葵,碱紫菀,等等),而周边长着芨芨草[代里苏],[1][2]甜草和盐豆木。一块块契利克之间的草原其余地方,随着对湖泊一步步的靠近,也变得越来越荒凉;盖了一层碎石的地表上只生长一些猪毛菜属植物:巴依尤尔根[巴尤尔贡](小蓬),捷列斯肯(驼绒藜)和艾蒿;灌木锦鸡儿和绣线菊只在凹地里才有;不计其数的黑翅和红翅蝗虫嚓嚓有声地振翅起飞,为草原平添了生气;这里的禽鸟只有草原云雀一种;啮齿动物的洞穴很多。这儿一切种类的动物(飞禽、蟊斯、蜥蜴)的颜色都惟妙惟肖地模仿着土壤单一的灰色,所以丝毫不能为这片土地添彩生色。据吉尔吉斯人讲,朱万卡拉山上有阿卡尔羊[阿哈尔羊][3]和中央亚细亚山羊;[4]我们

---

〔1〕一种广泛分布于蒙古、哈萨克斯坦和中亚的禾本科植物,有芨芨草、代里苏、代莱苏、代里孙、代里斯这样一些名称(Lasiagrostis splendens,据 H. B. 帕夫洛夫鉴定为 Stipa splendens——闪针茅),旅行家们对之有过多次描述,讲得最好的人之一是 A. H. 福尔莫佐夫(《在蒙古》,莫斯科,1929 年,第 83 页):"我们四周是一片葱翠的代里苏,长得很高,疏密有致且通气透光,摇曳的茎秆、圆锥花序和叶片交织成一张细密的大网;风儿吹过,仿佛掠过正在抽穗的黑麦田一般,搅起道道波浪,发出轻柔的飒飒声。不过,此地这种禾本科植物可不是由哪个人种下的,而是它自己把逐次降低且水分较多的地面从沙土控制之下一点一点地夺取过来,让它上面大片大片地长出蓬蓬草簇,使光裸的沙丘固定,用一道道轻柔然而却顽强的银绿色的墙把它围住。代里苏生长繁茂的地方,黄沙就日趋稳定,停止移动,对邻近的绿草地块也就不再构成威胁。任凭风在平原上劲吹猛刮,任凭它在远方卷起漫漫黄沙,搅得尘土飞扬,在代里苏草簇长剑般细叶聚拢起来覆盖之下的地方也绝不会为风暴所掀动。代里苏的茎秆有如纤细的钢丝般柔韧牢实;哈萨克人用来制作上好的草席。锋利的叶片虽硬,但骆驼吃起来决非不可口;稳稳扎根于沙土之中的草簇为大量的昆虫提供了栖身之所,荒漠中的小动物的洞穴也直通其下。嘿,不仅是狐狸的利爪,就连很好的铁锹也难以刨挖到这样的洞穴处;大片的草簇只有用斧子才能砍开。代里苏——荒漠中的针茅——就是这样一种植物,在适宜的地方它能长到比骑在马上的人还高。"

格·尼·波塔宁说(《蒙古西北部概况》,第 II 分册,第 132 页),这种禾本科植物在俄语里叫做德尔萨,乌克兰语叫捷尔萨。H. B. 帕夫洛夫指出,代莱苏的茎秆除做成各种各样的编制品之外,还可用来造纸,而根部可以用来做刷子。A. 尤纳托夫(《对蒙古植物的 25 年研究工作》,乌兰巴托,1946 年)说,哈萨克人、蒙古人广泛地利用芨芨草制作各种编制品,其实际制作方法目前还不清楚。

〔2〕此处(及书内其他地方)原有作者绘制的插图,但因原著出版于 19 世纪,其插图整体印刷很不清晰,所以此书均未采用。——译者著

〔3〕阿哈尔、阿卡尔是哈萨克语,阿嘎利是蒙古语——广泛分布于中亚和蒙古高山地带的一种山地绵羊(Ovis ammon);有螺旋状大角,体形大,对高山生存环境耐受力强,毛厚密。在哈萨克苏维埃社会主义共和国正在试验阿哈尔羊对美利奴羊进行人工授精,以获得体形大、毛质优、能够利用高山草地的新杂交品种羊。

〔4〕中央亚细亚山地野山羊(Capra sibirica),更准确地说是北山羊,套泰克——一种角大而向后弯曲的山羊,分布于中央亚细亚、阿尔泰和萨彦岭的山中,栖于难以攀登的荒僻的峭壁、峰顶、悬崖和乱石山冈之上。

的猎手在谢米兹契附近曾看到过这些动物;谢里坚山的山岩上石鸡[刻克利克][1]成群地飞跃游走,每一群都有上百只,我们打到了几只。

7月29日,朝穆库尔地区行进。

自谢米兹契向东走的是平坦而东面稍稍下倾的草原,少尔山脉伸延出来的高度已有所降低的山峦横亘在南面,北边耸立着峻峭的谢里坚山和考察普卡山。

快到穆库尔的时候,我们走过几处像小岛一样分布着的沙地;在这个地方第一次出现了斋桑盐木。[2]

被称作穆库尔地区的是一片野草丛生的广阔地域,地面上麃草和河柳形成一道断断续续的绿色条带,在这个条状的地带里有的地方露出了水面。草类主要是甜草,[3]这种植物在这儿连片丛生,长得很高;甜草丛中间杂生着盐生苦马豆,几种风毛菊,而在与碱土交错分布的沙

---

〔1〕石鸡——刻克利克(Alectoris kakelik)——分布于蒙古、准噶尔的不太高的山脉和乱石山冈之上;当地人的叫法"刻克利克"很像这种禽鸟的鸣叫声;长于跑跳,但不善飞翔;体色近似碎石的颜色,猎捕它们很困难。

〔2〕盐木(Haloxylon):藜科乔木植物,树的干和枝弯曲多节,鳞片状叶小而发育不良。分布于中亚和蒙古,主要在荒漠和半荒漠地带;形成无荫、无下木的树林。可长至 5~8 米高。即使是湿木也是极好的薪柴;盐木的热值超过包括桦木和橡木在内的所有各种薪柴,而仅次于优质煤;可烧制质地密实、引燃时间长的木炭(相当于木材重量的 30%~50%)。从盐木灰,特别是其一年的绿枝灰中可以提取熬制肥皂用的钾碱。

盐木的木质非常沉重(在水中沉没),坚固,几乎不可能锯开或劈开,但却易于折断;采伐时就利用这种特性,将盐木齐根折断。盐木更新很困难(H. B. 帕夫洛夫:《哈萨克斯坦的植物原料》,载《苏联科学院》,莫斯科—列宁格勒,1947 年)。在没有森林的中亚共和国开发盐木林乃是一项重要的国民经济事业。

格·尼·波塔宁所说的斋桑盐木(Holoxylon ammodendron)在中亚为另外两种盐木:黑盐木(H. aphyllum)和白盐木(H. persicum,波斯的)取而代之,其中前一种的各项指数较好。

〔3〕甘草亦称甜草(Glycyrrhisa),广泛分布于蒙古全境以及哈萨克斯坦、西伯利亚,是民间医学上最古老的药用植物之一,几乎所有欧洲各国药典(配制药剂的指南)都采用。此种植物的根含有葡萄糖甙(葡萄糖的化合物)。用甘草根炼制并经浓缩的汁液可以提取甘草甜素,或称甘草素。在美国将之加入咀嚼烟草以去除苦味,并用为糖果和饮料的添加剂。大剂量的浓缩甘草根粉可作轻泻药使用,并用以配制各种止咳祛痰的药片和药剂(H. B. 帕夫洛夫:《哈萨克斯坦的植物原料》,载《苏联科学院》,第 327-328 页)。

近来,甘草的浓缩液因能产生大量泡沫而用于灭火器中。在苏联甘草被普遍收购,甚至成了一种出口物资。

H. M. 普热瓦利斯基在《蒙古和唐古特人地区》(莫斯科—列宁格勒,1946 年,第 133 页)一书中指出,甘草根被从鄂尔多斯运送到中国南方,在那儿用它生产一种特殊的清凉饮料。

丘上生有筝戈勒（柽柳）和盐豆木两种灌木形态植物。行经穆库尔的时间不长，随后进入了碱土地，长的全是猪毛菜属植物，从碱土地往东是一片布满卵石的荒漠，像是干涸了的平坦河道。这片砾石一直延伸到湖边，盖住了整个洼地以及路南一直绵延到路尽头的那些丘陵。砾石的颜色斑驳，有黑有白（石英岩），豆粒般大小。

砾石下的地面全是黄色的黏土。方圆十多俄里之内除了偶尔见到几丛碱蓬和萨雷巴拉克（准噶尔红沙）灌木之外，寸草不生，也看不到有啮齿动物的洞穴，直到靠近湖畔的地方才又重又出现了这种洞穴；然而在这个地方依然能够见到灰云雀。

沿着这片原有湖泊已经完全干涸的砾石湖底，我们于 7 月 30 日到达乌伦古湖畔；路南平缓的丘陵也一直延续到湖边。乌伦古湖靠近湖岸的地方长满了芦苇，然而却什么灌木都没有；西边，离我们停宿地不远有一个水味苦咸的小湖，与大湖隔着一窄条干土地。四周湖岸都是碱土，碱土向西铺展得很远，碱土南面与我们行走的这片砾石相接，而北面则止于纳伦卡拉山山麓；在西边，这片碱土地逐渐转变成穆库尔河或称穆库尔台河的河床；春天穆库尔河的水能涨到这个小湖处，夏天入湖的河口就彻底干涸了。耸立于穆库尔地区以北乌伦古湖西岸的大山叫做纳伦卡拉山，一条由不太高的丘陵连成的山岭从那座大山的山麓延伸到乌伦古湖和咸湖之间，但与南边的丘陵并不相接，两者相距有100 俄丈。那个地方两湖之间是一条相当狭窄但却很平坦的地峡，但它不仅在夏季，就连春汛期间都始终阻隔着这两个湖，咸湖原来很可能是乌伦古湖的一个水湾。从纳伦卡拉山延伸过来的丘陵上面是黑色的卵石，可是地峡南面的丘陵上面却相反，全是白色的石英质卵石；这个地方有很多沙蜥，但是它们只待在黑卵石地里。湖上禽鸟不计其数：有大群大群的雁，鸭、鸬、鸬鹚也不少，岸边的鸟粪足有鸡窝里那么厚。在干涸的坑坑洼洼底部松软的碱土里有许多 Anodonta［河蚌］的介壳，大概是被穆库尔河的春潮冲到这里来的。在鸬鹚的嗉囊里看到的全是鲈鱼。[1]

　　咸湖四周的碱土地长满了各种盐生植物[喜盐植物],我们的骆驼饱餐了这种植物之后,第二天就拉肚子。这儿有几种植物的表面盖着一层薄薄的盐,肉眼都能看出盐粒来;准噶尔红沙上面的盐分结成了连生晶体,在放大镜下常可看出其中立方体的棱和角。

　　据吉尔吉斯人讲,在湖的周边地带有野猪、水獭、狼、狐狸、沙狐,[2]斯辽森猫(羊猞猁),但是没有龟、虎和雉。冬季湖水结冰,那时就可以从冰上由穆库尔去布伦托霍依了。有这样一种传说:冬天常可听到一头叫做"苏席尔"的水牛在湖里吼叫,没有人的时候它就会走到冰面上来,不过直到目前为止还没有哪个人见过它。这种传说的起因可能是冰层在开裂的过程中不断地发出响声。湖水是淡的,我们用这种水煮茶做饭;先前的旅行家们曾记述说乌伦古湖的水是咸的,这大概应解释为一种局部地点的例外情形;在湖水浅、湖底有大面积的碱化松软土壤的地方的水也许不宜饮用。[3]

　　站在湖边我们就望得见阿尔泰山了:遥远北方湖水的上空朦朦胧胧青蓝一片,在其笼罩之下既分不出单个的山峰,也分辨不清哪里是峡谷,更看不见长白雪山。[4]

　　经过7月31日和8月1日两天休息之后,8月2日上路,沿湖南岸满是砾石的草原行进,湖畔长着窄窄的一条蘪草带;布满砾石的草原比湖面稍高,靠近湖岸的边缘是许多小的丘陵,丘陵与蘪草之间隔着一条长满盐生植物的狭长(宽10~15俄丈)碱土地。从停宿地走出3俄里,我们经过了一片伸入湖中100~150俄丈由小卵石形成的沙洲;沙洲的西岸裸露着,而东岸却长满了蘪草。由这片沙洲往东,湖岸陡峭起来,

　　[1]1908年B.B.萨波日尼科夫的考察队曾在乌伦古湖中捕到淡水鲈鱼、鲫鱼、冬穴鱼和斜齿鳊鱼(《额尔齐斯与科布多两河源头的蒙古阿尔泰》,托木斯克,1911年,第150页)。
　　[2]沙狐(Vulpes corsac):狐之一种,典型的草原动物;分布在苏联自北高加索至外贝加尔一带,以及哈萨克斯坦和蒙古,以啮齿目动物、禽鸟、蜥蜴、大型昆虫为食,毛皮可以加工制作裘皮。
　　[3]据B.B.萨波日尼科夫的资料记载,乌伦古湖靠北部分的水1908年略有咸味。
　　[4]在阿尔泰把终年积雪的高山称为长白雪山,例如卡通长白雪山(峰)、丘亚长白雪山,等等。

有一个地方大块砾石和黏土一层层交互叠压形成了一段数 10 俄丈长的悬崖；悬崖之下蓆草不见了，湖岸上什么都没有。再往前，湖岸又变低了，又有了窄窄的蓆草丛带，这条草丛带一直生长到由少尔山脉东端延伸出来的一道岩石丘陵和湖岸相接的地方。从我们的停宿地到这些岩石丘陵之间这片地方整个都布满了石英砾石，石英是白色的，但有的地方呈漂亮的粉红色。这些石英质卵石大概来自少尔山脉的北坡，因为起伏的山冈和水平的草原都铺满了这种卵石，在穆库尔和乌伦古以南形成连绵不断的一大片。穆库尔谷地以北，与考克普卡和纳伦卡拉两山山麓毗连的草原则布满了黑色的卵石，[1]仅只在考克普卡和朱万卡拉的山脚处才能见到一些矮丘非常显眼地覆盖着白色石英质卵石，样子像是被湖底碱性软泥从南面的石英砾石湖底上切割下来的湖岸断面。

[南岸丘陵地]以东全是碱土，可以看出地面上有无数雨水形成的小溪干涸后留下的溪道，宽不过 1 英尺，一直通向湖泊；这就是少尔山脉南麓辽阔草原谷地的东端，谷地夹在北面的少尔山脉和南面的萨勒布忒石岭中间。[2]

溪流的河床有的撒满了小块卵石，有的则是光秃秃的盐土，看来，整个这片碱土完全是春天自少尔山脉东南坡上奔涌而下的水流造成的。这块平展的碱土地远远地伸入湖中，形成一个末端较宽的岬角。[3] 植物品种不多，草甸植物根本没有，然而却有大丛大丛的盐土

---

〔1〕一层光亮的黑色薄壳（沙漠岩漆，也称沙漠漆）裹在荒漠中的山岩和漂砾、卵石与碎石的表面，掩盖了岩石通常的颜色，沙漠岩漆在荒漠缺少水分的情况下因潮湿和干燥两种状态相互交替发生化学反应而生成。

〔2〕少尔山脉和萨勒布忒山脉之间的谷地被 IO.索斯诺夫斯基称为科布（《布伦托霍依地区考察报告》，载《俄罗斯地理学会论丛》，第 5 卷）；格·尼·波塔宁没有听说过这个名称，就认为是把普通名称"科布"（在蒙古语中意思是群山环抱中的辽阔平原）变成了专有名称。然而在最新的毗邻地区准噶尔地图上（B.A.奥布鲁切夫：《毗邻地区准噶尔》，第 3 卷，第 2 分册，莫斯科—列宁格勒，1940 年）却标出了科布谷地；B.A.奥布鲁切夫在正文中详细记述了这个他曾到过其西半部的谷地（第 3 卷，第 1 分册，第 232－238 页），这样一来，就必须承认那个辽阔的谷地已经确凿无疑地被定名为科布。

〔3〕汉语"岬角"一词原指向海突出的陆地尖角，此译本中借用来泛指突入河、湖以及平地之中的山体。——译者注

地特有的灌木:筝戈勒(柽柳)、盐木,萨雷巴拉克(准噶尔红沙),伊特席盖克(枸杞)。不过此处数量最多的植物是灌木形态碱蓬中的一个种属,它在这个地方能长到1米高,枝干的根部直径达10厘米。动物当中,这儿开阔的湖岸上落着许多雕,砾石上有沙蜥跑来窜去。令我们惊叹不已的是这种蜥竟能随着它们栖身的土壤颜色的改换而变化它们自身的颜色。

8月3日起初还是沿着那片碱土地往前走,后来就开始在沙丘之间穿行,这儿的沙丘上除盐木之外还有盐豆木。沙土一直延续到湖畔萨勒布忕岭的末端处;山岭的末端在这儿变成了一些不太高的岩丘,岩丘上面有一层砾石。在一座山丘上垒着一个蒙古敖包,[1]就是垒摆起来的石头堆。站在这个山丘上可以看到南面的巴嘎诺尔湖(蒙古语意为小湖),它就像是一块由白色峭壁围拢着的白底凹地。

乌伦古湖靠萨勒布忕岭那边的岸上出现了桎格达(胡颓子),除了这种植物外,岸边生长的几乎只有柽柳这种小树。这里湖上有鹈鹕和天鹅。从这个地方往北蔍草带逐渐扩宽,也变成了供蚊虫滋生繁衍的广阔藏身之地,这里一到夜里空中就像茶炊烧开了一样嗡嗡地响;我们观察到有几种蚊子:一种个儿很大的蚊子好像并不叮人,但大群大群地往光亮上扑,雨点般从空中往围罩着蜡烛的纸上落。白天蚊子就藏到筝戈勒和其他的灌木丛中去了,所以就连昨晚扑奔灯亮飞来的蚊子也要在我们的帐幕里待上一整天,不过一到晚上它们就会飞出奔草原而去,帐幕里就空荡荡的了。[2]

8月5日,没有走很多路就来到了汉族人的村镇布伦托霍依。萨勒布忕岭的岬角距布伦托霍依[布隆托霍依]村不过12俄里。路从一片低洼地穿过,春天大水就沿着这片洼地从乌伦古湖漫进巴嘎诺尔湖。在去村镇的途中我们要过两道有水的沟:一道是涉水过的,另一道是走

---

〔1〕敖包是一种典型的蒙古事物,在蒙古所有的山隘上都有垒起来的石头堆,上面插着许多树枝,树枝上则系着布条和一绺绺的马鬃,这些东西是蒙古人留给山神的祭品,敖包的大小标示着经过此隘口的人的多少。除山隘外,在其他受人崇敬的地方也堆垒敖包。

〔2〕1908年B.B.萨波日尼科夫的考察队就曾记述说乌伦古湖西北部的蔍草中蚊和蚋极多。蚊子的个头一般,但叮人。另外还说有蝎子和避日虫。

欧·亚·历·史·文·化·文·库·

赶车运粮的俄罗斯人搭起的桥。这道沟与村镇之间是布伦托霍依村民们的耕田。这片绿洲是个洼地和沙丘交错的地方,沙丘上生长着筹戈勒,洼地里有一丛丛的拂子茅。就是在这样一个看上去毫不惹人注意的地方错落地分布着布伦托霍依人从事农作的地块;一会儿在这里一会儿在那边出现一座座土房,[1]有时能碰上一个中央放着打谷用的碌碡的打谷场,有时又会走过一片黍子地。

布伦托霍依镇坐落在从乌苍河引水用的渠道和一片阶地边缘的断崖之间,这道由疏松的砂岩构成的阶地断崖位置在从乌苍固河河口到巴嘎诺尔湖那段中间地带。据当地人讲,沟渠原来也和一般的水渠一样不是很大,后来是它自己开出来一条冲刷而成的河道,变成了一条相当宽的小河,连鱼都游了进来。镇子分两个部分:要塞和居民区。要塞用土墙圈着,四周还挖有壕沟,里面放了水;要走过一架不大的木桥才能进去,要塞里边住着兵丁。我们没有看到墙上有炮,听说是齐安保将军从古城到这里来的时候把炮放进地窖封起来了。居民区四周也有方形的围墙,两个大门用栅栏拦着。镇里的街巷曲曲弯弯,凹凸不平。这里的房子都是用干草和泥砌砖坯盖起来的,取土盖房留下的大坑并没有填平,成了倾倒垃圾和扔死畜的场所,雨水也都汇积在那里边;房子多一半都空着且已坍塌。镇里有一间皮革作坊,一座磨坊,两家很不像样的小商铺和一个酒馆。布伦托霍依的总人口不超过 100 人。

约在 50 来俄里的范围内都是可耕地,耕地下面是沙土,掺杂着黏土和亮闪闪的云母碎屑。这种土壤上也可以生长盐木,因此大部分耕地极有可能就是在原先生有这种树木的地方开垦出来的。这里从事农

---

[1]中国城乡贫苦人家的住所叫做房子,用黏土、石块或木材筑成,有一间屋子,瓦顶或泥顶,以蓑草做门,里边是土地,窗子上不镶玻璃,而是糊纸或者糊晾干的牛脏器的囊膜。

耕的都是汉族人和土尔扈特人，[1]汉族人在耕地里盖有土房，但只在夏天才住在那里，冬天就搬到居民区里去了。土尔扈特人则住在耕田里的哈特古尔，那是一种临时搭起来的木板棚或者下部不撑棚架（克列格）的帐幕。我们数了一下，仅在镇子的西边就有 15 处汉族人开垦的耕地，镇子东边大概也不会少于此数。这里种植小麦、裸粒大麦、稷、粟（意大利黍）、芜菁、胡萝卜、甘蓝；我看到还种了很多烟草。小麦是在我们到来之前 4 个月播下的，那么就是在 4 月 20 日之前了。据汉族人讲，他们是积雪一消（这儿的雪厚可及膝，3 个月积而不化），立即播种，8 月 15 日前后收割。歉年 1 楼[2][3]种可收 10 楼粮，丰年能收 20至 100 楼。在这个土质肥沃的地方早在 13 世纪就已经有从事农耕的汉族人村落了，这儿的一大祸患是蚊子；在镇子里至少还可以勉勉强强把白天熬过去，只是到了晚上才令人忍受不了，而在耕田里整天蚊子都多得让人无法招架。在去镇里的路上，科洛米采夫看见几只小鸟，他以为是黑顶麻雀，就走过去想打，然而不堪蚊虫叮咬之苦，只得退回。

---

〔1〕土尔扈特人属居住在蒙古西北部的蒙古族西部部群；格·尼·波塔宁认为该部群包括土尔扈特人、杜尔伯特人、拜特人和乌梁海人（已蒙古化的西域人）。土尔扈特人居住在两个地区：阿尔泰山南坡布勒贡河的发源地和塔尔巴哈台的南坡。阿尔泰土尔扈特人分为 5 个苏门（苏木），由不同级别的王公管辖。住在布勒贡和成吉利两河下游地带的土尔扈特人从事农耕，大面积地种植大麦和小麦（《蒙古西北部概况》，第Ⅱ分册）。Г.Е.格鲁姆－格日迈洛（《蒙古西部和乌梁海地区》，第 3 卷，第 1 分册，第 186 页）引证中国史料（《蒙古游牧记》一书），认为阿尔泰土尔扈特人就是 1758 年从伊犁地区跑到俄罗斯伏尔加河地区、1771 年又返回准噶尔并被安置在阿尔泰和塔尔巴哈台的那些土尔扈特人的后裔，而波塔宁则认为那只是塔尔巴哈台的土尔扈特人。按照这两位作者的看法，土尔扈特人虽然也是蒙古族人，但受到突厥人的影响，因此语言和习俗都与最纯粹的蒙古部族——喀尔喀人有所不同。

〔2〕此字是译音。——译者注

〔3〕楼（ду）——中国周朝时期（公元前 1350 至前 1129 年）计量颗粒物体积的古旧单位，相当于通用的度量单位"斗"（доу）的 4/10,19 世纪中国已经不再使用。由于从前中国的农业税是征收实物（主要是稻谷），所以计量颗粒物体积的单位在那个时候具有很重要的意义。中国的基本计量单位"斗"在不同的省份容积是不相同的。А.В.马拉库耶夫在其所著《中国的计量单位和秤具》（符拉迪沃斯托克，1930 年）一书中把 19 世纪末和 20 世纪初中国商贸活动中使用的"斗"的大小列成一个表（第 72 页），其中收入了中国不同省份和城市采用的 137 种"斗"，容积从 4.33 到 62.65 公升不等。经过 1915 年和 1929 年两次改革，斗被规定为等于 10 公升。蒙古在人民共和国建立之后，自 1924 年 1 月 1 日起废止旧的中国度量单位，代之以参照公制制定的新度量单位，斗等于 16.5 公升（同上，第 3 页）。根据《东方各国》（莫斯科，1929）手册的记载，1 楼或 1 苏尔加等于 6.5 公升（相当于 4/10 斗）。

布伦托霍依附近的蛇（花斑黄颌蛇）很多。

8月8日只走到距布伦托霍依3俄里的乌岑固河的渡口处。渡口和地势与之差不多同样高的布伦托霍依镇之间是一片高出洼地100多英尺的草原阶地。这块阶地四周是陡坡，下去可以到达乌岑固河谷，也可以进入布伦托霍依镇所在的从巴嘎诺尔湖通向乌伦古湖的槽沟。摆渡使用的是两只连结在一起的凿制船，载重达40普特[1]从事摆渡的乌梁海人只会讲蒙语，他们聚居在一起，住的大部分是窝棚（哈特古尔），闲暇时就打鱼（鲈鱼）。摆渡一峰骆驼他们竟向我们索要半块茶砖的高价，不过我们是自己动手撑的船，只付了一个银卢布[2]作为船只租用费。这儿的河宽约20俄丈，河滩上长着由白柳、黑柳、银白杨和桎格达组成的树林。

8月9日一早沿着农田走了大约5俄里，这里也有好多空着的汉族人的房子，房旁有谷仓，我们看到一些种了稷子的地块；大麦和粟（意大利黍）只有个别的单株；土壤含碱，长着盐木和芨芨草；耕田里的杂草当中还有宽翅霸王。耕地与耕地之间也有蘸草丛。这里有很多兔子和跳鼠。过了耕地就是表面有一层卵石的平坦草原，从最后几块耕田往前走两俄里遇上了一道宽10俄丈、高10英尺的沙埂（古沙嘴？）；沙埂是西北—东南走向；再往前1俄里，横着另一道同样的相同走向的沙埂；两道沙埂都长着已经挂满果实的沙拐枣；沙埂从草原上穿过，很是显眼。两道沙埂之间以及第二道埂以北依然是遍布卵石的草原；过了第二道沙埂前行4俄里，我们看见路的左侧有一个盆地，盆地底部距道路1俄里处有几个水洼，洼中有结晶盐析出。大的水洼中盐层厚及人的小腿部，盐层下面是黏土泥水，再往下脚能触探到另外一个盐层。盐的质量很好，我们装了不少自己用，因为我们在布伦托霍依花40戈比[3]1普特的价钱买来的盐和从布伦托霍依以南的一个湖里采集的盐味道很苦，不能吃。当晚，我们停宿在与乌伦古湖有一条狭窄水道相

〔1〕俄罗斯的重量单位，等于16.38公斤。——译者注
〔2〕俄罗斯的货币单位。——译者注
〔3〕俄罗斯货币单位，1卢布的1%。——译者注

通的湖湾,或者说是湖的岸边;湖湾的底部是沙土,岸边长有藨草。湖湾四周是由坡积土冲刷而形成的条形怪异的丘陵。

在从耕田到湖湾所走过的荒漠中没有碰上任何有生命的东西;见到的猪毛菜属植物都已经干枯;没有飞禽,甚至连螽斯都没有;偶尔能看到沙蜥。在湖湾岸边停宿的地方重又出现了活的东西,除了众多的沙蜥之外,这里还有另一种蜥蜴——麻蜥。夜里捕捉到飞扑蜡烛的昆虫数量之多为整个夏季所未见;捉到了大量的小甲虫,蛾子和脉翅目昆虫;夜里我们还在这里捕捉到了一种我们在其他地方从未见过的双翅目萤火虫。这种小虫落在猪毛菜丛中,一受到惊忧就飞起来,像点点当空盘旋的星星,嗡嗡地离去。

8月10日,差不多就从湖湾近旁登上了冲刷出来的坡积丘陵(车贡台),沿着地表覆盖着卵石的平坦草原阶地一直走到黑额尔齐斯河。在这个地方还得走下去才能到达河岸,因为阶地星河临河处不是冈峦起伏的高坡,就是峻峭的崖壁。我们走过一个缓坡下到了河边,然而路的右侧就是耸立于河谷之上的山丘,这些山丘由两层组成:上面一层是黏土,下面一层是沙土;道路从这里穿过河流与山麓之间的草地逆河而上;河边草地土壤碱化,生长着高高的杨树林;在树林里我们发现了一个由乌梁海人[1]提供给养的中国巡查哨。在将要往下面的黑额尔齐

---

〔1〕从前把乌梁海地区(现在的名称是图瓦自治州,居民为图瓦人)的土著人称为乌梁海人。然而民族志上的"乌梁海人"这一概念要比地域上的概念广泛,因为在蒙古和阿尔泰—黑额尔齐斯河流域东部和乌岑固河上游——居住的几个人数不多的群体也使用这个名称,他们已经不会讲自己的突厥语,而改说蒙古话(格鲁姆 – 格日迈洛著作的第3卷,第1分册,第19页)。另一方面,格·尼·波塔宁指出(《蒙古西北部概况》,第Ⅳ分册,第654页):"居住在奥卡河(伊尔库茨克省)源头的索约特人和科布多河源头处的索荣人(或科克楚卢通人)乃是乌梁海族的基本部分,他们讲突厥语,栖身于山脊处。"他还指出,乌梁海人另外还居住在罕呼亥山脉北麓的纳伦苏门河谷(《蒙古西北部概况》,第Ⅱ分册,第7页)。乌梁海人的主要群体生活在唐努山脉和萨彦岭之间的地域上,是一个讲突厥—鞑靼语的民族。有必要提一下波塔宁的一项考察结果:居住在蒙古的乌梁海人早在1876—1877年间就称自己为图巴或图瓦人。他还指出,阿尔泰的乌梁海人是蒙古西北部最为贫穷的民族,以致乌梁海皮袍的名称"乌梁海代维利"在科布多城竟然成了"破旧"的意思。该民族如此贫穷有3个原因:巴尔雷克人于1868及其以后数年的攻击行动,清政府的征敛和汉族人的赊账贸易方式。

斯河走的时候,我们看到了两只高鼻羚羊。[1] 走到河畔的渡口处我们停了下来。这里的河面宽约 30 多俄丈,河岸部分是沙土,部分是砾石,河水清澈透明。这个地方有很多浅蓝色的鱼狗。这里蚊子很少。我们没有遭受像在布伦托霍依和乌苍固河畔受过的那种折磨。随后,我们乘由 3 只小舟编成的摆渡船过了河。

我们在黑额尔齐斯河畔一直待到 8 月 16 日,渡河用去了一部分时间,还有一部分时间花在了找骆驼上面:我们的骆驼在一个暴风雨的夜晚跑掉了,沿黑额尔齐斯河往下游走了 40 俄里,才在克兰河的下游把它们找到。

就黑额尔齐斯河谷植物的分布情况,可以辨识出当地有如下几种土壤:

(1)黑额尔齐斯草原河谷的山岩;

(2)黏土草原;

(3)河岸和黏土草原中有泉水的小片湿草地;

(4)沙地;

---

[1]高鼻羚羊(Saiga tatarica):属印度羚,鼻及脸的前部高高隆起;仅雄性生有竖琴状角。生活在伏尔加河下游、哈萨克斯坦、准噶尔的草原地带,群居。据知,蒙古有另一种高鼻羚羊,即蒙古高鼻羚羊。

（5）碱土。[1][2]

8月16日，我们来到克兰河。开头有1俄里左右走的是春汛到来就会没入水中的河滩草地，这里到处是充满碱性淤泥的小片洼地和砾

---

〔1〕B. B. 萨波日尼科夫在其所著《额尔齐斯与科布多两河源头的蒙古阿尔泰》（第341－345页）一书中，把自黑额尔齐斯河与乌岔固河的草原部分起始的两岸广阔的低洼地区称作准噶尔荒漠——草原植物区；他在这个区域内划分出几种可与一定的植物产生联想的不同土壤——碱化黏土、碎石草原、微盐湖地、盐土、流沙、河滩。第一类土壤上生长的基本植物为代里苏，也常常有连片的艾蒿，槐树和甘草。这类土壤如加以灌溉，是完全可以用来种植禾谷类作物和瓜类的，然而只有克兰河、克麦奇克河、布尔丘姆河沿岸山脚下广阔谷地里的草原得到了利用，这是因为那里的水利条件较好。但是用来种植作物以及可用于种植作物的土地数量很少，加之从事农耕的人采用原始的简单方法进行耕作和灌溉，因而不得不常常改换地块耕作，所以在小块的农田旁边有大片的弃耕荒地。

B. B. 萨波日尼科夫指出，额尔齐斯河右岸是盐木和胡杨分布的北方界限。

〔2〕黑额尔齐斯河草原河谷里的山崖比大气中炎热的低层略高出一些，几乎没有植物：灌木当中偶尔会有一丛矮小的川西锦鸡或是灰木蓼，在峭壁坚硬岩石的缝隙里扎根的有细叶韭，灯心草型粉苞苣(?)，垂花青兰，球花蓝盆头，小花糖芥，长花柳穿鱼，恋花荆芥，短穗薹，丽匙叶草，阿尔泰麦瓶草，弯苞还羊参，狭叶青蒿和窄翅霸王；最多的是只覆满山岩表面的禾叶蚤缀和在山岩及岩屑层上同样生长的风轮新塔花。

自山间峡谷奔腾而出的河流为这些山冈四周的黏土草原增添了生气，这些河流的两岸生长着各种各样的植物：树有黑杨；灌木除柳外有红果山楂，黑果小檗和密刺蔷薇；草有刺草，药蜀葵，东北看麦娘，糙雀麦，短芒大麦，碱紫菀，粗毛甜草，块根老鹳草，毛莨风铃草，山柰拂子茅，田蓟和披针蓟，牧地香豌豆，图林根花葵，邪芥，鼠尾草叶千屈菜，野苜蓿和紫苜蓿，白香草木樨和黄香草木樨，蒙山莴苣，粗糙蓼，森林鼠尾草，洱源女娄菜和匍生女娄菜，等等。在河滩很高的砾石层上生有一丛丛的河柏，而草原深处的砾石上则长满了光粒粉苞苣；干燥的河岸上偶尔会有一丛丛散发着香气的准噶尔铁线莲连成的植物带，地势高的沟渠上则必定长有苦豆子(槐)。

河谷与河谷之间的黏土草原植物稀少：灌木川西锦鸡儿和灰木蓼从山崖一直长到山脚下，但在草原深处却不生长，因此草原根本没有灌木形态植物；除艾蒿之外，常见的有疏生韭和针茅。在靠近乌伦古湖的地方草原变得平坦起来，碱土越来越多；碱土植物也随之为盐沼地特有的植物形态所取代。

在碱土地上斋桑盐木和囊果碱蓬长成片片矮林，那些地方还有多种其他的盐生植物，好几种假木贼，灰滨藜，里海盐穗木，盐爪爪，茸花地肤，里海小蓬，疣苞滨藜，碱土地的边缘处有盐豆木，柽柳、芨芨草和里海匙叶草，在靠近乌伦古湖的地方还有枸杞(?)，白刺和绯红锁阳。沿乌伦古湖炎热湖岸的黏土地上有牛皮消，硬毛兔唇花，厚叶风毛菊(青木香)、硬毛风毛菊、柳叶风毛菊等等，最后还有骆驼蓬。

在恣热平原中大河沿岸，具体说就是黑额尔齐斯和乌岔固两条河的沿岸，有黑杨、白杨和苦杨，各种柳和格格达(胡颓子)这些树木。这儿的黑杨树围可达3米粗，苦杨有1.5米。黑额尔齐斯河草甸上的草类有：略天门冬，薄叶蚤缀，北点地梅，无芒雀麦，狼把草，小花碎米荠，田旋花，秋水马齿，阿尔泰狗娃花，瞿麦、小画眉草、稗子、啤酒花、东方铁线莲、大叶蓼草、两栖蓼、狗尾草、荆三棱、北水苦荬，西伯利亚苍耳，野滨藜，疏穗獐毛，四叶苹，等等；干燥的砾石上长着绿木蓼和细毛蚤缀。旧河床的水中有荇菜和槐叶草(?)。8月初，白杨林里的湿土地上有许多苔纲植物，在其他地方再也没有见到这些植物以及四叶苹和槐叶苹。

19

石覆盖下的丘陵,两者纵横交错在一起;丘陵上有的光秃一片,有的长着瞿麦和细毛蚤缀;低处草高过胸,非常繁茂,走在里边缠腿绊脚。然而这个地方并没有真正的草地,令尚未见惯中亚草原景象的人最感奇怪的是逢春汛就要泛滥的河滩在砾石中间竟然有长着猪毛菜属植物的碱土。在距河滩6俄里处有一条沙土地带,其余的地方都是长满了已干枯的猪毛菜的荒漠;这种植物在乌伦古湖平原上多极了,在其他任何地方我们都没有收集到像此地这么多的这一科属的植物;在乌伦古湖南北两面的边缘处竟收集到多达40个品种,而往年夏天从戈壁里收集到的也不过两三种而已。在这片荒漠中我们看到了几群布尔都鲁克[1][布利都鲁克,博利都鲁克,毛腿沙鸡];草原上生有盐木,优若藜(驼绒藜)和准噶尔红沙;沙地上长着沙拐枣。这个地方有几条像是干涸了的河道似的砾石带与沙地交错着;沙土地上常可看到箭蛇,这种蛇

---

〔1〕布尔都鲁克(或布利都鲁克),毛腿沙鸡,沙鸡(Syrrhaptes paradoxus):一种沙鸡目禽鸟,栖息在蒙古、哈萨克斯坦和中亚细亚的荒漠之中,具有明显的与荒漠环境相适应的保护色。A. H. 福尔莫佐夫在《在蒙古》一书中对毛腿沙鸡及其习性有鲜明的描述:

毛腿沙鸡,或如俄罗斯猎人因其生有3趾合拢状似蹄形的小爪而称叫的科佩特卡(沙鸡),外形似鸽而身体略小于鸽。上体羽毛是黏土颜色,有美丽的棕褐色花纹,嗉囊处有一圈绕颈的花纹,腹部有一个大黑斑。属与鸽有亲缘关系的沙鸡科,但早已适应了开阔的荒漠地区的生活。毛腿沙鸡的飞翔速度快,迅疾有力,不怕在离最近的饮水处10公里或10公里以上的地方筑巢。雌鸟在普通干沙坑或碎石坑里产卵3~4枚,卵是和周围平原上的土壤一样的土褐色,带有斑点。白天接受太阳照射的时间比待在妈妈温暖怀抱里的时间还多,它们的妈妈更想与同群的伙伴一起去采集玻璃珠子一样小而黑的荒原中韭的籽实。雏鸡一出世身上就长着绒毛,而且早早地养成了自理的习惯。秋天它们结成上千只的鸡群,开始迁徙,而在某些情况对它们不利的特殊年份,春天它们又会出现在远离它们故乡的地方。这样飞来飞去,毛腿沙鸡也就广为人知了。这种亚洲荒漠中的飞禽有时结成无法计数的大群飞行,西到爱尔兰和法罗群岛,北至阿尔汉格尔斯克,南达意大利。个别一些沙鸡试图在这儿的沙地或海滨的沙丘上筑巢,但不久就会死光或被猎手打尽。过上10年、20年,毛腿沙鸡几乎已被忘却,可突然它们又一次飞来,又一批成千上万的荒漠来客充斥着欧洲。沙鸡的这种飞迁行为已经有详尽的记述,但至今还未能准确判定造成这种飞迁的原因……有学者认为这种非常好的禽鸟飞迁的原因在于它们常年栖息地点的食料严重缺乏,这种看法是对的。

毛腿沙鸡从您的头上飞过,发出好似"派克—特罗—,派克—特罗—"的短促而圆润的鸣叫声,随后降低高度,一下子就落在了地上。您清清楚楚看见有一群40或50只的毛腿沙鸡落了下来,可是它们一接触地面,立即踪迹全无。费好大劲才能用望远镜发现一两只跑跳比其余的快的毛腿沙鸡,可是它们一停下来,您马上又看不到它们了。毛腿沙鸡的颜色是草原或荒漠中令人惊叹的色彩之一,此类色彩同干燥土地的配色协调得惟妙惟肖,在开阔地带的野兽、禽鸟、蜥蜴和昆虫当中十分普遍,不如此,它们在那种地方是难以藏身的。

能敏捷地爬到盐木丛中去。沙地北边连着一片草原,上面布满了圆形砾石,好像干涸了的湖底,靠近草原北面山丘的地方出现了碱土。这些山冈由砾岩、砂岩和石灰岩呈水平层理组成。我们穿过这些山冈,来到一片阶地上。在接近克兰河的地方植物鲜活起来:猪毛菜还不太干枯,盐蓬和盐爪爪还开着花;在黑额尔齐斯河以北敞露的草原里,盐木有一半只剩下了向地面倾伏着的干枯树干,而在这里的砂岩山丘之间,可能因风被挡住了,盐木又直立了起来,长到了 1 俄丈高。差不多紧靠克兰河出现了暗色结晶岩露头,与砂岩相接的最南端露头的岩石风化得很厉害;在距克兰河较近的地方岩石保存得较好,但开裂严重。这些岩石形成一道俯视克兰河谷的陡崖,我们必须艰难地从那上面下去走到河边。克兰河在这个地方宽有 10 俄丈,深及马腹,河底多石。克兰河两岸长着繁茂的草本植物,多属禾本科;除河的沿岸苦杨林连绵不断外,这里还有很多一丛丛的山楂、密刺蔷薇、绣线菊和柳树。这里的草有粗毛甜草(数量极多),蒙山莴苣,碱紫菀,苦马豆等等。旁边的山岩上有川西锦鸡儿。河在这里是自东向西流的,我们涉水过了河,在右岸停了下来。

　　克兰河在流出山岭进入平原之前,右侧受到连绵的岩石山冈的挤逼,往东南方向流淌;朝东弯了一个大圆弧之后就向西流去。所以我们从黑额尔齐斯河渡口往北走,得过两次克兰河才能到达阿尔泰山山麓。第一次是 8 月 16 日,我们渡过了下游自东向西流的河段;第二次是 8 月 17 日,我们又得渡过上游自西北向东南方向流的河段。从克兰河右岸的停宿地动身向北走了一个小时,到达了那几个吉尔吉斯人无法给我们说出名字的一些山冈[1]脚下。这些山冈的构成是片麻岩,岩层的南缘形成一道悬崖峭壁,我们沿着峭壁间的峡谷登上了片麻岩山冈。峡谷左侧(即西面)的山坡上满是沙子,谷底生

　　[1]这些山在 Ю. 索斯诺夫斯基地图上的名称是克济勒阿德尔;格·尼·波塔宁的《蒙古西北部概况》(第 I 和第 III 分册)所附两幅 П. A. 拉斐洛夫绘制的地图上用的也是这一名称;我根据自己的测量数据编制的额尔齐斯与科布多两河源头的蒙古阿尔泰地图(收入 B. B. 萨波日尼科夫所著《蒙古阿尔泰》一书中,托木斯克大学论著,托木斯克,1911 年)标的同样是这个名称。

长着盐木，准噶尔红沙，疣苞滨藜，俄罗斯樟味藜，柽柳，沙土上则有沙拐枣。顺着峡谷攀登上去就来到一块阶地上，阶地由一些平顶的山丘组成，或在丘顶上或在槽沟里有许多片麻岩露头，裸露在槽沟里的片麻岩仿佛是已干涸的河道的边沿。再往北，在靠近克兰河上游径直流向河段的地方，阶地地面变得极其平坦，片麻岩只在少数几个地方露出地表，在平坦的草原上形成面积或大或小的水平地块，草原的黏土地面上撒着一层片麻岩碎石。这里的河水流速比下游快，但比较浅，河面更宽，分成了许多河汊和沟渠，我们经由一片水深及马膝的浅滩渡了过去。从这个地方开始，河就在山间流动了，再往上游，它两边受到山体石崖的夹挤，流泻在一条共同的河道中，水流湍急，冲击力大，无法涉渡；这儿的河谷宽超不过半俄里，沿河有一条连绵不断的杨树和桦树林带。这里的桦树树心通常都已腐烂，因此它们的树梢大都被风吹坏或刮折，没有了枝叶，树也就不能用于建筑了。我们停宿在克兰河左岸，距右岸那座临河耸立的图勒塔崖[1]下游1俄里处。在克兰河上游距我们停宿地7或10俄里处有一所喇嘛寺院沙里苏梅［沙拉苏梅］，察甘格根驻该处。

　　我们在克兰河畔从8月18日一直待到26日。来克兰谷并不在我们的计划之内，我们原打算直接去黑额尔齐斯河的上游，可是我们的向导库德巴依在斋桑关本来是讲好领我们经黑额尔齐斯河上游去科布多的，在我们到达这条河流的岸边时却突然说不认识去那里的路，而拒绝带领我们去黑额尔齐斯河上游，只答应指引我们到察甘格根的驻地，他说如果我们请求格根帮忙，他会给我们另外指派一名向导的。其实，我们正是因为这样一种情况而不得不来克兰河谷的。

　　8月18日吃过午饭，我们一行9人动身去沙里苏梅寺，按吉尔吉斯人的叫法是萨雷苏姆别寺。我们的向导库德巴依也和我们一同去。起初是走克兰河左岸的低洼草地，克兰河沿岸的草地从左侧的山边起

　　　　　　　　　　　　　　　　　　　　

〔1〕图勒塔崖高出克兰河右岸20俄丈，整个为长在构成崖体的花岗岩上的鲜红色地衣所覆盖，崖顶堆着一个敖包。

到流经右侧岩崖下的河边止,约半俄里宽,全部是耕地;我们看到一部分庄稼已经收割,堆码在田间,一部分还在地里长着。田里种的我们见到有小麦、稷子、大麦和豌豆。河谷看上去很有生气,常常遇到骑着马的额鲁特人[1]或汉族人,有些庄稼人正在田里打谷或是收割鸦片。在快到沙里苏梅寺的地方整个河谷里的农田连成了一大片,庄稼地和罂粟种植园错落相间,而罂粟总是傍山种植。在离寺院大约还有两俄里的地方,就沿着一道山岭支脉往上坡走,因为河谷里的路被左岸的岩崖挡住了,只有过到右岸去,有桥走桥,无桥涉水。由于河正处于高水位,涉渡有危险,而察甘格根架的一座桥在几年前春汛期间被水冲走,于是所有去寺庙的人就都走山路。翻过这道山的支脉,我们眼前又现出了克兰河谷,我们看到了寺院的村落;克兰河寺院以上的河段穿流于峡谷之中,从中流出后河谷宽阔起来;移民们把家就安在了这片开阔地上。紧靠克兰河岸有一个汉族人的村庄,从那儿再往东 1/4 俄里,可以看到在一块东边逐渐隆起的地方坐落着一个蒙古寺庙;寺院有 50 间环绕一个宽大广场而造的低矮泥土房,广场北面的边上有 4 座小庙一字排开。广场中央耸立着一幢城堡式样的四方形大建筑物,城堡的墙有两层:上面一层是垂直的,开着类似枪眼样的窗子;下面一层没有窗子,比上面那层要大,底部加厚,因此墙呈斜坡状。建筑物的南面有一个大门,门上方建着具有中国建筑风格的望楼;除此之外我们再没有发现其他的孔洞或是通往该建筑物内部的入口。建筑物的四周有壕沟,沟上正对大门搭着一座小桥。我们派出一名哥萨克和吉尔吉斯人库德巴依先去通报我们已经来到,可是他们在村边接到我们时,也只能把我们要在里边等候的房子指给我们看。不多一会儿,有两名军官来到这间房子里,一个佩戴乳白顶珠,另一个佩戴亮白顶珠,[2]这两名军官劝我们回宿

---

〔1〕格·尼·波塔宁用额鲁特或厄寥特这一名称指称居住在中国科布多总督管辖范围内的那一部分西部蒙古人;他把西部蒙古人划分为土尔扈特人(见前)和额鲁特人两部分,而把杜尔伯特人、科布多乌梁海人(见前)和住在扎哈沁旗的人归入后者。因此很难断定此处说的是哪一个部族。

〔2〕中国官员以安在圆形帽子顶上的圆珠的颜色和质料来区分品级:初级官员戴白色顶子,中级官员戴蓝色顶子,高级官员戴红色顶子。

·欧·亚·历·史·文·化·文·库·

营地去,说晚上不向格根呈送任何报告,今天我们什么事情也办不成,而明天——据这两位军官说——你们将受到应有的接待,会得到你们所需要的东西,包括向导。第二天我们去的人已经没有那么多了,库德巴依无论如何也不肯去了:他不是凭以往的经验已经预料到将如何接待我们,就是在寺院里受到了警告。这一次我们于午后1点到达寺院,首先去了中国昂邦(办事大臣)府,可是我们被告知他出村到农田里去了。昨天那两个军官没有露面,村庄里阒无一人,从一切迹象可以看出人们是在躲避我们。我们来到察甘格根居住的城堡,却被一小群人挡在了桥上,他们不让我们进到里边去,而且既不肯去禀报格根说我们有事求他,也拒绝告诉我们昂邦的宅邸在什么地方。什么事情也没办成,我们决定离开寺院,就上了马。我们想到村里去买些路上吃的食品,不过我们没有直接去那里,而是朝那几座小庙走去,想看看它们的建筑样式。在一座小庙跟前有一群人向我们冲过来,不断投掷土块和南瓜。我们向山上跑去,可是有两个人(大学生波兹涅耶夫和哥萨克米哈连科夫)没来得及走脱,被他们拦住后一顿暴打,并被强行拉下马来。接着这群人又追上我和拉斐洛夫,我们几个人的武器都被收掉,并被带进村里。到了6点钟左右,对我们宣布说,让我们当中哪一个人去宿营地取护照,其余3人就地扣押。我们被安排在一个喇嘛的禅房里住下,那个喇嘛则被派去为我们做吃的,还特地宰了一只羊供我们食用。第二天午饭时护照取来了,衙门先对护照进行审查,然后请我们过去并开始审理。我们被指控手持武器进入和平的寺院,违犯他们的法律禁条骑马走近小庙并挑起殴斗。得到我们的说明解释之后,主持衙门事务的中国官吏提出要我们沿巡查路线经乌苍固河谷去科布多,这样的话,他应允由格根给予保护,并发还我们的武器;他说不然的话,我们的武器将被扣留在沙里苏梅,[1]而只能领回我们的马匹。我们选择了后一种办法,当天晚上被放了出来。

---

[1]萨拉逊别(沙尔苏梅)城1908年(我们在那里时)有两条街,街上有40来间砖坯房子;格·尼·波塔宁说的那座寺院已经完全没有了,只留下了一片废墟;衙门的房子保留了下来。城附近的克梅尔奇克河畔正在修筑要塞。

就这样我们既没能详细了解察甘格根这个人物,也没能对[此前]刊物上有关此人的材料[1]加以核实。他是应卡尔梅克人之请,从他的故乡[西藏]来到塔尔巴哈台地区的,他拥有一个人数众多且很富裕的寺院,"东干人"暴动[2]的时候,该寺院被暴乱分子洗劫一空。之后察甘格根聚集起 500 名坚定果敢的人,由祭司摇身一变打起了游击,开始袭击暴乱分子。于 1865 年扫清塔城之后,察甘格根在 1867 年下定决心惩治曾和"东干人"一道洗劫塔城而现今在塔尔巴哈台游牧的拜至吉特人。由于在这次袭击中隶属于俄罗斯的拜至吉特人遭到了察甘格根的侵害,察甘格根与俄罗斯边境官长之间的关系就不敌对了。我们去拜会察甘格根[3]的时候,没有充分考虑到这种关系。

---

〔1〕载《突厥斯坦年鉴》(第 2 分册,1873 年,第 193 页),以及索斯诺夫斯基的论文(载《俄罗斯地理学会普通地理学论丛》,第 5 卷)。——作者注

〔2〕居住在中国西部(新疆、甘肃和陕西)的中国穆斯林被称为"东干人"(汉语叫回回或者回鹘),他们的外貌和生活方式都有别于汉族;他们说汉语,穿汉族的衣装。在苏联有为数不多的(根据 1926 年的调查数据约为 15000 人)"东干人"居住在吉尔吉斯和哈萨克两个苏维埃社会主义共和国内,他们是在中国军队(指清政府军队。——译者注)采取十分残酷的手段镇压了1862—1878 年"东干人"的最后一次暴动后从中国迁居于此地的。

"东干人"的起源是民族志学上尚不清楚的问题之一:以前曾经认为"东干人"是源自突厥人的一个汉化程度甚深的部族。然而苏联的民族志学家近年在苏联境内的"东干人"居住地进行的调查研究使我们有可能认定,在种族类型上"东干人"基本上是中国北方种族类型,但融汇有欧罗巴人种和南亚细亚(马来亚)的各种成分。迁居到苏联的"东干人"保持着中国的住房和衣着式样,继续使用中国的种植罂粟和稻谷的方法,并成功地应用在集体农庄中(H. H. 切博克萨罗夫:《考察"东干人"之行》,载《苏联科学院民族志学研究所简报(3)》,1947 年,第 24 - 34 页;Г. Г. 斯特拉塔诺维奇:《关于吉尔吉斯"东干人"的考察报告》,同上简报,第 35 - 41 页)。

"东干人"曾经是中国西部一些地区的基本农业人口,实行自然经济。"东干人"同中国(指清政府,下同。——译者)的移民政策、采取高利贷手段进行贸易活动的中国商业资本及派徭役征赋税使人不堪重负的中国大封建主和官吏进行斗争,曾多次举行表现为穆斯林对异教徒的宗教战争形式的暴动。规模特别巨大的 1862—1878 年那次暴动席卷了中国西部的大片国土;暴动的"东干人"杀掉了数 10 万汉族人,主要是商人和士兵。这一事件就造成了科布多的汉族商人和中国当局所说的对"东干人"的恐惧,波塔宁对此做了讲述。曾以当地人组成队伍同"东干人"战斗,因为当时的清朝政府正忙于镇压大规模的太平天国农民起义(1850—1864 年),直到 70 年代才得以顾及西部的几个省份。

〔3〕在佛教的宗教仪式里神佛化身为一个儿童,通常是男童,在前一位被称作格根(格根)的化身死后,喇嘛就要找到这个儿童;男童在喇嘛的指点下在寺院里接受教育,学习教义。根据格·尼·波塔宁的资料,在他到蒙古旅行的那个时候,共有 8 位格根;鉴于寺院因有格根而获得的巨大好处:朝拜者纷至沓来,慷慨解囊布施,寺院地位提高,每一座大的寺院都力争拥有自己的格根。格·尼·波塔宁认为,格根大多是高层喇嘛掌中的傀儡和玩偶。

　　察甘格根失掉在塔尔巴哈台地区的寺院之后,在阿尔泰山的南坡选定了一个新的驻地,除了他那帮一块打过仗的老搭档之外,还把额鲁特人的后裔巴尔雷克人也带了过来,这些人就占据了克兰河与克麦奇克河这两条相邻的河谷。除此之外,他还带来了天山几个遭到洗劫的地点的汉族人。巴尔雷克人和汉族人来到这儿下力气从事农耕:克兰河两岸上自我们停宿地(或吐尔塔石)上游的沙里苏梅下至河流向南转弯处全是农田;再往下就是吉尔吉斯人(阿巴克基雷那几支)的耕田了。这里种的谷物有小麦、大麦和稷子,另外还种植大量的烟草和罂粟,西瓜、黄瓜、甜瓜、玉蜀黍、萝卜。我们来的时候,克兰河岸的小麦和稷子都成熟了,半数已收割完毕,给我们送来的玉蜀黍和甜瓜也都长熟了。种植烟草和罂粟的是额鲁特人或称巴尔雷克人,而西瓜、甜瓜及其他蔬菜主要是汉族人种的。[1] 种罂粟要选择多腐殖质的草甸地,种植场都在克兰河的左岸,也就是东岸,通常位于山脚下。播种罂粟有3次时机:第一次是在3月份青草萌发的时候播种;第二次在4月母羊产羔的时候;第三次是在吉尔吉斯人出发去山上[进行夏季放牧]的时候。在这里罂粟可以长到与人齐胸高,球果每天要用弯月形的小刀切割,割后4~5天用小铁铲刮取流出的浆汁。鸦片收集起来之后,用水熬制;把水倒掉,鸦片就沉到底了。把鸦片做成大小不一的块状,最大的有拳头般大,用罂粟叶包起来进行交易,鸦片的颜色是漆黑的。住在沙里苏梅寺院属下村庄里的汉族人把鸦片收购起来,运往科布多、布伦托霍依等等地方。在这个地方还用罂粟籽榨油,从这儿运到科布多、塔城和萨占苏去。据当地人讲,外运的货物还有野生植物土木香(大叶木香)作

　　[1]我们看到的情况是萨拉逊别城以西的整段克兰河谷在1908年那个时候都开成了农田和菜园;种植的作物有小麦,稷子,大麦,玉蜀黍;菜园里汉族人种四季萝卜,黄瓜,甜瓜,西瓜,南瓜,豌豆,菜豆和罂粟。

药用的根[1]是运到蒙古去,那里没有这种东西,巴尔雷克人把这种植物叫做安奇斯,吉尔吉斯人则叫卡兰得斯。的确,除克兰河谷外,我们在蒙古哪里也没有见到过这种东西。

克兰河一带磨坊多达 10 座,不仅是在阿尔泰山南坡游牧的吉尔吉斯人靠这里供应粮食,运输队还把粮食从这里送往山北边科布多城周围的地区去。目前克兰河一带农业耕作的规模开始缩小,因为随着"东干人"的暴动被平定,到这里躲避的巴尔雷克人有一部分重又迁回塔尔巴哈台他们原来的游牧地去了,甚至在我们到达克兰河的那个夏天里,还有一部分人正为回迁做准备。克兰河巴尔雷克人和汉族人养的牲畜有牛(供驮载和拉车用),马和猪;没有羊和骆驼,汉族人还养鸡。只有在山里的乌梁海人那里才有牦牛。

在沙里苏梅营业的只有一家汉族人的商铺,里边除了茶叶和斜纹布(一种庄稼人用的布料,英语叫 drilling)[2]之外,再没有别的什么货物。当地人使用的俄罗斯产品有:铁器,做成汉族人式样靴子的油性革,秋明的地毯,缝成长袍的凸纹布。

我们没有能见到察甘格根,只好期望我们自己能在游牧于阿尔泰南部的吉尔吉斯[哈萨克]人中间找到一名向导。我们原本就不该寻求这位蒙古僧侣居间介绍,而应直接去找这些人的,可是在我原先的概念中他在这一地区所具有的威势被过分地夸大了,以为格根不提出要求,吉尔吉斯人是不会做任何事情的。事实上却并非如此:一位在该地颇有势力的名叫祖尔特派的吉尔吉斯人没费什么事就提供了一名带领我们穿越阿尔泰山去达音古利湖的向导。先是派了一名哥萨克进山去

---

〔1〕土木香,亦称大叶木香(Jnula Helenium)——菊科植物,分布于蒙古和哈萨斯坦的草甸和灌木丛中。木质根茎可以作药用,制成汤剂、浸液和粉末在医学上用于利尿、祛痰、驱虫的药物。在哈萨克民间对牲畜的治疗中土木香根被认为是医治马鼻疽的良药(H. B. 帕夫洛夫:《哈萨克斯坦的植物原料》,莫斯科—列宁格勒,1947 年,第 462 – 463 页)。波塔宁(《蒙古西北部概况》,第 Ⅱ 分册,第 101 页)指出,吉尔吉斯人用根熬水喝治咳嗽;患发癣时,把根加上动物油用水煮,给患者抹上,再用毡子包起来。

〔2〕大布:各种颜色(白、蓝、红、褐、黄等等)的棉布,蒙古人用来缝内衣,做长袍和皮袄的面子。上等棉布称为斜纹布,主要由中国生产,运进蒙古,甚至从蒙古运往西伯利亚。为了加强对蒙古市场的争夺,俄国的工厂主于 20 世纪初开始生产斜纹布并输出蒙古。

·欧·亚·历·史·文·化·文·库·

聚居点见他,后来在 8 月 24 日祖尔特派亲自来找我们;第二天,8 月 25 日我们去了一趟祖尔特派的住处,他刚刚从山里转移到克兰河谷,在河畔与坎达嘎台河河口相对的地方安顿下来。阿巴克基雷人大约在 40 年前曾选出来 4 位头领,祖尔特派就是其中之一的考昆的儿子;4 位头领中 3 人已经亡故,只有考昆一人健在,他当时已经 77 岁了,选举 4 个头领大约是 1830 年前后的事。考昆如今已和他的儿子祖尔特派分开,单另组成聚居点游牧,不过我们去拜访的时候他来了一次。载寮,也就是祖尔特派的夏牧地位于克兰河上游一条支流奥奇利克河畔,过冬地则在克兰河的下游,比我们第一次渡过此河的那个地点还要稍稍靠下一点。那儿有祖尔特派的耕地和马拉磨坊。祖尔特派还做生意,很有钱。10 天前他刚刚赶羊去了一趟科布多回来,去过塞米巴拉金斯克两次,从祖尔特派那里随时都可以买到中国的砖茶(俄语叫"大块茶",吉尔吉斯语叫"克鲁克茶")、斜纹布、俄国的印花布、油性革、烟草和铜盆。

根据吉尔吉斯人讲的情况,去科布多有两条道路供我们选择:一条是商人往来以及赶羊走的普通道路,这条路经过乌尔莫盖忒山口;另一条经过卡朗阿尔羌山口,不那么好走,但却路过我们比较感兴趣的地方——黑额尔齐斯河源头。[1]

8月27日的路程有一半走的是草甸子,沿着一道傍靠克兰河左岸、朝山麓方向逐渐隆起的陡坡行进。前一半的路穿行在许多种植着小麦和罂粟的农田当中。我们在这片土地上经过的农场有8处之多,都是用生砖坯盖起来的。场旁耸立着粮仓,有时一座场房旁边竟堆有7个庄稼垛,在这些成捆的庄稼当中我们看到还有燕麦。这些黏土房里住着务农的汉族人,额鲁特庄稼人则住帐篷,最常住的是哈特古尔,这也是一种帐篷,只不过没有下层的克列格。路走到一半时耕田和住房消失不见了,然而一直到坎达嘎台河仍然有干涸的沟渠和长满野草(主要是蒙古莴苣)的田地;那是已迁到塔尔巴哈台去的额鲁特人的农田。

克兰河的右岸很高,在某些地方形成直逼河面的嶙峋岬角,许多岬角上都立着敖包,也就是额鲁特人放置的一堆堆石头。

在这儿可以见到4~6只一群的黑腹沙鸡,它们以小麦和稷子的籽

---

[1]马图索夫斯基曾于1873年到过沙尔苏梅,他讲述的拜访察甘格根的情形被格·尼·波塔宁收入他的概况一书中(第Ⅰ分册,第30 - 36页);现将马图索夫斯基讲述的主要内容简述如下:

1873年7月27日马图索夫斯基宿营在克兰河畔,经过时间不长的阴雨天气之后河水突然上涨,冲毁了河上唯一的木桥。两天前受他的派遣携带驿马使用证去察甘格根处的吉尔吉斯人没有回来,这令马图索夫斯基心里不安。

夜里那名吉尔吉斯人回来了,他是在察甘格根想要逮捕他的情况下逃脱出来的。察甘格根下这样的命令让马图索夫斯基感到惊讶,因为他清楚地知道,在中国政府因察甘格根领导的匪帮在1867年给俄罗斯国籍的吉尔吉斯—拜至吉特人造成损失而不得不向俄国赔付20万两白银之后,北京曾指令格根避免同俄国人发生不友好的冲突。

经过长时间的外交谈判之后,马图索夫斯基才得以在要塞里拜会察甘格根。察甘格根原来是一位年龄超不过40岁的男子,中等身材,体格壮实,剃光的头上有一小块秃顶,额头大而前突,鼻子宽厚,黑眼睛不大,还蓄着两撇细长的胡子;总的说来他脸上的神态严肃而聪敏。互致有关沙皇和省长、皇帝和格根的健康的一般客套问候之后,格根说道,"托万世常在的佛爷永不终止的保佑,皇帝陛下像玫瑰花一样精神健旺",他问及马图索夫斯基考察旅行的目的,劝他返回斋桑,因为东边有大群的强盗流窜,这些人有可能伤害到马图索夫斯基。对此,他这位格根作为此地区地位最高的人是要负责任的。

经过长时间的争论,达成了一项协议:马图索夫斯基想上哪儿就去哪儿,而察甘格根可以向北京报告,说他警告过马图索夫斯基有危险,他对此不负责任。在这份报告中一定要写上一笔:马图索夫斯基和察甘格根见面和分手时都"和颜悦色"。

粒为食。靠近坎达嘎台河口处有两座森塔斯,[1]也就是用石头凿出来的人像。

我们在坎达嘎台河口停歇了两天,给我们这位新向导以及我们自己一点时间养精蓄锐,好去攀登阿尔泰山脉;另外,我们新近从祖尔特派手中买来的几峰骆驼中有一峰跑掉了,祖尔特派建议我们打发人去萨瑟克帕斯套一带寻找。那个地方碱紫菀、灰滨藜和盐木很多,据此地的吉尔吉斯人说,骆驼往往会从阿尔泰的高山上跑到平原里来,等聚居点下移到山前的地带时,又往黑额尔齐斯河跑。这个时候,许多吉尔吉斯人的聚居点都转移到克兰河谷来了,这里很是热闹,不过他们很快又得往前游牧了,吉尔吉斯人正在赶往他们在巴勒巴盖地区附近的农田。吉尔吉斯人种的庄稼和额鲁特人一样,也是小麦、大麦和稷子,还有少许豌豆,耕作的工具是用铁锹做成的犁(捷楔),或者是从额鲁特人那里弄来的铸铁犁。这一地区还有一座清真寺。[2]

由于我们派出去的人没有找到骆驼空手而归,我们决定第二天起身继续前进。不过那匹骆驼在我们离开后被祖尔特派的人找到,送到了我们下一站的停宿地点。

8月31日我们向北朝着自西向东横亘在前面的山崖出发了。我们行进的道路在坎达嘎台河的右岸,前边渐渐地离开了河岸,下午3时走进了一片丘陵地,这里的冈峦的北坡长满了灌木,南坡上的草已经干枯,看到有许多花儿已经凋谢的沙穗和东方针茅(?)。7点钟我们在坎

---

〔1〕基沙契洛(蒙古语名称)、基沙塔什(图瓦语名称)、森塔斯(吉尔吉斯—哈萨克语名称)是一种有图形或者没有图形的高柱状石头(石俑)的名称,格·尼·波塔宁在戈壁以北见到过很多这样的石头。凿平的石柱是用花岗岩做的,未凿平的石柱是用花岗岩或片岩做的,两种石柱都成四方形。前一种石柱上常常刻有人面或是某种符号的图形;凿平的基沙契洛比较少,未经凿平的石柱在蒙古西北部正如波塔宁所说(《蒙古西北部概况》,第Ⅱ分册,第64页)多的"不计其数"。基沙契洛同凯来克苏尔(坟墓,见本书第41页注〔1〕)没有关系,但在西阿尔泰科布多城附近基沙契洛却立在凯来克苏尔旁。波塔宁对他在1876—1877年那次旅行中见到的基沙契洛做了详细的描述(《蒙古西北部概况》,第Ⅱ分册,第65～74页),最好的基沙契洛就是达音拔都像(见本书第39页注〔2〕)。

〔2〕坎达嘎台河口往下的克兰河畔有一个叫比捷温盖的地方,这是对白刻赤土的称呼,那个地方开采矾土(吉尔吉斯语叫阿休达斯)。在注入克兰河的克米尔奇克或称切米尔奇克河畔巴勒巴盖地区附近出产砺石(吉尔吉斯语叫凯拉克)。——作者注

达嘎台河畔一个额鲁特人或者按照吉尔吉斯人的说法是卡拉卡尔梅克人的村庄遗址旁停歇下来。坎达嘎台河谷的这一段宽不过半俄里,四周都是很高的岩山峭壁。坎达嘎台河左岸山峰的南坡上可以看到有灌木,而在山脊的后面隐约可见生长在北面的针叶林。从遗址再往上坎达嘎台河谷就更加狭窄了。已经被毁的村庄成正方形,房子都盖在四边形的两侧,中间是一个空场,空场中央有一座大的建筑物,看样子是庙宇,房子有15座。据说这个村庄毁于"东干人"之手,尽管"东干人"未必曾进入阿尔泰如此之深,极有可能是奉中国官长的命令村民们重又被迁往塔尔巴哈台去了。

遗址附近分散地支着几顶黑色的帐篷,一些牦牛在旁边游来荡去,这里住着章京马奇基辖区的乌梁海人,这些人只会讲蒙古话,从事着农耕。他们的农田从遗址处开始,沿坎达嘎台河向下游绵延出4俄里;他们种植小麦、稷子和罂粟,就在此地过冬,冬天喂牲畜的干草要事先储备,因为这个地方积雪常常有2俄尺深。从这些帐篷往上游1俄里处有一个呼林,也就是久诺姆保辖区的乌梁海人的寺院,那是一个有5~6顶帐幕的小聚居点。中央的一顶帐幕收拾得十分整洁,装潢也与众不同:外面装饰着粉红色的叶形花纹(蒙古语叫乌尔柯),有一个金色的圆顶,这就是神殿,[1] 其余的帐幕里住着乌梁海喇嘛。

9月1日,一开始是沿着坎达嘎台河右岸裸露着的花岗岩前行。在这个地方出现了山杨和天山云杉,山杨连成一片片小树林,云杉却是单株的。随后河谷狭窄起来,我们来回涉过坎达嘎台河十多次。这里的云杉已经长成了密林,漂砾顺着河道接连成断断续续的条垄。这里的道路骆驼走起来很困难,在云杉密林中我们曾看到过乌梁海人的帐篷,他们走这种路骑的全是公牛,吉尔吉斯游牧者则选择更靠西的那条经由捷米尔塔河谷的路走。除云杉林之外,峡谷里有桃色忍冬,黑果小檗,密刺蔷薇等灌木,刺李、黑茶藨、稠李;草原植物有:驼绒藜、苦豆子、

---

〔1〕神殿一词在19世纪是用以指称进行基督教以外的宗教仪式,特别是所谓的异族人亦即不属于占统治地位的民族的人进行宗教活动的屋宇;19世纪中叶沙皇俄国的宗教书刊检查机关特别着重地使用这个词,以它来替代诸如清真寺、庙宇等等这样一些词。

·欧·亚·历·史·文·化·文·库·

粗毛甘草——从额鲁特人村庄遗址再往上游就再也见不到了。

9月3日,沿着山杨、云杉、白桦、杨树成林的狭窄山谷前行,一条小河湍急地从山间流过,两岸有柳林和茶藨;乱石当中长着异穗茶藨和东北茶藨、忍冬、小檗。再往上走峡谷变得陡峭起来,草长得越来越密越高,树林中的石头少了。这里的植物与北阿尔泰相似,有柳兰、欧洲百合、草地乌头、高山地榆、尖被藜芦。草甸底部与河畔有长得很高的林独活和蒿蓄,它们的叶子已把小河遮盖住,在这个高度上那条小河已经变成一条窄窄的小溪了。这儿北面山坡的岩石上生长着厚叶岩白菜。路和昨天一样很难走,4峰骆驼绊在石头上摔死了。困难之处在于巨大的片麻岩漂石横在路上,有时只剩下很窄的一点地方,骆驼驮着支架(上面捆绑着驮载物的梯状木头架子)宽得无法从岩石之间走过而不被挂住,过河的时候下坡和上坡的路也很难走。我们在靠近用材林高限线处歇宿。

9月4日,沿着坎达嘎台河东支流的狭窄谷地上行,令人难以通过的漂砾少了,然而路却陡峭多了,上坡路的终端尤其陡,翻过去之后坎达嘎台河就变成了一股潺潺低吟的沼地泉水。河的源头是群山环抱中的一片沼泽盆地,高山植物已经全部枯萎,除了少数几株阿尔泰堇菜还开着蓝色和黄色的花朵之外,根本没有任何花儿。路左侧相距约15俄里的地方可以看到山巅之下有几条窄窄的永久积雪带。后面就是乌伦古湖草原开阔的景观,湖泊成狭长的带状,白得耀眼,其东端看上去似乎一分为二成了两片。湖泊的那一边萨勒布武山和少尔山的东段拔地而起,两山相接处是一个高高的鞍形部。湖的那一侧可以看出有两个平行的条带——那是黑额尔齐斯河与克兰河沿岸的林木。环立在坎达嘎台河源头四周的山峰大多没有树木,只在槽沟里和北坡山巅之下有云杉。

我们从坎达嘎台河源头处折向东方,攀上一个不很高的山之后就到达了克兰河与卡拉额尔齐斯[黑额尔齐斯]河源头两个河系之间的分水岭上。置身于此地,一个辽阔的山岳地带尽收眼底,画面的远景则是绵亘于黑额尔齐斯河左岸(也就是东岸)的阿济克派山脉,河流本身

是看不见的,右岸的山脉遮挡着它,我们也无法看到离我们较近的匡果
忒河河谷的底部。从这儿我们目睹了一道尚未见过的风景:从山上下
来我们进入了一条槽沟之中,一股泉水从泥泞的地面上流过,两边长着
已经干枯的独活和白藜芦。泉水流入匡果忒河,而该河则汇入黑额尔
齐斯河的源头。从这股泉水旁边我们停宿的那个地方的附近开始有西
伯利亚落叶松林,所以说我们这个地方正处在此种树木的高限线上。
这里的岩山上生长着西伯利亚圆柏和喜马拉雅圆柏。所有的植物都已
花儿谢尽,只有柳兰在枯萎的花儿中间还有着那么几朵鲜艳的花朵;偶
尔还能看到黄花委陵菜开出的鲜丽黄花,长得很高的伞形科植物上的
大花球稍经触动便纷纷脱落下来。有很多大个的金凤蝶往来飞舞,仅
有的一些花朵上落着蜂儿,许许多多同一种属的蜂儿纷纷拥向高山地
榆那半干枯的头状花序。

　　9月6日我们从坎达嘎台河折入匡果忒河谷,准备去卡朗阿尔羌
山口,[由于阴雨连绵]我只能无可奈何地放弃从源头穿过黑额尔齐斯
河谷的美好愿望,而让我们这支队伍朝着乌尔莫盖忒山口进发。

　　我们返转过来再次登上那块能够看到乌伦古湖的小盆地。从这个
地方我们继续向西走,翻山进入一条槽沟,沟中有道属黑额尔齐斯河源
头河系的泉水向北流去;此水源出于群山之中,那些山的北坡长着落叶
松林。我们涉过的这道泉水是从一堆巨大的片麻岩漂砾下面流过去
的,这里的山间其余的宽谷和浅沟也全都积满了漂砾,在前方的山坡上
这种漂砾是零星地散布着,而在谷底可以说就成堆连片了。这些石块
的角已经磨圆:我从未看到过哪儿有划痕。涉过泉水,我们开始往山上
攀登,这条路南侧的那些山岭就是坎达嘎台河西支流的发源地,登上路
左那座山的山顶就能看到此谷最上面的那一段。那一带处在森林覆盖
之下,靠上全是落叶松,往下则是天山云杉。从这座山头上重又可以展
望到黑额尔齐斯河源头与该河最靠前的几条支流经过的那片土地了。
如今在阿济克派山的背后天地相交处又现出了另一条更加靠东的山
脉,于青蓝一片之中可以看出那山上有几块白雪,那似乎只是朝向北面
的连片积雪的边缘。有两座高峰特别显眼地突兀在山脉其他部分之

·欧·亚·历·史·文·化·文·库·

上:一座峰顶尖削,靠南,或者说靠右更为清楚,另外一座呈梯形,靠北;据我们的向导说,库鲁姆忒河的源头就是在那后一座山峰附近。还看到黑额尔齐斯河源头处也有一座尖顶山峰,其东侧肩胛状部位覆盖着终年积雪。由此峰再往西是另一座山峰,它不仅峰顶和两侧,就连南坡都有大面积的终年积雪;我们后来得知,吉尔吉斯人把那座山称为穆斯套,它耸立在达音古利[达音戈尔]湖的西岸。

从我们对这一地带进行观察的那个地方再偏西一点,我们雇请的吉尔吉斯人指给我们看一座山,据说察甘格根每年都要率领他那一帮僧侣到该山上去做祷告并采集草药,他们一行人要在山上往3天。

我们往下走,到达了通向奥奇利克河谷的缓坡,踏上了从克兰河下游各地经捷米尔塔河谷去乌尔莫盖忒山口的那条平坦商路。奥奇利克是一条宽达1.5俄丈(秋季水位)、深及小腿一半的颇大的山间河流,河谷中没有树木,只是周边山上某些地方有落叶松林。夜里下了一场雨,还下了雪糁,清晨山峰上都积了一层雪。

9月7日,在奥奇利克河右支流经过的广阔草地上径直向北行进,这是一条很宽的石头河床的山溪。刚刚开始涉渡就雷雨大作,响过7声伴有闪电的强烈炸雷,雷声轰鸣中雪糁纷纷扬扬,然后就下起雪来。这场雪使我们在这一天未能走出多远。

9月8日和9日滞留在奥奇利克河右支流的岸边。我们的停宿地位于斗篷草这种植物分布的高限线上,高耸在停宿地旁的山峰上已经出现了高山植物:阿尔泰龙胆和高山厚棱芹,尽管前一种植物被雪埋住了半截,而后一种植物的伞形花序上结了冰碴儿,它们还是绽放着花朵。这里的山顶部都呈圆形,山巅偶尔有小片的岩石露头,山坡平坦,布满高山植被,山坡上的岩石露头没有形成岩崖,而是一些零散的巨大石块。散碎的石块中间生有一丛丛的忍冬,栖息着为数甚多的高山啼兔,有灰褐色和黑色的两种。它们生活在石块的间隙,把干草储放在出口附近,那是一些乌头、块根糙苏、斗篷草和高山地榆的叶子,看麦娘穗子,尖被藜芦的茎等等东西。堆放干草的地点通常都选在一个上面有石头遮挡着的水平地面,因此它[干草]淋不着雨,风却很通畅,草都晾

34

得很干且有香气,这显然是不慌不忙地收集起来的,好使下面的草得以充分干燥,已经干透的草上面可以看到一些新鲜的叶子,但不是很多。在被我们击毙的几只[啼兔]腹部两侧发现有个头很大的皮下蛆虫,有几只的耳朵里还寄生着整窝的蜘蛛。

我们在奥奇利克河畔停留的这两天天气一直阴沉,白天雪时断时续地下,到夜里天又晴了,来自阿尔泰山北坡的吉尔吉斯人经过我们这里时言之凿凿地告诉我们,只在乌尔莫盖忒山口以南下了雪,而北侧这些天全是晴天。

9月10日先沿着奥奇利克河右支流的右岸向上游行进,从停宿地走出不远就涉过一条自右侧注入的支流,奥奇利克河打着旋儿从宽阔的河谷中流过,我数了一下,竟有6个旋涡。有一条小河自左侧注入奥奇利克河,其呈弧形的河谷被怪石嶙峋的陡峭山岭环抱着,好似一个半圆的梯形剧场,山脊上有8个尖峰。从这条小河的河口再往上,奥奇利克河的河床就变成了石滩,我们在这个地方过河到了左岸,登上一块阶地。阶地上是广阔的卡拉萨兹沼泽(黑色沼泽),奥奇利克河的右支流就源起于此,开头的一段它也就是沼泽地里的一条小溪。卡拉萨兹阶地四周高山环绕,沼泽中央有几排凸起的泥炭形成的小丘。

路从沼泽左岸平坦的斜坡上经过,斜坡上沼泽泉逐渐为砾石所取代,沼泽旁边雪毛茛和沼地虎耳草还开着花。从卡拉萨兹这里的路稍稍向东偏过去,走沼泽地和下面与克兰河谷相通的坡地之间的那个山口,山口处已经有积雪。走过雪地,我们开始下坡进入克兰河谷,这样就越来越接近河的源头。下坡开头的一段是石地沼泽,也就是已变成沼泽的石屑层,此地露头和岩屑的组成是黏土质绿泥片岩。石地沼泽以下的山坡要干一些,山的南坡已经有一层枯萎的草本植被了,北坡则满是卡拉布塔[小桦]丛,靠近克兰河的道路终端处有一个驮畜很难通行的陡峭下坡。随着卡拉布塔的出现,还有了柳雷鸟。

这段克兰河谷很宽阔,底部平坦,河水流经大面积的砾石地时分成数条支流,水势湍急,轰鸣作响。河的左岸有一道很陡的斜坡,上面长着小桦,那道斜坡与河岸之间夹着一条阶地;阶地是由许许多多平缓的

·欧·亚·历·史·文·化·文·库·

山丘形成的,山丘之间分布着很多又小又浅的石头底湖,这些小湖的位置高低不一,直径大约为 20 俄丈或更大一些;其中有一些没有水,而是一些底部积满已磨光的石头的圆形深坑,[1]紧靠坑沿的是高山生草土;这个地方还有另外一种堆满石头的大坑,不可把它们同湖泊的底坑混同,那显然是一些碎石堆,其边缘长出了一层厚厚的高山生草土,那些地方的石块是一个叠在另一个上面堆在一起的,表面长着一层苔藓;而干涸的湖底上有一层碎小的卵石,大块石头是彼此分开的,而且表面上不生苔藓,而是粘着一层灰色的淤泥。这些湖大概只在春天才能积满水,我们还看到在终年积雪层底缘的下边常有一些溪流的干河床,这些我们大概也应看做是水流在春季活动较为强烈的迹象。

9 月 12 日,从克兰河左岸涉渡到右岸后,我们一行人开始沿乌尔莫盖忒河宽阔的河谷往上走。这条河谷的顶端直接连着分水岭上宽阔的鞍形部,河谷下部与克拉斯纳亚谷相通的出口和上端与鞍形部相接的地方宽度是一样的。分水岭的峰脊形似一面有雉堞的陡直墙壁,由黏土质绿泥片岩构成,有的地方交夹着粗粗的白石英岩脉。由鞍形部连接着的那些尖形的山头往往分布得好似半圆形的梯状剧场,陡峭的山坡上有一道道几乎就是从山巅泻下的岩屑堆,岩屑堆之下是伸向谷底的缓坡,如果坡面朝北,上面会生有小桦;山坡上悬崖峭壁极少。在非主脉山的顶上会有灰片麻岩的露头;这种岩石的露头掩盖在其自身产生的大块碎石下面。乌尔莫盖忒河的底部有一层灰色粗粒片麻岩卵石,其他比较浅的泉水底上盖着片岩卵石。

尽管鞍形部两端的尖峰相距甚远,且从旁边的山上望去山口的样子好似一个宽展的台阶,然而通向山口最高点的上坡路却极陡,大车无法通行;小径在陡坡上左弯右拐的地方不计其数;山口的最高处垒着一

---

[1]B. B. 萨波日尼科夫于 1908 年考察旅行期间曾在克兰河源头发现了经过再冲刷的冰碛这种古代冰川作用的痕迹。根据乌尔莫盖忒山口两侧冰碛的数量极多这种情况判断,萨波日尼科夫得出结论说自穆斯套向下曾经有过一条很大的冰川,它的水供给着流向两侧(蒙古和额尔齐斯)的河流(见《额尔齐斯与科布多两河源头的蒙古阿尔泰》,第 173 页)。

个敖包;大致地测算下来,山口的绝对高度接近9000英尺。[1] 北坡上的下山路不像南坡的那么陡峭,它顶多也就借着3个宽得足以走大车的天然台阶拐了3个弯。不过山顶敖包下面的坡道上积有近1俄尺厚的雪,春天吉尔吉斯人赶羊去科布多,只能用铁锹把积雪铲开。10月1日一过乌尔莫盖忒山口就无法通行,那个时候来迟的人赶到阿尔泰山的哪一侧,就只能在哪一侧过冬。

山口的北面有一条名字也叫乌尔莫盖忒的小河[2]流过,在距注入达音古利湖的地点还有2~3俄里处同另一条从左边流过来的支流汇合。北乌尔莫盖忒河的遍是石头的河床嵌在连绵不断的沼泽当中,在一些地方河面扩宽,成了湖泊,这种湖越靠近河口湖面越宽。河道两侧有很多浅湖并不与河道连通,其中有一些位于夹立于河谷两侧的山峰脚下不很大的阶地上,地势比河面高出许多。谷地两边的山体是绿泥片岩,右岸的山从岩屑层的下缘到遍布沼泽的谷底长满了小桦树丛;道路经过的左岸,也就是北岸相应的地方密密地长着禾本科植物;在整个的阿尔泰山北坡再也见不到由斗蓬草形成的高山植被了。在邻近的山上,可以看到大约三个地方有落叶松林。我们在距达音古利湖还有2~3俄里的地方停下来过夜。

9月13日只走到我们刚在其岸边过了一夜的那条河的河口处。接近河口处砂质河床有好些大角度的转弯;有的地方河水很深,有的地方可涉渡的浅滩水也没到马的肚子。河的两岸分布着几个单独的湖泊。此河流入的那个湖仅仅是达音古利湖的一个部分,也就是南边部分,它比北面那部分小得多。这两片水域之间隔着一窄条石丘,石山在中间断开,所以两个湖区彼此是相通的。不过,这条水道只有在山顶上才能看得见,从岸边望去,这道地峡仿佛是连着的。南湖区的岸边有一

---

〔1〕乌尔莫盖忒山口的绝对高度略高于格·尼·波塔宁列出的9000英尺(2743米)这一数字;按照K.沙恩戈尔斯特(《蒙古西北部概况》,第Ⅰ分册,第334页)对格·尼·波塔宁所做气压表水准测量进行计算的结果,乌尔莫盖忒山口的高度为9710英尺(2960米),这同B.B.萨波日尼科夫测定的数字(2940米)接近。

〔2〕哈萨克人常常给从山口流下的两条河起同样的名称,而且两条河就使用山口的名称。例如从乌尔莫盖忒流出两条乌尔莫盖忒河,从苏姆代雷克山口流出两条苏姆代雷克河等等。

些面积不大的碱土。

　　到了这个地方便有一些吉尔吉斯人来看我们,他们是占特肯人,属萨马尔坎苏丹管辖,在阿尔泰山北坡游牧。游牧民早已抛下地势很高的山地,到下面克兰河和黑额尔齐斯河沿岸的温暖草原上去了,只有达音古利湖畔重又出现了吉尔吉斯人的聚居点。有一位造访者把软口鱼装在自己长衫的袖筒里给我们送了来,我们不光买下了他的鱼,还动了自己捉鱼的念头。当天晚上,我们几个人结伙朝北向耸立在大达音古利湖西岸的雪峰脚下走去。我们涉水来到河的对岸(我们整队人停宿在东岸),进入了一块冈峦起伏的地方。此地的地形仿佛是被人翻掘过一样,不同的只是这儿没有陡立的土壁,忽高忽低的地面好像已被铲平并铺上了一层植被;高高低低的凹地与长满禾本科植物的冈丘交错分布,凹地的底部多已成了直径不超过 20 俄丈的小湖泊,只在山丘的顶端和湖的底部才有岩石(灰片麻岩)露出来,这块巨大的片麻岩石屑层南北有 6 俄里长。我们这队人停歇的这条河右岸地带性质也类似,这片浅湖地带其实就是萨尔比尤拉地区,山冈的北坡长着落叶松和小桦。萨尔比尤拉西面和长白雪山的山脚邻接,在东边它大概就成了那道分隔大小达音古利湖的地峡,沿地峡也生长着落叶松林。[1]

　　走出萨尔比尤拉,我们看到了达音古利湖另外那一个更大的部分,湖的西岸耸立着终年积雪、顶巅尖削的穆斯套峰;[2]穆斯套山麓和湖之间的那片平坦的坡地叫做卡拉比尤拉。在湖的北边,紧靠湖岸的卡拉切库山最为显眼,东岸相当高大的阿科鲁姆山脉上新落了一层雪,湖的东南是分隔达音古利湖和库拉嘎奇[库拉嘎什]河谷的山岭。阿科鲁姆山和库拉嘎奇河谷的山岭伸延出来的岬角在湖的东岸靠得很近,两山之间可以看到有一个间隙,据吉尔吉斯人说,湖水从那里流出来成了库坦河,注入科布多河。从阿科鲁姆山和卡拉切库山之间的空隙里

----

　　[1]达音戈尔湖的周边地带是典型的冰碛景观,达音戈尔湖本身毫无疑问也是冰碛湖。1908和 1909 年我部分地采用仪器对湖本身以及波塔宁没有提及的大湖南边冰碛中间的小达音戈尔湖进行了拍照。波塔宁对达音戈尔湖以东分布有许许多多仿佛是挖掘出来的坑穴这种景色做了描述,然而对造成这种现象的原因却没有给出解释。

　　[2]穆斯套峰的高度据 B. B. 萨波日尼科夫的测定达到 4000 米。

可以看到绵亘在科布多河右岸的山脉,科布多河是自另外一个湖泊中流出的。[1] 吉尔吉斯人好像把那个湖叫做阿科勒。

有软口鱼的泉水紧贴萨尔比尤拉地区的西缘流过,我们不一会儿就捉了半袋子[鱼]。我们就像促虾那样用手抓,在泉水两边贴岸的石头中间探摸,鱼儿成群地藏在那里边,一群就有 5 条或者还要多。后来,我们在注入达音古利湖的其他几条泉水中也看到过软口鱼。北南二湖的总长在 15 俄里上下,东西宽 8 俄里。

这个地方有一道山岭一直伸入到湖水里边,为了绕过此湖,9 月 15 日我们得从这道山岭上翻过去。我们先沿着一个具有和萨尔比尤拉同样的湖沼性质的地点向上攀登,然后翻过由绿片岩构成的山峰,再顺着一块群山环绕、比湖面高出许多的狭窄阶地行进。山上遍布落叶松林,阶地尽头处一道山溪横贯流过。在距山溪尚有大约 1 俄里的地方我们看到了一座四方形的木房子,房顶有前后两个坡面;里边安放着一尊用花岗岩雕刻出来的半身像,吉尔吉斯人称他为乌梁海拔都达音,吉尔吉斯人也就用这位拔都的名字称叫此湖。[2] 过了溪流,走过一个不大的上坡之后,就是直通大达音古利湖东北岸的又深又陡的下坡路。大湖旁边隔着一条细窄地峡还有一个小湖(第三个湖),一行人沿着这道宽不足 1 俄里、长有 3 俄里的地峡走去。地峡的碱土表面非常平坦,这道地峡就形成了直立于大湖水面之上有 5 俄丈高的黏土陡岸。小湖里的

---

〔1〕波塔宁对达音戈尔湖四周的描述有不准确的地方,阿科鲁姆山脉在湖的东南面,隔在湖与库拉嘎什河谷之间的山岭在阿科鲁姆山的西北,是后者的支脉,这在我绘制的蒙古阿尔泰地图(B. B. 萨波日尼科夫:《额尔齐斯与科布多两河源头的蒙古阿尔泰》,1911 年)上看得很清楚。阿科鲁姆山是蒙古阿尔泰山主脉向东延伸的一条支脉,源出自达音戈尔湖的库坦河流向先是向北,然后转向西北,在原先曾自穆斯套峰铺泻而下的大冰川堆积起来的冰碛中间,从库拉嘎什山脉以北流过。

〔2〕达音戈尔湖这个名称是按照达音拔都(勇士)的名字取的。在湖的南岸 1877 年曾有一尊这位神话中的勇士的花岗岩半身雕像,雕像的上面盖着一个房顶两面都有坡的木棚,像的对面有一道门。雕像靠后墙立着,前面拉着一条绳子,绳子上挂满了绸布条、马鬃和一串串弯成弓形、涂着很怪的颜色的四方木头块。雕像的基座用木围围着有如一个箱子。格·尼·波塔宁对雕像的大小进行一番测量(高 150 厘米,肩宽 38 厘米,头长 55 厘米)之后,指出:就各部分的做工和保存的完好程度说,这座基沙契洛是他在蒙古西北部见到的所有雕像中最好的一尊(《蒙古西北部概况》,第 II 分册,第 72~73 页)。

水越过地峡的西端流进大湖中,形成为一条水势很急的石底小河。所有 3 个湖里都是淡水。过了小河再往前走一点点,我们在大达音古利湖东北岸上一些互不相接的片岩山冈的南麓下停宿。

9 月 16 至 19 日我们和吉尔吉斯苏丹萨马尔坎相互拜会,苏丹的住地在库拉嘎什河谷的下段,离我们住的地方有数俄里。萨马尔坎看来并不富裕,他的骆驼很少,这种牲畜难于在达音古利湖这么高的高原上生存。萨马尔坎喜好架鹰打猎,他养了 3 只金雕,每天都当着我们的面打狐狸。我们从祖尔特派那儿雇来的向导达拜把我们送到此地为止,因此我们得请萨马尔坎另派一名向导送我们去科布多。萨马尔坎非常亲切地接待了我们,他说他本已朝越冬地进发了,但是听说有俄国的秋莱(官员)要来,就停下来等着和我们见面。他让他的一个萨尔特族[1]妻子的亲属——一个萨尔特族小伙子卡瑟姆给我们做向导。从达音古利湖去科布多有两条道路:一条经杰利温地区,另一条走杜博图尔贡地区。后一条路要比前一条路多走一天,而且到了霍努尔乌连地区就衔接到从索克哨所去科布多城的驿路了;然而经杰利温的路有很多上山的路。路上的山口冬天被雪封得很严,所以经科布多赶羊都走杜博,那个地区的路小家畜长年都可通行。我们选定了走杰利温的那条路,因为此路经过的那些地方还从来没有人到达,而经杜博的路则会把我们引到驿路上去,可驿路经过的那个地段已经有普林茨和马图索夫斯基讲述过两次了。

库拉嘎奇河(或者叫库拉奇河)流入达音古利湖,其河口位于我们停宿地以西。库拉嘎奇河由 3 股源流汇合而成,左边的源头来自山里,那山的另外一侧则是黑额尔齐斯河的一条支流杰马武河的发源地,中间和右边的源头出自石岩中的湖泊。9 月 20 日我们攀上了中间那条支流的源头处。

---

[1]在 19 世纪曾经用过的"萨尔特人","萨尔特语"这个术语现今已因含混不清而被弃置不用,因为在不同时期曾赋予它不同的内容;有时用这一名称去指喀什噶尔地区和中亚当地的定居居民的语言,而实际上他们讲的却是不同的语言。关于萨尔特一词(意为商人、城里人)的起源问题可参看 B.B. 巴托尔德所著《突厥斯坦文化生活史》,列宁格勒,1927 年,第 24 - 25 页。

离开前一个停宿地 1 俄里,还没有走下通向达音古利湖的那面缓坡,我们就看到路旁有一片巨人冢,[1]墓冢中间立着一座基沙契洛(在俄罗斯南部被称作石俑的那种石块的蒙古语名称),上面刻着一匹马。从停宿地走出两俄里,我们一行登上铺展在库拉嘎奇河左岸的阶地。阶地平坦,朝库拉嘎奇河一侧微微低下去,而对着达音古利湖的坡面则很陡峭,有很多丘陵。坡上的丘陵是一堆堆的漂砾,阶地上也有一些花岗岩漂砾散乱地从地面下露出来,有的地方还组成一些与河平行的行列。库拉嘎奇河的底部是岩石,河岸很低,草根土质。过河到达右岸后,我们沿河朝上游走去,不久便进入了河水流经的那道夹在两山之间的窄谷。起初,山体是深褐色的黏土质页岩,河谷的右壁是陡直垂立的山岩和填满岩屑的槽沟,左边的槽沟则长满了小桦丛,谷底也长着这种树丛,再往上走两岸的页岩为花岗岩所取代。我们沿着右边那条支流[河的源头]的右岸往上游走了一段路便涉过河去,从过河的那个地方朝左边望去,可以看到一个北东南三面环绕着花岗岩山石的湖泊,右边的这条支流就是从那里面流出来的。[2]

翻越山梁的时候,我们遇到了 20 来个卡拉台那一支的吉尔吉斯人,他们是到克兰河去买粮食的;每个人都有两匹驮载着毡子、砖茶、斜纹布和大布的备用马匹。从山口处下来,我们就来到了中间那条支流

---

〔1〕巨人冢这一名称指的是各种形式的坟丘,喀尔喀蒙古人叫凯来克苏尔,土尔扈特人和杜尔伯特人叫吉尔吉津尤尔,吉尔吉斯人(哈萨克人)叫敖包。在喀尔喀人的传说中,凯来克苏尔是古代巨人的坟墓,这种人想要生火的时候,会把整棵整棵的树连根拔起;另一种传说是在两个汗王打仗的时候,人们把自己的财物埋在地下,在上面做好标记并写上字,然后逃往其他地方去了。格·尼·波塔宁只在戈壁以北看到过凯来克苏尔,而且主要是在河谷或湖泊盆地四周的山麓处,在这种地方都是多个凯来克苏尔集中在一起的,而在高山或山口上则很少有。凯来克苏尔不受蒙古人的崇敬,因此上面不像敖包那样挂有布条和马鬃(见本书第 13 页注〔1〕)。

凯来克苏尔的形式是多种多样的——从简单的圆丘到在中央坟丘的四周用天然花岗岩卵石摆出圆形或正方形边饰的复杂式样,在阿尔泰某些坟丘还用石头摆出的向四周散射的光线。有的时候边饰是两排石头,四个角上立着比较高的石块。在单行的边饰外面有时还有 6 堆石头,在南面排成弧形。在《蒙古西北部概况》一书中,波塔宁着力描述了各种形式的凯来克苏尔(第 II 分册,第 47 – 64 页)。

〔2〕B. B. 萨波日尼科夫所做的复杂的考察工作判定蒙古阿尔泰,其中也包括库拉嘎什一带的冰川作用范围很广,根据库拉嘎什河注入库坦河的那个地方保存下来的古冰碛判断,整条库拉嘎什河就是一个冰川。

·欧·亚·历·史·文·化·文·库·

发源于其中的另外一个湖边。湖长有两俄里,西岸是沼泽,其余三面环立着怪石嶙峋的高山,山坡上有大量的终年积雪,湖底布满了卵石,次日清晨贴着湖岸结了一圈冰。这些山把河谷顶端围成一个盆谷形状,其陡峭的坡面上落满了岩屑,根本无法攀登,只能从一面走出去。这样的山吉尔吉斯语叫做科鲁姆,[1]蒙古语叫做布尔克。这可能是我们在阿尔泰山脉停宿过的最高一个地点了。

9月21日,我们先是沿着湖的西岸与岸边山脉的山麓保持平行地行进,后来登上了湖东面的陡峭山脉和北岸的山峰之间的鞍形部。北岸的山峰是粗粒花岗岩,山岩破坏严重,峰顶布满了角砾;有些地方没有受到破坏依然保持完好的岩石挺立在山脊上,好像一根根柱子。翻过鞍形部就下到了一个窄沟里,峡谷的底部堆满了碎石,而且遍地都是沼泽,因此道路紧靠在峡谷的右侧,贴着片岩谷壁通过。这一段路由于石头多的不计其数,骆驼走起来非常困难。峡谷两侧的岩屑当中有很多啼兔。

顺着峡谷我们来到了一个阶地上,那儿有一个长约3俄里的湖;阶地尽头一个陡急的下坡通向另一块比较低的阶地,那个地方有3个湖。我们下到最东边的那个湖岸旁,走下坡来便有一条很好的绵软道路。湖的周边地带是平坦的草原,上面撒满细碎的花岗岩石,还生着稀稀落落的植簇。在这儿我们第一次见到了一群群的黄羊,[2]每一群都有15~50只。湖的南边是很高的山脉,山体看样子是花岗岩,因为峰脊上排列着好多彼此不相连接的石柱。这些山的坡面上生着小桦丛,这里的山上都没有落叶松林。我们在阶地东北边缘一条从山旁流过的小河巴尔拉姆的岸边停下来。过了我们的停宿地,巴尔拉姆河就朝北流入山中。从这些山之间的空隙中可以看见一道高高的山脉,山脊上积着新下的雪,那条山脉在萨克赛河的右岸。巴尔拉姆河以北的山上有

---

〔1〕哈萨克人还把体积大棱角尖利的山岩碎块形成的高大石堆称为科鲁姆。

〔2〕黄羊(Gasella [Procarpa] gutturosa):瞪羚的一种,栖息于蒙古草原的山前地带。背部及两侧毛为沙黄色,腹部白色。雄性有竖琴状角,幼羊易驯养。荒漠的南部有另外一种瞪羚——鹅喉羚(Gasella subgutturosa),也叫哈拉苏利塔,背部毛色比较深,雄羚的角也比较长,肉的味道较好;鹅喉羚不同于黄羊,结成小群。

很多雪鸡(山地吐绶鸡)。[1]

9月23日从巴尔拉姆河峡谷的右边朝东进发。涉过中间隔着几道平坦山口的卡拉布塔和萨雷戈比两条河,路两边较远处耸立着两座山——右侧是阿尔泰山分水岭的山麓,左侧的山则横在我们与萨克赛河谷之间。上面提到的两条河都是岩石河床,过了第二条河卡拉布塔,就开始下坡进入宽阔的萨克赛河谷。从长满针茅的黏土沙质坡面走下来,先越过一片沼泽,后又走过一大块半沙半石长满已被吉尔吉斯人养的牲畜糟蹋过的禾本科植物的地面。某些地方还有小片的盐沼地,甚至有芨芨草。丛桦在这儿已经见不到了。山岩上第一次出现了刺棘豆,吉尔吉斯人把这种东西叫桎兰,蒙古人则叫奥尔忒特。萨克赛河左岸的岩石从谷里的冲积物中隆起兀立着,犹如城里的楼房凌驾在人行道之上。

河谷越靠上游越窄,在这个地方萨克赛河更加靠近谷地的左侧,甚至贴着岩石流淌。斑岩山冈高出谷地有11俄丈,我们一行人在萨克赛河岸边斑岩峭壁脚下安顿下来过夜。

萨克赛河谷这一宽阔地段约有10俄里(指从斑岩山冈往下游)。它的西南一侧有一道分水岭,因片岩和斑岩山冈挡着我们无法看到;东北一侧则是我们后来从库利扎赛附近穿越过去的那道山脉。这道山脉高耸于萨克赛河谷之上,十分险峻。

---

〔1〕雪鸡,山地吐绶鸡(Teatragallus altaicus):分布于俄罗斯阿尔泰和蒙古西北部的高山与亚高山地带;不像所有的吐绶鸡那样属鹑鸡科,而属雉科。广泛分布于无林木、多石的山坡上和2000米以上的高山草甸中。喜游走,借助翅膀的助力甚至能上60°的山坡;可跳起半米多高,能跃上几乎是陡直的山岩。往下飞时展开翅膀沿山坡滑掠。"从高空下落时,雪鸡忽而低沉忽而尖厉地啸鸣着,飞翔速度令人生畏",П.П.苏什金写道。"在这样的高度上雪鸡可以飞数公里——我亲眼看见的就有2~3公里,不过总的说来这是一种走禽。我曾有机会看到这样一种情形:一夜大雪把雪鸡从它们栖息的地点往山下赶出约3公里去,可是太阳出来雪刚开始融化,雪鸡立刻就往上边跑"。(П.П.苏什金:《苏联阿尔泰地区及毗连的蒙古西北地带的禽鸟》,第1卷,第190－193页)。

雪鸡的鸣声是悦耳的啸音,有时很响亮;黄昏时分和清晨雪鸡发出声声响亮的鸣叫,是一串不连贯的短音,接近末尾间隔缩短,可以称得上是歌唱。

猎取雪鸡很困难,因为它比人更善于在陡坡上行走。

在蒙古的西北部雪鸡分布于蒙古阿尔泰山直至山脉东部边缘的范围内,杭爱山脉、唐努山脉、萨彦岭也有。

萨克赛河沿岩石河床以每分钟 20 步的速度流动。河的两岸没有林木。

9 月 24 日，从我们停宿的那个萨克赛河贴石而流的地方往上走出不远，涉过这条很好走的河流，慢慢离河远去，向着河谷右侧的山峰行进。这一段河谷比下游窄得多，宽不过 1 俄里；河谷很直，所以它往南伸延的那一段远远就能看见。看得出两岸生着矮小的河柳，吉尔吉斯人把它叫作契利克；紧靠这段河谷左侧就是主分水岭的山峰，这些山比谷地高出不太多；山上的某些地方有终年积雪，但是面积不太大。这些山的南侧是黑额尔齐斯河水系的库鲁姆戒和卡伊尔戒两条河流的发源地。尽管此地地势很高，季节又已晚了，在萨克赛河谷上段一些地方依然能够见到畜群和吉尔吉斯人的聚居点。萨克赛河谷在这个地方的走向是对着东南，而路却通向正东方的平缓山岭，一会儿从山岭上翻过，一会儿又下行进入底部尽是沼泽的槽沟。在我们到来的那个时候，库利扎赛已成了一条 15 步宽的干涸岩石河床，只有一个坑里积存着少许从一个山坡上的小湖流过来的水。夜里就连这点水也全冻成了冰，以致到次日我们为拿什么来煮茶而大伤脑筋。在沼泽中间找到了一小洼水，可是很快就把它舀干了。据向导说，在其他季节这里的水是很充足的，果然，第二天我们依然沿着这条库利扎赛河河道往上游走，却发现它竟然是一条相当大的山溪。一到秋天，随着积雪停止融化，库利扎赛就从它的河口处逐渐后退而越变越短。不过，我们在离停宿地不远的山里找到了一眼山泉，这就解决了我们的困难。

9 月 25 日，我们沿库利扎赛河朝南往上游走，河从山脚下流过，这些山是萨克赛下游右岸那道山岭的东余脉。从停宿地走出不远，（按河水的流向说）左侧就有一些山冈逼近河岸，把河谷挤得很窄。过了这个狭窄的地段河谷重又开阔起来，这里的路的右侧又出现了一个四周是碱土的盐湖，这种湖的附近常有黄羊出没，有一群黄羊曾经靠近过我们在库利扎赛岸边的停宿地。前方可以看到分水岭，那里有着终年积雪的高峰。到了河谷的开阔地带，我们一行立即转向东方，进入库利扎赛河从中流出的那道峡谷。形成峡谷两边侧壁的山峦覆盖着高山生草土,很绵软。只在某些地方才有山岩露头和峭壁,在峡谷里库利扎赛是一条颇大的山溪。谷底散布着很多阿卡尔羊的角和双角俱全的头骨,角已经不同程度地风化了,只是没有或是极少有已彻底变白了的,见不到骨骼和骨架,对着巉崖峭壁的地方最多。一位吉尔吉斯族雇工耐心地计数了一路,共计有 64 个头骨。吉尔吉斯人很肯定地告诉我们,数年前这个地方据他说曾有大批阿卡尔羊倒毙。下午 2:15 时到达山口的最高点。就是这道山口把萨克赛山脉与主分水岭接了起来,山口处很平坦,是一片沼泽。自山口处可以展望到塔勒诺尔湖,一个蔚蓝色的湖泊安卧在深深的凹谷之中,谷的右侧是山的主脉,即那些终年积雪的山峰;左边则有一排平缓的山峦,那是地平线上隐约可见的其他山脉的山前地带。湖岸平坦,有的地方含碱,有的地方则是沼泽,没有树木。在这儿我们见到了萨马尔坎辖下的吉尔吉斯人的畜群。湖泊成长圆形,其西端伸延到几座山的背后而无法看到。湖水是淡水。有一股水自湖中流入博罗布古孙[博罗布嘎扎]河谷,而后一条河则注入萨克赛河。靠近湖岸和库利扎赛河边都有好多黄鼠的洞穴。

9 月 26 日,这一天我用来进山去就近观看终年积雪层。

9 月 27 日从南侧绕塔勒湖而行:这一侧有几股泉水流入湖中,其中有的表面已经结了一层冰;在湖的东端碰上了黄羊。在一股自东注入湖内的泉水流经的谷地里可以看到有好多马群和一些羊群,在泉水的源头处有两个吉尔吉斯人的聚居点,这是去科布多的路口上碰到的最后一批吉尔吉斯人了。从湖东端对面那个地方进入一道峡谷,谷右侧(按路的走向说)的露头是红色的黏土质页岩,而左侧的则是黑中带绿的黏土质页岩。沿着这条谷地走上去,就来到一个处在平缓山冈环抱之中的阶地,我们在阶地上朝北走去;阶地尽头是一道斜坡,站在斜坡上,我们以后将要走过的这片广阔地带尽收眼底,许许多多黑色岩石山冈一排又一排地自北向南横陈在面前,山冈之间则是黄色的洼地。有 3 座山显眼地高出其余众山,正对面的山岭上面挺立着捷列克京斯基长白雪山,往左是从科布多去索克途经的科努乌连山口附近的雪山,再往右有耸立在杜博湖南岸同样积着雪的山峰。

欧·亚·历·史·文·化·文·库·

由此一直到杰利温[杰伦]的整个地带都是没有水的荒漠,因此我们无论如何必须在黑夜到来之前赶到杰利温。各山之间宽阔的槽沟之中是干燥的碱土地,那些地方常有黄羊出没;坡地上有稀疏的植簇;山体侧坡突出的岩石之间的凹沟里面没有泉水。这个无水地带使我们感到17世纪的旅行家拜科夫的记述是真实可信的,他说攀上阿尔泰山之后,他在无水的荒漠中走了两天。[1] 从山口处可以望见两道山岭之间夹着一条很宽的东西走向的槽沟,在地平线处它被捷列克京斯基长白雪山的山麓封住。在东边,浅黄色草原的中间有一座单个的黑色小山冈,那就是我们预定要停宿的芨芨草地当中的一处岩山。可是离那个地方还有14俄里的路程,而我们站在山口处对着它望的时候已是下午4点钟了。从山口上下来,我们碰上了一群黄羊,约有50只,这已经是我们碰到的第四群黄羊了。槽沟底部平坦而不倾斜,有稀疏的植簇;小啮齿目动物的巢穴很多,因此马脚常常会掉进坑穴里去。我们走到自岩山(由硅质页岩组成)东面脚下流出的一条泉水旁,在芨芨草丛中停了下来。

从这座孤零零的岩山到捷列克忒阿苏山口的脚下还有16俄里,这样整个河谷的长度就在30俄里上下。横在北边谷地头上的山距离较近,可是往南谷地的长度同样不下30俄里。在那里一边耸立着一道高高的山岭,我们途中遇到的乌梁海人说那山叫乌拉克沁,那大概就是由捷列克京斯基山脉向南伸延出来的部分。谷地里分布着比扬忒[布扬图]河的上游水系,该河有两条分支:北支流叫杰利温河,南支流叫塔本萨拉河,即5个峡谷之意,因为该河是由5条山溪汇合而成。两支流汇合之后河名就叫布扬图了,它向东流,穿过捷列克京斯基山脉进入科布多城所在的平原;直到过了该城在下游一处地方穿过一道不太大的

---

[1]格·尼·波塔宁认为,俄国大使费奥多尔·伊萨科维奇·拜科夫1656年自中国返回俄罗斯的时候,曾经翻越蓝额尔齐斯河源头处的占格兹阿加奇山口进入杰利温地区。他在乌伦古湖附近渡过黑额尔齐斯河后,大概是先沿着黑额尔齐斯(卡拉伊尔忒斯)河往上游走,然后沿蓝额尔齐斯(库伊尔忒斯)河向上走,从渡口到山口这段路程他走了两周又5天。

山岭之后,比扬图河[1]才最终流进了哈拉乌苏[哈拉乌苏努尔]湖区的洼地中。

在古地质时期杰利温大概是一个湖泊;此盆地的中心部分底部完全是水平的,上面分布着沼泽和满是土丘的碱土。一道道石岭从水平的地面上骤然隆起,有如山岩兀立于湖面之上一样,许多岬角伸进盆地里面。岬角终端的岩石脚下往往有泉水涌出,把这个地方变成了一片沼泽。几乎在每一个这样的岬角旁边都有乌梁海人的越冬地,整个一个冬天他们都让牦牛[2]和绵羊待在这里。有的岬角前面从冲积层下耸起一座座山岩,孤单地立在那里有如岩岛一般,方圆不超过150~200步,高出谷地地面约150英尺。盆地湿漉漉的长满稠密饲料草的底部与寸草不生的周边地带之间的坡面异常陡峭,盆地向西边山地内部支伸出去的槽沟是无草无水的荒原。到科布多来的商队通常都把他们的牲口放在杰利温,因为该城附近是不毛的荒漠,没有饲草。我们在这里见到了早我们一步从喀什来到科布多的萨尔特人商队的骆驼。

冬天这里不下雪,萨克赛盆地也是如此。总之,在这个地方阿尔泰

---

〔1〕在这一段文字中,格·尼·波塔宁对此河的名称使用了3种拼音形式:比扬忒,布扬图,比扬图。在我们那幅蒙古阿尔泰地图上此河叫做布扬图,在现代的各种地图上用的名称是布扬图戈尔。我们保留了此段中格·尼·波塔宁的所有3种拼音形式,以表明他对该河的名称是否准确没有把握。

〔2〕在蒙古语里把高山动物:家养的牦牛(Poephagus grunniens)称作萨尔雷克(牦牛);格·尼·波塔宁指出(《概况》,第Ⅳ分册,第829页),在蒙古语里亚克(牦牛)指西藏牛。牦牛的外貌是这样的:头又重又大而脖颈短,耆甲部细窄的隆凸非常发达,全身特别是两侧和腹部有极厚的长而粗的毛,尾短小,生有厚毛。牦牛不同于分布在西藏的野牦牛之处是体形较小,角不那么坚硬及其他一些特点。在西藏,蒙古,中国西部,苏联的阿尔泰、吉尔吉斯南部、塔吉克斯坦、布里亚特蒙古牦牛都得到了繁育。牦牛由于力大而且灵活,是山岳地带极好的供骑乘和驮运用的牲畜。牦牛的肉、毛、皮和奶都得到蒙古人的利用,奶的脂肪含量甚高。牦牛全年在牧场上放养。牦牛同牛的杂交种具有特殊的意义,在阿尔泰已经建立了研究牦牛及其杂交种的站点(Ф.С.科扎林:《牦牛的种间杂交问题》,载《奥伊罗特》文集,奥伊罗特自治州生产力研讨会论文,苏联科学院出版社,莫斯科—列宁格勒,1887年,第417-433页)。

47

山东北坡与西南坡截然不同:峡谷深邃、水流湍急是[西南坡的]特点;[1]道路很陡,自西向东是大上坡,自东向西是大下坡。深谷里边生长着云杉和落叶松,草很高,却没有匍生桦(小桦);高山地带的草根土是由斗蓬草这种植物生成的。冬天这一面的坡地积雪很厚,所以翻越山岭是不可能的。大雪不仅覆盖山脉的各个峡谷,也铺满黑额尔齐斯河流经的草地平原,就连布伦托霍依的周边地带也落满了白雪。山脉的东北坡全是凹地或向东逐次降低的梯台,那些凹地或者还保有湖泊(达音古利,阿科勒,杜博,塔勒),或者已经完全干涸,变成了河谷,如像萨克赛和杰利温;冬天只有地势比较高的凹地,如达音古利湖凹地和塔勒诺尔湖凹地才有积雪。萨克赛凹地和杰利温凹地则根本没有雪,成了来此觅食的牲畜过冬的场所,那里几乎就没有林木,云杉根本不会越过分水岭生长,落叶松我们只在达音古利湖的周边见过。高山的北坡遍布着匍生桦(小桦),有时生长在落叶松林中成为林下灌木层,多数情况下是长在没有林木的山坡上。谷地里除了低矮的河柳之外,没有其他的灌木。[2] 凹地底部尽是沼泽和碱土,上面长着苔草和草原禾本科植物;无水的黏土地上除了稀疏的植簇(克雷洛夫羊茅?)之外,没有其他植物;山岩上出现了奥尔忒特(棘豆),这种植物沿着山坡一直长到很高的地方,竟同小桦会合到了一起。于是巴尔拉姆河谷朝北的侧峰上长着小桦丛,而朝南的岩壁上却生着这种带刺的植物。

杰利温河沿岸有黄羊和草原(达斡尔)啼兔;阿卡尔羊和原山羊在巉崖上游来荡去;一到冬天雪豹[3]就从布卢贡河谷往这里跑,偶尔会

---

[1]原书中是这样写的:"峡谷深邃、水流湍急是东北坡的特点",也就是阿尔泰山蒙古一侧坡面的特点;格·尼·波塔宁在这个地方出现了笔误,因为所有这些以及后面讲的都是阿尔泰山西南(黑额尔齐斯河一侧)坡的特点,而非蒙古一侧的;因此我们把"东北坡"改成了"西南坡"。

蒙古阿尔泰山蒙古一侧的坡面和额尔齐斯阿一侧的坡面在地形和植物方面的差异表现得极其鲜明,所有的旅行家都注意到了。特别是 B. B. 萨波日尼科夫在概述蒙古阿尔泰的植物的著作中,在西南坡上划分出林区和高山区,在东北坡上划出荒漠草原区的蒙古高山层,都具有鲜明的特有植物(《蒙古阿尔泰》,第 345 – 353 页)。

[2]不过,我们的人在库拉嘎奇河谷发现了黑果小檗。——作者注

[3]雪豹(Uncia [felis] uncia):生活在中央亚细亚的山中以及阿尔泰山里的一种豹,唐努山脉偶尔也有;待在岩屑层上,不怕大雪;以高山哺乳动物(阿卡尔羊,野山羊,山地旱獭,鼠兔)为食。

有人拿着这种动物的毛皮到城去出售。冬天我们的马群在杰利温停歇的时候,我们的雇工曾听到过雪豹的吼声,然而我们的猎手却未能见到它们。至于禽鸟类,秋天这儿有很多石雀、大燕雀、朱雀、长尾雀,冬天就只剩下角百灵了,不过数量很多,冬日里每一个乌梁海人的聚居地附近都有一群群这种鸟儿飞来飞去。这里的高山里有雪鸡和柳雷鸟。

从杰利温凹地去科布多城有两条路,一条是走布扬图河流出时经过的那条窄沟,这条道比经由捷列克京斯基长白雪山附近那座鞍形部的另外那条道路要长 3 日的路。于是,9 月 29 日我们走上了后一条道路。这一天只走到了山口的脚下,走的一直是平地,穿过块块碱地和结冰的沼泽;在这些地方我们开始看到赶着一群群牦牛的乌梁海人的帐幕。再往前,路向东通往峡谷,一条很宽且堆满砾石的干河道从那峡谷中逶迤而出,沿河谷伸展开去,河道北侧是高不到 1 俄丈的断崖,靠近峡谷处河道变窄,里边也有了水,与水一起出现了河柳(契利克)。河道里到处是由硅质页岩、花岗岩和一种暗色岩石组成的巨大漂石。

9 月 30 日从捷列克京斯基长白雪山左边的峡谷向上攀登。走到这个地方河的源头已经转到了右侧,可以看到那儿有一道很宽的槽沟。槽沟的东南耸立着捷列克京斯基长白雪山,雪山有两个高峰:西边一个比较尖峭,东边那个略显浑圆。两座高峰上的积雪连成一片,向下一直伸延到谷里,底缘结着冰,在雪山脚下与谷底相平行,足有 1 俄里多长。冰带的边缘垂直而立,有 5 或 7 俄丈高;只在冰体的下部才有明显的层理,上部则浑然一体;冰墙的脚下散布着很多冰屑。峡谷下部岩石露头和捷列克忒河右岸岩屑的组成是细粒灰片麻岩,而根据雪山顶峰岩石露头的颜色判断,该山峰就是由颜色比灰片麻岩更暗的岩石组成的。

经宽阔的干谷向鞍形部攀登,上山的路坡度不大且平坦,可以走大车,地上有很多碎石,但没有很大的石块。鞍形部上面是比较浅的玫瑰色粗粒花岗岩,这种岩石形成式样稀奇古怪的岩崖,特别是在山口的左边,有的像是建筑物上圆锥形的尖顶,有的形似立柱, 有的又状如圆形面包,〔1〕等等。花岗岩坏蚀得很厉害,鞍形部上撒满了大块的碎石。

在山口的另一侧,下坡路通向哈图乌里雅苏台河〔2〕谷地。此河同捷列克忒河一样,发源于捷列克京斯基长白雪山的积雪之中,也同样都在路的右侧,站在山口已经能够看到哈拉乌苏湖南岸的宗哈伊尔罕山脉了,它呈底朝上的船形,山脊附近可以看到很多地方有一片片的积雪。从山口处既看不到科布多城,也看不见湖的其他周边地方。与上山的路相反,下山的路让人心惊胆战:它是从一个巨大的面包形状的花岗岩山丘的石屑中穿过的。道路左右两侧都是直上直下的花岗岩峭壁,路径直通到一个不大的平坦阶地上,从那块阶地往下又是一个陡峭的下坡,右边现出了哈图乌里雅苏台河从中流出的那道峡谷,峡谷的顶端陡峭险峻,为自长白雪山上垂挂下来的冰层所覆盖。再往前路就比较平缓了,然而在这个地方谷底却堆了一层足有两俄丈厚的冲积下来的大块漂砾和碎石,河水在这片厚厚的冲积层当中给自己冲刷出一条窄窄的通道,我们的道路就夹挤在流水与悬崖之间,从河边一窄条布满巨石的地面上通过。直到很晚,天色已经黑下来的时候,我们才在一个空着的厄寮特人院落里停下来过夜。厄寮特人只在冬天才赶着山羊到这里来住,这里根本没有可供大牲畜吃的草料。这个地方有了锦鸡儿丛,〔3〕自我们离开坎达嘎台河以来这还是第一次见到这种植物。

10月1日沿哈图乌里雅苏台河往下游走出不太远。河谷从这一

---

〔1〕在一些描述花岗岩露头或花岗岩山的段落中,格·尼·波塔宁使用了"面包状花岗岩石"或"面包"这样的词,他指的是花岗岩经风化而成的大圆面包样的独特形状,哈萨克人对这种形状的花岗岩甚有一个专门的名称"考塔斯"——羊石。

〔2〕哈图乌里雅苏台:蒙古语,意为坚硬的(杨树的);捷列克忒:也是杨树之意,但是鞑靼语;蒙古人给东边的河起了一个蒙古语名字,却给西边的河看来是保留了古老的鞑靼[突厥]语名称。——作者注

〔3〕锦鸡儿:西伯利亚人叫卡拉干尼克,一种分布广泛的豆科灌木;生长于西伯利亚、哈萨克斯坦、蒙古的山中(树锦鸡儿)和草原金(金鸟锦鸡儿),对这两个品种已广泛进行园艺栽培。第三个品种:矮锦鸡儿(Caragana pygmea),乃是一种生长在植物难以生长的荒原中的低矮带刺灌木。蒙古人把锦鸡儿分成几种:沙里卡拉嘎纳——黄(矮)锦鸡儿或亚曼卡拉嘎纳,山羊锦鸡儿;乌黑里卡拉嘎纳——牛锦鸡儿;霍宁卡拉嘎纳——绵羊锦鸡儿;阿勒滕卡拉嘎纳——金色锦鸡儿(格·尼·波塔宁:《蒙古西北部概况》,第Ⅱ分册,第130页;第Ⅳ分册,第147–148页)。锦鸡儿是一种燃料,而且在科布多周边地带不是把锦鸡儿砍下来,而是连根拔起来(第Ⅱ分册,第39页)。

边到那一边全都布满了漂砾,我们一行人不得不很吃力地在乱石中间穿行。某些地方河岸的形状就像是巨大的漂砾、沙子和黏土组成的冲积层被河水从中间劈成了两半,有的漂砾还蒙着一层石灰。在河谷里边除了锦鸡儿只见到两棵杨树,山岩上有很多松鸡[石鸡],河谷里住有厄鲁特人,看到了他们贫寒的帐幕和牦牛。

10月2日刮了一整天很强的西北风,尽管风那么大,松鸡还是在山岩上使劲地叫。看得出山上有暴风雪。夜里刮起了风暴,弄得我们无法睡觉,因为得不断地加固帐幕,一次又一次地收拾那些刚收好就又被大风刮得乱七八糟的东西。暴风夹着雷鸣沿河谷劲吹,所以袭击是可以预先料到的。我们的帐幕嘎嘎作响,支撑圆顶的条木被折断;我们把圆幕顶用绳子拴在下面的一个箱子上,箱子上又放了3块大石头,用套索从外面把帐幕捆住,在风刮过来的那一面绑上骆驼驮的沉重的驮包;在幕毡的底边上压了一圈石头。尽管采取了这么多的办法,风还是不时地把毡幕从帷幕的木头支架上掀开,所以一整夜都在手忙脚乱地干这种西叙福斯的活儿。[1] 这是此地的第一次风暴,另外两次我们是后来已经在城里住下来的时候遇上的。

10月3日,从哈图乌里雅苏台河往左,沿侧面的一道槽沟登上了正长花岗岩山岭的峰脊。站在山口处看到有一条宽阔的谷地,布杨图河自一道峡谷中流出,从该河谷中蜿蜒而过。布杨图河宽阔河谷的两侧都有高峻的花岗岩山脉;左岸山脉的山麓向南伸出很远,直逼河岸,遮住了科布多城所在的那一段河谷,使人无法看到。在我们一行人下山经过的那条槽沟内有8顶厄鲁特人的帐幕,那些人是赶骆驼往城里运送当主要燃料使用的锦鸡儿的。在布杨图河畔停下来过夜。这个地方的河岸是大片沼泽,沼泽四周长着芨芨草,这片芨芨草地一过,马上就是寸草不生的干燥土地。停宿地附近有几棵桦树,峡谷里边有稠密的河柳林,还可见到杨树。

---

〔1〕根据古希腊的神话传说,西叙福斯国王被众神判处无休止地往山顶推滚一块巨石,可是巨石立即就滚回到下边去。西叙福斯的劳动转义指一切繁重疲累而又徒劳无益的劳动。

10 月 4 日先翻过一道不高的花岗岩山岭,随后就靠近左岸的山脚与河平行着前进。我们经过的那些山都是受到严重风化的花岗岩。有一个地方河水流到了左岸的山峰跟前,距高高的花岗岩悬崖已经不远,悬崖之上有很多松鸡[石鸡],还有石雀在盘旋,我们就在那里涉水过河上了右岸。从这个地方就看到科布多城了,城周边的地带广阔而平坦,四面环绕着险峻高大的花岗岩山脉。

1876 年 10 月 5 日我们到达科布多,最近这几天里,从距始于[蒙古]阿尔泰山脉北坡的科布多、萨克赛和杰利温 3 条河流的源头不远的地方,与分水岭平行着走过了 130 俄里的路程。

2　科布多城

在科布多[彻尔嘎兰图]我们从 10 月 6 日到(1877 年)3 月 20 日共逗留了 5 个半月。此城位于一块阶地之上,这块阶地与哈拉乌苏湖平原之间隔着几座并不算高的山,然而这几座山却遮住了城里人的视线,无法看到该湖。科布多阶地或者说是平原自北向南展开,在它南部的边缘处可以远远地看到纳里普哈伊尔罕和洪戈尔哈伊尔罕两座相当高但却没有积雪的山峰;西边是皑皑的捷列克京斯基长白雪山,布扬图河自它山麓处的幽暗峡谷中奔泻而出。出了沟谷,河水就依傍左岸的山脚流淌,到了城北重又流入隔在此城与哈拉乌苏湖平原之间的花岗岩峰叠立的阿尔恰忒山中,在群山之间沿宽阔的峡谷流出 5 ~ 7 俄里之后,河水终于进入了科布多河流经的同一片平原。两条河拉开一些距离向东流去,分别从两个不同的地点注入湖中。布扬图河两岸没有林木,很平坦,靠近城的河段岸边也有一条宽不下 150 俄丈的砾石带;城北有一片沼泽,城郊平原的其余地方既没有水,也不长草。

科布多城在布扬图河右岸,距该河流入阿尔恰忒山间峡谷的那个地方不远。该城有要塞和商市两个部分,要塞在商市的北头,方形,4 个边对着 4 个方位。要塞里边有:大人(да-жень)或称黑白昂邦,也就是科布多总督的府邸,衙门,[1]小官员的宅院,寺庙,监狱,官家铁坊和昂邦府花园。要塞四周筑有带垛口的城墙,还有城壕,有 4 座城门可进入要塞。

商市与要塞有 20 ~ 30 俄丈的间隔,共有两条街道,其中的主街南北走向,街的北头直对着要塞的南门。街道笔直,两侧栽着高大的杨树(黑杨),树下开有水渠。据说夏天把布扬图河水引过来,渠内清水潺

---

〔1〕衙门(ямынь):中国地方长官办公的房舍。

·欧·亚·历·史·文·化·文·库·

潺,杨树绿叶满枝,城里这条大街的气象还是颇为壮观的。街的最南头有一个小型堡垒,我们来这里过冬的时候,堡垒里驻着一支中国步兵分队;第二年夏天这支步兵被从科布多调往中国内地去了。另外那条街在西边,与这条街道平行,狭窄且曲折。这条街上商贸活动最为兴隆,这儿的每一个院落朝街的一面都是商号;大的那条街上也有很多整日营业的铺面,但是那些店铺和一些大商行的货栈错杂在一起,而货栈对着街的只不过是一面有门的院墙而已。商市里有两座大庙,一座在市的西南头,一座在东北头。除此之外还有一座蒙古骑兵的毡搭营房,城后散布着上百顶帐幕和哈特古尔,那里面住着一些靠在城里挣一点点钱艰苦度日的蒙古人,这样城的范围就扩大了。布扬图河左岸对着城的地方有一座喇嘛寺院,据说是[中国]皇帝出钱建造的,里面住着一位格根。

　　商市有约 60 户人家,所以汉族商人总共不足千人。城是军事商贸镇的性质,居住在这里的只有官员,兵士和商贩这 3 种人,手艺人很少,妇女和儿童几乎没有。你在这里的城内集市上见不到从农村来的庄稼人,因为城的附近就没有村庄,只在离城 30 俄里的布扬图河下游地带才有官家的农田,由屯驻在该处的蒙古人耕种。[1] 在城内蔬菜由士兵们自己种植;士兵们还登台唱戏,不仅演出英雄和帝王,还装扮公主和后妃,所以公主和后妃出台有时竟然长着大胡子。城里的汉族妇女总共不超过 10 人,她们是几个携带家眷从古城逃到这里来的商人和官吏的妻子。其余的汉人在此地居留期间就从蒙古妇女当中找姘妇,离开此地时汉人就把他们的姘妇抛弃,同时常常会给她留下一笔不菲的钱财,所以在科布多总会有那么几个女人靠已经走掉的"丈夫"留下的钱过着自由自在、衣食无忧的生活。一个汉族人尽管是从年纪轻轻到白

---

　　[1]为给中国行政当局和军队提供粮肉,在科布多附近围绕哈拉乌苏湖拓有官家的耕田和牧场,一批蒙古人屯驻于此以耕种这些农田并放牧官家的牲畜,称为"塔兰奇",即耕种官田者。粮田区在科布多河与布扬图河之间,由旗里半数的人耕种,为此他们可以从中国官府那里每人领到 6 两白银,并从被免除了这项官家差役的人那里获得 9～10 块茶砖。中国行政当局为耕作提供粮种:全部农田 80 驼载,每载 28 大勺(托戈),官牛 300 头和农具。如果收获超过 180 驼载,则赏赐监管此事的佩戴褐色帽珠的中国官员高一级的顶戴,而 7 名蒙古族官员则可各得一幅绸缎。

发苍苍在科布多过了几乎一辈子,他仍然认为最终还是必须回到长城以内的中国故土去。如果死前他没来得及回去,那么他的亲属就会认为有责任至少也要把他的遗骸送回老家去。有时亲属没有钱立即去尽这种责任或是不知道人已故去,那时就要把装殓遗体的棺木放到东边那座寺庙的院子里去,那里的地上已经摆了很多没有掩埋的棺材,等着运走。

尽管地方不大,但科布多是一个重要的商贸站点。中国货物的交易就在商行的库房或者叫做铺子的地方和小货店里进行。[5家]商行中每一家都有自己的货栈,里面设有伙计们的住房和堆放"大块"砖茶、大布、斜纹布以及其他供应蒙古人的货物商铺。这些货栈不做零售生意。商行在各旗[1]都有栈点,货物由城里的总栈供应。旗里边的栈点以牲畜作抵押把货物赊出去,到春天把牲畜收上来赶送到呼和浩特去。城里人则到小商铺里买东西,城里的商铺约有50来家,其中有两个药铺或化学制品杂货铺。这些店铺的货物或是仍然来自那些商行,或是从呼和浩特定购过来。可是好多店铺十分简陋,甚至存货都值不上100卢布,冬天刚过去一半;其他商店的货物也明显地减少,在春天新货运到之前已无货可售。到那个时候一些货物已经卖空,因而碰上万不得已的情况,只有通过熟人的关系从商行里花大价钱去弄这些货物。北京的商人每年来科布多一次,他们拉来的货物要比其他商铺里的齐全,有绸缎、瓷器、烟草以及其他一些杂货。这样的"北京"商店城里只有两家。城内店铺售货收的是白银(以重量计);[2]裁剪成一幅一幅的大布和斜纹布,或者茶砖也都可以作为交换的单位使用,而黄色或蓝色的棉布腰带,即当地人所说的布喜,以及蒙古语称之为哈达[3]的

---

〔1〕蒙古以前划分为许多盟或王公领地,盟再分为通常是以氏族特征聚合起来的旗。现今蒙古人民共和国划分为18个与我国(指前苏联,下同。——译者注)的州相当的省;省再划分为苏木(我国的区),苏木再划分为巴嘎,即基层行政单位。

〔2〕以前在中国用方条形的白银进行商品买卖的交易活动;1俄磅(409克)是11中国两;12两为1斤,1两含10钱,1钱含10分;1两白银相当于2卢布;小额支付使用铜钱,铜钱上有一方孔,可以用绳子穿起来。根据中国1929年2月16日颁布的法令,规定1两等于31.25克,16两为1斤(等于0.5千克)(马拉布耶夫,第61页)。

〔3〕哈达:为表示敬意献赠的天蓝色丝织品或长巾。

天蓝色绸布块［丝巾］就当是零钱了。

　　城里俄罗斯人开的长年营业商铺有 4 家,为比斯克商人所有,一部分是巴尔瑙尔商人的。夏天俄罗斯人的商店要多一些。供应科布多的货物是从伊尔比特的集市上采购来的,一部分来自西伯利亚的工厂。一批批货物于 4 月份运到科布多,商铺主也随同货物一起到来,而冬天只有经纪人留在科布多。商家于 10 月份离开此地前往西伯利亚,那段时间留在科布多的经纪人就会一连 5 个月同俄罗斯失去任何联系。商铺用房是俄罗斯人从当地的汉族人那里租过来的,这些房间很狭窄,特别是住人的屋子与该城寒冷的气候不相适应。科布多城的房子窗户足有一面墙宽,上面糊着纸,天棚上糊的也是纸,门是两扇对合的,安装得并不严实,有时干脆以帘代门,取暖用的是冒烟的火盆。中国行政当局不允许俄罗斯商人自己建房。

　　冬天俄罗斯人只在城内的商店里做买卖,夏天则由经纪人把货物拉到各旗去卖;这些游走的商铺称为"货篷"或是"帐房"。"帐房"总共有 20 多个,其中有一些是科布多商人派他们的经纪人带着出去的;其余的则是由一些小的业主自己出钱办起来的,他们从科布多的商店或是到比斯克去赊贩货物。每一个"帐房"一夏天能卖出两千多卢布的货物。同蒙古人的买卖主要是在各个旗里做,因为蒙古人不太愿意自己到城里来。往各旗派出的经纪人越多,卖出的俄国货物量也就越大,然而雇用经纪人的花费很高,所以"帐房"的数量增加得很慢。

　　货物从比斯克用雪橇拉到安古岱［翁古岱］,从安古岱用马驮到科什阿加奇,再用骆驼从科什阿加奇运到科布多。1877 年夏天第一次雇人用马从安古岱直接驮运到科布多——受雇的是舍巴利纳亚村的农人。这条路上最难走的就是安古岱和科什阿加奇之间通过丘亚河沟谷的那一段。那个地方的路在河的右岸,往往要从岸边悬崖突伸出来的檐部(或者叫悬岩)上面走过。悬岩上通常只有一条根本没有经人修整过的羊肠小道。在这种地方,常有马匹从悬岩上坠下,连马带货一起掉进下面翻腾咆哮的丘亚河中。悬岩共有 9 处,但是它们的危险程度不尽相同。[1]

在俄罗斯人到来之前,这里的房间都是靠火盆或是炉灶取暖的;我们的买卖人开始制作铁炉子卖给汉族人。如今几乎每一个有钱的汉族人都有铁炉子,汉族人也学会了自己做这种炉子。不仅是在科布多,就连邻近的喇嘛寺院也常常在帐幕里安上火炉。例如在乌兰固木地区杜尔伯特人的寺庙里,就没有一顶帐幕的烟洞里不插着一个铁筒子的。偶尔也有人买铁皮干别的用。比如说,科布多要塞的大门就包着俄罗斯铁皮,而乌兰固木寺院的房顶也铺上了俄罗斯铁皮。

不久以前(不超过一年)当地人开始购买割草用的长把镰刀〔大镰刀〕,不过俄罗斯族经纪人得给他们磨刀,并且传授割晒干草的方法。

这个地方几乎没有打铁这一行业,科布多唯一的一个铁匠作坊在要塞里边,是官方办的,不接私人的活。蒙古全境使用的马匹都不打掌。俄罗斯马掌(在比斯克的价格是20戈比)在科布多俄罗斯人的商店里至少得花3个卢布才能买下来,然而蒙古却是一个少有的遍地都是石头的地方。处处都可以看出铁很缺乏;汉族人房子的门不装合叶,而是靠枢轴开关;盖房子根本不用铁钉;发往呼和浩特的货物装入木箱之后不钉钉子,而是用皮条把角缝起来。在蒙古北部一些地方,比如在色楞格河谷,庄稼不是用镰刀收割,而是用手连根拔出。总之,蒙古是俄罗斯销售铁的一个很好的市场,但是俄罗斯商人只往蒙古贩运一些铁制的小物件,生铁根本不往里运,大的铁制品也尽量不去经营。他们也不运犁铧过来,所以蒙古人都使用中国造的生铁犁铧。扩大俄国铁的销售量运费昂贵是一大障碍。从安古岱修一条大车路到科什阿加奇会大大促进这种贸易的发展,同时还要期望努力发展阿尔泰本地的铁工业。我们知道,姆拉萨、孔多马、丘雷什曼和巴什考斯等河谷都蕴藏

---

〔1〕丘亚大道长533公里,从比斯克城穿过丘亚河谷,经阿尔泰山至科什阿加奇,是向蒙古西部供应货物和与之进行商业贸易的主要运输路线。在波塔宁那个时期,它还是一条驮畜行走的小径,1902—1904年被改造成能走车的道路。我们在《多多关注丘亚大道》(载《新东方》,1925年,第8—9期)和《丘亚大道》(载《对外贸易》,1924年,第22—23期)这两篇文章中曾提请认真考虑改建丘亚大道,使之成为现代化大道的必要性。1925年大道得到维修,后来又被改建成宽阔的现代化汽车线路。

着丰富的铁矿,储量很大的苏哈林斯基磁铁矿矿场就在孔多马河的支流季利别斯[捷利别斯]河畔,其矿石藏量据测算达上亿普特;上述地点附近还有一个博恰茨基煤田。总之,此一地区具备发展独立的铁工业的一切前提条件。然而此地全部的铁都要由乌拉尔远道运来,本地矿石只有极小一部分[1]由政府[沙皇]的工厂和鞑靼人进行开采。鞑靼人用本地的铁制作很好的火镰、刀具和其他物品;政府工厂的产品则没有私人去购买,部分原因是产品质量低劣,另外一部分原因是个人订货有不胜其烦的手续。叶尼塞省靠近蒙古边境的阿巴坎河畔有一家佩尔米金私人铁厂,但是叶尼塞河源头地区同蒙古的贸易往来还不多,这家工厂出产的铁到不了该国的腹地。况且,有些东西只有投合了当地人的喜好才能指望它有销路。举例说,蒙古人已经用惯了那种独特的铧;同样他们也有自己的不同于吉尔吉斯人使用的一种支锅铁架。出于同样的原因,他们不用我们造的羊毛剪,而更愿意使用从汉族人的商铺中买来的短锋[刃]剪刀。[2]

　　值得注意的是,有很多用俄罗斯油性革缝制的靴子从呼和浩特发往蒙古的西北部,而呼和浩特的油性革来自恰克图。在呼和浩特用这种皮革缝制成蒙古式样的靴子,再运往乌里雅苏台和科布多。科布多的汉族人穿的棉绒布靴也是在呼和浩特用莫罗佐夫工厂生产的棉绒布缝制的。缝制蒙古式或杜尔伯特式靴子的工艺是可以引进秋明的,那里本来就大量制作供西伯利亚农人和矿工穿的鞋。还可以推销精

---

〔1〕在波塔宁进行考察旅行的那个时期,地处西伯利亚并利用当地矿石进行生产的冶金工厂(古里耶夫斯克厂、尼古拉耶夫斯克厂和阿巴坎厂)设备陈旧,生产能力低。由于西伯利亚干线已建成,无力与乌拉尔的甚至是顿涅茨克的工厂生产的价格较为低廉的生铁竞争,这些工厂便停产了。直到1926年库兹涅茨克市建成斯大林冶金工厂,利用库兹涅茨克煤田的炼焦煤进行生产,才有了西伯利亚的冶金工业。库兹涅茨克工厂的铁矿基地是戈尔纳亚绍里亚,其中包括波塔宁提到的捷利别斯的铁矿以及乌拉尔的马格尼特山。直到苏维埃政权时代才有了在西伯利亚建立大型现代化冶金工业的可能。

〔2〕在后来的年代里,特别是随着丘亚大道的修筑,俄罗斯向蒙古西部输出金属制品的数量大大增加,这从科什阿加奇海关的资料中可以看得出来(М. И. 博戈列波夫,М. Н. 索博列夫:《俄罗斯—蒙古商务贸易概述》,托木斯克,1911年,以及海关署报告中的资料)。

虽然同蒙古全境比较起来,输往蒙古西部的金属制品所占比重最高,但是运输线路的环境极差和距离生产这些制品的俄罗斯工业中心过远都阻碍着输出量的增长。

制山羊皮荷包,这种东西汉族人和蒙古族人都是很常用的。[1]

此地只有为数不多的单个地块种粮食。这些地块上种大麦和小麦,稷子只在布卢贡河沿岸才能生长。这些地块的面积是最大的,此外这儿还有许多零散的小地块,但是这些地的绝对高度都很高,小麦长不熟,只能种大麦。科布多城的粮食主要靠两个地方供应:布扬图河沿岸的官家耕田(那里产的粮食全部送官仓)和乌兰固木。乌兰固木的粮食产量很高,供应着科布多和乌里雅苏台的私人商铺,本地区的游牧人口也靠那里供应。但是这些粮食还是不够吃,于是人们就把野生植物中可以代替粮食的东西拿来吃。比如说,在扎布亨河一带人们每年都要采摘很多带刺的藜科植物:沙蓬[2]和刺藜打粮吃。吉尔吉斯[哈萨克]人还从布赫塔尔马河谷运来一部分粮食,巴尔雷克人也从克兰河谷往这边运。俄罗斯商人也往科布多拉运上等面粉,但数量不多,而且只在科布多的粮食价格涨到最高点的时候才出售。在这件事情上,阻碍增加运入数量的首要原因是用牲口驮载的方法运输这种笨重的货物无利可图。如果能在丘亚河谷修一条大车道,大概种地的人就会自己把面粉拉运过去了。[3]

马鹿[西伯利亚鹿]的角,汉语叫鹿茸,在中国有稳定的销路,鹿角由比斯克商人向阿尔泰的猎人和养鹿户收购。收购的时间在仲夏,因为6月份的角被认为是最好的。收购上来的角大多运往乌里雅苏台,汉族商人再把它运到呼和浩特。价钱取决于呼和浩特的需求情况,也

---

〔1〕输往蒙古西部的已加工皮革(油性革)的数量在随后的几年里大有增加,从1891年到1911年增长了两倍。

〔2〕沙蓬(Agriophyllum arenarius [gobicum])——苏利希尔,楚利希尔(蒙古语)——的籽实在蒙古被广泛用为粮谷类作物的替代物。据A.尤纳托夫的材料说,一家要采集100~200千克的沙蓬籽。H.B.帕夫洛夫指出,在哈萨克斯坦丰年可采集到最低500~700吨的沙蓬籽,其价值估计要超出稷子30%,比黑麦面粉和小麦面粉多15%~20%。曾对之做过多次化学分析,结果表明,干的籽实含有16%~17%的蛋白质,6%~10%的脂油、食用油和半干性油及60%的碳水化合物,主要是淀粉;易为机体吸收的物质总量高达87%;此种食物的热值与小麦面粉相等。H.B.帕夫洛夫详述了沙蓬籽的采集和加工过程(哈萨克斯坦的植物原料,第194-195页)。除格·尼·波塔宁之外,H.M.普热瓦利斯基和П.K.科兹洛夫也都曾经说起过利用苏利希尔籽实的事。

〔3〕在随后的年代中,经科什阿加奇海关运往蒙古西部的面粉数量不断增长。1891年为102普特,到1911年已增加到5093普特。

要依照角是否美观、年龄大小和完整程度作价。如果是断了的角,尽管各个部分全都保留着,给的价钱也低;从家养鹿头上锯下来的角没有从猎杀的野生鹿头上角根连着部分头骨锯下来的角好卖。上等鹿角分权不能超过 5 个,尚未开始骨化,粗壮、平整、分量极轻,枝权的尖端鼓凸凸的。

最近在阿尔泰,特别是在布赫塔尔马河的发源地和惟蒙的村庄里,兴起在家里繁育马鹿。做鹿角买卖的人说,现今运往中国的鹿角有一半都是取自于家养的马鹿。[1]

决定我国同蒙古的贸易总体态势的是下面几种情况。蒙古是一个多山的草原地区,就其土壤的性质而言,注定要发展畜牧业。因此,它同中国的关系就和吉尔吉斯[哈萨克]草原同俄罗斯的关系是一样的,差别仅仅在于它的草原特征比吉尔吉斯草原程度更甚,也更为突出。然而尽管是这样一种情形,蒙古人却比我们的吉尔吉斯人[哈萨克人]更习惯于定居生活。与此密切相关的是更多地使用工业制品,只有王公们的营地偶尔会迁移个百来俄里,普通的蒙古人离开他们的越冬地最远也不过 20 俄里。因此,蒙古人的帐幕架设得比较牢固,外面常常用套索捆绑着,里边笨重的家具和器物比较多。每一顶帐幕的门口除毡帘之外,还有木头门扇,而这样的门扇就连吉尔吉斯苏丹的帐幕也是没有的。门的右侧摆着放食器的格架,左边另有一个放装马

〔1〕格·尼·波塔宁在《蒙古西北部概况》的第 84－89 页讲述了俄罗斯阿尔泰地区马鹿饲养业的发展与现状。布赫塔尔马河畔亚佐瓦亚村的谢苗·卢比亚金在 1824—1825 年捕捉到 3 头野马鹿并驯养起来,这样他就在村里开创了马鹿饲养业。这一行业逐步发展,到 1880 年已经普及到卡通河与布赫塔尔马河沿岸的许多村庄,家养的马鹿已经达到 227 头。波塔宁的书收入了比斯克城的区医师米哈伊洛夫斯基应波塔宁之请根据惟蒙的庄稼人的口述写下的关于马鹿饲养业的一篇札记。该篇札记讲述了阿尔泰马鹿饲养业的历史,并对此业 70 年代末期的状况做了描述,特别是指出了驯养野生马鹿是非常容易的。

据 A.西兰季耶夫的资料(载《农业与育林》杂志,1898 年,第 4 期)说,1897 年阿尔泰的家养马鹿数量已达 3180 头,而 1935 年奥伊罗特是 3316 头,哈萨克阿尔泰是 3966 头(П.В.米秋舍夫:《奥伊罗特的取茸马鹿饲养业》,载《奥伊罗特》文集,苏联科学院出版社,莫斯科—列宁格勒,1937 年,第 435－457 页)。在阿尔泰从事马鹿饲养的既有专业的国营农场,也有集体农庄。舍巴林斯基国营农场已开始对远东梅花鹿进行适应性驯化。在苏联用马鹿和梅花鹿的角(鹿茸)提制药品"鹿茸精"。

奶酒和酸乳[1]的皮囊。而吉尔吉斯人的小件食器都是随手放在一个特定的角落里,皮囊则拴在帐幕的格栅上。蒙古人不用吉尔吉斯人拿皮子做的那种食具,他们使用的是很高的木质包铜的多姆贝(домыы);没有褡裢口袋,而用木头箱子;此外,每顶帐幕里都有床以及木制的且多数都很大的神龛。总之,蒙古人的帐幕里使用的工业制品要比吉尔吉斯人的多得多,汉族人商铺里的各种各样为生活提供方便的小物件,诸如钳子、刀具、剪子、熨斗(吉尔吉斯人根本没见过这种东西)、长柄大勺、烟袋、荷包、鼻烟壶、皮带扣环,蒙古人也都争相购买。在蒙古做买卖的汉族商人还有一个有利的情况:蒙古人不会任何手艺。蒙古族妇女刺绣和针织的技巧很高,可是却连最普通的缝口袋的布都不会织。他们和吉尔吉斯人一样,不会做肥皂。能打铁的人很少。所有做衣服的布料,大部分食器,肥皂,带有镶嵌件的挽具都要从汉族人那里购买,甚至连支蒙古包的格栅和门都是汉族木匠在乌里雅苏台的作坊里制作的,箱子和神龛就更不用说了。喀尔喀人穿的靴子和戴的帽子也是来自千里之外的呼和浩特。在这方面杜尔伯特人的情形就不一样了,他们自己缝靴子、做铁器,以满足自己的需要,这是他们之幸。蒙古人对手工艺不太精通这个事实我不知道该作何解释,是他们自古以来就是这样,还是他们古老的手工艺在后来因为汉族人的商贸活动而停滞了。[2]

蒙古草原上一些适于人居的地方人口要比吉尔吉斯草原稠密。农耕比较发达,只要哪个地方有灌溉用水,哪里就不会漏耕任何一小块地。在戈壁的边缘很远的地方才有水,但只要这水源不是井,而是一眼泉,那里就必定有农田,尽管总共也不过只有 10~20 俄亩大小。除农

---

〔1〕酸乳:哈萨克人、蒙古人、阿尔泰人夏天经常饮用的一种略带酸味的清凉饮料,用牛奶(有时用马奶)做成,与酸牛奶类似。酸乳经过蒸馏可以做不超过 8~10 度的奶酒(阿拉卡,阿拉奇卡)。

〔2〕目前蒙古的状况因 1921 年建立了蒙古人民共和国而发生了根本的变化,在人民共和国里一切权力归劳动人民(阿拉特),建立了工业,各种手工业;畜牧业和农业不断发展,建立了儿童的教育体制,开办了大学和国家剧院,出版多种报纸、杂志、图书(有关蒙古人民共和国的最新资料参看 Э. M. 穆尔扎耶夫所著《蒙古人民共和国》,列宁格勒,1947 年)。

·欧·亚·历·史·文·化·文·库·

事之外,喇嘛教僧人的存在也加强了蒙古人定居的趋势,这个阶层的人一部分分别住在各个旗里,另外一部分住在专门的寺院里,在喀尔喀蒙古的南部寺院就是一大片毡帐,在北部则类似由一些土房或木房组成的颇为像样的小镇。蒙古北部的许多王公都过着定居的生活,家宅宽大,并附有很多杂务用房;寺院则建有不少殿堂,里边摆列着许多法器和喇嘛穿的法衣;寺院设有可供数百名男童读书的学校,图书室,有时甚至还有印刷所。

蒙古人的这种生活状况表明,俄罗斯工业产品进入蒙古的数量微不足道不能归咎于蒙古人民贫困;造成这种状况的原因是我们交往的时间还不长,另外一个原因是存在汉族商人强有力的竞争,他们大概尚在成吉思汗时代之前就已经开始培养蒙古人使用中国工业制品的习惯了。蒙古人和汉族人比邻生存了数千年,两个民族常常投身于共同的政治运动,他们的传说、礼仪和宗教有许多共同之处,所有这一切就使得两个民族之间的关系形同亲属,使汉族人的商品更易于被蒙古人接受。举例说,如果一个信奉东正教的俄罗斯工厂主会觉得为蒙古人大造铜佛和铜质法器,或是提供高速平版印刷机去印佛教经卷于心有愧的话,汉族人则可以因为同蒙古人的风俗习惯接近而心安理得地去这样做。[1]

除汉族人的竞争之外,现在英国人的竞争活动也已初露端倪。尽管英国商人还没有亲自现身乌里雅苏台或者科布多抑或是哈密,但英国的商品却已长驱直入科布多,而且有些东西在此地区已经广为普及。

---

〔1〕格·尼·波塔宁在其所著《蒙古西北部概况》中没有指明汉族人在蒙古所从事的商贸活动对蒙古人的不利之处,这表现为采用以绒毛、牲畜、毛皮作抵押赊销商品的办法从蒙古赢利,采用这种办法汉族人在商品上、原料上、高利赊销上都有利可赚。关于商贸活动的这一个方面,在后来的有关蒙古的著述中曾多次讲到(参看 A.波兹涅耶夫、И.迈斯基、格鲁姆-格日迈洛、博戈列波夫和索博列夫等人,以及莫斯科赴蒙古商贸考察团所著之文章)。

在同汉族人进行竞争的过程中,俄罗斯商人拿出优质的商品与之对抗,但由于蒙古人没有钱购买且已习惯了用未来的收获作抵押的赊销方式,也只能无可奈何地采用同样的交易方式。因此,在俄国的著述中曾指出,在俄罗斯商人的交易活动中也有不良现象(博戈列波夫和索博列夫,莫斯科考察团以及迈斯基文),而格鲁姆-格日迈洛则认为那是少数的个别现象。那种贸易方式在蒙古人民共和国已经绝迹。

在丘亚河谷修筑大车路,并建立比斯克与呼和浩特之间的直接关系会有助于我们扩大在蒙古西北部的商业贸易。[1]

---

〔1〕格·尼·波塔宁在其《蒙古西北部概况》一书中说,俄罗斯在蒙古西北部的商贸活动进展不大的主要原因是运输条件太差,特别不利于从俄罗斯经阿尔泰山运输分量重而体积大的货物。

1904 年将丘亚河沿岸的驮运小道改造成大路之后,经过科什阿加奇海关的货物流通量大幅度提高,这有海关资料可以说明。

从这些资料中可以看出,25 年间(1891—1915)输往蒙古西部的商品量增加了 1 倍,而自蒙古西部输入的原料数量则相当于原来的将近 10 倍。

1908—1910 年间俄国货物输出蒙古的数量出现下降的势头(那几年输往蒙古全境的货物为389.1 万卢布,而 1904—1907 年输出了 418.5 万卢布的货物),俄罗斯商人为此深感不安,于 1910年组织了两支旅行团队去实地考察,以研究俄罗斯—蒙古商务贸易下降的原因:西伯利亚商人出资组织了由托木斯克大学教授 М. И. 博戈列波夫和 М. Н. 索博列夫组成的托木斯克西伯利亚研究会考察队;莫斯科商人则靠 73 家商号的资助,派出了由上校 В. Л. 波波夫和农学家 И. М. 莫罗佐夫共同带队的 6 家最大商行的代表。经过调查研究,出版了两大部书:《莫斯科商贸团蒙古考察行》,莫斯科,1912 年,第 353 页(书中的主要文章为 В. Л. 波波夫和 И. М. 莫罗佐夫所写)和 М.И. 博戈列波夫和 М. Н. 索博列夫的《俄罗斯—蒙古商务贸易概述》,载托木斯克西伯利亚研究会论丛的第 1 卷,托木斯克,1911 年,第 490 页(该书的第 491 - 498 页刊载了我们编写绘制的对俄罗斯在蒙古的商行和贸易路线图的简要说明,该幅比例为 1: 2520000 的地图和刊登 145 家在蒙古做生意的俄罗斯商行的名录)。前一本书比较具有实用性,而后一本书则是研究经济问题。两本书都对俄罗斯—蒙古商务贸易的现状做了明晰的描述,并指出了其发展的前景。

俄罗斯—蒙古的商务贸易在波塔宁进行旅行考察之后的年代有了相当大的发展,这种发展变化可以从下列我们以 5 年为 1 周期计算得出的平均数值中看出(单位:千卢布,以金卢布计算):

年代	向蒙古输出	自蒙古输入	总计
1891—1895	1382	13306	14688
1896—1900	1301	19100	20401

海关统计资料

年代	向蒙古输出	自蒙古输入	总计
1901—1905	1171	7819	8990
1906—1910	1384	7843	9227
1911—1915	2539	9722	12261
1923/4—1927/8	4025	5786	9811

(引自《东方各国》,经济手册,莫斯科,1929 年)

年代	向蒙古输出	自蒙古输入	总计
1935	11633	7911	19544

(引自《现代东方》,经济手册,莫斯科,1937 年)

1901 年贸易额的降低是由于西伯利亚干线完工,终止了中国茶叶经蒙古过境运输而造成的。在 1901—1915 年这一时期,蒙古向俄罗斯的输出额超出输入额数倍,而且输出的是原料(绒毛、皮革)和牲畜,输入的却是工业产品,也就是说蒙古已经沦为俄罗斯的殖民地的境地。直到伟大的十月社会主义革命和蒙古人民共和国建立之后,俄罗斯—蒙古(更正确说是苏联—蒙古)贸易关系的性质才发生了根本性的变化,蒙古输入的工业产品超出了输出的原料。

·欧·亚·历·史·文·化·文·库·

3 1877：从科布多到哈密

[1877年]刚刚出现温暖的春天即将降临的征兆，我们便急匆匆地准备从科布多出发，以争取到达我们下一步要去的南边能看到最先长出来的植物。临近出发之时，城里传出一种流言，说巴里坤附近出现了一帮"东干"匪徒，杀光了桑塔湖[1]整村的人，把巴里坤团团围住。然而我们还是决定去巴里坤，在中国只有身临其境才能了解到事情的真相。到达巴里坤附近，我们可以先弄清楚去巴里坤的危险性有多大，如果确有危险，我们可以往东走，去其他几个同样令人感兴趣的地方。

收拾行装，装驮子，同俄罗斯人和熟识的汉族人道别让我们在城里耽搁了一些时间，直到1877年3月20日12时方才上路。去巴里坤有一条商队和官吏们通常走的道路，"东干人"也是经这条路来到科布多的。然而顺着这条路得走过40俄里才能到达一个有水的地方歇宿，所以我们决定偏左走最近的路线去哈拉乌苏湖，第一天夜里就在湖岸上歇息。于是，我们从自"东干人"侵犯科布多之后就具有了历史意义的那条路的左边，贴着城北布扬图河右岸阿尔沙忒山东坡的山脚翻过了隔在科布多平原和哈拉乌苏湖平原之间的一道不很高的丘陵带。这是一条片岩丘陵，从山口往左，片岩在阿尔沙忒朝湖一侧的花岗岩壁下形成一些小片的麓脚地。从山口处望过去，湖面一览无遗，湖的对岸是高高的均哈伊尔罕岭。这道山岭沿水平方向分为两半：上面一半岩峭壁陡，沟谷交错；下面一半，或者说是山麓，则是向湖岸缓缓下倾的斜坡。

---

〔1〕此地名为译音。译稿完成后很久，从新闻报道中发现新疆有一个叫"三塘湖"的地方，后来又出现了"三滩湖"的名称。疑原书作者即指此地。——译者注

这样的山麓蒙古人称作"拜利",[1]我今后写日记也要使用这个术语了。均哈伊尔罕岭的右面远远地可以看见巴特尔哈伊尔罕长白雪山,我们后面要走的路应该是在这两座哈伊尔罕[2]之间的纵向谷地里。从巴特尔哈伊尔罕那儿有道连绵不断,然而却不太高的山冈向我们正站在其脚下的阿尔沙忒山伸延过来,它朝西的一段逐渐变低。均哈伊尔罕山以左的湖岸似乎较低,那个地方在距均哈伊尔罕的岬角较远处有一座单独的山冈阿克贝什,湖西岸也有一些环绕着科布多和布扬图二河下游地带的山脉。从山口到湖边是一面缓缓的斜坡,路的左边还有几个彼此不相连的岩石山冈,这些山名叫塔本哈伊尔罕。它们孤零零地挺立在哈拉乌苏湖的平原上,从湖岸附近任何一个地方都能一眼看到;小的山丘因为距离太远已经模模糊糊,唯独这5个主要的黑石碴子却清晰可见,其名称也由此而来(塔本——蒙古语里的"5")。我们在停宿之前翻过了一道不高的沙堤,这显然是古代水流冲积出来的。过夜的地点是一片没有水、长满了芨芨草或者叫代里苏的沙土地。这个地方有干而细的红沙枝干,地面上匍匐着白刺光秃的枝条。[3] 水是派人到1/4俄里之外的湖里去打来的。

　　15俄里长的湖岸很平坦,大部分都光裸着,偶尔有些蔍草;沿途的整个湖岸上都是沙土草原,上面长着低矮的锦鸡儿灌木和蔓生白刺。这片沙地微微向湖岸倾斜,只在紧靠湖岸的地方才有一条宽数俄丈、布

---

〔1〕蒙古人把荒漠中山脉广阔而平坦的山麓称为"拜利"。拜利是这些山脉的台基,被降雨和融雪时从山中奔涌而出的流水冲刷平整,布满了这些水流沉积下来的石头、碎石、沙子和黏土;拜利低处沉积下来的黏土上生长灌木,高处覆盖着碎石,光裸着;拜利之上的山坡多半非常陡峭。

〔2〕蒙古人把坡陡顶尖的单独的山峰称为哈伊尔罕。哈伊尔罕是一个普通名词,是山脉的专有名称的一个组成部分,如察斯图哈伊尔罕,缅古哈伊尔罕,等等。少数情况下这个词是专有名称,例如乌里雅苏台城附近有哈伊尔罕奥拉山。

〔3〕广泛分布于蒙古沙地中的植物哈尔梅克(白刺[Nitraria Schoberi])具有很高的喜盐性,可长成高达1.5米的壮实的灌木丛;能固沙,使沙积在其根部周围成为小沙丘。A.H.福尔莫佐夫写道(《在蒙古》,第88页):哈尔梅克生命力强,多枝,有刺,根大而结实,根系密密地分布在所生长的地块里,并用枝条护着那片地方;灌木丛与风经过长期的搏斗,风逐渐控制了灌木丛之间的地带,而不再去扰动处在哈尔梅克绿丛覆罩之下的千万个小沙丘。小的啮齿目动物在这些沙丘底下营造它们的洞穴。哈尔梅克不会被动物啃吃。居住在荒漠的人采食其浆果;此植物燃烧后,灰里含有碳酸钠,在中亚被用来做肥皂。

满土丘的水平盐沼地,看样子是涨水时浸漫的地方。沙地外侧是由阿尔沙忒山伸延过来的平缓山冈。这一天我们打到了两只灰雁,一只唐鸦。

3月22日沿湖边向南走,此处湖面变窄,有很多小岛,湖岸和岛上长着蘆草,不过湖岸可以行走。湖泊的沿岸是沙土,有些地方有黏土和碱化土;沙土地一些地方长着代里苏,另一些地方光裸着。西边亚马忒山的岩崖直逼湖边,湖的对岸则耸立着均哈伊尔罕山。我们停宿在一块碱化土地上,碱土疏松易散,像面粉似的。天气是暖和的,晚上5时在背阴处摄氏[温度计]显示+10°,可是地面上却没有一点点绿色,虽然地面上的雪早已(第一场春季暴风刮过之后)消尽,草原却是一幅秋天的景象。

飞到湖上来的禽鸟已经相当多了,这一天打到了两只天鹅,两只雁和一只小水鸭。

哈拉乌苏湖南边尽头那部分分割成为几个小湖,我们把停宿地设在这些小湖周边土壤已经碱化的岸上。沿岸有许多松散的碱土小丘,上面生着代里苏;这片地宽约100俄丈,其外缘有一条流沙带,流沙聚成一个个小的丘冈,上面也生着芨芨草和白刺;沙土地过去是靠近黑色的亚马忒山峰岩脚处微微隆起的荒原,上面布满碎石。

打到了一只安吉尔(棕麻鸭),[1]湖上鸿雁极多;灰雁和安吉尔朝着我们停宿地点的湖岸飞过来,落在离岸不远的冰上。这里的布尔都鲁克也很多,鹤和鸥还没有。

3月24日刮了一整天温暖的南风和西南风,湖面上的冰颜色变青,脚踏上去就会碎裂塌陷。旋风卷着很轻的碱化尘土一股股冲天而起。在我们与均哈伊尔罕山之间的这片平原上,有时一次竟可以见到5股之多的又高又细的尘柱,远看它们似乎静立不动,因而容易被当做

---

〔1〕安吉尔,安格尔,海番鸭,棕麻鸭(Tadorna ferruguinea)是鸭的一个变种,足为红色。关于为什么不能捕杀安吉尔蒙古人有一个传说——因为安吉尔是由7个喇嘛变的;另一种传说是因为它是黄颜色的,而不能捕杀的天鹅面颊上就有黄色(格·尼·波塔宁:《蒙古西北部概况》,第Ⅱ分册,第166页)。

海番鸭的肉很好吃,这显然导致了禁止捕杀海番鸭。

烟柱,蒙古人把这种旋风叫做"霍依"。

3月25日先走过位于湖(或者说是它伸延出来的已经没有水的部分)和西边山岭之间的一片平坦草原,然后穿越与碱土交错分布的沙地;在沙地和碱土上面都同样生着代里苏和白刺。沿途看到很多布尔都鲁克和一群黄羊。我们停宿在一片沙地上,沙地以东对着均哈伊尔罕山麓的那个方向是一片碱化沼泽,那上面的小丘都盖着一层白白的盐粉末。这片沼泽的样子很像杰利温地区(科布多西边),土丘之间长的还是那样一些植物,干枯的海韭菜,盐生苦马豆,等等。往东碱土地逐渐变成了覆盖着一层苔草的淡水沼泽,里面生有低矮的河柳,这种植物蒙古人叫布拉,吉尔吉斯人叫契利克,紫红色的嫩枝上刚刚绽放出花朵,这是我们今年看到的第一批春花。

3月26日一天朝东南方向走了约20俄里。路一直穿行在平坦的草原上,略略有点上坡,草原上满是棱边已被磨圆的碎小石子。路左,隔在我们与均哈伊尔罕山麓之间的宽阔槽沟里河柳时有时无;然而据说,此地没有连片的水域,谷底只在个别地方有水。河柳丛四周湿漉漉的草甸上有许多马群,而在草甸边缘的干土地上可以见到蒙古包。随后我们从(古城大路上的)乌尔台[1]巴音呼都克前经过,和平时期此站驻有5名邮差,乌尔台由7顶帐幕组成。我们看到来了一组阿尔巴:[2]有两个人——一个汉族人,身后跟着一个背着口袋的蒙古人——骑马来到,这是从科布多送往古城的邮件。从这个地方我们走上了经由达贝斯武诺尔和乌峦达坂的古城大路,可是我们随即又离开了这条路:驿路是往右去,而我们走了左边。到这个地方后,哈拉乌苏

---

〔1〕由于蒙古的中心地区同边陲地带没有经常性的联系,很久以前就建立了乌尔通(乌尔台)网系及所谓的乌尔通(乌尔台)邮政,那就是设立一系列的驿站,站内备好供乘骑的马匹,一站接一站疾驰的信使或官员来到后可以立即换马奔往下一个驿站。驿站之间相距20~35公里(依路途行走的难易程度而定)。驿站由当地人承办,乌尔通的组织形式类似俄国的乘用"轮换的"驿马或"地方上的"马匹(西伯利亚)行路的办法。

目前蒙古仍保留着乌尔通的通讯联系形式,但职能和任务已有所不同。它只为盟和苏木的中心提供服务,给学校发送邮件、书籍和练习本,运送持有明文命令执行国家任务的旅人。每个乌尔通驿站通常备有至少10匹马(Э. М. 穆尔扎耶夫:《蒙古人民共和国》,1947年)。

〔2〕阿尔巴:赋税,劳役。此处指递送官府邮件的差事。

平原分成为两块:夹在高山之间细窄的一块远远地通向东南方,我们正是要经过这个地方去齐齐克诺尔湖,因为商队通常走的博托贡戈尔河源头处的那个山口还被雪封着,驮载重物的骆驼无法通过。另一块是驿路走的,通向南方或是西南方;它似乎比东边那块开阔,状似半个马戏场。据当地人说,最里边就是古尔班察斯图博格多长白雪山。这块宽阔的谷与东面那一块中间隔着一道岩石山岭,石岭的北端在离巴音呼都克驿站 10 来俄里的地方形成一个陡峭的岬角而中止,石岭的终端就叫做图古留克。

从巴音呼都克乌尔台到奥修山之间是一片茫茫荒原,几乎寸草不生,只能见到一丛和一丛相距甚远的可能是灌木猪毛菜的植物,就连在没有其他鸟类的荒漠上也可以见到的角百灵这里都没有。均哈伊尔罕山的拜利在整个哈拉乌苏湖畔都是平坦的,只在靠近图古留克河的地方才为凸立于河边的奥修山所截断。这些山上致密程度不一的砾岩层和石灰质砂岩层错叠在一起,砾岩层是由各种岩石碎块经石灰胶结在一起而成。其中有拳头大小的花岗岩块和黏土质页岩块,两种岩石上都能找到侏罗纪的植物化石、树干和蕨目植物叶子的印痕。

奥修山下有蒙古人引古尔班岑基尔河水灌溉的耕田,只种大麦一种植物。到这儿我们已进入扎哈沁旗的地面,该旗以巴音呼都克乌尔台为界,巴音呼都克以北是官府屯田人(塔兰奇)的土地。图古留克河有些地方两岸之间的整个河面都还结着冰,我们过了河在右岸的砾石地上停下来。奥修山一带和由此往北的那些地方一样都很荒凉,河的沿岸是宽广的完全裸露的砾石层,只是偶尔会有几丛锦鸡儿。奥修山的宽谷也是什么都不长,谷底小溪的河道干干的,说不上什么季节才会有水。所有这一切情况都不允许我们在这块对古生物学很有意义但却寸草不生的地方长时间停留,于是我们在第二天就不得不接着往前走了。据向导讲,前面不仅有水,我们的牲口还会有草吃。

3 月 27 日一行人再次过河上了左岸,在这个地方河又向右偏过去,紧紧贴近了奥修山。先走过满是卵石的原野,随后进入泽尔格地区。这里的地面是疏松的碱土,一些地方有些土丘,长着代理苏,这片碱土的北面连着一条将近 1 俄里宽的沙丘地带。古尔班岑基尔或者叫图古留克河流到这个地区已经没有水了,在这里只能见到一些水洼或是小小的淡水湖,即使是在水边也还见不到绿色植物。从奥修山一路走来看到有干枯的斯韦达(碱蓬)丛,河边有光秃秃的锦鸡儿丛,还见到过黄羊和布尔都鲁克。我们停宿在一个还结着冰的小湖旁边的碱土地上。西边离我们不远处就是扎哈沁旗的呼赖,[1]那是该旗 4 个呼赖之一。

泽尔格谷地是自西北西向东南东的走向;北边横着均哈伊尔罕的山麓,靠东边有库图卢斯山,两道山脉之间有一个很深的鞍形部。巴特尔哈伊尔罕长白雪山所在的那道连绵不断的山岭挡在南面,该山岭的西北端就是图古留克山。巴特尔哈伊尔罕长白雪山耸立在我们停宿地点的东北方,平缓的山巅终年披着厚厚的积雪。在巴特尔哈伊尔罕东岬角的后面,可以看到还有另外一些终年积雪的山峰——那就是察斯图博格多山,看上去这些山好像是横堵在我们走的这条谷地的东边。

我们这一行人 3 月 29 日就要从这里分道前进了:两位猎手(M. M. 别列佐夫斯基和 A. ф. 科洛米采夫)要离开我们去乌里雅苏台;他们往左走,从均哈伊尔罕和库图卢斯之间平缓的鞍形部穿过去,队里其余的人走泽尔格谷地,沿原来的方向前进。道路平坦,能走大车,从科布多出来后走的一直是这样的路(甚至看到了一辆大车走过留下的辙痕);谷地左侧是库图卢斯山脉,右侧山岭的前方耸立着巴特尔哈伊尔罕山;雪山再往东可以看到察斯图博格多山。我们于上午 11 时 30 分出发,到下午 2 时 30 分已经走到湖的西面尽头处。我们从湖的左侧绕行,湖岸平坦,一眼望去四周全是碱土地,湖长 3 或 4 俄里。由此往东泽尔格谷地是一片泥淖,由此向远望似乎什么都没有,只见白花花的一大片碱土地,有时你以为那是雪,有时又会把它当成水,这儿还有许多

---

〔1〕格·尼·波塔宁在《蒙古西北部概况》的序言中(第XII页)写道:"我们的文章书刊惯常写成库连,意为喇嘛教寺院;东西伯利亚的俄罗斯人也是这么叫的。然而比斯克的商人却把它说成呼里亚,让它变成了阴性名词。受这种用法的影响,我们考察队的人员也习惯了这种叫法,这个词儿也出现在我的文字记载中,一会儿是阳性名词,一会儿又是阴性名词。"

小的湖泊,含碱的烂泥湖岸上栖息着鸭、雁、安吉尔和鹬,比较干燥的地方含碱的黏土上长着盐爪爪;还有凹凸不平的沙地,上面生有可怜巴巴的灌木丛叉干布利雅苏(从表皮看像是柽柳)。到处都有泉水从地下冒上来,这里的地下水冲开一个新的洞穴涌出地表时造成的圆坑看上去很有意思。紧靠巴特尔哈伊尔罕山脚的谷地南缘好像在全谷地势最低,在谷的这一带,泉水、沼泽和含盐的泥淖交错分布,没有路可以横穿泽尔格谷地。纵向道路有两条:左面一条就是我们一行人现在所走的路,右面还另有一条路,这两条路通过巴特尔哈伊尔罕长白雪山山麓之后才又重新会合到一起。沼泽地和谷右侧的山脉贴得很近,所以右边的路是从巴特尔哈伊尔罕布满大块岩石的拜利上穿过去的,因此不便于驮畜行走。

3月30日我们停下做一日的休息,这时有一支赶着150峰骆驼从呼和洛特往科布多运茶叶的商队由我们这里经过,赶牲口的人徒步行走,少数几个人骑在骆驼上,只有一个人骑马走在前头,他们全都是汉族人。

3月31日,我们一行人沿泽尔格谷地的左侧行走,山麓与谷地之间的斜坡上撒满了碎石和大块的深色结晶岩、砂岩与砾岩。我们常常看到一些刚刚苏醒过来的沙蜥,这一天捉到了第一批甲虫琵琶甲。我们一行人正对着巴特尔哈伊尔罕长白雪山的山麓停下来,与山有一片薄碱土地相隔,一条小河从地上流过,淤出好多沼泽。深嵌在雪山山体之中的几道峡谷有两条比其余的都要大:一条在雪山的西头,另一条在东头;前一条里面有奇洛通戈尔河,后一条里边是哈尔赞河,两条河都流向泽尔格。巴特尔哈伊尔罕山的拜利很窄,特别是对着山巅的那一块,只在上面讲的那两道峡谷的谷口处才变得宽阔起来。我们的停宿地点附近有一道沟渠,渠旁长着一人高的锦鸡儿丛,渠水中游着许多钩虾,就是在这道渠水里我看到了最早出现的绿色植物——水毛茛和杉叶藻的小叶子。谷地另一侧泥潭的后面,雪山脚下有一条稠密的桦树林带。停宿地处有很多安吉尔和凤头麦鸡,这以后我们在任何地方都没有再见过像泽尔格谷地这么多的禽鸟。这里人和牲畜也很多。不过,走了几天我们很少碰到人,看来走的是荒凉的地带,其原因是人都停住在靠近谷地右侧一带的地方,那里的水和草地比较多。我们常常看到旁边有黑乎乎的帐幕,或者走过一些羊群,耕田和刚刚挖好的灌溉沟渠。

4月1日我们先走过一片长满芨芨草的碱化地。在这片芨芨草地里我们又看到有一支很大的汉族人商队正在休息,一顶蓝色大帐篷支设在芨芨草丛当中,帐篷前面堆着大包的茶叶,远一点的地方有好多骆驼游来荡去。过了芨芨草地,足有1小时走在生着盐木的黏土地上,这种小树在此处长得高不超过两英尺,树干只有手指粗。生长这种树的黏土地看来遭到春汛或是雨水的冲刷,可以看到溪水奔流造成的痕迹。从盐木丛的右边走过,登上一道中部隆起的平缓高冈,它自谷地右侧的岩山伸延过来,遍地是石头;接着就来到了一块生着芨芨草的带状地上,这正是察干布尔古松河的下游河段。这条长满芨芨草的平缓槽沟是自南向北的走向,绕过中部隆起的那个山冈,向西方伸延而去。所以,那片长着盐木的低洼盐土地乃是它的直接延续。槽沟的上段向南直伸入山里,那个地方可以看到有一条深邃的巉岩林立的峡谷;峡谷两旁的山体有些地方带上了鲜红的颜色,库图卢斯山的岩石就是这样的。从泽尔格谷地去察干布尔古松河谷路经的那个高冈或者叫阜丘上面满是石头:碎小的,拳头大的,有的棱角尖利,但大多已被磨圆,其中有砂岩,但主要是一种深色的结晶岩。我们在一道从察干布尔古松河引水用的沟渠旁停下来过夜。这个地方有十来顶扎哈沁旗塔兰奇[1]的帐幕和哈特古尔。耕田沿槽沟向下连续有1俄里多长,宽约100俄丈。全种乌兰阿尔巴,就是红大麦或称裸麦;小麦在这里长不熟,整个泽尔格河谷都是如此。播种时间是4月份的最后几天。此地粮食种植的数量并不稳定——水多的年份就多种些地,水少的年份就少种;地种得少的时候,自己打的粮食不够吃,就要买粮补充,其他年份可以自给自足。翻耕土地先使库尔则铁锹,然后再用安德森犁铧,这两种工具都要从汉

[1]庄稼人。——作者注

·欧·亚·历·史·文·化·文·库·

族人的商铺里购买。当地人用大麦做成塔尔坎(тапкан)加在砖茶里以调味。

在到达巴特尔哈伊尔罕之前我们走的是商队从科布多去呼和浩特通常走的那条路,但是就在我们离开盐木丛的那个地方,呼和浩特大路就离开我们走的路往左,朝库图卢斯的东岬角偏过去,攀上该山很高的拜利,从山岭上翻过去之后,下行进入扎伊利根河谷。

4月3日,我们从连接巴特尔哈伊尔罕和察斯图博格多两座长白雪山的峻峭山岭脚下向东行进。地上撒满了碎石,几条起始于山岩中间的峡谷和宽涧处的浅沟里是比较大的石块,只在这些浅沟里边才有一些低矮的亚曼卡拉嘎纳。总的说来,被蒙古人称作拜利的那种地方是蒙古荒漠中最难于生长草木的地方。由于我们越往前走地势越高,所以我们终于看到,库图卢斯山东段后面平坦的草原上有一些单独的山峰,此前它们一直被很高的地平线遮着看不见。我们被告知,距库图卢斯最近的那一群山叫杜兰嘎拉,从这个地方还能看见夹在库图卢斯山和察斯图博格多山之间的宽阔而平坦的扎伊利根河谷;河面结着冰,河岸平坦,但没有林木;沿岸那些发黄的东西大概是茇茇草丛,河是向北流的,也就是在那一边,察干诺尔湖远远地隐约可见。到达南边的山前,我们向南顺山冈之间的一道宽谷往上坡走,这里地面上草长得很好,前一年的干枯艾蒿气味很大,然而除一些地方还残存着积雪之外,并没有水。走出山丘,我们来到一条地势很高的槽沟里,槽沟向东缓缓倾斜,逐渐变宽,在东头同扎伊利根河谷的上段合到了一起。扎伊利根河源出其中的那道深深的峡谷北坡上有针叶林,按蒙古人的说法是卡拉盖或者哈拉莫顿(西伯利亚落叶松)。扎伊利根河出峡谷流入宽阔的地带后,两岸平坦,没有树木,从北面的红色砾岩山麓穿过去才进入了环绕察干诺尔湖的平原。我们没有走近河岸(此处河的宽度约为10来俄丈),而是向南转去,在一道很深的凹沟里停下。这道凹沟里边全是大个的(直径达1英尺)致密砾岩卵石,石头的质地为鸽子蛋大小的石英和硅的颗粒。这里没有水,我们只能用雪。这个地方山岩的背阴面还有一条一道的积雪,而山上和平坦的地方雪已化尽。只有察斯图博格多山[1]的峭壁处在银装素裹之中。

据当地人说,泽尔格河谷每年冬天都要积一层雪,但是自西北面刮过来的第一场强烈的暖风就会把它吹化,之后草原便会有一个多月的时间没有雪;但是新鲜的植被也不能生长,有雪的地方会保留着上一年的干草,无论是锦鸡儿还是桦树都不肯把它们的叶芽伸展开,只有河柳上的花蕾在逐渐绽放。虽然天气已经暖和,[但是]地面还是干燥的(因为地上的雪并非融化,而是蒸发掉了),旋风卷起的含盐尘土在空气中悬浮,就如同炎热的仲夏时分的情景一样。最先复苏的是生活在碱土地上的蜘蛛,随后开始有禽鸟飞来,最先飞来的是棕麻鸭或称安吉尔;小动物日渐增多,但主要是在水中或在水的附近,出现大量的钩虾、水生甲虫[2]和生活在湿泥地里的甲虫。只有在这之后,水毛莨才会吐出嫩绿的小叶,长在水边的伞形科植物的块根才肯发出幼芽。在仍然没有一棵绿色芽苗的干燥草原上,沙蜥开始苏醒,出现琵琶甲。草原照旧是一片黄或一片灰;河上结着冰;坑洼里残存着雪,靠地下泉水补充的水洼已经解冻,但洼底还有冰。周边的山岩,除最高的那几座山峰之外,从山顶到山脚都已经没有雪了,这里的山上冬天只落薄薄的一层雪,因此长年的积雪是很容易辨认出来的——与非长年性积雪显著不同的是它积存得十分厚实;到了春天非长年性积雪大部分都蒸发掉了,不能生成溪流,也不能使土壤得到湿润,在长白雪山及高度与之相仿的山峰(像均伊尔罕这样的)上有大片的冬季积雪在春天融化。融化的积雪数量微不足道,而水流冲刷留下的痕迹却非常之多。两相对照,就不禁会给自己提出这样一个问题:这累累斑痕应该认为是哪样一种水流造成的呢?每个峡谷都有一条干涸的凹沟伸向拜利或是坡度不大的山脚,那里面堆着许许多多的砾石,有的凹沟非常之深,或者是砾石散布得非常之宽,让人不能不把这些情形看做是巨大的洪水疯狂肆虐

---

[1]察斯图在蒙古语里是白雪的意思,博格多则是仙女。——作者注

[2]到夜间水洼表面结冰的时候,甲虫大概是要努力靠近白天晒温的水面,就被冰所禁锢,于是它们静息下来,待在冰层里边那个小小的洞里边一动也不能动,直到第二天冰化开的时候,它们才能重新自由活动,复活过来。——作者注

的结果。对春天里发生的各种现象所做的种种观察让我们得出这样的结论:这些凹沟和砾石或者生成于很久远的地质时期,或者是这一带地方夏天偶尔也许会有的大暴雨造成的。

4月4日,我们从住宿的那道凹沟里出来,朝东南边巴特尔哈伊尔罕和察斯图博格多两山之间那道山峦上的宽阔鞍形部进发,那就是焦特亨达坂山口。上山走的是一片缓慢升高的平坦坡地,从山口下去的路稍微陡峭一些,而且要在黏土质页岩的山岩之间穿行。从焦特亨达坂山口下行去齐齐克诺尔[采采格努尔]湖要经过一条浅谷,谷里有一条小河,或者说是溪流纳姆卡,还生有亚曼卡拉嘎纳和乌刻尔卡拉嘎纳。到了齐齐克诺尔湖谷地上,察斯图博格多山和巴特尔哈伊尔罕山看上去[让我们]觉得是有着共同走向的一道山脉,构成了湖周盆地的北缘,只不过是焦特亨达坂所在的那个深深的豁口把它分成了两个部分而已。这道山脉陡峻地耸立于谷地之上,南坡上没有一片积雪。焦特亨达坂山口以东,山脉有一道峡谷,乌里雅苏台河从那里边流过。据蒙古人说,河上有杨树和河柳,那大概是在峡谷的里边,谷外满眼都是光裸的干燥砾石。

湖的南侧有另外一条山脉与北边的山脉相平行,当地人都叫它阿尔塔音努鲁,[1]即阿尔泰的山脉。山脉中间湖正南方所对的那个地方有座平顶的高峰,上面积着雪,不过大概并不是终年积雪。据蒙古人讲,博古斯河就发源于该峰,西面湖谷伸展得很远。人们指给我看那边谷地尽头处的山脉,博尔奇日姆戈尔河就是从那些山里流到湖周盆地来的。

湖约有10俄里长,里边的水又咸又苦,湖底有结晶盐;此湖没有外流水道,湖岸平坦;北南两面的山距岸边也有7~10俄里。沿湖岸都是裸露着的碱土,上面生着植物,碱土地外侧的边缘处围着一条很宽的代里苏带。齐齐克诺尔湖位于恩凯扎瑟卡旗地界内,旗的寺院和旗址在

─────────────

〔1〕格·尼·波塔宁穿越的是这里的蒙古(戈壁)阿尔泰山脉的东段,蒙古语叫阿尔塔音努鲁。

阿尔塔音努鲁南侧的巴音戈尔谷地。恩凯扎瑟卡旗不种庄稼,大麦或是塔尔坎要到扎哈沁旗或凯比图修古纳旗去购买。我们停宿地附近有几个蒙古包和一群群的羊。湖的西头此时正有一支 200 名中国兵的队伍奉派从古城到这里来驻守,大概是为了维护巴里坤大路的安定宁静来的吧。

4月5日,我骑马沿齐齐克诺尔湖东岸行走,湖岸很高,将近 4 俄丈,有的地方是陡直的悬崖,是一种摸上去带油性的非成层灰色黏土。有一个地方陡峭的湖岸被切断,分布在湖东一片比湖面高不了多少但却相当大的低洼地上的许多浅湖和水洼的水从这里注入湖中,那片地南、北两面都是由同样的黏土构成的悬崖。那些湖泊形态各异,从端端正正的圆形到极不规则的形态都有,湖与湖之间还有水道相通,纵横交错,简直是一座迷宫。形成这样一个地段的原因大概是曾经多次发生过塌陷,而这种样的塌陷情形目前依然在此地的周边陆续出现。整个这一潮湿地段的草都长得很好,那些湖的岸边有藨草和布拉(柳树)。湖面上有许多鸭、雁和安吉尔,也有天鹅。在茂密的青草中奔跑着灰山鹑[燕鸥]。[1] 黏土高冈上则寸草不生,地面很硬。齐齐克诺尔湖还被冰封着,河柳上的苞芽还没有开始绽放,没有任何新生长出来的植物。此地人告诉我们,这个地方至少也要再过一个月才能有绿色植物,阿尔塔音努鲁山以南会早一些。

这些淡水水洼的一条共同的泄水道只在一个地点,也就是齐齐克诺尔湖东岸边上悬崖靠近北头的地方,穿通了那道悬崖。悬崖的南端另有一个比较宽的豁口,湖边洼地经过这个缺口伸延到了南边,造成了一片很大的白色碱土,在阳光下闪着耀眼的光芒。靠近这片碱土的坚硬黏土地由于渗进了盐分而变得松散了,而且上面长出了盐爪爪。在从湖边伸向南方的一条槽沟里,有人在采食盐,在那个地方不管走到哪里脚底下全是结结实实的一层芒硝,就是在湖自身的岸边,这种芒硝的

---

〔1〕这是格·尼·波塔宁的一个笔误。他说在湖边茂密的青草中奔跑着灰山鹑,并列出其拉丁文名称(Sterna),此名称指鸥科的燕鸥。据对该地的描述判断,栖息在那里的应该是燕鸥,而非山鹑。

粉末也淤积成了足有 1 英尺高的小丘。

6 日在平坦的草原上向东南方朝着奥什丘山脉的南岬角行进。路的右侧有一条生有低矮的河柳(蒙古语叫布拉)的槽沟,沟沿有很多泉眼。这条槽沟是前述浅湖地带的延伸。我们一行人所走的槽沟边缘部长着代里苏,偶尔能见到叉干奥尔忒特(棘豆)丛,[1] 由槽沟尽头处再往东走,就进入了一片不毛的沙原,这块湿润的绿洲四周看样子全是这种沙原。奥什丘山的山体是严重风化的花岗岩;山岭中间的宽谷里遍布沙丘,上面的叉干奥尔忒特,还有麻黄[2]和香蒿都长得非常茂盛。到达山脚处,我们顺着山势,与西南面山岭的北麓保持十多俄里的距离,一直走了两个小时。虽然奥什丘山荒凉之极,我们在山脚的岩石中间还是不止一次地发现过越冬羊圈留下的痕迹,山上满是绵羊喜欢吃的香蒿,冬天牧人们可以用雪来代替水使用。

纵向的齐齐克诺尔湖谷地一直伸展到奥什丘山以东,到了这个地方,谷地又宽阔起来。北面的山岭像一面整齐紧凑的墙似地排列着,这里也和西半边一样,山中间有一条很深的峡谷。谷地的东头被奥什丘山的东段遮住看不见。我们在孤立于谷地当中(奥什丘山东段以东)的一小群岩山塔伦托洛戈旁边停下来过夜。这个地方极为荒凉,虽然有饲草,可是没有水,用的水是我们从齐齐克诺尔湖停宿地用桶带过来的。

4 月 7 日,我们离开塔伦托洛戈,朝横在纵向谷地西南面的山岭脚下进发,谷地地面上全是角砾,除了走很远才能见到一丛的一种干枯的针茅外,没有任何植物。到达山脚后,道路随着山岭的走向更朝南方折

---

〔1〕第一次考察时格·尼·波塔宁把黄芪的一个新品种称为叉干奥尔忒特,而在第二次考察时却用此名指称棘豆,尖芪(Oxytropis aciphylla),其原因显然是他带回来的那些叉干奥尔忒特被判定为奥克西特罗皮斯了。因此,我们在第一次考察的记述中所有叉干奥尔忒特这一名称后面都用括号加上了"棘豆"一词。A. 尤纳托夫有资料(《对蒙古植物的 25 年研究工作》)说,有几种黄芪和棘豆是有毒的;他的资料还说,棘豆叫做叉干奥尔图兹。

〔2〕麻黄被认为是有毒的植物;哈萨克斯坦产的几种麻黄(H. B. 帕夫洛夫:《哈萨克斯坦的植物原料》,第 21 – 23 页记载)因含麻黄素生物碱而具有药用价值(心血管药物)。在中国这种植物已被使用了数千年,在苏联麻黄素应用于医学始于 25 年前。正如尤纳托夫指出的那样,关于蒙古产的麻黄有毒的报道是相互矛盾的,因为这些报道讲的是不同种类的麻黄。

去,沿山脚走了一段之后,便开始上山。山势忽起忽落,奇形怪状,在山的岬角处常常有单另一座山岩兀立在前边。在山口处花岗岩中间夹有好些暗色的岩层,这些岩层厚约 5 米,它们从山巅一直贯通到山脚,有的地方分布得很密,处在中间的岩石宽度竟然与岩脉自身的宽度不相上下。山峰呈现出许多奇异的彩条。从山口向南望去,呼勒穆诺尔湖盆地一览无遗。站在这个地方,我们把察斯图博格多山也看得更加清楚了:它有两座山峰远远高出其余的山头,西边那一座峰顶尖峭,下面有两个宽阔的"肩膀",上边的积雪不多;东边那座平缓,形似一个圆屋顶,西坡立陡,东侧坡度较缓,顶部覆满白雪。山口处的花岗岩山冈上生着红奥尔忒特(另外一种棘豆);[1]这儿有很多旱獭[2]的洞穴。我们沿着一条处在花岗岩露头之间的宽谷从山口上下来,然后经过一片

---

〔1〕另外一种奥尔忒特,指红色的乌兰奥尔忒特。据波塔宁记载,蒙古人称为乌兰奥尔忒特的乃是棘豆中的一种(《蒙古西北部概况》,第Ⅱ和第Ⅳ分册);该种植物只见于黑额尔齐斯河源头以东,丛生于灼热的光裸山岩上;由无数又尖又硬的刺组成球形的灌木丛,花和叶隐藏在这些刺的棘腋中。此种植物的样子就像是刺猬。

〔2〕A. H. 福尔莫佐夫 1926 年在蒙古第一次见到旱獭,他在《在蒙古》中对这种动物有如下的描述:

对于蒙古北部的草原来说,这是一种具有代表性的野兽,就如同云雀之于我国的草原一样。

时近黄昏,地面高低不平之处出现了阴影,丘陵的缓坡上,山间的绿草地中,还有地势很高的平原里,一些堆堆丘丘的轮廓也格外地分明起来。那就是旱獭穴丘——旱獭掏挖洞穴时刨到地面上来的大堆土壤。目力所及,影影绰绰到处都有这种大大小小的土丘……

洞穴前宽敞的场地上走出来一些肥重的雌旱獭,它们侧身卧在地上,让太阳把它们那身冬天的黄毛照得金灿灿的,晒得暖烘烘的。它们刚刚开始生长夏天的新毛,可是那些孤单无伴的雌旱獭都已经换好了一身棕灰色的新毛——看来是家务耽误了它们脱换新毛。

胖得与年龄已不相称的烟灰色幼崽们围着妈妈在山坡上转来转去,咬扯着小草,不紧不慢、晃晃悠悠地在石头中间踱着步,不时四面望望,摇摇尾巴,俨然一副成年旱獭的神态。它们的动作因深居简出而从容不迫,慢慢腾腾,笨拙可爱,与年老的旱獭一模一样。而那些年老的旱獭长得足有半普特重,胀鼓鼓的小眼睛流露出慵懒闲适、悠然自得的神情,在被迫跑动的时候,它们那沉甸甸的肚子被四条过于短小的腿勉勉强强地拖着沿地面滑移,积累在肚子上的脂肪便会不停地抖动。急匆忙碌可不符合旱獭的性情。让跳鼠跳来蹦去地寻找它喜欢吃的鲜美球茎好了,让田鼠为准备度过艰难的冬天去奔波好了,让嗜饮新鲜血液的狐狸东窜西跑地去寻觅好了。旱獭吃点青草——已被畜群啃吃得差不多的又矮又短的草——就已知足了,用不着离开洞穴到远处去找。草不是多得很嘛,都还青着哪,还没有被彻底晒干;无边无沿的天空之下有着一望无际的牧场。烈日暴晒,山坡上的草萎黄了,干枯了,可旱獭却无忧无虑地倒头大睡上一个冬天;它平日深居简出,行动迟缓,极少活动,早已存储了大量的脂肪,足够一冬用的了。

(注释未完,转下页)

77

平坦的草原来到呼勒穆诺尔湖,在湖的西岸停下来。湖水是咸的,没有任何外泄的通道,平坦的西岸有很多淡水泉涌出。湖岸平坦,光裸,地表是碱土,碱土地的四周长着代里苏丛。湖所在的盆地四周全是山,湖靠近南面的边缘,因此,湖的南岸几乎是和一座单独的石山哈拉忒合伊尔罕连接着。湖东面,也是在靠近南边山岭的山麓处另有一个小湖,湖岸平坦,土中含碱,这两个湖从前很可能就是一个湖。在呼勒穆诺尔湖的周边地带我们发现有几顶塔庆乌梁海旗的帐幕。这儿还能听到雁、鸭、安吉尔和布尔都鲁克等禽鸟的鸣叫声。

4 月 9 日由于大风雪天气而原地休息,不仅是在山上,就连呼勒穆诺尔湖谷地里都在下雪。

呼勒穆诺尔湖位于穿越阿尔泰山脉主脊(阿尔塔音努鲁山)的山口北侧山脚下,这个山口叫乌峦达坂,通向巴尔雷克河的东源头。4 月 10 日,我们走过大小两个湖之间的低洼地,开始沿着一条无水的宽槽沟向乌峦达坂山口攀登,上山的路虽然陡峭,但却平坦, 可以走车。山

(接排上页注释)

要想从多石而坚硬的地下洞穴中挖到一只哪怕是并未受到惊吓的旱獭,那也得有罕见的耐心才行:坑道曲曲折折地在石块之间迂迴,直通向山坡下很远很深的地方,极难挖到它们做窝的地点,旱獭的穴窝很宽大,里面铺着绵软的干草,它们就在这个地方睡觉,冬天一到还大群地聚在这儿冬眠。

旱獭在地上吃草,不时停住,蹲下身子;它们哼哼咻咻地满山坡乱走,发出尖叫彼此呼应。天已接近傍晚时分,正是第二次,也就是午后吃食的时候(第一次是在早晨,阳光刚把大地照暖的时候),一窝一群的旱獭倾巢而出,来到草地上。蓝天之下长尾海雕和金雕在这块旱獭聚集的地方上空盘旋,它们守候着,看会不会有哪个小旱獭在什么地方出神发呆,有没有受伤或是生病的旱獭倒地不起。然而,要从这个有上千只眼睛观察注视、有上千张嘴巴呐喊呼叫的齐心协力的大家庭中抓走一只猎物也并非易事。报警的尖叫声会从一面山坡传到另一面山坡,从一道山脉响到另一道山脉,那时低飞的雕就再也无法出其不意地抓上一只了。旱獭只不过略微向洞穴靠近了一些,它们甚至都没有停止进食;它们并不担心——身旁就有同类在用眼睛、耳朵警惕地保护着它们。只有于瞬息之间进行闪电般的袭击——雕只有突然之间来一个猛扑,才能出其不意地把旱獭擒获。

如果说来自空中的威胁旱獭还能从容对付的话,一旦地面出现敌情旱獭群的情形可就大不一样了。旱獭聚集的地方一有狐狸、狗或是狼出现,近处的旱獭便被吓得纷纷逃回洞穴中,躲在入口的后面,只把黑黑的脑门和鼻子伸出洞口,用眼睛仔细地观察着。猛兽周围半径 100 至 150 步的范围内旱獭都会逃光,在这个圈子之外,所有的旱獭不分老幼全部蹲身摆出一副观察的姿势,不停地尖叫。旱獭之城的警戒做得极好,蒙古人听到它们报警的尖叫声,就知道有狼来了,有可能祸害他们的畜群。

口的最高处堆着一个很大的敖包,敖包上插着一根绑了几束羊毛和马鬃的杆子,敖包上面放了很多写满喇嘛教经文的羊肩胛骨。[1] 从山口的最高处我们又看到了察斯图博格多的那两座高峰。山口附近的山岭平坦,没有峭岩。在巴尔雷克河的东支流[巴尔拉吉音戈尔]停下来过夜,通向河岸的下山路丘冈比上山路的稍多一些,但却比较平缓,停宿地附近有很多旱獭,它们从巢穴里面钻出来,吱吱地叫着。

　　11 日沿巴尔雷克河前行,河谷的上半段是一个夹在平缓的山岭中间的宽敞而平坦的槽沟。谷里的雪很多,有时整整 1 俄里的地上都是雪,有的地方还厚达 1 俄丈,甚至更厚的雪堆。一道宽宽的凹沟里有一条小河,两岸平坦,河面上还结着冰,过河对我们的骆驼来说是一件极其困难的事,河面上疏松的积雪不断塌陷,于是骆驼就要摔倒。显然有很多雪已经化掉了,假如我们是在冬天从科布多出发去巴里坤的话,那我们是无法把我们的羊群赶过阿尔塔音努鲁山的。山脉西南坡多雪而东北坡无雪这种反差也和乌尔莫盖忒山口一样的鲜明,不过反差在这里也许没有那么强烈,冬天这里骑马和骆驼总还走得过去(经捷列克忒阿苏山口[或是]乌峦达坂山口)。巴尔雷克河谷的下段狭窄,周围都是高耸的山岩,到此处河上已经没有冰了,水流汹涌,只在有山遮挡阳光照射不到的地方,河面上才仍旧结着厚实的冰层;河谷底部狭窄,部分地方乱石成堆,部分地方积雪太深而无法通行。因此,路紧贴着河水旁边的陡峭山坡,从山上滚落下来的石块中间穿行,跟随着弯弯曲曲的峡谷不断地拐来拐去。这里的山岩上有了锦鸡儿、圆柏和忍冬,在河岸上还看到了 3 棵还没有长叶的小黑杨树。

　　巴尔雷克河下游的谷地又逐渐宽阔起来,一出峡谷便立刻感觉出

---

〔1〕用兽骨进行占卜是一种古老而又广泛流行的方法。已知有公元前两千年留下来的亥南(хэнань)占卜用骨,其中北方的一些民族用鹿的肩胛骨进行占卜。蒙古的喀尔喀人、土尔扈特人、乌梁海人和哈萨克人广泛使用羊肩胛骨占卜。把肩胛骨在火上灼烤之后,按照骨头上面出现的裂纹形状做出预测。格·尼·波塔宁(《蒙古西北部概况》,第 Ⅱ 分册,第 88～91 页)列出了 3 幅带有裂纹形状的肩胛骨图,并按照科布多的一位土尔扈特人、一位哈萨克人和一位乌梁海萨满的解释引述了这些裂纹的含义。在各种骨头中肩胛骨是最受崇信的。

　　在蒙古常常可以看到敖包的石头中间有写满了咒语“唵嘛呢”(见本书第 120 页注〔1〕)的肩胛骨,重要的敖包上有很多穿成一个长串的写满了字的肩胛骨。

气温高了,处处可见刚刚长出来的绿色植物。我们在距河流出峡谷地点不太远的岸边停下来过夜。峡谷出口处的山体是灰片麻岩和绿花岗岩,巴尔雷克河下游的山也是这两种岩石。南边可以看到横亘在河谷前方的高山巴音察干,山上还有几片没有化尽的白雪,这座山使巴尔雷克河前边的流向转到西方去。据蒙古人讲,此河从我们停宿的地点再往下流出没有多远就消失了。尽管春天的河看上去水量好像很大,但是沿岸却没有人种庄稼。

4月12和13日两天休息。第二天的休息是因为天气不好,下了一整夜的雪,地上积了足有两俄寸厚的一层。

这两天里有好多蒙古人骑着牦牛从邻近的聚居点来我们的停宿地,他们都是塔庆乌梁海旗的人。

4月14日与山脚保持稍大一点的距离,朝东南方向前进。自山脚往南是一片高低不平的波浪状草原,两旁有一道道的山岭。道路大部分都很平坦,往南逐渐下倾,途中有几处从山冈中间穿过的小山口。开始时草原上都是黏土,青草繁茂,艾蒿和植簇很多,后半段的道路有很多大块的角砾,大概含有盐分——除了香蒿还生长着小蓬。在石子比较多以及有岩石露出的地方,长着不太高(近1.5英尺)的锦鸡儿丛。我们停在了埃布丘河畔;这是一条宽1俄尺多的小河,河床都是石头,河岸上没有植物,有些地方是泥潭,含碱且有许多土丘,过了我们的停宿地再往前此河便流进了两道陡立的夹壁之中。用埃布丘河水灌溉的耕田都在我们停宿地的下游,站在这个地方可以看见阿尔塔音努鲁山脉的东端有一座又高又大的山峰,在它的旁边耸立着另一座尚有许多积雪的山峰,后一座山峰位于比吉河的源头处。从路上往南看,可以望见地平线上有一群青蓝色的山——那是沙里努鲁岭,里边有一个苏亥试泉。我们就是要往那边去的,直达这些山岭的路上没有水,因此商队不得不先靠近阿尔塔音努鲁山走,山中的几条峡谷都有小河流出,不过流不多远就消失在草原中了,一直到贡塔姆嘎地带路才向南急转过去。

4月15日,在丘陵起伏的草原上朝着希里河的方向走出不长的一段路,途中经过了两个山口:一次是穿越我们曾从其左侧经过的谢尔本岭伸延过来的平缓丘陵,另一次是越过自路左的小山希里(另外有人说叫图特)绵延过来的同样一些丘陵。希里有一个很小的泉,里边满是牲口粪,没有饲草,泉水是从卵石覆盖下的干河床里冒出来的。

4月16日朝比吉河前行了不超过15俄里,大部分路程走的是沙质草原,这片沙原从希里河与比吉河之间的昆杰连、科鲁姆、纳林哈拉等山前逐渐朝比吉河倾斜下去。那些山都是位于阿尔塔音努鲁主脉前面的几条不很高的石头山岭。沙原上生长着极其稀少的小丛锦鸡儿,夏维克(铁杆蒿)和杰尔根(麻黄),偶尔有小丛的叉干奥尔忒特及好像是沙拐枣的小灌木丛。此处的比吉河岸平坦,光裸,河水湍急,河宽近1俄丈,深半俄丈有余,不过早晨水会变得浅一些。水下是石头底,水很混浊,因为上游有农田,河水被通过渠道引入田里,灌溉完耕田之后,夹带着黏土的混浊的水就在距我们停宿地不远处重又流回河道内。停宿地附近平坦的地面湿漉漉的,溪流纵横交错,从农田流过来的水也漫灌到这个地方来。夜里从阿尔塔音努鲁高峰上吹来的雪积在河岸上,中午时分这些雪逐渐融化。这个地方有很多麻蜥和沙蜥;而沙蜥和布尔都鲁克在埃布丘河到比吉河这一路上一直都有。在比金格尔河畔我们发现了大约5顶在这儿从事农耕的蒙古人住的帐幕,他们都属塔庆乌梁海旗,或如此地人所说塔庆古纳旗。据说,在比金格尔河流域总共约有35户人家在从事耕作。只种一种作物——裸麦,此地叫做乌兰塔拉(土尔扈特人叫霍朱古尔塔拉),小麦能出苗,但长不熟。比吉河沿岸植物稀少。仲夏时候我们过河的这个地方是没有水的,因此晚到的商队要在靠近上游,也就是离阿尔塔音努鲁山麓更近一些的地方渡河。比吉河发源于阿尔塔音努鲁山塔姆钦达坂山隘的南坡,流向西南,在下游形成了霍尼乌苏盐湖;该湖的四周是碱土地,上面长有代里苏和扎克[盐木]。

塔姆钦达坂山口从我们在比金格尔河畔的停宿地就能望见,它看上去是阿尔塔音努鲁山脉当中一个又宽又深的鞍形部,山脉中比它更靠东一些耸立着仍然披着白雪的高峰比尤斯哈伊尔罕,那座山峰的东边还有一个伊克哈伊尔罕峰,发源于此峰的申多门(钦多门)河是比金格尔河的左支流,没有流出峡谷就注入了该河。再往东去,该山脉中还有一座多处残留着冬天积雪的布古哈伊尔罕峰。该峰东侧的末端是一个陡峭的岬角,比它更靠东的一座单独的山头巴嘎布古比起布古哈伊尔罕来可就小得多了。以致给人一种感觉,阿尔塔音努鲁山脉不是向北折转过去了,就是到该岬角处就终止了。巴嘎布古山和布古哈伊尔罕峰或是伊克哈伊尔罕峰之间有一个鞍形部,那就是布古达坂。[1] 布古达坂以南,有一群山绵亘在整个东面的地平线上,其中有几座更远一些,那就是乌兰代布瑟克,它们在发源于布古达坂的察干戈尔河的东岸或者说左岸,可以看出那几座山上有 2～3 处积雪,其余的山(别尔克卡拉山脉)要低一些,在察干戈尔河以西,位于河的右岸。

我们停宿地的南边耸立着沙里努鲁[山脉](在我们去巴里坤的路上),该山脉的西边是与之处于同一纬度上的科科温久尔山,再往西是哈布戉克山。据蒙古人讲,这些山的西端与拜戉克博格多山相接。然而这后一座山无论是从比金台地上,还是后来从戈比谷地里都未能看到。在哈布戉克山脉几条峡谷的顶头处,可以看到有很多处白雪,沙里努鲁山上也有不多的几处积雪,科科温久尔山上却一点儿雪都没有。

比吉河谷里从我们停宿的地方往上几俄里处,靠河有一组单独的石峰——塔本哈伊尔罕山,西南对着哈布戉克山的那一面近处看不到山,只有一个地点除外,反射作用显示在那个地方有一群岩山沙利哈拉,如若没有海市蜃楼,从我们这面大概是不会看到这群山的。

4 月 18 日,我们先沿着比金格尔河左岸的沙原前行,沙原上生有杰尔根(麻黄),小蓬,矮小的锦鸡儿。这里的锦鸡儿是单枝条形态的,枝权长在上头,而不是有多个枝干的茂密灌木丛。过了沙原,迎面就是嘎顺地段,在我们所过之处,此地段是一片平坦的黏土沙质地,已干涸的小溪的河床纵横交错,除稀疏的锦鸡儿和杰尔根灌木丛之外,还有了扎克[盐木]。这种植物偶尔能长到没腰高,所有这些植物都还处于干枯状态,只有艾蒿在靠近根部的地方长出了尚未伸展出绿叶的芽苞。

---

〔1〕布古:在蒙古语里意为高贵的鹿;伊克:是大;巴嘎:是小;达坂:是山口。——作者注

在路的左边槽沟的性质发生了变化,那边有一大片代里苏灌木丛,这说明那里有泉水,看来,这个嘎顺地段乃是发源于布古达坂山口的察干戈尔河的泛滥区。过了嘎顺地段,路又从一道平缓的山岭中穿过,平缓的山口过去,又是一片宽阔的洼地,这里的泛滥区也生长着扎克、杰尔根,偶尔还有锦鸡儿。对面则是一些不高的黑色岩山,山脚之下是一片广阔的代里苏草丛。那就是贡塔姆嘎地段,这样一个地段得以生成是因为前面提及的岩山中流出了一股泉水。贡塔姆嘎地段上设有一个由恩凯扎瑟卡旗蒙古人供给的、归乌里雅苏台管辖的哨所。这是我们旅途中最靠近戈壁的人居处所了,在这里的岩山旁边约有十来顶帐幕,里边住的人我看是很富裕的,他们种植庄稼,耕地用泉水浇灌,泉水满地流淌,把平原的一部分变成了青草茂密的沼泽。我们决定在这块饲草丰美的地方停留两天,让我们的牲口在穿越荒漠之前好好休息一下,吃得饱饱的。在贡塔姆嘎停留的这段时间里,我们帐幕旁边的灌溉沟渠里每天早晨水面都要结一层冰。

4月21日,我们在平坦的草原上向塔本敖包行进。草原上生长着艾蒿、泰斯客(驼绒藜)、诺霍斋兰(灰木蓼),塔尔(看似假木贼?)尤其多,偶尔还有叉干奥尔忒特和扎克灌木丛,而凹沟里则生着锦鸡儿。草原是沙土地,上面盖着一层碎角砾,靠近山岭的地面上是碎石,这块草原是比吉河沿岸那片草原的延续,它西边对着霍尼乌苏湖,地势渐低,南面则横着沙里努鲁山岭。比吉河沿岸的草原是非常平整的,但是往西和往东就有许多岩石露了出来,有的独立成堆,有的接连成岭。在距离我们的停宿地还有1俄里的地方,我们一行人走进了一条夹在一些不很高的岩山中间的峡谷,走了一会儿就在一个四周都是岩石山冈的小块洼地上停住。这里的一个山丘脚下有一眼水质极好的淡水泉,泉水溢流到洼地里,造成了一片古吉尔沼泽。[1] 这沼泽占去了洼地的几乎整个底部,里面有很多小丘,这片泉水虽然与外界隔绝,但是里边却

---

〔1〕古吉尔湖水含有芒硝,沉积在湖的底部和岸边。在外贝加尔一带把碱土、盐沼地叫做古吉尔。

有钩虾。沼泽没有泄水的沟渠,但是洼地却有一条朝北的细窄通道,底部是水平的,侧壁却陡直垂立,与某些河流经的夹壁峡谷很相似。洼地四周的山冈全是一层层的砾岩。

"塔本敖包"的意思是 5 个土堆,该地此名称的由来是周边的许多山丘上都堆着高高的圆柱形敖包,加在一起总数在 5 个以上,但是突出的大约就是这么多。洼地面积不大,直径超不过 150 俄丈,植物贫乏,而且是刚刚开始复苏,已被过往牲畜啃光的黄色干代里苏丛,一块块白色的古吉尔土地和黑色的山丘——这就是此地所呈现的画面上的全部色调。唯一的一小块平整且没有到处是盐沼土墩的地方满地污秽,乱扔着食具的碎片,破烂不堪的汉族人式样的鞋子,还有其他的垃圾,这显然是一个沿巴里坤子午线穿越戈壁者人人必到的地方。

第二天早晨泉里的水结了一层冰。塔本敖包附近有蒙古人在开采石膏。

4 月 22 日早 8 时出发。离开停宿地后我们立即沿着砾岩山丘之间的一条宽谷向山上攀登,砾岩很快就为石灰岩所代替。山岭的峰脊比南边的谷地高出最多也就是 100 英尺,南坡比较陡峭,从南边看山岭好似一堵直立的墙壁,上面满是水平方向的层理线。沿着裸露的石灰岩之间的一条干涸险峻的宽谷朝下往南侧的谷地走,岩石里边有大量保存得很差的(泥盆纪时期?)化石。

走出石灰岩山岭,我们一行横着穿越该山岭与沙里努鲁山脉之间的谷地。谷地底部非常平坦,却很贫瘠,这里只有一些小丛的不知是哪一种的禾本科植物,它们只是一束束 1 俄寸长的可怜巴巴的黄色茸毛,而且一束与另一束之间隔着至少 1 俄尺的距离。慢慢地有了一种戈壁已近在眼前的感觉。沙里努鲁山脉最靠前的山冈是些浅绿色的岩石,走在这些山冈之中我们不知不觉就来到了山口上,从北边走过来几乎没有什么上坡,山口处还有积雪,融雪形成了一道小溪,沿着我们一行人下山的小径向南流淌,在距积雪处 100 俄丈的地方消失。

顺着小溪流经的宽谷,我们下到了一条又深又窄还曲曲折折的峡谷中,峡谷周围是陡垂的片岩峭壁,峡谷的基本走向是自西向东,其西端有巉崖峭壁的高山。进入峡谷后,我们一行人顺着峡谷朝下方,向东走去。一层层的片岩几乎是垂直地叠垒着,随着峡谷走向的变化——有时是顺着岩层铺展的方向,有时是沿着岩层下降的方向,两侧的谷壁便呈现出不同的样子:或如光滑陡立的高墙,或似许多直立的石板拼成的峭壁,而有些石板已经破碎散落,在峭壁上留下了深深的缝隙。峡谷两旁的山脉寸草不生,全是棕褐色的山岩,山岩之间堆满了岩屑,山上没有任何植物,只不过偶尔在岩屑堆上能看到小丛的麻黄,这些植物如同军队医院里常常采用的黄绿色,使峡谷毫无生气的氛围更加浓重。[1] 山岩上面则丝毫看不出有植物生长的迹象。谷底满是古代的冲积物,不知是哪儿来的水流从中冲开了一条宽达 5 俄丈的河槽,河槽两边的崖岸高近 1 俄尺,河槽底部布满了大块砾石,砾石中间有直径达 1 米带紫红色纹理的白色粒状石灰岩块,这些岩块显然来自西边峡谷的上段。这条河槽表面上干干的,而砾石冲积层的下面是否有水则不得而知。蒙古人常常在这样的干河床里挖井取水,可是此地没有饲草,因此蒙古人未必曾想到过要在这里挖井。在这条干涸的河槽里偶尔能见到锦鸡儿丛——这是我们在这一死气沉沉的峡谷中继麻黄之后见到的第二种植物。这条峡谷中的全部植物群也仅此两个品种而已。我所见到的锦鸡儿丛全都梢尖朝着河床的下游,弯伏在地面,上面还压着石头——这就证明春天积雪融化的时候这里有大水流过。然而岸旁山岩上那些窄槽和碗状坑似乎就不能说是这种水流造成的了,在峡谷折向东边的那个地方,谷左侧的坑槽尤其显眼,不仅在高度接近河槽的地方有,就连在 3 俄丈和更高的地方也有。

　　道路沿着[峡谷出口连着的]谷地的左侧伸延,逐渐接近前面的山峰,最后被山完全挡住。到了这里,路往干河槽的左边一拐,翻过山峰进入了另一条北南走向同样宽阔的谷地。路从这个谷地东侧壁的霏细

---

〔1〕在波塔宁那个时期,小的军队医院(军医院)都用最便宜的黄色和绿色颜料粉刷墙壁,这就使医院的病房显得很阴郁。这种颜色也为其他国家机关所采用,不过范围较小。现今的医院楼舍都是依照严格的卫生保健标准建造和进行内部装修的(墙壁要涂浅色油漆,天棚要平整,集中供暖,有排水设备,等等)。

岩山头旁经过。在距停宿地还有大约 5 俄里的地方,一处霏细岩山石上刻着字,看样子画的是一些氏族的标志或是记号。[1] 前方谷地越来越窄,成了窗洞的模样,[2] 它就像一扇窗户,从里边已经渐渐地望见了戈壁和天山山脉了。戈壁就像是一片暗景,处在洞口的下角,暗景上面的水平缘线好似嵌上了一串由银白色的云朵组成的链条。然而,当一位旅人突然想到,他是不是错把天山山脉连串的雪峰当成了朵朵白云的时候,他会感到观赏者和图画的位置一下子发生了对换:底部的暗景区降到了他的脚下,而他自己则出于一种魔幻般的力量突然站到了这道暗景带的上方,因为他此时的确是处在戈壁之上大概不下 1000 英尺的地方。到这个时候他就不得不相信,真的是天朗气清,万里无云。

我们进入戈壁大漠之前最后一次停宿的地点就在窗洞里边,那个地方的岩山拢靠得很近,形成一道短短的峡谷,山岩之间涌出一股不大的泉水,它沿着峡谷的底部流出不超过 50 俄丈的距离,然后消失;然而,泉水却为这个地方增添了很多生机,它的两岸被高高的柳树撒满了绿荫,此时正逢柳树的开花时节,无数的黄蜂、苍蝇和昆虫围绕树的萎黄花序盘旋。旁边的山岩上野蔷薇丛已经落脚生根,开始生长新叶。干燥的砾石上生着苏亥(柽柳)丛,这一地段也因此而得名[苏亥忒]。青草虽然还很矮,也很稀,但从远处看谷底却是绿茸茸的一片。在泉眼旁的一个石头山丘上汉族人用黏土盖了一座高不过 1.5 俄尺的小庙,从前那里是中国的一个哨所。因为我们的停宿地就在峡谷下端的开口处,再往前就是沙里努鲁山脉的拜利了,所以沿着耸立在停宿地东边的岩山往上爬 20 来俄丈,就能清楚地看到戈壁。它看上去就像是铺展在下面的一个黑色或蓝色的条带,条带上面可以看到有一些弯弯曲曲不规则的红色线条,在这个条带的上方还有另外一条色调比较浅的,那便

〔1〕格·尼·波塔宁在《蒙古西北部概况》的第 Ⅱ 分册(第 74 页)中说明,在整个考察旅行期间他只见到过一次石崖刻字,就是在无水的苏亥忒河谷那块平整的崖面上,崖面因为一层氧化铁而有黑色的光泽。崖面微倾,十分光滑,犹如打磨过的一般;字迹是用锐器凿刻上去的,所以字母都凹进崖里而露出了基性岩微黄的颜色。

〔2〕在建筑上把墙上安装的内大外小孔口称为窗洞;格·尼·波塔宁使用这个词是想说明窄谷宽的一头对着进行观察的人,通过越来越小的窄口能够看到戈壁和天山。

是绵亘在天山前边的迈钦奥拉山脉。迈钦奥拉山脉东西两头都逐渐降低，那两头的背后都挺立着另外一条山脉的长白雪山，那才是真正的天山山脉。西边的长白雪山群要长一些，它们从迈钦奥拉山的末端伸出来，在地平线上延续出去很远；在东边从迈钦奥拉山背［后］探伸出来的长白雪山要小得多，山脉也终止于迈钦奥拉山的岬角处。我们的向导蒙科指给我们看迈钦奥拉山脚下靠近西端处一些很难辨别出来的不太大的山岭轮廓，那是一些低矮的山岭，山岭中间坐落着汉族人的村庄桑塔湖［桑套河］，从苏亥忒经过的商队都会来到这个地方。

　　我们停宿地点的青草不足，因此担心马匹会在夜里跑到别处去找好的饲草，便把它们拴了起来，于是，马儿们一夜都没有吃草。[1]

　　4月23日早7点自苏亥忒出发，直到下午12点20分才从朝南成大角度倾斜的拜利上走下来。拜利几乎就是从我们过夜的地方开始的，它的地面上满是小卵石和碎石，极目望去，却不见一棵草，就连干草都没有；只有那么一个地方有几棵也不知是哪种灌木的陈年老根，已经完全腐烂发黑了。从拜利上下来，山脚处有一条很长的东西向槽沟，沟的南面是一道至多也就是两俄丈来高的陡坡，陡坡上面一直到桑塔湖村前都是连续不断的平坦草原了。我们从北面走近陡坡，看到它的岭脊是红色的，陡坡的西端变成了又高又陡的断崖，那个地方这种颜色看上去更为鲜艳。大概正是这些断崖在我们从苏亥忒峡谷的高处眺望戈壁的时候，让我们觉得戈壁上有红色线条。在对陡坡上的红色斑块做一番贴近观察之后发现那是赤盐。

　　陡坡以南的草原覆盖着一层黑色的小砾石，[2]砾石层很薄，马蹄踏下很容易就被踩裂了。砾石之下露出一层沙子，沙子有时呈红色，可能是杂有红黏土的缘故，在这层沙子之下才是黏土，有些地方的黏土中

　　〔1〕苏亥忒生有稀疏青草的地带至多也只有200俄丈大小，因而饲草奇缺。然而这一地区却是戈壁北缘商队唯一可以停宿的地方，所以无论是来自科布多的还是来自乌里雅苏台的商队都会到这里来。——作者注

　　〔2〕被称为"岩壳"的碎小砾石被覆层对蒙古的戈壁地带具有代表性，戈壁滩上坚硬的黏土地在数十公里的范围内都覆盖着一层常常被辗轧得很平的碎小砾石（Э. М. 穆尔扎耶夫为 Н. М. 普热瓦利斯基：《蒙古和唐古特人地区》一书所加诠注，第322页）。

掺杂着盐。

沙里努鲁这条山脉,从戈壁中间望去,给人的感觉要比从北边看高出两倍,因为在它自身超出北面台原的高度之外,我们经过无水的峡谷往下走了一段距离,还有那个高出戈壁大概不下1000英尺的拜利。自沙里努鲁向西望,可以看到科科温久尔山以及更远处的高山哈普忒克,所有这些山脉在戈壁的北边组成了一堵不间断的陡峻高墙。沙里努鲁的东边也同样是一座接一座的大山,这道山岭的东端有一个很宽的鞍形部,它后面的地平线上耸立着一座很高的山峰。山岭东边到这个山峰为止,而西边的终点就是哈普忒克山。戈壁是一片绝对高度在2000英尺上下的荒原谷地,它横卧在阿尔泰和天山两大山脉之间,无论是西边还是东边都看不到有山连接这两座山脉。[1]

我们一行人在沙丘中间停了下来,商队一般都要在这个地方停一停,或者在这儿过夜,或者只是喝顿茶,然后继续赶路。这里没有水,要从苏亥忒带过来,我们也是这么做的。[2]

沙丘上长有少量的灌木丛:苏亥(柽柳)、沙拐枣和一种低矮的带刺灌木(枸杞?)。后面这两种灌木上还看不到叶子,可苏亥却已经是绿叶满枝头了。我们在这里只是饱饱地喝了一顿茶,于晚上10时又上路了。日间天阴沉沉的,西风劲吹,夜里则一片漆黑,不见星辰,向导拒绝带领我们继续往前走,于是我们被迫深夜12点钟在戈壁当中停下。夜里下了一场小雨。

4月24日清晨6点半钟我们就起来了,这一天途经的戈壁更为荒凉,再也没有了沙丘,戈壁滩上铺盖着一层黑色卵石,平平坦坦,地表呈深灰色,地平线处颜色更加深暗,如果不是前后各有一道庞大的山脉,

---

〔1〕旅行期间格·尼·波塔宁曾用气压表进行了水准测量,数据后来经过K.沙恩戈尔斯特计算,对高度测量的结果刊载在《蒙古西北部概况》(第Ⅰ分册,第334-336页)中;根据这些数据,苏亥图的高度为4740英尺(1445米),戈壁中心为2350英尺(716米),桑塔湖是3420俄尺(1042米)。波塔宁列出的戈壁中心高度略低于弗里奇、B.A.奥布鲁切夫和普热瓦利斯基3人指出的乌兰巴托(库伦)——张家口大路上东戈壁最低地点的高度——797米,850米和870米(B.A.奥布鲁切夫在其《蒙古东部》一书中换算所得,莫斯科—列宁格勒,1947,第340~341页)。

〔2〕商队都带有木桶,以便装水。——作者注

旅人定会觉得他是行走在一个暗灰色的圆圈的中心。只有那条笔直横穿荒原的黄色商道和倒毙在这条路上的骆驼那白森森的骨架打破了戈壁单调的景色。东方地平线上只有那么一个地方显露出高高的红色断崖。除了我们停下喝茶的那个地方沙丘上有 3 丛灌木之外，戈壁上再没有任何植物。而动物当中，在穿越戈壁的全程中我们只有从沙里努鲁山上下来，在拜利的根底下见到过唯一的一只沙蜥，再就是有一群鹤从我们头上掠过，朝北飞去。

我们越往南走，横在戈壁边上的石头山岭的轮廓也越加清晰。从戈壁上看不见坐落在这些石山下的那个桑塔湖［桑套河］村，因为村子在凹地里，从北面走近村庄的人只能看到那座建造在一个山冈上的黏土塔，它高居于村庄之上，就像海上的灯塔一样，让人远远的一眼就能望见；还有就是在从戈壁往下进入村庄所在的那道并不深的槽沟的那个地方，紧靠路边有一座小庙。村庄的房子散布在一条自山丘流向平坦戈壁的小河的谷地里，房子四周种植着树木，整个河谷里全是耕田。当我们终于来到村边的时候，那种反差真令人惊愕不已：十足的荒沙大漠与桑塔湖的绿色农田和果园径直连接在了一起，假如村庄不是坐落在凹地里面，那么从房屋的窗子里就可以望见那片让人心情忧郁的瀚海。我们沿着小河往上游走了约半俄里，在它穿流于一片丘陵之间的地方停了下来。

我们从 4 月 25 日到 29 日在桑塔湖村旁停住了 5 天没有前行，好让我们的牲口连续数天在荒漠之中行走之后得到休息和恢复。其实，从到达塔本敖包之时起，饲料就已经不足了，就在那次停宿的地点，我们的牲口除了上一年的代里苏茎和稀少的青草新芽之外，已经找不到其他可吃的东西了。苏亥忒虽然青草多一些，但饲草更缺乏，随后又在戈壁滩上走了两天，行程合计 65 俄里（从苏亥忒到桑塔湖），那种地方什么植物都没有，马匹饿得把戈壁滩上偶尔碰上的马粪都吃掉了。有 4 匹马在那两天行进中途挺不住了，我们不得不把它们丢弃在戈壁滩上任其饿死。从苏亥忒朝沙丘行进的途中，在快到沙丘的地方我们碰到过一个人，他是从一支由呼和浩特去古城的商队中掉队落在后边的，失去了马匹,吃力地一步步向桑塔湖走着。据他讲,已经没吃没喝地走了 3 天了。发生在戈壁里的不幸事情并不少见,就在我们穿越戈壁的那个夏天,几个赶车给古城送粮的蒙古人不想雇向导,就冒着危险向戈壁进发了,结果车队迷失了方向,3 个人渴死了。那年夏天还发生了另外一件事:几个汉族人赶着一群羊从科布多去古城,汉族人跟随商队或是赶畜群的时候总是步行的,在穿越炎热而无水的戈壁时,3 个赶羊的人经受不住干热而渴死了;此外,还有一个蒙古人受雇为从科布多去古城的俄罗斯商队赶牲口,因遭到俄罗斯族经纪人的殴打而心有怨气,便离开商队,决定回科布多,但不幸渴死在路上。对此,中国官长没有采取任何措施来防止这一类事件的发生,而这条路上往来的商队还真不少,我们在离桑塔湖还有 15 俄里的地方就曾遇到过一支从古城往呼和浩特送银子的商队。[1]

　桑塔湖村外的那些不太高的山岭彼此相接,连成长长的一排,然而却很窄,宽度不超过 10 俄里。这排山岭自西向东与迈钦奥拉山的北麓相平行,两者之间有一片盐渍黏土平原,其贫瘠不毛的程度堪比我们走过的那片戈壁。桑塔湖村与迈饮奥拉山之间的这片地带相对于戈壁来说是一块遍地冲积黏土的阶地,与戈壁隔着一条斑岩山岭,从戈壁这边看,会觉得这些斑岩山丘要比从南边的阶地上看高出许多。山岭的南坡几乎全被冲积土所覆盖,因而在某些地方从这边根本看不到山岭。在这个冲积层下面有水在流动,一遇到斑岩山丘的阻挡,便从山丘南面

---

　〔1〕格·尼·波塔宁在《蒙古西北部概况》的第 III 卷中重拾讲述商队的话题,他写道:“1877 年那次旅行时,我们的雇工喀尔喀人达巴给我们讲了干这一行的难处。不过他从科布多去古城赶的不是羊,而是马。赶马人的情况有所不同:他们是骑着马走,因而旅途不像赶羊人那么劳累;然而汉族雇主允许赶羊人放量吃肉,可对赶马的人就有所节制了。达巴还抱怨说给他们的盐太少,雇主们告诉他们,不采取这些防范的办法赶马的人在途中会口渴难耐,还说臀部也会生疮。此外,赶马的人还有一件很苦的事:给他们睡觉的时间少。赶马的时候,为保住马匹在北方草原放牧时长出的膘,总是要在尽可能短的时间内到达目的地,因此每天走的路都很长,而停下来睡觉的时间很短。达巴说,还没有休息过来就又被叫起来,催着上马了;头 3 天由于不习惯特别难受,过后就习惯了,会轻松一些。”(第 81 页)

的边缘处冒了出来。[1] 山岭以南黏土沉积层中形成一些深达两俄丈的陷坑,坑壁陡峭,坑底涌出的泉水形成水洼,水洼里面长着蔗草;每一个这样的水洼都有一条小溪向北流出,几条这样的小溪汇合成为桑塔湖河,这条小河便在山丘之间蜿蜒流动,出了山丘进入戈壁便向东流去,但流出至多1俄里,就隐没到地下去了。

据说,桑塔湖村[2]有50户人家,房子都盖在河边,彼此相距数十或数百俄丈。大部分房子都坐落在小河从山丘之间曲折流过的地方,但是也有几间位于小河已经进入戈壁、在一道平坦的陡坡和一排斑岩露头之间流动的地方。房屋旁边栽种着乌留克[杏]树,榆树,两个品种的柳树,胡杨。村里有两间靠驴拉磨的磨房,没有铁匠铺。从村庄靠下边的村头往上3~4俄里的地方有一座庙,庙殿修在小河右岸两座岩山之间,有两条去庙宇的路一左一右地修在岩山之下,路旁有粗大的老杨树。[3][4]

农户们种植小麦、粟(意大利黍)、高粱、玉蜀黍、向日葵、西瓜、黄瓜、南瓜、冬油菜、胡萝卜、甘蓝,除此之外,我还看到他们有亚麻、芫荽和蓖麻的种子。大麻和烟草他们不种,从巴里坤运过来,这儿也没有苹果树。我们到来之前的那个冬天,一帮"东干"匪徒袭击了村庄,村里人都逃到山上去了,只有4位老人大概是没有亲属带着他们一起逃跑,被土匪们打死了。"东干人"赶走了村民们的牲畜,还把储藏在地窖里备用的蔬菜给扔了出去,然后往去华尔齐村的路上走了。现今农户们

---

〔1〕格·尼·波塔宁观察到的荒漠下面自流水聚集的现象是由于从四周山脉高处流下来的水消失在这些由岩石风化后被冲下来的碎石形成的山脚之下,接着又由山坡上流汇到谷地中央所致。此种现象在哈萨克苏维埃社会主义共和国的别特帕克达拉荒漠(饥饿草原)中已有发现,那里的荒漠深处找到了汇集起来的自流水。

〔2〕汉族人把河和村子都叫这个名字,此外还另有一个名字,大概是萨尔特[乌兹别克]人的叫法:卡拉苏(黑水)。——作者注

〔3〕有一棵树的树干围长170英寸。——作者注

〔4〕原书中说树围等于170dm,根据通用的缩写规则这就应当是170分米,也就是1700厘米;这么大的树围,树干的直径应当是 $\frac{1700 \text{厘米}}{\pi}$ =541厘米,也就是5米还要多,这是完全不可思议的。如果把树围的长度认作是以英寸表示的,那么树围就将是170英寸=431.8厘米,直径为: $\frac{431.8 \text{厘米}}{\pi}$ =137.5厘米,即1.375米,这似乎比较符合实际。

·欧·亚·历·史·文·化·文·库·

几乎都没有了牲畜,只能吃麦面馒头喝茶水,或是用麦面熬点稀糊糊。尽管缺少牲口,庄稼人还是对农田进行了翻耕,汉族农人有这种不靠牲口只凭自身的力量就能种地的本事,一定能够把遭到破坏的家业迅速恢复起来。庄稼人非常好客,心情愉快,也很知足。

村庄所在河谷里的地部分是沙土部分是黏土,沙土地上常有一层硬壳,脚一踏上去就会窸窸窣窣地碎裂开。这层硬壳是盐分把沙粒胶结起来而成的,有些地方吹聚起一个个沙丘,上面长着沙拐枣、白刺和盐豆木。黏土地上有的地方变成了分布着许多土墩的沼泽,湿润的地方已经是一片绿色,然而开花的植物还很少。盐沼地里我们发现有白和黄两种蒲公英,还有极小的岸生龙胆,这种龙胆我们后来在巴里坤附近也见到过。沙土地上苔草正在开花,灌木植物当中有一种木蓼已经是花满枝头,而其余灌木,如沙拐枣、白刺和枸杞,甚至连叶子都还没有长出来。胡杨花已经开毕,只剩下干枯的葇荑花序挂在树上。这些绿色植物只生长在小河边上,离开河岸几步这一切植物就都消失不见了,在那种地方信步走上几个小时也找不到一株植物。在这个季节只能偶尔见到倒伏于地的矮大黄或是霸王的细枝,上面的两片褐色叶子紧贴在土地上,0.25[俄尺]多高的麻黄小丛还略微多见一点。其余的山丘表面不是光秃秃的岩石就是岩屑。看着这贫瘠的自然环境,不禁对汉族农人对自然条件要求之低感到惊讶,桑塔湖只有一样东西——水,土壤含盐,草地没有,薪柴缺乏,村民从别的什么地方拉来扎克在房内烧着取暖。我在这里的一间房子里甚至见到了煤,可是这种东西是在什么地方采挖的,却未能问个明白。

我曾经详细问过,还有没有其他像桑塔湖这样坐落在戈壁边缘的村庄,农人们告诉我,往东去有一个汉族人的长叉集[察干桑吉]村,再往东有一个萨尔特人的洛莫化[诺莫呼]村。他们还说,过了这后一个村子就是荒无人烟的大漠了。

4月30日朝桑塔湖河源头走了不超过两个小时,我们今天走了这么短的一段路程目的只有一个:缩短明天那一段长长的路程。我们走的是桑塔湖河的左岸,涉过两条在左岸的山岩中间穿流的支流后,便停在第三条支流的源头处。这里是斑岩南面的尽头,这些山的山顶超出荒原的平面并不太高,山与山之间是含碱的黏土,这里的盐土处处都与岩石露头紧紧相连。有一些单个的山岩孤零零地挺立在盐土地中间。看得出来,这里的黏土冲积层要比河谷下游的厚,在下游它可能早已被冲走了。在这个地方小河沿岸有两个品种的柳树,沙土地上长着胡杨。夜里有一支由 300 峰骆驼组成的大驮队从我们这里经过,是从桂花城往巴里坤运小麦和面粉的。

5 月 1 日在无水的荒漠上走了 7 个半小时,最初走的是含盐的黏土地,左边的沙丘一直伸延到跟前,上面生有由托尔(胡杨)、沙拐枣、枸杞,偶尔还有扎克组成的杂木林。在沙地上我们看到有一些汉族商人在一个地方停歇:几排货包,中间一顶蓝布帐幕,骆驼在四周的沙地上游荡,这正是夜里从我们旁边走过的那支驮队。沙地过去就是卵石遍野的不毛荒原,不过时间不长就走过去了,余下的最长一段靠近迈钦奥拉山脉山麓的路程,都长着不高(约两英尺)的扎克,偶尔有草本霸王和矮大黄。我们所走的路直通迈钦山,在接近此山的地方出现了锦鸡儿。我们沿着一条宽阔的槽沟进了山,沟的底部像河道一样是水平的。我们将停宿地选在槽沟顶上两山之间的一个泉眼旁边,这个泉蒙语叫驴泉——埃利吉根布雷克。泉里的水很少,其实这就是一个圆坑,有水从山石下面不断地滴落进去,坑里积满了水,看不出有水流出去,水积存过久而腐坏,味道不好,很难喝。山上长着针茅,总的说来,此处的山岩不像桑塔湖或苏亥忒的山那样光秃秃的。埃利吉根布雷克附近的山是玢岩。

位于埃利吉根布雷克南边的迈钦奥拉是斑岩山,上边有麻黄、锦鸡儿和泰斯客(驼绒藜)等灌木。上山的路(5 月 2 日)平缓,好走,可以过大车,从一片丘陵地穿过,有些地方有起伏,但都不大;靠近山口顶峰的一些地方还有积雪,山口本身很宽,丘陵起伏。我们在山口最高点以南不远处一眼小泉旁停了下来,泉水流往巴里坤谷地的方向。泉水两侧的山丘上有汉族人用黏土修造的不很高的塔(通克),这就是通往巴里坤谷地草原的平缓下山路的起点。所以,迈钦奥拉山从北边看很高,从南边看则像是一道并不算大的山脉。站在我们的停宿地,整个巴里坤谷地和该城所在之地尽收眼底。谷地南面耸立着高峻的天山山脉,谷地靠西边的部分是个很大的盐湖,湖的四周全是碱土。[1] 从湖区再往西,可以看到有一些并不很高,但却岩峭壁陡的山岭把天山山脉同迈钦奥拉山的东端连接到了一起,至少也是遮住了这一边的地平线。在东边谷地高起很多,然而本该在这个地方把天山和迈钦奥拉这两道平行的山脉接连起来的那些山岭却看不见。天山通往下边巴里坤盆地的山坡很陡峭,令人觉得这是一条十分高大的山脉。雪一直覆盖到半山腰,积雪以下的侧面山坡上生有针叶林带,但其下缘却止于山麓之上很高的地方。与怪石嶙峋、谷壑纵横的整个山体相比,拜利不算很大;就在拜利的脚下,一座城池与山脉平行着展现出来。我们与此城之间有一片宽27俄里底部极其平坦的谷地,谷底中央与山脉相平行断断续续地排列着耕田和树木环绕的房屋。

5月4日,先是从平缓的土丘之间向下走,然后就到达了一片非常平坦的地方。从早9时到11时我们走的全是下坡路,一直下到农田边上,有一些沟渠从东边引过水来灌溉这些地。农田过去是一片含碱的黏土烂泥地,这块地积水大概是由于灌溉农田后多余的水被排放到这里来了,我们用了大约半个小时才走过去。过了这块浸满了水的碱土地又是一片干燥的碱土地,走过这片地又用掉了3个半小时。碱土地南边毗邻自东流过来的埃尔塔河,不太高(约1.5俄尺多一点)的黏土河岸有的地方成了沼泽,有的地方长满了代里苏。我们在河畔距城5俄里处停下。

5月5日至8日我们一直停住在巴里坤城下。此城有两个部分:军营区,或称满人区,和西区,即汉人区或称商贸区。每一个部分都筑有黏土围墙,成四方形;军营区叫庆兴府,商贸区则被汉族人称作帕利孔(说走样的巴里坤)。两个城区间隔50俄丈。从外边看商贸区似乎

---

〔1〕在湖四周泛白的荒原上,同蒙古的盐土地上惯常的情形一样,会有好几股被旋风卷起的盐土尘柱同时悬浮在上空。——作者注

比军营区大,可是城墙里边的空间远未全部建设起来,所以在城里的街区和城墙之间还有大片的空地。城中央有一座高塔,塔下是通往城南区的大门,南区是城的衙门和几位昂邦中一位的府邸所在地。在城的这一部分,建筑物之间的空场上总是挤满了卧在地上的骆驼和成群席地而坐的赶骆驼的蒙古人。城内的3条主要街道都以中央的高塔为起点:一条向北,通往城墙的北门,第二条向东,第三条向西;东面的街道最长,商店一家挨着一家,那是本城的市场,除商店外,还有摆摊做生意的。这是城里最为活跃的地区。巴里坤的商店都很宽敞,货物品种齐全,数量充足,城里有很多的"栈",也就是车马店。总之,巴里坤是我们所见过的那些城镇里边商贸活动最为活跃的,无论是科布多还是哈密或者是乌里雅苏台,都没有巴里坤那么多那么富的商铺。就是从建筑物上也看得出来,这座城很有钱(如果不是现在有,那么至少过去曾经有过);除了街上的那些高塔之外,常可见到用塑制的物件或雕成的怪物装潢起来的大门,门总是关着,里边大概是庙宇。有时在僻静的小巷中也能碰到装点着塑制饰物的高大房舍。巴里坤熙熙攘攘的市面胜过了科布多以及我们所见过的其他城镇,然而它又脏又乱的情形却令人吃惊。不仅是城里的房屋与城墙之间的地面,就连居住区内的小巷里都堆满了垃圾,有的竟然烂泥遍地或是积满了水,只有市场很干爽。由城中心的塔去北城墙的那条街很脏,到处是一堆堆的垃圾,塔门下边是永远也干不了的稀泥。无论是商贸城里还是要塞中都没有一棵树,不过一出城,城的西、南两面许多房子四周都有园子,房与房之间全是精心侍弄的菜地。军营区的南边和东边是大片的牧场,墓地有1俄里长。这里埋葬的大概不仅仅是城里人,也有巴里坤谷地各个村庄的人,坟墓大多是不很高(2~3英尺)的圆丘形,四周砌着石块,圆丘顶上常用石头压着一张纸。有很多坟墓就修造在城墙根下。墓地当中有一座庙。

在埃尔塔河畔停留的第三天我们去了巴里坤,我们经过一座上面撒着土的窄桥过了河。河与城之间的地势很平坦,但是潮湿,有的地方烂泥很多,因此马匹不断地陷入没膝的烂泥中。我们走北门进城,除了

·欧·亚·历·史·文·化·文·库·

这个城门还有东门和西门,但是只开前两道门,西门已被堵死。城墙四周有一条不深的无水壕沟。北门是双重的:经过第一道门进入一个四面都是高墙的小院落,再走过另一道门才能进入城里。里面那道门的内侧有一个岗亭,到这个地方我们被拦住,要我们稍候,他们要去禀告。报告过后,要我们指派一个人带着护照去衙门。巴里坤的官长事先已经收到乌里雅苏台总督通报我们要来的信件,总督指示不要阻挠我们的考察活动。交验护照之后,我们被告知,如果我们认为有必要,巴里坤官府准许我们在城内租房居住,也可以到市场上去购买必需的物品。巴里坤的衙门是我们见过的所有衙门中最脏的,它设在昂邦车房的后院——一间熏得很黑、光线暗淡的小房子,里面摆了一张桌子和两把椅子。不过,就是在这样的地方也给我们上了茶——茶和鸦片一样是每一个衙门都不可或缺的东西。由于带我们看的两所房子都很脏,我们认为还是待在城外比较合适,我们就没有要住房,买足了我们需要的东西,就出城去了。隔了一天我又去了城里,想把请他们转送到俄罗斯的信件交到衙门去,同时,尽管我没有见到过此城的官长,我还是想送他一件礼物。我带了一个果盘进城,中国将军吩咐传话给我:我的信件会转送过去,而礼物却不便收受。随后,信件确实都按地址送到了。

我们在巴里坤城外停留的那段时间,天气一直很好,很干爽,西边对着盐湖方向的黄色平原上空旋风卷起一股股盐土。在这个地方春天刚刚到来,春的气息没有桑塔湖那么浓郁,纤细的岸生龙胆开出的淡蓝色小圆花朵是这里唯一能见到的花儿,这种植物我们第一次是在桑塔湖见到的,它生在潮湿的含盐黏土中。埃尔塔河岸边有黄面颊的鹡鸰、河鸟和白鹡跳来蹦去,它们的音乐会无尽无休,到了夜里演唱得尤其欢快。

穿越天山去哈密的山隘在巴里坤的东边,还有好几天的路程,5月9日我们起程朝那里进发了。平坦的道路从山脉北坡的拜利穿过,与山脉保持平行,黏土地很硬,有时杂有碎石。路边一些地方有种田的人曾住过的孤单的或是连片的已经毁坏的空房子,在一个地方路过一个空荡荡的大村庄,还能看到建在高高的石板地基上的一座大庙遗留下来带有彩绘的断垣残壁。丢弃在院子当中的磨盘表明了磨房原来所在的地点。汉族人说,这些村庄的人在回回["东干人"]作乱的时候逃往巴里坤了,好像一直到现在都住在那里。[1] 沿途我们遇到过一些或者用口袋扛或者用扁担挑着东西步行的人,有几个人是带着种田用的工具出城去地里干活的;也碰上过骑马或是坐骡车的人。路的右边是积着雪的山脉,左边的地面向下偏斜着,下面谷地平整的底部是农田,到处都有人在耕作,可以看到远处有一个个用大车圈出来的不太大的露宿地,枯黄的代里苏丛中有许多牛和马。我们在一个小溪边停下,溪水没有河道,就在碎石上流淌,这溪水显然是在上游某个地方被引来灌溉耕田,再从耕田里放出来的。这条溪流大概只在春天才存在,随着长白雪山上积雪的减少也就渐渐消失了。次日清晨溪流干涸了,只在沿岸留下了一些冰凌。路左对着我们停宿地的那个地方有一处 4 或 5 户人家的小村桑沙湖[善桑湖]的遗址。

5 月 10 日经过的地方和昨天走过的一模一样,从巴里坤到去哈密的山隘处整个这一路的天山拜利都没有水,然而右边就是有积雪和森林的山脉,而左边则是连续不断的代里苏带,据说代里苏地的中间还有一条小河流过。由于距山口尚远,我们一行人就离开了直路向谷底靠近,谷底路的左侧逐渐隆起一条长长的黏土丘冈,这丘冈东边的尽头处是一个很陡的岬角;谷的南面紧靠路边曾经建有一个村子,现在已是一片废墟。我们停在了丘冈东面尽头处沼泽的边上,这片沼泽就是从黏土山冈北面山脚下经过流向东方的那条回树河[靠树河]的发源地。沿着长条状的巴里坤谷地底部不间断地一直流到湖里的河大概是没有的,不过在整个谷地上,到处都有沼泽和泉眼,它们会发源出一条条小河,小河很快就消失在土壤里,到了下一段的某个地方再重新涌现成泉。

迈钦奥拉山绵延在谷地的北面,这条山脉在此地看上去要比巴里坤城对面的要高。山上的一些地方积着雪,还有针叶林。

---

[1]据我在城里时听人说,巴里坤没有被"东干人"攻占。——作者注

·欧·亚·历·史·文·化·文库·

5 月 11 日,沿着黏土地上平整的上坡路逐渐走近天山的山麓。走了一天也没有见到房子,直到路已贴近山麓的地方,才又看见一间新盖的房子,耕田的人和牲畜。路的地势明显越来越高,还穿过了几条湍急的水流。不过这些河流据说在仲夏时节根本没有水,只有房子跟前的那一条是个例外,然而就是那一条水流也会由 1 俄丈宽的河变成一道不起眼的小溪。我们一行人停在距那所房子数俄里通往山隘的峡谷入口处一片森林的边上。天山北坡的那片森林不仅从山隘处一直向下延伸到峡谷下端的尽头处,甚至还稍稍地进入了拜利的范围,而在巴里坤的对面森林的下缘线远在拜利之上。这里的森林有两个树种:天山云杉和西伯利亚落叶松,落叶松正值花期。林子里喜鹊、鹰、杜鹃发出各种不同的鸣叫声,啄木鸟啄木砰砰有声,夜里有夜出的鸟啼叫。植物几乎都还没有复苏,绿色的东西很少,林中的积雪刚刚化掉,坑洼里边还有残雪,除落叶松外,没有一种植物开花。

5 月 13 日攀登山口用的时间不长,先沿着长满针叶林的峡谷往上走,谷底有一条山溪(扣克)顺着石头河床奔流,溪的下段到仲夏时候就干了。我们一行靠着溪流的左岸一直走到峡谷一分为二的地方,从这个地方穿过溪流,进入东边的峡谷。这里的道路陡峻起来,谷底被山洪冲坏,横着一些折倒的树干。上了一个陡坡,我们一行人来到一片平地上,那里的落叶松中间支着一顶帐篷,里边住着大概是派来修整道路的汉族人。再往前走不远就是森林的上缘线了,再往上就是覆满白雪的山峰,山隘的最后一段路已经可以看到了;道路在山坡上来回拐着弯通向上面的山脊,路旁一直到山隘的最高处都有木头栏杆,栏杆之间还积着厚厚的雪,雪层中有轧出来深深的车辙沟。由此可以看出,就是在冬天也有人坐大车翻越山口;雪上落了厚厚的一层牲畜粪,底下的雪被融化塌陷下去。这表明冬天这条路上的交通往来还是很频繁的,经这条道路运送的粮食之多,可以根据洒在路上的小麦和豌豆做出判断。从山隘的最高处眺望,巴里坤谷地的东段便展现在眼前,谷地的北面高高的迈钦奥拉山拔地而起,朝南看则相反,视线为近处的山峰所遮,仅能看到下山要走的那道山谷的上面一段。山隘上有一处被"东干人"

98

毁坏了的大庙——南山庙的废墟,钟就在地上放着,庙旁有一间住人的房子,迎着我们从房中走出来两个汉族人和两个哈密的萨尔特人。这是我们最先碰到的哈密人。下山的路就在庙前,峡谷的上段坡度小,很宽阔,两边是平缓的山岭;山坡上是些沼泽地,我看到沼泽里有很多椎实螺(Lymnaeus)。谷底有一条小河,萨尔特人叫它科舍忒,山口也按此河的名称叫科舍忒达坂[巴里坤]。下面峡谷就变窄了,两边的侧壁有许多悬崖,上段的路是软土,到下面就尽是石头了。不过整条峡谷都是可以走车的;在峡谷的南面我们有好几次从河上走过,而且渡口很难走,因为山上的积雪化得很厉害,混浊的雪水流进河里使河水大涨。据住在当地的人讲,仲夏时节这条急流就会变成一道小溪。山隘的北坡则为森林和冲积土所覆盖,只在南山庙那个地方才有露头。南面的峡谷几乎没有树木,只在峡谷上面一段两侧的槽沟里才有针叶林,而且没有一个地方往下边的河床伸延生长。喜马拉雅圆柏生长在比落叶松更高的地方,在天山的南面我没有发现西伯利亚圆柏。小河的两岸光秃秃的,只在峡谷最靠下面的一段河岸上才有了树林,是两个品种的柳树,偶尔夹杂一些杨树。总的说来,天山东段明显受到邻接干热戈壁这种位置的严重影响,植物要比西段[哈萨克斯坦]天山贫乏得多;在北面森林成窄带状,树木种类少;山脉的南坡很荒凉,全是光裸的谷石,只稀稀疏疏地长着一些草原植物。下山的时候我们沿途碰见了很多人,戴着独特的球形红帽子上山隘去整修道路的缠头族人或者是萨尔特人,大车,驮着东西的骡子,带草席篷子的四轮马车,或背着东西步行或骑马从山口上下来或是到山口上去的中国士兵。

我们一行人走到峡谷的下段,在高大的花岗岩山峰中间停下来,距中国设在科舍忒河畔出峡谷入哈密平原的岩口旁的南山口哨站仅有2~3俄里。这个地方汇集的春季植物之多是前所未有的,不过直到我们停宿的那个地点才有了开花的植物,从这里往上依然是死气沉沉的。低矮的胶黄芪状锦鸡儿丛花开得尤其艳丽。这些灌木丛生长在中国士兵为引科舍忒河水而开挖的灌溉渠旁,枝条上缀满了黄色的花朵。长在峡谷内山岩上的托尔雷克(霸王)还在开花,可是分布在南山口哨站

·欧·亚·历·史·文·化·文·库·

以南草原上的同类植物却已经挂满了果。

在南山口我们雇了一个当兵的送我们去哈密,因为我们的向导蒙科虽然认识去该城的路,但却不知道去牧场的路,而到达该城以后我们得把牲口赶到牧场去。5月15日下午3时我们一行人离开了停宿地。从南山口到哈密约有40俄里,全是寸草不生的荒漠,这段路商队都选择夜间行走。南山口哨站紧靠峡谷的出口,有4或5间土房,哨站旁边栽着几棵榆树和杨树,有一棵钻天杨,哨站以下的地已经翻耕过了,科舍忒河的水被分别引入各条灌溉渠中。哈密平原只有走到哨站跟前才能看得见,过了哨站就是一片南边稍稍下倾的草原。因为南山口的地势比哈密高得多,所以从这里可以看到哈密过去那一边的平原的一部分。一过南山口哨站,科舍忒河的河道已经是一条很宽的干涸卵石层了,全部的河水都流进了一条条窄沟里,沟渠的边沿上长着茂密但低矮的锦鸡儿。往南植物越来越稀少,很多生在峡谷内山岩上或小河潮湿的岸边的植物都超越不了这个中国哨所,只有托尔雷克向草原蔓延得比所有植物都远。距哨站10俄里处有一间房子,科舍忒河还有最后一股水流到了这个地方,再往前就是无水的草原了,夜里我们走上了这片地带。这一天的路走到一半处有几个空置的院落。在离哈密还有十来俄里的地方我们看到了一个完整的村庄的废墟,这个地方是没有水的,可是这一次村旁却流淌着一条1俄丈多宽、水质混浊的小河,送我们的那个中国兵对出现这样一条小河也感到惊讶。据他说,可能是山里下了大雨,才有了这样一条河。因为山里天气晴朗,所以说这水更为可能的是从高处的一些农田放到这条河里来的。我们到城下时天还没亮,于是就在贴城流过的一条小河上游的草地上停歇。

我们从5月16日到24日在哈密共停了9天。

哈密位于黏土沙质荒漠中间,有3条发源于天山南坡的小河从离城不远的地方流过,河流发源地处的那些白雪皑皑的山峰(在科舍忒达坂以东)从哈密就能看到,3条小河都是自东向西流,一条河靠北,另一条紧贴着城墙,第三条在城南 100 俄丈处。[1] 3 条河的名称分别是阿亚尔戈尔、卡古姆戈尔和米亚嘎什戈尔,过了城后,3 条小河在下游汇合到一起,成为昌古埃里克河,流入布嘎兹地区,那一带生有河柳和胡杨。根据生长胡杨这一点判断,该地区当是丛草沙堆土质。

此城共有 4 个部分,各自都有土墙围着,其中 3 个住着汉族人,第四个是萨尔特人居住区。汉族人的城区在中间那条河的南岸一字排开,最靠东边的那一个是兵营,里边有钦差(чин-сай)(即总督)府邸和衙门。此城的西门连着商贸城,商贸城有好几条街道,但只 3 面有墙——西面和北面是城墙,东面与兵营的城墙相接,南面则敞开着。商贸城以西不远处是另一个兵营城。河北岸兵营的对面就是萨尔特人的城区,原先河上有一座小桥,但已被河水冲毁,现在居民们只能涉水过河。汉族商贸城有几条平行的街道,其中一条直通兵营城堡的西门,是市场,那里的每一间房子不是商铺就是小饭馆,再不然就是手工作坊。萨尔特人城区远远望去有一个令人高兴的不同于汉族人城区的特点,就是隔着高墙可以看到连片的园林绿树,然而城内却是一大堆残垣断壁,只有一部分保全下来的房子里住着人;他们住得很拥挤,因为遭受"东干人"的洗劫之后尚未恢复过来,所以看来也难于下决心去重建大的房屋,只把一些不太大的房子做了些修整,就挤住在里边了。房屋之间生长着榆树、叶榆,树干一围多粗的柳树,钻天杨和桑树。萨尔特汗的王宫也遭到了毁坏,尽管宫殿的主人拒绝亲自接见我们,我们还是设法进入寝宫和宫中花园里看了看:一条洒满桑树绿荫的小道从城门通往汗的王宫,进入大木门便是王宫的前院,大门是新的,或者至少也是不久前才修好的,前院的墙壁有塑制的饰物,但墙檐却已毁坏;一道窄而高的廊梯从前院通往宫内的寝殿,几间内室贴着城墙的墙头而建,进入上面的平台可以从一扇小窗里俯瞰全城以及城南远方的草原;一道楼梯通往汗王卧室门前的游廊。城里有两座清真寺,不过其中一座已

---

[1] 河水大概并非自山岩处不间断地流到城边来的,哈密的这 3 条小河是在山南边的平原上才由泉水汇成的;而由山里朝着城这边流出来的小河大概在山麓处就消失了。——作者注

经处于半毁坏状态,连顶棚都没有了,第三座(也是最好的一座)清真寺在城外的墓地里,寺的高塔已经没有了。

据当地人讲,此城是 9 年前被汉族人收回的。城曾被从苏策乌过来的回回占据,那些人来到这里,哈密人未做抵抗就向他们投降了;汉族人一来,萨尔特人似乎又同样随便地投向了他们这边。由于这一说法出自一位汉族人之口,我未能获得当地人的说法去加以印证,所以此一说未必可信。若是那样一种情形,城是什么人破坏的呢?科吕,即哈密汗王,在投向汉族人的时候,据说曾向他们赔礼道歉说,哈密人与回人相比数量太少了,他不得不对强敌低头;而汉族人因为哈密人供给军队面粉,羊只和银两,便饶恕了他们。

萨尔特人讲,被他们称为库木勒[哈木勒]的这座城里住着近 5000 人,城的其余几个部分里的汉族人略多于此数,这样城里的总人口就上万了。可是按照我们在萨尔特人城区看到的情形判断,上面讲的萨尔特人的数量应该说是被大大地夸张了。马科索夫斯基列出的数字是比较可信的,即只有 1500 户。

把城分割开的这条河的河道是条凹槽,两侧低岸上的土地都被汉族人和萨尔特人开成了菜园,从城边往上游 1 俄里都是菜地。除了萨尔特人城区里的那些树之外,哈密再没有任何果园,汉族人的商贸城区和巴里坤一样,没有一棵树。李特尔的书根据中国的康熙皇帝口述的那些有关哈密的情形没有得到证实,说是哈密有石榴、甜橙、桃子、李子,可是我们在这并没看见。萨尔特人的园子里只有两种果树:乌留克[杏]树和桑树,没有苹果树,苹果要从吐鲁番运来,葡萄也是这样,而且哈密的果园里出产的乌留克很差。至于说葡萄,全城只在萨尔特汗的园子里有两棵葡萄藤。

哈密的周边很荒凉,只在城东 3 俄里处有一片湿地,那里灌溉沟渠纵横交错,有的地方已成泥潭,但青草长得非常茂盛,来这里的商队一般都把牲口放在那里。城的其他方面毗连的都是坚实的黏土荒原,有的地方还有大堆的沙子,萨尔特人正是从沙子上给自己这座城取的名称(库木:在萨尔特语中是沙子)。[1] 河岸上没有开成菜地的地方绿草如茵,但稍高一些的地方土壤干燥、光裸,只生长着一些草原植物:道爪草、骆驼蓬、骆驼刺、刺山柑,骆驼蓬尤其多。菜园四周的水渠边上全都长着槐树,这里没有哪一种植物能赶得上槐树多,有时它竟能把河边的草地从这一边到那一边整个覆盖住,就如同其他地方蔍草的情形一样。离开河流再远一些,就开始出现大片大片完全光裸的浅灰色黏土地,地表受雨水冲洗再变干之后,竟然光滑如镜。

哈密所有的东西价格都很高。这种高价位很可能是由于本地不久前曾遭到洗劫,又有一批批军队频频开过而造成的。一旦此地完全平定下来,社会事务步入常轨,物价可能会有大幅度的变化。发生暴乱之前哈密的物价是怎样的,我们没能了解到,因为几乎一切有关哈密的信息我们都只能从一个来源——我们与钦差(地方长官)之间的联络人,一个兰姓汉族人——那里获得,可是兰很年轻,发生暴乱时他还是个孩子,在哈密待的时间也只不过两年。

总的说来,有关哈密的情况我看到的、了解到的都很少。在此城停留的时间因同当局的往来关系而被大大缩短。[2]

---

〔1〕"库木"、"库姆"在突厥语中是"沙地"的意思,例如"卡拉库姆"荒漠就是由植物固定下来的黑沙地,"阿克库木"则不同,指没有植物的裸露的白沙地。

〔2〕为了充实收集起来的有关哈密的资料,格·尼·波塔宁在《蒙古西北部概况》中(第163 –169页)收入了从马图索夫斯基的日记中摘录出来的材料;马图索夫斯基曾于1875年8月到过哈密绿洲,并对哈密有比较详尽的描述。马图索夫斯基指出了"东干人"1869年对此前一直比较富足的哈密城实施洗劫造成的后果,使人口由30000户锐减到原数的1/20。

·欧·亚·历·史·文·化·文·库·

4　从哈密到乌里雅苏台

　　5 月 24 日晚我们出了哈密城,经科舍忒达坂原路返回。离开哈密的时候刮起了凛冽的东风,因此我们不得不穿上了厚厚的衣服。日落之前我们已经过了北边那条河并从村庄的废墟前走过,上次路过此地时我们曾看到村旁有一条混浊的水流,现在水道已经完全干涸。一开始原野上是沙质黏土,上面生着骆驼刺,后来变成了坚硬的黏土地,只在有刺山柑丛扎根生长的地方才堆集有沙子;再往北就是软的含盐黏土地了,上面清一色地生着某一种猪毛菜属植物,在我们到达哈密戈壁中间那块寸草不生的地带之前天就黑下来了。在这一天的行进过程中,一个工作人员从骆驼上摔了下来,其余的骆驼受了惊吓,费了好大的劲才把它们稳住,可是有两峰骆驼却甩掉身上的驮包跑掉了,一峰被及时追了回来,另外一峰却跑得无影无踪。被甩下来的驮包中有一个上面就捆着我们的气压表,掉下来就摔坏了。

　　5 月 25 到 28 日我们一直停在南山口以上 3 俄里处,等待派往哈密去寻找那峰跑掉的骆驼的人。

　　5 月 29 日,向天山北面翻越的时候,看到山隘处的积雪已经没有了;北坡满山的茂密植物已经开花,在南坡仅仅是峡谷的上段才有繁茂的青草,而下段只在河边和部分山岩之间的槽沟里生有茂盛的青草。就植物分布的情况而论,东天山可以分为 3 个区带:南坡低层带、南坡高层带和北坡林木带。在第一个区带内,只是峡谷底部才有森林,都是些柳树和杨树,那种地方的山岩只生长小叶忍冬(?)灌木丛和白花与黄花两种蔷薇,川西锦鸡儿和一种尚未开花的木蓼则大堆大堆地生长于山岩之间的宽谷中。这里偶尔也有托尔雷克(霸王),向阳的山坡上只有锦鸡儿,而且生长得并不繁茂,只是一种矮小的灌木丛。这里谷底左侧的岩石下面有泉水涌出,泉边的小片草地上扭藿香、白花蒲公英、天山报春,偶尔也有宽叶红门兰此时正在开花,开着黄花的东方铁线莲或匍匐于光裸的砾石地面,或攀附在河柳的枝条之上,有时在砾石上还会有那么几株海罂粟和山罂粟。山岩根下的阴凉处有耧斗菜,河的沿岸生着蒿蓄。由峡谷进入平原的出口处,峡谷里边没有的一些品种在这里尤其多,这里被晒得滚烫的山岩上细柄茅、中亚天仙子、黑长蕊琉璃草、垂果大蒜芥、兔唇花、灰绿黄堇等等正盛开着花朵。小河流到这里分成了几道水渠,渠边长着胶黄芪状锦鸡儿和玉蝉花;再往南地势比较平坦,在露出地面的岩石上匍匐着米口袋(?),在比较软的土壤上生长着大量的三翅霸王,就在这种地方偶尔还能见到金色匙叶草。

在高层带,巉岩较少的地方有天山云杉和西伯利亚落叶松树林,[1]但却只生在旁侧的槽沟中,面积也很有限。树林以上是平缓的山峰,那里的植被变得茂密起来,特别是山坳里边各种各样的花朵五彩缤纷。这里有黄鸢尾,宽瓣金莲花,唐古特毛莨,蒙古白头翁,红花粉叶报春,厚叶美花草,顶冰花,条果芥,垂蕾郁金香,等等。

天山的北坡植物形态比较丰富,林木和草类比较茂密,山峦的北坡有大片大片的森林,而且分布得比南面更高,更接近山脊。南面的峡谷是横切子午线的走向,太阳晒得很热的地方没有林木,然而却长满了一年生的植物。山麓的森林是清一色的天山云杉,在靠近山隘的高处云杉中间杂有西伯利亚落叶松,我们第二次到达这里的时候,落叶松上的球果已经有半俄寸大了,云杉则正在开花。森林里边有接骨木、忍冬茶藨子、勒盖(单花栒子)等灌木,垂蕾郁金香和条果芥在这里已经没有了,然而黄鸢尾、顶冰花和蒙古白头翁却比山隘以南还要多。另外,这儿出现了许多新的植物:蓝花老鹳草、西伯利亚铁线莲和林生银莲花。

从山隘上下来,发现我们第一次停宿的地方已经没有水了,扣克河下游的尽头缩短了一大截,现在它已经流不出峡谷了。在扣克河下段河道找不到水,我们只好下到山脚处,沿巴里坤大路西行,在另外一条

---

〔1〕按格·尼·波塔宁的说法,在西天山是没有落叶松的,因为普热瓦利斯基没能从他第二次旅行(1876—1877)到达的那一部分天山地区带回这种东西。但是天山靠东边的博格多乌列一带是生长落叶松的。在蒙古的西北部落叶松见于阿尔泰山,杭爱山脉,罕呼亥山和唐努山脉。

峡谷旁停下来,自那条峡谷中有一条水量相当丰富的河沿石头河床流出来。我们把帐篷支在山脚下距一片针叶林边缘只有几步的地方。到了这个地方就得让我们的向导蒙科走了,因为他只应承把我们领到哈密。我们想从哈密去乌里雅苏台,而他却想经由原路返回科布多,所以他在科舍忒达坂山隘的北麓下与我们作别走了,我们只能在没有向导的情况下,按照他指给我们的方向前行,期望傍晚时分能赶到萨尔特人的村庄,在那里才有可能找到一位新向导,送我们去和桑塔湖一样位于戈壁南缘的诺姆托洛戈村。

5月30日,横穿一片草原谷地向北走,谷地夹在两道山脉之间顺着山势伸延:南面是迈钦奥拉山的主脉,萨尔特人叫做卡尔卢克塔格〔卡尔雷克塔格〕,北面是次脉。道路平坦,略微朝北倾斜。开头几俄里走过的地方依然是长着森林植物的森林土壤,这个地方虽然已经没有了森林,但仍然有在森林中曾经见过的那种委陵菜和黄鸢尾在开放。然后涉过羊棚河,这儿有一座已毁坏的小庙,河里的水不多,河也不宽,都跳得过去,宽阔的草地上到处都有两种正在开花的柳树。过了这条河之后又遇上了另一条孔格雷克河,走到第三条河,索章河(或措章河)边我们停歇下来。这3条河都是向西流的。孔格雷克河的水比其余两条河要大,沿岸偶尔能见到与羊棚河上相同的那两种柳树,而索章河岸是光秃秃的。所有3条河的沿岸地带都含碱,到处是沼泽,含盐的黏土地上岸生龙胆、白花蒲公英、特大卷耳(?)和苔草正在开花。3条小河之间的地带是沙土草原,上面经常可以看到开着蓝花和白花的两个变种膜苞鸢尾和红奥尔忒特(棘豆)。

在索章河畔我们看到一座已坍塌的房子和萨尔特人的一个露营地,他们在修挖灌溉渠,临时住在这里。营地有10顶帐幕和窝棚,里面住有妇女和儿童,挖渠的有40来人,不过其中一部分人看样子是回北边的山里过夜的,那边在距此7或8俄里处有一个萨尔特人村庄纳林卡拉。我原本倾向于认为,是经历了"东干人"暴乱之后经济崩溃致使人们暂时地按古代习俗重新过起了这种游牧式的生活;可是住帐幕的人却告诉我,就是在从前他们也一直有从房内搬到帐幕里过夏的习惯。

羊棚河一带从事农耕的都是汉族人。

我们虽然见到纳伦卡拉村的拜克［村长］，却无法说服他给我们指派一名向导，因此我们问清道路之后，于6月2日下决心不用向导也向前进发。顺着山势的巴里坤谷地东段比西段狭窄，与图尔库利盆地隔着一道不太高的山隘。从索章河畔开始，道路就慢慢朝着这道山隘的方向升高，路南是覆被着针叶林的占贾内山脉，路北无林的峭壁是马钦奥拉山的东余脉。在山隘处两道山岭之间的距离缩小到了5俄里。南边山脉上的森林一直长到山麓，然而山隘本身却没有树林，只生长着高草原植物，这里有鸢尾，几种黄芪，而以禾本科植物为主。山隘的东坡土壤比较干燥，石头也多，有黏土质页岩露出地面。地上植物不多，常见有迈尔蚤缀，靠近山隘脚下的拜利上的植物就更加稀少了，只有拜利上朝着湖泊方向伸展的一些浅沟里才长着比较茂密的植物。

图尔库利［彦奇，托尔科勒］湖呈东西长的椭圆形，长约6俄里，水是咸的，岸边沉淀有盐，可食用；湖的四周长着代里苏，代里苏丛的外边，黏土盐沼地上生着一种猪毛菜属灌木，有沙质土的地方长有叉干奥尔忒特，[1]黄华、白刺和绯红锁阳。在这个地带之外，湖的周围全是铺满碎石的坚硬原野，原野连着环抱湖泊的岩山。在湖的北面和西面，原野上有几条大小和灌溉耕田用的水渠相仿的天然浅沟，长在沟里边的低矮的胶黄芪状锦鸡儿开满了金灿灿的花朵。我们一行人停在了湖的北岸，这个地方湖岸比其他地方高，山离湖也比较近，差不多就在这段湖岸的坡顶有几股泉水涌出，把这块地方变成了处在黄澄澄的代里苏地和白花花的盐碱地包围之中的绿油油的沃地。泉水汇合成一条小溪，流入湖中。整个坡面一直到底都长满了稠密的柳林，泉水之间的草根土上有不同的苔草、鹅绒委陵菜、天山报春、宽叶红门兰、拳参。一些石底浅水洼也有水注入湖中，那里边长着毛状眼子菜（?），而在紧靠湖边的盐土地上生有海乳草和水麦冬。

---

〔1〕据格·尼·波塔宁观察，生长在沙土地上的植物很多都具有自我培土的能力，白刺、柽柳、小蓬、山柑、黄芪等等就是这样。叉干奥尔忒特则与其他植物不同，并不在自己的根茎处造成平缓的沙丘，而是让沙子混着黏土形成柱状块，再用侧枝的绿叶把它遮住。

　　图尔库利湖位于南北两道山脉之间的盆地里,北面的山脉要低许多,离湖较近,对着湖的一面是光裸的岩石,南面的卡尔卢克塔格山脉终年积雪,西边是我们下到湖岸来经过的那个山口。在东边,北南两条山脉之间有一个同样平缓的鞍形部。湖的东面可以看到一些房子,那就是图尔丘利村,里边住着萨尔特人。在湖的南岸看到有一些畜群,据说那里有好多人家住在帐幕里。

　　6月4日,我们一行人离开湖岸,朝湖北边的山岭进发。在靠近山岭的地方出现了撒满大块碎石的凹沟,沿沟长着一丛丛灌木:霸王和木蓼。到了山前,我们一行人走进一条入口处宽不过100俄丈的窄沟里;谷底是干涸的砂质河道,丘尔库利盆地里的水也许就是很久以前从这里排泄出去的。在窄沟里走了大约3个小时,后来谷地变得有2或3俄里宽了,干涸的河道在这里更加明显可见了,它的宽度达到了40俄丈,有些地方断崖陡岸竟有1俄丈高,这条谷的名字叫阿勒滕洪代。整条谷里都有灌木;花儿已经谢了的托尔雷克(霸王),正在开花的沙拐枣和1米来高的双穗麻黄;麻黄还长到旁边的山上去了,总之它比其余那两种灌木分布得更广。长在砾石地上和干浅沟里面和矮大黄已经结实;木蓼只在这条已干涸的河道的上段才有,那个地方另外还有几种一年生的植物,如银灰旋花、细柄茅和菲氏莴苣。

　　谷地下段狭窄起来,有一段时间道路穿行在窄沟里,然后拐向窄沟右边的平缓山口,脚下是一片黏土草原,北边离路不远就有一道高峻的山脉,山的崖壁是一层层波状起伏的片岩;路口右侧则是距道路相当远的南边山岭伸延过来的平缓坡面。太阳落山时分到达阿达克。这个村庄只有走到它的跟前才看得见,不过有几棵树倒是远远地就能看到。村子坐落在一条山脉的悬崖峭壁脚下的斜坡之上,村东有一条发源于村南面雪山之上的小河图古留克[诺姆戈尔],在村庄附近穿越山岭向戈壁平原流去。此河宽近3俄丈,河底是岩石,水流湍急。河右岸对着村庄的地方,有许多泉眼从地下往外涌水,从而形成了一大片草地。河左岸那一带地方模样很怪,那是由一些直径在30～40或更多俄丈的不太大的锅状凹坑组成的一片网状地。这些凹坑是完全封闭的,边沿既没有天然的豁口,也没有被掘开的地方。可是纵横在这些凹坑之间的土堤坡面几乎寸草不生,坑的底部经人工水渠灌溉通常就成了农田,田块的边缘各种各样的野草长得非常茂盛。顺便说一下,在这个地方第一次出现了一人高的契噶(红麻)和堪固鲁两种植物,前一种植物被当地人拿来剥取纤维以纺线织布,后一种植物是高超不过两英尺类似盐豆木的一种带刺矮灌木,只不过开出的花朵更为鲜艳。

村里有20来间土房,房子都依陡峭的山坡而建,一间比一间高,掩映在高大粗壮的叶榆、栓皮榆、桑树和树干粗大的白柳的绿荫之下,成为一道美丽的景色。从村里向外望,南边50俄里开外可以看得到积雪的卡尔卢克塔格山脉,该山脉是东西走向,山脊有相当长的一段终年积雪。到了东边山脉形成一个岬角而终止,在积雪的山脉和阿达克村附近的山岭不相衔接的那段东方地平线上是一片平坦的草原,草原后面再不见有峻峭的山峰。积雪山脉的山麓之前有一道看似同山脉平行的岩石丘冈,图古留克河从这道丘冈中间的一个豁口流出,奔向阿达克平原,从豁口到村头河水经过之处长着一条灌木丛带。从阿达克村到这道山前石冈之间是一片南部高高隆起的平坦草原。在山前石岗和卡尔卢克塔格的山麓之间,图古留克河畔还有另外一个叫做阿尔图古留克(或阿尔图留克)的村庄,村旁也有一些泉涌水。图古留克河是由3条支流汇合而成。卡尔卢克塔格山在图古留克河的这3个源头与图尔丘利湖之间有两个山口:比柳达坂和扬图,后一个山口[位置]靠西。两个山口到达山巅合并到一起,通向南坡的一道谷地,该谷地里有一条泰木尔图河及一个同名的萨尔特人村庄。北面比柳和扬图两条峡谷的底部都是干的,只在雨后才有水流过。这两个山口无论是骆驼还是骡子走起来都很困难,只有骑着好马才能通过。

我们没有向导引路,是顺着大车道从图尔丘利湖走到阿达克村的。在阿达克村人们肯定地说,用同样的办法我们也能走到诺姆河,因为路只有一条,没有岔道儿。路就从村旁进入了图古留克河出山流向戈壁经过的那道峡谷,峡谷宽约半俄里,长有5俄里左右,谷底茂盛的草有一人高。这儿除了正在开花的红麻和蒙山萵苣之外,还出现了一种初

·欧·亚·历·史·文·化·文·库·

次见到的豆科灌木:丛高 1 俄丈,叶稀花少(无叶豆?);河岸上有河柳。谷里这一座那一间的有一些房子,周围栽种着叶榆、桑树和钻天杨。

　　一走出峡谷,戈壁滩立即展现于眼前。戈壁北面地平线上是阿吉博格多[阿格日博戈多音努鲁]山,西、东两面的地平线上则是开阔的平原,只不过在东边的平原中间孤零零地兀立着两座毗连着的岩峰,它们叫做阿忒斯钦吉斯。[1] 一出峡谷,繁茂的植物一下子就消失了。只有河水往前流动所经之处有一窄条河柳带,河两岸的其余地方全是光裸的荒漠,和桑塔湖附近的戈壁一个样子。河朝着荒漠的深处继续流出约 20 俄里,进入诺姆村所在的那块凹地后终止。旅人来到这里所看到的景象从某个方面讲堪称是独一无二的,路经的地面满是大块砾石,有的竟和小孩的头一般大,这些漂砾中间看不到一棵干草茎。就目力所能辨别的远方事物来说,路的右侧除大块砾石之外,没有任何东西。可是在左侧,一路上流水潺潺,绿色的林带一直也没有中断过;戈壁在这个地方有一个急剧下倾的陡坡,河水汹涌奔流在据说是用人工填塞的窄窄的河道里,河水只略略低于河岸。两岸的柳树只有一行,这道绿色的墙壁因有开着白花的丛丛野蔷薇和紧贴柳树生长着数不清的无叶豆而变得很厚密,柽柳要比上面这两种灌木少。我在这里只发现了 3 种草类:节节草、顶羽菊和缠绕在灌木枝条上的尖叶白前。图古留克河出峡谷入戈壁后沿岸的植物群仅此 7 种植物而已。离开山再远一些的地方,大块砾石换成了小块的,而靠近诺姆托洛戈村又变成了含盐的黏土地。诺姆托洛戈一带是一片洼地,碱土地和黏土地同沙地交相错杂,沙子有时堆聚成丘;沙地上生有托古拉克(胡杨),这些树就组成了一道尽管稀疏但却连续至少 10 俄里不断的林子。黏土地上有很茂密的河柳丛,河里的水都被分别引进一块块的耕田里。住在这里的人用的是泉水,这里有很多从地下往外涌水的泉眼。

　　诺姆托洛戈[诺莫呼,诺姆]村有 40 户人家,同阿达克一样,由拜

────────────

　　[1]据蒙古人讲,那个地方十分荒凉,没有水,只有阿卡尔羊。去往岩峰的路要穿过一个叫哈通苏忒勒的地方,而那个地方据说是有一个大陷坑(能掉进去骆驼)。——作者注

克和他的助手管理,助手称作杜鲁噶。村民是萨尔特人,住土房,房子的结构和天山其他村庄的房子一样。有一座清真寺,从外面看清真寺不同于其他房子之处,仅仅是在平的房顶上修了一个只在一面有几级磴的很陡的台阶,供穆艾津[1]使用。

诺姆托洛戈村的人把图古留克河[2]全都叫做"埃里克",也就是河。这个地方把水分成两种:塔什洪和布拉克苏(泉水),前一个名称指的是积雪融化而成的水。埃里克里流的水诺姆村民认为来自阿达克的那些泉,塔什洪1年当中只能流到诺姆来两三次:或者是在下大暴雨的时候,或者是在冬天积雪特别深,春天到来的时候。诺姆村人并不喜欢塔什洪,因为河水会把农田淹没并灌满沙子。为了防止出现这种麻烦事,河水一流出阿达克窄谷,就把河里多余的水放到戈壁里去。埃里克的两岸都栽种了柳树,并用人力加以培高;有一位专职人员(米拉布科科希[3])负责监管,不准任何人砍伐林木;若不是有这样一项措施,据萨尔特人讲,那就只有在早晨河水能流到诺姆来,中午时水就没有了。

诺姆托洛戈村是这一带最靠近戈壁边缘的居民点,村的东边还有一个同样位于戈壁边上的萨尔特人村庄,叫做拜托洛戈。据说那个村子比诺姆大一倍,坐落在乌穆尔温久尔山和察干代布瑟克山下一道泉水旁边,那泉水长约5里,[4]宽1俄丈,深将近1俄尺。快到村子的时候,我们只看到一片片的果园,再后来才现出了房子。总的说来,拜村的果树数量和品种都比较多,这里栽培的有乌留克、桑和苹果;此外,园子里还有杨树、叶榆、还有5架葡萄。除那道泉水之外,另有3口水井。从诺姆到拜村有两条路:一条经过阿达克,另一条直接走过去。

---

〔1〕穆艾津(阿拉伯语):伊斯兰教宗教仪式的初级教职人员,负责召集教徒做祷告。

〔2〕图古留克是蒙古语名字。有趣的是天山东段现在住的都是萨尔特人,但那里的很多地方却还保留着蒙古语名称,例如:阿尔图古留克:后图古留克;阿达克:下游河段;图古留克:圆圈;托洛戈:头,此外还有很多。——作者注

〔3〕米拉布:中亚由村民推选出来的人员(通常是上了年纪的男人),负责公平地分配灌溉渠系的水去浇地和菜园,以及监管灌溉渠系的正常使用和养护。

〔4〕中国的长度单位"里"等于576米。

·欧·亚·历·史·文·化·文·库·

　　拜村以东还有两个萨尔特人村庄:塔勒村和霍通塔姆村,过了这两个村子东边就是荒凉的戈壁了,这几个村庄的位置似乎在天山东边的尽头处。听萨尔特人讲,从诺姆经过霍通塔姆有一条平坦的道路通往哈密,途中没有什么大的山岭。

　　从诺姆托洛戈村往西,有一个蒙古人叫塔本乌兰、而萨尔特人叫比什客泽勒的地区,那里出产质量很好的盐。也有人告诉我那个地区叫巴嘎诺姆。

　　在天山的最东端,除萨尔特人外没有其他民族居住。蒙古人一年只在 10 月份来诺姆做一次买卖。在村里常住的大概也就是阿尤希一家蒙古人,此人主要是靠受雇给途经诺姆的商队充当穿越戈壁的向导为生,其余时间就做些铁匠活。除他之外,我在这里还见到过一个来自埃津戈尔河的土尔扈特女人,她是在"东干人"大劫掠过后流落到这里的。当暴乱逼迫着游牧部族离开他们的游牧区的时候,埃津戈尔河一带的土尔扈特人先是逃到古尔班赛罕地区,其中有一部分人又从那里流落到阿吉博格多一带,在那儿待了一冬。我们在这个村庄里发现的那个土尔扈特妇女就是随同这帮人来到阿吉博格多的,再从那个地方来到诺姆。她大概是不想让别人知道她住在这儿,因为当我想要向她详细打听一下埃津戈尔河一带的情况时,她很害怕,急匆匆地从我们身边走开了。[1]

　　我们雇请阿尤希给我们带路过戈壁。戈壁的北面是明根布雷克(千眼泉)地区,从诺姆去那里有 3 天的路程,第一天要在戈壁中间无水地带过夜。明根布雷克地区是一片自西向东与阿吉博格多山脉的南麓相平行的条形绿洲,有 4 天的路程那么长。从诺姆出发穿越戈壁有两条路。

　　在从诺姆去明根的两条路中,我们的向导阿尤希选定了经过嘎顺久河的东路,因为西路上有大片的沙地,而且阿尤希也说不准在巴忒尔亨阿马地带我们能否找到水。在蒙古的这一带地方水的状况总的说来

---

〔1〕8 日晚到 9 日晨之间的那一夜下了雨。——作者注

是变化无常的,泉水随着天气的变化,会在不同程度上枯竭,就是经验丰富的向导也无法保证一定能在以前曾经找到过水的地方依旧找得到水。

6月9日午后,给自己备足了路上用的泉水,给马割了途中吃的青草,我们从诺姆出发了。先走过诺姆周围那片平坦的碱化黏土地,然后从一条沙丘带中穿过。这些沙丘位于诺姆地区北面的边缘处,隔在该地区与不毛的戈壁之间。丘陵对着村子的坡面陡峭,高在1.5俄丈以上,因上面生有沙拐枣和柽柳而看上去是绿色的。北面的沙子没有形成丘陵,而是一片平坦的沙土阶地,上面长着托古拉克(胡杨);沙地连着一些平缓的坚硬岩石冈峦;这些岩石冈丘都不高,所以挡在沙丘后面而从村子里看不见。戈壁的硬土和松散的沙土并不相互慢慢转化,而是彼此之间界线分明。沙土的界线与丘陵曲折的边沿完全一致,沙子就像水那样,遇有岬角伸出就退绕过去,到了丘陵与丘陵之间又从空隙中伸入进去。位于戈壁边上的丘陵寸草不生,全是一些暗色的坚硬岩石。日落之后我们一行人仍然借着月光前行,直到月亮落了下去,我们才停下来住宿:向导害怕迷路,拒绝带领我们摸黑往前走。确实,在这个地方是非常容易迷失方向的。停宿之前一直在众多的小丘之间穿行,那些小丘高度相差无几,彼此非常相似:顶部浑圆,无论是朝着哪个方向的坡面都是一个样子;丘陵的最上面是极度风化了的岩石露头;岩块外面一层都已风化;丘陵的坡面平光光的,盖着一层浮土,看不到任何地方有岩石露在外面;丘陵与丘陵之间积着黏土,黏土上面盖着一层沙子,沙子上面撒落着角砾。如果丘陵之间的这种空隙有哪一片比其他的宽阔一些,那么它中央黏土覆盖着的地方就会出现一块盐土,盐土上偶尔会有一小丛半英尺高的猪毛菜;没有其他植物,就连猪毛菜也只在一个凹坑里看到过。这个布满了不计其数一模一样的丘陵的地带景观令人惊异不已,即使是起伏不平的沙漠地形也要比这个地方变化多一些。此地的景观可以毫不夸张地说就像是古代舆图上标绘的山脉,或者是从未见过山的儿童画出来的那个样子——把许许多多个圆锥体摆放到一个平面上。走在穿行于这些丘陵之间的路上,远方的山是看不见的,所以,只有在这条路上走过多次的人才不至于迷失方向。

只有丘陵之间地方比较宽阔时才能看得出已经干涸的小溪流过的水道,而且都不大,没有高度超过1英尺的冲沟和陡岸。总之,可以看出,现代水(降水)的冲刷作用很小。我们一行人就在月落的时候正好走到一个地方,在这样的丘陵中间过了一夜。6月10日早晨天刚亮我们就起来了,此时我们发现:由无数单个的前面所说的那样的丘陵组成的迷宫已经被我们走了过来,前面则现出了组合景观:戈壁滩上分布着一排排看样子是沿戈壁的中轴线伸延的平缓山冈,山冈的南坡满是同样的只有丘顶才露着坚硬岩石的丘陵;这些被冲蚀得很平缓的山冈背后是一道比较高的峭岩山岭,那就是埃伦努鲁山,嘎顺久河峡谷就在那山里边。

从停宿地走出不远,就遇到一条两俄丈宽的干河道,河道的底部铺满了沙子,两岸非常平整,河道的样子像一个浅底洗衣盆,在沙土的表面上还能看出水流过留下的条痕,在落到底部的石块旁边尤其明显。岸边有很多干枯,然而显然是经过水的冲泡而变得光光的扭扭曲曲的柽柳和盐木的枝干。这就是自东北流向西南的干涸的嘎顺久河的下游段。我们一行人从右岸走近河道,先沿着左岸前行,后来河岸都变成了峭岩,我们便走河道,直到停宿的地方。下段岸边的山岩高超不过两俄丈。在峡谷的上段不见了砂岩,而出现了带有浅绿色调的坚硬的结晶岩,这种岩石形成的悬崖峭壁高达数10俄丈。峡谷底部宽不到10俄丈。右侧,即西北面的谷壁脚下堆满了沙子,有时竟把峡谷堵塞住,然而无论谷地如何弯转曲折,左侧却没有一处这种情形。沙子的这样一种分布状态表明,它是被风吹刮到这儿的,而不是由水冲裹来的。沙子在山岩下堆积成许多冈丘,且常常连接成10俄丈或者更高的不间断的长堤,以致人走在谷中,被它遮挡得连右侧山岩的顶端都看不见了。峡谷的下段沙子较少,上段较多。在峡谷右侧壁的脚下,常可见到一些沙堆那圆月形的丘顶与岩壁之间有一道凹沟,在沙子从岩壁顶端向谷里撒落的情况下,必然是这个样子的。[1] 在峭壁林立的狭窄谷地里堆着如此之多的沙丘,我还从来没有见过。左边,也就是东南面这一侧没有沙子埋着,像一面墙似地又高又陡,有些地方里面嵌夹着水平走向的黏土沙质层。一层层的黏土同比较薄的沙层交相错叠。显然,谷里的黏土沉积层曾经多次被冲毁,然后又重新沉积起来。谷底也是同样的黏土,这种黏土显然也被冲到了戈壁中心部的各条沟壑之中。峡谷左侧约有 3 个地方从岩石下面涌出带咸味的泉水,这些泉水可以顺着谷地流出半俄里或者更远一点的距离。泉水边的黏土上有一层盐,泉水附近的湿地上长出了蕙草和藜科植物。不仅是牲畜,就连人也都只好喝这种泉水,一不小心喝多一点［水］,就会弄得人畜都拉肚子。蕙草在这个地方是唯一的马能够吃的草。生有蕙草的地块之间有大片的地面是光裸干燥的;峡谷中的山岩同样光裸着,只偶尔会有灌木托尔雷克(霸王)和土库曼枸杞把根扎在上面。沙丘上面有盐木、沙拐枣和柽柳;特别是柽柳大丛大丛地生长着。据我们的向导阿尤希讲,春天这里的水很大,骑马根本过不去。这种说法可能有几分是对的,因为不如此,又何以解释盐木和柽柳的枝干被大量冲到峡谷下段的干涸河道两岸上去了呢?在沙里努鲁山中通向苏亥忒地段的峡谷中看到的那片被冲倒在地、上面还压着石头的锦鸡儿丛也表明曾有相当大的水流过,可是这种水流什么时候出现呢?我们经过苏亥忒峡谷的时间很早,可那时峡谷是干爽的。[2]

傍晚这里有很多蝙蝠飞舞盘旋。

6 月 11 日,起初在悬崖陡立夹峙的窄谷中从沙丘之间穿行;到了上段,谷地岔开分成两道,比较宽的河道朝东通向山上。河谷的山岩里

---

〔1〕据向导讲,深的沙土丘陵地在嘎顺久河以西。——作者注
〔2〕造成格·尼·波塔宁所说这种现象的原因是被称为泥石流的一种非常猛烈的雨水卷着泥沙、石块的水流(西利或谢利,来自波斯语的谢利波托克)。这种泥石流发生在中亚细亚和中央亚细亚,常常造成惨重的后果,因为水流裹带着石头、沙、泥汹涌肆虐,冲毁桥梁、房舍、帐幕、道路、庄稼等等,在庄稼地和草地上留下厚达数米的沉积物,使之成为不毛的荒野。同样的现象 H. M.普热瓦利斯基(《蒙古和唐古特人地区》)和 B. A.奥布鲁切夫(《毗邻地区准噶尔》)也曾提到过。由于泥石流在下暴雨时发生得非常突然,为避免发生不幸事件,营地不宜直接设在排水道和峡谷口的附近。在苏联泥石流多发生在阿拉木图市附近。

依然嵌夹着黏土和沙子错叠的沉积层,我们则沿着西边的右岔路往上走。这个地方峡谷更窄更小了,谷底撒满了沙子,我们穿过沙堆走出峡谷,来到一片丘陵地,没走多远丘陵地就变平坦了,随后进入一直铺展到阿吉博格多山麓的连片平坦的原野。现在已经看得很清楚,伊伦努鲁山只不过是阿吉博格多山麓处那片阶地南边的一个陡峭断层。原野上没有马能吃的草料,然而却长着不很大的高 1.5 英尺的盐木丛。快到乌久尔明根地区时,地面上的岩石多了起来,原野带上了拜利的性质,出现了窄的凹沟,里边偶尔生着一些托尔雷克(霸王)丛。乌久尔明根地区在阿吉博格多山麓以南 10 俄里处,两者之间隔着一条平坦的无水槽沟。这一地区本身是一些平缓的沙冈,沙冈中间涌出一股泉水,为小规模的农耕提供了用水。这里还有几顶属马尼贾瑟克旗的蒙古包。沙岗上长着代里苏,潮湿的地块上有绿油油的禾本科植物,然而草却被牲畜糟蹋得很厉害。往南可以看到有岩石露出来,还有生长着托古拉克林的沙地。乌久尔明根地区只是一片很广大的地带东面的边缘,那片广大的地带与阿吉博格多山的南麓相平行,足有 100 来俄里长,上面有许许多多的泉,那地方的名称是明根布雷克(也就是千眼泉)。

阿吉博格多[1]自从乌久尔明根开始便是一道怪石裸露、寸草不生的山脉,西北—东南走向。从乌久尔明根望去,只能看到河水从阿吉博格多山上下来流经的许多峡谷中的一条——乌里雅苏台;在乌里雅苏台峡谷以东还能看到另一条峡谷——盖希温忒(可能没有水);从那条峡谷再往东是几道红色岩石山岭乌兰奥克托尔戈。红岩山岭东边终端处就是朱瑟伦峡谷的谷口,我们就是要沿着这条峡谷攀登阿吉博格多山。

从乌久尔明根眺望,天山有两条岭脉:北面一条位置比较偏西,无

---

〔1〕格·尼·波塔宁指出,当地的蒙古人把阿吉博格多山叫成另外的名字:阿博格多,我们的博格多、泽栾博格多。这是因为按蒙古人的见解,对被奉为神圣的山峰(例如博格多、哈伊尔罕)是不能直称其名的,为了免灾,必须给这样的山另取名字。这种迷信的做法尤其为居住在圣山附近的蒙古人所遵行。这一习俗给旅行家(还有地图制图人员)的工作造成了极大的障碍,使地名的确定产生混乱。

雪;南面那条自这条岭脉向东伸延,整条山脊的峰巅终年积雪,东边的余脉逐渐降低,成了一道长长的岬角;在它的末端处,岬角的南边突起一座单独的高山,那就是乌梅尔温德尔山和察干多布瑟克山,萨尔特人的拜托洛戈村就在其山脚下。

6月12日至15日我们就地停歇。6月14日下了一场小雨,还响起了雷声:雨一直下到午后3点钟;雷声是在中午12点响起的。此时,阿吉博格多山上下了雪。

6月16日走的路不长,从与阿吉博格多山麓毗连的遍布石头的荒原上经过。此荒原从阿吉博格多山下向外逐渐倾斜,什么也不长,只在无数纵横交错的半俄尺深的沟里面才有一些植物。比如:托尔雷克、木蓼、锦鸡儿和猪毛菜属的小灌木;无论是柽柳还是盐木在那种地方都不会有。在这个地方见到的草类有矮大黄和霸王。我们在一股不大的泉水托利布雷克旁停下,这股泉水自阿吉博格多山麓平坦的黏土地下涌出,流出去至多有15俄丈远。两岸平坦,为含碱的黏土,生有鹅绒委陵菜,这是此地仅有的一种植物,开出的花朵引来了许许多多小甲虫、苍蝇和黄蜂。水流的尽头处,在露出地面约两英尺高的岩石中间依然有干涸的沙质河道向前延伸,在右岸这种岩石形成了一个不大的山丘。在来托利布雷克的路上曾见到一群野驴,蒙古语叫做胡伦[库兰]。[1]

6月17日先沿阿吉博格多丘陵起伏的山麓向东走,然后向北拐进一条窄谷中;窄谷的底部是一条干河道——这是干涸的朱瑟伦河的下游段(阿达克)。窄谷下段的山体是红花岗岩,自朱瑟伦峡谷向西伸延成为阿吉博格多山南缘的那道乌兰奥克托尔戈山岭也是这种岩石。朱瑟伦峡谷一直到顶都没有水,只在最上面峡谷的顶点处有人挖了几口井,我们看到水井附近有一个由7顶帐幕组成的聚居点(马尼贾瑟克旗人)。谷的下段宽阔,两侧都是岩山;底部的河道布满大块的砾石,驮畜很难行走;不过在河道与山体之间却有一块很平的地方,或者说是

---

[1] 库兰,或称蒙驴(Equus hemionius),是一种野驴,生存在蒙古的荒漠与半荒漠地区。随着草场状况的变化,库兰群夏天转移到比较高的地点,冬天和春天则返回谷地度过。

117

一窄条阶地,我们这些人可以从那上面走过去。只有一个地方峡谷很窄,砾石撒满了整个地面,好在这段难走的路最多也就是2～3俄里长。阶地朝向河道的一面是由圆面包状的花岗岩构成的很陡的坡。过了前面说的那一段狭窄的地方再往上走,谷地的特征变了:谷地越来越宽,山变得平缓了,路也软了一些。在峡谷的下段稀疏的植物都被压在石头和砾石的下面,可是越往谷的深处走,植物逐渐多起来;不过这里的山,特别是朝南的坡面依然什么都不长。这个地方的植物有几种类型与我们在南山口见到的那些很相似,如岩石上面的阿列纳里亚(蚤缀)、卷耳、伏地肤、腺毛唐松草、东方针茅正在开花。此外,这里还有锦鸡儿丛、麻黄丛和带刺的红奥尔试特;靠近河道的地方生有木蓼。谷内不长托尔雷克,也没有大黄。河道边上长着许多香蒿,蒙古人称之为夏维克(铁杆蒿),整条峡谷都飘散着这种植物的气味。

我们在几口水井旁停下来,这些井的位置非常高,旁边的山岩上都有高山植物。这里的山峰和下段的一样,什么也不长,地面上撒满了角砾;没有高山植被;植物长得很零散;有几种植物和蚤缀(阿列纳里亚)一样,枝条缩得很短,向上直立着,形成一个个植簇。在地势高的地方,这种植簇好多已经枯死,但其已经泛白的肮脏簇毛还被覆在地面上。这样的可能已有好几年没有开过花的陈年植簇远比那些随着今年春天的到来而复苏过来的要多得多,正是这种东西和一种尚未开花的禾本科植物的植簇布满在山坡上。这些植物当中还掺杂有一些很小的单子麻黄,其浆果几乎就是紧贴地面生长着。在这里我们第一次发现了具有麝香气味的轮叶马先蒿。

离此不远处就是翻越阿吉博格多的山口,山口的左边耸立着本洪山或称本洪台山。山上有一个敖包,那里常有蒙古人去祭拜。我们徒步登上离水井最近的一座岩峰,[1]从那儿已经能够望见布尔罕奥拉山了。与蒙古人先前讲的情形相反,没看到这座山上有雪。该山位于同阿吉博格多山脉隔着一片很深的盆地的另一道山岭当中,那山岭的东、

---

〔1〕在这座山峰的石头地面上生长着白裂叶芥。——作者注

西两端都被近处的阿吉博格多山脉的高峰遮挡着。

我们停宿地的四周有很多旱獭。一整天它们的尖叫声不绝于耳。我们只在下面峡谷的中段听到过黄嘴山鸦的啼鸣。在这里的蒙古人那儿我们又见到了牦牛,自从过了巴尔雷克河畔的那个停宿地之后,我们再也没有见过这种牲畜。

6月18日一直在花岗岩山脉中行进,先是顺着很宽的山脊走,随后又沿着横向的乌尔滕戈尔河谷往下走。山脊平缓,冈丘地面比较软,撒满了角砾;花岗岩露头都不大,植物稀少;角砾上有许多植簇或是小束小束的某种禾本科植物,这种植物上新长出的绿色小叶和干枯的老叶混杂在一起。这里的植簇也是已死的多,这些植簇并不能把山峰的地表整个盖住,在一束束禾本科植物的中间有大块的地面没有植物。在一条槽沟里碰上了一大片水洼,四周的岸土含碱。这道槽沟的上段和下段都长着茂密的直茎黄堇,绿油油的枝叶和长长的亮黄色总状花序与这种植物四周光秃秃的角砾形成了强烈的反差。就在那道槽沟中有一眼泉,一些大块的花岗岩中间有一个形状像井一样的深坑,坑底冒出来的水又凉又咸。

从山脊上可以看到阿吉博格多山的北边顺着山的走向有一条宽阔的谷地,谷地的对面是长长的伊希塔音山和巴嘎塔音山,再往西便是同样很长的布尔罕奥拉山。该山的山麓隐没在一些比较低的山岭背后,那是图古留克山,那些山叫这样一个名字是因为图古留克河穿山而过。有一条石崖陡峭的山岭自布尔罕奥拉山向东迤逦延伸,直到地平线之外。顺着山势的谷地里,在比我们一行人所走的路线偏右一点的地方孤零零地挺立着两座尖削的石峰——霍通哈伊尔罕山。

听蒙古人说,阿吉博格多山自朱瑟伦峡谷往东就根本没有水,也没有人烟了;朱瑟伦的蒙古人是住得最靠东的人。

乌尔滕戈尔峡谷两侧都是巨大的山岩,多数已经崩裂;花岗岩的质地与山脊上的相同;宽谷里面一溜溜浑圆的岩石之间堆聚着沙子;峡谷的底部是沙土;山岩上植物极少;下段的岩山上出现了锦鸡儿、木蓼和桃色忍冬这些灌木,然而这些灰暗的绿色植物在这种被光秃的岩石所

·欧·亚·历·史·文·化·文·库·

主宰的环境中都黯然失色。在谷底的沙土地上偶尔会有玄参和臭荚果,蒙古人告诉我后一种植物叫贡契尔;代里苏比较常见,而厚叶花旗秆和角茴香却极多。贡契尔主要生长在岩石之间的积沙上,也就是比较干燥的沙土上,而角茴香却只长在沙土谷底上,那种地方也许还有一点点潮湿吧。下行进峡谷的时候,曾看到山岩上有阿卡尔羊。峡谷里的道路平坦好走,只有一个地方整个峡谷都堆满了圆面包般的石头,骆驼不得不艰难地从石头中间穿过去,好在这段地方顶多也就是 50 来俄丈长。

我们在一个谷底中央有一股泉水的地方停了下来。泉水略带咸味,泉的四壁都垒着石块,泉水流出十多俄丈远就枯竭了。潮湿的岸边长着斗篷草、长叶碱毛茛和海乳草。这正是乌尔滕戈尔河的发端处。

由于泉水的周边地方没有一点可供牲口吃的东西,于是我们的牲口就被赶到这条峡谷靠下边的地方去了,从我们停宿的地方往下 1 俄里又有两眼泉。这两眼泉水滋润着土地,于是地上就长满了绿色植物,有了腐殖质和沼泽。泉水里飘浮着毛茛的黄色花朵;这一小块草地上除了斗篷草和海乳草之外,还有白花蒲公英。右边那眼泉上方的石崖上刻着佛教咒语前面的 3 个字"唵嘛呢"。[1]

6 月 20 日开头在乌尔滕戈尔河的峡谷中走了 6 或 7 俄里。峡谷里边都是花岗岩或花岗岩的变形岩石,我们的牲口吃过草的两股泉水汇合成一条不足 1 俄尺宽的小溪,沿着谷底流出约半俄里后消失在地下。再往前走一段路,谷底缩后了一块,或者说有一处塌陷下去,形成了一个高 1.5 俄丈的马掌状的断崖;断崖下面涌出几股泉水,汇成又一道同样是不足 1 俄尺宽的小溪,这条小溪一直流到了峡谷的尽头处。这就是乌尔滕戈尔河最主要的,也是最靠下的河段了。有的地方溪流旁的草地扩展到宽至多有 100 俄丈的整个峡谷,有的地方要窄一些。草地上的植物和上段的溪流处的一样。峡谷出口处的崖壁变低了,高不超

---

〔1〕"唵嘛呢叭嘛吽":佛教咒语,意为"噢,莲花上的珍宝"或"噢,莲花之宝"。在印度神话中莲花被认为是神圣的植物,是大地的象征和造物主的宝座。喇嘛和祈祷者一边拨动念珠,一边不停地反复念诵这句咒语,还把这句咒语写在羊肩胛骨上(见本书第 79 页注〔1〕)。

过 2～3 俄丈。我们看到这里陡峭的山冈上有几个蒙古包,岩壁上的植物比峡谷深处少了,这个地方的整个谷底就是一条光裸的宽阔河道,上面满是小块的卵石,再也没有小片的绿草地了。溪水虽然能流到这个地方,但它最后剩下来的这点水经过光裸的砾石地面,又分成几股细流,就在人的眼前消失到地下去了。

阿吉博格多山南面朝向乌久尔明根地区的山坡非常陡峻,北面则是一条条缓缓下降的石冈。

从乌尔滕戈尔峡谷出来,我们一行继续沿着有好多道平缓的冈岭和宽宽的沟谷的地面下行;这些冈岭和沟谷都是从阿吉博格多的山麓向北延伸,沟谷(或者叫槽沟)的侧壁都是由花岗岩露头形成的。除花岗岩外,这里还有很厚的红色砾岩层。

一出乌尔滕戈尔峡谷,面前就是一片荒原,主要的灌木是沙里莫托(碱蓬?);荒原上分布着很多这种灌木,但全都是干枯的;一半以上看不出还活着的迹象,而那些生机已经复苏的也只是生出了勉强能够看出来的绿色萌蘖枝。除沙里莫托外,还有巴格雷尔(盐生草?),麻黄(枝条的尖梢受太阳暴晒已经发黄、打卷),准噶尔红沙,沟谷和浅沟里边长着锦鸡儿,偶尔有沙拐枣;只有红沙和巴格雷尔在这片炎热干燥的土地上状态还不错,其余的植物看得出来都备受煎熬,锦鸡儿丛有 5 英尺高,但却是一束光秃秃的带刺的干枝条。在这一天走过的路上,我只发现了两丛有叶有果的灌木,然而在整个一丛灌木里也未必能找出上10 根披满叶子的枝条;一根枝条上最多也就是 2～3 个角果,而在适宜的环境中一根锦鸡儿枝条通常会挂上数不清的角果的。其余的锦鸡儿丛都已经死了,干枯的枝条已经不能弯曲,用手一折就断了。快到我们预定要停宿的察干代里苏地区的时候,石头地面变成了黏土地,随之也就有了盐木和柽柳。盐木枝条的末梢长有卵形的小坚果,被封闭在果子里面的寄生虫往外钻时在上面咬出了许多洞。在察干代里苏地区有托格拉(胡杨),蘑草(有时上面缠绕着尖叶白前),花儿开得很繁茂的哈尔梅克丛,旁边有绯红锁阳的深褐色肉穗花序一窝一窝地钻出土来。从阿吉博格多山麓到察干代里苏地区的路很平,这一地带是通向塔音山麓的一个平坦的斜坡。

6 月 21 日,先登上位于察干代里苏和纳林托罗两地区北面分界处的一条石头山岭,然后走下坡一直到布拉地区。这道石岭的岩山从北面看似乎要比从南面看高,顺着山岭脚下的缓坡往下走了大约 3 个小时;显然,布拉的地势比察干代里苏要低得多。这道山岭的岩丘上生有盐木、沙拐枣、托尔雷克(霸王)。[1] 由山岭到布拉的坡面上遍地都是低矮的盐木。

位于这道山岭和塔音山南麓之间的布拉地区是一个圆形盆地,南、西和北三面环山;东面一直到地平线处都是低洼地;东边与布拉相距一天路程的地方就是我们早就从阿吉博格多山上看到过的峭壁高耸的群山——霍通哈伊尔罕。群山当中最高的一座在其东端,有两个高峰;群山的西段要低得多,有多个山峰,末端是一个圆头锥形糖块状的巨石。[2] 这一群山孤孤单单地兀立在平原上,有着许多坡陡顶尖的石碴子,这种单独的山蒙古人大多称为哈伊尔罕。呼通哈伊尔罕山的北麓毗连哈亚地区,这是对发源于布尔罕奥拉山脉的图古留克河泛滥区的称呼。一群分属于两个旗的人在哈亚地区从事着有相当规模的粮食种植,这些人分属于两个旗。据说是因为土地归马尼贾瑟克旗所有,而水则属于梅尔根贡旗;从事耕种的有 100 来户人家;适于农耕的土地很多,但在炎热的季节水很少。田地靠挖渠从图古留克河引水灌溉。

布拉盆地底部是一片潮湿泥泞的碱土,土上面有水。这一片水洼或者说是湖四周岸边是沼泽,上面长着一墩一墩的苔草。草墩之间的一些水洼和沟渠灌满了淡水,商队就取这种水使用。这里的地面上可能有泉水流出。距岸边稍远一些的湿地上生有草甸植物,这一条环绕在周边的绿色地带在一些地方宽达 1 俄里,绿带的外边另外还有一圈多少有些丘陵的沙地,上面生有柽柳和蘸草。我们是从南面来到湖边

---

〔1〕这似乎是分布有此种灌木的最靠北方的地带了。在更靠北边的图古留克河谷里,我不记得有这种灌木。——作者注

〔2〕精制糖熬炼好之后,分别注入一些圆顶锥形模具中,即得所谓的大糖块;再用大糖块做成碎块糖和方块糖。在俗语中就把高大的圆顶锥体形状的东西叫做大糖块。

的,在那一面沙土带的外缘连着一大片(直径约在 1 俄里上下)坚硬的碱性黏土地,上面长着高达 1 俄丈(有的还要高)的盐木。北岸可以看到有托格拉树[胡杨]。我们在这里没有见到人,只有在冬天梅尔根贡旗的牲畜才到这里来放牧。

6 月 22 日原地休息一天。晚上有闪电但没有打雷,下了雨。湖上有安吉尔(棕麻鸭)。

6 月 23 日,我们从左侧绕过布鲁地区中央的那个积有咸水的盆地,与位于塔音奥拉山麓前方的布伦哈拉山麓保持平行前进。走过此山的最后一个岬角,我们看清了在此山与塔音山之间有一块平坦的高地,从塔音山这一侧望去,布伦哈拉山就会显得很低。布鲁的东面是一片平原,平原的北面有一道很大的石崖山脉,那道山脉在西边同塔音奥拉山靠得很近,两山之间只隔着图古留克河流经的那道豁口。这片哈亚地区所在的平原南边有哈通哈伊尔罕山的北麓挡在那里。该山以东,地平线上现出了埃杰连格山。看样子这是一道并不高但却很长的峻峭山岭,在埃杰连格山下有一个蒙古的哈拉乌勒[哨卡]。

我们途经的原野缓缓地朝哈亚地区倾斜,很荒凉,这其实是塔音奥拉山的拜利。目力所及,除了暗灰色的石头和已干枯成褐色的灌木之外,一无所见。靠近布鲁地区的那一带原野上长着沙里莫托和扎克两种矮小的灌木,而临近山岭处地面上满是碎石,而且有一道道的浅沟,沟里边有了灌木:托尔雷克(霸王)、锦鸡儿,有时还有沙拐枣;离山再近一些有尚未结果的矮扁桃;其余那些沟与沟之间的多石荒野地里植物的踪影难寻难觅。灌木本身就是它们为了在这片荒漠中生存而不得不进行斗争的明证。时节虽然已经到了 6 月份,但却没有一丝绿色,这片大地似乎还处于冬天的睡梦中。对于某些植物,比如沙里莫托和扎克来说,情况正是如此,它们刚刚开始舒展自己的叶芽。然而对于锦鸡儿来说情形可就不同了:它们已经开过花,只是个别的枝条上还有叶子,就是有也只长在末梢处。大部分树丛都不过是一些僵死的枝条,也许已经死好几年了。就是那些依然活着的,两人合抱大小的球形树丛尽管枝条茂密,一年也只能长十来个角果。托尔雷克的状况也很凄惨,

123

光秃秃的枝条上某个地方挂着那么2~3个干瘪的翅果,已经发黄,有许多寄生虫咬出的洞。沙拉莫托和扎克(盐木)也是只有部分枝条长着黄绿色的叶子,紧挨着开始长叶枝条的是一束束脆硬的枯枝。

图古留克山麓的丘冈是由黏土绿泥片岩夹杂圆圆的石英颗粒构成的,这些片岩山冈之间有一条无水的沙底河道,有的地方片岩层突出来的部分横伸进河道里边。河道底下的一段没有水,上游却有一股溪水,该水流的源头在更上边1或2俄里处一条很宽的槽沟里,那个地方槽沟的底部有很多泉,这条溪水叫奥利盖。那些泉的四周是一大片远远望去绿茵茵的草地,附近有几顶蒙古包,草地上有牲畜在吃草。草地周围环绕着光裸的岩山。谷地的左边隔着一条不大的山岭便是图古留克河流经的那条窄而深的峡谷。这条山溪宽约1~1.5俄丈,从砾石层上流过,两岸是沙土草原,上面有蘼草和代里苏;山岩之上除其他灌木(锦鸡儿和忍冬)之外,常有矮扁桃。翻过隔在奥利盖山溪和图古留克河之间的山岭往下走的时候,我们看到此河谷右侧壁上有大片的红色黏土,这片黏土的高度在15~20俄丈之间,长度略大些,黏土嵌在山崖的半腰处,因此黏土块的下缘距谷底还有好几俄丈。从河边望过去,它就像是一座建在山上的城堡,红黏土块从上至下被几条垂直的裂缝劈开,表面成半圆形向外突现出来,犹如半面嵌入山岩的壁柱一般;柱上凸出来的环带和我们在嘎顺祖河上看到过的情形一模一样,这表明黏土在这个地方也是和沙土相互交错着的。从另外一侧可以看出,土层并不是水平走向,而是倾斜着的。这种层状结构在图古留克河谷上边的地段是没有的。这可能仍旧是我们在嘎顺祖河与乌尔滕阿马河(乌尔滕戈尔河口)已经见过的那种晚期层系的一个片段。根据这一片段的位置判断,图古留克河谷两面侧壁之间曾经满满地填塞着很厚的红色黏土,不过这层黏土被冲刷掉了,该层系只有很小一部分在河谷弯曲处水达不到的地方保存了下来。我们一行人在下行进入图古留克河谷后没走多远便停下来过夜,河水经过这个地点继续在狭窄的山谷中流动,直到奥利盖溪以东的地方才出峡谷流入哈亚平原。

6月23日下午4时下起雨来,一夜未停;第二天上午10时又开始落雨点,不过到中午时分天空放晴了。

6月25日一直行进在峡谷之中。开始时峡谷很狭窄,这里的峡谷里有茂密的芦苇丛,偶尔还能看到小柳树,山岩上生有扁桃(矮扁桃)。后来峡谷变宽了,谷底平坦,有100~150俄丈宽,地上尽是砾石。在这个地方有一条萨克萨河从右侧注入图古留克河,我们一行人就顺着这条河前行。再往前走,河水分成几股,急速地流动;河岸光裸,山岩上也没有什么灌木,只偶尔能见到小丛的托尔雷克。这里除了臭蒿(铁杆蒿)之外,没有什么可当做柴烧的,我们的人只好把这种东西从山岩上连根挖出来(阿尔嘎勒[1]这里也没有,因为此地什么也不长,所以游牧的人不会到这里来住)。在砾石地上除直茎黄堇外,我们还看到了几种此前尚未见过的植物:列当和一种成丛的豆科植物,那种植物丛在砾石地面上非常多,把生着豆荚的总状花序成辐射状地伸展在砾石层的表面上。

6月26日沿萨克萨河谷向上走了4个小时,河谷的特征与前面的相同,河谷的上段更加开阔,两边的山峰拉大了距离,于是我们看到了前面的布尔罕博格多山,山上只看到有不大的一片常年积雪。

过了这个开阔处,萨克萨河谷突然又变成了一条狭窄的峡谷,走在路上就能看见那道荒僻的山谷,一条河流从中奔泻而出;峡谷两侧都是很高的、几乎就是垂直的绿色片岩山崖。我们一行人从峡谷(同时也是布尔罕博格多山)的左边过去,开始攀登平缓的山隘。在萨克萨河出窄谷流入宽阔谷地的那个地方有十来座用环形边圈着的巨人冢,这是我们于巴尔雷克河畔走出阿尔泰山之后见到的第一组凯来克苏尔。

在我们转弯之前,萨克萨河谷两侧的山是灰绿色的片岩,其特性是能够深度碎解,有一些高达数百英尺的山崖上面布满大小不等犹如雨燕巢穴般的孔洞。等我们登上山隘,则看到峰脊上的山岩竟像筛子一

---

[1]阿尔嘎勒是蒙古语,哈萨克语和吉尔吉斯语叫基贾克,即干的牛、马、羊粪,在蒙古、哈萨克斯坦和中亚没有树木的地区是唯一可做燃料的东西,有时掺到黏土里面还可作建筑材料。为了捡拾这种东西,蒙古人还创制了一种专门的搂铲。

·欧·亚·历·史·文·化·文·库·

样,满是两面已经贯通的孔洞。[1]

翻过绿色片岩山峰后,我们就进入了塔塔勒河谷,或者说得更准确些是冲沟。谷的侧壁不高,是花岗岩;河床的右侧,也就是南边,连着一道砾石埂,而左边与裸露的基岩相接,河床有的地方是干的,有的地方流动着一股清澈的溪水。虽然槽沟朝向北方的南侧壁上有了很多植物,其中有带麝香气味的轮叶马先蒿和泡囊草,然而却没有可供牲口吃的草。塔塔勒河上面的顶端[源头]处又出现了片岩,接着就是花岗岩高原。不一会儿我们就来到了一片开阔地上,四周环绕着平缓的山岭,山的顶部是花岗岩,而缓缓下降的宽阔山坡上却是黏土,坡面撒满角砾,有很多裂缝和不太深的冲沟。

我们在一个叫做多隆诺尔(意思是 7 个湖泊)的地点停下来过夜。这个地方的确有几个不大的水略带咸味的湖。在其中一个湖的边上我们看到了 3 顶帐幕,里边住着扎萨克图汗旗的蒙古人,他们除了几头牦牛和一匹马之外,没有别的牲畜。湖都在一个个浅平的凹地中,其余的凹地底部有湖泊干涸后留下的痕迹。湖水只用来饮马,人则从井中打水饮用;井水浑浊,颜色就像稀释过的牛奶。

多隆诺尔湖旁的这个停宿地大概是我们最近穿越阿尔塔音努鲁山行程中地势最高的了。克尔努鲁达坂(有人告诉我们那个地方还有这样一个名字)是翻越阿尔泰山东边余脉主岭的山口,我们下一站路就是沿着出自布尔罕奥拉山西坡的齐齐林戈尔河的河谷走下山口,山口处所生的植物表明此山口的地势很高。克尔努鲁达坂的样子像是一块不大的高原,一些有湖的或是无水的凹地四周环绕着平缓的山岭,山的坡面较软,只在顶部才露着花岗岩;地面撒满花岗岩角砾,除了艾蒿一种植物外,别的什么都不长,然而艾蒿也没有把整个地面盖住。这里山坡地面裸露的程度更甚于阿吉博格多山,然而正因如此,多种多样的高山植物却齐集在花岗岩露头附近的有限空间里,这就更令人倍感惊奇。

---

〔1〕格·尼·波塔宁在此处指出了风化作用造成的后果,荒漠和半荒漠地区气温变化剧烈,风特别大,正是在这样的地方风化作用的强度最高。

可是在两处露头之间的 2～3 俄里的地面上却总共也只能找到某一种蒲公英,再加上两三株糖芥而已,而花岗岩石碴子却成了小小的花坛。在那些地方的山岩脚下或是大堆乱石块之间的阴凉处,密密匝匝地长着蓝花老鹳草,总是大群簇生的泡囊草、飞燕草、繁缕、齿缘草、蓄蓄,有的时候刺李丛会在这种地方造成一小片黑色腐殖质土层。

在石块之间沉有覆盖着角砾的黏土的岩坡上,就在这种土质上,特别是在其同坚硬的岩石相接的缘线上,生长着高山紫菀,开着鲜艳的粉红色花朵的丽匙叶草,蝶须、蚤缀,等等。山岩下边的黏土斜坡并没有立即成为不毛之地,上边分布着长毛点地梅,形成一个半圆形的群落;中间掺杂着单子麻黄(?),不过数量要少些。离开山岩 100 俄丈,这些植物就逐渐稀少,再远一些就彻底消失了。

我们对东阿尔泰山南坡植被的考察至此终结,上面这些就是我们所见到的最后一幅景象。总体说来,阿尔泰山这一区域内植物的分布情况可以这样来说明:在此一地区对植物的分布起决定性作用的地貌有盆地和盆地四周的岩石山脉两类,自环绕盆地的岩石山体伸向盆地底部的拜利或者斜坡应看做是中间环节。拜利倾降的状况有所不同——陡峭或者平缓。盆地的底部通常都有咸水湖,有时还沉积着食盐;一侧的湖岸上有泉水以不同的力度自地下涌出,有一些湖旁的泉水始源于离湖岸一段距离之外的地方,于是就会自地下喷涌而出,为自己冲开一条通道,成为一条小溪注入湖中;有时泉水就从湖的岸边冒出来,在这种情况下泉水就会把湖岸变成沼泽。湖的四周有的是碱土,有的是湿草地,还有的是丘陵起伏的沙土。这 3 种土壤各自都有独特的植物,沙丘生长柽柳和托格拉(胡杨);[1]这种地方还有哈尔梅克(白刺),白刺附近生长绯红锁阳。如果沙土地接靠湖岸,上面会长芦苇;如果沙土转换成含盐的黏土,上面就长代里苏,与之相伴生长宽叶独行菜;这种地方的代里苏茎上会缠绕白前。盐豆木我在东阿尔泰山就没有见过。在湿草地上则有黄、白两种蒲公英、红花粉叶报春、长叶碱毛

---

〔1〕胡杨只在阿尔塔音努鲁山脉以南才有,山脉以北不能生长。——作者注

莨、海乳草、苔草生长开花。

　　拜利可以划分为两层:下层和上层。下层的黏土地上面没有什么东西覆盖,上层地面则撒满了碎石。拜利的下层生有藜科灌木:沙拉莫托、扎克(盐木)、巴格雷尔(盐生草),但是其中只有最后这种植物受到酷热和干旱的伤害较小,其余两种植物多数都会死去。拜利的上半部分撒满了碎石,完全是光裸的,拜利是蒙古境内植物最难以生长、最缺少草木的地带。只在靠近岩石山岭的麓脚处,有一些浅槽(深1英尺,宽1英尺多)自峡谷向外散射成扇状分布在拜利上。在这些浅槽里才会有被从山里带到这里来的锦鸡儿、托尔雷克、木蓼这些灌木,这批偶然流落至此的外来客靠着后来从峡谷里冲带出来的种子更艰难地进行着更新,半数以上都是已经陈旧的灌木。总之,无论是生长于岩山和峡谷之中的植物,还是植根在湖泊沿岸的草木,拜利对它们说来都是死亡之地。

　　此地区地貌的第三个组成部分是山脉的主干岩体。这也可以分为两层:生有高山植物的上层和长着草原植物的下层。下层能够得到河流润泽的谷地为数不多,只是一些大的谷地才有河水流入盆地;而在小的峡谷里边小河或者是溪流通常在流出峡谷之前就已经渗入到地下去了,所以小峡谷下端通往拜利的出口处显露出来的仅有干干的砾石。峡谷出口前的拜利越来越高,并由冲积物堆积成圆锥体伸向谷内;锥体中间有一道宽沟,底部是砾石;往前沟越来越宽,分成为几道细槽,从拜利上远远地伸出去;拜利的地面上覆盖着碎石,碎石也铺撒在这些细槽里,只不过那里边的石块要大一些。如果峡谷里有溪水流过,那么它只能在上游造成小片的绿草地,里面长些斗篷草、白蒲公英、海乳草和苔草;到了下游草地就见不到了,溪水流淌在光裸的砾石上。贫瘠的大自然既没有办法为岸边裸露的卵石披上植物的绿装,也无力用河流沉积物将其覆盖住,这种景象会让看惯了北方林木葱郁景色的人感到震惊。

　　上边一层(即高山)也带有因与干热的荒原为邻而受到惨重影响的痕迹。这里没有由多年生植物的根系构成的高山垫层,地表裸露着,碱土和含盐的烂泥取代了藓类沼泽,而高山植物只能把悬崖下面的阴凉地方当做自己的藏身之处。

6月27日上路时是朝北走,翻过一个不大的峰顶,开始往下边的无水谷地里走。在这个地方的一块石崖脚下又发现了曾在山脊上见到过的那些植物:泡囊草、齿缘草和浆果已经快要成熟的刺李,在开阔山坡上的浅沟里生着白婆婆纳和宽叶缬草。我们并没有沿着这条无水的山谷下到底,而是在这道谷里走了不到1俄里,就向左一拐重又翻过峰顶,来到另一条谷地上端的起点处。这道谷和前一道一样,也是从南向北的走向,一直通到齐齐林戈尔谷。谷的下段很窄,有很多花岗岩石块,在大块岩石之间可以看得出春水流过的痕迹,不过目前这条河道却是干干的。周围的山岩上植物稀少,在这里的黏土砂质山坡上第一次看到了"塔克希"(棘豆),此种植物从这里一直到科布多都有。听蒙古人说,这是獾最喜欢吃的东西。

这条峡谷把我们引进了齐齐林谷地,此谷宽200多俄丈;河的宽度在某些地方达到两俄丈;河床上散布着很多绿片岩和花岗岩的卵石。在我们进入谷地的那个地方,谷的右侧有一面没有峡谷的片岩陡坡,这一段的河岸没有林木;有相当大的一片地面砾石上长满了连片地开着白花的委陵菜丛,有些地方中间还点缀着菊蒿那鲜丽的橙黄色头状花序。在沿齐齐林河谷往下走的途中,我们看到河的左岸有几间土房的废墟,房子原来是蒙古种田人家的,"东干人"作乱时期被毁。这里曾经是存放粮食的谷仓。从有房子的这个地点往下,河岸上有了树林,是清一色的柳树,仅在房子旁边有一棵黑杨。柳树的树干很粗,稀疏地栽植在河岸上。柳荫下有一条不宽的草地,上面各种各样的花朵竞相开放:有着金字塔形穗状花序的黄色高升马先蒿,宽叶红门兰,开着白色和蓝色花朵的小小龙胆。龙胆这种植物的奇妙之处在于它的花朵一经人手触碰或是被阴影遮住,就会蜷缩起来。

有些地方砾石裸露出来,上面就会长出地蔷薇、奥尔沃特,以及其他一些由山岩上掉落到这里来的植物。总之,经过像图古留克和萨克萨这样一些光裸的河流,或者一点水都没有的峡谷之后,齐齐林河谷让我们觉得它好像是一座有着许多花圃的大园子。我觉得,正是由于此

·欧·亚·历·史·文·化·文·库·

谷具有这样一种令人愉快的外观,才给它取了这样一个蒙古语名称。[1] 此地除了这些令人心旷神怡的特点之外,还有河底非常美观:遍布淡绿色的片岩漂砾,中间恰到好处地点缀着一些大块的肉色花岗岩石。砾石形成干的垄冈时,它的颜色是灰的;而当河水急速地从它上面流过时,砾石河床在晶莹的河水下面变得斑斑驳驳,非常漂亮。我们从河出峡谷流向凹地处走出不远(不超过两俄里),就停下来过夜了。我们看到凹地对面的那一边是陡峭的群山,有人告诉我们那些山叫桑金台。齐齐林峡谷的出口处和上面一样,很宽阔。除了河边狭长的草地之外,谷底都是干燥的黏土或沙土地,上面长着代里苏。一些地方左侧山岩的脚下有泉水流出,泉水造成了一片片长满各种各样苔草的绿色地块。

齐齐林河谷直通察干杜久盆地,该盆地的南面是布尔罕奥拉山脉的北坡;北面有一道黑色石崖山岭亚马金,山脚下的地带却是一片红色,我们预定的下一个停宿地点就在那道山岭里边。黑色山岭的背后耸立着另外一条青蓝色的山岭,且向东延伸得很远,东边的这条山岭余脉叫做卡图。听向导说,那个地方荒凉极了,到处是岩壁石崖,既没有草也没有水。横在盆地西边的山脉离得比较近,盆地的东面看样子比较开阔。齐齐林戈尔河出峡谷后向右侧流去,而我们走的路却离开河岸,朝红色山脉亚马金的方向而去。那边山麓之下有一条很长且很狭窄的盆状浅谷,谷的边沿是沙土,而底部却是红黏土;谷底上有窄条状的绿色庄稼地,地里种的全是大麦,这里的气温太低,不适宜种小麦。我们看到地边上有两个或是3个蒙古族庄稼人,农田用从齐齐林河左岸挖渠引来的水灌溉,水渠从峡谷处与道路相伴着一直伸延到农田这里,在这近乎完全光裸的沙土荒漠中间成了窄窄的一小条绿色植物带。渠旁长着锦鸡儿丛,有麝香气味的轮叶马先蒿,棘豆和白亚麻;而在荒原上只是偶尔才有长燥原荞,还有更难得一见的益母草。

我们穿越察干杜久盆地的时候天下着雨。

---

〔1〕齐齐克:蒙古语的意思是花朵;齐齐里克:是花园。——作者注

走过农田，我们于6月28日进入一条河道已经干涸的峡谷。我们的向导把这个地方叫做古尔班呼杜金阿马，也就是“有3眼井的峡谷口”。峡谷的侧壁由低的红结晶岩露头组成，谷底是一条干的沙土河道，有稀疏的草原植物，在坚硬的岩石露头和砾石上生有锦鸡儿、捷斯肯（驼绒藜）和木蓼。走过这条宽阔的峡谷，就向左面的山上攀登，到这个地方结晶岩又换成了红片岩。经过一条很陡的峡谷从这些片岩层上下来，我们沿着一条从岩石重叠的山岭中通下来的谷地前行。山坡上平坦的凹地里或是槽沟里有小片小片的植物，其余的大部分地表都是光裸的石头或者光裸的土地且盖着一层碎石。在这个地方塔克希要比前面多一些。在谷里山岭的脚下我们见到了两个蒙古人的聚居点。过了这些蒙古包，我们开始顺着已经狭窄起来的谷地往上走，窄谷光裸的底部有一条源出自谷内山岩脚下的小溪，清亮的溪水质地很好。此地尽管很阴凉，然而夹谷而立的高崖却完全光裸着，这个地点叫察干莫尔图。沿着这条峡谷再往上走，我们停在了那条河道的顶头处，不过这里已经没有水了，用水是从一口打在河道里的井里汲上来的。住宿地点是岩山之间的一块平地，我们的向导说这个地方叫萨金台，从这里可以望见翻越山脉的山口。我们支设帐篷的那片平地上有一层被太阳晒枯、部分又遭牲畜践踏的草，草层中有数不清的绿色螽斯、黑翅蝗虫和肥壮的洛库斯塔[飞蝗]，整个一个夏天我们都从来没有听到过这么闹哄哄的螽斯吵叫声，一脚踩下去，它们就像水沫一样迸飞起来。

6月30日睡起来后我们就要去山口了，从山口处就看到了西南面高高挺立在群山背后的一座雪峰。听路遇的一位打旱獭的蒙古族猎手说，那座山峰叫科舍图努鲁。我们从山口顺着一条窄谷下到了沙里呼纳盆地中，在峡谷的出口处出现了石灰岩露头。沙里呼纳盆地一点水也没有，寸草不生。横在盆地北面的山脉脚下有一座巨人冢，冢的南面立着一个基沙契洛，上面刻有唐古特文字（咒语“唵嘛呢”）。穿过盆地，一行人走进了山势平缓有一条干河道的峡谷，在谷中没有走多远，我们就向左拐，开始向山上攀登。这里也只有小片的植物。到了山顶，路是在山岭峰脊的西南侧，并逐渐向山脊靠近。这道山岭就是台希尔奥拉[台希里努鲁]山,山的北麓下面就是扎萨克图汗的驻地。从两道东西走向的峡谷顶上绕过去之后,我们进入了第三道很深的峡谷里面。前两条峡谷里有两口井,名为巴音托霍和博姆博图,井边的地都含碱;而第三条峡谷里有一条名为别利奇尔的很大的干河道,那里有几顶帐幕,里边住的人大概是从挖在河道里的集水坑中取水用。这里的山是台希尔奥拉山朝向南面的山坡,完全裸露着,没有任何灌木,地面上只是偶尔有那么几小丛艾蒿。在从山上一直深入峡谷的槽沟或者宽谷中可以看到有绿色植物,然而很少,成窄带状分布,只有在泉水附近斗蓬草才能形成小块的翠绿草茵。过了干河道又是一个上坡,到了坡上,我们眼前展现出另一道同样深的峡谷沙贝尔忒。谷底一片绿色,有几群牦牛东游西荡,还看到有一些帐幕和蒙古族人。道路从此峡谷的上段穿过,在这里的草丛中第一次见到了前腿肥大的羵斯。穿过这道峡谷之后,就朝着台希尔奥拉山的隘口上行。通往山隘的坡道平缓,是软土地。山口的最高处用石头垒着一个敖包,从这里可以展望辽阔的扎布亨河平原。我们看到平原上距离山脉 10 俄里的地方有几个湖泊,湖岸平坦,四周是碱土,这个湖群就叫做奥隆诺尔。湖的北边有许多并不高的山,这些山看上去好像是几道自西向东平行分布着的窄窄的山岭。这些山的背后,在东北面就是扎布亨[扎布罕戈尔]河对岸的杭爱山脉的青蓝色的山麓了。左边,也就是西面一道山岭遮住了地平线。在我们从山口往下面的平原走的时候,看到那道山脉东侧的山麓处有一座木造的城池或者是寺院——扎萨克图汗的驻在地[汗台希里呼赖]。

从山口下行的路在一条槽沟里,满槽沟都是繁花点点的绿色植物,两侧冈岭上排列着犬牙般的石灰岩尖峰。我们一行人下到平原之后沿着山麓向西走了大约两俄里,在山脚下一眼泉边停了下来,此处距城还有 3 俄里。

台希尔奥拉山的南坡有多条岩崖陡峭的深谷。山的北面大概是毗连着很高的台地,从那面看山并不太高,山头圆圆的,很平缓;坡面上没有峡谷,只有一些较直的平缓槽沟,然而沟底却很陡。这些槽沟相互平行着从鞍形部通到山麓,同冈岭相间排列;槽沟里长着高山草皮,有的还有针叶林;冈岭上则撒满碎石,什么也没长,偶尔有些露头。从槽沟根脚处就可以看管几乎就是在槽沟顶头处放牧的牲口——山就这么低。有 5 或 6 条这样的槽沟从汗的驻在地就能看见。

在不生林木的槽沟里,植物群就是各种各样的草:阿尔泰青兰、轮叶马先蒿、兔耳草、西伯利亚海石竹、山罂粟、齿缘草、伞序点地梅和北点地梅、数种禾本科植物和苔草、一枝黄花(金露梅),还有高不过半英尺的小灌木形态的矮柳,山岩脚下则有球茎虎耳草。这些植物当中有几种标示出台希尔奥拉山的地势很高,而某些高山植物,例如山罂粟已经长到了下边的山麓处,所以汗的驻地地势也应该算是很高了。

我们只在两条槽沟里见到过树林,两条槽沟都在我们下山经过的山口东侧,相互挨着。树林是清一色的西伯利亚落叶松,林里的地面覆盖着藓。除了无林槽沟里生的那些植物外,这里还有岩黄芪:鲜亮的紫红色总状花序上密密地垂挂着花朵、瞿麦。阴凉处可以看到齿缘草巨大的伞盖和高山葱(细香葱)结出的暗红色籽球,最潮湿的地方生着小片不太高(齐人胸部)的柳树林,密密的柳林中除了勿忘草什么都不长,一枝黄花非常多。由于林木只生长在槽沟里而不向高处的鞍形部分布,所以高出树林上缘的地方是一片无林木的山岩,那里的乱石块中间有泡囊状的果实已经成熟了的奥尔忒特和麦瓶草,而在石灰质峭壁上生有食用大黄。在另外一种气候条件下,这些植物可能要生长在林区的向阳地面上,然而此地极其干燥的空气使植物的分布具有了非同一般的特点,竟让它们生长在了比森林更高的地方。你在这里看到大黄能长在比山罂粟更高的地方会感到几分惊讶,然而更令人称奇的是,登上山的最高处你会看到,台希尔奥拉山的南坡竟然生长着盆地炎热环境中山岩上才有的那些为更低的地带所固有的植物。

7 月 1 日傍晚时分,我们从山麓处下行到达汗的驻地附近,停在了吉尔格伦图河左岸汗的驻地对面。汗的驻地在此河的右岸,寺院也在同一侧河岸向上游 1 俄里左右的地方。河自南向北朝着奥隆诺尔湖群的方向流淌;到驻地这里水已耗尽,再往前就只有一条夹在寸草不生的高高河岸之间的干河道了。驻地前的河道旁有不太高(约 1 俄丈高)

133

的石灰岩裸露出来。驻地四周的地面上是碎石,没有植物,只偶尔会有艾蒿的幼芽冒出地面。驻地有两个院落,一个院子里有一座很高的房子,汉族建筑式样的房顶上修了一个类似阁楼的东西;这个院子里还能看到一些杂务用房和一个毡帐的顶盖,汗就住在这个院子里。旁边那个院子里设着衙门(ямынь),就是一顶帐幕,里边铺着地板,摆了几张供办公人员用的床铺。两个院子都用木栅栏围着。寺院的周围也有栅栏,中央是一座大庙,僧侣们似乎大多住帐幕。

汗的府院以北3俄里左右的地方,有两间汉族人开在帐幕里的商铺。这样的店铺几乎每一个王公的驻地里都有。里边卖一些斜纹布、大布、"大块"茶及少量的糖,而其他的货物就只能到远处去购买了。比如说,我们在此地的汉族人的铺子里就没能买到纸张。

汗收到了乌里雅苏台总督通报我们情况的文书,因此在衙门里,我们一提出给我们派一名去乌里雅苏台城的向导的要求,他们立即答应了,可是随后汗却拒绝同我们做任何进一步的交往。他推说服过了药,按照喇嘛的叮嘱不能会见外国人,不然就会妨碍药物正常发挥效用,而没有接见我们。我们馈赠的礼品也没有被接受,他仔细看过我们想送给他的手枪之后说,首先,这是一个很复杂的物件,汗的整个旗里也没有哪个人能自如地加以运用;其次,在中国的和平管辖之下,蒙古王公不需要武器。获知汗做如此答复之后,我们又向汗赠送了一只孔雀石匣子。面对这件叶卡捷琳堡[乌拉尔]的制品,汗再也找不出任何推托的理由,然而他仍然没有收这件礼品,让人传话给我们:"请俄罗斯的诺昂[王公]们就当是汗已经收下他们的礼物好了。"同时汗要送给我们1只羊作为礼物,我们也谢绝了。

据讲,汗有50来岁,先前他居住在乌里雅苏台,可是近来健康状况欠佳,便回到自己的驻地来,闭门不出。关于他的子女没能探听到任何确切的消息。寺院没有让我们进去,对我们说寺正在修建之中,所以里边没有什么可看的。在此过程中,衙门的官员不假思索地撒谎说,寺院是3年前才开始建造的,然而我们问到的喇嘛们却肯定地说,这座寺庙在他们小的时候就有。

7月5日,汗的一位亲属、蒙古王公夫人来看望汗,把蒙古包支在我们的住地旁边。这位夫人是嫁到马尼扎瑟克家去的,长住阿吉博格多。

7月3日雷雨交加。4日,雷鸣电闪地下了3场雨。

衙门派了一名台吉(тайджи),即蓝顶贵族,给我们做向导,我们于7月5日动身继续朝乌里雅苏台进发。我们朝北行进,从左边经过奥隆诺尔湖,再从湖泊北面的石灰岩山岭西边的末端下走过。

接下来经过一条深谷,谷的右侧是这些山岭,左侧则是敦久山脉的拜利。深谷里代里苏长得很茂盛,路左可以看到很多帐幕和牲畜。翻过敦久山脉伸延出来的一个低低的岩石岬角,便进入了另一条十分宽阔的深谷或者说是平川,目力所及到处是翠绿的草原葱,蒙古人称之为"坦"(碱韭)。这一大片地上还生有巴格雷尔(假木贼)。科舍忒河自西向东流经此地,河岸平坦,无树木;河底是粗粒沙子,河水是淡的,水质很好,但是不大,就在停宿地附近渗入了地下;河边生有代里苏。由此向西20俄里处是哈瑟克图哈伊尔罕山脉。该山脉尽是些很高的尖峭山峰,但是没看到上面有雪。山上怪石横生,不像台希尔奥拉山那样平缓,有一些不十分高的山把这两条山脉连了起来。根据颜色判断,哈瑟克图哈伊尔罕山是由石灰岩构成的。一位经商的俄国鞑靼族人韦利达诺夫曾经对我讲过,他有一次从乌里雅苏台去科布多没有走驿道(所谓的"奥尔乔利路"),而是朝偏南方向走的,途中遇到了一条哈瑟克图河。当时这一名称便牢牢地刻在了他的脑海中,因为蒙古人把我们的吉尔吉斯人称作哈瑟克,而吉尔吉斯人则自称为哥萨克。此河叫这样一个名字是否表明在这一带住有我们的吉尔吉斯人呢?还有一件有趣的事:离哈瑟克图哈伊尔罕山不远驻住着一位汗王,其称号与此山的名字相似。

从通往科舍忒河谷的最后一个山口处能够看到整条台希尔奥拉山脉。森林只在靠近汗的驻地的两道槽沟里才有,后来又在山脉的西段看到了另外一个暗色的斑块,但是距离太远,难以断定那就是森林。台希尔奥拉山是自西北向东南的走向。在这儿我们走上了一片平原,平

·欧·亚·历·史·文·化·文·库·

原的东西两面看上去没有什么遮拦,北边在扎布亨河的对岸一直能看到有一条青蓝色的很高的山脉。

7月6日沿着一片有很多长丘冈的草原前行。在距科舍忒河数俄里处涉过了一条不大的河沙里布雷克,此河与科舍忒河一样,是自西向东流,黏土河岸很陡峻。草原上长的几乎全是坦(碱韭),只偶尔有巴格雷尔(假木贼)和艾蒿。

距扎布亨河还有数俄里,路开始下坡,地区的特点发生了变化:左右两边都出现了南坡陡峻、北坡平缓的冈岭,这是一个朝北下倾的灰色石灰岩层。

这些石灰石就构成了扎布亨河谷左边的侧壁,路就在宽阔而平坦的槽沟里,这道槽沟穿过石灰岩,一直通到扎布亨河边的渡口处。从渡口往上,石灰岩层直逼河边,在两侧岸旁形成陡立的岩壁。左岸的石灰岩山高出路面,在西边的尽头处形成几个低矮的丘陵,其中有一个玄武岩山冈,其余3面坡度都不大,唯有南面是垂直的峭崖。

石灰岩山石上几乎是光的,灌木类只偶尔有几丛可怜巴巴的锦鸡儿、泰斯客(驼绒藜)和已结果的麻黄。随处可见冲刷得很宽然而却没有一点水的河道,有一些河里也是宽宽的沙土底,另一些则成石阶模样,河水一磴一磴地往下流。

扎布亨河在此处宽达30俄丈,深及马腹;河底是砾石,水流清澈;可以涉渡,河岸不生林木,蒙古人说,只在更靠下游的地方才有河柳。在渡口处,岸边有连串的沙丘。平坦的沙地下面可能有水浸润着,上面生有角茴香。从扎布亨再往北就再也见不到这种植物了。在这条河的岸旁我们看到了几处蒙古人的聚居点。

7月8日走了大约30俄里。路一直是上坡,因为要翻越扎布亨河与固图河谷之间的那片隆起地带了。我们先在扎布亨河边的草地上走了不到1俄里,这一段是沙土地,生有代里苏、鸢尾、潮湿的地方长着斗篷草。然后遇上了一道不大的由冲积物形成的陡崖,走上阶地,再往前阶地就逐渐变成了从诺姆亨和哈拉呼呼内赫(又称霍呼内克托洛戈)两山伸向河边的山坡。贴着哈拉呼呼内赫山西端的岬角,从这两座山

间穿过,3 次翻越横在岩石山岭之间的鞍形部,这 3 个鞍形部都很平
缓、宽阔,长着基拉嘎纳(针茅)和坦(碱韭)。总的说来,这一带地方是
一个朝着扎布亨河缓降的起伏不平的斜坡,上面纵横交错地分布着许
多岩岭,岩岭之间是宽阔的槽沟,蒙古语叫做"洪代"。到达固图河之
前的最后一条岩岭是由一排平缓的白石灰岩(大理岩)丘陵组成的,看
得出这个地方植物生存的条件要好多了。岩山之间宽阔的鞍形部和由
山岩下降到槽沟底部的平缓坡面虽然根本没有水,却全部覆盖着由禾
本科植物(主要是同源针茅和东方针茅)组成的植被。这里到处能见
到黄华。这种无水而又遍地长草的地方被杭爱山地区的人称为"戈
壁",[1]人们在这种地方放养骆驼。固图河边的饲草很差,河里的水也
不好,还很小;好的水要从井里打上来,井的附近有几顶蒙古包,蒙古包
旁有牛、绵羊、山羊等牲畜。7 月 8 日的夜里下了一场雨。

　　7 月 9 日走的路不长,道路穿行在平缓的山间,平缓山冈的顶部是
大圆面包形状的花岗岩露头。石灰石再也见不到了。植物和前一天途
中所见的一样。西边可以看到一座大山(阿尔察)的顶峰。我们停宿
在一条宽阔的槽沟呼吉尔特里,槽沟西面通到阿尔察山的山麓,沟底有
一条小溪。这条槽沟里有 20 来顶蒙古包,旁边靠南的那条槽沟里也有
这么多的蒙古包。总的说来,从固图河到呼吉尔特槽沟整个这一路上
的槽沟里都有帐幕,有的地方是 3 顶,有的地方是 5 顶。这个地方有大
群大群的马、蒙古绵羊、牦牛和普通的牛。

　　从呼吉尔特山的花岗岩峰上依然能看到哈瑟克图哈伊尔罕和扎布
亨河对岸的其他山峰。9 日夜间下了雨,傍晚时分雷声就开始轰鸣,第
二天早晨有雾。

　　7 月 10 日,约有 5 俄里路是走在一些由花岗岩露头形成的单个山
峰连接起来的平缓山隘上。此后整个其余的路程都是沿着夹在陡峭山

---

　　[1]蒙古人称为"戈壁"的是一种没有树木但草类却很茂盛的地方。在那种地方干燥的土地
往往含有数量可观的盐类,表面覆盖着卵石或碎石,然而那里却还可以找到水和饲草。这样一个
普通名词已经变成了特指广阔的中央亚细亚荒漠的专有名称。这一地方性名称和通用的地理名
称之间的矛盾早经 B. A. 奥布鲁切夫指出过,他在 1892 年从库伦(乌兰巴托)旅行到张家口,把戈
壁定义为干旱的草原,而不是荒漠。

峰之间的宽阔槽沟往下走,这条槽沟一直通入扎布亨河右支流舒雷克 [舒鲁金戈尔]河的河谷。因此从扎布亨到呼吉尔特是上坡,由这里往前是下坡。山口顶上是花岗岩丘陵地。与前一天路经之地草木不生的情况比较起来,此地的饲草少,但槽沟里有水;两面的坡地上生着针茅植簇(基拉嘎纳、同源针茅)。山隘上出现了翅上带着白边的螽斯和黑天牛,可是在扎布亨河谷和其以南地带曾经见到过的黑蝗虫这里却没有,直到接近库雷克它才出现。下坡路经过的这道槽沟的中间有一条干河道,有一个地方河道里有水。宽阔的槽沟口上有好多沙丘,高达10俄丈或者还要高些;这些沙丘伸进了舒雷克河谷之中,把河谷都挤窄了。从山上曾看到舒雷克河的下游有一大片流沙。沿着谷地向西走,直到进入沙地才转向北方。从沙地上走下,我们来到舒雷克河边的一小片草地上,并在此河分出的两条河汉中间的绿草地上停下来。槽沟出口处以及舒雷克河对岸的山石都是斑岩。

舒雷克河的流向是西南的,我们走下来的这个地点以上的河谷宽约1俄里;谷底是砾石,水是极好的山水,流速高;河宽有2~3俄丈,岸边生着柳树和锦鸡儿,偶尔杂有杨树。锦鸡儿长成了密林,达一人多高,很难从中间穿行。这种灌木覆盖了两条河汉之间所有的潮湿地块。紧靠河岸有一行行的柳树,长成有如捆起来的庄稼束一般的丛状,底下是10~20根相互交织着的细树干,样子很好看。在这片树林的绿荫下我们发现了多种多样的草甸植物:山黧豆、地榆、龙胆、梅花草的花朵都在开放,两条河汉的岸边有大量正在开花的长花马先蒿。舒雷克河谷汇集了好几种植物区系,这里除草甸植物外,还有沙丘植物、山岩植物和森林植物。

在朝向西北的左岸,山峰之间陡峭的宽谷里生长着落叶松林。这些树林通常是从山顶下面一点的地方开始生长,沿着谷坡往下分布,但到不了谷底,只有为数不多的树生在沙子堆积起来的临河陡坡上。宽谷之间的山峰上没有树林。山峰的岩石上生有枸子,偶尔还会有柳树令人费解地长到那上面。我们下行进入舒雷克河谷时走过的那道槽沟里土壤比较干燥,因此我们在那里见到过干旱山坡地植物:白婆婆纳、

伪泥胡菜(数量甚多)、披针叶黄华、丽匙叶草、阿列纳里亚,另外还有3
种葱属植物:科格特、曼金和松金(韭菜、山韭、阿尔泰葱)。松金是长
在干河道的砾石之上的,大概是个别的一些植株被从旁边的山岩上吹
到了这里。在这条槽沟的最上头靠近呼吉尔特槽沟的地方曾见到有已
结籽实的白头翁和紫菀。舒雷克河谷里帐幕和牲畜都很多。傍晚5时
左右下了一场雨并伴有雷声,10日的夜里也下了雨。

  7月12日清晨有露水。我们走的路不多,先过河到了右岸,向西
行进。从隆起的右岸上我们看到了阳光灿烂、矮林葱郁(大概是柳树
和锦鸡儿)的泰木尔图河宽阔的河谷,那条河从左侧注入舒雷克河。
我们几乎是一踏上右岸就得爬上布满在槽沟下口的那些沙丘。从槽沟
走上去之后,我们翻过去进入另一条槽沟,该槽沟里有一条小河奥哈希
罗图,乌尔金[乌尔通]大路上往乌里雅苏台去的最后一个驿站就设在
这个地方。过了这条槽沟,再次翻越山口进入另一条槽沟的顶部,在这
道槽沟里从并不陡峭的山岭之间的平缓坡道走下去需要很长的时间。
槽沟的下段有了水,顺着砾石沟底汇成一条小溪。这条槽沟就是卡拉
干,或叫卡拉嘎忒。和奥哈希罗图槽沟一样,这里也有帐幕。这两条槽
沟周围的山上有落叶松,在山巅下面朝北的凹地或槽沟里形成分散的
小片树林。

  卡拉嘎忒与乌里雅苏台河谷只有一道山隘之隔了。7月13日我
们登上了这个隘口,于是在我们的眼前出现了一片高山环抱之中的谷
地。屹立在谷地里的那座城从山口这里还看不见,可是当我们开始下
山的时候,山峰一下子退到了一旁,于是我们一眼就看到了那座城。

  乌里雅苏台[1][扎布哈朗特]城坐落于群山环抱之中的一条宽阔
(宽近1俄里)河谷中。由城址往上可以看到有两条峡谷,从中流出扎
吉斯台[舒古斯图戈尔]河与博格登戈尔[博格达音戈尔]河,流过城去
之后汇合到一起而成为乌里雅苏台河。城分为两个,甚至可以说是3

---

  [1]乌里雅苏:蒙古语意为杨树;乌里雅苏台:是杨树的城之意;是一条河的名字,该城即在此
河支流的岸畔。——作者注

个相距很远的部分:商贸城位于扎吉斯台河的右岸;兵营区或者叫城堡在它的上游半俄里处,即扎吉斯台与博格登戈尔两河之间的地带;城堡内有将军府,或称乌里雅苏台总督府。为了方便两处的交通联络,扎吉斯台河上架有一座木桥。除这两部分之外,还单另有一个庄子,被称为"蒙古朱尔干"(即主持总管全体喀尔喀人的机关公务的汉族官员)的驻地。商贸城的位置在河与一道山岭之间的地方,峻峭的山岭在城靠上游那头的边上临河有一道悬崖。此商贸城比科布多要小,也更脏,建造得杂乱无章。两城在商贸活动性质上的差别在于乌里雅苏台的商品零售多于批发。这里只有两家商号有货栈,而且是在城外,然而城内却有多达10家的北京商店。由于这种原因乌里雅苏台给人的印象要比科布多繁华,城内两条街道上挤满了整日营业的商店和作坊,店门前总有一群群或步行或骑马的蒙古人。除了这些临街的铺面之外,开在一些院子(或者如蒙古语说的哈尚)里的铺子也进行交易活动。城里的建筑:商铺、住房,还有院墙都是用木头造的;哈尚四周都用很高的栅栏围着,这就让它们同我们木造的监狱很相像。乌里雅苏台商业街上的商店比科布多的要宽敞,货物也更充足。这里有上等的茶具、绸缎、绘画等等供选购。看来蒙古的王公们正是从这里,而不是在科布多采购能够满足他们的嗜好和奢侈生活的物品的,而在科布多主要是同蒙古的平民百姓做买卖。居住在乌里雅苏台的俄罗斯人告诉我们,城里汉族人的商贸活动因遭"东干人"的破坏而一度衰落之后,本已重新繁荣起来,但是现在又在萎缩,商人们开始迁往更利于经商的古城去,然而我们却亲眼目睹城里还在修建新的商铺。从前,在俄罗斯开展在蒙古的商贸活动之初,乌里雅苏台的俄罗斯人比较多,然而目前俄罗斯人开的店铺逐年减少,而冬天总共只有一家继续留在这里。[1]

此城以下的乌里雅苏台河谷都开成了耕地,种植大麦和小麦。城

---

〔1〕М. И. 博戈列波夫于1910年曾经说,乌里雅苏台有5～6家俄罗斯公司和3名经营外贸的公司的代理商(М. И. 博戈列波夫,М. Н. 索博列夫:《俄罗斯—蒙古商务贸易概述》,第73页)。俄罗斯生意人把主要注意力放在了收购原料上,只有老的俄罗斯商人仍旧经营俄国货物。但是俄罗斯人没有团结起来,以致被结盟的中国商人排挤了出去。

里的菜园种着萝卜、四季萝卜、甘蓝，两个品种的葱，胡萝卜、菜豆、黄瓜、南瓜。河里有很多海留子。[1] 拿到城里来的野味有高山榛鸡、号柳克［石鸡］和鸨；号柳克栖息在城北的高山上，而鸨则活动在城西有草无水的野地（按蒙古人的叫法是"戈壁"）上。

乌里雅苏台城所在的谷地气候不热，我们在这里逗留的那段时间常有雷雨，21 天里就有 9 个阴雨的日子。

我曾离开乌里雅苏台到奥特洪哈伊尔罕山麓的温泉去了一次。我雇了一位年青的蒙古人做向导，于 7 月 25 日离开乌里雅苏台。我们在博格登戈尔河谷沿河的右岸向上游走，河在这个地方是自东向西流的，河谷变得只有 200 俄丈宽了，周围都是山，岩崖常常十分陡峻。河畔生着树林，有杨树、柳树和锦鸡儿。走出大约 6 俄里之后，我们顺着一条自右侧注入博格登戈尔河的小河河谷向左拐去。此河的上游由两条支流汇合而成，在其西支流上我看到有几间木房子，那是措呼尔苏门的托古姆（一种庙）。博格登戈尔河谷的这一带地方落叶松林所占地表的百分率比乌里雅苏台城附近要高。这里不仅是槽沟，就连北坡的垄冈都生长着森林。这样，森林就把河左岸的山岭全部覆盖了，河岸上也有窄的条状落叶松林带。来到河岸，又开始攀登博格登戈尔河右岸山岭的第二条支脉，在上山的路上就看到了奥特洪哈伊尔罕那平平的常年积雪的峰顶。

长白雪山位于博格登戈尔河的源头处。翻越山脉的道路从一座座平缓的山上经过，在路的右侧山变成了一道峭岩陡立的连绵山岭，一道窄窄的峡谷陡直地将山岭从中间劈开，博格登戈尔河轰鸣着自谷中奔泻而出。翻过山去之后，下山进入博格登戈尔河的右支流阿尔沙尼戈尔的河谷。河岸是光裸的，然而周边山峰的北坡却长满茂密的森林。我们在阿尔沙尼戈尔河畔一位喇嘛的帐幕里过了一夜后继续赶路。随着河的弯转曲折，先朝西走，后转向北方，最终又往东走。温泉所在的

---

〔1〕海留子：即茴鱼，茴鱼科（Thymallidae），一种与鲑鱼近似的鱼，栖息于山间小河与湖泊中，肉质极好。

谷地是东西走向,宽约 1 俄里;谷地四周的山峰坡面平缓,南边的山上生着落叶松林,但顶部没有;林木稀疏,一条一片地分散在山坡上,这标示着此地地势已接近林木生长的上限线。谷地的北边是一道堤状山岭,顶部平缓,坡上没有林木。

温泉的位置在东支流阿尔沙尼戈尔河岸和巴嘎奥奇尔瓦尼山北麓之间的谷地底部,泉水出自红花岗岩露头的裂隙中,它们分布的位置形成北、南两个片,中间相隔 50 步,每一片里都有 6 个泉。水有浓烈的硫黄气味,有几个泉的水温达到摄氏 40 度以上,遗憾的是我没有高于这个度数的温度计。[1]

温泉分为饮用泉和沐浴泉。沐浴泉的水被放入浴盆,就是埋在地里的木槽子,长约两俄尺,深 1 俄尺,总共安装着 20 多个浴盆。洗浴时在浴盆上方撑开一个大布帐篷。每一眼泉的顶上都垒着一个敖包,这种敖包就是一大堆石头,中间留出一个不大的龛位,或者是里边空着。石头堆的外面通常都盖着干树枝,插上许多对着四面八方的棍子。根据敖包的大小就能判断出泉的品质和温度,最热的泉的敖包有两俄丈多高。龛位里立着一些柄朝下用木头削成锋、刃上有字的剑。在外面每个敖包上都拴着好多绳子,上面挂着写有“唵嘛呢”字样的羊肩胛骨。每一眼泉都有一个用蒙文和汉文书写在木板上的标牌,并插在石头堆上。时令已经很晚,治疗季节差不多已经过去了,然而我还是在那里碰上了一位喇嘛医生和他的 25 个病人,他们住在两顶帐幕和两个帐篷里。病人都是平民,食宿由旗里供给;规定 21 个人 10 天给两件“大块”茶和一只羊。我来的这个时候,有贾扎瑟克、霍舒奇贝瑟和扎贡 3 个旗的人在这里接受治疗。病人患的是各种不同的疾病:一位喇嘛说腿疼,一个衰弱的老妇治疗失明的眼睛,她为此喝泉水并用泉水洗脸,其余的人说患有内科疾病。病人当中妇女很多。病人住得很挤,一顶

---

〔1〕由于气压表已经摔坏,格·尼·波塔宁已不可能测量矿泉的绝对高度。他指出,蒙古西北部的矿泉大部分都位于高山之中,在俄罗斯阿尔泰拉赫曼诺夫泉的高度为 4000 多俄尺(1219米);塔尔佩河(叶尼塞河上游水系)河谷里的矿泉高度为 5650 俄尺(1691 米);蒙古阿尔泰黑额尔齐斯河发源地的矿泉地势也应该是很高的。据 B. B. 萨波日尼科夫测量,蒙古阿尔泰的阿拉尚高度是 1505 米。

帐幕住 10 个人,病人的铺盖就是一块薄毡。病人要在浴盆里坐上一个小时或是 3 个小时,依医嘱而定。洗过热水澡之后,他们没有比帐幕更好的去处,可是在像此处这么高的地方,7 月里有时会刮强劲的寒风,还会下雪。王公们到这里来治疗会带着自己的帐幕。

这里顺便说一下,撰写编年史的东方人常常提到,在卡罗科鲁姆城以西有一座名山乌捷基扬,可是我详细地问过之后,除了奥特洪或是奥特洪哈伊尔罕这个名字外,却未能发现一个与该名称相似的。拉希德－埃金在乌捷基扬这个名称上加了一个词腾格里,杭爱长白雪山的名称现今依然加用这个词,它也被称作奥特洪腾格里。

上个[18]世纪的准噶尔汗王们都把度夏地选在著名的汗腾格里长白雪山上靠近雪线的地方,与此情形相似,杭爱山脉里再也没有比奥特洪哈伊尔罕长白雪山周边的凉爽地带更适合作汗王度夏的地方了。那些曾经一度把整个蒙古都纳入自己的统辖之下的所有汗王们,即匈奴单于们、突厥和回纥的汗王们,最后还有成吉思汗,大概都在这个地方设立过自己的大本营。

来温泉的路上所见植物在从博格登戈尔河转向阿尔沙尼戈尔河之前和乌里雅苏台城附近的那些植物相同,这里朝南的山坡上长着灌木川西锦鸡儿和一些草,有铁杆蒿、蝶须;潮湿的草地上长花马先蒿形成很多长长的黄色垄带;小块的干燥草地上有:狗娃花、欧亚旋复花;沙土地上生有膜荚黄芪(?)。谷地上段的岩崖峡谷附近,更多的是在阿尔沙尼戈尔河谷里出现了较高区带的植物:蓝金丝桃、高山龙胆、准噶尔乌头大量地生长在高山草土中;河畔则有阔叶柳叶菜和红景天。潮湿的坡地上出现了鬼箭锦鸡儿,而在阿尔沙尼戈尔河谷里的那些湖泊[1]里边有荇和两栖蓼。

〔1〕格·尼·波塔宁指出,蒙古西北部潮湿的开阔河谷里湖泊是很常见的。其中一部分与从旁边流过的河之间有地峡隔着,这种湖自身另有一个水面高度。在俄罗斯阿尔泰和蒙古阿尔泰、杭爱山脉以及蒙古西北部的其他山脉中这种现象随处可见,这是该地带所有的山系在古代发生强烈的冰川作用的结果。这些湖是典型的冰碛湖。

5 从乌里雅苏台到库苏泊

　　我们决定从乌里雅苏台去库苏泊,为的是能够看到哪怕只是东杭
爱山脉的一部分。我们从去那里的两条道路中选定了经过扎克的东
路,由于季节已晚,我们不得不放弃去翁金源头杭爱山脉东边尽头处的
念头。去库苏泊的西路从桑金达赉湖旁经过,后来考察队不得不改变
路线,我们沿东路走了两天之后,又转过去走西路。

　　我们离开乌里雅苏台之后,8月5日在博格登戈尔河谷首次停宿。
我们一行人得涉水到河的左岸去,然后在停宿之前再过河到右岸来。
涉渡地点水深到马腹,水下是石头底,河宽20~30俄丈,停宿地在右岸
山岩下的落叶松林里。有人指着左岸山峰中的一座告诉我们,那里是
蒙古人为奥特洪哈伊尔罕长白雪山举行隆重祭典的地方。[1]

　　在离停宿地几步远的地方,蒙古人指给我看一块大石头:石头就摆
在地上,显然是经人工凿平的,上面画着4个人的图像。8月6日我们
一行人又从停宿地的下游涉过博格登戈尔河上了左岸,并立即开始攀
登隔在博格登戈尔河谷和舒雷克河谷之间的那道山岭。山隘顶上北面
的山坡生着落叶松,对着舒雷克河的那面山坡则是光裸的。两边的山

---

　　〔1〕蒙古人普遍保留着(1877年)对他们相信有神灵的山峰、湖泊以及其他的特殊地点进行
膜拜的习俗。格·尼·波塔宁在蒙古西北部记下了17座在喇嘛的参与下对之进行祭拜和祷告
活动的山峰,给这样的山峰的名称都加着修饰语"博格多"或是"哈伊尔罕"。乌里雅苏台以北的
奥特罕哈伊尔罕山又名奥奇尔瓦尼山,当地人每年都要对该山进行祭祀。蒙古萨满呼唤奥奇尔
瓦尼山神的用语是:"永远3岁的奥奇尔瓦尼山神……"(《蒙古西北部概况》,第Ⅱ分册,第87
页)。格·尼·波塔宁在其《蒙古西北部概况》一书的第Ⅳ分册中收入了很多有关奥奇尔瓦尼的
神话传说。在画面上此山被描绘成浑身充满了力量,用一条腿翘足而立,右手握拳上举,左手在
胸前,嘴大大张开的形象。本书的故事部分编入了一则这样的神话传说。

坡地都较软。下山进入舒雷根戈尔河谷[1]之后,我们一行人在河的右岸安顿下来。舒雷克河谷到这个地方宽已超不过 150 俄丈,因而比我们从扎布亨去乌里雅苏台途中渡过该河的那个地点要窄,河谷的特点也不一样,河岸光裸,河宽约 2～3 俄丈。只有左岸山上顶峰以下生有针叶林,但没有一个地方向下一直分布到河谷边上。右岸山上根本没有林木,那里有灰花岗岩露出地面。

在舒雷克河畔停宿的时候,我们收集到了比较准确的关于去库苏泊的道路的消息,于是决定放弃朝扎克方向去的东路,改走往桑金达赉去的西路。听蒙古人讲,东路要穿越许多高峻的山脉,山上的达坂[2]都很难攀登,而西路走的是高原。考虑到我们的骆驼已很瘦弱,而我们还有很长的路要走,于是做出决定,朝巴音图戈尔河的源头前进,从那儿翻过杭爱山脉,然后去桑金达赉湖。

8 月 8 日的路程是攀登山隘。先从舒雷根戈尔(或舒雷克)河的右岸经过,在这个地方我们看到有几块临河的花岗岩石崖不知因为什么受到人们的崇拜,垂直陡立的崖面上写满了咒语"唵嘛呢",花岗岩崖的脚下和崖顶有数不清的大小不一的石头堆或者叫敖包。蒙古人告诉我们这个地方叫"舒里",还说自此地以下的河段也据此而得名舒雷克,河的上游汇合了两个源流。从圣崖往上游走,我们确实看到在右边(也就是河的左岸)有一个峡谷口,谷很宽阔,里边大概就流淌着舒雷克河的东源流。我们还是继续沿西源流或者叫哈拉奇洛图河前行,先从该河右岸走过,到达源头后,沿哈拉奇洛图河的左侧也就是东边的支流登上了山隘。隘口处的植物已经开过花了,只有禾本科植物依然保持着鲜活的生命力;这里的其余植物中仍在开花的有高山龙胆、西伯利

---

〔1〕格·尼·波塔宁在其《蒙古西北部概况》一书中使用了两种形式的蒙古语河流名称:单一名称,例如科布多、舒雷克、希什基特,与合成名称。河流的专有名称在这个组合中以表示属有关系的形式出现,例如科布坚戈尔、舒雷根戈尔、希什基坚戈尔,其中的"戈尔"一词意为河。现代的地图经常使用第二种河流名称形式。

〔2〕达坂:蒙古语的意思是山口,指坡面陡峭且往往布满巉岩的高山山隘;不太高然尔也是位于两个河系的分水岭上的隘口叫做"科捷利";两条槽沟(大多是没有水的)之间非常平缓的隘口叫"久里利吉"。这些词加在山隘的名称上。

·欧·亚·历·史·文·化·文·库·

亚海石竹。我们停歇在山隘北坡一条无名的小河旁,这条小河已经是汇入巴音图戈尔河的右支流纳林戈尔河了,从停宿地就可以观览纳林戈尔河谷。

本来可以经纳林戈尔河谷下山进入巴音图戈尔河谷的,然而我们的向导却认为最好先翻山进入哈勒忒尔河谷,再领我们走那道河谷去巴音图戈尔河。8月9日我们得从停宿地攀上一个没有林木的险峻达坂,从那里下山到达哈勒忒尔河谷距该河注入巴音图戈尔的河口数俄里的地方。哈勒忒尔河的坡道很陡,生有落叶松,露头很少,且长着黑茶藨灌木;树林里鬼箭锦鸡儿极多。自达坂上下山所走山坡的脚下,哈勒忒尔河的右岸有一座呼赖,四周围着篱笆墙,从山上可以看见墙内有4间大房子和几间小房子。这座寺庙归霍舒奇贝瑟旗管辖,据蒙古人说,该旗共有12座寺院。哈勒忒尔河谷里有一些蒙古包。哈勒忒尔河两岸是沼泽地,渡过此河并沿其左岸走了一段路之后,我们就进入了宽达4俄里的巴音图河谷。巴音图河两岸没有林木(哈勒忒尔河岸也是如此),谷里除两种龙胆科植物(美丽龙胆和蓝金丝桃)之外,再没有什么花。谷地底部有的地方是细碎的河流冲积物和腐殖质,有的地方是砾石,砾石在河的右岸形成了犹如经测量而铺砌成的马路一般密实的[阶地?]。河上有很多灰雁和斑头(印度)雁,[1]在土质松软的草地上遍布着无数的田鼠洞穴,穴与穴之间有小道相通,有些小道一直通到近处青草茂密的细谷之中。

8月10日一整天都时断时续地下着雨,雷电交加,河水猛涨。

8月11日沿巴音图河右岸前行,停宿地对面以及下游的山峭岩突兀,往往有着锯齿般的尖峰。往上游去山上的峭岩较少,不过和下游的山一样,没有林木,露头很少。谷地更窄,不超过1俄里宽,河岸平坦。左面可以看到群山背后的奥奇尔瓦尼或者说奥特洪哈伊尔罕长白雪

---

[1]印度雁(Anser indicus)在 A. H. 福尔莫佐夫的笔下(《在蒙古》,第118页)是这样的:

"这是一种栖息在地势很高的中央亚细亚的高山湖泊与河流上的体形不大的雁,在其同类中戒备性最差。背上是天蓝或灰色,腹、颈和头为白色,后脑有两个蹄形黑斑,喙和爪为橙色,印度雁是最美丽的雁属禽类之一。其鸣声比其他种类的雁微弱,当有同伴跌落下去,雁群迷惑不解地在其上空盘旋时,那种不高的带有鼻音的咯咯叫声尤其显得惶恐不安。"

山,积雪的峰顶在阳光下晶莹闪亮。离开停宿地数俄里之后,从舒坚呼赖旁经过,与哈勒忒尔河上的那座一样,这座寺院也属霍舒奇贝瑟旗。巴音图河右岸与寺院相对的地方有一组很出色的凯来克苏尔,[1]它们一字排开在一块高出河水流经的洼地约两由俄丈的阶地上,那阶地正处在两山之间的凹进角位置上,大概是由地处两山岬角中间而没有被河水冲刷掉的古冲积物积成的。在这些凯来克苏尔的上游处我们一行人渡过了巴音图戈尔河的支流奇洛图河,该河水深流急,宽约 10 俄丈,渡口处水没骆驼的腹部。奇洛图河以下,一座岩山麓脚以上的半山腰处有一个像是散落积成的沙堆。这一堆流沙处在山崖之下离山脚又很高的半山中间这样一种位置,离群孤存的状况(到达这个地点之前我们在巴音图戈尔河谷还没有见到过流沙,只在此地上游路左好像有一片不很大的沙丘地),以及所占面积甚小这几个特点也引起了蒙古人的注意,他们认为这些沙子能治病,抓起来像药一样地往下吞。类似这样被远远地吹到山谷深处来的孤片流沙说明,风对流沙在地表上现今这样一种分布状况的形成起了多么大的作用。

在巴音图戈尔河谷我们看到了很多蒙古包,春天的时候比这还要多。在巴音图戈尔河畔新的停宿地点(奇洛图河口的上游),河水在冲积阶地上劈开一道深沟,沟壁有 3 俄丈来高,是夹杂着卵石的大块花岗岩。夹挤在其间的河水既急且深,无法涉渡;渡口在下游河岸平坦河面较宽的地方,然而就是在那里河水也要没过马背。这个地方的露头是花岗岩。

8 月 12 日沿巴音图戈尔河的右岸前行。山的形状变得越来越圆,顶巅平缓,北坡生有茂密的禾本科植物,南坡则长的是艾蒿。这里的露头较少,岩屑更少。植物已经开过花。这里的山岩有灌木:黑酢浆草[茶藨],西伯利亚小檗,以及长到 9 厘米高的松究葱(阿尔泰葱)。途

---

〔1〕格·尼·波塔宁在《蒙古西北部概况》的第 II 分册中曾对他碰到的坟墓(凯来克苏尔)有过详尽的描述。讲乌里雅苏台以北巴音图(布扬图)河谷的凯来克苏尔他就用了第 54～56 页的篇幅,并且画了详细的图。不同寻常的是 10 座坟墓全部自北向南一字排开,整个一行分成了两个部分,中间相隔 100 步,南边那一部分长有 150 步。这排坟丘以北洼地上还有 4 个凯来克苏尔,也是自北向南规整地排列着。

中涉过了察干萨里、克勒格尔和纳林戈尔 3 条巴音图戈尔河的右支流。克勒格尔河水最深处略高于马膝。两条河都是石头底,[1]克勒格尔河的两岸是沼泽。总的说来,从奇洛图河往上,巴音图戈尔河及其支流水底有很多深坑而形成湖泊,某些湖泊与河流之间有地峡相隔。越往上去,河道内的湖越密,以致河流最终完全变成了许多个由潺潺急流的溢水道连接起来的湖泊。

8 月 12 日停宿的地点已经没有人烟了,因为由察干萨里河往上是没有人来放牧的。在由克勒格尔河往上的那个住宿地我们看到了最后一块阿尔嘎勒,再往前走我们就进入了无论冬夏都无人居住的地带,因而也就没有了阿尔嘎勒。森林消失得还要早,一过哈勒忒尔河就再也见不到林木。一整天都在下雨、打雷。

8 月 13 日晨降了霜。一整天都下着雪糁和雨。在巴音图戈尔河上撒了一次网,然而只捕到了一条海留子[茴鱼]。

8 月 14 日在巴音图戈尔河右岸一直连续行走了 8 个小时。此河到这里水底的深坑更多了,或者更正确地说,河的两岸已经不平行了。有些地方河流的扩宽部分竟变成了靠细窄的溪流连接着的大湖。途中涉过了克勒格尔河(另外一条同名的河),停宿之前又涉过巴音图河上了左岸。这里的山脉更加平缓,长满了禾本科植物和苔草;只有部分地方的山坡是坚硬的岩石露头,但也不是悬崖峭壁,而是倾斜度不大的石头坡面。在快到停宿点的地方有一条塔尔巴干台河从左侧流入巴音图戈尔河,有一条马匹行走的路穿过此河的源头去霍图捷尔赫(北捷尔赫)河的发源地。听蒙古人讲,后一条河的源头是被一个“布尔克”或是“布鲁克”,即峭壁盆谷围在中间的。在我们涉渡巴音图河的那个地方,此河已经与奇洛图河口附近的情形大不一样了:到了这个地方,它既不宽也不深,河床是岩石,两岸是大片的沼泽地;沼泽并不局限于浅平河谷的底部,而是向高处缓缓倾斜的山坡上扩展。植物主要是各种苔草:沼泽地里除苔草外还有一枝黄花(金露梅),岩屑层上有食用大

---

[1]原文如此。——译者注

黄和鬼箭锦鸡儿;岩石之间的草根土上长着宽瓣金莲花地、高山龙胆、高山厚棱芹、西伯利亚海石竹、小叶三点金草、前胡。

巴音图戈尔河的源头处有一个翻越杭爱山脉的山口,名字叫图留罕金,或是杜留罕金。山口附近的山峰坡面平缓,生着禾本科植物,草根土有些地方被红色片麻岩的碎屑隔断。巴音图河在源头处分开了,8月15日我们走左边支流的左岸。紧靠达坂之下有一个小湖,此支流即出自该湖。上达坂的路平缓好走,一些地方有沼泽;下坡路则险峻异常,满是尖锐的石块,这是我们在蒙古走过的最为难行的山口之一。蒙古人说,他们赶骆驼时不走这个达坂。从达坂上下来进入一道槽沟,槽沟里有一条发源于一个不大的湖[1]中的很小的河,从右侧流入阿尔布鲁克河。[2] 槽沟的两侧都是峭壁,左面的侧壁裸露着,右侧壁的下部有稀疏且长得很差的落叶松林,松林的下缘处生有小片的矮生柳林。另外,树林里还长着小桦,小桦一直长到比落叶松林的上缘线还高的地方。山岩上满是和小桦一起直长到山口顶上的仙女木。北坡上有些植物还在开花,然而在山口的南面,同是那些种类的植物却已经结了籽实,例如史蒂文风铃草。

阿尔布鲁克河谷宽约两俄里,周围都是顶部平缓的山,河谷两侧的山坡上没有林木,只在背阴处山岩上的个别地方才能见到寥寥可数的几棵落叶松。阿尔布鲁克河(后布鲁克河)向东流,属色楞格河水系,同乌布尔布鲁克河(即前布鲁克河)汇合后,形成霍图捷尔赫河(即北捷尔赫河);此河同乌尔图捷尔赫河(即南捷尔赫河)汇合后流入察干诺尔湖[泰来音察干努尔湖],自该湖流出了一条又大又深的河奇洛图[丘卢图音戈尔];最后,奇洛图河与埃代尔河[伊代林戈尔河]相汇,形

---

〔1〕在蒙古山岭有沼泽的山隘上常常形成一些小湖泊,把水不断补入自山隘向两侧流下的江河源头。1909年在从卡拉忒尔河(流入上科布多湖)到南卡纳斯河(黑额尔齐斯河的支流)的山隘上,我就曾亲眼看到过这样的湖泊。

〔2〕蒙古人用同样的名字指称相邻的河流,区分的方法是加冠阿尔:西面的,乌布尔:前面的,霍图:北面的,乌尔图:南面的等词,对自山隘流下的河流名称也加这些词。这时,乌布尔还表示南面的,阿尔还表示北面的意思。这些词加在山岭和山脉的名称上时,表示其相对于太阳的方位。

成了色楞格河[塞伦盖戈尔河]。听蒙古人说,奇洛图河水量比埃代尔河大,因此应当把它看做是色楞格河的真正源头。[1]

我们与埃代尔河的右支流泰克什河的河谷之间还有一道很高的山隘。8月17日经布尔根戈尔(或称阿尔布鲁克)河的源头登上了山隘,该河位于一道周围全是撒满岩屑的悬崖峭壁的宽阔峡谷之中(河的蒙古名称就由此而得),离我们的停宿地点不远。上山的路虽然石头很少,但是又陡又高,很难走,山隘顶上有两片肮脏的陈年积雪。布鲁克河源头所在的峡谷两侧都没有树林,只有右边能看到几株树木。下山的路尽管石头不多,但却更加陡峻,路在一条宽谷生有落叶松林的右侧。泰克什河谷在这个地方两侧都长着稠密的落叶松林,但顶峰上没有林木,光裸着,撒满岩屑。峡谷底下一过山坡的麓脚也没有林木,谷底及河岸都不生林木。过了泰克什河,我们停宿在河的左岸。

8月18日我们离开泰克什河岸朝西前进。在西面,可以看到泰克什河左岸的群山当中有一个裂隙,裂隙的右边山崖很高,自左侧流入泰克什河的亚马忒河就发源于该裂隙之中。走过坡度几乎令人难以察觉的上坡,我们到达了这道裂隙处,接着就沿峡谷下山。亚马忒河谷的两侧都生着稠密的落叶松林,只有谷地的开头处是例外,在那个地方右岸有一排很高,几乎是垂直地裸露着的岩山。河谷的底部是冲积阶地,河水把阶地冲开有4~5俄丈深;河流造成了一些湖泊,有的湖很大,有1俄里多长。形成亚马忒河谷很高阶地的冲积物和上游泰克什河谷的一样,是由大块砾石组成的;冲积层表面的地形与前述阿尔泰西部达音古利湖附近的萨尔比尤拉地带相似。虽然这个地方的砾石上盖的草土比萨尔比尤拉地区的多,但地面仍然像迷宫一样地布满了深浅不一的大坑。且大多数的坑形状是完全封闭的,有的里边是干的,有的底部有水洼,偶尔会有一些坑的底部不仅水已经完全干了,还长满了草,少数一

---

〔1〕察干诺尔湖与奇洛图河之间有一条小河苏梅音戈尔连通着,色楞格河是由埃代尔(伊代尔)河与代利盖尔穆伦河汇合而成。波塔宁这个地方说得不准确,因为他是以询问得来的消息作为依据的。

些坑底乱堆着花岗岩圆石,石头上面还没有盖上草土。[1]

我们在河的右岸停下来过夜,就是从这附近开始已经不再有湖,河也开始有了规整的形状。停宿地对面右岸的山上已经不再有森林(此地以下谷沟里有个别的小片落叶松林),河左岸的树林还在往前绵延生长(一直到谷地的尽头)。在这里的山脚以下也不长林木,所以河谷的底部没有树木,只在冲积阶地的河边或是湖边形成陡坡的地方,河谷的底部才会长出落叶松来。山岩上的森林里有很多茶藨,刺李,黑酢浆草;这里的草类出现了欧洲百合和已结实的窄叶芍药,这个地方是窄叶芍药在蒙古西北部分布的南方界限;也能见到越橘。河谷里没有林木的地方长着又高又密已经开始发黄的禾本科草类,如此茂盛的草地在蒙古除达音古利湖周边的阿尔泰山区外我们还从未在哪儿见到过。值得注意的是这里和那边一样,高山地带都长着禾本科植物,而在塔尔巴哈台和阿尔泰的马尔卡库利湖附近以及黑额尔齐斯河源头等处的高山上漫山生长的斗篷草,在杭爱山脉我只在亚马忒河谷见到了很少一点。这个地方有田鼠,它们正忙于把麦基尔(珠芽蓼)的根贮存起来过冬。

8月20日沿亚马忒河右岸朝西北方向下山。一开头走的路段上河流依旧不断地造就出一些湖泊;山上地面松软,生有草类和林木——右岸只生在峡谷里,左岸则连绵不断。这里的林木已长到山顶上去了,但是一到山麓处却戛然而止;谷底只在圆底坑和湖泊附近朝上的坡地上才能见到几株。冲积物依然造成了高高的阶地,一直延伸到河边,形成陡峭然而大部分长满草的斜坡。为数不少的边沿完整、大锅形状的深坑(或称圆底坑)里边,有的生着禾本科植物,有的长着小桦、金露梅、柳等灌木,偶尔还有落叶松。在谷里碰到的一些不太高的冈岭或是山丘也长着这些灌木。总之,亚马忒河谷的上段景色还不错,令人感到惬意:一道道各不相同的风景交互呈现,广阔的湖面,沿湖岸生长的落叶松林带,披覆着灌木的岬角,长满针叶林的山峰,绿草如茵的草地,偶

---

[1]格·尼·波塔宁在注释中指出了亚马忒和萨尔比尤拉两地凹坑与蛇形丘(长条形的冰川沉积物)末端凹坑的相似之处,他曾于1878年去芬兰看过蛇形丘。这样一来,他就在这个地方第一次承认了这些凹坑是冰川造成的。

·欧·亚·历·史·文·化·文·库·

尔还有粗粒灰片麻岩的崖壁,所有这些以不同的方式组合搭配起来,构成了一幅比一幅更美的风景画。对遍布湖泊和森林的杭爱山脉北坡来说,要比任何其他地点都更适用"蒙古的瑞士"这一称号。遗憾的是,只有该山脉沿北坡的一个狭长地带才具备这种特点,亚马忒河谷另外一段的性质就迥然不同了。这一天的路程走到一半的时候,河谷开始扩宽,宽度逐渐达到 1 俄里多之后,猛然一下就拓展成了数俄里宽,同从右侧伸延过来的泰克什河谷合二为一。这个地方的谷底平坦,长有艾蒿和其他的草原植物。亚马忒河在同泰克什河交汇处相对的左岸山麓的拜利上有一个呼赖,它现今空落落的,里面只住了 3 个人,而从前曾经有过 300 来个喇嘛。呼赖附近的山上能见到树林,然而只是分片生长在宽谷里。我们停在泰克什河岸旁。泰克什河与亚马忒河流经此地的岸上没有林木,河底是石头,只不过亚马忒河岸边有柳树丛和绣线菊。停宿地以下的泰克什河岸边可以看到有不知是什么树的林子,从这个地方能够看见泰克什河源头的山上有稠密的针叶林。相反,朝泰克什河的下游看,被当地人称为古尔班罕齐格尔的红色峻峭的岩山则没有一棵树木。在进入泰克什河谷时,我们曾穿过一条辗轧着深深车辙的路——那是从乌里雅苏台去库伦[乌兰巴托]的大路,那条路从西侧绕过奥特洪哈伊尔罕山,在扎吉斯台河的源头处穿山口而过。在泰克什河上我们又碰上了过巴音图戈尔河之后再也没有见过的蒙古人聚居点。亚马忒河谷地里某些地方只有空置的院落,蒙古人在那儿过冬。

8 月 21 日,我们在距停宿地不远的泰克什河右岸玢岩山丘处渡过了此河,一行人翻过两条成直角伸向泰克什河谷的坡面平缓的山脉分支。这里的一个地方有很多洞穴,大概是达斡尔啼兔的窝,所有的洞口都盖着披针叶黄华带荚的茎枝。在这里还看到了果实已经成熟了的麝香气味轮叶马先蒿,由此地往北我们再没有见过这种植物。翻过第二道山岭之后,一行人用了很长时间横穿山坡,朝着西边埃代尔河流经的那片洼地行进。道路与河之间还有相当的距离,从路上只能看到埃代尔河对岸那些隔在河流与泰利门诺尔湖所在的凹地中间的山脉。在绵延于道路右侧的山脉中,在峡谷或者槽沟里有树林,然而在这个季节却没有水,在较早的季节某些隙谷里会有小股的溪流。

我们走到横亘在路上的一些与山脉并不相连的小山冈前,从上面翻过去之后,一行人下行进入孔赞格河谷。此河不深,水仅没到马的距毛,宽有 2~3 俄丈,石头底,河岸是沙土,平坦,无林木,两岸都是多少有些陡峭的阶地斜坡。可以看到源头处此河出自其中的那道森林覆盖下的峡谷。

8 月 22 日走的路程不长,沿孔赞格河谷往下走,河谷越靠下越宽,道路慢慢离开河岸偏向右侧,贴着右岸的花岗岩山峰通行。一天的路程快走完时,这些山同埃代尔河河岸接了起来。靠近埃代尔河处出现了好些不太大的沙丘,在那上面我们自从翻越杭爱山脉以来第一次看到了川西锦鸡儿。到达埃代尔河之后,我们一行人还沿着河与陡峭的山峰之间的一条狭窄地带前进了数俄里,之后停宿在河的右岸。埃代尔河谷到了这个地方逐渐变窄,宽不到半俄里了。河的两边都是陡峭的花岗岩山,左岸的山坡上不是根本没有林木,就是只有一棵与一棵相距甚远的落叶松;右岸倒是有茂密的森林,但仅限于宽谷里或是高耸于河岸之上的峻峭北坡上。树林里边有红与黑两种茶薦,林子里边的山岩上长着刺李、绣线菊、锦鸡儿和陇塞忍冬,这些灌木的枝条上则缠绕着西伯利亚铁线莲。林木深处有很多松菌,然而这个地方却没有越橘、芍药和萨拉那(欧洲百合)。这里的牧草已被践踏得不成样子,春天蒙古人要在这里待整整一个月,现在他们已经转场离开了。河面上有天鹅和鸬鹚。我们下网打上来了 5 条鲑鱼(细鳞鱼)。猎手科洛米采夫春天时曾在埃代尔河谷的这一带地方看到过鸨。我们的停宿地附近这一段埃代尔河非常深,有些地方从岸上都看不到河底;河在某些地方分开成为几条支流;河底是砾石;河岸不算高,超出河面顶多有 1 俄尺,没有林木,只在草地里有一些单株的落叶松和柳树。

8 月 22 日响起了雷声,8 月 23 日伴着西风下了一场小雨。8 月 24 日早晨小的湖泊或者水流缓慢的支流河道里的水结了冰。

8 月 25 日沿埃代尔河右岸走出约 1 俄里后,我们涉水过了河,水深到马的腹部。随后沿左岸走到埃代尔河畔的一座呼赖处,涉渡点以下河谷扩展到 2～3 俄里宽,我们曾经停宿的那段窄谷长大约 4～5 俄里。在扩宽的这段河谷里,右岸的山上依然覆盖着针叶林,并且一直长到了谷底山麓处的沙堆上。左岸只在山上有一些单株的落叶松,在埃代尔河的岸边有些地方也生有落叶松。山体是红花岗岩,有的地方这种岩石生成一些很尖的圆锥形山峰。河底是石头,有的地方是沙子,河岸大部分没有林木,很平坦,河宽达 15 俄丈。冲积阶地都是流沙,高出平坦的河岸约 3 俄丈,沙地上有锦鸡儿和洪契尔(膜荚黄芪),无林木(即朝南)的花岗岩山石上也有锦鸡儿。

呼赖有 30 来间木头房子,各有木头院墙围着,几间建造得很美观的大殿把屋顶昂起在其余的房屋之上,粉刷得白晃晃的墙壁和着了色的窗台及房顶表明寺院收拾得很整洁。寺院里边有 3 间汉族人开的商铺。王公们竞相建造装潢讲究的寺院,各旗的居民也以寺院为荣,然而遗憾的是却不能把这些寺院看做是蒙古未来城市稳固的雏形。寺院里住的全是喇嘛,他们很容易因王公或是葛根心血来潮,突发奇想而被弄到其他的地方去,于是原地就再也不会有任何村庄了。

8 月 26 日我们离开埃代尔河,开始攀登河左岸的山峰。随着离开河岸越来越远,怪石横生的山脉轮廓也渐渐变得柔和了,地上的草逐渐繁茂了,山坡上,特别是路右边的山坡上林木多了起来。登上凯齐克山隘后,下山来到流入哈拉嘎纳河的一条小溪旁,并停歇在这里。这个地方又出现了离开孔赞格河以后就一直没有见到过的游牧人和帐幕。

8 月 27 日从停宿地下行进入哈拉嘎纳河谷,再沿该谷上行,先走右岸,然后改走左岸。顺谷上去之后,便向右拐攀登很高然而却平缓的山隘。过了隘口,便下山进到一个很宽的谷里边,北哈拉嘎纳河就发源于此谷。两条哈拉嘎纳河都流入埃代尔河,两条河谷里都有许多贾扎瑟克旗的蒙古包。这两条河谷的特点是一样的:山脉平缓,坡面多数是徐徐倾斜,于不知不觉中就变成了河谷的底部。没有阶地,河水从宽阔的盆状凹地里平坦的河岸中间流过;凹地地面上生着茂密的禾本科草类(有 5 种之多:针茅、剪股颖,羽茅等等);土壤是类似黑钙土的那种黑颜色;河岸没有林木,石头河底,两条河的宽度都在 1～2 俄丈之间。

森林只生长在山坡之上,而不越过山麓。我们在哈拉嘎纳河岸边停宿,一过河马上就是通向分隔此河河谷与库尤赫图河谷的那道山隘的缓缓隆升的山坡了。

8月29日渡过哈拉嘎纳河,向山隘攀登。从哈拉嘎纳河到肖布肖利隘口要穿过好几道槽沟。这些槽沟都起始于左侧与路平行的山岭中,路的右侧则是这些槽沟延伸到那里形成的夹在陡壁之间的峡谷,库尤赫图河谷便是由这些槽沟合到一起形成的。路左的山岭是一些平缓的山峰,上面有斑岩露头。这个地方的特征和前一天路经的地方一样,也就是山峰顶部平缓,河谷平坦而宽阔,只在北坡的宽谷里才有树林。平缓的山坡上长着茂密的禾本科植物,路上的车辙沟里露出来黑色土壤(腐殖质和沙子混合而成)。肖布肖利山隘很平坦,总共只在峰顶有一处不大的斑岩露头,北坡下山道路的旁边有几块同样是斑岩的岩石,岩石的形状很奇特,就像是壁面垂直的塔楼。沿着谷底从肖布肖利达坂走下来,谷地的两边生着落叶松林,林中间杂有小桦。我们停宿在先杜利河边,此河自山口流下,止于距桑金达赉湖还有10来俄里的地方。行进途中猎手们打到了一只高山雷鸟[柳雷鸟],一只三趾啄木鸟,几只鹩,几只茶腹鸭和一只鸽子。

在通向库尤赫图河谷的槽沟里有一些帐幕和多群绵羊和牦牛。

8月30日一开始是沿先杜利河往下走,出了山,我们看见了从肖布肖利山口处未能看到的桑金达赉湖的东面那部分。先杜利河贴近谷地的左壁流过,这边岸上的山脉一直伸延到湖边,变成为许多小山丘。路与湖的东岸相平行,从湖岸和山脉之间经过,这个地方山与湖之间的距离至多有2.5或3俄里。我们越往前走,就越加完整地看到了这个湖。

桑金达赉[桑金达赉努尔]湖四面环山,湖的大小很难判断,因为湖岸的轮廓不规整,而且在好几个地方都有山的岬角伸进来,挡住了对面的湖岸而令人无法看到。湖的形状是椭圆的,东西长度大概不下35俄里。东南面岸上的山脉一直到山麓都生着落叶松林,不过在山麓和湖岸之间有一片微微向湖的一面倾斜的地带长满了草;近山处长的是禾本科植物,夹杂有森林植物;近湖处地面已经完全成为水平状态,生的是较为干旱地区的植物,如塔克希[棘豆]、叉干吐留等等。发源于山中的多股泉水从这片地上流过,我们就在其中一条泉水旁停下,泉水旁边往往有沼泽。湖岸本身也非常泥泞,上边有一层碱土。然而并非整个湖岸都那么平坦,一条长长的山岬从西南方向伸入湖水中,岬角末端是一个石砬。湖周围的山头平缓,连绵成长长的岭脉,其中只有我们停宿地东北面的一座山峰比较突出,呈圆顶的锥形,名为巴音久尔库。[1] 湖中靠近含碱的湖岸的水因溶有盐分而不能用来做东西吃,湖其他部位的水质很好,湖里有一种不知名的小鱼。我们在湖边停留的那个时候,岸上的鸟禽很多,安吉尔聚集了数百只之多,也有其他种类的鸭,还有天鹅。停宿地对面的森林里有越橘,有花鼠,我们在这儿打到了一只第一次见到的旋木雀(Certhiafamiliaris)。湖东南岸那一整条山岭也叫肖布肖利这个名字。几个牧人赶着一大群马和绵羊从那道山岭几乎是正对着我们的停宿地的地方走了下来,他们是从埃代尔河边的哈普查盖图那个地方到桑金达赛湖这片碱土地上来的。

桑金达赛湖沿岸有许多蒙古包,湖的南岸属贾扎瑟克旗,北岸归托贡旗,西岸则又是另外一个旗——比希里勒忒王旗。

8月31日有3大群灰鹤从我们这些人的头顶上飞过。

9月1日,一直到下午4点钟之前都在赶路。先是与湖的东岸保持平行地前行,然后离开此湖,涉过一条名为捷林戈尔的小河,走上一条从巴音久尔库山向西岔出并伸入湖水很长一段的山岭。翻过山隘就下到了一条又长又宽的无水谷地中,谷的东南面是巴音久尔库山林木茂盛的山坡,西北面则是林木不生的翁贡哈伊尔罕岭。谷地西面逐渐宽阔、降低,与桑金达赛的湖湾相接,于是走在路上又能看到这个湖了。翁贡哈伊尔罕山继续沿湖的北岸延伸,对面的湖边上也有蓝蓝的一条山脉,我们的向导说那山叫乌尔特。翁贡哈伊尔罕山如前面说的没有林木,然而我们看到有一条宽谷里生着落叶松林。我们行走在翁贡哈

---

〔1〕蒙古语意为:富足的心。——作者注

伊尔罕和巴音久尔库两条山脉之间的谷地里,这条谷地具有荒原性质,土地干燥,长着纤细的植簇,偶尔有碱土。一些地方有洞穴,旁边堆着啼兔储备的干草。此谷的北头有一道不大的山隘(这就是塔伦久里利吉,即渡海之地,来自"塔赍"——海),翻过去之后,一行人停宿在一道泉水旁,此水向东流入布尔古勒河的支流库布河或称库文戈尔河中。这个地方有和托辉特部托贡旗蒙古人的帐幕。

9月2日,沿一个直径不下10俄里的盆地西缘行进。此盆地同我们停宿过的库本戈尔河谷的起头一段之间隔着一些不大的山丘,盆地西面是作为翁贡哈伊尔罕山余脉的一道山岭。盆地东面是同巴音久尔库山连接着的山脉,北面则横亘着怪石嶙峋的一道山岭。这个地方山上的森林要比桑金达赍湖附近少得多,只看到盆地的东边有一些森林,而且只限于几条宽谷的顶头一段。盆地西边的山上没有树木,从深深的峡谷中有一条条干涸的河道伸到盆地上来,路就是从这些干河道上穿过去的。在每一条这样的峡谷谷口我们都看到有蒙古人的越冬地,我们数了一下,共有5处,所有这些越冬地都在峡谷的右侧(从面朝谷外的位置说)。蒙古人选择越冬地点普遍有一个令人瞩目的特点:蒙古人的越冬地即便不是全部,那么也是大部分都位于岩崖南面脚下的三角地块上,这种地块有一只尖尖的角伸入山岩中间,而两边岩壁夹峙,有如一个院子;三角形地块的底边朝南对着河谷,是开放的。这块地方往往从山峰向开放的一边急剧地倾斜着,因为它本来就是多多少少有些倾斜的拜利上的一块楔形地。在这样的地方常有凯来克苏尔群。

从槽沟中走过时,看到了大群鱼鹰[燕鸥],足有上千只在无水的干旱荒原上跑来跑去。另外,还看见有一群群的唐鸦和鸨。

我们一行人走的这条路到了呼呼察布河就一分为二了:一条岔路要穿过梅尔根霍泰利,另一条往左,走呼呼察布河源出于其中的那条峡谷。我们一行人要走后边这条路,进入峡谷后停下来过夜。河边没有林木,底部是岩石,河宽不到1俄丈。峡谷右边的侧壁森林成片,左边的则树木较少,崖壁是砾岩。

呼呼察布河夹在陡壁之间从一块凹地流向另一块凹地,夹河而立的陡壁最多有两俄里长。我们就停宿在夹壁上端的起头处。9月4日我们走出夹壁,来到比较宽阔的谷地里,过了河,便开始向山口攀登。上山的路平缓,没有石头;从山口上下来,到了呼吉尔忒河畔。此河河谷的上段很宽阔,但是往下则被高高的岩山挤在中间,道路常常从这条很宽的河一岸转到另外一岸上去。到了这个地方此河又有了另外一个名称——扎克珠,岩山上和宽谷里生着落叶松和山杨;长在山岩上的灌木有绣线菊、树锦鸡儿和川西锦鸡儿、金露梅,河边生着两种柳树和杨树。河谷的下段山峰是红花岗岩,两边山崖的距离拉开了,前面展现出泰利吉尔莫林河[穆伦戈尔河][1]宽阔的谷地,谷地的那一边有一道泛着白色的没有林木的石灰岩山岭。其中有两座山峰突起在其余山头之上,西边一座叫泰利吉尔哈伊尔罕,东边那座叫布伦哈伊尔罕。一行人停在扎克珠河流经开阔洼地处的岸边,无论是在峡谷里还是在这个地方都常常见到有蒙古包和牲畜,蒙古包有时是十来个一群地聚在一起。

9月5日的行程不长,只走了3个小时。道路平坦,横穿泰利吉尔河流经的宽阔谷地而过,河在此处是贴着其左岸的山脉流过的,右侧沿着河岸是一大片宽约10俄里的平原。平原上面是砂质黏土冲积层,生有禾本科植物,其中有同源针茅,偶尔还有代里苏。靠近扎克珠河的右岸常常能见到一些四方形的小块耕地,上面种的全是大麦,小麦是长不熟的,只在下游色楞格河一带才种。我们看到有打谷场,场旁堆着一垛垛连根捆起来的大麦——在这里庄稼不是割下来,而是像我们收大麻一样用手拔起来。就是在这个地方有一个方形城的遗迹,可以看出围墙和壕沟。有一条山岭像一道连续不断的墙一样绵亘在泰利吉尔河右岸,蒙古人叫它埃尔奇门努鲁山。据说[这条山脉中]有野猪出没。

我们涉水过了河,在左岸停宿下来,在我们停宿的地方高高地耸立着一座石灰岩崖。这样的岩崖有时会孤零零地兀立在泰利吉尔河的谷地里。我们停宿地点的西边就有这样一座圆锥状的岩峰,名字叫阿勒

---

[1]穆伦:蒙古语的意思是河,在这个地方都说成莫林。——作者注

滕嘎忒茨(金桩)。河宽达 50 俄丈,河底是砾石,水深及骆驼的腹部;河流分成了几条支汊;森林很少,偶尔沿河有一些杨树,主要是出现在河流靠近山岩的地方。泰利吉尔莫林河是色楞格河最大的支流之一。

泰利吉尔河畔有和托辉特人的帐幕,河左岸已属洼尔贡旗或是瓦尔贡旗的地界。该旗西边到我们从停宿地就能看到的乌兰博姆山为止。乌兰博姆山以东则是贾亨泽格根的沙宾人的地面,这位格根的寺院在泰利吉尔河的右支流沙尔根戈尔河畔。

9 月 7 日离开泰利吉尔莫林河后,立即从该河北岸的石灰岩山岭上翻过去,山隘低而平坦。山岭西边连着其他山脉,东边则形成一个岬角而终止。此山岭以北是宽阔的措森洪代沟谷,山口也随着此谷叫做措森久里利吉。沟谷除东边有一个通向泰利吉尔河谷的出口外,处于四面群山环绕之中。走到沟谷北面的边缘处,从一个不大的山口上翻了过去,之后下行进入奇忒格河谷,沿河的左岸继续前行。此河两岸遍布沼泽,长着禾本科植物和苔草;河很窄,不到 1 俄尺,夹嵌在草根土中间。我们到达河的源头后就停歇下来。奇忒格河西岸的山脉是石灰岩,我们看到奇忒格河沿岸有蒙古包,河的下游地带种植大麦。

9 月 7 日夜里和 8 日早晨下了雪,不过雪一落到地上就立即融化了。附近的山峰都盖上了一层雪,到中午 12 时山上的雪就消掉了。离停宿地至多 10 俄里的布伦哈伊尔罕山则一整天都是白茫茫的,那座山的麓脚没有任何山前地带遮挡。

9 月 9 日行程的前一半是攀登横隔在奇忒格河谷与埃尔希利诺尔湖盆地中间的山隘,通往山隘的路从布伦哈伊尔罕山麓下经过。山还披着昨天下的雪,可以看到山谷中有针叶已经发黄的落叶松林。离停宿地不远处的路旁(在布伦哈伊尔罕山的拜利上)有两组彼此相距很近的用花岗岩凿成的基沙契洛。根据露头的颜色判断,布伦哈伊尔罕山是石灰岩,在山隘顶部曾碰到过露出地面的花岗岩(上面说的那些基沙契洛的用材可能就是取自那些露头)。

过了山隘我们看到了一个宽阔的圆形谷地,下山隘的路平坦易行,我们一行人下到谷地之后才看见占去谷地整个西半边的埃尔希利诺尔

·欧·亚·历·史·文·化·文·库·

湖。湖谷处于群山环抱之中,在北、西和南3个方面山脉紧连着湖岸,东岸则有不大的一片沙土平地,有的地方是角砾,有的地方是碱土。地上长着禾本科植物,然而却没有代里苏,近湖处有塔克希。平坦的湖岸略低于草地平原,两者之间有一块不太高的台地。这条贴着湖岸的低地宽约100俄丈,其中有些地方是沼泽,沼泽里面有淡水泉涌出。湖里的水是咸的,岸边沉积着大堆苦味的盐。

盆地东半部的北边是山,南面则耸立着布伦哈伊尔罕山,山脚没有任何山前地带,坡面上密密地生着落叶松林。湖的北方矗立着顶峰圆圆的曼亨奥拉山,它的山麓被与湖岸毗连着的山前峭岩带遮蔽着;峭岩带中间有一个起始于曼亨奥拉山坡上的希博忒峡谷,该峡谷只在其顶端才有水。湖上有很多安吉尔和鸥。

9月10日离开湖岸朝湖北面的山脉前进。上到山上之后,沿着不算高的群山之间一块地势高然而很平坦的地方行走,地面上生着禾本科植物和各样的草,其中有黄华、同源针茅、腺毛唐松草。这个地方有许多啼兔的洞穴,它们储存的干草或是铺开把进入洞穴的口盖住,或是在洞穴的旁边堆成小垛;有的草堆里有各种各样的草,而有的草堆里只有一种唐松草。道路通向下边又宽又深的莫霍尔岑基尔谷地。在下到谷底时,看到了右边的埃格[埃格音戈尔]河,河在这个地方从石灰岩山中间的沟谷里流过。左岸一条窄的(非冲积)阶地上有一些不太高的石灰岩崖石临河而立,可以看到山间的谷里有森林,但是阶地上没有,不过崖石下边靠着河岸又长了一排落叶松。莫霍尔岑基尔峡谷上面的端点位于曼亨奥拉山中,那座山从顶到麓,人站在谷底全都能看见。由于从莫霍尔岑基尔谷往上,埃格河流经的夹壁谷非常之窄,所以我们就从莫霍尔岑基尔谷向山上攀行,翻过山去之后再重新进入埃格河谷。至此,河谷已经扩展到2~3俄里宽了。我们在埃格河畔停歇,河底是石头,岸边没有林木。这里的土地属古尔塔乌梁海人。

9月12日,我们从河的左边走过,进入一条峡谷,沿谷底向山上攀登,到了山上又可以看到曼亨奥拉山了。我们途经的这条支脉向东伸延出去很远,挤得河水远离了道路,其东端的岬角使埃格河谷都狭窄起来。从山隘上下来,重又顺着在这个地方又已宽阔起来的埃格河谷前行。翻过支脉后先是走在一片阶地上,阶地对着河边草地的一侧是一些石灰岩露头,形成一道略高于草地的台阶。走到哈特戈勒蒙古哨站附近,从阶地上下到河边草地上,从石灰岩露头旁走过,那哨站由几顶帐幕组成,过了哨站1俄里,山脉的悬崖已经靠近河边了。这些悬崖的下边有一个涉渡口,去恰克图或者库苏泊东岸的人就在此处渡河。我们在这个地方碰上了一帮赶牲口的阿尔泰人,他们是赶着做这一笔买卖的农户奥什雷科夫所有的530头牛和350只羊去达伊诺音的驻地(在库苏泊的东岸)交付之后往回走的,在埃格河的对岸他们遇到过商人吉列夫的放牧人,那些人赶着350头牛和1000只羊。

因为我们没有打算到库苏泊以东的地方去,所以也就没有过埃格河,而是在河的右岸又向上游走了一段路,在该河与乌利亨河宽阔的砾石河道相靠接的地方停宿。

乌利亨河干涸的河道有100俄丈宽,我们停宿在它的南岸或者说是右岸。第二天,也就是9月13日,过河到了北岸。从这个地点开始就有了一条河,库苏泊湖南端在距乌利亨河还有6俄里的地方变窄了,成了一条两岸平行的宽阔河流。在那一带水流平稳,到了与乌利亨的河口相对的地方流得快了起来。河左岸与停宿地相对的地方有一些很高的石灰岩山岸,右岸低矮的阶地在湖边形成了一道高出湖面2~3俄丈的阶台;阶地向乌利亨的上游又延续了数俄里,再往前这一边湖岸上也耸起了高山。从这个地方湖面开始扩展,然而就是在这里也只能看到湖不大的一部分,其余的湖面都被左岸的山峰遮挡住了。在可以看到的那一部分湖面上,有一些不很大的岩石岛屿。湖西岸的山很高,其中一座叫做巴音奥拉的山峰据说是终年积雪的,那些山上全都有落叶松林。在西岸山峰下部的石灰岩坡面上的森林里,我发现了仙女木、金露梅、兴安杜鹃花;草类有:高山地榆、高山厚棱芹;偶尔能碰到尚在开花的蓝金丝桃,开阔地上生有洪契尔(膜荚黄芪)和塔克希(棘豆)。

据蒙古人说,湖里有两种鱼:采贝克和巴拉尤苏。后一种鱼只在春天长出绿草的时候才会游到岸边来。在埃格河上停宿地附近,我们曾

·欧·亚·历·史·文·化·文·库·

经看到河里有鲑鱼。

乌利亨的干河道是从西边一条我们能看见的峡谷中伸出,进入埃格河谷的。顺着这条干河道有一条路可以从埃格河去希什基特河,从哈特戈勒哨站至希什基特河顺利的话,骑马一天可以到达。

库苏泊是考察队要到的最东边的地点。我们事先曾经决定,考察队返回时也要走比斯克,我们要从库苏泊走俄国贩运牲畜的大道去那里,那是比斯克牲畜商贩从比斯克地区赶送畜群去伊尔库茨克走的一条路。这条路起始于乌兰固木附近(在乌布萨湖西南),到达库苏泊的南端后穿越埃格河,然后通向乌梁海官员达伊诺音的驻在地。这种贸易始于1873年,当时伊尔库茨克的肉价飞涨,于是伊尔库茨克的商人们便开始深入蒙古的内地。有一位经纪人来到了距比斯克地区边界250俄里的乌兰固木,比斯克的商人们在这里碰上了他。当时,已经在从比斯克经米努辛斯克地区向伊尔库茨克贩运牲畜的商人索罗金决定首先经过蒙古赶送畜群。不得不带人去做这首次尝试的经纪人是布尔加科夫,一位伊尔库茨克的经纪人告诉了他2~3个地名(别利忒斯河及巴伊诺音驻在地),他在对要走的路途除此之外一无所知的情况下就动身了。结果,试验成功了。他发现沿途的大部分地方都是水草丰美的草原性高地,走经由米努辛斯克地区的北路要赶着畜群在密林中穿行,牲畜商贩通常会因丢失牲畜而遭受损失,而这次从这边走却没有受到那种损失。

因为我们的考察队在接到的各项指示当中,有一条是西西伯利亚总督责成我们收集有关贩运牲畜途经道路的资料,所以考察队在返程中尽可能地沿着这条道路行走。从库苏泊到别利忒斯河贩运牲畜的道路是沿着蒙古的哨卡线通行的,这条哨卡线从恰克图一直延续到托木斯克省南面边界上的索克哨所,处在蒙古人的游牧区和乌梁海人的地面之间。

6 从库苏泊到乌兰固木

9月15日,我们顺着埃格河谷下行[到达]别尔赫奥希克(别尔呼什)河。别尔赫奥希克河不大,有的地方宽仅1俄丈,深1/4俄尺;河底是石灰岩卵石;砾石带整个宽度的十之八九都干涸无水;岸上无林木,只在有连续的石灰岩露头的地方生着落叶松。水没有流到埃格河就断了,干涸的河道在哈特戈勒哨站的上游与埃格河相接。

9月16日走了6个小时,从别尔赫奥希克河谷翻过几道不大的山隘进入了注入埃格河的哈尔根(卡拉嘎纳)河谷,此河右岸的山上生有落叶松林。这些松树针叶已经发黄,左岸的山上没有林木,可以看到石灰岩露头。哈尔根河河道是干的,只在某些地方有积着很好的泉水的水洼,大概河谷上段的河道里有水,但流不到这个地方。我们一行从河北岸走到河的南岸,开始向很高的林木葱郁的山口攀登。从山口处有路通向下面的塔赫河谷,谷里有屯驻哨所的蒙古人住的帐幕。这个地方的特征与哈尔根河沿岸相同。山隘处平缓,山峰上的槽沟底部没有溪水,而是沼泽,沼泽里长着草(禾本科植物和苔草),而不是薜;森林里也没有薜,而长着禾本科植物。哈尔根戈尔的干河道朝埃格河伸展过去,9月10日那天我们曾从河道上穿过。

9月17日,从塔亨戈尔河谷先翻山进入一条小河的河谷,再登上一个不大的山隘,下行到奥吉格(乌吉根)河谷。这条河的谷地约有1/4俄里宽河的水量丰富,宽在两俄丈以上,浅处水深不到小腿的一半,河底是石头,水很清,流速快;山体是粗粒灰片麻岩,这种岩石在塔亨戈尔河边的停宿地就曾见到过。右岸的山峰上有茂密的落叶松林,但针叶掉落的很多,林下有矮生桦树;左岸的山脉裸露着,只在槽沟里的一些地方生有桦树林。往上去谷地窄了很多,也开始有落叶松了。在这个地方有一条乌涅根捷戈尔河从左边汇入进来,再往上又有另外一条

·欧·亚·历·史·文·化·文·库·

安嘎尔哈河从右边汇入。直到这个地点河谷里都有阿伊尔（帐幕群）
和一群群的牦牛、羊和马，所有这些人都是屯驻在几个哨所的蒙古人。
屯驻哨所的蒙古人都很富足，恰逢一个什么连续 3 天的节日（农历月
份的 19、20 和 21 日），人人一身盛装，有时还会碰上醉酒的人。阿伊尔
旁边铺着毡子，上面晒着麦基尔，也就是珠芽蓼这种植物的根茎。[1]
这些根茎一般都是从田鼠的洞穴里挖出来的。田鼠在约 1/4[俄尺]深
的地下掘洞，把这些根茎堆放在里边，准备冬天吃。9 月时，蒙古人带
着棍棒出去寻找，根据棍棒敲击地面的声响可以判断出哪里是藏着麦
基尔的空洞。从一个洞穴里可以掏得 3 帽兜或是 20 俄磅，每一家都要
储备上 1.5 普特或者还要多一些这种根茎过冬用。这些人居住的地方
绝对高度很高，所以当地人种不成粮食，这种东西就是他们过冬的一种
很好的辅助食品。

　　从奥吉格河源头的左边过去，我们拐进了安嘎尔哈河谷地，在河口
往上一点的岸旁停下。从此河口处开始，两条河谷都再也见不到林木
了。值得注意的是，这里的纬度同西伯利亚非常接近，但是却依然显现
出蒙古大地缺水这一特点：注入埃格河的流水都流不到它们的河口处。

　　9 月 18 日，我们从安嘎尔哈河岸的停宿地向拜利台尔根达坂山隘
攀登，上山路的坡度不大。上山途中碰上了为比斯克商人克留切夫采
夫所有的一部分羊群，走在前面的羊全都跛着腿。过了山隘，我们又碰
上了羊群的其余部分，这群羊有 1500 只，是从乌斯特卡明诺戈尔斯克
区的吉尔吉斯人那里收购上来的。畜群走布赫塔尔马河谷，经过乌克
克[乌科克]、索克、乌兰固木等地，从这里往前再走乌布萨湖的北岸。
羊群由 8 名雇工赶着，其中有一个人认识路，但却没有一个人懂得语言。
畜群是 4 月份启程，所以他们在路上已经走了 4 个多月了。他们都是

─────────────

〔1〕格·尼·波塔宁曾不止一次地说，蒙古人从勃兰特田鼠洞穴中掏挖麦基尔（梅黑尔），即
珠芽蓼（Polygonum viviparum）的根茎，然后储存起来。经长时间水煮，待粗根上的须子变软后，用
冷水洗，再擦成丝，用奶做着吃。波塔宁说，这种食品好似玉蜀黍和青豌豆，另外有人讲与板栗和
马铃薯相似。据 H. B. 帕夫洛夫说，这种根茎含 31% ~34% 的淀粉，可以生食，煮着吃和烤着吃，
其味道与核桃相仿。在高加索把这种根茎晒干去皮，然后磨成面供煮奶粥用。在高加索用这种
面做成汤而在堪察加则是用其块根泡水当茶饮用。除淀粉外，这种根茎还含有很多鞣质。

徒步行走的,因为雇主给他们配备的是几匹被淘汰下来的马,几乎快要迈不动步子了。整个这段时间他们只能吃到燕麦面和茶,对雇主怨气冲天。

拜利台尔根达坂山隘西边连着一块平坦的地方,那里有一个不大的卡格诺尔湖。这片地的南面是几座生着落叶松的平缓山峰,北面有一道无林木的连绵山岭。湖南可以看到埃埃尔齐克山那圆圆的顶峰,上面有不多的积雪,自该山中流出一条基滕戈尔河,此山比曼亨奥拉山偏北一些。从卡格诺尔湖朝北望去,远远地还有一座大山,就是奥吉格河源头所在的呼呼谢尔凯山。卡格诺尔湖畔有 3 顶蒙古包,就在那个盆地里湖的西边发源了霍图基拉特河。[1] 我们一行人从山隘上下来,进入乌尔图基拉特河谷,[2] 谷里有拜利忒哨所木造的庙。这条河谷里有很多帐幕和牲畜,牦牛、骆驼、绵羊和白马。乌尔图基拉特河对岸有一条林木丛生的山脉乌兹嘎勒德,从河谷这边翻过该山就是基滕戈尔河谷。攀上山去之后,我们没有往下面的基滕戈尔河谷走,而是差不多就在山隘的最高点的西南坡停歇下来,我们没往下边去是因为山隘顶上有森林和烧柴,下面就没有林木了。我们把帐篷支在一道宽谷里,谷底有一条细长的沼泽,但是没有流动的小溪,不过水却可以饮用。

9 月 20 日,我们先顺着曾停歇过的那条有沼泽的槽沟下到基滕戈尔河谷。

基滕戈尔河是石头底,两岸没有林木;水自山岩流下,很急;宽有两俄丈多,深没到马的小腿的一半。河谷里有很多蒙古人,他们曾把奶酪(皮斯雷赫)、乌留姆[浓凝乳皮]、奶油和麦基尔拿到我们停宿的地方来。从呼吉尔图布雷克泉水自左侧汇入河流处稍向下走,我们过了河,一行人登上了哈勒曾达坂山隘。在这个地方的山北坡的宽谷里长着落叶松,而南坡则生着细小的植簇,植簇之间长着斗篷草。从达坂顶上可以看见 3 条依次向西排布着的山脉。

---

〔1〕霍图:蒙古语的意思是北边的。——作者注
〔2〕乌尔图:蒙古语的意思是南边的。——作者注

9 月 21 日,我们穿过哈滕根戈尔和埃姆捷戈尔两条河流经的宽阔槽沟到达纳伦达坂。这两条河自东南方流过来,每条河谷都有山隘分隔着。哈滕根戈尔和埃姆捷戈尔之间的山隘平缓,上下都很好走;土质松软,根本没有石质道路;两条小河的底部都是石头,没有树木,河水很浅。从埃姆捷戈尔河谷上山隘的路虽然松软,却很陡。沿着这条上山的路来到一道宽而平的槽沟,从此槽沟处开始了一条峭岩陡立的峡谷。路通向高处的纳伦根达坂山隘,没有露头,地面上有沼泽,里面长着苔草和鬼箭锦鸡儿。道路经过的槽沟的右壁有林木,左边则是没有树木的山峰,其中一座上面垒着察干布伦哨所的敖包。我们从纳伦根达坂山隘上看到了狭窄且崖石陡峭的泰利吉尔莫林河谷,谷地的那一边有几条山脉一直绵延到阿嘎尔河。纳伦河自山隘处沿一道狭窄的山谷流泻而下,在峡谷的顶头并没有河,只不过谷底很湿,上面长着各种苔草,峡谷的下段有一股山溪。峡谷左面的崖壁生着茂密的针叶林,右边则是光裸的山岩,峡谷上半段的露头是灰色的石灰岩和斑岩,斑岩生成一条条数俄丈宽的岩脉,而岩脉中间夹着的石灰岩则宽达 100 ~ 150 俄丈。石灰岩已被冲蚀,成了侧谷;斑岩则保持完好,变成了谷与谷之间的峰脊,常呈陡直的岩壁和石柱状。由于这种原因,峡谷中的这些侧谷谷壁颜色深暗,底部却泛出白色。峡谷下半段两侧锯齿状的陡峭山岩就全都是石灰岩了。河谷里像广泛地分布有石灰岩的地带常有的那样,氛围很浪漫,有许多山洞。夏天山岩上长满了山地植物,各种乌兰奥尔忒特和巨大的松金葱在岩石的缝隙里扎根生长;被雨水冲起散布到各处去的碎石上也长着这种葱。因此,我们在谷底曾见到松金葱和喜欢长在碎山石上的砂蓝刺头混生在一起。河谷里的干燥处有塔克希。

我们一行人顺着纳伦河谷下到泰利吉尔莫林河洼地里,在该河左岸停歇下来,那个地方有两条渡船。泰利吉尔莫林河谷被石灰岩山紧紧地夹在中间,只有对着纳伦戈尔峡谷的地方才扩展到两俄里宽。在这个地方河水贴近右岸的山峰流过,大概是被纳伦戈尔河冲积下来的沙石推挤过去的。渡口附近右边的岸上耸立着高有数俄丈的石灰岩峭壁,左侧的低岸是一块仅有 1.5 俄尺高的台地,地面上满是巨大的花岗岩卵石,有的直径达到两俄尺。

9 月 23 日一整天都飘着小雪,山峰上雾气缭绕。在泰利吉尔莫林河的渡口处我们只看到了两顶帐幕,那里面住着摆渡人,他猎捕旱獭为食。每天都有过路人来到渡口:有递送邮件的人,有服完兵役返乡的蒙古人,有去朝拜塔音季尔欣[1]的杜尔伯特人。有一天还来了一位赶着一支不大的驼队、携带帐篷的蒙古人,他是鄂尔多斯(呼和浩特以南)人,为了做生意住在乌兰固木,现在要回故乡去了。

9 月 24 日我们涉水过了泰利吉尔莫林河,只有水大的时候才能乘船过河。河水没到马腹的一半,河水清澈,河底是石头。河对岸紧靠河边就是攀登一条山的支脉的上坡路,路相当陡,然而没有石头。这是一条细窄然而山岩陡峭的支脉,山另一侧的脚下也是泰利吉尔河。在渡口以下河流进了夹壁峡谷之中,再从夹壁谷中流出后,向右岸偏过去,从那里陡直的山崖下流过,再从山下折向左岸,但流至一座孤立的锥形黑色山崖索约托洛戈处再次转向右岸,隐没在右岸的山岩后面。我们一行人开始顺着一条满地是草有些地方很湿的沟谷向巴忒伦达坂山口攀登。上了山口,沿着一条小路走过几条槽沟十分陡峭的上端沟口,这些槽沟都与路左的捷昆库尔贝谷地连通着;随后走上通向泰赫季根戈尔河谷的斜坡,[2]该河流入泰利吉尔河,其河口在路的右边。泰赫季根戈尔河宽在 1.5 ~ 2 俄丈之间,石头底,深不及膝。这个分布有多道槽沟的高地上生着很高的禾本科草类和苔草,山上有落叶松,然而宽阔平缓的谷地底部却没有林木。有很多屯驻在阿格尔哨所的蒙古人到这

---

〔1〕该座人像石俑在蒙古是很有名的,附近有一个喇嘛人数很多的寺院。传说塔音季尔欣是成吉思汗时期的一位萨满,因偷走了成吉思汗的妻子,而被成吉思汗一剑刺中右侧面颊而被杀死,现今在石俑上仍能看出马刀砍的伤痕。格·尼·波塔宁曾提出要一幅塔音季尔欣的像,拿给他的是一幅用墨拓在棉布上的骑在马上右手持旗的人像。骑马者身上佩带箭囊和宝剑,周围云雾缭绕,云朵上面可以看到山峰,而山峰之上是太阳和月亮,骑马者的脚旁有两个小人像(见《蒙古西北部概况》,第 II 分册,第 157 ~ 158 页)。

〔2〕略(原文如此。——译者注)

·欧·亚·历·史·文·化·文·库·

里来放牧,他们放养的有牦牛、牛、羊、骆驼和马,而马的毛色多是白色的。[1] 在西南方,从距离最近的那些山脉的背后探出了察干奥拉或叫察干格里山那又圆又平的巅峰,上面覆盖着新下的白雪,自该山的东坡流出3条昆库尔贝河。山的北坡是哨所的地域,南坡则属和托辉特五王之一的比希里勒特王旗。

9月25日先登上山隘,从隘口看到了北面宽阔的斜坡。沿路的山峰平缓,山坡上长满了草;峰顶上面有稀疏的小片针叶林,只有察干奥拉山的那条支脉上长满了森林。从此山隘下行,进入处于陡峭但是并不很高的石灰岩山峰环抱之中的亚马弌河谷,然后又走上攀登山隘的上坡路,这里出现了花岗岩。我们在山隘顶上一片稀疏树林边缘的沼泽地上停歇下来。这个地方也有很多蒙古人。

9月27日早晨停宿地下了很重的霜。我们先下行进入阿格尔河谷,余下的就是沿着这条河谷往上走了。下坡路和上行路都较平缓,尤其是上行路。几乎就在路旁阿格尔河同它的右支流博罗霍吉尔河汇合到了一处:下行进入一条宽阔平坦的谷地,先穿越博罗霍吉尔河,然后又过阿格尔河。这样,两条河的上游就都处于左边了。博罗霍吉尔河右岸有一条洪吉利弌岭,此山岭的尽头是博罗霍吉尔河口处的一片叫阿敦契洛[2]的地方,那是洪吉利弌山伸延出来的一面布满花岗岩柱的缓坡的名称。阿格尔河谷里的山峰坡面平缓,绵连成列,只有伊希博格多山的圆屋顶状的顶峰略比其他山高出一些。小片的针叶林不多,路经之处没有林木,只在谷地之上相当高的地方才能见到落叶松。阿格尔河两岸没有树木,河底是石头,宽度在1.5～2俄丈之间,深及马的距毛处,水很洁净,有鱼。这里的水面上结着薄薄的一层冰,马蹄一踏立即破碎。河谷里阒无人迹。

过了河,从阿敦契洛的左边沿阿格尔河谷上行,我们稍稍离开河道,从河谷左侧的缓坡上往高处走。此地是草原土壤,到处是混在一起

---

[1]格·尼·波塔宁注意到库苏泊以南的马匹毛色多是白的。他还指出,蒙古的其他家畜,如绵羊和狗,毛色也都是单一的。

[2]阿敦:畜群;契洛:石头。——作者注

的针茅植簇和叉干吐留。前方巴嘎哈勒曾山挡住了视野。哈勒曾的山坡上有森林，但都不靠路边。山麓下面的地带是分布着许多沼泽。从巴嘎哈勒曾山上下来，进入乌兰别利奇尔河谷，该河从左侧注入阿格尔河的上游。

我们在乌兰别利奇尔河畔停宿的地点绝对高度比较高，山坡上已经不见了茂密的森林，只在一些地方长着稀疏的小片落叶松林。乌兰别利奇尔河宽不超过1俄尺，夹在草地中间，两岸有很多沼泽。山坡上草很密，还能看得出来那里边有细柄茅、高山地榆，好像还有金露梅。旁边的山上有好多田鼠，正在采集麦基尔。

阿格尔河右岸乌兰别利奇尔河口往下有一处"阿拉桑"（矿泉）。

9月28日，从狭窄的乌兰别利奇尔河谷登上了伊希哈勒曾达坂山隘，此山隘高达海拔7740英尺［2359米］；上山路平缓，无石；达坂顶峰上是裂成片状的红花岗岩。山坡上长着草，地是含腐殖质的黑土；有灌木金露梅，麦基尔鼠［田鼠］很多。通向下边夏比尔河谷的路是慢坡，但是有很多沼泽和土墩。

达坂顶峰没有树木，因而得名"秃头达坂"；站在达坂顶上可以望见有十来俄里长的一段夏比尔河谷。谷地宽约150俄丈，其上段两边是长满草的平缓山坡，这一段河谷的底部是沼泽，往下谷边是石灰岩山岭。夏比尔河发源于伊希哈勒曾达坂上的沼泽。右侧是粗粒石灰岩山，一座座岩峰光裸着，顶峰尖削，分布着很多裂隙和山洞；在高度与河相同的底层出现了一处很容易把衣服弄脏的黑石灰岩；左面的山峰上有落叶松林。我们一行人在河左岸的山麓旁停歇下来，山上有森林，在靠下边的林子里长着金露梅、台面肖利（鬼箭锦鸡儿）和柳树；森林的里边有仙女木、兴安杜鹃花、岩高兰、小桦、灰藓，还有很多石蕊。听蒙古人讲，偶尔会有北方鹿跑进夏比尔河谷里来，他们把这种动物叫做"察"。我们停宿地附近有很多屯驻在夏比尔哨所的蒙古人，牲畜也很多。

9月30日沿夏比尔河谷下行，多数时候是走右岸。右岸的山和前面经过的一样，没有林木，左岸的山上则生有落叶松林。河面宽有5俄

· 欧 · 亚 · 历 · 史 · 文 · 化 · 文 · 库 ·

丈,水深没到马膝;河底满是石灰岩和花岗岩的卵石,水很清,岸边有小片落叶松林。山体多为花岗岩,但在两个地点有石灰岩山崖。

10 月 1 日,几乎是一直到停宿之前都走在夏比伦戈尔河谷里,多数时候是走右岸;山峰大部分是花岗岩,偶尔有灰石灰岩。右侧谷壁没有树木,但在朝北的沟谷里却有树林;左侧的谷壁上林木很多。

自久什图克河口以下有了云杉和山杨。在乌纽古特戈尔(乌纽古滕戈尔)河边我们停宿地的下游,夏比尔河两岸的云杉林长得很茂密,然而山坡上生长的却全是落叶松。博罗戈尔河畔有一座夏比尔哨所的木造庙宇,庙内有两间汉族人式样屋顶的房子和几个院落。从博罗戈尔河往下,夏比尔河向南流去,路则折向右边,进入乌纽古滕戈尔河谷,乌纽古特达坂隘口就在该河的上游。我们在峡谷的入口处停歇下来,峡谷里边有一条乌比尤尔乌纽古特河,也就是前乌纽古特河,它被称为前河是要区别于从乌纽古特达坂西坡流下的另外一条后河。自乌纽古特河口以下,夏比尔河流经的谷地宽阔起来,河的南岸是很高的阿勒滕库林努鲁山脉,也就是金脚山脉。

10 月 3 日行走了 6.5 个小时。从停宿的地点立即就开始攀登乌兰达坂山隘,这里的非石质上山路比下山路要陡,东乌纽格河流经的峡谷狭窄,两侧谷壁很陡,但悬崖峭壁不多,谷右侧的南面壁上生着杂有云杉的落叶松林;河的沿岸有河柳和云杉。从乌纽格河上游处的山隘下行,先进入泰林戈尔河沟谷的上端,此河流向南边的夏比尔河,在乌纽格河之下注入;再从泰林戈尔河槽沟向另外一个乌纽古特达坂攀登,这一次的上山路没有树木。西乌纽格河河谷是东西走向的,左侧的谷壁生着森林,右侧谷壁则没有树木,乌纽格河谷的上段是花岗岩。有一条察干塔尔河注入乌纽格河。在察干塔尔河口以上,乌纽格河谷里有了锦鸡儿,长得与骑在马上的人一样高。这里的河道旁边长着高大的河柳、锦鸡儿、落叶松和一枝黄花的混交林。西、东两条乌纽格河的岸旁都有蒙古包:前一条河边的属夏比尔哨所,后一条河边的属砦戈勒哨所。

10 月 4 日,沿乌纽格河左岸下行,来到砦戈勒[砦嘎勒戈尔]河谷,此河在这个地方有数俄里宽,河流分成了几条支流,最靠边上的两条支流中间宽达 100 俄丈或者还要多一点的地带长着云杉、落叶松、杨树(黑杨)和很高的河柳组合成的混交林。河底是岩石,西支流水深及马腹,宽约 5 俄丈。林带向砦戈勒河上下游两头伸延,河的西岸有砦戈勒哨所的木造庙宇。

过了河,沿着砦戈勒河谷行进,逐渐接近了河右岸的山脉。当我们开始上山的时候,看到砦戈勒河的下游有另外一条大河自东向它流过来,那是泰斯[泰辛戈尔]河。与砦戈勒河相伴相随的山脉在同道路的交会点以下向两侧敞开了,变宽的砦戈勒河谷便同更加宽广的泰斯河谷令人不易觉察地合在了一起。泰斯河与砦戈勒河一样,也是从河谷的中央流过,距两岸的山脉都很远。从我们登上的那座山峰上能够看见向上 30 俄里左右的一段泰斯河谷,那是一片中间凹陷的黄色(因草已干枯)草原,草原的东边横亘着一条已有积雪的山脉。泰斯河,也可以说它沿岸生长的林带,宛如一根黑色的神经从这片草原中间穿过,同另外一条沿砦戈勒河伸延的黑带会合到一起。泰斯河谷的左侧有一道连绵不断的古尔班布吉尔山峦。

翻过一道不大的南北走向因而同泰斯河成直角的山岭,我们走进下面的一条无水的槽沟里。此槽沟的北头变成了巉岩峭壁的峡谷,南段则大大地扩宽,通向泰斯河谷。我们的路横穿此槽沟而过,却与泰斯河相平行,同河相距约 5 俄里,随后又翻越一道与上一条山岭一样成直角穿过泰斯河谷的山岭。过了山隘,在吉尔格伦忒泉旁停歇下来,那里有几顶属砦戈勒哨所的帐幕。

10 月 5 日下了一场 1 俄寸厚的雪。

10 月 6 日与泰斯河岸平行着前行,但与河的距离却逐渐拉大。泰斯河的左岸仍然是森林覆盖之下的古尔班布吉尔山岭陡峭的山坡,右岸的主要山岭已经远离河岸,被近处的山挡住看不见了。但从它那儿伸过来几条石岭与河形成直角,间隔出一道道槽沟。这些槽沟朝着南边越扩越宽,然而却没有一条伸延到河边,都以岩石岬角而告终。道路在离泰斯河一段距离的地方依次横穿这些槽沟和山岭而过。其中较大

·欧·亚·历·史·文·化·文·库·

的几条槽沟当中有一道里边有一条哈特古兰台河,岸上生有针叶林,其余无水的槽沟里和隔在槽沟之间的山岭上都没有树木。我们在采尔金戈尔或叫采里克河的岸边停下来过夜。此河的主支流宽有 2~3 俄丈,沿河生有落叶松和锦鸡儿,落叶松中间夹杂着云杉,锦鸡儿中间杂有杨树(黑杨)、柳丛,偶尔还有桦树;干砾石层上长着巴勒根(水柏枝?)。谷地两侧的坡面上没有树木,山隘上和槽沟底下都有雪。

10 月 7 日落了雪。10 月 8 日沿泰斯河谷前行。我们从采里克河出发,横越几条宽谷和 3 道分隔宽谷的岩石岬角,走过第三个岬角来到谷地里的达哈奇克河边,此河分开形成两条支流,沿岸生有落叶松、云杉、杨树、柳丛、桦树和锦鸡儿组成的树林,看上去呈两条散射出去的线条状。

采里克与哈奇克两条河之间的地带没有树木,河谷地上盖有 1 俄寸厚的雪,翻越岬角的山隘上要更厚一些。泰斯河谷宽数俄里,和前几天看到的情形一样,左侧是起点在砑戈勒河口以上的古尔班布吉尔山岭,这里河岸上也生着针叶林带。自北流入泰斯河的河流谷地南头全都很开阔,与泰斯河谷相会的谷口宽达 5 或 10 俄里。哈奇克与采里克两条河谷里已经积了雪。我们在哈奇克河畔的树林里,第一次见到了松鸦。

9 日,与泰斯河保持平行地走了 7 个小时,途中横穿了 3 道无水的槽沟和分隔槽沟的山岭。这 3 道槽沟的名称分别是沙里洪代、[1]甘茨罕莫东洪代[2]和杰普哈伦。过了杰普哈伦谷有一个同名的山隘,从东面上此山隘的路陡峭,有森林,下山的路要穿过长满落叶松的狭窄山谷,更加陡峭。[3] 下到峡谷底部,一行人在针叶林的下缘处支起了帐篷,而没有继续朝博戈苏克河前进,在那个地方是不可能找到烧柴的。这里的雪有 1/4 俄尺多厚。

―――――――――――

〔1〕黄谷。——作者注

〔2〕孤树谷。——作者注

〔3〕在从库苏泊到乌兰固木整条贩运牲畜的路上,我们只碰到两处难以乘车通行的地方:就是从昆库尔贝谷去泰赫季根戈尔河的那道山隘和杰普哈伦达坂。不过,后面这一处如果贴近泰斯河岸走,大概可以很容易地绕过去。——作者注

10 月 11 日首先从停宿的长满林木的峡谷下行进入博戈苏克河谷,小河已经完全封冻,我们一行人从冰上走过河去。谷地里没有针叶林,河岸光裸,河底是岩石,河宽有两俄丈。博戈苏克河谷比我们此前横穿而过的那些谷地要狭小得多,往南逐渐变窄:别尔希岩岭就在河的右侧;从博戈苏克河谷登上山隘,过了山隘就是莫盖谷地。别尔希岭向北延伸的余脉横挡在莫盖谷地的西面,山麓下有一片起伏不平的沙地,攀登此岭山隘的路经过沙地北面的边缘,山隘叫做莫盖埃利斯台。登上山隘之后,巴音布雷克宽阔的河谷一览无遗。我们顺着道路朝阿尔察和巴图谢利两山之间的鞍形部前进。在当天的行程中始终不见泰斯河谷,在杜滕努鲁和哈勒本两山的北麓之下有大面积的丘冈起伏的沙地。在一条不大的槽沟里停歇在巴图谢利的山岩之下,这条槽沟里有一处还没有来人住的蒙古人越冬地。巴图谢利山的岩石是表面已经风化的粗粒花岗岩。蒙古包只在巴音布雷克河谷见到过,它们归属于一个同名的哨所,博戈苏克河边的蒙古包不超过 2~3 个。

　　我们在巴图谢利山停歇的地点离山隘很近,所以,10 月 12 日经过自南向北短时间的攀登之后,就到达了隘口顶上。山口的名字是塔瑟尔亨达坂,它位于阿尔察(在左)和巴图谢利(在右)两山之间。达坂的北侧就是塔瑟尔亥谷地的起点,那条谷里的山坡上有落叶松。这里的积雪有 1/4 俄尺厚。谷地的中间被冲出来一条崖岸很陡的河道,没有水。我们横穿河道,开始沿着谷地右侧山脉伸延出来的平缓斜坡朝上走,这时又看见了泰斯河覆盖着森林的河岸。在泰斯河左岸对着阿尔洪代谷的地方可以看到许许多多的沙土丘冈,其面积据说在某些地方非常宽广,骑马走上一整天才能穿越过去,而且还得对那一带地方很熟悉才能顺利通过。沙丘上生长着鹿药属植物和葶草,这两种东西都可以食用。沙地的西南面看不到峭岩山脉,而是大片平坦然而很高的地面。正南方沙地的另一侧有几座孤处一隅的黑色岩山(阿格尔德克山?),往左一些是栋山。从栋山和阿嘎尔德克山中间的空地望过去,远远地矗立着积有白雪的高山罕呼亥。[1] 罕呼亥山在蒙古人中间名气很大,在流传的故事中此山是与阿尔泰山、杭爱山处于同等地位的。对于山的巅峰,一些人言之凿凿说是常年积雪,而另一些人却说到夏天雪就消融了;北坡森林茂密,南坡则没有树木;山脉的北面生有落叶松和西伯利亚红松。[2][3] 草类这里有麦希尔(珠芽蓼)和沙里托梅斯(欧洲百合),动物类白旱獭相当多;山顶上有麝,[4]而山麓处有沙狐。阿尔洪代谷和塔瑟尔亥谷里都没有水。到达阿尔洪代谷地右侧壁的山峰处,我们开始上山。此山隘名为比图察干,上山的路很陡,而且积着很厚的雪。山隘北坡的岩石是层状白石灰岩,里面含有滑石和镜铁矿片。过了山口是甘茨罕莫东布雷克河谷,河谷的对面又是另外一道山岭(这几道山岭在东北边是相连的,在西南边接近泰斯河的地方形成岬角而终结)。依照岩屑层是暗褐色这一点来判断,那是灰片麻岩山,有一些峰脊呈亮白色,大概是石灰岩。这道山岭的隘口叫霍祖勒,我们在距那个地方还剩一点路的一处含石榴石的花岗岩山崖旁停歇了下来。

10 月 14 日先要横穿甘茨罕莫东布雷克泉水流经的那条不大的槽沟,穿过去之后开始向霍祖勒达坂隘口攀登。上坡道虽然没有石头,但却相当高。

从山隘的东麓就看到了泰斯河左岸的沙地和沙地西边的杜里诺尔湖,罕呼亥山也看得很清楚,那是一条很长的东西走向的山脉。山脉的东段可能是因为有景物衬托的关系看上去更高一些,山中的峡谷历历

〔1〕唐努乌梁海人称此山脉为罕库盖山,蒙古人叫罕呼亥山或是罕呼黑山。——作者注

〔2〕在整个旅行过程中,我们没有在途经的任何地方看到过这种树,但是据蒙古人讲,在杭爱山脉,在埃代尔河谷有这种树。居住在乌里雅苏台的俄罗斯商人证实了这种说法,他们讲蒙古人有时会把红松籽从埃代尔河运到乌里雅苏台的市场上售卖。

〔3〕根据 A. 尤纳托夫的资料(《对蒙古植物的 25 年研究工作》,第 50 页)看,西伯利亚红松的生长地带应是肯特山脉和库苏泊沿岸森林带的上半部;在杭爱山脉只有少量红松混生在鄂尔浑河上游与罕呼亥山脉的落叶松林中。

〔4〕麝(Moschus moschiferus)——一种体形不大、无角的鹿科动物。雄性生有一种腺体,能分泌有麝香气味的液体,栖息于生长着泰加森林的峻峭山崖之上。雄麝的分泌物,即所说的"水儿"最高可含 30 克(原文如此。——译者注)的麝香,可用于医药。分布于蒙古和西伯利亚。

可数,山脊被白雪盖得严严实实,用单筒望远镜[瞭望镜]可以看到峡谷靠下部分有森林。山脉的西段只比地平线稍许高出一些,与东段之间有一截山势很低。翻过霍祖勒达坂,我们来到一面已属纳林戈尔河水系范围的斜坡上,那条河边设有蒙古纳林戈尔哨所;在空旷无树的河谷底部一条针叶林带标出了该河流经的途径。纳林戈尔河的对岸可以看到有两条山峦:一条较近,在河的右侧;另外一条更靠北方,从那条山峦的后面探伸出来,由于中间大气的作用而呈蓝色。山岭的西半段有一座平缓的山峰很突出,上面积着雪,而其余的山峰都没有雪(也没有树木)。据向导说,那座积雪的山峰是位于萨姆戈勒台河源头处的哈伊尔罕山。

　从霍祖勒达坂山隘上看得到的那一段纳林戈尔河在津济利克以上很远的地方,所以我们没往下走去河边,而是继续向西行进,从左侧绕过峡谷的顶头,在一片丘陵起伏的地面上走了很长时间。此时,纳林戈尔河已经从视野中消失不见了,随后我们终于登上了亥奇赛林达坂隘口。站在山口之上眼前展现出一片广阔的地带,上面绵延着多条山岭;脚下是一条弯弯曲曲然而却不很深的被片麻岩山峰围拢着的峡谷,峡谷口以西有一片平原,那是乌布萨[乌布萨努尔]湖平原的东缘。平原离我们较近的(因而也是较高的)那一块积着雪,远处则是无雪的草原,一个又一个的岩山岬角从右侧向平原伸过来,所有这些山峦在北边会合成连绵的群山,其中高踞于群峰之上的是位于埃尔森河源头的一座已经积满雪的平缓高峰。这些山峦从平原的右面蜿蜒而过,一直伸展到很远的地方;蓝青色的山脉成了这一道风景的花边,最后消失在西方遥远的地平线上。山脉上还有另外一个地方可以看到积雪,据说萨姆戈勒台河就发源于该处。

　下山所走的峡谷里没有水,谷底出现了锦鸡儿和柳树,峡谷下段的路是沙土地。这里山上的雪要比前几天走过的那些地方少,而且只积存在窄槽沟里面,山坡即使很平缓也没有雪。我们停宿在纳林戈尔河左岸,此河两岸有茂密的森林,林子里有云杉、落叶松、锦鸡儿、杨树、河柳和沙棘,蒙古语把沙棘叫做齐齐尔嘎纳。在纳林戈尔河岸边设有一个哨所,叫津济利克莫里蒙古哨所,即人员 3 年轮换一次的哨所,而其他哨所则不同,人员是长期驻扎在该地的。蒙古人住帐幕,为两位汉族官员(一名是军官,另一名是录事或者军官的助理)盖有一间土房。汉族人不种庄稼,但有菜园。

10 月 18 日,我们仅沿纳林戈尔河谷下行了 3 个小时,就在左岸该河注入埃尔森河河口上游的一个地方停歇。

10 月 19 日,翻过纳林戈尔河谷左侧的察希尔山岭,看到了一片辽阔而平坦的地方,在那里埃尔森河与泰斯河汇合到了一起。泰斯河的对岸是连片的平缓丘陵或者说垄冈,那上面只在某一些地方才有坚硬的岩石山峰,埃尔森戈尔河口对面就有这样一座岩峰戈尔戈利吉。从那里再往东是乌涅格忒石崖,远处由戈尔戈利吉往右有一座已部分积雪的阿黑尔山,我们从下到亥奇赛里峡谷之前经过的那道山隘上已经看到这座山了。埃尔岑河或称埃尔森河右岸有一道平缓的山岭,其中有几座陡直的岩崖临河而立。山冈后面矗立着唐努山脉,山脉中的哈伊尔罕峰雄踞于其余众山之上。哈伊尔罕峰以西的几座已经积雪的山是哈拉雷克河与希拜雷克河的发源地,那两条河在比萨姆戈勒台河更靠上游的地方注入泰斯河,而萨姆戈勒台河是流经哈伊尔罕山的西麓的,再往西去的同样顶峰积雪的几座山是埃尔森戈尔河的发源地。埃尔森河左岸平坦,以埃尔森与泰斯两条河的汇合处为起点的平坦草原沿泰斯河右岸向上游铺展出很远,草原上没有雪。穿越草原的时候,我们碰上了一组基沙契洛,是[3 座]坐着的人像。埃尔森和泰斯两河沿岸长着落叶松、桦树、河柳、锦鸡儿和稠密的粗壮高大的杨树林(黑杨),然而这里已经没有云杉了。过河之后,立即在左岸停歇下来,岸边有好几处极陡然而却不很高的细粒红花岗岩山崖。

10 月 20 日,我们登上泰斯河左岸的山冈之后,走戈尔戈利吉山的右侧,慢慢朝另一群花岗岩峭壁奥古尔钦托洛戈山攀登。走在这里的路上,又看到了罕呼亥山以及山北面的平原。从这个地方观察,罕呼亥山似乎有 5 道以鞍形部连接起来的平缓山岭,自东向西一字排开,山脉的末端隐没在西方的地平线上。穿过丘陵起伏的沙土地,来到和奥古

176

尔钦托洛戈一样孤零零耸立在平缓山冈当中的亚马雷克山峦的南麓。这些山崖附近有许多凯来克苏尔（近 50 座）。从泰斯河到这些山崖之间的整片草原都长着上好的牧草，到处是同源针茅、赖草和好多其他的长得很高的禾本科植物。亚马雷克岩崖附近有尚未住人的越冬地，虽然那些地点附近没有水，但是冬天可以使用这里的雪。亚马雷克以南路左有一座不大的山岩罕达盖托洛戈，一条很长的下坡路从亚马雷克岩崖通到湖边，在靠近湖岸的地方禾本科植物逐渐换成了阿尔捷米济亚［艾蒿］。在这条下坡路上我们碰上了一个有上千头的黄羊群和一个有近 20 只的鸨［大鸨］群。湖边出现了碱土和猪毛菜属［植物］；用水取自井里，水略带咸味。我们把已经干枯的长得很高的哈姆黑勒丛［西伯利亚滨藜］收集起来作燃料，这种植物在这个地方长得非常茂盛。

剩下的路在沙里诺尔湖的北岸，从湖岸与阿黑尔山南麓之间经过。这些山朝湖的坡面山岩陡峭，坡下与湖岸之间有一块不太宽的拜利。听蒙古人说阿黑尔山上有阿卡尔羊。湖边的沙土地上长着代里苏、哈尔梅克和白奥尔忒特，湖的西岸有锦鸡儿。10 月 21 日湖面已经部分结冰，没有冰的湖面上天鹅在戏水。走过此湖不久就到达了布鲁勒托戈地带的北缘，这一地带看样子是和湖几乎处于同一高度上，面积很大，遍布小片的河柳和桦树林。我们从北边绕过这一地带，停歇在东西流向的纳伦苏门河的右岸。布鲁勒托戈地带毗连着一条河，河岸是沙土地，生有河柳、桦树和蔍草；该河流经的低地两侧都是垄冈，河发源于沙里诺尔湖西南面的沙地中。我们的停宿地的北面有一个小山冈沙里托洛戈，那是索伊特人［索约特人］和杜尔伯特人之间的分界线。在纳林苏门河我们这一路第一次遇到了索伊特人，他们是蒙古人称为唐格努乌梁海人［图瓦人］的那个民族的一部分。

我们第一次造访乌梁海这一有趣的民族的游牧区竟发生了一件非比寻常的事，第一天夜里我们就丢了好几匹马。由于丢失的马匹都是我们马群当中最驯顺的，所以毫无疑问，马是被我们的新邻居——索伊特人偷走了。我们打听到离我们这儿不远就有一位低级官员章京

（дзанги）的帐幕，便派人去见他，要求找回马匹。章京亲自来到我们这里，他保证说在他的辖区里没有盗贼，可能是那几匹马不知怎么一来自己离开了马群，不过他答应派人去找。我们在津济利克雇的向导是乌梁海人，了解当地的习俗，章京来过之后他立即预言，马会找到的。他说："如果章京说'派人去找'，那就表明他有意归还马匹。"确实如此，章京是下午两或3点钟来的，晚上6点左右马就被送到了我们的住地。送马来的人讲，马是他们在沙里托洛戈山冈后面找到的。马匹这么快就找到了很令人生疑。据当地人说，所有的乌梁海官吏，从昆杰（кунде）到王都参与偷盗马匹的勾当：为小的盗贼作掩护，同他们一起分赃。大概正是乌梁海的这样一种特殊风气促使蒙古设立了一些哨卡线，把蒙古人的游牧地区同乌梁海人隔离开，并严密监视这条线上的过往人员。蒙古方面还做出规定，即禁止蒙古人越界到此线以北去，也禁止乌梁海人到南边来，要想获准通过，必须拿到诺昂（hoǔoh）的手谕。因此，在一些地方受雇做向导的人哪怕只是极轻微地但却无法避免地要违犯这一规定，在这种地方我们有时就得费很大的劲去说服某个人为我们带路。

10月23日，我们先是在纳林苏门河右岸行进，然后过河，水没到马镫处，靠河岸结着很宽的一条冰带。离开左边河岸前行1俄里后又走过另外一条霍图戈尔河，这两条河在下游汇合到了一起。沿岸生有河柳、桦树和薰草。霍图戈尔河的渡口处已经有杜尔伯特人（或者更正确地称之为拜特人）的帐幕了。从渡口处顺着河的左岸往前走，河流此时大大地向北偏过去。我们停歇在此河左岸河柳和桦树树丛中间。在这个地方河从两道垄冈之间流过，垄冈之间的河谷有的地方宽达数俄里，没有岩石露头，我们途经的最后一批露头是阿黑尔山和沙里托洛戈山冈。

10月24日，我们行走在平坦的沙土草原上，有些地方沙子积成了垄冈和圆丘，地面上生着针茅植簇，也有小丛的白奥尔忒特和麻黄。路南约50俄里远的地方是一条连绵不断的山脉，其中特别高的一座山峰是巴音哈伊尔罕山，其东端与罕呼亥山相连，西端接博罗扎拉山，北边的唐努山脉为密云所遮,只有山脉东端的哈伊尔罕山(在萨姆戈勒台河的上游处)还看得见。奥隆诺尔是纳林苏门河左岸以南5或6俄里处的几个小湖泊,湖水是咸的,岸土含碱。由于在湖边没有找到淡水,我们便离开这些湖泊折向纳林苏门河,停歇在该河荒凉而凄清的岸边。河在这里宽近10俄丈,河面完全封冻,非常平坦的河岸完全裸露着。这个地方不仅没有灌木,连草也不长,景色再单调不过了——赤裸的沙地加一条冰带,别无他物。只有从我们停宿的地点往南可以看到奥隆诺尔湖畔有枯黄的薦草,再就是一个沙丘上有那么一个用干河柳枝堆起的黑乎乎的敖包。只在夏天蒙古人才会来到这一带的荒原,而现在,除了大乌鸦在我们停宿地点上空聒噪之外,没有一点生机。在我们住宿地上游约10俄里处,纳林苏门河左岸有一位拜特王公的木造府宅。

10月26日,我们在布有小丘陵的沙原上行进。奥隆诺尔湖以西有一片叫代里森通丘的地方,那里地势平坦,长满了代里苏和别的禾本科植物。过了那块地方,我们终于看到了乌布萨湖。湖东面有一条沙垄伸入湖中,南岸的陆地也伸进了湖水里边。湖尚未封冻,湖上有许多天鹅成群地飞翔,每一群约有15只。

杜尔伯特人[1]只把这个湖简单称作伊亥诺尔,也就是大湖;和屯人叫佐尔克利,即大湖;唐努乌梁海人则叫它乌斯帕霍利。我们过了一片不大的沙丘巴嘎吉尔格伦忒之后,停宿在一口井的旁边。整个草原上都长着白奥尔忒特。

我们于10月27日上午9时出发,不久就走进一片沙丘地。因为天气阴沉难以判定当地的方位,12点便在沙丘中间停下来住宿。沙丘上有很好的牧草,我们连根拔来成丛的夏维克(铁杆蒿)作燃料,没有水便代之以雪。我们在纳林苏门河畔最后一次停宿时,就把从津济利克雇来的向导打发走了,所以我们后来在乌布萨诺尔湖南岸经过的那

---

〔1〕杜尔伯特人,焦尔标特人:蒙古西部部族之一,其相貌和语言都与蒙古北部民族(喀尔喀人)截然不同。杜尔伯特人的面貌明显与图瓦人相似,其表现是脸形长方,鼻长,下颏尖,还有面色比较黑,服饰也有差别。杜尔伯特人从事农耕的比喀尔喀人多,手工业比较发达,这就使他们对汉族商人的依赖性较小。

些地方的名称也就无从知晓了。

10 月 28 日先在沙丘地里行进,走出沙丘地来到平坦的草原上,沙地沿湖岸向西延续到很远的地方,把湖遮得都看不见了。一天的路程快走完时又看到了湖,它占满了整个北面的地平线。这天云很密,乌云遮住了唐努山脉,只把山麓露在外边,山脉在湖的北岸。巴音哈伊尔罕山清晰可见,然而它的西余脉图赫图根努鲁(或称博罗扎拉)山却同样处于云遮雾罩之中。巴音哈伊尔罕的北麓有一片山前地带,而西北边乌布萨湖平原则直接与山相接。天气很暖和,中午太阳晒得很厉害,傍晚时分刮起了西南风,还夹带着暴雪。我们从一个小湖的右边走过,在另一个同样小的湖泊的北岸停下来,湖的四周有很多沼泽,长着薦草。

10 月 29 日我们行进在生有禾本科植物的平坦草原上,左边可以看到有薦草。之后来到一个长着乌黑里卡拉嘎纳(本格锦鸡儿)的地方,这片地方比乌布萨湖低低的湖岸高出有 2 或 3 英尺,湖岸附近没有锦鸡儿。我们停歇在锦鸡儿丛北缘能看到湖面的地方,从这里就望得见乌兰固木以东的一些不大的山峰,小山背后是乌兰固木西边的高山希博图。

10 月 31 日我们在平坦的草原上前行。一开始草原上有乌黑里卡拉嘎纳,后来灌木消失了,开始出现分布着土墩的碱土地;有了叉干奥尔忒特和巴嘎卢尔(假木贼),这后一种东西被乌兰固木贫苦人用作烧柴。草原的南面毗连着长长的图赫图根努鲁岭的山麓,山上不生林木,其西面的终端是一座峭岩岬角,从乌兰固木去科布多的路就从岬角下经过。乌兰固木东面的山峰轮廓看得比较清晰,然而寺院却被并不太大的嘎济伦乌久尔山的峰峦遮住,我们看不见。当我们走近这些山峦时,开始出现房子:右边稍远一点的地方是个磨坊,左边有几间粮仓。我们停宿在无水的草原上。

11 月 1 日先走过一些耕田,过乌尔图泰林戈尔河,再翻并不太高的嘎济伦乌久尔山,从山顶上看见了杜尔伯特王属旗的寺院所在的平原。在嘎济伦乌久尔山西麓下边走过一条不怎么宽的霍图泰林戈尔河,渡口以上的河边生有茂密的桦树林。

乌兰固木寺院所在的这片平原除与乌布萨湖相接的北面以外,周围全是山,湖岸距寺院不下 60 俄里。寺院的东边是我们刚走下来的小山峦,寺院的西南有一座高山很靠前,距离其余比较偏西的山脉很远,显得很孤单。该山的上半截积着雪,半山腰处有一条针叶林带,山体中间是一道深深的裂隙,那是哈尔基拉河流向平原穿过的峡谷。峡谷以北的山叫罕呼亥,以南叫明干奥勒扎山。[1] 罕呼亥山的岬角右方的地平线上是位于乌布萨湖以西、与唐努山脉会合在一起的察干希博图山脉。寺院坐落在霍图泰林戈尔和乌里雅苏台两条河流之间的平坦地带,乌里雅苏台河沿岸的森林从我们在泰林戈尔河畔的停宿处就看到了。寺院以南不远处,有一座完全孤立的岩山。虽然蒙古人说就是这座岩山叫做乌兰固木,而王府所在地点的名称正是因此山而得,但却未必如此。[2]

　　寺院有 30 或 40 个院子,村落中央的场地上有一座很大的庙,没费多大事就让我们进去了,只需得到为首的喇嘛的许可就行。庙顶上铺着俄罗斯铁皮,里边的天棚包着俄罗斯的印花布。庙里有 5 尊或者还要多一点的青铜像,有几尊与人等高。由于这些铜像大概全都是从蒙古东南部的达赉诺尔城运过来的,所以说建造这座庙宇可能花费了王爷和他的旗不少的钱财。除这座庙之外,庄子里还有几间土房,其中包括王爷的府邸。不过多数人还是住的帐幕,帐幕四周用土打着院墙;每一个院子里设着 2~3 顶帐幕,帐幕里通常都有铁炉子。乌尔凯[3]里没有装铁烟筒的很少,这是这一地区因有俄罗斯人经商而出现的新事物。除了王爷和他属下的几名官员外,住在乌兰固木的全是喇嘛,其余的杜尔伯特人继续过他们的游牧生活,冬天转移到山里去放牧。我们来到乌兰固木碰上的正好是冬天的情景,四周的荒原已经空寂无人了。夏天人们来耕种土地的时候,乌兰固木就会热闹起来。庄子里有两间

　　〔1〕不可把这座罕呼亥山与吉尔吉斯湖北边的同名大山脉混淆。乌兰固木这里的罕呼亥山是察干希博图大山脉的一个小小的前支脉。——作者注

　　〔2〕杜尔伯特人称他们的寺院为金德门,乌兰科木或是乌兰固木这一名称指的可能是寺院周围那一片广阔的地带。——作者注

　　〔3〕帐幕上的烟洞。——作者注

181

开设在帐幕里的汉族人的商铺,他们冬天继续在这里营业;夏天这样的店铺就多了,那时俄罗斯商人也会到来。[1]

庄子的四周都是农田,种大麦和小麦,没有稷子。从事耕作的有杜尔伯特人与和屯人,[2]来自西域的穆斯林移民。[农田]引哈尔基拉河与两条泰林戈尔河的水灌溉,和屯人必须把一部分粮食送交王爷。乌兰固木的粮食一部分运往科布多,一部分运往乌里雅苏台。秋天的时候汉族人来到乌兰固木收购粮食。他们把买来的粮食倒入窖("乌尔海")里面,一个窖里倒200至500"托戈"(大勺)或者更多一些。冬天雇骆驼把这些粮食分批运往科布多或乌里雅苏台,到科布多每峰骆驼付3或4两银子,一峰骆驼载驮30"托戈"。有一部分粮食经乌兰固木的两座磨坊加工成面粉,出售给当地人。在乌兰固木过夏的汉族人种的菜只供自家食用。1877年粮食歉收,3托戈小麦汉族人付两块茶砖。

这一地区所具备的有利于粮食种植的条件使我们有理由推测,中国史籍所载耶稣降生[3]前后曾存在于叶尼塞河上游地带的那座益兰州城[4]就在此地。另外,与成吉思汗同时代的中国旅行家钱群曾经听人说起:在谦谦州[5]一带有座汉族城,那个地方种植小麦,盛产铁和松鼠皮,有众多的汉族手艺人,从事绸缎纺织,如果这一切都是真实的,那么这个地方也未必只能认定是克姆奇克,[6]乌兰固木的情形在某种程度上也是相符的。此地具有适宜于种植粮食和定居生活的条件,很有可能早在远古时期就已经成为了一个重要的地点,而它在夏卡斯[哈卡斯]王朝时代曾经占有重要地位也是不足为奇的,也许这里正是哈

---

〔1〕夏天居住在寺院里的人也跟随王爷和其他人一起移住到哈尔基拉河上游的高山上去。——作者注

〔2〕和屯人:突厥部族,居住在乌布萨湖附近,人数不多(100来户),讲突厥—鞑靼语,保留着某些伊斯兰教遗俗。他们可能是在1778年被迁到乌兰固木的。

〔3〕原文如此。——译者注

〔4〕这几个地名都是译音。——译者注

〔5〕这几个地名都是译音。——译者注

〔6〕这几个地名都是译音。——译者注

卡斯几代君王的驻在之地呢。[1] 后来,毫无疑问,西伯利亚历史上有名的阿尔滕汗王们都曾经辗转于此地。

─────────────

　　〔1〕哈卡斯王国自 9 世纪中叶至 10 世纪初存在于叶尼塞河上游地带和米努辛盆地,中央亚细亚的各族人也曾受其管辖。10 世纪之后,哈卡斯的小王公们依附于成吉思汗的后裔蒙古大汗王们(13－14 世纪)及阿尔滕汗王们(16—17 世纪),仅保有对上叶尼塞河流域各部族的统治权。

　　14 世纪成吉思汗蒙古帝国崩溃之后,出现了好几个相互敌对的蒙古"小汗国"。这其中就包括统治北部蒙古人和乌梁海人的阿尔滕汗王们。

7 从乌兰固木到科布多，
再到科什阿加奇

到达乌兰固木后,我们考察队一行人就分成了两组:因为 1876 年夏季采集的标本留在了科布多,我和别列佐夫斯基两人就去那里取标本;拉斐洛夫和其余的考察队成员从乌兰固木直接去了丘亚河畔的科什阿加奇。

11 月 5 日我们走上了从乌兰固木往南运送粮食的驼队通常走的那条路。停宿的地点既没有水也没有烧柴,荒野上只能偶尔看到一些锦鸡儿丛。走过来的那片地方全都是农田,灌溉渠纵横交错。在那片地方之前不远处我们经过了哈尔基拉[哈尔希拉戈尔]河的干河道,那条河道的样子就像是一条略微陷入野地表面之下的宽砾石带。我们的住宿地的东边耸立着高大险峻的明干奥勒扎山和罕呼亥山,两山之间是哈尔基拉那侧壁陡峭的狭窄峡谷。东方可以看到有一些小的山冈,山冈的后面矗立着图赫图根努鲁山脉。有一道石岭阿雷克从高大的明干奥勒扎山向东南方向伸延过去,再往东是塞尔滕盖里山的岩峰,一道平缓的山隘把该山同阿雷克山接了起来,这两道山岭挡在哈尔基拉河谷下段的南侧和东南侧。在塞尔滕盖里和图赫图根努鲁这两条山脉之间没看到有岩崖陡峭的山岭。哈尔基拉河流经的平原从阿雷克和塞尔滕盖里两山之间向南伸出去很远,这里的平原上孤零零地立着一座单独的岩山阿勒滕久尔库托洛戈,杜尔伯特人对它很崇拜。传说那里从前是博舒赫图汗的驻地和农田,周边地带至今称作察亥博舒赫图。杜尔伯特人认为博舒赫图汗是他们的可汗,似乎把他与准噶尔的汗们相提并论。哈尔基拉河发源于终年积雪的高山之中,山名叫门古察苏,在蒙古语里意思是"终年不化之雪",该河接纳了自左流过来的支流秋尔贡河之后,穿过狭窄的山谷泻向平原,从左侧注入霍图泰林戈尔河;后一条河上游段现已落在我们身后路的左侧,是在一块离察亥博舒赫图不远的平坦地面上。哈尔基拉河的水只在夏天才能流到泰林戈尔河,秋天河的末尾一段就干涸了。霍图泰林戈尔河过了乌兰固木之后,同乌尔图泰林戈尔河汇合,但不等流到湖边,两条河的水就都被分散引进农田了。

11月6日,起先我们还是在那片平原上前进,一天的路程快要走完时登上了连接阿雷克山和塞尔滕盖里山的那道平缓山隘。通往山隘的路在已干涸的察干乌孙细沟边上,那条沟只在雨后才有水。上去之后走进一个凹地,凹地的西面是阿雷克山,东面是基滕奥什丘岭的峭壁;凹地中有一个伊基沙里布尔佳诺尔湖,湖水苦咸;平坦的湖岸上生着代里苏,湖长不到1俄里。从此湖右侧走进组成阿雷克山一个部分的连片的岩石山丘之中。我们就在这里一个不大的阿雷根布雷克泉旁停宿,泉水完全结成了冰。饲草只在槽沟里有一点点,山上根本没有草,没有烧柴。在察亥博舒赫图那个地方有2~3个蒙古包,我们曾从蒙古人那里买了一些劈柴,现在就用这些劈柴煮食物。在察亥博舒赫图和此处的两个住宿地都有啼兔,夜里它们非常活跃,一直到午夜的12点钟都能听到它们的尖叫声。

11月7日翻过阿雷克山的岩丘,向下进入布尔嘎苏台河谷。河宽近两俄尺,深及马的距毛;河水在岩石河床中流速很快,河谷宽1俄里左右;阿雷克山挡在它的北面,往东是基滕奥什丘山;河岸平坦,长着代里苏;河谷西面的山还比较高,而在对面,东边的山就更小一些。布尔嘎苏台河发源于哈尔塔尔古台山口的南坡,从布尔嘎苏台河谷翻过那道山口可到哈尔基拉河谷。哈尔塔尔古台那个地方有煤,杜尔伯特人把它挖下来,在帐幕里烧着取暖。还有一道峭岩隘口隔在布尔嘎苏台河谷与另外一条谷地之间,在另外那个谷地里有一上一下两个霍勒博诺尔湖,自下面或者说东边那个湖中流出一条希贝河,该河流入陡立的夹壁之中,出了夹壁就隐没在代里苏丛里。希贝和布尔嘎苏台两河的下游地区是农田,部分由杜尔伯特人耕种,部分由和屯人耕种。

11月8日,我让考察队走朝科布多去的直路,我同一个蒙古人一

185

起往东折向和屯人的居住地点,和屯人这一名称指的是杜尔伯特王爷属下那些西域人的农奴。我们在希贝河左岸的山中找到了和屯人的章京霍贾姆古尔,我们看到在一块硕大的圆石护掩之下有两顶帐幕,他带着自己的家眷和已经娶妻的儿子就住在那里边。我在霍贾姆古尔老人的帐幕里待了一天,然后在布贡夏尔山赶上了考察队。

我离开霍贾姆古尔处去追赶考察队时曾经横穿希贝河,在我过河的那个地方,河宽最多两俄尺,深及马的距毛。扎布亨河下游以西有两道孤立的陡峭岩岭,一条叫盖勒本奥拉,另一条叫托利本奥拉,在这两道山岭下面居住着杜尔伯特民族的庇护女神之一察甘达里胡圣女。[1]南边地平线为布洪夏尔(或布贡夏尔)山脉所遮,山脉的东边是霍博忒岭。布贡夏尔山脉背后矗立着科布多河左侧岸边那座高山阿勒滕库凯的顶峰。我从一个丘陵上走下,进入一条西北—东南走向的无水宽槽沟里。可以看到槽沟西北边的末端处有一道平缓的山隘,山隘的另一边是霍勒博诺尔湖盆地;东南边有一个同样平缓的山隘隔在槽沟与扎布亨河平原之间。在后一个山隘下面凹地的东南边上有一片含盐的泥淖达贝森苏日,杜尔伯特人就从其中采盐。我从这条槽沟登上布贡夏尔山的东北坡,从山隘上走到下面北南走向的无水干燥盆地(蒙古语叫"洪代")中。在这条谷地里我们看到了我们那支考察队的踪迹,此谷地长约6俄里,其南端通向一个更低的盆地,盆地里有一个叫做哈拉

---

〔1〕杜尔伯特人与喀尔喀人不同,没有格根,而有两位地位与之相似的神女——达里胡,喀尔喀人则没有这样的神女。达里胡之一名为白面察甘,1877年时已经40岁;另外那位16岁的年青达里胡名叫绿面诺贡。两位神女贞洁无瑕,备受尊崇,人们犹如面对佛像[神像]一般对之顶礼膜拜,还曾被送往乌兰固木,那里为她们举行了盛大的祭拜活动。她们死后会像格根一样转世再生,寻找她们的办法也和寻找格根的相同——等待出现彩虹指示达里胡降生。

杭爱山地区的蒙古人认为,察甘达里胡只有一个,而诺贡达里胡却有20个,其中一个在杜尔伯特人这儿,其余的都在世界各地,其中就有俄罗斯的女沙皇(叶卡捷琳娜二世?)。

制出来的察甘达里胡绘形象是左边的脚和手伸着,右手高举,手掌对着祈祷者,掌心生有一只眼睛,她就用这只眼睛观察3000个民族;左脚上长出一棵植物,植物的茎从左手指间穿过去,在手的上方开出花朵。

诺贡达里胡的造型则是一个未穿任何衣物的年青姑娘,脸和身躯都是绿色的。她盘腿坐在一棵植物的枝条上,开满花的枝条在金色的底子上围绕着她伸展;沿着神像的边缘画着10来个或者还要多的女子像(格·尼·波塔宁:《蒙古西北部概况》,第Ⅱ分册,第32~33页)。

乌苏[哈拉乌苏努尔]的湖。布贡夏尔山朝向哈拉乌苏湖的坡面很陡，山麓和北边的湖泊之间是高高的拜利，湖岸上有很宽的代里苏和锦鸡儿带；拜利上有许多帐幕、牲畜和杜尔伯特人，一路走来在这个地方还是第一次见到了里海地鸦。我们看到我们那一队人正停在布贡夏尔山的拜利上，在这里除了锦鸡儿外蒙古人还拿夏维克（铁杆蒿）当柴烧，他们还化雪取水。纳缪尔河发源于高高的亚洛山中，河谷左边是吉尔格伦忒山，右边是亚尔干忒山。由（丘亚河畔的）科什阿加奇去乌里雅苏台的路从纳缪尔河谷经过，比斯克商人就是走这一条道路去往该城的。

　　11月11日我们沿哈拉乌苏湖北岸朝东南方向行进，随后停宿在湖东面的代里苏丛中。湖的北岸和东岸平坦，南、西两侧的岸上有坚硬的石头岩崖。湖南岸是雄杜利乌兰山的悬崖峭壁，西岸从雄杜利乌兰山和吉尔格伦忒山之间的空隙处可以看到远方地平线上的亚洛山，而靠近湖岸，纳缪尔河的右岸只有图拉哈拉山的一些不大的山峦。在那些山里有一个莫干忒泉，泉旁设有[汉族人的]纳斯泰商号的栈点；雄杜利乌兰山后面的雄杜利河谷里有扬古季商号的栈点或者说是庄子，布贡夏尔山的东北面则是塔申呼商号的栈点。雄杜利乌兰山西段的背后显露出比尤图埃里克青蓝色的山峰，那座长白雪山在科布多河右岸阿勒滕库凯山的对面。

　　11月12日，我们离开停宿地向南行进，距雄杜利乌兰山越来越近。来到山前，在一个离雄杜利河流出的峻峭而狭窄的山谷处不远的地方涉过河去。雄杜利河发源于高大的阿勒滕库凯山的北坡，出峡谷后横穿哈拉乌苏湖谷地，已干涸的河道沿湖谷的东北边缘延伸到哈拉乌苏湖边，春天水能流到湖这里，可秋天离湖还很远就消失了。河出峡谷再往前流就是农田，水被引去浇地了。山谷之中有明格特旗的主寺。在雄杜利河以东，哈拉乌苏湖盆地处在两排相互平行的山峦的夹峙中间，东北面的一排是霍博忒山，奥利根哈拉山和博托肯哈拉山。奥利根哈拉山东麓有一个长约3俄里的奥利根诺尔湖。该湖水是淡水，其西北面的岸边长着一大片代里苏（蒙古语把这样的地点称为"通凯"）；同

·欧·亚·历·史·文·化·文·库·

样的一片代里苏丛也从哈拉乌苏湖的东端向这里伸延过来,但是一条隆起的地峡横挡在它们中间,而地峡上却完全不见代里苏。奥利盖湖边有杜尔伯特人的牲畜。

我们在乌兰布雷克河流经的宽阔谷地河岸平坦的地方涉水过河,在河南边的山中停歇,停宿地四周积着雪。走在路上看不到科科布尔佳湖,然而阿勒滕库凯山的东坡及其东余脉库里南盖里山却尽收眼底。

11月13日我们翻过一道平缓的山隘,来到下面的宽阔槽沟中,槽沟的东段逐渐变窄,形成陡立的夹壁。在这条槽沟里,一支驮载着粮食的骆驼队出现在我们走的这条路上,这支运粮队是从雄杜利河谷出来,由库库布尔佳诺尔[科科布尔佳努尔]湖边经过的。槽沟的南面是库里盖里和诺伦托两山的北麓,我们走两山之间(库里南盖里山在右而诺伦托山在左)的鞍形部。从山隘顶部下行,经一条峡谷的上口进入谷内,谷里有一股叫做哈普丘勒希雷克的泉水。离开峡谷数俄丈之后,我们看到了科布多河谷和哈拉乌苏湖。站在这个地方,一片浩瀚辽阔的景象展现在眼前:已经封冻的湖面露出来一半,南边和西边地平线上是耸立在科布多城后面的阿尔泰山脉的座座高峰,也就是捷列克京斯基山脉,还有布扬图河右分支上游处的山脉和(可能是)古尔班察斯图博格多山,一道道连绵不断的大山朝东向巴特尔哈伊尔罕峰伸延过去。在西面高山连着高山一直绵延到库里南盖里山脉的侧面,然后消失在其背后。处在这道风景中央的是科布多城的周边地带,看到了遮挡在城北的阿尔沙忒山,山中布扬图河流过的那道峡谷;在哈拉乌苏湖南岸一片枯黄的代里苏带的映衬下,塔本哈伊尔罕山那5个不大的黑色锥状山峰轮廓极其分明。在这些山峰以东可以看见宗哈伊尔罕山与巴特尔哈伊尔罕山之间的泽尔格谷的入口,早春时候我们就是经过那里从科布多出发去哈密的。整个的盆地里都没有雪。[1]

等我们下到低一些的地方,湖就被山遮挡住了,不过西边这一部分的画面上又增添了几处景物:现出了两座高山,守护着科布多河从峡谷

---

[1]从乌兰固木到哈普丘勒布雷克泉流上游处的山隘一路上都有雪。——作者注

流向哈拉乌苏湖平原的那个谷口的阿尔滕库凯山和比图埃里克长白雪山;两山都有巉岩陡峭的岬角伸向河岸,封锁了河谷;比图埃里克的岬角是从山峰一直伸延到河岸的一条连续不断的巉崖山脊,而阿尔滕库凯的岬角则止于平缓的科科科捷利山隘。自山隘上下来,我们从一个叫泽伦诺尔的小湖旁走过,这个小湖不可同杜尔伯特旗的那个大咸水湖相混淆。这个泽伦诺尔湖位于哈勒曾比尤尔古台岭的北麓,湖中的盐分不沉淀,水是咸的,沿岸生着代里苏,湖边居住着明格特人。虽然有一条对着科布多河方向的槽沟,但湖却没有泄水道。

我们在哈勒曾比尤尔古台岭西端末尾处的山丘附近过了一夜,11月14日走过一段小上坡路之后,继续朝下面的科布多河谷前进。我们沿着从山岭向河边倾斜下去的沙土坡面往下走,坡地上长着灌木:锦鸡儿、布依莱斯(矮扁桃)、泰斯客(驼绒藜)和叉干奥尔忒特。灌木丛中间偶尔能见到苏尔丘利(砂蓬)。河宽约 130 步,河岸是沙土,平坦、光裸,偶尔有小片的矮生河柳林。在河水靠近孤立的花岗岩山岭托尔呼拉的北面终端处我们过了河;夏天这里设有摆渡点,并为此造了 6 条船。经营这个摆渡点就算是两个杜尔伯特旗交纳的实物贡赋。这里还设着科布多——乌兰固木驿路上的一个站点乌雷姆。科布多有 3 条由各旗自己出资经营的驿路通往外面:一条通往拜特人的喇嘛寺院,一条去乌兰固木,一条到杜尔伯特汗的驻地。

从渡口我们顺着托尔呼拉岭的西麓行走,在其南边的尽头处停下来过夜。托尔呼拉山或称托尔呼兰山在水平地面上陡然拔地而起。在其山脚下散布着许多基沙契洛,然而只在两块上面刻有人像。与托尔呼拉南面末端相连的是一片长满锦鸡儿的地块,这片地东西宽有数俄里,南北长约 10 俄里,几乎到了布扬图峡谷那里。这些锦鸡儿丛中间有许多里海地鸦。托尔呼拉向南约 4 俄里,沙地上有一条宽约 30 步深1 俄丈的西北—东南方向的细沟。据蒙古人说,这条细沟是从科布多河分出来的,从前这大概曾经是该河分出来的支流之一。蒙古人认为那是勇士萨尔塔克泰[1]开出来的人工运河,他想要乘船沿这条运河去北京。

科布多河流经托尔呼拉岩崖后,又朝东北方向流去,分成3股支流注入湖中。布扬图河经过另外一个河口流入,湖的整个西岸和南岸都长满蘆草,蘆草里有野猪。科布多河右岸平坦,左岸从河边开始就是哈勒曾比尤尔古台山下的高地,或称拜利,此高地伴随着河道差不多一直到河口,北边主河道处的湖岸嵌伸到湖里边。纳伦戈尔河、布扬图河与托尔呼兰山之间的地带是官家的农田,由屯驻该处的蒙古人耕种。

关于哈拉乌苏与杜尔嘎诺尔[杜尔盖努尔]和吉尔吉斯诺尔[希尔吉兹努尔]3个湖之间的联系问题,我们没有时间去把这个疑问解开。春天时我们急于往南去哈密,而冬天到当地去只能是事倍功半。我曾就此向一些当地人详细了解这方面的情况,他们的说法却彼此大相径庭。

[11月16日]穿过科布多与布扬图两河之间的地带进入布扬图河峡谷,沿此河的左岸出峡谷来到科布多城所在的谷地。一出峡谷,就在距城约5俄里处过了布扬图河。

我们在城内待了3天[7天],把各项事务办妥,租了4峰骆驼送我们到科什阿加奇,遂于11月24日又离开了该城。

从科布多去科什阿加奇可以走通往索克哨所的驿路,也可以偏东取道哈克哨所,俄罗斯的经纪人一般愿意走后一条道路。驿路从阿勒滕切契长白雪山以西经过,而俄罗斯经纪人是从东边绕过该山的。我们打算走科布多河谷地,从更偏东一些的地方过去,目的是要证实这条河谷里的确有雉。这件事第一次在科布多城过冬的时候就已经听说了。为我们做事的那个蒙古人告诉我说,有人拿着打到的雉到科布多的市场上售卖,然而当时我们却既未能买到,也没有看见这种野禽。在

─────────────

[1]萨尔塔克泰勇士的名字从杭爱山脉到卡通河畔,在哈萨克草原上广为人知。在阿尔泰山地区,人们说他曾立志在卡通河上建造一架桥,但他没能做成此事,便劈山开路去了蒙古。在丘亚河畔曾指给我们看岩山上的一个洞口,说那是萨尔塔克泰劈出来的。据杜尔伯特人讲,他是奥奇尔瓦尼山神的化身。关于萨尔塔克泰有很多神话故事,格·尼·波塔宁将之收集起来,编入《蒙古西北部概况》的第Ⅱ和第Ⅳ两个分册中;在本文集的故事部分我们采用了其中的一则。

从乌兰固木来科布多的路上,我收集了有关此种禽类出没地点的比较详尽的信息。据此我决定,经由一条比通常的路线要长的道路去科什阿加奇。

11月24日,我们沿着俄罗斯经纪人走的那条路从城里出发了。这条路在对着城的地方过布扬图河,从河的左侧穿越花岗岩山阿尔沙忒西面的侧翼。翻过一个鞍形部,我们来到哈拉乌苏湖平原,停宿在沙里布雷克河的干河道(蒙古语叫"赛里")旁,此河的上游设着科布多—索克驿路的第一个站点。从鞍形部上就已经能够看到科布多河峡谷、阿勒滕库凯山和我们要去的科科科捷利山隘。经纪人通常走的那条路要偏左一些,在比图埃里克长白雪山的巅峰与科布多河峡谷之间从雪山东坡穿过。哈拉乌苏湖平原从托尔呼兰山往西延伸出好大一片,这一部分被多条山脉围成了一个四方形,北面是阿勒滕库凯、库里南盖里和哈勒曾比尤尔古台3条山脉连成的陡壁悬崖,这一连串的岩山屹立在又高又陡的拜利之上。其他一些比较高的山岭彼此相连,围在平原的西面和南面。四方形的西北角上是科布多河自山中流向平原经过的那道峡谷,河水紧贴着阿勒滕库凯和哈勒曾比尤尔古台两山的拜利从这个四方形的北面边缘处流过。位于科布多河以南的四方形其余部分是一个微微向北下倾的坡地,上面分布着一些单独的岩石山岭。

沙里布雷克河的赛里或者叫干河渠在通向布扬图河谷的出口处两面被山峰夹峙着:右边是阿尔沙忒山,左面是祖里山和索戈特山。11月25日我们从沙里布雷克河谷来到山上,走过祖里和索戈忒两山之间平缓的山隘,下来进入另外一条宽阔而平坦的槽沟里。博利吉姆布雷克的河道从此槽沟中穿过,槽沟的左侧是一条孤零零的峭岩山岭。我们曾在此山岭东北边的岬角下停宿过,从乌兰哈拉嘎纳一带(在托尔呼兰山的南端)一直到此岬角下的一条宽宽的条形地块上长满了代里苏。

11月26日一直朝正北行走,脚下的地面微微朝科布多河倾斜。我们前一天在其中停宿的那片代里苏丛宽度不超过1俄里,路经的其余地方地面上全是光裸的角砾,几乎没有任何植物,直到临近科布多河,才偶尔看到一些叉干奥尔忒特,后来又有了锦鸡儿和代里苏;河边生着很高的河柳。随同锦鸡儿一起也出现了里海地鸦。我们停宿在科布多河右岸。

11月27日先走过科布多河南面的分支,然后沿河的左岸朝西北方向前进。地面上有的地方是长着代里苏的沙土或是角砾,有的地方是长着苔草、布满土墩的黏土沼泽。有一支往科布多驮运木柴的驼队从我们旁边走过,柴是在奇日克滕戈尔河谷比图埃里克山的东北坡砍的。这种驼队是穿过峡谷进入哈拉乌苏谷地的,不过这条直路并不方便,因为从峡谷到乌兰哈拉嘎纳地区(大约60俄里)一路上根本没有牧草。我们在科布多河北分支的右岸停歇。科布多河左岸(我们停宿地点的上游)有一座明格特旗的寺院,是几间土房子。

11月28日朝西行进。几乎就是在停宿的那个地方过了科布多河北侧的分支,出了峡谷此河就一分为二。北边的支流从科科科捷利的东麓下流向东北,南边的支流大概是流向正东,未到达托尔呼兰两条分支就汇合到一起了。两条分支之间的那片地方满是土墩和沼泽。北支流的北侧,沿河有一条窄窄的沙土地,上面长有锦鸡儿和代里苏,这条地带一过,马上就是撒满碎石、寸草不生的拜利。两条分支的河岸高出河面都不超过1俄尺。科科科捷列鞍形部宽约1俄里。其地面靠阿勒滕库凯山的一边稍稍隆起,而南边较低,上面撒满磨得不很光的卵石,有不计其数的浅沟,春天雨水就从这些沟里流泻下去;科科科捷利山隘上没有一点草。总之,其特征同蒙古所有的拜利地表特征一样。

随后我们通过了科科科捷利隘口的路靠近其南面的边缘。这里冈峦起伏,露出来一层层的片岩,冈丘上有灌木布依莱斯(矮扁桃?)。过了科科科捷利,下山进入科布多河谷,在这个地方河谷宽约5或6俄里,河水从靠近右岸山脉的地方流过。左侧沿岸是沼泽地带,沼泽带过去,地势急剧升高,那已是阿勒滕库凯山陡峭多石、寸草不生的拜利了。此山这一侧的山坡和对着哈拉乌苏平原那一面的坡同样险峻,山峰居

192

高临下,俯瞰着科科科捷利隘口的这一侧坡又高又陡,[1]朝向河谷这一面的山坡上有一条很深的裂谷,里面的一条林带(不是杨树就是河柳,看不清楚)一直长到了拜利上。树林往下,拜利上有一道弯弯曲曲的条痕,那大概是砾石中间的一道干沟。科布多河经一道峡谷流出到平原上,峡谷以上的河岸生着繁茂的河柳。奇日克滕戈尔河谷里有落叶松,俄罗斯经纪人走的路从河流的中段横穿这条河谷,而谷里的河他们只知道叫"林间小河"。奇日克滕戈尔河谷归属厄鲁特旗,而科布多河谷奇日克滕戈尔河口以上属杜尔伯特王旗;科科科捷利山隘以下科布多河的左岸是明格特人的土地。我们的停宿地附近放牧着属于杜尔伯特人圣女之一诺贡达里胡的畜群。

11月29日我们一直走在科布多河边的草地上,这里生长着河柳林,偶尔还有杨树、桦树、锦鸡儿和长得很高的沙棘(高近3米,直径约5厘米)。我们还从来没有在任何地方见到过沙棘长得如此之高,如此之多。杜尔伯特人用木头制作多姆贝和装煮好的茶水用的带盖木罐。密林中古尔托洛戈附近有一座呼赖,听说察甘格根应杜尔伯特人之请派来的格根就住在那里。

在这个地方第一次有人拿着几只打到的雉(3只公的和一只母的)到我们这里来卖。雉只在科布多河谷里才有,沿河向上游分布到乌孙霍洛河口之上的布古莫东那个地方,该地在驿路上的科布多河渡口下游20或30俄里处。从那个地方再往上是否有雉,从蒙古人讲的情况中弄不清楚。在我们走过的整个蒙古西北地区,除科布多河谷外都未曾听说过有雉。在天山人们曾经告诉过我们,山里边有一种类似鸡的美丽飞禽叫做"埃布托呼"。我们用一块茶砖换了杜尔伯特人的一公一母两只雉。杜尔伯特人告诉我们,在科布多一只好的公雉他们要卖两块茶砖的价钱,雉通常是临近"察甘萨尔"节时或是新年跟前才去

---

〔1〕格·尼·波塔宁在注释中写道,科布多河中段的几个盆地从前可能都积满了水,而科科科捷利鞍形部大概就是这些水的排泄通道,直至后来河水为自己造就了那条现今流经的峡谷为止。科科科捷利以上,阿尔滕库凯山脉与比图埃尔利克山脉之间整个是一个湖泊,同样,科布多城所在的盆地从前也曾经积有很深的水。

打,科布多的汉族商人有在那个时候拿这种飞禽给昂邦送礼的习俗。雉栖息在畜群和阿伊尔附近的茂密灌木中,我们在它们的嗉囊中发现了野生植物的鳞茎、芽苞和小的蝉(尽管是冬季,却有蝉)。

11 月 30 日我们沿科布多河谷上行,先从停宿地附近过河来到右岸,再沿这一侧河岸走到汉族人商号"阿尔善"的栈点。栈点是一间土房和几顶帐幕,全都围在一个方形的院子里。这里的仓库存放着"大块"茶、大布和斜纹布,没有其他货物。一过栈点我们立即再次渡过科布多河上了左岸,并在那里停下来过夜。从栈点往上,科布多河谷重又被挤在陡直的夹壁之间,夹壁再往上有一条希比尔河注入科布多河;希比尔河左岸的山脉直逼科布多河,把河谷挤得更狭窄。从这个夹壁处到科科科捷利山隘科布多河流经的谷地中间一段较为开阔,有 10 俄里宽,河水先是靠近左岸,后又流近右岸。右岸的山脉怪石横生,高而且险,离河岸较近;左边岸上则是不很高的岩石山岭。与河之间有一道宽数俄里的缓坡,山岭从中间断开,露出一段平整的地平线。

12 月 1 日我们一出发就向山岭的平缓山口攀登,过了山岭就是希比尔河河谷,山口东、西两侧的岭脉岩峰陡峭起来。山口顶上有些高低不平,长着矮小的锦鸡儿。站在山口上,科布多河谷夹壁以上的那一段呈现在我们眼前,那一段右岸的山脉低了,然而离河却很近;左岸的山脉则相反,离开河岸退到了远处,给希比尔河流经的那道宽阔谷地让出了地方,该河流过之处生长着杨树林带。朝该河的上游方向望去,可以看到伊希布鲁勒和巴嘎布鲁勒[1]两条高高的山脉。一列很高的黑色岩岭从那些大山里顺着河谷的右侧延伸出来,逐渐与河谷拉大距离,西段的高度也显著下降,但到靠近科布多河谷处重又高高隆起,形成单独的一道高山乌兰隆呼。在北边遥远的地平线上可以看见一道积雪已经覆盖到很低处的高山,那条山脉在布呼布伦(布孔别连,布孔布伦)河的右岸。我们停宿在从[科布多河]夹壁往上 10 俄里的希比尔河口处。这个地方两条河(希比尔与科布多)沿岸都长着杨树、桦树、河柳

---

〔1〕伊希:大的;巴嘎:小的。——作者注

和乌兰卡拉嘎纳。希比伦戈尔河发源于门古察苏山,该山还发源了哈尔基拉河与洪杰伦戈尔河(后两条河都往东流向乌布萨湖)。

　　12月2日,我们在科布多河谷中行进。从希比尔河上游一直延续到乌兰隆呼山的岩岭并没有山冈朝科布多河左岸分出来,在岩岭与河流之间只是一片拜利或者说是缓坡,然而此坡却临河形成了一道不是很高(2～3俄丈)的陡崖。河谷东有这些陡崖,西边是一道巉岩山岭,从希比尔河口往北又开始变窄。在对着希比尔河口的地方科布多河从右岸的山岩下流过,而从我们半路过河上右岸的地方起又转而靠向了左岸的石崖。由前述那几类树木组成并杂有沙棘的树林一直长到了这里,且越来越宽,越来越密。

　　12月3日沿科布多河右岸行进。到这个地方河谷已经有15俄里宽了,地面是沙土或角砾,有的地方甚至有宽宽的卵石带。目力所及,河谷里长满了锦鸡儿,近河处生有间杂着沙棘的河柳,常有小片桦树林,甚至杨树林。距察干阿拉勒不远处就是诺贡达里胡的冬季驻住地,就是3顶隐蔽在茂密的杨树林中的毡帐。在我们的停宿地附近又有高峻的岩山(乌兰隆呼山)逼近左岸。

　　12月4日继续沿科布多河右岸前进。河从左岸的山下流过,右岸是宽约15俄里的平原,上面长着锦鸡儿,河畔上是和昨天见到的相同的森林植物。乌兰隆呼山以上河段的流向是自西向东。乌兰隆呼以西迤逦在左岸的岩岭又低了下去,一条乌孙霍洛河[1]——阿奇特[阿奇图努尔]湖的泄水道——在这里自左侧注入科布多河。我特意打发一名雇工到乌兰隆呼山前的蒙古包里去询问乌孙霍洛这个问题,可是也许这个雇工没能探问明白,也许他是有意蒙骗我,反正他从阿伊尔没有带回确切的答复。由于科布多河左岸的岩山几乎一直到汗的驻地都连绵不断,所以乌孙霍洛的河口大概是处在狭窄的夹壁里岩山之间。[2]

―――――――――――

〔1〕不是乌孙戈尔——"水之水",而是乌孙霍洛——"水之喉",对这个名称蒙古人自己是这样解释的。——作者注

〔2〕B. B. 萨波日尼科夫写道:"阿奇特诺尔湖的一条名为乌孙霍洛(水之喉)的泄水道自北方从西面的卡拉隆呼山和东面的乌兰隆呼山之间流入科布多河"(《蒙古阿尔泰》,第318页)。

12月5日,我们沿着科布多河右岸往西南方向的杜尔伯特汗的呼赖前进。路一直都在河右岸宽广的砾石地面上,在哈尔阿拉勒一带汗的呼赖附近右岸的山脉再次逼近河流,河谷变窄。

此山脉的拜利地势高出科布多河的左岸很多,拜利上只孤独地矗立着一座名为哈拉隆呼的黑色岩峰。据蒙古人讲,乌孙霍洛的河口就在哈拉隆呼和乌兰隆呼[1]之间。

汗的呼赖有百来顶帐幕,密密麻麻地布设在科布登戈尔河左岸茂密的杨树与河柳的混合林中。帐幕被围成许多小院子,每一个院子里有3~4顶帐幕,院子是用干的河柳圈成的。在这一大片帐幕的中央耸立着足有3~4俄丈高的毡帐寺庙。呼赖里有两间冬天仍在营业的汉族人商铺,里面有茶、糖、面粉、棉布和各种小商品。汗的驻住地在呼赖以东3俄里处。汗的游动呼赖只是冬天才在这里,春天就转移到乌布萨湖平原去了。

12月9日朝布哈莫东那个地点前进。先向正北朝科布多河从中流出来的那道峡谷行走。从呼赖到峡谷我们走了一个小时,走过一个缓缓的上坡之后,就从峡谷的入口处经过一段很陡的满是峭岩的下坡路来到科布多河岸边。沿着河的左岸在峡谷里又走了一个小时。峡谷高高的山峰几乎是从峰巅开始一直到下面的河岸都布满了大块的岩屑,水从被挤窄的河道中流过。峡谷以上和以下河边都有树林,可是在峡谷里边却稀疏起来。山岩完全光裸着,造成这种情形的原因大概就是不断地生成岩屑层。从峡谷往上河谷重又宽阔起来,达到两俄里,这儿又有了杨树、桦树、河柳和沙棘组成的林子。我们在岩屑层上打到了3只石鸡,在这个地方也看到了雉。

12月10日,出了峡谷之后,先靠着河岸走了大约5俄里。在山远离河流的地方,路也离河越来越远,左岸变得平坦起来。翻过一个从东边的山脉伸出来的岬角,我们进入了埃利格河谷,由科布多通往索克的

---

〔1〕乌兰:红色的;哈拉:黑色的。的确,乌兰隆呼的岩石是红颜色的,可能是花岗岩;哈拉隆呼的岩石是黑颜色的。——作者注

驿路就经过此谷的西段。谷地在河的左岸,科布多河穿过不太高的夹壁流入其中。在埃利格谷地里河岸上没有树木,地面是由岩山向河边缓降的斜坡,河沿岸长着矮小的锦鸡儿,那里边有呼拉焦罗(里海地鸦)。[1]

我们在一片岩石山丘当中停下来过夜,这些岩石山丘从东面的山脉开始,横向伸进埃利格河谷,然而在离河尚远的地方就以一个岬角而终止,我们就停宿在这个岬角旁边。这里没有水,旁边的一个山丘上有不大一片积雪,我们就把它全部拿来做晚餐用了。埃利格河谷没有雪,我们走过的整个科布多河谷都是如此,那里只在河岸上稠密的树林里才有1俄寸来厚薄薄的一层积雪,而四周山上和河谷没有树林的地方根本没有雪。顺便说一下,科布多河谷周围的山上都没有林木,唯一的例外是奇日克滕戈尔河谷。在整个河谷我们到处都碰到住在那里的杜尔伯特人,也见到了许多牲畜,如马和牛;在最后一道峡谷布呼莫东以上还有牦牛,却没有羊,这个时节羊都在山上。

12月11日朝埃利格河谷的北方边缘地带行进。我们沿着一条宽阔的槽沟(蒙古语叫"洪代")慢慢地朝上走,后来停宿在槽沟顶部的小山隘霍勒本久里利吉的南侧。在这个地方我们走上了俄罗斯经纪人走的那条路。槽沟里生有矮小的锦鸡儿、夏维克(一种蒿)和叉干奥尔忒特。在路上曾见到一个约有1000只的黄羊群。停宿地点没有水,只能取雪使用,这里有些地方积着雪。

12月12日翻过霍勒本久里利吉隘口,沿广阔盆地中缓缓的上坡路向北行进。盆地四周是不太高的山脉,南面一道不高的山隘另一侧是埃利盖河,北面也有一个平缓的山口,谷底严严地盖着一层雪,在这儿我们又碰上了一小群黄羊。到达盆地北面边缘的山隘后,我们看到了东北—西南流向的奥鲁克滕戈尔河那深深的河谷。谷底及谷两侧的高山都为白雪所覆盖,谷宽不及1俄里,在西南面山低下去很多,而谷

---

〔1〕里海地鸦(Podoces hendersonii):一种雀形目禽鸟,在蒙古多见于荒漠中的盐木丛里。极善奔跑,羽毛的基本色调为沙灰色,从而形成一种保护色。

地则随之变宽了,于是谷地的西南方就能看到科布多河右岸的山峰了。我们停宿在奥鲁克滕戈尔河上游一道隘口的南麓。小河里的水很少,因此停宿时用的是雪;没有烧柴,只有沙里利金(艾蒿);牧草很好,是禾本科植物。

12 月 13 日从停宿的地方开始攀登高高的山隘。隘口上的山峰平缓,盖着厚厚的一层雪。根据雪已被风吹掉的那些地方的情形判断,山坡的地面上有角砾,并生有植簇。从隘口上下来进入一条宽谷中,顺着此谷来到霍柳根戈尔或称扎克河河谷。霍柳根戈尔河谷是自西向东的走向,河谷上端的起点就在路西不远处;河谷底部有一条很宽的干沟,沟底满是砾石,我没看见有水或冰——霍柳根戈尔河。在奥鲁克忒和霍柳克两条河谷里,常常看到路旁有阿卡尔羊的角,晚上发现停宿地附近的山上有一群阿卡尔羊,约 4~5 只。停宿处没有水,用的是雪;没有烧柴,只有哈尔夏维克草(一种蒿)的杆子。奥鲁克滕达坂山隘的两侧偶尔还能见到蒙古包。

12 月 14 日走了 7 个小时。我们登上一个不大的山隘,再下来进入与前面那条河谷平行的另外一条阿雷嘎斯肯戈尔(阿雷卡斯肯戈尔)河谷。河谷右面是一些平缓的山脉,左侧则是峭壁石崖山峰,其中最大的是科科修山和阿雷克奥拉山;后一座山更高一些,按河的流向说,比前一座更靠下一些。我们走到科科修山峭壁的边上横穿河谷,沿谷地右侧朝河谷上游处的那道名为布尔哈克的平顶山脊攀登。这一天,在阿雷嘎斯肯戈尔河谷见到了两群阿卡尔羊,它们正从积雪不那么厚的山坡上走过。从布尔哈克山顶上往东可以看见布孔别伦河西岸有一片草原,为我们带路的杜尔伯特人称之为"哈拉戈壁"。

12 月 15 日,我们的停宿地点在布尔哈克山隘的北坡,这面山坡对着一个不大的高山湖泊哈克(绝对高度 8276 英尺)[2522 米]所在的盆地。尽管地势如此之高,又值隆冬季节,却一直到午夜都能听见啼兔在吱吱地叫。早晨我们看到住地附近的雪层表面出现了很多孔洞,或是雪地里平添了许多通向这些小动物巢穴的沟道。每落一场雪,这种动物都要把被雪埋住的窝巢的入口打扫一番。啼兔造窝的山坡朝南,积有 1/4 俄尺厚的雪,因此禾本科植物和植簇的尖梢都伸出在雪层的上面。

在哈克湖畔我们发现了几顶帐幕,那里边住的是蒙古边防哨卡的人员。路从湖的东岸经过,此湖一过便是奥鲁森达坂山口("俄罗斯山口"),经这个山口可以翻越赛柳格姆山脉,该山脉一侧是科布多河水系,另一侧是丘亚河谷。上山隘的路是个缓坡,然而由于隘口两面的山坡积雪都很厚,走起来却令人疲惫不堪。山口得了这样一个名称是因为俄罗斯商人通常都经过这个山口去科布多。山口顶上用草根土垒着两个土堆,作为国界的标志。从山口上我们看到了广阔的丘亚河谷。下山口的路比上山口的路要陡,一直通向乌兰布尔河谷,该河也称乌兰德雷克河或贝拉忒河。

到达科什阿加奇[1]之后,[12 月 17 日]把我们在科布多雇佣的蒙古人打发回去,又租了几匹马送我们到翁古岱镇,在那里换乘雪橇,由几匹[马]轮换拉着,于 12 月 24 日抵达比斯克,在这个地方与我们共同进行考察的其余旅伴会合到了一起。

---

〔1〕位于丘亚草原上游地带的科什阿加奇(高度 1750 米)起初只是夏季来这里同蒙古人做生意的比斯克商家存放货物的仓库,随着丘亚小道被改造成大车路,后来(在苏维埃时代)又改造成汽车路,科什阿加奇逐渐变成了一个有 730 多人的居民点(Л. A. 乌斯季诺娃:《奥伊罗特自治州牧民定居点的地理状况》,载《地理学问题》,第 5 辑,莫斯科,1947 年,第 149 页)。自 19 世纪末科什阿加奇设海关,经办同蒙古西部的商品流通。

为了使人能够想像得出科什阿加奇在波塔宁那个时期的状况,下面引用波塔宁在另外一篇文章中对这个居民点的一段描述:

"冬日的科什阿加奇令人心情十分抑郁,一出大门,到处都是一些用原木搭盖的房子,窗子不是被钉死就是根本没有,死气沉沉,更像是木造的澡堂。有的地方木房中间还戳立着黑黝黝的圆锥形棚架——那是特伦吉特人用木杆搭架盖上落叶松树皮的阿伊尔。听不到一点点人发出的响动……没有任何声音,只不过偶尔有被拴在马桩上受冻的马匹踏雪弄出一串吱吱的响声,特伦吉特人把它留在这儿去找经纪人赊购一批白棉布和红花布去了。一切都是静止不动的,只不过偶尔有哪一个阿伊尔旁边的炉灶下添了两三块劈柴,棚架尖顶后面升腾起一股轻烟,而后一切又复归于平静"(《从科什阿加奇到比斯克》,载《古老的和崭新的俄罗斯》,1879 年,No. 6,第 133 – 134 页)。

如今此地已是盟的首府,有学校、邮局、土地管理局、银行分行、印刷厂,成了整个丘亚河谷的经济中心,因而生活上的需求和节奏都迥异于 70 年前波塔宁去那里时的情形了。

下面摘引另外一段 1946 年对科什阿加奇的描述,以使我们更真切地了解那里所发生的变化。

"生活红红火火:宽阔的街道上,当地的交通工具——佩着很高的阿尔泰鞍具的骆驼和体形小而毛很厚的马——喧闹着来来往往。没有人步行,都骑着牲口。

在这个地处戈壁荒漠边缘高达 2250 米的地方……人们提着皮包,可是却骑着马赶往区委会,舒适的餐厅门敞开着……橱窗里摆着书籍,印刷厂正开工生产,儿童们放学正经过这里回家,女邮递员把各种报章杂志送往那所极出色的党委政治教育研究室——与阿尔泰各地的情形一样,这个机构在此地……担负着巨大的文化功能,集图书馆,阅览室,报告厅,辅导站,举行集会、召集会议、进行学习的场所等职能于一身"(M. 沙吉尼扬:《五年计划之路》,莫斯科,1947 年,"科什阿加奇会议"纪实,第 292 页)。

如果把文学家笔下惯有的夸张成分除掉("地处戈壁荒漠边缘"——从科什阿加奇到戈壁直线距离也不下 700 公里,"高过 2250 米"——科什阿加奇的地势比这个数字要低 500 米),那么苏维埃政权下的科什阿加奇的现代生活情景在 M. 沙吉尼扬的这段描述中被表现得相当有声有色。

蒙古西北部概况

旅途日记（1879——1880 年）

8 1879 年:从科什阿加奇
到乌兰固木

我们于 5 月 20 日到达科什阿加奇,我们要在这儿购买几匹马供进行考察[1]时使用(大部分马匹此前已经从乡下农民那里买到了),再制作几顶帐篷。在这个地方购买骆驼是根本不可能的,住在此地的特伦吉特人[2]本来就没有多少骆驼,在这里只能租用骆驼把我们送到乌兰

[1] 1879 年的考察活动是 1876—1877 年所做工作的继续。如格·尼·波塔宁在日记的前言中所写的,原来的考察旅行计划是第一年对吉尔吉斯诺尔湖凹地及叶尼塞河上游地区进行考察,在伊尔库茨克城过冬,之后,用 2 年时间再次深入蒙古,穿行色楞格河谷,翻越杭爱山脉和南阿尔泰山,直达叶津戈尔河的上游。结果只完成了第一年的任务,继续进行后两年的行程由于同中国的关系发生纠葛而受阻。因此之故,格·尼·波塔宁被要求把在达尔哈特人地界过冬的考察队撤到靠近国界的地方,而他本人在伊尔库茨克等待比较有利的时机。所以格·尼·波塔宁于 1880 年短暂地去了一趟达尔哈特人的地界,把考察队解散之后,就回了彼得堡。因为发生了 1879 年那次大火(部分考察资料被烧毁)之后,在伊尔库茨克居住费用是十分高昂的。

1879 年那次考察旅行的经费由地理学会和西伯利亚商人 И.Ф.卡缅斯基提供。

除格·尼·波塔宁本人以外,在格·尼·的各次中央亚细亚的旅行中都与之形影相随的妻子亚历山德拉·维克托罗夫娜也参加了 1879 年的那一次考察旅行。具有文学天分的她把考察队所到之处的当地居民、日常生活、自然环境等情况写成一系列文章,对格·尼·波塔宁在日记中记述的实实在在的科学资料进行充实。对亚·维·波塔尼娜的这些文章我们在本文集的末尾列出一份目录。(在翻译此书时,没有收录亚·维·波塔尼娜的目录。——译者注)

参加考察活动的有两位地形测绘家和 1 位考古学家。此外,还有两个人充任考察队的翻译人员:蒙古语翻译是比斯克小队的士兵 B.帕尔金及阿尔泰语和乌梁海语翻译乌拉勒村的特勒乌特人伊·奇瓦尔科夫。随同波塔宁的 3 名哥萨克并不是武装卫队,而是进行地形测量的助手。

对于伊·奇瓦尔科夫,用格·尼·波塔宁的评语说,是乌拉勒(现今的戈尔诺阿尔泰斯克)教士学校的一名优秀学生,该校是培养当地的"异族人"(即土著的非俄罗斯族人)教师的。他的特点是品行好,性格温和,然而智力较差,因此难于去粗取精地把传说故事记录下来。大量的民族志方面的材料格·尼·波塔宁都是从米·奇瓦尔科夫神甫那里获得的,该神甫系特勒乌特人,熟知阿尔泰人和特勒乌特人的各种宗教信仰;特别是他曾经帮助著名的民族志学者 B.拉德洛夫收集阿尔泰人的传说故事。

[2] 特伦吉特人,特伦格特人:阿尔泰部族的一部分,属突厥民族的西北分支,分布于丘亚河谷及捷列茨科耶湖一带。特伦吉特人在该地区居住的年代极其悠久,由于邻近蒙古人,所讲的语言有别于其他的阿尔泰人,使用许多改变成突厥语式的蒙古词语,日常生活在某些方面也存在差别。

203

·欧·亚·历·史·文·化·文·库·

固木,我们也正是这么办的。在科什阿加奇我们找到了一位家里有骆驼的富裕的特伦吉特人别列克,他是去参加预定于苗恩河畔举行的人民会议途经此地的,别列克的聚居点在我们从科什阿加奇去蒙古途中要经过的库尔焦那个地方。他派了几个人去那个地方,已经把骆驼赶来[科什阿加奇]。他们将把我们送到库尔焦地区,在那里再更换一部分人和骆驼。我们告别了别列克,起程往东去,他也动身去了苗恩地区。

5月28日,从科什阿加奇走出不远就渡过了由东南边流到此地来的恰干布尔嘎祖[切干布尔嘎济]河,科什阿加奇平原周围的山脉很陡峭。第一天我们就走到了埃格格姆河畔,此河从南边流入丘亚河;河为石头底,两岸有很宽的沼泽地带,没有林木。季节虽然已经不早了,然而在这个地方却只有一种毛茛属植物、红花粉叶报春和白花蒲公英开出了花朵,所有这3种植物都长在沼泽地上。科什阿加奇与埃格格姆河之间的干旱荒原一些地方满地卵石,还有一些地方是碱土,毫无生气。

5月29日先向东走,然后折向南方,离丘亚河越来越远,我们停宿在干旱的荒原上,这是南边与山麓相接的一片平坦坡地。丘亚河流经的平原上有几个湖泊,这块分布着湖泊的低地平坦得就像一个干涸了的湖底,其南面的边缘有几段像海湾一样伸入到周围地势较高而略有起伏的干燥荒原之中。这些海湾状的地带样子就像是被平缓的冈峦分隔着的一道道宽阔谷地,谷里分布着沼泽,还有泉水。在这样一个季节里特伦吉特人就栖身于这些宽谷中,每一条这种谷地里都能看到帐幕。[1]

---

〔1〕丘亚草原或丘亚河谷在文章书籍中多有记述,被说成是半荒漠半草原的高山地带。B.A.奥布鲁切夫(《阿尔泰论述》,载《普通自然地理学》,1915年,第3部)认为,丘亚草原是阿尔泰东南部古代高原切分成的许多梯阶之一,其边沿处分布着更高的梯阶,因冲刷作用被最大限度地抬升起来后成了明显的高山形态。南、北两条丘亚长白雪山、库赖山脉即是。P. M. 卡博(《阿尔泰丘亚河谷的高山草原》,载《地理学问题》,第5辑,1947年,第67-128页)指出,丘亚河谷本身包含5种成分:河漫滩阶地,超河漫滩阶地,河间高原,山麓和山坡;构成草原本身的河间高原上颇多微盐水湖泊。

库尔焦有我们在科什阿加奇向其租用骆驼的那位别列克的聚居点,我们在这儿找到了他的家人——妻子和几个弟兄。由于这是第一个同时也是最后一个可以就近仔细观察特伦吉特人生活的居住地,我们在这里停留了一天。在这段时间里,我们去了别列克的帐幕,定做了一幅特伦吉特人的翁贡,[1]还找来了名满整个丘亚草原的萨满塔兰,他此进正住在相邻的一个谷地里。塔兰在我们这个集居点里盘桓了整整一日一夜,我得以从他口中记录下来几则有趣的神话故事。

5月31日从横亘在丘亚草原南面边缘上的不高且平缓的山旁朝东南方行进。路经的干燥草原上有很多小石块,有时会碰上没有小块砾石覆盖的黏土地;生着稀疏的草原植物,只在快到乌兰德雷克河的地方草原上才有了茂密的禾本科植物。在后半段的行程中涉过了从南边流过来的大河乌兰德雷克,该河是从路右侧的一个峡谷中流出进入平原地带的。途中碰到过几群黄羊,每群大约有30来只。我们在紧靠托容格忒河出赛柳格姆山脉进入丘亚草原的峡谷口处的河边停下过夜。河在此处分开成为好多分支,其中有几条深及人的膝部。停宿地附近有黏土质页岩露出来,这些露头的黄金鸢尾、胶黄芪状棘豆和二裂叶委陵菜正在开花,此外再没有其他的开花植物了。托容格忒河边的砾石在一些地方还盖着一层尚未融化的冰。

6月1日到达了托容格忒[塔尚忒]河的上游,这一带地方叫做迈罕塔什。我们要从这儿离开丘亚草原,翻越赛柳格姆山的道路就从这个地方开始。我们沿着托容格忒河谷一步步往上走。河谷围在平缓的

---

[1]格·尼·波塔宁用"翁贡"这个蒙古语词指称见于阿尔泰人、乌梁海(图瓦)人、达尔哈特人和布里亚特人家中的一种物神,就是被当做具有神奇力量的东西而对之进行宗教祭祀供奉的一种无生命的物件。阿尔泰人的翁贡通常是白兔的毛皮,在毛皮的不同部位系着长而窄的彩色布条,称为亚拉玛;翁贡通常是卷起来装进口袋里,挂在帐幕里摆神龛的那个地方。书中所绘的翁贡是一块长约0.6俄尺(44.4厘米)、宽近0.5俄尺(35.6厘米)的布头,上面的边缘缝着3个用彩色布做的小娃娃;袖口上缝有毛皮,头上缝着几束鸭羽;布娃娃代表着男女萨满或者"仙女"。依然是在上面的边缘处,还缝着一副黄鼬的毛皮,3根棉布条和6条用不同颜色的布包起来的绳辫;这些绳辫应该是象征蛇的,所以其上边的一头是粗粗的一个尖,下边一头用细布条做成穗子的样子。也可以不用黄鼬皮而缝上松鼠、花鼠和其他小的野兽的毛皮。《蒙古西北部概况》的第Ⅳ分册有30页是讲翁贡的,并且收入了多幅翁贡的素描画。

山岭中,露头不多,根本没有沟谷。河谷下段的露头是黏土质页岩,上段则出现了泥灰岩;谷底开始有花岗岩巨砾了,有时竟是 1 俄丈见方的大块。河的沿岸没有林木,河底是石头,由于积雪在融化,河源头处的水已经漫出河岸,顺着草地流淌。在迈罕塔什我们见到了 3 顶杜尔伯特人的帐幕,帐旁有牲畜。除前述那些植物外,这个地方只多出来一种白头翁,并且到处都有。我们在离山隘的最高点已经不远的托容格忒河谷变得宽阔起来的地方停下。

6 月 2 日,我们从停宿地走出至多 1 俄里便登上了山隘。隘口宽阔平缓,下山的路也很长,隘口顶部很干燥。我们开始下山往坦茹尔河谷走。我们下到了坦茹尔河的右岸,此河在这个地方是自东向西流,我们一开始是沿着河的右岸前行。此时正值春汛,水已经漫出河岸,使河宽达到了 10 俄丈。离开停宿地走了 3 个小时之后,我们涉水过河,水最深处没到马膝以上。离开坦茹尔河,顺着一条从河的左岸通向东方的平缓槽沟行进,然后翻过隔在坦茹尔河谷与卡拉曼格代河谷之间的平缓山岭,这些山岭相对于周边其他那些山来说是太低了,因而两条河谷仿佛合在一起是一个完整的东西长的椭圆形盆地,卡拉曼格代河与坦茹尔河分别从盆地的东西两面穿过,河与河之间的那块地方上分布着一些丘陵,两条河从中流出进入盆地的那两道峡谷都在路的左侧。卡拉曼格代有两条支流,我们一一走过。该河流入察干诺尔湖,坦茹尔和卡拉曼格代两条河沿岸都没有林木。我们停宿在卡拉曼格代河以东约 3 俄里处的丘马拉乌通泉边。

6 月 3 日从卡拉曼格代河谷登上左岸的山脉,翻山来到沙里戈比(杜尔伯特人的口音)或是沙里戈布(阿尔泰人的口音)河右支流的上游,沙里戈比河流入察干诺尔湖。顺着此河右支流下行,转进其左支流的河谷,沿着这条支流上行至其上游,在那里碰上了一些杜尔伯特人的帐幕和牲畜。从这个地方翻山进入济勒格河的上游,停在卡图河左岸济勒格河注入口以下的地方。沙里戈比和济勒格两河周围的山脉很荒凉,植物贫乏,其稀疏程度与蒙古阿尔泰光裸的东部相似。只有从沙里戈比河去济勒格河谷经过的隘口上有一片不大的沼泽,里面的红花粉叶报春繁花正盛。济勒格河谷只在从山上直通的山下的槽沟里才有绿色植物,沙里戈比河左支流的情形也是如此,在这些槽沟里放牧着羊群。河谷深处的岩山上没有草,在那些地方只有花旗竿和腺毛唐松草开着花。济勒格河两岸各有一条窄的绿色植物带,那里边绽放着繁星般的伞序点地梅花朵。

在峡谷的下段出现了一片很宽但长得低矮的本格锦鸡儿丛,已经陆续开花了。值得注意的是每一丛里面开的花全都是朝向峡谷出口,即对着东北方向那一面低处的枝条。

卡图河谷宽近50俄丈,河水沿着石头河床急速地流动;河宽2~3俄丈,水深有小腿的一半,沿岸生有大叶钻天杨、鹿蹄柳以及另外一种柳树。树下是沼泽溪流纵横交错的湿润的青草地,不过草长得低矮。这里开花的植物已经比我们此前走过的那些地方多得多了,正在开花的有松叶毛茛,荒庭荠,荠,葶苈,播娘蒿,荷包牡丹车轴草,两裂婆婆纳,硬苞草和小尖苞草,白委陵菜、二裂叶委陵菜和多裂委陵菜,伞序点地梅,山蓼。在我们停宿的这个地方从对着东北方向的狭小的峡谷口里就已经看到了布孔别连河那宽阔的草原河谷和横在河东面的山脉,也能望见河对岸卡图河上游处的"台加",即长白雪山;雪山两侧垂挂着数不清的窄窄的雪带。[1]

6月5日先在峡谷中沿卡图河左岸前行。沿河岸有青草地,峡谷里边草地宽不过十多俄丈,长在峡谷外面的就更窄了,近河处有两种柳树组成的林带。走出峡谷后路就在拜利上,拜利上满地都是大块的碎石,寸草不生。植物在这个地方只生长在距河50俄丈以内的范围里,超出这个界限根本没有任何植物。在峡谷之外,河的沿岸也有柳树林;柳树中间杂有两种锦鸡儿(这个时候正是黄花满枝的本格锦鸡儿和川西锦鸡儿)及刺木蓼,这些葱翠鲜绿的灌木同与河岸相接的那片暗灰

---

〔1〕在原书中格·尼·波塔宁对他进入蒙古时翻越的赛柳格姆山脉的地质构造做了描述。我们删去了那一段占3页篇幅的文字,因为那样的描述已经完全陈旧了。特别是格·尼·波塔宁并不明白,那个地方的地形是由从赛柳格姆山脉(可能是向两侧)降下的古冰川造成的。举例说,在讲述陈年冰碛时他使用了"巨砾推动力"这个术语。

色毫无生气的拜利地面形成了强烈的反差。在灌木的绿荫下和无林的砾石地上,披满黄花的茴香,狭叶野葱,花旗竿(尤其繁多)以及叶子粘滞且气味难闻的叉歧繁缕竞相开放。树林从峡谷处延续出有 5 俄里,然后河水就在湿漉漉的砾石地上流淌,就是在离河还有数 10 俄丈的路上都看得见在地平面上奔流的河水。

随后河流向南方偏过去,路仍然在毫无生机的荒原上朝正东伸延过去。荒原在此处向东边的倾斜度已经不像拜利上那样明显,同时地表的特点也发生了变化。撒满拜利的大块碎石为黏土砂质土壤所取代,地面上有一层卵石:一些地方小似豆粒,一些地方大如拳头,主要是由硅质黏土页岩形成的;那种大的卵石有时能密密麻麻地铺满一片直径在 5 ~ 6 俄里的地面。在卵石比较大的地方,荒原的地表缺少植物而裸露出来的程度更甚;而卵石比较小的地方,会长出一些驼绒藜(泰斯客)[优若黎],然而,一丛与一丛之间相距至少有 1 俄丈。这种东西是此处最主要的植物,有时它们竟能把荒原变成一片黄褐色。

我们就沿着这样的荒原一直走到布孔别连(蒙古人说成布呼莫林)河边。河里的水刚刚回落下去,河道里很多浅的地方昨天有水流过,现在底部还是湿的。听杜尔伯特人说,河水在我们到来之前 3 天开始上涨,我们到达的前一天晚上达到没马鞍的深度;如若我们一行人早一天来到河边,是不可能渡过去的,那就只能在荒无人迹的河岸上过夜了。布孔别连河的这一段河岸什么也不长。荒原并没有因临近此河而出现丝毫生气,一点饲草都没有,必须过河再走上两个小时去阿勒滕哈忒森地区。河岸上长的植物都是些很矮的泰斯客,艾蒿,巴勒根(兴安水柏枝),麻黄,刺木蓼,偶尔能见到不超过 1.5 俄丈高的可怜巴巴的柳丛。我们过河的那个地点叫塔本萨拉(就是 5 条河道或是支流的意思),河流到这个地方分成了很多个支汊,因而被认为是最便于过河的地方。在我们渡河的那个时候,那条主要的支汊宽近 30 俄丈,深及马腹,水流汹涌,因而必须小心谨慎。我们很幸运,在河边找到了几个刚刚从对岸渡河过来的杜尔伯特人,他们把曲曲折折的渡河路线指点给我们。河的左岸有一道并不高然而有着锯齿般红色岩峰的山岭,从东

208

到西约有 4 俄里长,此岭在荒原上是彻底孤立的。最后一条,或者说是最东边的一条支汊过去就是荒原,地面上先是沙子,长着一些本格锦鸡儿,再往前便布满了拳头般大小十分光滑的黑色卵石。布孔别连河谷横向的中间部分地面是水平的,再加上这么广阔(近 20 俄里)的范围内都布满了卵石,这不禁让我们想到此处过去曾是一个大的湖泊的底部。[1]

这边也和河的右岸一样,仍然是长着一些稀疏的草原植物:驼绒藜[捷列斯肯]和一种杜尔伯特人叫做沙里利金的蒿,这种蒿丛长成高近 1 英尺、直径约 2.5 英尺的浑圆形状。两种植物都尚未复苏萌发新的生命,其形态也正是这些植物去年秋末在荒原上曾经做过何等成绩的明证,其棕褐的颜色使布孔别连荒原的面貌显得非比寻常地凄凉。

晚 6 时我们到达阿勒滕哈弒森地区。这是一个辽阔的沼泽地带,生有由数种柳树(其中包括小柳树)和匐生桦混在一起的树林。这一区域里边有许多股泉水,土质部分是含盐的黏土,部分是沙土;周边的干地上长着灌木——本格锦鸡儿和川西锦鸡儿,还有代里苏[芨芨草]。在此地区边缘的这些干燥地方发现了刚刚长出第一批叶子的裂叶风毛菊,这种植物相当粗壮的地下茎被拔出来做庙宇里烧的香。[2]这一地区里边潮湿的土地上有许多植物都开了花:鸢尾,红花粉叶报春,白花蒲公英和小角蒲公英,西伯利亚蓼,滨车前,海乳草,松叶毛茛,金露梅,宽叶红门兰,离子草,等等。

禽鸟很多,晚上沙雉、鹬、夜鹰啾啾鸣叫;白天鸭、鹤、杜鹃的聒噪之声不绝于耳,有许多小的禽鸟也在唧唧喳喳地叫着。令人遗憾的是也有蚊子。这一地区的周边地带以及布孔别边河谷的其他地方有苏利捷

---

〔1〕格·尼·波塔宁指出的这种现象在蒙古的西北部相当常见,在那一带从前湖泊要多得多,而且面积要比现在的大。布孔别连河畔的那个湖的性质看来是冰碛湖,位置处在自赛柳格姆山脉泻落下来且不断后退的一条大冰川的末尾。1909 年考察期间,我们一直在对该地区各条河流上在颇大程度上已经过再冲洗的大冰碛进行观察(B. B. 萨波日尼科夫:《额尔齐斯与科布多两河源头的蒙古阿尔泰》,托木斯克,1911 年),这些冰碛波塔宁没有提及。

〔2〕根据全苏药用与芳香植物研究所的资料,分布在哈萨克斯坦的两种风毛菊可作药用,因为风毛菊根的提取物具有止血的作用(H. B. 帕夫洛夫,《哈萨克斯坦的植物原料》,第 488 页)。

（鹅喉羚）。我们去的那个时候，这个地区没有人，只看到两个地点有阿伊尔，可是据说冬天这里的人很多。

1638年，俄罗斯使节瓦西里·斯塔尔科夫和斯捷潘·涅韦罗夫从托木斯克出发，去通常都在乌布萨湖周边游动的阿尔滕汗处时，曾到过这一地区。斯塔尔科夫会见汗之后，还要把礼品送到他的兄弟达音诺音那里去，他是在阿勒滕卡杜尊地区见到达音诺音的。关于该地区是一片处在怪石嶙峋、高峻而光裸的山脉环抱之中的湿地（即有阔叶林的沼泽地）的描述，以及斯塔尔科夫到达该地区所经过的路途都证明，斯塔尔科夫说的"阿勒通卡杜尊"地区正就是人们告诉我们叫做阿勒滕哈忒森的那个地区。[1]

布孔别连河谷四周都有山脉围绕着。

6月7日，从北边干爽无林的地方绕过我们在其附近停宿的那块沼泽地，随后就要进入一片被水淹没生有很高的苔草的沼泽。在这里我们走过了许多条沿着岩石河床穿沼泽而流的溪水，其中有几条水没到了马的膝部。骆驼不断地陷进沼泽地里。走了一个小时之后我们重又踏上了此地区边缘处的干燥地面，又过了一个小时就已穿过了那道孤立的红花岗岩山岭。山岭的西麓下有好些立着的石柱，按蒙古语的叫法就是基沙契洛，或者说是石俑，其数量将近20个，有几个高近1俄丈。基沙契洛的基部由立着埋进地里很深的石板圈着，没有发现石柱上有任何图像。值得注意的是我们在这个地方没有找到一座坟丘（按蒙古语说就是凯来克苏尔）。也就是在这道山岭附近，我们第二次看到了一群黑尾印度羚（鹅喉羚）。

此道山岭的东侧有一块地方长着与阿勒滕哈忒森干燥的边缘地带相同的植物，那个地方有泉水。再往前边一点就是根本没有植物的荒原。在这片荒原上有很多沙蜥，可是当我们走近另外一道同样是花岗岩的山岭时，沙蜥却一下子不见了。我们没有从这道山岭中穿行，而是

---

〔1〕格·尼·波塔宁进行上一次考察时的同伴拉斐洛夫与考察队分开单独从乌兰固木直接返回科什阿加奇时，曾于1877年11月11日途经此地。

从南边绕了过去。此山岭下有好些各种样式的凯来克苏尔排成一列，而石柱却总共只有一根。山岭东南边的荒原上生着一种特殊的矮锦鸡儿，这种灌木顶多也就是 1 英尺高。灌木丛之间和荒原的其余地方一样覆盖着滚磨得半圆的砾石，不过每一丛锦鸡儿的下面却聚起一个沙丘。过了这片矮小的锦鸡儿地，来到一些不高的山前，这些山在两座尖顶山峰（秋尔贡和哈尔基拉）以北从主脉延伸出来，形成安杰尔忒河右岸那片荒原右边的侧壁。

从南边绕过这些山，沿着山的丘陵起伏的麓脚朝东北方向行进，走着缓缓的上坡路离山脉越来越近。从这个地方清楚地看到了一条自长白雪山下的深邃峡谷中流出的河的河谷，自峡谷以下一条林带表明河水流出有不下 5 俄里的距离。河流、河边的树以及河流经过的峡谷在路的南边，即右侧约 10 俄里的地方。来到山脉的脚下，停在库布河畔，此河大概是与安杰尔忒河汇流的，不过到相汇处已经只剩下干河道了。我们到达库布河之前所走的那片起伏不平的地方乃是此山脉的山前地带，朝西边伸出去很远。末尾的一段路很荒凉，也没有什么草；只在一处丘陵之间的凹地上看到有一大片代里苏和开着花的鸢尾丛，可是那里的河道里却没有水。库布河宽不到 1 俄丈，深最多 4 俄寸，在离停宿地不远处它就彻底消失了。

6 月 8 日顺着库布河谷往上走了两个小时，河道里一些地方有水，一些地方已经干涸；植物同我们在沙里戈比河谷里干燥裸露的坡地上见到的那些相似，只在山隘的最顶上有草根土层。这片草根土上布满了干的细沟，沟底是一片片黏土质绿泥片岩。山隘顶上很干，没有什么沼泽地。这里有阿尔泰金莲花（？）、小卷耳、短瓣菁马先蒿、白雪报春和红花粉叶报春，还有洼瓣花、山罂粟、光稃茅香、发叶蒿草（？）、鸦跖花、帕拉斯氏兔耳草，都在开花。

山隘顶上用干树枝堆着一个敖包，敖包的台座是一个宽大扁平的凯来克苏尔，这座石头堆砌的凯来克苏尔直径至少也有 3 俄丈，用干树枝立着搭成的锥形堆高约 1.5 俄丈。在 4 个方位上摆放着很大的雕刻

211

物品:一条龙,一只神话中的汗噶里杰鸟,[1]一头狮子,几头猪和一头牛。另外还有许多仅 1.5 英寸长雕刻得很粗糙的小的木头物件,样子是双峰骆驼,最后这种东西看来应当是代表献祭的牲畜。有一些俄罗斯的经纪人还记得这些物件新的时候彩色尚鲜的样子。而现今许多拼装的物件已经散了,彩色早已剥脱尽净。此山隘叫做拜里缅达坂。

从敖包处再前行 100 步,我们看到了位于一个很深的圆形盆地(较拜里缅山口的高度低 300 英尺)中的乌留克诺尔[乌留克努尔]湖。[2]在湖的另一侧可以看到有一条东西向的又高又陡的长长的山脉,山脉两侧都有游牧的索荣人[索约特人]。[3] 这条山脉是唐努山脉的西段。一条阿尔泰人和索荣人叫卡尔格,而蒙古语名称为哈里格[哈尔嘎]的河从西边流入乌留克诺尔湖。该河发源于肯德克忒库利湖附近,几乎与布孔别连河的源头同在一个地方,河的两岸直到河口处全是高山。我们在蒙古北部所见到的封闭式的盆地当中,没有哪一个像乌留克诺尔湖所在的盆地这样,被山脉包围得如此之严密,深度如此之大。湖水味道有点咸。湖北边的山脉上可以看到片片的积雪,然而并没有长白雪山。山脉上多处都有森林,但却没有一处越出峡谷的范围,盆地底部也不生林木,平坦的湖岸完全裸露着。

拜里缅达坂虽然高达 8450 英尺[2575 米],但却是最好走的山口之一,东面的上山路和西边的下山路都很平整且没有石头。顺着一条宽阔的峡谷下山,出谷来到布尔嘎苏台河谷下游开阔的地段,在距乌留克诺尔湖岸 6 俄里处过了河。路经的布尔嘎苏台那段河岸没有林木,河宽近 1 俄丈,水很浅。沿着河岸有一片约 50 俄丈宽的绿茵茵的草地,那里面白花蒲公英和海乳草的花朵极多;比较干燥的地方生着燉

---

〔1〕神话中的汗噶里杰或汗卡里杰鸟,即鸟王,是波塔宁收集到的许多蒙古故事中的角色,本书的故事部分采用了其中的一则。

〔2〕拜里缅山隘的高度按照格·尼·波塔宁 1879 年的数据等于 8450 英尺,即 2575 米。乌留克诺尔湖的高度从现代的地图看是 1443 米,这样,两地标高之间相差 1132 米,并不是很接近波塔宁所说的相差 3000 英尺,也就是 914 米。

〔3〕索荣人,索伊特人:索约特人指称的都是乌梁海人(图瓦人)。在阿尔泰人(卫拉特人)中间,索荣是一个宗族(氏族)的名称,不过他们也用这一名称笼统地指称居住在科布多与克姆奇克两河上游的所有人(格·尼·波塔宁:《蒙古西北部概况》,第Ⅳ卷,第 661 页)。

麻,野蒿、灰绿蒿和驱蛔蒿,狭叶野葱,香青兰、西伯利亚滨藜,柏大戟,直立地蔷薇,欧百里香,旁边的山岩上有:二裂叶委陵菜,西伯利亚小檗,菲氏莴苣,等等。

从山口上往下走时,曾看到右边的山里有落叶松林,树林上缘没有达到山顶,下缘到山麓为止。

6月10日离开布尔嘎苏台河谷,翻过一道平缓的小山口,下行进入一条干涸河流宽宽的河谷内,此河谷从乌留克诺尔湖通向北方。走过干河道,我们来到河谷东面山脉的山麓,进入一道干峡谷,谷内也没有水,但是表层下面是潮湿的,因为这条谷里遍地都开着西伯利亚野豌豆和披针叶黄华的花。顺着这道峡谷上到山顶,我们又看到了另外一道朝西北方通向乌留克湖盆地的谷地。谷的下段比较狭窄,旁边的山比较陡峭,上面与我们所走的路高度相同的一段很宽阔,边上的山较为平缓,下到此谷之后,顺着谷地一直走到它的最高处。山口上有几种今年夏天还未曾见过的植物,其中有西伯利亚败酱和多枝柳穿鱼。

我们顺着青草长得又高又密的峡谷从这个看起来相当高的山隘上走下来,进入一条很宽然而草却很少的谷地,谷里边看不到任何干河道。从谷地中横穿而过,开始攀登乌兰达坂山隘,此山隘从西侧看是两座山之间的一个很宽的地面起伏不平的鞍形部,两山中北面那座更高,更为峻峭。两面的山岩都是同样的深红色,达坂的东北坡上有露头。从山隘上往下走所经过的峡谷又陡又直,无论是站在达坂的顶上还是走在峡谷中段的那些地方,都能看到乌兰固木平原及平原另一侧湛蓝的乌布萨湖。峡谷右面的细谷里有兴安落叶松林,这里黑色的森林土壤上植物非常之多,有大花耧斗菜,蓝花老鹳草,花葱,粗根鸢尾(?),球茎虎耳草,贝加尔唐松草,西伯利亚铁线莲,长毛银莲花,种阜草,无梗野豌豆,雪委陵菜、多裂委陵菜和菊叶委陵菜,山罂粟,五福花,缬草,中间鹤虱,泡囊草,幽雅马先蒿,高升马先蒿和短瓣蓍马先蒿,帽子花,岩蕨,条果芥,地无尾果。裸露的岩屑层上有:矮大黄、柏大戟、白花酢浆草;灌木类这里看到的有刺蔷薇、欧亚绣线菊、栒子、红茶藨、陇塞忍冬和希维尔斯忍冬。峡谷的左侧壁没有林木。我们没有走出峡谷就停

·欧·亚·历·史·文·化·文·库·

下来过夜了,谷底绝大部分地方没有水。

6月11日,从停宿地出发在峡谷里走了大约两俄里,走出下端的谷口就是急剧向东倾斜的草原。从山根处就看见草原的中央有一顶白色的帐篷,那就是汗旗的托贡(тогун),然而那个地方得走上几个小时才能到达。一直到库连路都很平坦。在这片草原上走过了好几道沟渠,渠水自南向北流,有一道水渠两侧的边沿都是砾石。草原上植物稀少,这里常见的是狭叶野葱,我们发现这种植物从这个地方一直到卡图山都有分布,主要生长在峡谷口外面的草原上。此外,这里还有阿尔泰糖芥正在开花。直到靠近库连的地方才有了锦鸡儿,先出现的是本格锦鸡儿,随后又在沙地上见到了另外一种(矮锦鸡儿,杜尔伯特人把后面这一种叫做"黄锦鸡儿")沙里哈尔嘎纳。顺便说一下,这后一种锦鸡儿虽然同前一种相邻植根于同样的土壤上,却和本格锦鸡儿有明显的差别:它有壅土的性能,每一丛的下面都有一堆沙子,而前面那一种锦鸡儿就不这样。别克河发源于距库连不远的沼泽地里。

在别克河畔我们见到了1877年冬我们在科布多河谷乌孙霍洛峡谷以上已经看到过的那座汗的库连。和那个时候一样,库连有好几个用干树枝围起来的院子,喇嘛们住搭在院子里的帐幕。只不过现在帐幕旁边堆的取暖用的干枯树枝要少一些。和王的旗一样,汗的旗里也有一个全是土房子的库连,在昆杰连河的支流秋尔贡河畔的朱瑟兰那个地方汗的夏季驻住地里。

在汗的别克河畔库连里,我们碰上了以同汗的这个旗做生意为主的商家吉列夫手下的两名俄罗斯经纪人。从他们那里我们听到了一个令我们很感兴趣的消息:1876年曾和我们一同在蒙古旅行的那位波兹涅耶夫从库伦来到了距此20俄里的乌兰固木。我们在汗的库连里逗留了两天。我原本打算到这个地方从汗那里购买几峰骆驼,然而正赶上汗在这个时候生病,无法很快地同他会面。所以我们就继续往前走,动身去乌兰固木,期望从王那里购买骆驼。

6月14日用7个小时走完了到乌兰固木的路程。走过开头的5俄里之后,就是耕田了,一直连绵到乌兰固木。地是同碱性黏土交相错杂的沙土,也有泥泞的地方,马匹在水中艰难地迈着步子,不断地陷下去。在沙土地上有很多叉干奥尔忒特丛(棘豆),此时花儿开得正艳。靠近乌兰固木有了间杂着柳树的小片桦树林,也有了在深沟(深达1.5俄丈)里流动的溪水。

乌兰固木是蒙古西北部最为富庶的地区之一。它位于乌布萨湖平原的延伸部分上,这片平原在此处向南伸出一个又窄又长状似海湾的地带,我们就依照流经此一地区北部的河流的名字把乌布萨湖平原的这一区域称作哈尔基拉草原。哈尔基拉草原的西面是很高的明干奥勒扎和罕呼亥两道山脉,哈尔基拉峡谷,或者如蒙古人所说的"哈尔基拉博姆"就在罕呼亥山中;东面是图赫图根努鲁山脉西段的末尾部分,横在南面的是一些不高的山岭,从北边看上去,这些山就好像是不间断地连接在一起,堵在图赫图根努鲁山脉和哈尔基拉博姆的山峰之间。北面是开放的,可以尽览乌布萨湖西岸的大平原,北边远方的地平线上横卧着唐努山脉。西面的山崖险峻,像一道高墙挡在那里,山上有好些向平原泄水的豁口,最深的豁口就是哈尔基拉河出山进入平原的那个地方。从那儿往北是乌里雅苏台河那个不大的缺口,再往北是比较大的河流希比尔忒或者叫昆杰连(这后一条河从汗的库连处看更为清楚)。从那个豁口再往北是乌兰达坂山口所在的山脉,那些山的尽头处是一个岬角,看不见它们是怎样同唐努山脉的西端结合的。唐努山脉的西部末尾一段从乌兰达坂所在山脉的岬角后面露出来以后,因距离远而显得小了。很显然,在乌兰达坂的这些山的那一面乌布萨湖平原是往西伸延出去很远的,其情形和哈尔基拉草原一样。后来,在同年秋天我们离开乌兰固木去乌卢赫姆河的时候,我们亲眼证实了这一点。

乌兰固木地区位于哈尔基拉草原同乌布萨湖平原的交接处。两个草原的结合处有一座完全孤立然而却很陡峭的大山,把两者分隔开来。这座山是红色的花岗岩,离图赫图根努鲁的山麓比距哈尔基拉博姆要近。哈尔基拉河出山之后向东流去,但是没有流出多远水就耗尽了。我们于1877年冬曾经穿越过它那干涸的宽宽的砾石河道,该河的水流出峡谷后立即被经由许多沟渠引入北面的农田中。大概就是这些水在乌兰固木花岗岩山以南又冒出地面,成为一些泉水,再汇流成几条小河。正是地下水涌冒上来才造就了乌兰固木这一地区。流淌在此一地区的河流在某些地方宽达 1 俄丈,深有 1 英尺;河的沿岸绝大部分是沼泽,生有由兴安落叶松、匍生桦和毛柳组成的稠密树林。乌兰固木花岗岩山的南麓有一片代里苏长得非常繁茂的辽阔地带,北麓则是干燥的草原,东西两边的河流岸边生着树林。乌兰固木寺院就建在这块地面上。

这一地区的植物是多种多样的。[1]

我们[以前]曾经讲到我们的一种推断:古城益兰州应该从乌兰固木这个地方去探寻,第二次来到这一地区使我们看到了此地夏季的情景,使我们更加坚定了这种看法。数量甚多的草地上长满了饲料[牧草];几条湍急的河里流着淡水,有森林在炎炎的夏日撒下绿荫,冬季又可提供取之不尽的烧柴,代里苏丛可供羊群遮风避雨。最后,距此地不远,哈尔基拉长白雪山附近的山上和图赫图根努鲁山脉顶上这两处夏季可进行高山放牧,这些条件很早以前就会把游牧的人吸引到这个地方来。在很早的时期这一地区就有大群的人居住,这一点已为乌兰固木花岗岩山周围大量的古旧坟墓或称凯来克苏尔所证实。那座山的脚下到处都是坟墓,有古墓也有杜尔伯特人的新墓;至少,说坟墓足有几十座那是决不会错的。这里是蒙古古代的大坟场之一,似这样聚集了大量古墓的场所,我在蒙古各地旅行期间除乌兰固木外只见到过 4

---

〔1〕河流附近的森林里边有灌木——红茶藨和刺蔷薇。树林里的草类有:箭头唐松草、毛茛、小花糖芥、牧地香豌豆和柔毛山鸢豆、红景天、单蕊菟丝子、地榆、猪殃殃、反顾马先蒿、角盘兰、老芒麦、单蕊草、苘草;在无林的草地上生有:大丛大丛的天蓝苜蓿、二裂叶委陵菜、沟裂龙胆、可食刺草、卡林西亚侧耳。森林的外边缘处还有金露梅。河边的潮湿土地上长着:狼把草、红牛耳大黄、泽泻、浮毛茛、空茎驴蹄草、风花菜、薄荷、球尾花、乌拉草。河边空旷的沼泽地里有:沼生马先蒿、宽叶红门兰、红花粉叶报春、石龙芮、沼委陵菜、沼柳叶菜、大穗苔草、硬苔草和大果苔草。湿润的碱土地上生着:水麦冬,白花蒲公英,长叶碱毛茛尤其多。干燥的碱土地上则长:西伯利亚蓼,草地风毛菊和柳叶风毛菊(?),宽叶独行菜、白刺、滨车前;最后这种草总是和西伯利亚蓼生在一起。在干枯的代里苏丛中有:蒙山莴苣,斜生龙胆,盐生草。在干燥的黏土砂质草原中,锦鸡儿丛中间长着:银灰旋花,老鹳草、禾叶繁缕,广布野豌豆,并头黄芩,砧草,蓬子菜。最后,旧日的黏土耕田上生有:角果藜,双胚轴鹤虱,田旋花,匍生蝇子草,菊叶委陵菜,胡卢巴,阿尔泰狗娃花,柏大戟,赖草,无芒雀麦,狗尾草,顶生还羊参,播娘蒿,遏蓝菜,芽,地梢瓜。——作者注

处。所有那些山无论是其岩石的组成成分,还是在平原当中所处的偏僻位置,都与乌兰固木这座山惊人地相似。

寺院的庄子位于捷林戈尔河左岸一片非常平坦的地方,距花岗岩山的北麓1俄里或略远;庄子有两面围着土墙,上面开着许多小门可以进庄;其他的[方面]目前是敞开的,不过那些地方也准备要打墙。庄子里有两座庙,一座大的坐落在中心场地的中央,另外一座小的在主庙的旁边。此外,在寺院的北面已开始修造第三座庙。寺院以西约50俄丈,有一座汉族建筑式样的高大房屋,那里边住着王爷和他的家眷。屋旁育有一片很漂亮的杨树林,有相当大的一块地用土墙围了起来。据杜尔伯特人讲,这道墙的作用是保护王爷府宅旁边的葱茏草地免遭牲畜的践踏。从王爷的府宅再往西,有一所汉族式样的房子。那是为王爷修造府邸的那位汉族人的。由于工程目前还在进行,而且看来是从很久以前就开始的,所以王爷准许这位汉族建房人给自己也修造一座房子。这间汉族人的房子带一个很大的院子,里边有各种杂务用房及一个菜园;园里种植各种各样的蔬菜,王爷和在乌兰固木做生意的汉族商人有时来他这里买菜。

乌兰固木有几家不大的汉族人商社,[1]都不设在房子里,而开在帐幕里。冬天要减少几家,俄罗斯商人只在夏天才来,在吉尔格伦忒河边王爷驻住地以西约半俄里处为他们划定了一块地方。他们在这里也和汉族商人一样,在帐幕里做生意。到乌兰固木来的俄罗斯商人只有

---

[1]在蒙古做生意的汉族人都加入到几个商会中,靠着这一点他们同俄罗斯商人竞争起来就比较容易,因为他们的背后有大商会这个靠山,在必要的时候,商会可以承担起某个汉族商人在同俄罗斯人竞争时遭受到的亏损;另一方面,汉族商人同中国的地方当局关系密切,因为他们虽说要向后者缴纳捐税,但是自然也就受到后者的保护。

这两个因素有利于汉族人做生意,因而俄罗斯人的生意逐渐受到汉族人生意的排挤。莫斯科和托木斯克两个考察团的考察结果以及专门研究得出的结论都表明了这种情况。关于汉族人在蒙古的商贸活动的总的结论在М.И.博戈列波夫和М.Н.索博列夫所著《俄罗斯——蒙古商务贸易概述》一书的结尾一章中有明确的表述。就在此书刊印发行的那一年(1911年),蒙古的王公们开始举行了反抗中国政府的活动,1912年成立了外蒙古。10年之后,蒙古人于1921年7月11日建立了自己的、独立的国家,到1924年5月30日改为蒙古人民共和国。(此注有删节。——译者注)

两个人。[1]

在乌兰固木我们未能见到波兹涅耶夫,在我们离开汗那个库连去乌兰固木的那一天,他去了汗的库连。

我们购买了骆驼,又找好了蒙古族雇工,而把丘亚地区的特伦吉特人打发回家,便动身去朱瑟兰。那是哈尔基拉长白雪山附近的一个地处大山之中的地区,有相当多的一部分杜尔伯特人是在那个地方过夏的。就在我们起程的前一天,杜尔伯特人就动身往那里去了。人群一整天络绎不绝,都沿着我们停住地半俄里之外的去朱瑟兰的道路往南走。

---

〔1〕1910年,即30年后,在乌兰固木做生意的俄罗斯商人还是两个(见《莫斯科商贸考察》,第188页)。

格·尼·波塔宁指出,在1880年2月12日同中国签订关于归还伊宁(因"东干人"暴乱而被俄罗斯占据)的条约之前,俄罗斯商人无权为自己建造房屋。虽然根据这项条约他们获得了这种权利,但是这种权利常常遭到侵害,B. B. 萨波日尼科夫(《蒙古阿尔泰》,第238-239页)就曾用在萨克赛河一带做生意的俄罗斯人尼基福罗夫以及其他一些人的事例说明了这种情形,1908年当地的官府曾强令这些人拆除他们修建起来的房子。

格·尼·波塔宁曾经幼稚地期盼比汉族人的房子更适用于蒙古严寒的冬季的俄罗斯建筑式样能够得到蒙古人的仿效,从而增加对俄罗斯商品的需求,这当然是行不通的,因为向新的生活的过渡只有在新的社会—经济关系下才能实现;目前在蒙古人民共和国已经开始建造欧洲式的房屋,然而那暂时也只局限于城市的范围内。

9　从乌兰固木到哈尔基拉河上游

　　夏季的开头一段时间我打算用来解开吉尔吉斯诺尔湖水域同哈拉乌苏湖在水文地理方面的关系问题,因此我们得从乌兰固木往南走,可是我又想在南下之前去看一看哈尔基拉河上游的那座长白雪山。所以,6月27日我们离开乌兰固木,向西朝着哈尔基拉河出自其中的那道峡谷,也就是所说的"哈尔基拉博姆"(哈尔基伦博姆)行进。从西麓下走过红花岗岩山峰,穿越一片树林,涉渡金德门河之后,就走上了干燥的黏土草原,这片草原从此河岸边一直连绵到罕呼亥山麓。快到停宿地点的时候我们经过了好多沟渠和类似河道的干砾石地带,在靠近沟渠和砾石带的地方,植物较之草原上的更有生气。这一次的停宿地点在一条靠着罕呼亥的山麓开挖的水渠旁边,正对着乌里雅苏台河流经的那道峡谷。罕呼亥山麓下有一片拜利,对着峡谷的那个地方宽约3俄里。峡谷以下拜利上沿河生着树林,林里有杨树,柳树和落叶松。可以看到山上面也有落叶松林,只不过都生在宽谷里,出了宽谷拜利上就没有树了。罕呼亥山脉的整个西坡,从哈尔基拉往北到希比尔河的那道峡谷,甚至一直到乌兰达巴山隘到处都有这样的长满了林木的宽谷。沿沟渠生有很高的锦鸡儿丛,草类有扭藿香,欧亚旋复花;大花荆芥长得快有人高了,枝繁叶绿,上边点缀着大朵的蓝花。

　　6月28日先与拜利的麓脚保持平行前进,然后从拜利的一个地方穿过,拐进哈尔基拉河的峡谷中。拜利上有好些起始于山谷下端末尾处的细沟或说是浅槽,深近1俄丈,里面生有本格绵鸡儿和绣线菊丛。哈尔基拉峡谷谷口的前边是一片很宽广的砾石地,上面有一条条的灌木丛带,这标示着河的支汊的流向,其中有天然生成的,也有人工开挖的。树林里主要是柳树,偶尔杂有黑杨。

　　峡谷的入口很狭小,且生有树林;入口往上谷地慢慢有些开阔,谷

·欧·亚·历·史·文·化·文·库·

地从这一侧到另一侧全都长着高高的杨树、落叶松、柳树,成了天然的公园。林中的土地尽管处在树荫下且离河很近,植物却很稀少。刚一进谷口看到的是高山植物:山罂粟,阔叶柳叶菜,杂交景天,这些植物大约是由河流裹带过来的种子[萌发]出来的,从而在这个又窄又暗的峡谷中得到了适宜的环境。谷口往上,在开阔起来的谷地上这些植物就再也见不到了。涉渡点在峡谷口里,河流到这个地方分成了3股,最右边的一股水最深(没到马腹)。据说水大的时候涉渡很危险,当地的人说,每年都有人溺水而死。在我们来之前水位开始下落。在谷地的中段杨树和柳树消失了,河岸上只有落叶松一种树。在这一河段上有一座用3排原木架起的桥,对游牧部族来说这就够用了。到这个地方路又转到左岸上去了。河谷所在的这一段的山脉低了下来,同时地面也变得更加荒凉,山麓上、山坡的下面部分以及谷地底部一点草都没有。宽谷里边有成片的树林。

过了有桥的那个地方,先沿着河行进,然后,还没走到秋尔贡河的河口,就离开河向右拐,往山上攀登。从哈尔基拉河的左岸沿谷地上行,途中横着一片地势很高的博姆,或者说是泥淖。在不到转弯处的一片阶地上有一个面积特别大的凯来克苏尔,而同一片阶地对着拐弯处的一块临河陡立的地方又有好几个不大的凯来克苏尔,旁边立着几个石俑,其中的两个上面刻有人面的形象。[1] 站在石俑所在的这个地方,眼前第一次展现出来位于哈尔基拉谷地顶端的长白雪山的景色,走在路上是看不见这些雪山的。假如我们不是下到这个地方来专门拍照这些石俑,那么也就看不到长白雪山了。于是不禁产生了这样一种猜测,为墓地有意地选择了这样一个有两方面特点的地方:既是道路的转弯处,又是能最先展望长白雪山的地点。能看到的长白雪山有两座:一座在右,金字塔状,左边的另外那座呈椭圆形的;两座山看上去一般高,但后一座距离显然比较近,所以应当是比较低。金字塔形状的山峰上

---

〔1〕格·尼·波塔宁1879年收集的关于石俑的资料刊载于莫斯科考古学会出版的杂志《古代》的第10卷。

面雪覆盖得不如它旁边的那座山完满,山上斑斑驳驳地露出好些无雪的山岩;另一座山的雪面没有遭到任何斑块的破坏,这大概是由于山上没有什么陡峭之处的缘故。

我们没有停在阶地上,而是到高耸于阶地旁的山上停宿,因为阶地上根本没有饲草。用水只好到大约在两俄里之外的哈尔基拉河去打。我们四周到处都是杜尔伯特人支起的帐篷和生起的火,他们今天也在向朱瑟兰转移,是在我们之后才到达这里停宿的。第二天我们的马就少了两匹。对此我们听到的解释是:在向其他牧场迁移时常有马匹跑到别人的马群里去,只能以后去找,管事的小官员处理这种纠纷也要用上一周的时间,而且他们当然是不会让自己吃亏的。

6月29日,朝着西北方向慢慢往山上攀登。山是平缓的,路边没有露头。常常要从一些平缓的山岭上翻越过去,横穿这些山岭之间并不很深的谷地前行。这些谷的底部都是朝东向着罕呼亥山脉的西麓倾斜下去的,从这个地方望去,罕呼亥山要比旁边的山高出许多。走在一条这样的谷地里,看到罕呼亥山中的一道裂口,那口子非常之深,从其空隙中竟看到了位于乌布萨湖平原上的图赫图根努鲁山脉,那大概是乌里雅苏台河峡谷的开头处。走进下面一道谷地,我们看到了地处该谷下段末端、罕呼亥山脉西麓下的湖泊霍勒博诺尔。该湖占去了由两条谷地的下端会合而形成的整个一个盆地,水不仅淹掉了盆地的底部,而且灌进了两条谷地的末端,因而湖面成了叉子的形状,两只角直朝着谷地顶头的方向伸出去,夹在两条谷地中间的山岭从西面深深地嵌伸进湖水里。湖的南半边叫做呼呼诺尔(蓝湖),北半边叫沙里诺尔(黄湖)。该湖没有泄水道,湖岸平坦。一条呼吉尔忒河流入北边的分汊。我们顺着道路来到这条河畔,只是比较靠近河的发源地;停宿地点在离河不远的落叶松林的下缘处。这个地方其实并没有河,只是一个谷地的开头部分,宽阔的谷底是石头底的沼泽。那上面有几条小溪流到下边去以后,汇合成流入霍勒博湖的呼吉尔忒河。

从我们停宿的地点能够看到整条谷地,而从旁边一个更高的地点还能看到一小部分霍勒博湖。谷地里人来人往,热闹异常。谷地的最

欧·亚·历·史·文·化·文·库·

底下可以看到有由许多白色毡帐组成的很大一片规划得很整齐的营地——那是王旗的游动库连驻扎在这里度夏。我们到达这里的第二天,有好多人大队大队地从我们这里与库连之间的一条谷地里通过,往夏季牧地转移。有几个人群走的是另外几条更靠北的谷地,另有一些人打算在呼吉尔忒河谷安下身来,就到我们停宿的这个林边地带来了。很快我们停宿地点的左右都出现了杜尔伯特人的帐幕,也有牲畜来回走动。森林里边频繁地响起人们挥斧砍柴的声音,每天晚上都有人做"察干莫多"[1]的游戏,这种游戏通常都是在黄昏的时候玩,孩子们吵吵嚷嚷,大人们高声喊叫,姑娘们哈哈大笑,一直要闹腾到半夜。

我们想要收集森林植物和高山植物的标本,还想找一找丢失的马匹,给马打打掌,再处理一些其他的日常事务,因此在呼吉尔忒河畔一直耽搁到7月7日。

森林的下缘处草长得很好,生成了很厚的一层草根土,然而这样的地面仅限于距森林下缘半俄里的范围内。再往下植物急速变差,接着就成了无草木地带。从呼吉尔忒河到哈尔基拉河这片地方,只有谷地的底部才有一窄条绿色植物带,其余的地方全是裸露着的土地,那上面只偶尔生着一点在干燥炙人的空气中被烤得滚烫的山岩上特有的植物,如益母草、塔克希(狐尾藻棘豆),等等。

还没进入森林就已经可以见到很多种森林植物了。举例说,宽瓣金莲花、山柳菊叶虎耳草(?),鹤虱都相当多,且正在开花,鹤虱开出的浅天蓝色花朵非常艳丽;森林中少见的小卷耳在这里整片整片地生长,开满了白花。在森林里边除上面说的几种植物外还有:沼地虎耳草和大花虎耳草,岩败酱,瞿麦,紫菀,苏台德马先蒿、忧郁马先蒿、岸林马先蒿和多色马先蒿,蔓生龙胆、鳞叶龙胆和秦艽,花葱,林勿忘草和湿地勿

---

〔1〕"察干莫多"(或察干莫托)的意思是"白色的木头"。这种游戏在夏季有月光的夜晚进行,有20～30个男孩参加。玩法是从一根倒木或原木处向外抛掷削得很光的(白色)小木块。抛掷的人喊"库克—库克",孩子们便奔跑过去寻找;找到的人喊"比斯劳",向倒木跑去用木块敲击倒木;其余的人则奋力在他触到倒木之前去抢那木块。因此要打打闹闹好长时间,玩得最起劲的时候,连看热闹的大人,甚至于通常只坐在倒木处看别人玩的喇嘛和妇女都会参加进去(格·尼·波塔宁:《蒙古西北部概况》,第Ⅱ分册,第119页)。

忘草,块根老鹳草,五福花(主要是在倒木旁边),高山厚棱芹,高山唐松草,阿尔泰糖芥,少花紫堇,乳白点地梅,约安春美草,等等。

生长着这些植物的略微潮湿的黑土地上,数量最多的当属珠芽蓼,其椭圆形的绿叶几乎把整个地面遮盖得严严实实。在比较潮湿的洼地之类的地方,春美草成堆连片,而在雨后干得较快的坡面上,地表爬满了多瓣木的枝蔓。花冠足有 1 卢布银币大小的紫菀和瞿麦则只生长于阴凉的树林之中。到了夜里,这两种植物就把它们的花瓣抬起来,收拢到一块儿;而在中午则把细细的娇嫩花瓣水平地伸展成射线状,紫菀甚至会微微地低垂下来。如果林中有岩屑层,那么附近比较干的地方就会生长金黄柴胡(?),开出的白色花朵带有槐花气味的寒黄芪,垂麦瓶草,葱和风铃草。

越往高处走,森林里边的花儿越多。然而到达森林的上缘,景色却陡然变了。一走出森林,展现在眼前的是朝着地平线的方向往上隆起的地面,上面分散生长着一些单株的树木,有的稍稍有些倾斜,有的歪得很厉害,还有的完全倒在了地上。在这片无林的地带上开头走过的几俄丈路面,花儿比森林里边地面上的还要繁多。山罂粟尤其多,这种植物那淡黄色的花冠长在又长又细的茎上,使得人们由于那些已经丧失生机的树木引起的伤感心境更加沉重。

接下来的山的其余部分一直到山顶都寸草不生,上面的石块和偶尔有的倒木上既没有匍生柳的叶子,也没有多瓣木的枝条,连草也没有。只有偶尔远远望见的几株山罂粟才能打破这单调乏味的景色,然而在岩屑上面植物却又长得蓬蓬勃勃。[1] 在这种岩屑层下缘的凹地里常常积有一层黑色的腐殖质,那上面生长着大量的长叶毛茛和春美草,而且花开得很盛;石块之间的岩屑上面也积有腐殖质,这种地方岩屑层的边缘处腐殖质地带比较宽,有许多花儿争奇斗艳。那些在森林

---

〔1〕格·尼·波塔宁把岩屑层分为两种:高山岩屑层和谷地岩屑层。第一种由特别巨大的石块构成且不移动;石头的表面被覆着一层苔藓,石块之间生长草和灌木,石块与石块的间隙有啼兔栖息。第二种见于山谷中森林植物高限线以下的地方,由中等的和碎小的石块构成且不断地移动;因此上面不能生长任何植物,也不会有兽类来此栖息。这一种岩屑层可以称之为"碎石堆"。

223

里只能见到的单株花儿在这个地方都是成丛连片,各种色彩交相辉映,某个地方是一片淡黄的罂粟花冠,往前些则满地都是鲜艳灿烂的橙黄色的金梅草(宽瓣金莲花)的花朵,再往前又成了密集的朝岩黄芪那粉红色的总状花序。

在这彩色缤纷的花的海洋中,挺立着准噶尔乌头和草地乌头那缀满了暗蓝色和土黄色盔状花朵的高高的花轴。靠近岩屑层中心的地方,石头多了起来,渐渐超过了腐殖质,腐殖质只剩下了垫填在石头中间的薄薄的一层。在这种地方扎根生长着丽花葱,这种植物的叶子和不计其数淡淡的天蓝色花朵有时竟能把整片的岩屑层铺盖得严严实实的;只有中央部分是例外,那个地方石块比较大,中间的缝隙更深。长在地底上的高山绣线菊、矮生桦(小桦)和葡生小檗叶柳,有时还有陇塞忍冬,便把它们的茎枝从这些缝隙中探伸出来,绣线菊的枝头还垂着一束束白花。最后,岩屑层的中央是一片空白:大石块之间很宽的空间里现出了空地的底部,那是压在下面同样的大石块的表层。

朱瑟兰多雨,这在杜尔伯特人中间是出了名的,对此我们也有了亲身的体验。在乌兰固木平原热得要命的时候,这个地方却雷鸣电闪,阴雨绵绵。

在乌兰固木和朱瑟兰的这 23 天里,晴好和多云的日子有 7 天,阴雨天却有 16 个;11 天有雷电,下过两次冰雹或是雪糁。

朱瑟兰的气温极低,一天里我们只有 3 个小时可以不穿皮大衣:12点到下午 3 点;中午没有超出过摄氏零度以上 23℃;晚上 9 点有时只有零上 6℃;帐幕里一到晚上就要生火。

在朱瑟兰停留期间,我曾到设在呼吉尔忕河以北孔杰连河的支流秋尔贡河河谷的汗的库连去过一次。我是 7 月 4 日去,5 日回来的。我们是朝北走的。从呼吉尔忕河谷翻山进入乌兰纳钦河谷后,沿谷地下行至与秋尔贡河谷仅相隔一道有树林的不大的隘口的地方。翻过隘口我们来到了一条宽谷的上端,在这条谷里我们看到了商人吉列夫的停住地。站在这里,从宽谷下端的谷口里就可以看见秋尔贡河谷及谷中汗的库连,它比呼吉尔忕河畔王的库连更加靠近森林的界限。这里的山脉似乎比哈尔基拉河谷里的山脉林木要多,不过这里紧贴着森林的边缘就是光裸的无草地面,这有可能是因为这里的森林延续到了谷地里更低的地方。在去汗的库连的沿途有帐幕和畜群,但很少。乌兰纳钦河谷的谷底有一条干河道,河道中一些地方有水洼。

领回已经找到的马匹之后,我们于7月8日动身去哈尔基拉河的上游。第一天走的还是原来的路,顺着来朱瑟兰时走过的那条路,重又往下走到哈尔基拉河架着桥的那个地方。从桥上走过去后,我们就沿着河的右岸逆流而上,开始了新的行程。在我们待在朱瑟兰的这9天时间里,哈尔基拉河谷里的草略微好了一些,干涸的河道里可以看出有一条条的湿印,这说明此前曾下过暴雨。也出现了主要见于含碳酸盐的土壤中的线叶柴胡(?)。这里,特别是哈尔基拉河的右岸也是有石灰的痕迹的。落叶松林除生长在河流沿岸之外,河谷右侧的山上也有,只不过是一片片地分散开了。在上部这些落叶松林片比较宽,在下部,树林沿着峡谷的底部向下伸延,越来越窄,一直到达哈尔基拉河谷的底部。有几条峡谷里尚有积雪。从桥头到停宿的地方有两次攀上博姆的峰脊,再翻越过去。我们在落叶松林荫下一小片绿草地哈登阿梅上停下来住宿,这片草地是因几股泉水而生成的,与河流之间隔着一窄条砾石地面。

第二天早晨我们继续逆哈尔基拉河而上的行程。我们发现,有一群牲畜从朱瑟兰的山峰顶上沿山坡向山麓行走,很快又看清了畜群前边有几个人已经快走到桥那儿了,那就是商人吉列夫,他赶着收购来的牲畜,起程到伊尔库茨克去了。[1]

此后我们大部分时间都是走在很高的阶地上。我们在阶地上朝西,向着秋尔贡河出自其中的那座长白雪山前进;我们可以顺着这条河一直朝前观望,从阶地上眼睛能够看见此河至少10俄里长的一段。在对面哈尔基拉河自旁侧流入秋尔贡河谷,该河流经阶地的河道很深,只能依据从无林木的阶地当中的一道细沟里露出来的落叶松树梢来辨认

---

〔1〕参与考察活动的 B.帕尔金正与之同行追赶考察队,但在这里却同考察队擦肩而过。

该河流动的线路,我们行走的路线正好与之成直角。我们走的这一片阶地夹在秋尔贡河的右岸与山脉之间,左岸高山连绵,山中可以看到有一些陡急下倾的岩层。有些地方岩层的下端会合到一起,似乎形成向斜褶皱。[1] 构成这些山的岩石远看好像是淡红色的。总的说来,秋尔贡河口一带是以红色的黏土质页岩为主的。秋尔贡河左岸的岩山在河口以下同时也沿哈尔基拉河的左岸延伸,使朱瑟兰下山路以上的地方难于穿行,直到下山的路处才突然中断。

到达哈尔基拉河流经的那道细沟旁,我们走了下去。此河冲积河谷的底上满是石灰岩砾石,上面零落地生着落叶松,形成一片稀疏的树林。暗色的树干之间是白得令人目眩的砾石,这令哈尔基拉河谷的景色颇具特点。在蒙古草原上光裸的砾石层并不少见,然而光裸的砾石却处在针叶林的掩映之下——这可是西伯利亚的泰加森林同蒙古土地一种不协调的混合。再次进入哈尔基拉河谷之后,我们向左一个急转弯,朝哈尔基拉长白雪山方向走去。沿哈尔基拉河的右岸又走过几俄里,我们来到一处博姆[2]跟前,从这里已经不可能沿河岸再往前走了。我们得折返回去,找地方过河。我们的雇工不了解这个河谷的情况,我们不知如何是好,是一位来到我们跟前的格仑格[3]帮我们摆脱了困境:他不光给我们指出了过河的地方,还帮助我们过了河。这个地方河水非常湍急,过河的地方水没到马腹。过了河之后,我们从左岸继续前行。有两个地方山岭直达岸边,临河形成悬崖,无法从下面通过,我们只能从山上翻越过去。左岸的山上完全没有林木;右岸还有树木,不过已经[很]稀疏了。在停宿之前我们走过了右岸最后的一片树林。所以说到停宿的时候,我们已经登上了高出森林上缘线的地方。左岸的山上只有很少一点较低地带常有的植物,塔克希和益母草几乎一直长到了左岸森林的上缘线处。停宿的这个地点让人感觉到地方的特点有

---

〔1〕向斜褶皱:向斜层,顶端向下成槽状的褶皱;反之为背斜层,顶端向上成穹隆状的褶皱。

〔2〕垂直于河面而阻碍沿河岸通行的高峻断崖在阿尔泰地区称为"博姆"。

〔3〕格仑格,即高级喇嘛(Г.Е.格鲁姆－格日迈格:《蒙古西部和乌梁海地区》,第3卷,第1分册,第219页)。

了变化。

山坡上满是些石块,出现了一些横穿道路流过的小溪,岸边分布着沼泽;石块接连不断地铺撒到山麓下,小溪就起源于那些石头堆的下面。在住宿处我们今年夏天第一次听到了山鸦(黄嘴山鸦)的鸣叫,晚上很迟才到达停宿的地点。我们今天经过的这段哈尔基拉河谷几乎没有人烟,只在上一次停宿的地方有几个阿伊尔,再有就是左岸那个停宿处住着一个带着家人的贫穷妇女,她只有8头山羊。我们碰到的人总共就这么几个。

这一带没有树木,河谷两边的山上全是岩屑。7月10日这天走过的阶地有些地方干燥,没有草;有些地方有一条条潮湿的地面,偶尔也有沼泽。沿着河岸有不太宽的绿油油的草地,这草地再加上偶尔看到的沼泽就是仅有的碧绿地块。河谷同哈尔基拉河的整个下游地带一样,有半俄里宽(仅在秋尔贡河注入的那个地方河谷才宽阔一些);山脉的坡面和峰脊都很平坦,所以样子很像没有岩石露头的总是一个模样的长堤。河流常常分成几条支汊。在这里遇到过阿伊尔,见到过马、牛、牦牛、羊。帐幕很大,很白,可见主人是富裕的。我们沿着河的左岸前行,走过一条自北边流入哈尔基拉的河流;在该河流经的峡谷的顶端看到了一座有雪的山峰,那大概就是我们从哈尔基拉河谷第一次看到秋尔贡长白雪山时,位置更靠左、距离比长白雪山要近的那一座平缓的雪山。

又走了几俄里,我们过了哈尔基拉河,上了右岸。在这个地方河并不深,但水流很急。此河是由两条支流在渡河处往上一点的地方汇合而成的。我们在距南边那条支流右岸不远的霍罗泉旁停下来过夜,停宿地四周的植物长得好极了。哈尔基拉河边的花儿不计其数:砾石地上开满了阔叶柳叶菜那深红色的花朵,其间还有忧郁马先蒿和毛蕊马先蒿、阿尔泰青兰、朝岩黄芪、金莲花等。紧靠河岸植物最为茂密,有红景天、肾叶山蓼和白雪报春,遗憾的是最后一种花已经开过了。阶地突伸到河面上的干燥悬崖上塔克希(狐尾藻棘豆)开出的很鲜艳的紫色花朵十分醒目,另外还有欧夏至草、白花酢浆草以及驱蛔蒿。从旁边的

·欧·亚·历·史·文·化·文·库·

山上流出的泉水旁草丛十分茂密,里边有准噶尔乌头、拳参、紫菀、细柄茅,等等。

我们停宿地点附近有杜尔伯特人的帐幕,里边住的是放牧的人;畜群的主人不住在这里,他们在朱瑟兰度夏;夏天只有牧人在这个地方照看富人的畜群。

我们在霍罗泉待了两天,这样做是为了在长白雪山附近采集高山植物标本,另外也想好好看一看雪线。巴伦萨拉河发源于哈尔基拉长白雪山东南坡上的冰川;从最末尾的冰碛上分两股泻下之后,并入一条河道流向东北。在流入霍罗泉水谷地之前,曾经过两道黏土质页岩夹壁窄谷;靠下面的那道夹壁窄谷尤其狭小高峻,河水沿着陡峭的谷底从夹壁中间汹涌奔泻,水花飞溅。7 月 11 日,我与[两位同伴]一起去了巴伦萨拉河的源头,我们确信那里一定会有冰川。绕过最后一个夹壁窄谷,我们上到山顶,于是看到前边有一条冰川。冰川只覆盖了哈尔基拉河谷最上面一段的开头部分,并未到达第 1 道夹壁窄谷那个地方。它的南、西和东三面全是很高的山,从山巅到山麓全被白雪所覆盖,只在某一些地方白皑皑的山坡上才露出来一种暗色的岩石。围在冰川周边的山并不是哈尔基拉长白雪山,而是从雪山向东伸出的一个很高的侧翼。真正的哈尔基拉长白雪山,据我们后来确切证实,位于冰川的西北方,无论从哈尔基拉河谷的哪一点上都无法看到。

在到达源头的这一路我们看到了无比丰富的 1 年生植物,朝向北面的松软山坡上有一层高山草根土,上面生有:白头翁,飞燕草,垂麦瓶草,有柄繁缕,六齿卷耳(与灰蓝柳一起匍匐在地上),朝岩黄芪,雪委陵菜,大花虎耳草,岸林马先蒿、密实马先蒿和苏台德马先蒿,阿尔泰青兰,洼瓣花,高山火绒草,紫菀,千里光,弯茎还羊参,高山风毛菊,聚花风铃草,阿尔泰龙胆和斜生龙胆,湿地勿忘草和林生勿忘草,岩生苔草,等等,这些植物都在开花。朝南的山坡植物较少,这种山坡上没有草根土,生长的主要是植簇状的蚤缀束,还有长毛点地梅,高山石竹,黄花瓦松,阿尔泰糖芥,西伯利亚败酱,铺地青兰,齿缘草。堆满了石头的山坳或说山坞里草长得很高,是一些独活,鼓麦瓶草;还有高山绣线菊和桃金娘叶柳。

接近源头潮湿地和沼泽地多了起来，那种地方或是沼地虎耳草和松叶毛茛混杂生长，或是白雪报春与长鳞红景天相伴而生，两类植物都已结果；[1]此外，在泉水旁以及沼泽地上开放着拳参、约安春美草、西北沼委陵菜、大果苔草、西伯利亚三毛草、短穗看麦娘、细柄茅等花朵。深红景天布满开阔地方的山岩和岩屑层，背阴的地方则生长着拟耧斗菜，准噶尔乌头，[肺花]，球茎虎耳草，山嵛菜。最后，在终碛脚下，河谷的沙土底部发现了在终年积雪地带进行开拓的最后一批植物——鸦跖花，对生叶虎耳草，除虫菊，小还羊参；旁边的山丘上有双花委陵菜，伞序点地梅，穗花地杨梅和多裂委陵菜，最后这种植物在吉尔吉斯湖和哈拉乌苏湖周围的整个炎热的平原也都有分布。这些山丘朝南的坡面上生有：旱雀麦，穗三毛和很小然而花儿很鲜艳的飞蓬。这些没有林木的高地是这一带大山之中最为蓬勃兴旺之地，其[植物]数量之繁多，花儿之妍丽，即便是森林地带也相形见绌。

冰川的走向是自西南向东北，冰川下面的末端所对的峡谷谷口在冰川的东北方。冰川的长度和宽度，即从南面的山麓到末尾的终碛的距离和从右侧到左侧的距离相同，同时西北方有一道峡谷。看来，冰川主要就是从那里获得补给的，这就让我们想到，我们看到的只不过是冰川折转出来的末尾一段。冰川的东北面堆积着终碛，高出谷底至少200英尺，十分陡峻。在我们从山上第一次看到冰川的时候，它看上去像一片阶地一样阻塞在河谷上面的终端处；终碛脚下河谷底部的其余部分是平坦的水平地面，换言之是撒满沙子的干河道。[2] 两道溪水哗哗有声地自冰碛上流泻下来，落到谷底之后，沿着沙地平稳地向前流去，汇合到一起之后流入低处的夹壁窄谷中。

从山上走下来到谷底，我们接着又要爬到终碛上去，也就是得再次

[1]接近河的源头处长鳞红景天也有尚在开花的。——作者注

[2]就在这片潮湿的、自冰碛上泻下的溪流涨水时可能会被淹没的沙土地面上，盛开着鸦跖花、除虫菊和小还羊参花，这些植物贴着地面的叶和花上还淤有沙子——这证明植物长起来之后，河谷的底部曾被水淹没过。——作者注

登上和我们刚刚走下来的山同样高的地点上去。我们让雇工巴音察甘留下来看守马匹,便向终碛走去。一股尘柱沿着冰碛的表面从顶部一直刮到脚下,发出令人心悸的簌簌声,这对我们来说是一个警告。所以,我们想出一个贴近自冰碛上飞泻而下的两条水流中的一条向上攀登的办法。我们选定了右边(即东边)的一条。攀爬冰碛用了整整一个小时,非常疲劳,因为实在太陡峭了,倾斜度为 32°。攀上冰碛的顶部,我们就置身于一片极其不平坦的地面上,到处是一堆堆乱七八糟的石头。[И. В.]穆什克托夫在描述泽拉夫尚冰川的时候,曾把这样的石堆比作新月沙丘,这种比喻也适用于哈尔基拉冰川,只不过这里的石堆低一些,所占面积也极小。从冰碛的边缘到冰川的开头处大约有 20 俄丈,一登上冰碛,其边缘处就有冰,只不过比较稀少;从边沿往前,混在石头中间的冰越来越多,直到最后冰彻底占据了优势。

冰川本身一开始是一个缓慢倾斜的坡面,高出终碛表面至多两俄丈。从冰川下面的尽头处到山麓长约两俄里,冰川南面的部分,也可以称作中间部分,表面平坦;西面部分,特别是东面部分高出了南面部分。冰川中间那个平坦的部分表面很脏,上边有很多槽沟,有的很窄,犹如用刀划出来的一般,另外的比较宽;槽沟笔直,与冰川轴平行,有的地方会中断,然后重又出现,其中一些里面有水流动。冰川东、西两部分上的冰隙很明显,中间平坦部分上的冰隙只勉强能看出来,呈白色的细条状。在东、西两侧的部分上冰隙成向前突出的弧形,而在中间部分,冰隙弯向冰川的上端。这种情况表明,冰川两侧的部分移动速度较快,而在中间不知是什么原因移动迟缓。

终碛始于冰川的西面部分,冰川的西面这一部分右侧有许许多多很深的横向冰隙,终碛沿着西边这部分冰川先自西向东伸延,然后逐渐折向北方,还没有到达终碛的地点就终止了。东边对着终碛下端尾部的地方分布着一些冰台和处在冰川表面上的大石块,靠近终碛这个地带渐渐变窄,岩石越来越多,最后会合到顺着冰川分布的冰碛当中,而后者下方的末端又同终碛合到了一起。这片冰碛碎屑的成分是浅红色的花岗岩,而在终碛里这种岩石中还掺杂有灰色的硅质黏土页岩的碎屑。这一分布有冰台的地带以及中部朝向冰川上端的弯曲都表明,有某种共同的原因使得冰川的中部移动迟缓,并使裹在冰川里边的石头向底面移动。多数台面已经被从底座上掀到了一边(据矿山罗盘所示是 SO〔东南边〕)。冰台残留的底座通常为长圆形,东南向长,似乎是层状结构,由带状冰组成,暗色和白色的冰带与前述槽沟走向相同——都朝向 NO〔东北〕,即与冰川轴平行。底座的这样一种结构仿佛表示着此地冰川体内的冰可能是受到来自两侧的挤压而形成的构造。

冰川末端有很多条溪水,中间那片平坦的部分上溪流较少,最大的一条顺着终碛的东沿与之平行流动。溪水从冰中间冲出一条近 2.5 俄尺宽的沟,到了冰川靠下的部分,此沟与其说是变宽了,莫如说是加深了。临近终碛处沟深已超过 1 俄丈,沟两面的侧壁并非像墙一样陡直地立着,而是变弯曲的了,成了穹隆状或是山洞形的深沟,溪水急流而过,发出低沉的轰鸣。到达终碛处,以更加迅疾的速度从冰碛上直落河谷中,清洁的泉水一下子就变得混浊了。另外一道溪水要小得多,从终碛的东部下泻到河谷之中。

哈尔基拉冰川几乎没有侧碛,终碛的两翼往后面朝着冰川的顶端弯转过去,但也没有伸出多远,因此冰川下端只有极小的一部分处在其从两侧的环绕之中。左面侧碛的碎屑是灰色的硅质黏土页岩,与之相连的山岩也是这种岩石。在终碛脚下的河谷底部,有一道由石头和冰川碎末组成的不高的垄堤于两条水流之间更靠近左边那条的地方,从冰碛脚下伸延出来。垄堤两侧的坡面上都长着草:北坡上,双花委陵菜在垄堤疏松易于扒开的地面上扎下了它那长长的根茎;[1] 南坡上长着山罂粟、六齿卷耳,等等。这显然是陈旧冰碛遗留下来的东西。这道垄堤一直延伸到河谷的左侧壁下,但是其中间的一段被左边那条水流冲掉。河谷的右侧也有成垄堤状的陈旧冰碛的遗存物。第一道夹壁窄谷之下河谷左面的侧壁下有相当高的大堆石块,从旁边看很是显眼。

---

〔1〕双花委陵菜有地下茎,在距地面半英尺深的土中就开始生枝;枝杈在冰碛的碎块〔石块〕之间挤着生长,一冒出地面就会生长茂盛的枝叶,形成密实的植被。——作者注

10　从哈尔基拉河上游到吉尔吉斯诺尔湖

我们把哈尔基拉河上游的事做完,于7月13日动身经哈尔塔尔巴哈台河谷去吉尔吉斯诺尔湖,早在1877年我就听说那个河谷里有煤。从霍罗泉到哈尔塔尔巴哈台河走了5个小时。先登上哈尔基拉河右侧的山脉,山隘顶上很平缓;在这片平坦的地面上走了很长时间,然后才下山进入哈尔塔尔巴哈台河谷。山隘上的牧草很不错,不过正在开花的植物不多。路左右两边的畜群很多,既有马也有羊。山隘顶上有一个湖,从湖边朝西北方向整条槽沟里都分布着一连串的积有水的小水洼,山隘就按照这些水洼叫做科捷利努尔。[1] 从山隘上可以把霍罗谷地看得很清楚,首先进入视野的就是庞大的哈尔基拉长白雪山。该山呈金字塔形状,山岩陡峭,所以积雪不多;只有从左右两侧与此金字塔相连的山峰上白皑皑的一片,长白雪山的左边有一道白雪覆盖之下的山岭,从南面和东面把一部分冰川围住,其中有两座山峰高高耸起。从山隘上还能看到一部分冰川,就是西北边那一部分,也能看见部分终碛连同左面那条从终碛上泻下的水流。

一直走到山隘的中间才看到了秋尔贡峰。哈尔基拉和秋尔贡两座山峰之间的鞍形部样子像是一条平坦的长堤,被东杜萨拉河谷从中间劈开。可以看到鞍形部上一些地方积着雪,不过看上去它要比我们所在的山隘低许多。秋尔贡长白雪山有两座山峰:一座较高,呈金字塔形,在北边,另一座是圆顶,在南边。金字塔状的峰下看样子是一大片冰面,从远处看,那圆顶山峰从山巅向下也有一条冰川,走向先是朝着东北,然后折向东南,而且我们觉得它因仰视而变小了。那条冰川的左

---

〔1〕科捷利:山隘;努尔:湖泊。——作者注

侧有一道暗色带子,大概是冰碛。

从山隘更靠东方的一些地点朝南望,视野异常开阔,离我们最近的是纳缪尔河谷。我们看到了该河对岸的山脉,而且能够看清该河流经的整个凹地,因为河是流入哈拉乌苏湖的,而那个湖就毫无遮掩地展现在我们眼前。接着又看到了该湖的整个周边地带:湖北侧和东侧的布洪夏里山脉和霍博图山脉,南面的雄杜利山脉;从大哈拉乌苏湖向北绵延的奇尔格忒岭在其他的山脉当中十分显眼,科布多河左岸的阿勒滕库凯山则很难从其他的山脉当中辨认出来;在从奇尔格忒岭向西展延过去的一长串众多山峰当中,看得出一个高出众山之上的点。在这个点与奇尔格忒山之间还有一座高峰突出来,笼罩该峰的透明的青蓝色说明它同此地的距离与那些山是不一样的,从该峰的轮廓和位置上都不可能认不出那就是大哈拉乌苏湖东岸的高峰均哈伊尔罕。

这样,我们就仿佛是站在这座山上观看一幅包括了直径不下 200 俄里的一片地区的地图。这幅画面对我尤其是饶有趣味的,因为我能够从其中辨识出我老早熟悉了的东西。也就是说这些景物为我提供了一次机会,仿佛是以鸟瞰的方式去看我在不同的时期走过的那些地方。在能看见这些景物的至多一小时的时间里,心里重温往昔的时日,回味我们停宿和旅行过程中发生的各种细枝末节、意外之事和个别的情景,并以不折不扣的现实来验证抽象设想出来的那些曾经走过的地点的地图。在登上哈尔基拉长白雪山这样的高大山峰的肩头之前,从理论上绘制出来的地区图只存在于旅行家的想象之中。对于居住在平原上上的人来说,地图永远都是这样一种理论上的图画。住在山区的人站在高处,有时可以对多达到两个经纬度的空间得出直观形象,过后,这样一种印象将一直保留在他的记忆中。而对我们来说,这种印象大部分都要置换成绘在纸上的图形的那种概念。

从山隘顶部往前也有一条平缓的槽沟,不过没有水。路从山隘的顶上就开始转向东边,并穿过纽楚贡河。此河深约 1 俄丈,石头底,水流很急,河边有很宽的砾石带。我们在这里发现了几顶富有的杜尔伯特人及和屯人住的帐幕。我们走进一顶帐幕,看见那里有一群人正聚在一起喝春天新制的马乳酒。纽楚贡河谷与哈尔塔尔巴哈台河谷相隔一道平缓且不高的山隘,然而两者的特点却不一样。在我们渡过纽楚贡河的那个地方,河流经的几乎是一片平坦的地面,河的两侧都是平缓的长丘。哈尔塔尔巴哈台河被两侧的高山夹在中间,河谷很深。不过从纽楚贡河翻越过来之后,向下进入河谷的路却是平缓的,也不长,但是从下山的那个地方往上和往下河谷都成为峡谷的样子。

下来走到河边,我们立即停下来过夜了。停宿地点附近沿河是不太高(高不足 1 俄丈)的断崖,颜色是黑的,那些地方有煤的露头。沿河 6~7 俄里长的一段都有煤层露出来,矿层宽约半俄里,煤层的右侧有黑色的黏土质页岩;另外,煤层里边也有黏土质页岩夹层。谷底河的崖岸中有一排煤的露头,河谷右侧壁上距河道 60 米高的地方另有一排煤的露头。河谷右侧壁的黑色页岩层中发现有鳞毛蕨留下的印痕。黑色页岩层的走向是各种各样的,大部分与河谷的走向平行。煤的分量很重,色黑,易碎,有光泽,燃烧时无火焰。

第二天我去采集植物标本。途中登上我们在哈尔塔尔巴哈台河左岸的停宿地对面的山峰,我看到了朝着东方展开的吉尔吉斯诺尔湖平原。

7 月 15 日沿哈尔塔尔巴哈台河谷往下走了大约一个小时,进入布尔嘎苏台河谷之后,沿谷朝东南方往下走。一小时后登上了右岸的山岭。翻过山岭之后,又横穿古勒曾乌布尔河谷行进。这道河谷宽近 100 俄丈,两侧山岩陡峭,谷底有一条干河道,该河道同布尔嘎苏台河汇合,但只在春天和下大雨时才有水流过。在我们穿越的那个时候,在这里见到了很多帐幕和畜群。攀上河谷右侧不太高的山岭之后,沿起伏不平的丘陵地面朝前边已经看得见的一个夹壁窄谷前进,那里是峡谷的咽喉孔道,我们进入峡谷。沿谷往下走了一个多小时,峡谷两旁山岩峻峭,谷很窄,这个地方就是乌涅盖泰祖霍。状似河道的[谷]底从头至尾都干燥无水。这条峡谷的下端通入广阔的霍勒博诺尔湖盆地,干河道从峡谷的下口沿平原向霍勒博湖伸过去。另外一条河道和乌涅格泰祖霍一样也出自那道山岭中,只不过是经由另外一道比较靠东的峡谷。这道山岭横亘在霍勒博诺尔湖平原的西南方,我计数了一下,再往东去该山岭还有 3 道[峡谷]。从这些峡谷中大概都有干河道伸向霍勒博诺尔平原,在远古时期那里面是流淌着水的。傍晚时分,我们到达了希里克呼杜克。

今天走过的这一带植物都很贫乏,山坡上的绿色植物要比哈尔基拉河谷的中段多,然而没有花儿。哈尔塔尔巴哈台河沿岸还有的高山植物在布尔嘎苏台河谷已经见不到了。这个地方出现的已经是草原植物了:西伯利亚滨藜,白垩假木贼,绒藜;乌涅格泰峡谷中有香青兰,铁杆蒿,花旗竿;峡谷外的霍勒博诺尔湖盆地里,特别是在干河道旁边生有柳叶风毛菊和菲氏莴苣;喜含碳酸盐土壤的线叶柴胡在这里长得非比寻常的高。停宿地旁有一眼水质很好的泉,它的样子像是一片脏兮兮的水洼,但是只要把它淘干净,便会很快蓄满新鲜清亮的水。此泉位于一道宽谷的左边,水流进宽谷,造成一个小片沼泽和一小块绿草地,这个小块草地正就是"希里克",水没有再往前流。早上 10 点钟测量泉水的温度为摄氏 +1.7°,而背阴处的气温是 +15.0°。

7 月 16 日,先在我们停宿地点旁边的一条宽谷边上走,谷的下段从坚硬的岩石中穿过,软的谷岸就被 1 俄丈来高的石岸所取代。夹壁窄谷的底部是卵石,出了夹壁谷干河道向前边的草原伸延过去。我们离开这些岩石露头沿平坦的草原前行,直到停宿的地点也没在任何地方再遇到岩石露出来。上面的霍勒博湖已经落在我们左边有数俄里远了,我们从南边走到了下面的霍勒博湖边。下霍勒博湖包括好几个处在绿茵草地环抱之中的单个小湖泊,这个地方有很多杜尔伯特王旗的阿伊尔和畜群。下霍勒博湖发源了一条 1 俄丈来宽的希别河,砂质河底凹凸不平,沿河两岸上绿色植物很多,顺河往下也有帐幕和畜群。离开湖泊往下流出大约 3 俄里,河进入了一道夹壁窄谷之中。此处的夹壁谷由石灰岩组成,岸边山岩的高度至多 5 俄丈。

霍勒博湖四周的草原很荒凉,特色植物是两类草:庭荠状紫菀和益母草;此外,这片草原上还生长着大籽蒿、铁杆蒿、驱蛔蒿和灰绿蒿,银灰旋花,砾玄参,柏大戟,冰草,须草。在希别河流经的夹壁谷中植物比这里要多,除上述草原植物外又出现了几种新的。在灰质山岩上开着很多蒙古白头翁,[1]丝石竹、卷耳、二裂叶委陵菜的花朵,河水里边长着篦齿眼子菜。

7月17日离开停宿的地点,登上希别河左岸的山峰。这里的山脉分成了好些单独的岩峰群,中间大多有鞍形部连着,鞍形部上撒满了花岗岩角砾。在靠近希别河的石灰岩山石上出现了一丛丛的半英尺高的川西锦鸡儿,在花岗岩山上这种灌木就已经长到两英尺高了,在这个地方开始能偶尔见到本格锦鸡儿。我们从花岗岩山上又看到了吉尔吉斯诺尔湖,在稍稍靠近湖的那里有一片白花花的地方——那是不太大的巴嘎诺尔湖及其周围的盐沼地。

时间不长,吉尔吉斯诺尔湖平原的景色就被遮住了,我们开始从花岗岩山上慢慢往下走。山峰坐落得没有什么次序,这个地方只能形容[为一个]向东倾斜的坡面,上边耸立着好些单个的陡峭的花岗岩峰,看不出有什么次序。在从希别河畔的前一个停宿地到小湖泊吉尔格伦滕哈克的半路上,穿过一个不太高的(高近两俄丈)夹壁窄谷,谷中间有一条满是砾石的干河道。夹壁谷的侧壁直立着,此谷显然是被从前山上流泻下来的水流在这儿冲劈开的;夹劈之间底宽近30俄丈,谷长约有半俄里。此谷以东的单个山峰彼此的距离更远了,鞍形部扩展成了宽阔平缓的沙土地段,山峰则变成了相互脱开的单个丘冈。再往东走,在快到吉尔格伦滕哈克湖的地方遇到一些单独聚成一组的丘冈。吉尔格伦腾哈克湖位于从希别河到古姆比尤尔代那个地点的半路途中,在一片不太大的凹地里;其岸土已经碱化,上面生有厚叶风毛菊,盐生草,白刺,准噶尔红沙,芨芨草,斜坡上有除虫菊。

过了该湖,又是一个不大的上坡,从坡上下来还是从短短的一段花岗岩夹壁谷之间穿过的、遍布卵石的干河道。再往前走,地方的特点已经基本上是平原了,路上只能偶尔碰到个别的高有数十俄丈的坟墓状丘陵,或者远远地看到平原上有彼此相距数俄里远的零散丘陵。这些

---

[1]这里此种植物的数量很多,但是长得都超不过半俄寸高。——作者注

模样相同的丘陵是由高度风化的绯红色硅质黏土页岩生成的,丘陵只在顶部才有已经剥蚀的岩石露头,侧坡则为浮土所覆盖。

这些丘陵过去,就是平坦的沙土草原。在这一天的行程快要终了时,草原上出现了卵石;在覆盖着卵石的草原上,自西向东有一条条宽近20俄丈的表面上铺盖着沙子的地带。看样子这是雨水自山上泻下流经的河道,草原不比这些地带高。那上面生长着旁边的草原上所没有的植物:夏维克(铁杆蒿),泰斯客(优若黎),一丛丛半英尺高的麻黄,巴格雷尔(白垩假木贼),偶尔还有川西锦鸡儿。

这些地带中最宽的一条沿轴线处是砾石带,生长在此地带两旁的夏维克和泰斯客丛又多又高。我们的几位雇工认出这一条地带就是布尔嘎苏台河的河道。因为在古姆比尤尔代那个地方没有柴烧,只有阿尔嘎勒,所以他们在这里停下来,用几分钟的时间挖了两捆夏维克和泰斯客。草原余下的地方一直到古姆比尤尔代长的主要是疏生韭(?),早在希别河旁的山中就已经有了这种韭难闻的气味,然而这一天的路程快要走完时,整个草原都被这种绿色植物盖住了。我们在长满了这种韭的草原上走了1.5个小时。在杜尔伯特语里这种植物叫做坦(或坦格),每当这种植物成熟的时候,骆驼都会吃得肥胖起来。

古布缪尔代或古姆比尤尔代是一片土里混有卵石的盐沼地的名字,在盐沼地的范围内有几个不大的湖泊,里边长着蘼草和茭。那个地方有很多雁,安吉尔,鸭和鸬。在古姆比尤尔代用水取自一个从湖的西岸涌出的泉眼,泉水的温度为摄氏 −0.1°,即已经低于零度,背阴处的气温是 +22.2°。那里有两股泉水紧挨着从地下涌出,并立即流入湖中。

7月18日向西行进。道路平坦,从草原上穿过,路左有一道从古姆比尤尔代一直绵延到巴嘎诺尔湖的砾岩山岭,整段路程都从该山岭下经过。路的右侧是大片的草原,其南面的边沿处可以看见布洪夏尔山和霍博武山。古姆比尤尔代与巴嘎诺尔湖之间的这片草原部分是沙土,部分是黏土,上面撒满卵石;有些地方沙土堆聚成墩,上面长着盐生草丛。在途中离古姆比尤尔代较近的地方有一个纳林布雷克地区,那

·欧·亚·历·史·文·化·文·库·

个地点放牧着很多骆驼。总的说来,吉尔吉斯湖的周边地带都是放牧这些家畜的牧场,夏天畜群从一个地区到另一个地区的游牧。

巴嘎诺尔是一个不大的咸水湖,直径约1.5俄里,位置在吉尔吉斯湖以西6或7俄里处。湖的南端狭窄并向西弯过去,布尔嘎苏台河大概就是流入这一端的。湖岸平缓,北岸有很多泉;那段岸边有一片不大的草地,或称"希里克"。产生泉水的地点很难寻觅,因为泉水的源头都在烂泥里或者泥淖中,只有草地西边的一个泉从地下往外涌水看得很清楚,在流向湖泊时,把沙子和卵石裹带到盐沼地上面。该泉泉水的温度为摄氏 +0.8°(背阴地的气温是 +20.1°)。

在巴嘎诺尔湖区采集的植物标本值得注意之处是,我们在这块很小的地面上采集到了各种不同土壤上的标本:湿盐沼地和干盐沼地上的,干旱草原和硬土地上的,流沙和岩石上的。在100俄丈或者再多一点的地面上,植物根据土壤的变换自身迅速地改变着:紧靠湖边有些地方长着芦苇,过去之后的平缓而泥泞的湖岸上,有十来俄丈宽的地带满是草盐角、拟漆姑、水麦冬和海韭菜之类的植物。这一地带的外缘是一些土壤比较干燥的土墩,那里生有灯心草、海乳草、长叶碱毛茛和白花蒲公英。接下去的一条地带更为干燥,在这个地方脚已经不会陷下去了。在这里有赖草(?)和弯茎还羊参(?),白花蒲公英,厚叶风毛菊及裂叶风毛菊生长在一起。弯茎还羊参和蒲公英多数长在赖草丛里,而风毛菊则扎根于赖草丛之间的光裸地面上。

第三个地带是沙土地,地面上有一层盐土壳(被盐粘在一起的沙粒)。这一地带生长着哈尔梅克(白刺)丛,每一丛下面都聚起一个小沙丘。在这一地带偶尔有代里苏,盐生苦马豆和绯红锁阳(这个地方大概是此种植物分布的最北地点)。所有这几种地带都绕湖成弧状。从哈尔梅克带往外,土壤非常密实,下面是大粒沙子,上面是碎小的卵石;上面的一层被黏土黏结得结结实实,下面那层比较容易用铁锹挖开。这个地方只有很稀少的准噶尔红沙丛。砾岩露头南坡的多石地面上生有:阔叶霸王和粗茎霸王,金匙叶草(?),丝石竹;流沙上长的是:沙拐枣,驼绒藜[优若黎],麻黄,岩石顶上有川西锦鸡儿。

关于禽鸟,我们看到湖上有雁、鸭(2 种)、鹬(4 种)、鸥、燕、凤头麦鸡;在砾岩丘冈上锦鸡儿丛中听到有一种什么禽鸟在啼叫,好像是里海地鸦。

7 月 20 日我离开巴嘎诺尔湖去了一趟吉尔吉斯诺尔湖沿岸。两个湖之间的这片地方平缓,呈波状起伏,比两个湖泊略高,没有可以让水从一个湖流入另一个湖的低洼地连通这两个湖泊。在这条地峡带上生长的几乎只有一种什么猪毛菜属的灌木形态植物,这种灌木小丛小丛地分布有 1 俄丈多宽。植物正在开花,带有花朵的黄绿色枝条同深绿色的叶子交相掩映。灌木丛之间偶尔能看到把枝条贴到光裸炙人的地面上的蒙古雀儿豆,金匙叶草(?)和里海匙叶草,在有风刮来成片沙子的地方生有代里苏。普热瓦利斯基曾把雀儿豆从蒙古南部乌罗特人地区带了出来,这些南部的植物无论是地下干的粗度还是分枝的繁密度都远逊于吉尔吉斯诺尔湖的雀儿豆。我们的雀儿豆在地表处干有拳头粗,而蒙古雀儿豆的地下茎同这里的某些其他豆科植物一样,自左向右扭卷成螺旋状。这种植物另外一个突出的特点,是匍匐在地面上的枝条。就我所观察到的情况来说,这些枝条总是对着北方的:如果只有一条枝,那么枝梢就直对北方;如果有多条分枝,那么靠近干基的枝条就会先朝向东、西两面,然后折向北方;如果两棵植物彼此相距很近,那么就会有一棵植物把枝条伸向东方,另一棵伸向西方。

两个湖之间的高地在临近吉尔吉斯诺尔湖处急剧下降,我们几乎要走到湖岸了也没有看见湖,直到离湖岸只剩 50 来俄丈了,才看到它。湖岸上撒满了小卵石,近岸的湖底上是砾石,湖水是令人赏心悦目的绿

·欧·亚·历·史·文·化·文·库·

色,很清澈,有咸味,[1]岸边完全可以行走。极目远望,湖岸完全是光裸的,整个湖岸除了不生任何植物的卵石之外,看不到任何其他的东西。南面格利本奥拉山的拜利朝湖岸倾斜下来;东岸看不见,那边从远方的水面下隆起一些山岩的轮廓。我们的向导巴图告诉我们,那是几

---

[1] 原书第 233-235 页在附录中列出了对乌布萨、吉尔吉斯诺尔和泽伦诺尔 3 个湖的水进行分析得出的结果;水被送至伊尔库茨克黄金冶炼实验室时已经冻成了冰,瓶子也打碎了。现将分析所得主要数据列表如下(1 公升水所含克数):

化学成分 \ 取水之湖	乌布萨	吉尔吉斯诺尔	泽伦诺尔
氯化钠	5.52	1.01	19.34
硫酸钠	1.93	0.77	16.08
硫酸镁	2.28	0.41	4.06
碳酸钠	1.62	0.17	10.41
干涸残余物总量	11.40	2.45	50.18

从这些分析的结果可以看出,含盐量最高的是泽伦诺尔湖水,而最低的是吉尔吉斯诺尔湖水。

1926 年 B. A. 斯米尔诺夫对蒙古西北部湖泊水的化学成分进行了研究。他得出结论说,自波塔宁进行考察旅行以来的 57 年间,水的含盐量大大地增长了,这可以从下列化学分析的数据中看出来(1 公升所含克数):

化学成分 \ 取水之湖	乌布萨	吉尔吉斯诺尔	泽伦诺尔
氯化钠	6.70	0.90	145.22
氯化镁	3.21	1.14	—
硫酸钠	7.14	3.11	22.18
硫酸镁	—	—	28.76
碳酸镁	1.17	1.17	0.48
干涸残余物总量	18.74	7.54	198.88

吉尔吉斯诺尔湖和泽伦诺尔湖干涸残余物的增加速度(分别为 3 倍和 4 倍)是令人吃惊的,这说明这两个小湖盐渍化的程度很高。

B. C. 斯米尔诺夫在其著作(《关于 1926 年蒙古考察团水化学分队工作的总结报告》,载《苏联科学院蒙古委员会论丛》,No. 1,列宁格勒,1932 年)中指出,乌布萨湖(图瓦人称乌斯瓦鲁湖)水的含盐量已经超过了咸海和里海的水;吉尔吉斯诺尔湖湖岸至今存有可以据之判断从前水面的高度和不同时期湖的状况的明显痕迹。斯米尔诺夫数了一下,在缓缓倾斜的湖岸上半公里的范围内竟然从里向外逐次排列着 25 条昔日的湖岸线。湖水逐渐减少,留下了这些土堤。斯米尔诺夫认为,自波塔宁那个时期以来,吉尔吉斯诺尔湖的水面下降的幅度不会少于 34 米。据他计算,乌布萨湖在这一时期蒸发掉的水量与湖中现存的水量相当,而吉尔吉斯诺尔湖是双倍的水量。泽伦诺尔湖的水相当于 20 波美度的浓盐溶液,而据 A. B. 莫列娃的测定,该湖水的干涸残余物总量为 231 克。

个埃利吉根旗[1]家乡的山脉。总共只看到 4 座山峰。吉尔吉斯湖以北大约 20 俄里处是险峻的巴伊滕希利山脉和罕呼亥山脉的山麓,这两道山脉和湖泊之间的地带可不平坦,纵横交错着许多山岭和悬崖。在这些山岭中间(距湖岸至少 10 俄里),有一座高高的单独的山峰邦门哈拉或博姆哈拉,该山正好处在巴嘎诺尔湖和古姆比尤尔代地区之间的子午线上。那些悬崖中有些距吉尔吉斯湖岸很近。总的说来,湖的北岸地势高。在我们看到的那部分湖区里哪里也没有盐沼地,因为湖南岸的地面尽管坡度比北岸小,但却是直接从岸边开始朝着格利本奥拉峻峭的山峰的方向隆起的。

在吉尔吉斯光裸的湖岸上只发现了准噶尔红沙,一种棘豆,已结实的猪毛菜和绯红锁阳,而且就是这几种植物也很稀少,过几俄丈才有一株,近岸的这一地带外边是一条光裸的山冈。湖的西岸就是这样一幅荒凉的景象:一只孤单的鱼鹰在湖的上空盘旋一阵之后,落在了水面上,这是我们在这里见到的唯一一只禽鸟。听不到任何啼鸣之声,只有轻微的水浪拍击湖岸发出的阵阵低吟,沿着湖的岸边传开去。杜尔伯特人说,起风暴的时候,一肘来长的鱼都会被从湖里抛到岸上来。可是我们在这个地方并未发现一点被冲淤到岸上来的烂草。

---

〔1〕贾萨克图汗盟下辖的几个旗中有 3 个叫"埃利吉根"这个名称的,其意为"驴"。蒙古人是这样解释此一名称的:该王公家族的祖上有一人耳朵很长,为了掩盖这两只耳朵,他便把给他剃头的剃头匠一一杀死。我们把这则传说从格·尼·波塔宁在《蒙古西北部概况》一书的第 Ⅱ 和第 Ⅳ 分册里引述的故事当中摘出,编入本文集所选的故事中。Л. C. 贝格在其所著《全苏地理学会 100 年》一书(莫斯科—列宁格勒,1946 年,第 101 页)中指出,该故事以及另一则唐古特人的故事同关于生有驴耳朵的米达斯国王的古希腊神话故事很相似。"米达斯的耳朵"还指听不懂音乐的人的耳朵。

·欧·亚·历·史·文·化·文·库·

11　从吉尔吉斯诺尔湖
　　到科布多城

　　在巴嘎诺尔湖畔停了两天之后，我们于 7 月 21 日动身向南朝哈拉乌苏湖源头同扎布亨河的汇合点前进。我们一上路，从西侧绕过巴嘎诺尔湖之后，就进入了位于布尔嘎苏台和希别两条河流下游地带与巴嘎诺尔湖之间的一片洼地。这片洼地是冈峦起伏的盐沼地，丘冈很疏松，上面长的仍然是巴嘎诺尔湖四周都有的那种猪毛菜灌木，别的植物这里只有代里苏和风毛菊。代里苏有很多都已经死了，只剩下一簇簇根茎淤在黏土中。这种根束有的已经暴露在土壤外，大概是被流水冲的。这片洼地上有很多湿漉漉的地块，里边是烂泥，还有雨水流淌的痕迹。其余地方有一条条好似干河道样的沟，那是些宽近 5 俄丈的河道状槽沟，沟内没有任何植物，全是碱化黏土，有泄水时冲刷出来的纵向凹槽和条沟的痕迹。这片生有猪毛菜灌木的洼地自西向东展开，在我们穿行的那个地方有 10 俄里宽。

　　余下的路经过隆起的沙石地面荒原，不过这片荒原比我们已经走过来的那块盐沼地也只高出了一点点。荒原北边开始是一面不很高的缓坡，坡上偶尔有一些突出在荒原平缓地面上的小小灰花岗岩露头。在这片荒原上走了大约两个小时之后，我们来到一个广阔却不深的凹地上。凹地西部宽，东部却成狭窄的楔形。就在这个角角上有不大一片白花花的"通凯"——代里苏丛。这正是那个有井的地方。围在库库努尔贡洼地外面的慢坡在一些地点有为数不多的暗色岩石露头。代里苏丛里边有一个无名小湖，有两口井，一口离湖较近——井中水里有牲畜粪，色黄，气味难闻；另外一口井里水较为干净，可还是不够好。周边地带叫做库库努尔贡，即"蓝色的山岭"，因此井也叫做库库努尔贡井。巴嘎诺尔湖边那片盐沼地与库库努尔贡井之间是不毛的荒原，上面只生着极少的一点准噶尔红沙丛,还有一种根子长出到地面以上的蒿(驱蛔蒿?)。在井的附近植物多一些,白刺长得像小土丘一样,高近2.5英尺,这里的代里苏也比巴嘎诺尔湖附近的长得高。这里还有:绯红锁阳、盐爪爪、西伯利亚滨藜、拂子茅、赖草和西伯利亚紫丹。

7月22日一整天走的几乎全是缓慢的上坡路。起初荒原上是沙土地,只有一些根子长出地表之上的蒿及一种已经干枯的成束禾本科植物,看样子像是东方针茅。走到后一半路时,一条自北向南走向的平缓山岭从左边靠到路跟前,到这里就有了本格锦鸡儿和燥原荠。

在这片荒原的锦鸡儿丛里我们见到了一只奔跑的戴胜鸟。再往南走,上升的坡度比较明显了。前面出现了一些丘陵,自东向西连成一道山岭挡住了我们的去路。我们登上丘陵,发现这些冈峦都很平缓,只在顶部才有暗色岩石露头。我们停在这些丘陵中间的一口井旁,井上有木头栏架,里边的水很凉,质硬,味微咸。四周的荒原寸草不生,很干燥,看样子这个地方还没有下过雨。

只有谷地里井的附近才稀稀拉拉地生着一束束很不错的东方针茅,这也就成了我们的牲口的唯一饲草。从库库努尔贡水井去库比尤坚呼杜克的路径直朝向正南方。

7月23日,从库比尤坚呼杜克起身,在平缓的丘陵之间穿行了大约1俄里,路依旧是上坡,然后一路都是平坦的草原。草原上是沙土地,松散的沙子上面盖着一层卵石,上面的地层没有任何起固结作用的东西,因此不必使用铁铲,用手就可以把植物从这种松散的地中挖出来。表层的卵石大概是风吹走了沙土而从下面的地层中露出来的,风把疏松的表层中的沙子吹起来,裹带走了,卵石下面便现出了黄色的沙土地。马和骆驼的蹄子踏过,也会留下黄色的印儿。不过,一场风大概就足以把黄沙印子吹掉而使卵石裸露,荒原就会重新变成黑色的。植物很单一,只有开头一段路上离丘陵较近的地方才能看到锦鸡儿丛,草原上是没有的。

整个草原上都是新鲜的东方针茅束,但上面没有花儿。在这片地面上,燥原荠生长得极其茂盛,开出的白花组成了一个个直径达17厘

·欧·亚·历·史·文·化·文·库·

米的花束。这里有时还能见到益母草和线叶旋花。从停宿地走出约有
7 俄里便到了科克奇克或称科克希克山下,山在路的右边;再往前走,
从该山的背后现出位置偏西一些的纳林山脉;纳林山脉的南段朝南延
伸得比科克希克的终端还要远。这两道山脉里都有杜尔伯特人的越冬
地,纳林山脉中水井很多。走到距停宿地 14 俄里的地方越过了纳林山
脉的南端,而到了路左侧的科肯山脉的位置。在该山脉以南还有一道
砣森山岭,所有这些山脉崖壁都很陡峭,然而并不高,格利本奥拉山的
高度则超出于众山之上。

还差两个半小时就要到达停宿地的时候,我们看到了岸土泛着白
色的泽伦诺尔湖。这个地方是从荒原上进入该湖所在的广阔洼地的下
坡。下坡处有一些高约 1.5 俄尺的断崖,显露出地面上边一层的结构,
底下一层是有很多石灰熔块［结核］的黏土。过了这个下坡,土壤变
了,土质密实起来,再也不是松散的了。根据生长的植物判断,里面应
该含有盐分。起初地表是裸露着的,只稀疏地生了一些白垩假木贼,后
来就有了准噶尔红沙丛、蒿、鹰爪柴、小丛的锦鸡儿。我们在这样的地
方走了 7 俄里。这一地点连着泽伦诺尔湖北岸的草地,两者之间只隔
着一窄条长着白刺的地带,植物的下边壅出一个个土丘。这个条带里
还生有代里苏、攀援天门冬、盐爪爪、盐生苦马豆、厚叶风毛菊和裂叶风
毛菊以及粗毛甜草(?)。

湖边能有这样一片碧绿的草地是因为出现了几股泉水,水质最好
的一个泉在草地的中央。泉水从碱化黏土中间流过,底部满是沙子和
卵石;泉水明澈,清凉,质量也好,但略微能觉察得出水里含有盐分。测
得的泉水温度是摄氏 +1.6°,背阴处气温为 +29°(上午 10 时);泉水的
源头看不见;水是从地表黏土层上一片圆圆的被浸得湿漉漉的地方奔
流而出的,在冒到地面上来之前大概是贴近地表流动的。其余的泉水
都呈深约 0.6 俄尺的小溪状流动,溪中生有繁茂的篦齿眼子菜。这些
泉水起源之地就更难于探查了。溪流的上游是一片生着灯心草属植
物、禾本科植物和苔草属植物的沼泽。在那里发现了沼柳叶菜、山芎

(？)、西伯利亚蓼、黄花狸藻、[1]胀果芹(？)。

沼泽四周长着大片的芦苇丛,草地比较干的地方,地面上爬满了棘豆长长的足有 6 ~ 7 英尺的蔓条。靠近湖面的潮湿泥泞的岸上汇聚着各种各样的猪毛菜属植物。草地朝着湖的东北岸延伸过去,中间部分因干燥的荒原在靠近湖边的尽头处形成一道 2 ~ 3 英尺高的断崖而被切断,对着这一地点的湖底靠近岸边处很结实。那里的烂泥只陷到小腿的一半处,脚陷进这层泥里之后,就踩到了底下的硬地;有时上面那一层也经得住人走。靠岸的湖水非常之浅,只有从岸边往前走出去 10 步才能把瓶子完全没入水中。湖水清澈透明,含盐量很高。从远处看湖心是绯红色的,市面上出售的产自泽伦诺尔湖的盐也带淡红色。与荒原相接的那段湖岸完全裸露着。泽伦诺尔湖以北有两块不大的碱土地,那上面有柽柳。[2]

7 月 25 日[我们]得先穿过从四面把湖围住的那片洼地,洼地在此处宽约 3 俄里,上面长着盐爪爪。随后渐渐登上了一片阶地,此阶地不毛的程度远远超过了它位于湖泊北面的那一部分。这里的土地更加硬实,只见到一些可怜巴巴的准噶尔红沙丛和两种蒿。离开湖泊走了 11 俄里之后,看到了扎布亨河[扎布罕戈尔河]岸旁的青青草地。

我们走在上面的这片隆起的阶地,相对于扎布亨河的位置来说可以称为上游阶地,比另外一块位于下游的阶地略高,至少在扎布亨河与泽伦诺尔湖之间的这一段是如此。它对着扎布亨河有一个很短然而却依然平缓的下坡,或者说是慢坡,那上面没有一点植物(连假木贼都没有)。慢坡上的卵石比扎布亨河与泽伦诺尔湖之间的那片水平荒原上的还要厚密。下游阶地地面上盖着具有新月沙丘性状的流沙,里面没有卵石,沙地在慢坡下有一条明显的边线。在慢坡平缓一些[的地方],沙子就顺着慢坡往上扩展,但到不了坡顶;在慢坡陡峭的地方,[沙子]到坡脚为止。沙地上生有苏利希尔——沙蓬(今年雨水太少,

---

[1]泽伦诺尔湖是我们在蒙古见到的唯一一个生长这种植物的地方。——作者注
[2]在扎布亨河盆地我一次也没看见过这种灌木。——作者注

歉收,因此,这种为扎布亨的杜尔伯特人提供食粮的植物长得稀稀拉拉,估计收不到多少籽实)。沙地中间,有一些凹陷下去的圆形黏土地,那种地方植物葱郁,有西伯利亚滨藜和野滨藜、灰绿藜、虫实、绒藜、隐花草、斗篷草、毛茛、小灯心草、滨车前。

下游这片阶地仅高出河滩洼地不足 1 俄尺,河滩地的岸有时非常陡。河分成了几条支汊,露出一些很宽的浅滩;河汊的宽度达到 10 俄丈,有没马膝深;河底是沙子。[1] 有的支流已经干缩成为湖泊,里面密密麻麻地生着丝状绿藻[丝状藻]和水生植物,诸如穿叶眼子菜和毛状眼子菜、两栖蓼。没有林木,只在一个地方见到了几根枝杈已被砍光的柳树树干。[2] 在这里和在扎布亨河流经的绝大多数地方一样,此河给人的印象是:枯寂乏味,了无生机,贫瘠荒凉。慢坡上已经开始有对我们产生诱惑作用的葱茏草地,走近一看,只不过是边沿上一些个别的并没有多大面积的点缀物。仅只是从远处看,它们(包括那些长满青草的湖泊合在一起)使人觉得河的沿岸似乎川流在青翠葱茏的绿草地当中;而事实上,我们支架帐篷的地点并没有如茵的绿草,而只是一些起伏不平的沙丘。尽管如此贫瘠,此河还是吸引着很多游牧人到这里来。沿河岸我们看到了王的旗里的杜尔伯特人在这里架设帐幕,他们带着很多牲畜。这里是他们的夏季牧场,一到冬天,这里的杜尔伯特人就进入赛里山了。这个地方的杜尔伯特人养的骆驼特别多,牦牛则根本没有。在对着泽伦诺尔湖的地方,扎布亨河拐弯了:一条河道伸向北方,沿岸有很宽的绿色植物带,河的右边是一片草原,草原看上去离河越远

---

〔1〕李特尔认为扎布亨与洪是一条河(П.П. 谢苗诺夫译:《亚洲普通自然地理》,1859 年,第 2 卷,第 124 页),格·尼·波塔在这加了一条附注,详细论证扎布亨河不可能是洪河,因为扎布亨河几乎任何一个地方都可以涉水走过,而洪河则必须乘船划桨渡过。

〔2〕这些为数不多的被毁树木使我们有根据认为,此河沿岸并非一直是如此荒凉的,也许这里曾经有过面积相当大的柳树林丛。那些树有可能被游牧的人经历了一个缺乏牧草的夏天之后,在冬天到来时砍光了。假如蒙古行政当局能有关于人民的财富这样一种观念的话,这些林木本来是可以重新培植起来的。——作者注

格·尼·波塔宁的乐观态度无疑已经是本性难移了,他竟然会设想(当时——译者注)处于极低的发展阶段上的蒙古封建政权能够想到去恢复该河沿岸被砍伐的林丛。这样的措施在蒙古只有蒙古人民共和国才能加以实现,共和国的政权掌握在劳动人民(农牧民)的手中,共和国的国民经济问题才能受到重视。——编者注

地势越高;另外一条河道则向东流去。

我们沿着扎布亨河左岸往上走,要翻过一道平缓的山岭,山岭是南北走向,与河岸相接处是一个名为呼呼托洛哈的高高的山冈。翻过这道岭后我们又来到河边,就停宿在河畔。河谷这一段的左侧就是上游那片阶地的悬崖,蒙古人把这样的断崖叫做"亚维尔"。据说在扎布亨亚维尔中发现了石膏。[1]

7月26日我们不得不在枯燥寂寞的扎布亨河岸额外停留一天,因为我们的马匹全都跑到牧草比扎布亨河要好的泽伦诺尔湖去了。

7月27日沿扎布亨河南岸行进。河的左岸一路走过来全是断崖,右岸我们看到也是同样的悬崖。两边断崖之间的河谷有1~2俄里宽,河谷的地表上和此前一样,是新月沙丘状的流沙;沙地中偶尔有槽状坑或是圆形的凹陷,底部湿湿的,仿佛水刚刚干掉一样。这个地方不仅在河谷里的沙丘底下,就连在形成陡岸的上游那片阶地的地层下面,土地的表层都受到扎布亨河地下水的浸泡,莫非是盖在土地上面的沙子被风吹走了,这土地的表层又显露了出来?[2] 沙子大部分都堆成长圆形的堤状,但有时也形成典型的新月沙丘地面,那上边也会长些锦鸡儿。一天的行程将近结束时,左侧的陡岸高了起来,接着突然中断,形成了一个又高又陡的岬角;自该岬角的后面,与之相距不远处一个察干乌卢姆岬角从南方直逼河边。这两个岬角的颜色迥然不同,近处这一个颜色很暗,远处那个比较平缓的岬角却是白色的。我们停宿在近处这个岬角旁,岬角的高度有5~6俄丈。在这个断崖的顶上用石头加干树枝垒着一个很大的敖包,走在路上远远地就能看见,敖包旁在4个方位上都垒有焚香用的供桌。[3]

7月28日,我们离开高大的岬角,先要横穿一道槽沟,此一槽沟下面宽阔的一端位于暗色和白色的两个岬角之间,而上端则对着哈拉阿

〔1〕在这些悬崖上,格·尼·波塔宁看到已固结的沙子上层里边有很多雨燕的巢穴。

〔2〕由于扎布亨河的沙底不够硬,据俄罗斯商人讲,过河是很危险的;如波塔宁所说,河底某些地方极其稀软,整只骆驼都能掉进去。

〔3〕这样的供桌叫做希列(蒙古语,意为桌子),就是把一块扁平的大石头平着架在4块小的石块上,希列的高度不超过60厘米。波塔宁常常看到大块石头的面上有灰烬和烟炱。

尔嘎林格图山的方向通往西南边。察干乌卢姆岬角的白颜色原来是来自把坡面遮盖得严严实实的石英质角砾。穿过槽沟之后,我们沿着这面山坡慢慢地攀行了约 10 俄里;白色角砾上偶尔能见到准噶尔红沙,线叶旋花,紫菀和蒙古韭(?)。在坡顶我们见到有暗色和白色两种岩石的露头,这两种岩石露头相互交错,没有任何过渡颜色;白色岩石是粗粒白花岗岩,暗色的从外观上很难断定是什么。暗色岩石风化程度较轻,构成了有时是成排成列的冈丘的顶部,而白色的花岗岩则覆盖着冈丘的麓脚。这样一种大地结构造成了一幅很有意思的景色:白色的冈丘都露着一个黑色的尖顶。

塔特亨捷利河汇集了哈拉乌苏[哈拉诺尔]和杜尔嘎诺尔[1]两个湖排出的水,是一条很深的河,从陡峻的岩山夹立的隘谷中流过,直到距河口还剩 1 俄里的地方两侧的岩山才开阔起来,河水流入了宽广的扎布亨河谷。

出峡谷后塔特亨捷利河向北流去。从旁边的山上可以望见东南边扎布亨河谷上游的一些地方,可是在同塔特亨捷利河汇流之前,扎布亨河是自正东流过来的,河岸平缓;到汇合点以上约有 100 或者 200 俄丈的地方,右岸出现了峻峭的岩山,而左岸依旧是平缓的。同塔特亨捷利河汇合之后,扎布亨河就流进了两侧都是峻峭的岩山的夹壁窄谷,在谷中向北流了约 1 俄里之后又流出来,进入平原朝西北方向流去。在进入峡谷同塔特亨捷利河汇合之前,扎布亨河都曾大大扩宽,形成了宽达 100 俄丈的雄伟且相当深的大河。

扎布亨河在这个地点之上和由此往下水量都不及此处丰富,这一奇异现象可以做这样的解释:扎布亨河的水主要是在地下流动;只有其中的一小部分水流动在地面之上,而其余的水都渗入到地下的沙层里消耗掉了。在塔特亨捷利河口处,有一道山岭横穿扎布亨河谷;土壤层下的水流到此处遇到了无法渗透的石障,于是被挤到地面上来,形成一

----

〔1〕杜尔嘎诺尔湖是哈拉诺尔湖靠南边的部分,在现代的地图上被标注为咸水湖,然而湖靠北的部分都是淡水;水沿着琼哈里亥河从哈拉乌苏湖流入哈拉诺尔湖,再从哈拉诺尔湖沿塔特亨捷利河流向扎布亨河。

条大的地上河流。河左岸的山是暗色的岩石,逐渐转化成片岩。从塔特亨捷利河出谷处到扎布亨河的夹壁谷整个这一段的塔特亨捷利河左岸的岩山被水冲刷得很厉害,到处是朝向扎布亨河的冲沟;沟壁很陡,有的沟谷底部裸露着,没有冲积物。[1]

夹壁谷中塔特亨捷利河的两岸生有油柴柳、宽叶香蒲、芦苇、水葱,水里飘浮着浮叶眼子菜。出了夹壁谷这种植物就消失了,直到又有岩山贴近左岸[的地方]才重又出现。在那种地方,沿捷林戈尔河,接下去再沿扎布亨河河水与岩山之间狭窄的岸上,汇集着该地的全部植物,而且常常生长在临水的悬崖上,如粗毛甜草(?)、田蓟、大花荆芥、薄荷、粉绿铁线莲、兴安天门冬、蒙山莴苣、柔毛山藜豆、宽叶独行菜、木樨草千里光、猪毛菜、刺毛碱蓬、西伯利亚滨藜、兔唇花;而在有峡谷冲开山岩通向河边的地方,则长着代里苏、哈尔梅克(白刺)和角果藜。

扎布亨河沙滩靠上游顶头处我们停宿的那个地点附近,有 3 座带有边饰的大型墓丘(凯来克苏尔),有一座墓是我在谷口位于扎布亨河左岸的几条峡谷当中的一条里面发现的,该墓就修在峡谷的石头谷底上,那个地方没有任何冲积物。所以说,如果那真是一个坟墓的话,死者大概就被安放在光裸的山岩上了。塔特亨捷利河右岸对着渡口的地方有几顶萨尔套勒旗喀尔喀人的帐幕,塔特亨捷利河是杜尔伯特人和萨尔套勒喀尔喀人之间的分界线,再往下扎布亨河也是如此。我们在那个地方的时候,查甘达里亥被护送着从我们这里经过。这一帮侍从人员是从乌里雅苏台河那一边的某位格根那里返回乌兰固木去的,他们涉水过了塔特亨捷利河。我们没能问出那是一个男童还是女孩,我们只被告知是一个孩子。[2]

---

〔1〕格·尼·波塔宁推测,先前聚积在哈拉乌苏湖和杜尔嘎诺尔湖(哈拉诺尔湖)两个盆地里的水从这个地方漫了出去,成为一条宽阔的水流,冲出了不止一条的河道。他认为,扎布亨河上的那片沙滩以及若干个好似从前涨大水时留下来的岩岛样的单独的岩山就证明了这一点。如今已认定在不久以前的地质时期里,蒙古的气候比较湿润,湖泊泄水的河道要大得多,湖泊的规模也是现在的数倍。

〔2〕事实上是杜尔伯特王收养了一个孩子,并宣布他为呼毕勒罕(佛的化身)。正如波塔宁指出的,这一举动引起了杜尔伯特民众的慌乱,因为老的查甘达里胡(见本书第 186 页注〔1〕)并未亡故。

7月30日，朝着西边略偏南的方向去往哈拉诺尔湖。我们从停宿地一出发便朝着塔特亨捷利河左岸的山上攀登，岩石和昨天路上见到的一样：相互交错着的白色花岗岩和暗色石头。一路上所有的山脉的样子让人一看就知道坚硬的岩石受到了严重的破坏：不存在岩屑层，山坡上是厚厚的一层碎小的石块和黏土，表面是被风和雨水剥露出来的碎石；土壤的组成可以从黄鼠挖抛到洞外的那些东西上弄明白。冈丘的斜坡各个方面都同样地覆盖着风化作用的产物，坡面平缓且朝各个方向的倾斜度都一个样。只在冈丘的顶上才有岩石露头，侧坡上很少，这两种地方的露头都完全被岩石的碎屑盖得严严的。

塔特亨捷利河隐没在路左的一条岩石陡峭的沟里，那条沟从路上有时能看见。塔特亨捷利河从哈拉诺尔湖流出到注入扎布亨河长度不过十多俄里。据蒙古人说，整个河道都处在起自该河流出哈拉诺尔湖处的岩山之中。走过7俄里的山地之后，我们看到了位于我们南边的哈拉诺尔湖，此时我们正处在山隘的最高点上。我们用了两小时多一点的时间走下山，进入了湖区平原，随后沿湖的北岸朝西走。现在我们是顺着一道山岭的南坡往前走，该山是哈拉阿尔嘎林格图山脉东边的末端，湖岸和最南边的丘冈的山脚之间只有一条1俄里宽的地带；越靠近此地带，山越小，成了平缓的丘陵，而丘陵逐渐化作了平原。但平原上植物非常贫乏，只有白垩假木贼和准噶尔红沙，且长得非常稀疏，间距足有1俄丈。靠近山岭植物较多，都长在自山间的峡谷中伸向平原的浅沟边，那个地方有柳叶风毛菊、芸香叶蒿和栉叶蒿、燥原荠、鹰爪柴、长梗扁桃、菲氏莴苣、假狼紫草、花旗竿、紫菀、泰斯客以及长得比任何地方都要繁盛的蒙古韭(?)。在我们停宿的湖岸边上长着藨草、心状独行菜、沼地千里光，水里有好多茶。顺着湖岸有一道宽1俄丈由漂砾堆成的堤，上面盖着黏土和沙子。这道堤把一块条状低地与湖分隔开，有的地方水从岸边堤上的豁口流出已把低地淹了；在这条低地上混杂生长着草甸植物和猪毛菜属植物，低地宽约50~100俄丈。

湖看上去像是圆形的，看不到有岬角伸入湖中，也看不见对岸，圈在湖岸中间的这片空落落的水面位于我们停宿地点的东南方。停宿地的西南面,远远地矗立着均哈伊尔罕或是巴音哈伊尔罕山。在均哈伊尔罕山麓与哈拉诺尔湖西岸之间是一大片平缓的斜坡(拜利),上面零零散散地分布着一些独立的岩山群。哈拉阿尔嘎林格图山脉耸立在我们停宿的地点(湖的西北角)的正北方,山脉的山前地带朝向南方,对着均哈伊尔罕山的山前地带。湖的东岸好像很平坦,看不到哪里有山。

7月31日向西行进,起先是沿着哈拉诺尔湖的北岸往前走,后来湖岸向路的左边偏去。与此同时我们也就看到了有一窄条绿色地带从湖的西岸伸出去,先是朝向西北边,然后拐向了西方。那是琼哈里哈河。我们脚下是平坦的草原,一直绵延到北边哈拉阿尔嘎林格图山的南麓下。路上见到的植物仅有白垩假木贼和准噶尔红沙,只在大概是山上的雨水下泄流经的浅沟处才会有别的植物:假紫草在这里正繁花似锦,此外还有短喙牻牛儿苗、蒺藜、图氏蓝刺头、蒙古韭、锦鸡儿、泰斯客和哈图嘎拉(长梗扁桃),最后这一种灌木已经结果了,在这里有时长成一丛一丛的(不过比较[稀]疏)。琼哈里哈河潮湿的岸上生有:宽叶香蒲、狼把草、节蓼和粗糙蓼、萹蓄、水蓼、欧亚旋复花、黄香草木樨、水芹、光叶眼子菜,水里边则长着弗里斯黑三棱和荇菜。两岸各有一条不很宽的绿草地,但时断时续,常常露出岸边干燥的沙土地。牧草已经被糟蹋了。春天逢汛期时,河水会漫出河岸,把距河岸15俄丈以内范围里的草地淹没。

离开哈拉诺尔湖畔的停宿地走了5个小时后,我们停在了琼哈里哈河的北岸。河宽近15俄丈,深度不得而知,我们没能测量出来。河岸估计是很陡峭的;[1]水已经与河岸相齐,人若是想渡河,只能从岸边下水游过去。河里的鱼很多,我们用鱼竿钓了一些。[2]

---

〔1〕据格·尼·波塔宁看,琼哈里亥河地处冲积土壤之中,两岸与河道成垂直状,与李希霍芬笔下的中国黄土地上那些走廊式的峡谷相似。

〔2〕格·尼·波塔宁在蒙古旅行考察期间,收集到一些鱼的标本,随后鉴别出其中有几个新的鱼种,后来被划定为鲤科的一个特别的属 Oreuleuciscus 为蒙古西北部(乌布萨诺尔、希尔吉斯以及哈拉乌苏诺尔3个湖的水域)和鄂毕河上游(丘亚河与捷列茨科耶湖)所特有。已知有4~5个种,在琼哈里亥河里捕到的那种鱼——重唇鱼——被命名为波塔宁重唇鱼,以对波塔宁进行表彰。——作者注

这个地方河岸与哈拉阿尔嘎林格图山南麓之间的平坦地面的特征与哈拉诺尔湖以北的草原完全一样。

我想对琼哈里哈河进行一番考察,直到它从哈拉乌苏湖发源的地方,再从东边绕湖考察,为此就必须渡过河去。渡河要乘坐萨雷,也就是用蘸草捆扎的筏子,因为河上没有浅滩可以涉渡。当地人(哈拉诺尔湖和琼哈里哈河的北岸住有一些王爷旗里的杜尔伯特人,不过人数很少)答应给我们制作筏子,我们也看到岸边摆着一捆捆的干蘸草。也就是说,做筏子用的材料是现成的,可是我们到达的第一天杜尔伯特人是在哄骗我们,很显然,他们出于某种原因在拖延时间。第二天这个地方就从乌兰固木来了一个汉族人的商队,他们赶着 80 峰骆驼往呼和浩特运皮革,还有数千只羊与商队同行。这批货物是商人乌兰托孙的。[1] 蒙古人等的就是这些汉族人,他们大概在前一天晚上就已经知道有一支商队要到了。这帮汉族人一到河边,就自己动手用蒙古人抱来的蘸草制作渡筏。他们在蘸草中间放上 4 个木桶或者通常在路上带水以备通过戈壁无水时使用的那种桶子。然后,在河的两岸之间拉起一根缆绳,在筏子上面铺上蘸草权当筏板,到中午时分就把汉族人的货物摆渡完毕。在这之后,蒙古人用那只筏子把我们也送过河。羊群是被那几个汉族人赶着洑水过的河,这也使我们得到机会亲眼目睹了难得一见的一幕。请设想一下:在一边河岸上有 2000 或 3000 多只羊紧紧地挤在一起,旁边有几个人走来走去地往羊群里抛撒沙子,迫使后面的[羊]往前面的身上拥,最边上的紧靠河沿挤在一起的像一面墙似的羊群,倔强地拒不下水。这面"墙"的左侧有 3 个光着身子的汉族人,抓住羊身的两侧一只接一只地往水里扔,但是有一些羊又游回来了,其余的远远地看到对岸有自己的同伴,便朝对岸游去。看到有伙伴往对岸游,就有羊自己往水里跳,大概是担心只有它一只留在岸上吧。这些自己下水的羊跳的动作有时很大,很可笑。为了使羊能开始洑水过河,赶羊人先用筏子载过去五六只羊,让它们站在对岸引诱其余的羊过河。

---

〔1〕蒙古语,意为"红油"。汉族商人在蒙古期间习惯上使用蒙古名字。——作者注

这事弄好之后,羊就会一只接一只连续不断地泜水过河。这时只要保持不要中断就行了,一旦中断,又得费好大的事去对付还留在原来岸上的羊的那股倔犟劲。这时就得要有一个牧人下到水里,从侧面抓住最前面那只羊的犄角,拉着它往前游。要做的事还不仅仅是得管好原来岸上的羊群,在刚刚过去的那一侧河岸上麻烦更多:已经过了河的那一半羊群,看见还留在对岸的那些同伴,便会觉得相互分开很难受,就想下水,游过去和它们会合。牧人们很难把那边的情形说清楚,只有努力驱赶羊群离开河岸,羊只则散开在草原上,一小群一小群地在草原上转着圈地跑,朝着河边往回奔;牧人们又得去拦截它们,赶它们转过头到草原上去。就这样,在一块方圆数百俄丈的地面上是一场混战:[1] 巨大的畜群不停地奔来跑去,牧人们有的穿着衣报,有的赤身露体,从畜群的这一部分跑到那一部分。这群羊有十来条狗跟着,它们也来帮忙。在这个过程中,羊拼命地嘶叫,人喊狗吠,拴在狗脖子上的铃铛也叮当乱响。所有这一切好一阵闹哄折腾,这种场面在荒凉僻陋、人烟稀少的琼哈里哈河畔一年中也就这么一次吧。

这些汉族人干的就是把畜群从蒙古北部赶到呼和浩特去的活,他们冬天带着商队来到科布多,夏天返回去,全程约在 1500 俄里上下。他们都是步行,真可与我们那位"穿着树皮鞋,步行 800 俄里"的经典式人物相媲美。[2] 过了琼哈里哈河,他们还要再走上 4 个月才能到达目的地。据他们自己说,一个月挣一两银子;路上吃的肉、米和羊肉由雇主供给。除此之外,经纪人准许他们往骆驼上搭载一定量的东西,这样他们就可以捎带一些货物,在路上卖掉。他们在城里购进一些绸缎和劣质烟草,用这些东西去换蒙古人的羊羔皮,然后在呼和浩特卖掉。在路上大批牲畜要分成几个 1000 只左右的畜群,每 1000 只牲畜派 3 个人跟着;一个人走在畜群的前面,两个人跟在后面;他们手里挂着长长的杆子,杆子的一头安着一个小铁铲,可以不用弯腰就从地面上铲起

---

〔1〕混战:用于转义,指混乱不堪,声音嘈杂,忙作一团。
〔2〕此处似应指俄国学者罗蒙诺索夫。——译者注

沙子,往畜群里撒。

8月2日先向西南走到陡峭的乌纽古特山岭的隘口处,然后朝南行进。乌纽古特山不算高,没有峡谷和岩屑层,山坡上撒满了冲积碎石,峻峭的山峰之间有平缓的鞍形部。乌纽古特山和琼哈里哈河之间的草原上只有一种植物——白垩假木贼,一丛与另一丛相距1俄尺还多;偶尔会有准噶尔红沙,叶子上有密密麻麻的细小盐粒,用肉眼都能看见。隘口北侧的山谷里,生有一片面积虽小种类却很多的植物:葱(?)〔1〕丝石竹、香青兰、庭荠状紫菀、短穗看麦娘、狗尾草。这些草都长在一条干河床上,非常茂盛,地面上一些地方是卵石,一些地方是沙子。除了草之外,那里还有灌木:锦鸡儿、哈图嘎拉或者说扁桃以及刺木蓼。

翻过乌纽古特山之后,我们下山来到一片由此一直延展到均哈伊尔罕山西面那个岬角下的平原。此平原的东面有一道平缓的山岭与哈拉诺尔湖的西岸相隔,岭上有几座与乌纽古特山相似的尖顶峭壁山峰,只是更小了。西边有一条宽阔的蔍草带,可以看出草带中间有空白的地方或是积着水的地块;蔍草带过去是一条细窄的水流,那是哈拉乌苏湖的泄水道,这条水道北边的一端通入了乌纽古特(在右)和阿累克(在左)两山之间的一片地方。河右岸的河水泛滥地带叫做赛罕呼利季,该河似乎也叫这个名字。此泛滥地东面的边沿处生有芦苇丛,芦苇丛的东边连着布满卵石的草原,地面密实,上面的植物就是白垩假木贼和准噶尔红沙。草原与泛滥地之间仅有窄窄的一条几乎没有草的碱化黏土地,往南地面密实的草原换成了绵软的盐沼地,上面长着布杜尔嘎纳(盐爪爪)。我们在靠近泛滥地中段的地方停歇下来,在这里发现了几顶蒙古族图梅特(即归属于科布多城的官府牧人)的帐幕,他们负责放牧科布多官府的马匹和骆驼。从这个地方一直到杜尔嘎诺尔湖都是他们的土地。

8月3日原本是要动身去纳姆达板山隘的,听土著人说,山隘北坡

---

〔1〕这种葱长成一束束的,并且活着的植株都在葱束的北侧,而死去的都在南侧。

的峡谷里有的时候有水。可是后来,我们的雇工怕在那个地方找不到水,觉得还是折向右边朝已经能够看到的那个湖行进比较可靠。我们脚下的草原很荒凉,地面上是小块卵石,有的地方是沙子。生长的植物有白垩假木贼、准噶尔红沙和驱蛔蒿,湖的沿岸长着蔍草。当我们走过了赛罕呼利季开头的那块地方,[哈拉乌苏的]湖面完全显露在我们的眼前时,我们看到了湖西岸上的那些山脉:离湖最近的是科布多河岸旁的哈勒曾比尤尔古台山和托尔呼拉山,后面坐落着南麓科布多城的阿尔沙忒[山];过了科布多是另外一排山脉,那些山接连不断,像一面墙一样遮住了地平线。在这一排山中间可以分辨出阿勒滕库凯山,比图叶里克山,还有捷列克京斯基长白雪山。比图叶里克山和捷列克京斯基长白雪山一样披满了雪,可见,1877年冬我把它当成了长白雪山并没有错。

8月4日朝着哈拉乌苏湖的南端走了6个小时。我们朝着组成均哈伊尔罕山脉西段的那些山峰行进,先登上了拜利,翻过该山脉,下行来到南面的拜利上。从山隘上已经清楚地看到了湖的北面部分,只不过看不到整个北部的湖面。

我们的雇工把均哈伊尔罕山脉上的山隘叫做纳姆达坂,在那个地方我们没能找到水。那两条山谷,不论是我们上山走的北面山谷还是下山经过的南侧山谷,都没有水。这里的山体由细粒灰花岗岩和正长岩组成。

站在纳姆达坂山隘上我们看到了[哈拉乌苏]湖的南面部分,我们从山隘上偏左斜着走过拜利,慢慢下到山脚处。均哈伊尔罕山南侧的拜利并非什么都不长,上面有许许多多拜利上通常都会有的窄沟,沟与沟之间有大约20俄丈的间隔。在沟与沟之间的地面上只生有白垩假木贼,沟里边则有泰斯客(优若黎)、锦鸡儿,偶尔有长梗扁桃、兔唇花,几种阿尔捷米济亚[蒿]。拜利的上面部分靠近山脉岩石主体的麓脚处撒满了棱角尖利的石块,下面部分则遍布着磨光了的卵石。拜利下面这一部分的窄沟里有时能见到1.5英尺高的小小断崖,这种地方就显示出拜利上面有很厚的一层卵石。来到下面的湖边,我们就在岸旁停歇下来。在这个地方,湖面分成了几个水湾,夹在水湾之间的是泛滥地带。湖的这一部分岸旁长着蔍草,沿着湖岸有一窄条地带生长着多种盐生植物:西伯利亚蓼、鞑靼滨藜和西伯利亚滨藜、刺毛碱蓬、里海匙叶草,水里边长满了沼地千里光丛和碱紫菀丛。距湖岸 50 俄丈处有一道沙丘组成的埂梁,上面的代里苏有近 3 米高;这些沙丘上还长着蒙山莴苣、粗茎霸王和兴安天门冬。

湖泊这一带的岸边岸生植物极多,引来了数量众多的禽鸟,今年夏天我们还从来没有在哪个地方见过像这里这么多的禽鸟。吉尔吉斯诺尔湖的西岸和哈拉诺尔湖的北岸都是光裸的,布满了卵石,没有任何有生命的东西;而在这里,湖岸只有对着我们住地的一小块地方没有落下这些胆怯的鸟儿。只要从我们停宿的这个地方走出去那么 100 多俄丈,就可以看到一幅非同一般的景象:满岸密密麻麻地全是禽鸟。安吉尔成群地卧在岸边,或是安稳地站在那里,不时地瞥一眼湖面;有大群大群的雁混杂其间,它们的神态各异:或专心致志地梳理羽毛,或安然静卧。水面上的活动却一刻也没有停息:鸭群和雁群在蔍草丛和开阔的水面之间成群结队地游进游出,再不然就呼呼啦啦地从水面上掠过,飞到另一个地方落下。篦鹭则在浅水处这一大片大小不等、体态各异的禽鸟当中不慌不忙地踱着步,身上的洁白羽毛闪闪发亮。这些禽鸟并不怎么害怕人,尽管有人向它们走过来,一群群的雁和鸭依旧各干各的事,因此可以尽情地去观赏它们的活动。只有靠得很近时禽鸟才会开始往水里边逃跑,先是不失风度地慢慢走,然后才跑起来,接下去就会腾飞起来,啼鸣着从水面上低低掠过,到离开湖岸 50 来俄丈的地方再一只接一只地降落在水面上。湖岸上整个是一层海鸟粪[鸟粪],近岸处的湖水因掉进了很多粪便而十分混浊,所有的植物上也都沾着这种东西。西伯利亚蓼简直就是泡在了这种温温的浑水中。

去往哈拉乌苏湖南岸的路从一片洼地中穿过,洼地起自湖的南端,与均哈伊尔罕山麓平行着向东伸展。洼地的地面上是干燥的碱土,上边长的主要是拂子茅;也有锦鸡儿、沟裂龙胆和斜生龙胆、棘豆、粗根老鹳草、多裂委陵菜和挪威委陵菜、疗齿草,等等。

偶尔会碰上几个生有藨草的小湖泊。在一个地方还要走过一条长着藨草的泥泞的小河。8月6日在这片洼地上走了大约6个小时,我们来到了亚马忒山的北侧拜利下,就停宿在此山的山麓处。这里的一块地方有水井和泉水,是一片通凯,即长满代里苏的水淹地。我们在这里的植物当中发现了骆驼蓬和绯红锁阳。亚马忒山大概是由砾岩构成的,[1]其对着湖泊的北坡很陡,峭岩横生,有多条峡谷或宽谷。

8月7日在从巴里坤来科布多要经过的那条路上向科布多前进。一开始走的是缓慢的上坡路,朝着亚马忒和乌哈两山之间的地方前行。乌哈山与阿尔尚忒山连成一道不间断的山岭,隔在哈拉乌苏湖盆地和科布多城所在的那片比较高的阶地之间。山岭中间最深的一道豁口靠近阿尔尚忒山,而乌哈山与亚马忒山之间是一道比较高的山隘。这两道山岭的颜色截然不同,乌哈山的颜色发白,而亚马忒山是黑色的,与该两山相连的冲积层的表面也是这样两种颜色(因角砾和卵石的原因)。我们现在正在朝两种颜色界线分明地衔接到一起的那个地点前进。在蒙古所有的陈旧冲积层都是裸露的,没有植物层覆盖。因此,现在我们依然能够精确地考察确定某种作用力活动所达到的界限。

从停宿的地点走出不远我们就越过了一条自北向南走向的细沟,蒙古人称之为萨尔塔克泰布呼。布呼就是灌溉渠,然而这道细沟似乎是自然形成的,蒙古人说它是勇士萨尔塔克开挖的。在另外一个地点,准确说是在布扬图和科布多两条河流的下游之间的地带,也曾有人指给我们看过同样的沟渠。我们路经的亚马忒河的拜利草木不生,上面仅有的一种植物是白垩假木贼,偶尔才能见到猪毛菜。再往前我们进入了一条很宽的河谷,谷西侧是亚马忒山及其北余脉,东侧是乌哈山脉平缓而低矮的末段。乌哈山崩坏得很厉害,山冈顶部有典型的红花岗岩露头,山坡平缓,撒满了角砾;与峭岩高耸的亚马忒山及其北余脉相反,乌哈山是一道平缓且低矮的岭。乌哈山岭中仅略略超出其余山

---

〔1〕砾岩:由大块滚圆了的和不完全成圆形的岩石碎块及矿物通过某种(最常见的是灰质或硅质的)胶结物结合在一起组成的碎屑岩,分布广泛,可形成很多厚达数十乃至数百米的岩层和地层。海、湖或河的卵石疏松地堆积在一起,黏结后即形成砾岩。

头的那座最高的平缓山峰有着一个不大的圆锥形顶巅,那上面堆垒着一个敖包,人们都叫它乌哈敖包。

在乌哈与亚马忒两山之间的这条河谷里,自北向南有一道很深的底部平缓的沟,沟宽近50俄丈,沟底已经没有干涸河道的模样;整条沟底都很平坦,没有什么垄坎,都是同样的沙子;然而沟的侧壁却令人想到水道;西侧有一道断崖,或者说很陡的垄冈,非常的直,有3或4俄丈高,但并不是陡立着,而是略微有些倾斜,这表明不存在掏蚀性水流,也说明冲积物长期处于稳定状态。如果说花岗岩角砾大面积地散布于乌哈山岭的东坡和南边山的尽头处这种现象,还可以用在风和小股雨水的参与之下发生风化作用,从而使山体现时正逐渐崩毁来加以解释的话,[那么]这道沟以及这些根部的土被冲掉的岩石露头的状况所显示出来的就是:曾经有过水流在活动,不过目前已经停止了。

我们走的这条河谷上段的路升高了,是从乌哈和阿尔尚忒两道山脉中间的那座山崖陡峭、寸草不生的察希尔山的南麓下通过的。过了察希尔山,沿着细粒花岗岩山峰之间的一道峡谷走下来,进入科布多城所在的平原,停歇在城北一片已经干涸的有好多土墩的沼泽地上。虽然这块沼泽地已被牲畜踏坏,可我们还是不得不停住在这里,因为这是城附近唯一的一块还有一些青草的地方。不过,我们只让我们的牲口在这里待了一个夜晚,第二天一早就把它们赶到布扬图河下游6~7俄里的地方去了。如果想在科布多待上几周的话,在这个地方真能把牲口饿死。总的说来,科布多的周边地带是没有什么草木的,距此最近的可以放牧牲畜的地方(杰利温)离城也有75俄里;另外一个可以放养牲畜的地方在科布多河谷科科科捷利山隘以上,那就更远了。[1]

这一次我们在科布多只住了3天(8月8、9和10日)。前两次我

---

〔1〕B. A. 奥布鲁切夫在其撰写的关于格·尼·波塔宁传记(莫斯科,1947年)中,对1879年那次考察在这一带进行的工作做了如下的归纳:"结果查明,科布多山地和杭爱山地之间广阔而复杂的凹地中的这些湖泊,是坐落在相互之间有山脉相隔且冈岭和丘陵纵横交错的一些宽阔的阶梯地上的,这些阶梯地从南向北依次降低。哈拉乌苏湖和哈拉诺尔湖位于南边的凹地里,艾里克诺尔湖和吉尔吉斯湖在中间的凹地里,乌布萨湖则坐落在与中间凹地隔着高峻的罕呼亥山脉的北面凹地上,而与其余湖泊没有任何联系。"

们来科布多赶上的都是冬季,现在我们还是第 1 次得以一睹其夏天的面貌。林荫道旁的杨树葱翠碧绿,开在树干之下的沟渠里流水潺潺;街上因有吉尔吉斯人来做生意而显得很热闹。此外,一帮喀什商人也回到这里来了,俄罗斯商人还是先前的那几个。

在科布多我们遇上了士兵帕尔金,他没有追上我们,在哈尔基拉长白雪山附近找了一阵之后,决定回到科布多城来。

从科布多我们又向北进发,去乌兰固木。

·欧·亚·历·史·文·化·文·库·

12 从科布多城到乌兰固木

    8 月 11 日沿布扬图河谷下行,峡谷两侧都是花岗岩山,夹在两边山脉之间的河谷大约有 1 俄里宽。河的沿岸光秃秃的,没有生气,周围的山也是如此。我们在河谷西侧山脚下的一片草地旁停下来过夜,这里的一些地方有一汪汪很不错的水,整个夏天都不干涸,看样子是从地下涌出来的,看不到有水往外流。牧草倒是有,但很少。

    8 月 12 日,离开阿尔尚忒山北麓下的停宿地,从一条很陡的垄冈东麓下边顺布扬图河谷前行。这条垄冈高耸于河谷旁,是由数俄丈的古冲积层形成的。其实,这道垄冈乃是分布在沙里布雷克河谷内的冲积层的东部边缘,那些冲积物原来是被水冲出来而现今在水已干涸的河道两侧形成了高高的阶地;沙里布雷克河谷在快到同布扬图河谷汇合点的地方扩展得很宽,冲积物铺满了它的整个谷面。接下来冲积物可能是沿布扬图河谷继续往前分布的,但是河流的位置以前大概比现在要靠向西边很多,所以被河水冲走了。这道垄冈从阶地上沙里布雷克干河道劈出的豁口处向北一直延续到自豁口到托尔呼拉山这段道路的一半的地方。走过垄冈的尽头处便进入了平原,平原上偶尔有川西锦鸡儿丛,托尔呼拉山附近出现了另外一种带长刺的卡拉嘎纳丛,我们已经在这片灌木丛当中停宿过一次了(1877 年冬)。

    与这种新的卡拉嘎纳一起也出现了代里苏和其他的植物,这个地区叫做乌兰卡拉嘎纳。冬天我们在这里停宿的时候,有雪可以代替水;可是夏天这个地方没有水,所以我们最近也要到了科布多河岸边才能住宿。我们是乘坐两只捆在一起的独木舟渡过[科布多]河去的,这艘渡船是由一个人站在船尾,用长竿撑着河底走的。马和羊被赶着洑水过河,而骆驼是在渡口以上涉水走过去的。河的沿岸是草地,地面河南是碱化黏土,河北是沙土。草地上的植物种类贫乏,长得也矮,根本没有林木。开着花的欧亚旋复花很多,这里的啼兔储藏的全是这种东西。此外,这儿还有一种黄芪,这种植物在一些地方长得非常繁茂,有时能把长达 10 俄丈的一块地面盖得密密实实。现在这种草已经成熟,一片一片的就像熟后倒伏在地上的豌豆一样。我们在科布多河畔停了一天。我们住地附近有几顶帐幕,里边住着摆渡的船工。本地居住的是明格特人,从科布多河开始往北是他们的土地。[1] 河上有两种雁,数量很多。根据某几群类似鼻音的难听的叫声判断,这个地方也有印度雁[斑头雁]。河里鱼很多,用鱼竿就可以钓上来。

科布多河北岸的草地(地面是潮湿的沙土)宽至多有 1 俄里,其北面的边缘同一片下部有流沙的拜利相连,这里有许多具有壅土功能的植物。如哈图嘎拉(长梗扁桃)做成近 1.5 俄丈长、0.5 俄丈高的大土丘,锦鸡儿也弄出一些土丘来,这两种灌木中间还杂有刺木蓼,其长长的枝条在空中、有时也贴着地面伸向四面八方。还有一种蒿数量很多,这种植物成十字形生枝分杈,形成黄色的大圆球。拜利的上半部分什么草都没有,很是荒寂。那里的浅沟里出现了本格锦鸡儿,不过样子已很凄惨:叶子灰蒙蒙的,已经枯萎;川西锦鸡儿和到这里才出现的灌木蓼样子更惨;叶子就像植物标本那样,已经干透了,而且也不多,果实都已经脱落,枝条上拉满了蠋的网,叶子已被[蠋]啃咬得不像样了。8 月14 日我们走过拜利,进入一道不太大的峡谷或宽谷,峡谷的两面侧壁上撒满了沙子;有岩石露头,上面长着枝繁叶茂高达两米的哈图嘎拉丛,在这个地方叶子长得比在平原上大而且密,枝条更直。开花的植物很少,见到一些晒蔫了的紫菀,偶尔有兔唇花,余下的就是正在开花的灰色的阿尔捷济米亚[蒿]了,这时正是这种植物生长旺盛的季节。翻过一道不高的山岭,我们来到了 1877 年冬我们曾经停宿过的那个地方。此地点以北是一片代里苏丛,里面还有一口井,附近的山脉叫作沙里亚马忒。再往前还有另一口井叫做哈拉亚马坚呼杜克,我们就在后

---

[1]明格特人自认是乌梁海(图瓦)族的一部分,是他们的公爵希德尔王企图反叛以后被中国政府迁到科布多河流域来的。明格特人承担着给科布多城衙送薪柴的义务。

一口井旁停下了。井深 1 英尺,水面距地面 1 米,[1]井的侧壁人工砌垒着大块的石头。牧草要比我们已经走过来的那片代里苏丛生长得差。

8 月 15 日一路全是上坡。起先地面有些轻微的起伏,生有两种锦鸡儿(川西锦鸡儿和本格锦鸡儿),泰斯客及一些其他的灌木;以后在接近山隘顶峰处地面变平坦了,灌木也消失了。山隘很平缓,低处是因年久而变得很密实的角砾,高处仍然是角砾,不过比较松散,上面盖着风吹不走的大块角砾。在这个地方同源针茅以及燥原茅开始多了起来。从山隘的低处可以看到比图叶里克和捷列克京斯基两座长白雪山。走到更高的地方,我们就再也看不见这两座雪山了,不过却看到了另外两座披着白雪相邻而立的山峰,这两座山峰的位置在科布多以东阿尔泰山脉的山脊处——那好像就是古尔班察斯图博格多长白雪山。

我们没有走到山隘处,而是贴近泽伦诺尔湖的东岸走过。此湖长约 1/4 俄里。湖岸已被畜群踏坏,在我们经过的那个时候岸上已经没有人了,湖的岸边没有泉水。湖岸上是盐碱土,湖水苦咸,然而水里却生着眼子菜。

从湖这儿再往北,一路上一直在路左连绵不断的峭壁旁行进,山脉的脚下有一个明格特人的库连。库连是一些排成正方形的土房,中间的空场上有一座庙,漆着色彩的庙顶高出房屋之上。在这个季节库连空着,僧众[喇嘛]只有春天才住在这儿,夏天就到另外一个库连去了。庙宇再往北是一些陡峭的山,山的西麓下有 5 口水井。因此,这个地方也就叫塔本呼杜克,那山南面的岬角下是聪彻呼杜克井。我们在这些山以西、路左侧的岩山东麓下停歇,停宿地对面的宽谷谷口前边有一眼泉水自地下涌出,泉水四周是被代里苏围在中间的一片青草地;周围大量的阿尔嘎勒说明此处是明格特人的越冬地。其他几条宽谷的谷口前也有同样的青草地,泉水的水温是摄氏 6.7°。

我们的一位雇工曾到过鲜杜利河畔明格特人的那座主要库连,他

---

[1]原文如此。——译者注

告诉我们,在那条河的河谷里有城墙和旧房子的遗迹。还有人指给我们看一些坑穴,传说汉族人曾经从那里边挖出过银矿石和金子。

8月16日是一路下坡。在看见奥利格诺尔湖之前,一直从东边绕着邦古坚哈拉山走。道路大部分都很平坦,只不过在路程走到一半的时候,曾翻越过一些平缓然而有坚硬的岩石露头的相当大的冈丘,这些冈丘把邦古坚哈拉山同塔兰哈拉山衔接起来;而塔兰哈拉山的东头与围在湖的东北面的奥连哈拉山相接,塔兰哈拉山的东麓下是塔兰呼杜克井。再往前边的下坡路上,几乎已经到了湖区平原的地方,我们穿过了一条通向湖东端的干河道——这大概是乌兰布雷克河的下段。

奥利格湖长约3俄里,湖岸平缓,西头有蘑草;湖水是乳白色的;靠南岸的湖底浅,而在湖的西端有很多泉;其中一些就在湖边,另一些离得相当远。远处的泉水形成为两条河,河水清亮,河底有沙子,河水流入湖中。湖上有很多天鹅、灰雁和一种鸣声似鼻音的雁[斑头雁?]、鸭、鹬和布尔都鲁克。天鹅在傍晚和早晨长时间地鸣叫,并把它们的翅膀拍击[扇动]得呼呼直响,中午就听不到这种声音了。在湖的西岸可以看到一个孤孤零零的阿伊尔,那已经是杜尔伯特王(ван)[旗]辖下的人了。奥利格诺尔湖,还有位于奥利格哈拉山和奇尔格塔山之间的博多基哈拉山是属于王那个旗的。在湖面变窄、流入山中的那个地方,杜尔伯特人在泄水道沿岸种植粮食作物,奥利格诺尔湖岸边的植物与大哈拉乌苏湖一带相同。靠近浅岸的温暖湖水中生着一丛丛的沼地千里光、鞑靼滨藜、节蓼和灰绿藜,而在潮湿的青草地上蓝金丝桃的花朵正在盛开。

8月18日,起初在奥利格诺尔湖与哈拉乌苏湖之间的草原上行进。两个湖的四周都有通凯,或者说大片的代里苏丛,不过这两片代里苏丛并不相连;中间有一片沙土草原,上面生有卡拉嘎纳、叉干奥尔忒特(棘豆)和冰草。在奥利格诺尔湖的通凯里边,我们穿过了一条自孤立在湖西南面的那些不高的花岗岩山处流入奥利格湖的小河,那些山的脚下大概有一些泉水。在通凯里边我们看到了一些阿伊尔和畜群,我们在尚不到哈拉乌苏湖的通凯的地方就折向了布洪夏尔山脉的拜

·欧·亚·历·史·文·化·文·库·

利,这片拜利上长着锦鸡儿灌木(川西锦鸡儿和本格锦鸡儿)及泰斯客,这个地方的刺藜特别多。总的说来,布洪夏尔山脉的拜利灌木和草类都很繁茂,在拜利当中[是]一个例外。

沿着拜利来到峭岩山岭的山根下,走进通向察体尔坚达坂山隘的峡谷。峡谷的侧壁是由砂岩和暗色岩石两种露头组成的,谷底有一条干涸的河道,沿峡谷底部伸延的河道有一些地方没有卵石和沙子,露出了在坚硬的岩石上冲磨出来的河床。两侧的岩石露头上也能看到有槽状的冲蚀沟,有一个地方,砂岩露头上的冲蚀沟距谷底有 2~3 俄丈高。就在这个地方,山坡上有一条冲蚀沟很像亚洲的庄稼人在山坡上挖修的那种沟渠。这条冲蚀沟宽有半俄尺多,顺着峡谷延续了有 5 俄丈;冲蚀沟对着谷底的这一侧是一道不高的垂直坡面,另一侧是上面那层砂岩水平方向伸展着的侧壁。

与此地草原的其他部分相比,峡谷里也和拜利上一样有着相当丰富的植物。峡谷底部的沙地上经常有一片片东黄芩开出的蓝色花儿;灌木有两种锦鸡儿和泰斯客;山岩上绽放着菲氏莴苣的花朵。在这一带地方,我们今年夏天第一次见到了乌兰奥尔忒特(棘豆),这种植物在哈拉乌苏湖和吉尔吉斯诺尔湖的洼地里从未在任何地方发现过。[1]

山隘北侧的下山路是慢坡且平坦,从山隘的顶峰开始就是草原,一直不间断地延续到达贝森苏日湖边。在北侧紧靠山隘处发现了两口井,井从地面掘下近 3 俄尺深,现在井是干的,春天里面有水。井壁上长着繁茂的灰绿藜和西伯利亚滨藜的茎,从井这儿已经望得见前面的小湖苏彻诺尔了。经过缓缓向北倾斜的草原向湖边走去,草原上生有同源针茅,还有乌兰奥尔忒特。我在这里第一次看到此种植物植根于疏松的沙土地上,而不是生长在山岩之上。它用壅土的办法造成一个个端正的小丘或是长成里面填着沙子、略微有些尖的半球形灌木丛;有时也能碰上圆柱形的灌木丛,侧面沾满沙子或是披满被风吹挂到刺上

---

[1] 在科布多城附近,这种植物只在杰利温河谷里有,因而不在 6870 英尺[2094 米]以下。——作者注

的干草屑。苏彻是个长圆形的湖泊,长约 1/4 俄里;湖岸是盐碱土,四周有通凯,我们在这里发现了 2~3 个阿伊尔。从湖的西南尽头处再往西是一个浅平的盆地,湖的东南面有好多圆形的石头山丘。这些山丘已经严重毁坏,很平缓,岩石露头主要是在山顶上,都已经碎裂。从湖这里有一条长着代里苏的很窄的碱土槽沟,在那些山丘之间向东蜿蜒而去。显然这里原是一个与奥利格诺尔或是霍勒博诺尔同样的湖,曾经把水泄往吉尔吉斯诺尔湖盆地,不过已经干涸了。

在这个地方,我们从距岩山脚下仅几步路的平地上一个泉里取水使用,泉水的温度为 8℃。

8 月 19 日穿行在平缓的石头山丘,或者说是丘陵之间,山体是暗色的岩石,中间有时杂有扁桃形状的方解石。植物种类很少,只在宽谷里才有川西锦鸡儿;撒着棱角尖利的石块的山坡上和平缓的坡地上数量很多的植物只有已经结果的白垩假木贼;这里不时能够见到叶子有难闻气味的轴藜。我们走到希别河夹壁谷的下端谷口处停下来住宿,由此处顺河往下去不太远就有耕田了。夹壁谷是杂有颗粒的暗色岩石,丘陵的外表和苏彻诺尔湖区的一样(虽然不是那么明显)。我们见到过这种样典型丘陵的地方有:哈克吉尔格伦特河沿岸,苏彻诺尔湖边,希别河畔,哈拉乌苏湖边的乌哈山下,哈拉阿尔嘎林格图山下和塔特亨捷利河口处,也就是说吉尔吉斯诺尔湖平原的整个西缘都有。植物的花儿已经凋谢,只有菲氏莴苣还在用自己那黄色的花朵装扮着山岩;阿尔捷米济亚[蒿]也在开花,但是它们的花儿虽然有时很鲜艳,却是朝下开的,并不显眼;恣花荆芥和地梢瓜干枯的叶子纷纷飘落在岩屑层上,蒺藜的蔓藤则匍匐在山根之下,这几种植物都已结实。只有白垩假木贼那些红、黄两色的鲜亮果实才把此地裸露着的单一灰色地面点缀得有了光彩。

从停宿处往下,河流出了夹壁窄谷,不过两侧依然是由冲积物形成的不很高的陡岸,在出口处右侧的陡岸中我们发现夹有一层木炭,上面覆盖着两俄尺或更厚的冲积物。这层木炭位置紧靠陡岸的根部(莫非是石器时代的村落废墟?),由于时间不够,没能对此处进行考察研究:

我们虽然因为骆驼跑失到碱土地上去,而不得不在希别河畔停留两天去寻找,但陡岸里边的木炭发现得太晚了。

8 月 22 日出了希别河流经的那道夹壁窄谷,我们沿着停宿地旁边的一条峭壁峡谷登上山顶;接下来有一段时间是走在平缓的山冈土,山上有一群一群的花岗岩石峰。在希别河以北的平缓山冈上,穿过我们先前从霍勒博诺尔湖去吉尔吉斯湖时走过的那条路,经过有一口枯井的那片通凯,随后来到一条宽近 100 俄丈覆盖着砾石的宽阔干河道旁。陡岸已经彻底消失,河岸现在与砾石层平面一般高。同河道相连的草原上生有泰斯客和轴藜,砾石层上面的东黄芩繁花似锦,那是与沙里布尔代诺尔湖盆地有一条平缓冈峦之隔的布尔嘎苏台河的下游。在沙里布尔代诺尔湖附近,布满细碎石子的地面变成了砂质碱化土壤,上面生着具有壅土功能的小篷,在地上造成 1.5 英尺长、0.25 英尺高的土层,这块垫层明显遭到风的破坏,主要是在南面。受到破坏的是南侧这一点似乎不应以风主要来自这一面或从这一面刮来的风力度更大这种推测来解释,原因大概在于灌木南边没有任何东西可以防御灼热的阳光和干燥的南风,灌木开始僵死,北面则相反,枝叶却可能越长越多,南面干枯的枝条已经不能和充满活力的枝条一样去抵御风了,于是风就在这个地方肆虐破坏。在灌木丛南边这面遭到破坏的同时,北边一侧的灌木可能向前倾伏,并以这种方式在草原上移动[1] 再靠湖边一些,砂质碱化土变成了黏土,上面覆盖着一层白色的碱土粉末;在这片土地上代里苏长得十分旺盛,代里苏丛之间生有窄翅霸王。

湖泊到夏天就干了,只在雨后才会有水。我们在的那个时候阿伊尔相当多,畜群是牛和马。水是从泉里边打来的,我们停宿地点旁边一个高 3 英尺、长近 4 俄丈的椭圆形丘陵顶上就有泉水涌出;泉在丘陵的西北端;泉水涌上来的地方是一个比丘陵地面低 1/4 英尺的坑,坑沿很陡;坑底有许多水柱往上喷起;水温 – 0.8℃。丘陵的其余地方有好多直径在半俄丈或不足 1 俄尺上下的浅坑,丘陵中央部分的坑四周是封

---

[1]试比较本书第 254 页注[1]所讲的那种看样子同样是移动的植物:葱。

闭的,而丘陵边上的坑有朝着一个方向的开口。很明显,接受泄出水的渠道口是沿着丘陵不断改变位置的,而那些坑就标示着水流已被阻塞的地点。沙里布尔代诺尔湖边有很多布尔都鲁克。

　　沙里布尔代诺尔湖盆地长近 15 俄里。东面对着吉尔吉斯湖的方向的山脉虽然低了很多,但也并不是太低;我们路经的地方有泰内梅克科捷利山脉的一些不很大的山。从我们在布尔代诺尔湖边的停宿地看,它们就像是一些平缓的丘陵。上这些山的路很平缓,下山走的则是有干河道的不很深的峡谷或宽谷。峡谷两面的侧壁是灰色的片麻岩和黑色的斑岩,谷宽 20～30 俄丈,侧面的岩峰高出谷底至多 100 英尺。峡谷的长度在 1 俄里左右,或者还要短一些。从山上下来之后,走上了没有耕种的旧日的农田。农田都是亚沙土,上面生着东方针茅(泰内梅克科捷利山以南是同源针茅)、紫菀、角果藜、小蓬及其他一些猪毛菜属植物。8 月 23 日我们停宿在扎亥博舒赫图地区边缘[靠近乌兰固木]的一条灌溉渠旁,田地上有许多布尔都鲁克飞来飞去。[1]

---

〔1〕自 8 月 23 日至 9 月 7 日格·尼·波塔宁停留在乌兰固木,为去唐努山脉考察做准备。现今乌兰固木已经失去了作为大型寺院的地位,而变成了盟的中心。

·欧·亚·历·史·文·化·文·库·

13 从乌兰固木
到萨菲亚诺夫的庄园[1]

9月7日一直走在生有代里苏的平原上。渡过了从纽楚贡那个地方流过的纳林乌孙河,从停宿的地点看到了察干希博图山脉中的一座尖尖的金字塔形山峰。据蒙古人讲,我们看到的那座山峰上的积雪是终年不化的。

9月8日走过的平原上代里苏长得还算茂密,地是碱化黏土,常常是湿漉漉的。我们来到一道悬崖旁,崖下是一条淤积河谷,昆杰连河的两条分支从谷里流过;支流的水深及马腹;洼地或者说是草地上的草长得很厚。这是我们在蒙古遇到的第一批与我们的草原颇为相似的草地,北支流沿岸有长满河柳丛的沼泽地带。南支流岸边有汉族商人丹祥的一个占地很宽的货栈,此人同杜尔伯特王爷合伙做生意。他本人住在古城,把茶叶和大布送到栈上来,用这些东西换马和牛,然后赶到古城去。丹祥把货物赊出去,到期之后,王爷的官员则要老百姓用牲畜偿还债务。北支流过去,有一长条撒满卵石或者角砾的干燥地带,上面长着小蓬和盐生草;过了这条地带又是低洼的沼泽地,有些地方长着蘑草,该地叫做沙里盖森。我们就在这个地方停了下来,停宿地点西边的洼地里可以看到有一片桦树林。

夜里我们的马匹丢失了,第二天差不多寻找了一整天。一直到晚上很晚的时候,才有一位当地人把马赶了回来,他是在蘑草丛里发现这

---

[1]在西伯利亚"庄园"一词指的是一户人家在离居民点较远的无人地区占用无主土地建起的(农庄型)住所、家宅;这种早期的庄园制土地使用办法,只有在土地面积非常大的情况下才可能实行。俄罗斯人在乌梁海地区(图瓦自治州)的庄园同时也就是商行——贸易站点,在往这种地方迁移人口的时候,庄园就成了农民村社的组成部分,或者变成占有土地的农庄;而居住多年的庄园主大多变成了富农。

几匹马的。据杜尔伯特人说,偷马在这个地方是常有的事,特别是在秋天,因此我们一开始曾经以为这几匹马是找不回来了。人们指责说偷马的就是时不时从唐努山脉那边到这里来的那些乌梁海人,我们从停宿地看到的那片桦树林就是他们去乌兰固木途中[借以]藏匿的地点。这些人的胆大妄为,听杜尔伯特人讲来真是闻所未闻。举例说,当地人中间传讲着这样一件事:有几个乌梁海人被捉住后带到扎瑟克那里,王公吩咐把他们铐起来或者是捆起来;夜里就把他们这么铐着或是捆着丢在那里,可是到了早晨,不仅这几个被抓住的人踪影全无,就连扎瑟克本人的马群也连同他们一起不见了。杜尔伯特人指责驻扎在哨卡线[1]上的蒙古兵和在克姆齐克河一带游牧的乌梁海人的那位被称为巴济尔奥古尔塔的王公为盗马活动提供便利。

9月10日沿着干旱的草原行进了15俄里,草原上部分地方生着代里苏,部分地方生着塔尔(小蓬)和盐生草。

巴嘎诺尔湖不大,它与乌布萨[湖]之间的地峡至多3俄里。我们在发源于巴嘎诺尔湖以北的一条泉水旁停歇下来。巴嘎诺尔四周的湖岸上都生着蔗草,乌布萨与之相对的湖岸也长着蔗草,泉水的末尾一段就从蔗草中间流过。泉水注入口以北和以南的乌布萨湖岸裸露着,上

---

〔1〕哈拉乌勒(或称哨所)是中国政府在蒙古部族和乌梁海部族的游牧区分界线上建立起来,以维持安定,包括追查偷盗马匹行为的。

哈拉乌勒分为两种类型:盖里哈拉乌勒(家哨)和莫里哈拉乌勒(马哨),前者由兵丁携带家眷常住,后者由蒙古人执勤,有一定的期限,期满回家。盖里哈拉乌勒由附近各旗的蒙古人供养,给每一个哈拉乌勒都沿边界线划定30~40公里的土地作游牧地和草场。因此哈拉乌勒的人员居住得很分散,在高山上堆砌起来的敖包就是地域的中心。由于哈拉乌勒都位于很高的地方,不可能进行农耕,住在哈拉乌勒线上的人要向邻近的一些旗购买粮食,并在田鼠的洞穴里收集麦基尔这种植物(珠芽蓼)的根茎。因为有很好的草场,住在哈拉乌勒线上的人生活很富足,牲畜也多;哈拉乌勒的职责包括递送邮件和接送中国官员。每一个哈拉乌勒都由一名章京管辖,几个哈拉乌勒由一名梅伦(мэрэн)辖制,全线(从恰克图到俄罗斯阿尔泰)归定期任命的蒙古公爵统管。哈拉乌勒上的蒙古人不发薪饷,而享有每年从汉族人商号的店铺里免费选取价值25两银子商品的权利;汉族人的商号按照随意定下的价格供应了这批商品,便可在这笔买卖中着实赚上一把,因为他们在下一年会从这些蒙古人所属的那些旗里获得羊、牛和银子,以抵偿付出的货物。这样,他们就获得了双倍的利润。这是格·尼·波塔宁在《蒙古西北部概况》的第Ⅱ分册中依据1876—1877年考察所得资料提供的信息,在记述1879—1880年考察活动的篇章中讲到的哈拉乌勒兵丁的薪资情况与此略有不同(见9月13日的日记)。

面有卵石,很好走。不过,有的地方的湖形成一些不大的水湾,岸边很泥泞。在岸边的砾石地上我们看到有石头花、草木樨状黄芪、宽叶独行菜、里海匙叶草和虫实,这里的麻黄样子长得很漂亮,这种植物长成为直径近1俄丈、中心高度不到1英尺的宽大而低矮的丛。湖上好像没有生命存在,岸边的卵石干干净净的,上面看不到一点秽物,[与]湖毗连的地带没有任何植物。

9月11日,先沿着乌布萨湖的岸边行进,然后走上干燥的草原。草原的地面上有小块卵石或是角砾,生着塔尔和盐生草(此种猪毛菜属植物在这个地方分布很广,往往大片大片地密集地生长在一起)。接着穿过一片青草繁茂的低地,那儿有一条小溪扎亨乌孙;低地过后又有一片干燥的草原隔在这块低地与另一块低地之间,那块低地上部分地方长着代里苏,部分地方是沼泽,这里又有两条小河。再往东又是干燥的草原,这之后来到吉拉克地区,这里有近15顶帐幕;出现了灌溉渠,渠的北边是种着大麦的农田。再往前,我们经过了商人丹祥的另一个、比昆杰连河边的那个要小的货栈。一过货栈,这地方的植物就稀少起来;在差1.5俄里就到托尔霍利克河的地方出现了砾石带,于是余下的路是踏着卵石走完的。托尔霍利克河沿岸有又高又密的杨树(大叶钻天杨)林带,因为里面生着河柳、川西锦鸡儿和本格锦鸡儿(本格锦鸡儿在这里长到1俄丈多高)及缀满了黄色浆果的沙棘,[1]树林变得更为稠密。我们涉过此河的两个分支后,在第二条分支的左岸停歇。

在我们经过乌布萨湖岸的时候,看到了很多雁、天鹅、鸭、安吉尔,而在毗连的草原上有布尔都鲁克。

9月12日就地休息一天,利用这段时间我们到开采岩盐的地方去了一趟,采盐场在托尔霍利克河左(东)岸吉尔格伦格武山脉的东坡上。库克这个名称,根据一份古旧的俄文资料判断,是200年前为它取

---

〔1〕沙棘(Hyppophae rhamnoides):一种胡颓子科的灌木或小树(高可达6米),分布于西伯利亚和图瓦,俄文名称由其果实而得。沙棘金黄色的椭圆形小果十分繁多,果柄短小,犹如粘裹在枝条上一般。果实有一股令人愉快的菠萝气味,可以用来制作果酱,果酒,露酒,果冻,冰淇淋;以前此种树木遭到毁灭性地滥砍滥折,被连枝带果一起砍下来,拿去卖钱(编者当年所见)。

的,看来,现在已不再使用了。[1] 我们先涉过托尔霍利克河的两条支流(该河在此地共有4条分支),支流沿岸生着和西边两条支流同样的又密又高的树林。接着经过一片沟渠(布呼)纵横的平坦草原,沟渠有的宽达1俄尺多,深及膝部,沿渠生有柳树丛。这个地方有好多农田,种着两个品种的大麦(阿尔帕和霍朱古尔)及小麦;住着王那个旗的杜尔伯特人,乌布萨湖北岸一直到泰斯河口都是他们的游牧地。

过了农田我们走上了吉尔格伦格忒山的拜利,然后下来进入一道自山的东麓伸延过来的很深的宽谷中。宽谷的左侧是由数个冲积层夹着一些水平方向的黏土层形成的悬崖。冲积物是一些没有磨圆的红、灰两色砂岩石块和1英尺或更长的大小不一的石板,这些石块一层层被胶结得非常牢固,因此当[石块层]受到冲刷后,悬崖里便会呈现出一些圆柱状的轮廓。悬崖高出岩盐面约20俄丈。吉尔格伦格忒山的山体是红砂岩与灰砂岩一层层交错着形成的。宽谷左侧悬崖脚的山麓处,经过采挖岩盐已经裸露出来,这道悬崖脚下撒着或者堆着混有沙子和黏土的石屑。人们顺着崖脚在至多10俄丈的地段上挖着3个坑,坑有两俄丈来长,半俄丈来深,利用挖坑的办法把盐从岩屑层下开采出来了。人们还挖掉从悬崖上滚落下来覆盖在盐上面的这层东西,用斧头把盐砍成长有半俄尺多[35厘米]比较规整的砖块形状。按照这几个坑的情况推断,开采量并不大;然而住在当地的人却肯定地说,采出来的盐是很多的,不过挖开的盐层面不断地被填埋起来。由于后来又落下好多沙石,所以无法看到直接盖压在岩盐上面的冲积物。

听居住于托尔霍利克河边的人讲,乌布萨湖北岸托尔霍利克河口至泰斯河口这一段夏季是无法通行的,那里的奥里克霍河口处有辽阔的生长于沼泽中的蔍草带。说是往东去的人都得从奥里克霍河的上游经过。据说,这蔍草地带里有雉。奥里克霍河沿岸有很多杜尔伯特人

---

〔1〕"人们都说我们可碰上金山了",瓦西里·秋梅涅茨和伊万·彼得罗夫在1681年(疑此处有误。按"两百年前"推算,似应为1618年。——译者注)曾经这样说过,"就在湖边上,那个湖名叫乌普萨,就在那个湖的边上有一座盐山,盐山叫做库克"(菲舍尔:《西伯利亚史》,第264页)。——作者注

的越冬地,在冬天,放牧马群的在奥里克霍河的下游地带,放牧其他牲畜的则到上游各地去。

9 月 13 日,起初走的还是我们前一天去采盐场走的那条路,不过我们没有上拜利,而是从吉尔格伦格忒山与察干霍舒山之间的河谷谷底走过去的;河谷底部有一条干河道。山坡上长着针茅,植物多数已经开过花了,数量众多的阿尔泰糖芥却花开正盛;常有火红蓟,但花儿已经败落;偶尔能见到尚在开花的小花茴香。河谷的上段豁然开朗,有许许多多岩石露头的山岭都远远地离开了道路。河谷平缓的上端同托尔霍利克的东侧上支流呼尔贡希比尔河的谷地会合到了一起,到达呼尔贡希比尔河畔,我们停歇在该河的左岸。此河的河岸是沼泽地,生有西伯利亚落叶松,桦树和柳树。一走进呼尔贡希比尔河河谷,就看到了从东到西的一片宽广的开阔地;地的北面横亘看一道山脉,那正就是唐努山脉的峰岭。可以看出那山岭中有很多生有森林的峡谷,有 3 条窄窄的林丛自 3 道峡谷中蜿蜒而出,到达开阔地后继续向前伸延,那是依傍呼尔贡希比尔河、莫霍尔莫东河与托尔霍利克河的河岸生长的林木。此 3 条河在开阔地的南部汇合到了一起,经过共同的河道流入了夹壁窄谷之中。呼尔贡希比尔河从我们停宿的地点往下流出两俄里后就断流了。此河岸边驻有一个蒙古哨卡[齐齐尔嘎纳],这是一个当地人所说的莫里哈拉乌勒或称比哈拉乌勒,即轮换制哨卡。该哨卡的人员来自沙韦瑟和维津贡两个旗,驻守期为 3 年,现今驻守在这里的人员将于 1880 年秋季换下去。这两队哨卡人员都在呼尔贡希比尔河左岸距河 100 俄丈处。

从津济利克哨所到索克哨所整个这一线上全是莫里哈拉乌勒,而没有格里哈拉乌勒(即人员不轮换而常驻的哨所)。驻罕达嘎台哨所的图萨鲁克齐(тосопакци)掌管 4 个哨卡:齐齐尔嘎纳、罕达嘎台、博尔恰和博托贡;另一位图萨鲁克齐驻在萨姆嘎勒台,掌管萨姆嘎勒台、阿雷克、奥里克霍几个哨卡。维津贡旗和沙韦瑟旗每年要为每一名兵丁送 4 匹马,这样,除掉损失之外,每人还可以剩 7 匹马带回家去。头脑愚笨的人有可能得步行离开,而工于心计的人能赶回去 20 匹马。除马匹之外,中国皇帝还给每人发18两官银的伙食口粮费,而衣装、必需的物品、哨卡帐幕的制作由这些人自己承担。这些哨卡里妇女很少,也没有我们在格里哈拉乌勒看到的那么多的牲畜。走到这个地方我们就走出了杜尔伯特人的地界,而进入了乌梁海人的地界,我们的几个杜尔伯特人雇工此前一直是兼做向导的,再往前走他们也就无法再给我们做向导了,还得在这个地方另找一名向导。还没等我们选定停宿的地点,一群5~6名哨卡上的兵丁便骑着马迎了上来,起初的接触并不友善,不过,哨卡的官长看过我们的护照后,表示了歉意,并答应第二天给我们派向导。承担这项工作的是哨卡的录事——他是维津贡旗人,他正要到唐努山脉以北去清理账目,他要向从事农作的乌梁海人收抵债的粮食。这样的生意(以粮食作抵押赊销货物)似乎所有这一带的哨卡兵丁都在做。我们这位比切齐(即录事)竟然说,他是去看看"自己的农田"。

沿呼尔贡希比尔河左岸向西顺流而行,9月15日走过该河的一条分支,在这个地方并没有水,长着矮小的柳树。河的右岸有茂密的锦鸡儿丛。莫霍尔莫东是一条短而且小的河,它不是发源于山的主脉中的峡谷,而是起源于山脉以南呼尔贡希比尔河与托尔霍利克河之间的一片平地上。接下来便是朝向托尔霍利克河出自其中的那道隙谷的一段上坡路,地上是角砾,有的地方是沙土,生有相当茂盛的同源针茅。这儿还有高山石竹、阿尔泰糖芥(这两种植物都开着花)、水棘针和麻黄、麻黄结的果非常繁密,致使地面看上去好像有着一块块的红斑。在峡谷入口下边一点的地方,我们的向导比切齐指给我们看托尔霍利克河左岸上的两个不大的单个灰色山冈,据他说,在那里的一个山洞里发现了一口锅和一个铁支架。托尔霍利克河右岸与之相对的是古尔巴哈腾霍舒山脉的3座山峰。托尔霍利克河流经的那道峡谷的西方有一条山脉,看到上面某一些地方有积雪,似乎是常年不消的,山脉的宽谷或者峡谷里边有针叶林。托尔霍利克河左岸的山离道路比较近,因此我们看不到那些山背后的山脉东余脉。来到托尔霍利克河峡谷的入口处,我们又一次(也是最后一次)看到了哈尔基拉长白雪山和乌布萨诺尔湖以西的那片草原,先前雪山和草原都被唐努山脉前面的山遮住,我们不可能看见。

紧靠托尔霍利克河峡谷的入口处,一条侧谷自东面通进河谷里来,那道峡谷里有一条阿姆雷克河。我们就走进了该道山高崖陡、林木葱郁的侧谷之中,峡谷左侧满山都是森林,而右侧只在宽谷里才有林木。林中全是落叶松,只偶尔才有雪松。峡谷底部生长着杨树和河柳,各种灌木很多:红茶藨,结黑色小浆果的葡萄藨[茶藨],杜鹃花;也就是在这里出现了岩高兰、越橘和厚叶虎耳草。

9月16日顺着阿姆雷克(或乌布尔阿姆雷克)河右岸上行,河谷里的针叶林(主要是落叶松)非常茂密,有的地方不得不把阻碍搭载着驮包的骆驼通行的树木砍掉。到了上方,狭窄的河谷一分为二,路在右面,即西面那道岔谷里。到这个地方森林变得稀疏了,也出现了干枯的树木。在这个地点的下边,有一处不得不攀到山上去,因为两条源流汇合之后,河流入了深谷,两岸十分陡峭。林中的植物很茂密,但花儿已经开败了:林白芷的花球已经干枯,柳兰披满茸毛,叶子已经落尽。阿雷克河右面这条支流本身又岔开了,从这个分岔的地方起也就再没有林木了,就是在右支流整条河谷里树林多半也只是一些干枯的树干而已。沿着右支流的东侧源流走上去就到了唐努山脉的山隘顶上。阿姆雷克河谷里的山都是砂岩,河道里有裹含着豌豆粒和枪弹头般大小的漂砾[卵石]的砾岩巨块。在森林的上缘线处我发现了植物:山罂粟、厚叶虎耳草、高山厚棱芹和高山龙胆。

从山隘上既看不到南边的平原,也看不见北边的平原;只看到山隘北面另有一个狭窄山谷上端的开口,我们的路就通入那道谷里,奔流在该谷的河流也叫阿姆雷克。北边那条阿姆雷克河流进另外一条注入乌卢亨河的托尔霍利克河。为了加以区分,在南边的几条河流名称前加上一个词——乌布尔,即前边的;而在北边的河流名称前加阿尔,即后边的。这样一来,流入乌布萨湖的那两条河便叫做乌布尔托尔霍利克和乌布尔阿姆雷克,而流入乌卢亨河的叫阿尔托尔霍利克和阿尔阿姆雷克。下山的路既陡且滑,骆驼走得很吃力,而下山路的后半段被从山上滚落下来的大石块挤占得很狭窄,通行很困难,而一些树木又使这条狭窄的通道更加窄小。

9月17日,一直到停宿的地点都是走在布满密林的狭窄河谷里,从阿尔阿姆雷克河口往下,到了阿尔托尔霍利克河谷,这里出现了云杉;而快到停宿地点时又有了杨树、桦树、稠李、花楸、悬钩子。一年生的草类长得郁郁葱葱,非常厚密;秆子高的有一人来高,例如有草地乌头、白屈菜、柳兰。停宿地附近有瞿麦、兴安石竹、欧洲百合、短柄野芝麻、升麻、孤莛麻、小花糖芥、小卷耳、柳兰、沼柳叶菜、白八宝、黄盆花、菊蒿、额河千里光和木樨草千里光、北山莴苣、斜生龙胆、垂花青兰和青兰;河边的砾石地上生着阔叶柳叶菜,森林里边有很多鹿蹄草。

9月19日沿托尔霍利克河的右岸下行。自停宿地以下,此河的河谷已经不像上面那样狭小了,树木也不再妨碍骆驼通行了,此后不久我们就走出了河谷的那个狭窄路段。山脉向两旁退去,使河谷开阔起来,且谷底没有了树林;只在紧靠河岸的地方才有窄窄的一条林带,一直长到该河注入乌卢亨河的那个地方。谷底和山坡上都覆盖着黑钙土或黑土,这种土上生满了稠密的禾本科植物(主要是同源针茅)。看到山上有树林,然而南坡却没有林木。前边现出了赫马河谷的轮廓,河谷的另一侧是绵延的青山,河紧贴山麓流过。除托尔霍利克河沿岸的林带之外,往东还有另外一条类似的林带横穿赫马河谷——那是贾弍河,该河流入了托尔霍利克河。赫马河自身流经的地方也点缀着一条林带——蒙古西北部的北方地区地势很高的宽阔谷地里的大河全都具有这样一个特点。比如说:泰斯河、科布多河、丘亚河,等等就是如此。我们停宿在托尔霍利克河右岸一个用干树枝堆起的敖包旁,敖包里边是空的,旁边垒着一个小台,上面摆着几个用木头削成的野兽,样子像是鹿。小台的上方悬挂着一串串窄布条,这种布条串儿在阿尔泰叫做亚拉马,此地则称为伊连。莫东敖包四周的广阔地带都是农田,用渠引水灌溉,种植大麦(乌梁海人叫阿尔帕),稷(乌梁海人叫卡拉布塔,把炒熟的稷子称为萨雷格布塔),钦格塔兰(小米,狗尾草?)。这个地方有很多从事农耕的乌梁海人,居住在唐努山脉南侧哨卡附近的乌梁海人也到这里来

275

种粮食。这个地方的乌梁海人(或称图瓦人)组成一个旗,归住在鄂尔浑河一带的蒙古王公沙韦瑟统辖。管理此旗的是由沙韦瑟王公委派来的喀尔喀人博罗泰吉。此外,听说托尔霍利克河那一带还有一位汉族官员。

由于到了莫东敖包这个地方,比切齐就要和我们分手,而奥尔洛夫从乌兰固木雇来的帮工也想由这个地方回家,所以我们得在此地重新找雇工和向导。找人花去了两天的时间,我们就借这段时间努力去就近了解当地人的情况。

9月22日,一开始我们是从托尔霍利克河径直向东朝梅热格行进的,并且已经过了贾忒河。我们的这个向导可能还是第1次给骆驼队引路,就在我们过了河,刚刚开始攀登河谷右岸的山峰时,他却说走正东这条路,一直要到乌卢亨河边才有水,中途经过的巴音戈尔河现在这个时候是没有水的,而这条到乌卢亨河畔的直路又非常之远,赶着骆驼走到晚上也到不了。因此,我们离开朝正东去的路,折向左边,奔已经遥遥在望的那一段乌卢亨河道前进,开始是沿着贾忒河与托尔霍利克河共同流经的那片凹地的东缘行走。靠近边缘处修有一条灌溉渠,这个地方是代里苏丛和农田。乌梁海人说,汉族官员住的宅院就在此处。我们来到灌渠的左边,来到一片长着叉干奥尔忒特的起伏不平的沙地上;沙地过去是一面平坦的缓坡,沙土地上长着极其繁茂的同源针茅,有些地方火红蓟也非常之多,这种植物从唐努山脉南侧开采岩盐的那个地方就开始有了。

路的左面是托尔霍利克河右岸那道平缓山岭乌哈;托尔霍利克河的左岸上则是峻峭的阿尔格勒忒山脉。我们来到了乌卢亨河边,从我们到达的这个地点往下,河右岸矗立着一座白色的岩峰凯拉坎。河宽近100俄丈,没有浅滩,沿河有好多长着树林的岛屿。离河岸百来俄丈之外的草地上有杨树和柳树树林,杨树有两抱多粗;树林外边,近100俄丈宽的一片草地上,长着稠密的齐人腰高的上好青草,而且一点没有遭到过践踏。在我们停宿地的对面,有一条铁米尔苏克河自左岸流入乌卢亨河,再往上还有一条叶列肯河流入。

凯拉坎山峰临乌卢亨河凌空而立,既高且陡,是一个几乎垂直的博姆,所以9月23日我们必须从南面把这座山绕过去。从河边的草地登上与之相接的干燥草原,我们碰上了一条可以走好几排车的平坦的游牧道路,顺着这条路又进入了在凯拉坎之上的一段乌卢亨河宽阔的河谷。这座山峰由白色岩石构成,形成了数个险峻的圆锥状尖顶,颜色和外形都像石灰岩;山峰的北段,白色的岩石被一条下倾斜度很大的厚厚的暗色岩脉所切断。我们翻过把凯拉坎高高的山麓和巴音戈尔河左岸山岭连接起来的一道平缓山冈,又走在了平坦的洼地上,巴音戈尔河谷从南面通入这片洼地。平坦的地面上生有大量的同源针茅,偶尔还有代里苏;猪毛菜和刺藜也很多,刺藜在这里长成了直径有1/4俄尺还多的球状。后两种植物都已成熟,被风卷起,刮到锦鸡儿丛和宽谷里边去。队里有人把从顶到地面都挂满了棕黄色刺藜球的锦鸡儿丛很恰当地比做彼得堡的市场上售卖天然海绵的希腊人。灌木只有向西的一侧才挂有这些角果藜的球果,在宽谷里果球都是落在西面的侧壁上头。

　　沿乌卢亨河行走的这一路上,与下[游]河段上同样粗大的杨树树林一直绵延不断。巴音戈尔河右岸的山脉叫伊塔拉,山的对面,埃吉姆河自北注入乌卢亨河。

　　乌卢亨河旁,有两块阶地高出于这条淤积河谷之上:下游那块阶地高不到1俄丈;上面生有代里苏、同源针茅,一些湿润的地方长着稠密的苔草。由此往上的一块阶地高达两俄丈,有的地方还要高一些;地面裸露较多,有一些山地植物,此处生长的锦鸡儿有两种:本格锦鸡儿和矮锦鸡儿,也有代里苏、针茅、益母草、蓟(大量)、猪毛菜和刺藜。这块阶地上一些地方还有沙子,就总体说是沙土地。

　　9月25日进入上游的那块阶地,从巴雷克河的干河沟中横穿而过,河沟的西侧壁有100俄丈长的一段整个被角果藜(猪毛菜)的球果盖住。成千上万的球果重重叠叠地堆在那里,路上也堆得满满当当的,马儿只能用前胸冲开这层厚达骑马人膝部的球果向前行进,我们一行人仿佛是漂浮或是漫游在涌动着灰褐色波涛的汪洋大海之中。在巴雷克河沟以东,有几条一直延伸到河边的小山岭从南面向路靠近,其中较

·欧·亚·历·史·文·化·文·库·

大的一条紧靠河岸,名为巴音图。我们从这些山之间积满沙子的宽阔的间隙走过去,路上偶尔会碰到有砾岩露出地表,峻峭的岩石露头现在离道路已经很远了。过了巴音图山,赫姆河谷极为广阔壮丽的景色又展现在眼前:有些地方河岸很险峻,高高的峭壁垂直矗立在水边;后面凯拉坎山依然遥遥在望,而前方又出现了一道新的陡峻的博姆——奥图克塔什——那个地方在开采燧石[1]。下面的宽阔河流里分布着很多岛屿,河的旁侧伸出多条支汊,岛上及支流岸边生有由柳树和高大粗壮的杨树组成的树林。经南面的一道沙土隘口绕过奥图克塔什博姆,重又下来进入乌卢亨河谷;沿下游那块阶地行进到上游阶地的悬崖再次靠近河边的地方,这情形和前一天停宿时一样。

9月26日登上阶地,并从阶地上走到博姆前,从这里攀上直达河的山岭。从山上望见了赫姆河直至叶列格斯(也叫叶列格什)河口的那一段河谷。赫姆河左岸[2]的这一段有卡拉托干山,山下沿河岸有一片巴音托戈草地。道路就通往山下这片草地,顺着这片草地,我们从博姆的左面走过;那博姆很高,夹有几层砂岩,砂岩有的地方变成了嵌有煤块的砾岩。经过博姆之后,又过叶列格斯河。此河宽近15俄丈,深及马镫,石头底,水很清亮。河谷里生有杨树和柳树树林。叶列格斯河口以东数俄里处,乌卢亨河畔有商人韦肖尔科夫的庄子,那里盖了一栋很大的木头房子,住着商人韦肖尔科夫的经纪人德米特里·瓦西里耶维奇。他是弗拉基米尔省人,却在乌卢亨河畔度过了9个年头。房子修起来的时间还不长,那之前只能住在一间小木房里。德米特里·瓦西里耶维奇说,他们打算明年夏天带一名俄罗斯女大师傅[女厨师]过来,再开出一片菜园。在叶列格斯河附近我们看到有很多乌梁海人,当然,从托尔霍利克河一路走下来到处都遇得上乌梁海人,可是数量没有这里那么多。叶列格斯的乌梁海人属奥音奥古尔塔或称乌梁海昂邦管

---

[1]乌梁海人把燧石就叫做奥图克塔什。——作者注

[2]乌卢亨河右岸从托尔霍利克河口到叶列格斯河口这一段,紧靠河岸山脉一直连绵不断;而河的左岸却是草原,不过草原很窄,且常有从唐努山脉延伸过来的山岭从中穿过,到逼近赫姆河边形成俯视河水的博姆而终止,例如凯拉坎、奥图克塔什、巴音图,等等。——作者注

辖。

9月28日行进在乌卢亨河沿岸的平坦草地上,这里生有代里苏和其他的禾本科植物;地面上是沙土,有一个地方曾经过一片砾石地面。这里长的都是草原植物,也可见到小蓬和锦鸡儿。河岸上的树林只有杨树和柳树两种树,这里的杨树长得不如叶列格斯河口以下的好,林子也比那里的稀疏,明显受到与河南岸毗连的广阔草原的影响。右岸这一带一直是悬崖,中间有叶尔别克和巴音戈尔两条河谷(后一条河谷在萨菲亚诺夫庄子的下游);河左岸的这一段很低,只有叶列格斯河口附近的桑格纳卡亚和萨勒丹两个博姆是例外。在右岸近处山岭的背后,可以看见远方更高的山脉;其中有一组山峰上面积着雪,样子像是从不融化的。据乌梁海人说,那座泰嘎[1]坐落在别亨[别伊亨]河的左岸,名叫昆古尔巴拉,山中发源了塔普苏河。那些山峰的左边还有另外一些没有积雪的山峰,这些山绵亘于赫马河的左岸,群峰之间有一个低凹处,人们指着那里说塔普苏河的发源地就在那里面。听人们讲,赫姆河右岸的悬崖中有一个地方往外流石油(каменное маспо);萨菲亚诺夫庄子的对面喷涌着一股碳酸泉水,四周凝结着很多石灰;从庄子往下4俄里,山岩上据说凿有很多人像。

在萨菲亚诺夫的庄子里,我们还碰上了主人的弟弟A. П. 萨菲亚

---

[1]乌梁海人把长白雪山称作泰嘎。——作者注

诺夫;〔1〕萨菲亚诺夫的房屋比韦肖尔科夫的要狭小一些,但是房内是按着城里的样子装修的,而韦肖尔科夫的房屋却装修成农家的模样。不过,萨菲亚诺夫家也想在明年盖一座大房子。

由此往南的草原上有一个图兹库利咸水湖,方圆在 8 俄里左右,有一种鱼的数量很多(海留子极多)的河卡登从附近的山里流入该湖。卡登河旁边还有一条吉杰尔河,该河流入咸水湖以东的吉杰尔湖,那个湖里的水就不好。从乌卢亨河到咸水湖有 35 俄里,到吉杰尔湖也是这么远。俄罗斯人中只有韦肖尔科夫一个人经营采盐,他每年要经叶尼塞河运出 1500 普特盐。

两个庄子都建在流入别亨河的乌尤克河两条支流的河口处:韦肖尔科夫的庄子在图兰河口旁,萨菲亚诺夫的庄子在音希别河口旁。乌尤克河沿岸生有极好的雪松林(从这里运出去的松子儿颗粒最大),是非常适宜定居的地方。若干年前,来自乌萨河一带的俄罗斯分裂派教

---

〔1〕Г. П. 和 А. П. 萨菲亚诺夫弟兄 2 人是在 19 世纪 70 年代在乌卢亨河边建起自己的庄园的,时间在韦肖尔科夫之后,而韦肖尔科夫在 1857 年就开始做生意了。

兄长格奥尔吉除了做生意之外,还经营工业;他是第一个开始探找金矿的人,经过多年的探查并耗费了大笔资财(10 万卢布以上)之后,于 1905 年在塔普斯河畔发现了金矿;其次,他还开办制革厂和水磨坊;致力于改良当地马的品种,为此曾从俄罗斯国家育马场获得良种公马短期使用;1910 年他还播种了 20 公顷的燕麦、小麦和稷子。弟弟安德烈的庄园在乌尤克河畔,他在那里经营着一家规模很大的养马场(达 4000 匹),一家马鹿饲养场(达 150 头马鹿),还耕种着多达 35公顷的土地(М. И. 博戈列波夫,М. Н. 索博列夫:《俄罗斯—蒙古商务贸易概述》,第 46 页)。

Г. П. 萨菲亚诺夫在移居乌粱海的俄罗斯人中间是最精明能干、最有文化修养的,被看成是他们的首领一样。他在西伯利亚的报章上发表过很多关于乌粱海地区的文章。其中一篇发表在《东方观察》1883 年第 7 期上的文章曾写道,在嘎什克利河谷有一个由 5 顶乌粱海人(图瓦人)的帐幕组成的阿伊尔,这些乌粱海人身材之矮小令他感到惊讶:身高不足 2 俄尺(142 厘米),且身体十分孱弱,他抱起过一个老头,竟觉得其体重超不过 1 普特(16 千克)(Г. Е. 格鲁姆－格日迈洛:《中国西部纪行》,第 3 卷,第 1 册,第 7 页)。

徒曾在这个地方组建起来一个村庄，[1]但是中国的官员把他们排挤出去了。

　　除韦肖尔科夫和萨菲亚诺夫两个人的庄子外，乌梁海地区还在如下[6个地方]有俄罗斯人的冬季住所：坎季吉尔河畔，塔洛夫卡河畔，帕什金庄园，叶尼塞河大石滩旁，乌萨河河口处的卡钦鞑靼人村，佐洛

---

　　[1]俄罗斯移民向阿尔泰、图瓦、哈卡西亚及西伯利亚很多其他遥远地区迁徙开拓在颇大程度上起始于分裂派——旧礼仪派教徒；为了逃避东正教教会和警察的迫害，他们远遁到深山老林之中，去寻找"自由乐土"，即传说中人们坚持信奉十足纯正的"旧教"的那片富庶之地。在寻觅的过程中，有很多家族单独或成伙地越出了同中国的国境，建起了自己的村落。这些村庄有一部分后来在(19世纪同中国划定新的边界时)归入了俄罗斯的范围，另一部分则留在了俄罗斯境外。这其中，来自托博尔省两个县的自由乐土寻觅者，即所说的"亡命者"或"云游派教徒"，于1862年在图瓦建立了上乌辛斯科耶村。除了这个村镇，分裂派教徒还建起了好多个村庄。

　　据格鲁姆－格日迈洛的资料说，1914年乌梁海地区总共有44个俄罗斯人村庄和212个单独的商业贸易站或是货栈(《蒙古西部和乌梁海地区》，第3卷，第2分册，第587页)。

　　普热瓦利斯基、格鲁姆－格日迈洛、佩夫佐夫和科兹洛夫都曾经描述过，旧礼仪派教徒曾试图在罗布泊和更遥远的，甚至是不曾有任何一个欧洲人到过的地方住下来，由此可以看出旧教派信徒为寻觅自由乐土越出俄罗斯国境走得很远了。这些企图并未能实现，大多数旧教派信徒还是返回到了俄罗斯，因为对故土的思念胜过了对自由自在的地方的向往(H. M.普热瓦利斯基：《从恰克图到黄河源》，圣彼得堡，1888年，第317－319页和《从伊宁越天山到罗布泊》，莫斯科，1947年，第57－58页；M. B.佩夫佐夫：《西藏考察成果》，第313－314页；Г. E.格鲁姆－格日迈洛：《中国西部纪行》，第3卷，圣彼得堡，1907年，第433－439页；П. K.科兹洛夫：《蒙古与喀木地区》，第1卷，第1册，圣彼得堡，1905年，第11－15页)。

塔亚河河口处的过冬地点。[1]

此河于 11 月 15 日—20 日封冻,4 月初开河。自 12 月至 3 月 20 日叶尼塞河上可以通行雪橇。

除了韦肖尔科夫往外运盐以及米努辛区的庄稼人到这里来捕捞鱼类[2]之外,俄罗斯商人还在乌梁海地区用俄罗斯的货物交换毛皮和牲畜运走或赶回去。黑貂主要是从锡斯季肯一带托茹族系的乌梁海人[3]手里收购,马德族人也在叶尔别克、奥尤克与乌德一带猎捕黑貂,不过唐努山脉里没有黑貂。萨菲亚诺夫运走了近 7000 张松鼠皮,这些兽皮也主要来自锡斯季肯的托钦人那里。另外,在这一地区还捕捉狐

---

〔1〕(当时,——译者加注)处在俄罗斯和中国之间的乌梁海地区地位是不明确的;根据同阿尔滕汗签订的条约,乌梁海地区自 1617 年起在形式上属于俄罗斯,而从 1727 年起属于中国政府;然而它与蒙古之间隔着唐努山脉,而同米努辛斯克的经济关系更为密切,早在 19 世纪前半期俄罗斯人就开始从那个地方深入乌梁海地区同索约特人做生意,后来又开始定居在那里,除商业贸易之外,还从事农耕、畜牧和捕鱼采矿等业。

俄罗斯人在乌梁海地区立足生根的历史过程在格鲁姆 - 格日迈洛的书中(《蒙古西部和乌梁海地区》,第 3 卷,第 2 分册,列宁格勒,1930 年,第 520 – 637 页)有详尽的叙述。

1912 年俄罗斯承认蒙古自治,并根据 1912 年 10 月 21 日同乌尔金政府签订的条约承担了对乌梁海地区实施保护的责任;此后,俄罗斯在该地区的影响开始逐渐增强,这一进程因 1914—1918 年的战争而中断。苏维埃政权获胜之后,1921 年在西伯利亚建立了与蒙古人民共和国类似的图瓦人民共和国;1944 年,根据图瓦劳动人民的请求,该共和国被接纳加入苏维埃社会主义共和国联盟,成为直属俄罗斯苏维埃联邦社会主义共和国的一个自治州。

自图瓦人民共和国成立,特别是加入苏联之后,其状况有了根本的变化,原先的乌梁海地区迅速地朝苏联的其他民族州追了上来,已经创造出自己的文字、文学、戏剧;国民经济发展很快,金、煤、食盐和石棉等矿产得到开发,建立起好几个加工木材和皮革的工厂,17 座电站,5 家工业联合企业,一个缝纫综合工厂,一家印刷厂,等等,在这个原来根本没有路的地区里,现在 14 个区都用经过严格设计的道路同州中心克孜勒市联结起来,而克孜勒市则有公路通往西伯利亚铁路的阿巴坎车站;州内的人口从 1925 年到 1939 年增长了 38%,而 1941 年则达到 9.5 万人,其中 86% 是图瓦人;居民的识字率 1946 年达到 90%。人们从事的基本行业——畜牧业,由于从原始的饲养方式转向现代的饲养方法,无论是在牲畜的数量方面(25 年间增加 119%)还是在经营此一行业的技能方面也都取得了很大的成就。农业配备了机械,有了很大的发展;1945 年播种面积达到 6 万公顷,因此不再从外地往州内运进食粮(《苏联大百科全书》,第 55 卷,莫斯科,1947 年,第 110 – 115 栏)。

〔2〕乌卢亨河不产鲟鱼和小体鲟鱼,只在大石滩以下的叶尼塞河段才开始有这两种鱼(A. П. 萨菲亚诺夫记叙)。这段记述指明了哈卡斯古国的疆界。中国唐朝(тхан)的史籍中关于哈卡斯国曾有这样的记载:“鱼类中有一条长约 7 英尺,光滑,无骨,口在鼻下。”看 O. 亚金夫[比丘林]的《中亚细亚民族资料汇编》,第 1 辑,第 445 页。O. 亚金夫认为这种鱼就是鲟鱼。——作者注

〔3〕图瓦人和蒙古人还保留着按出身的门户,即宗族或家族定下的称呼(见格·尼·波塔宁:《蒙古西北部概况》,第 II 分册,注释,第 2 页,脚注)。

狸、黄鼬、貂（这种动物很少）和狼；狼皮被乌梁海人拿去缴纳赋税，因此，俄罗斯商人把狼皮买下来，再转手卖给乌梁海人。俄罗斯商人也收购黄羊和狍子皮，1879 年的一个夏天，萨菲亚诺夫弟兄就收上来近 3000 张狍子皮（俄罗斯人叫山羊皮）和 500 张"阿尔嘎皮"。米努辛的买卖人理解中的"阿尔嘎皮"并非阿卡尔羊皮，而是以 200 来只为一群活动在吉杰尔湖草原上的那种黄羊的皮。在乌萨河边的村庄里，庄稼人梅德韦杰夫和瓦维洛夫合伙加工阿尔嘎皮，做成里外两面毛皮的皮袄，运往托木斯克。不过，最近这两年萨菲亚诺夫弟兄把他们收购上来的毛皮全都在原地，即亨河一带卖掉了。唐努山脉的北侧没有土拨鼠或称旱獭，因此亨河一带也就没有旱獭皮可供外运。直到最近，在亨河一带做生意的米努辛商人也没有深入到唐努山脉以南去。可是大约在两年前，韦肖尔科夫这位精明能干的老头曾率领一个商队乘轻便的二轮马车去了一次乌里雅苏台，自那以后，他便每年都要往乌里雅苏台运一次精粉。1879 年夏天，萨菲亚诺夫弟兄中也有一人去过乌里雅苏台，这弟兄两人打算在下一年里扩大在这一地区的交往联系，建立同喀尔喀人的商贸往来关系。这里的商人和经纪人都不懂蒙古语，只是在萨菲亚诺夫弟兄那里我们才发现有一位经纪人能讲蒙古话。此人系托博尔河一带的鞑靼人，以前曾在科布多为俄罗斯商人做过事，我们以前在那个地方就同他认识了。

　　某些米努辛斯克的商人在国外行事不近情理而声名狼藉，他们从事不正当的商贸活动，把交易变成了掠夺，致使当地人采取暴力进行报复。吉坦河上一位俄罗斯商人的庄子被捣毁，他准备好要赶往伊尔库茨克的畜群被哄抢净尽；在锡斯季肯的另外一个地方，俄罗斯人雇用的卡钦鞑靼族经纪人被乌梁海人打死。这些暴力事件都因俄罗斯商人及其经纪人行为专横跋扈而起，有几个经纪人在同考察队队员谈话时自己都说，在这个地方不是做买卖，而是抢劫：经纪人先是卖力地把货物塞给人们，然后在收账的季节直接到畜群中去抓牲畜，往往连畜群是哪一个人的都弄不清楚，只要是归欠债人所属的那一族［家族］所有就行。

283

不论在什么地方遇上乌梁海人,他们都会问我们有没有腰带、黄色和白色的金属丝线、[1]熟羊皮、绵羊皮、珊瑚(乌梁海人叫做修尔),还有一种什么蓝色的石头(乌梁海人的叫法是科克塔什)[2]要卖。

乌梁海人的畜牧业规模不及蒙古人的大,他们的绵羊和骆驼尤其少。只有贾呼勒一带的绵羊多,那里也是最为广阔的农耕地带。在乌卢亨河沿岸一户人家也就是养 10～20 峰骆驼,没有再多的了;昂邦,或称奥音奥古尔塔,本人总共也只有 100 峰骆驼(而他的马匹则近 3000 匹)。锡斯季肯一带的托茹乌梁海人养鹿;冬天到他们那里去,除了骑鹿没有别的办法。养鹿可以挤奶,可以骑,也可以用来驮运东西。奥音奥古尔塔从锡斯季肯赶了 40 头家养的鹿过去,养在唐努山脉里。

---

〔1〕金属丝线(Бить):一种扁平的金属线,压扁了的极细的金属丝,绣金及织金用(达利:《现代大俄罗斯语详解词典》,第 1 卷,第 91 页)。

〔2〕乌梁海人要向波塔宁购买的可能是青金石(天青石),一种做装饰用的蓝色次等宝石,用来磨制各种雅致的物件,也用以制作深蓝色的颜料。乌梁海人有可能通过汉族商人购买来自阿富汗巴达赫尚的青金石,那个地方出产世界上最好的青金石;也可能是想买西伯利亚的青金石,这种青金石产自东萨彦岭的伊尔库特河、斯柳江卡河、小贝斯特拉亚河及大贝斯特拉亚河流域的几个矿区。那些矿床开采的时间是 1850—1872 年间,因此有关这些矿产的消息有可能经过俄罗斯商人传到了乌梁海人那里。青金石和绿色的玉石一样,在纪元前数千年就具有很高的价值。玉在中国是一种神圣的宝石,而在亚述—巴比伦以及法老时代的埃及,青金石就已为人所知。

14　从萨菲亚诺夫庄园
到捷尔诺尔[捷里努尔]湖

　　我们在萨菲亚诺夫的庄子里待了一天一夜,于9月30日启程继续赶路。按照萨菲亚诺夫的指点,我们期望能从萨利贾克旗的乌梁海王公,或称奥古尔塔那里找到我们需要的向导,这位王公通常是住在布连河谷的。沿着[乌卢亨河]左岸行走(20来俄里),走的全是河边的低洼地,沙土部分生有矮小的草原植物,部分长着代里苏。

　　从萨菲亚诺夫的庄子往上游走出大约7俄里就是比肯河与哈肯河[1]汇合的地点,两河相汇于陡直的岩崖下;汇合点以下河水泛滥得很厉害,竟在中央形成了一大片沙洲。乌梁海人在乌卢亨河左岸对着汇合点的地方用枯树枝堆垒起数个很高的敖包,上边悬挂着好多伊连。路南有一道平缓的山岭,把唐努山脉的峰崖遮住。比肯河的左岸上可以看到一些很高的、已经有积雪的山。过了比肯河与哈肯河的交汇点,我们沿着后一条河前行,临近路的尽头处左岸的山脉开始升高并向河边靠过来;同时出现了落叶松和桦树林,与杨树林和柳树林合起来组成了沿河的森林带。左岸最低也是最平缓的山正好在对着比肯河与哈肯河汇合点的那个地方。这样,吉杰尔湖区草原从叶列格斯河口到捷列克忒河口东西只有40俄里左右,从南到北至多也就是40俄里。

　　走过比肯河与哈肯河的汇流处,或者像俄罗斯人对这个地方的叫法——旋涡之后,我们看到了哈肯河右岸上平缓的谷地贾巴克忒阿雷克谷地,往上走和往下进入塔普苏河谷都要经过该谷。再往前,也就是更靠东边,看见有一道生着白杨林的深谷——那里就是库利朱克苏河

---

　　〔1〕在现代的地图上标为别伊亨河与卡亨河,文中则保留了波塔宁一贯使用的拼音形式:比肯河、别亨河、哈肯河及乌卢肯河。

了。在哈肯河左岸我们的停宿地点再往上有一道博姆,过了博姆,河的右岸有一条长长的杨树林带伴随着捷列克忒河进入哈肯河谷,一直延续到该河河口处。到了山脉重又靠近哈肯河左岸的地方,河与山之间出现了一块高近 5 俄丈的阶地。

10 月 1 日,从河边洼地中停宿的地点出发登上阶地,与此同时我们也就离开河岸置身于山中。因为从停宿地往上,在与捷列克忒河口相对的地方山已经靠近了哈肯河。这些山名叫沙拉什(或萨拉斯),山的隘口上用枯树枝堆着一个圆锥状的敖包,由此可以看到哈肯河谷更靠上面的一段。站在哈肯河右岸能望得见桑格尔卡亚山和桑格尔山以上的库斯昆乌拉尔山,河边上是广阔的草地。顺河谷往上 30 来俄里之内的山都看得见,最远的山笼罩在一片蓝色的雾霭之中,不过所有这些山都还在布连河河口以下,而我们现在正在朝该河口前进。哈肯河右岸有两个地方近处的山岭背后露出了更高的山峰,峰顶都已经积雪:一座山在我们的正北方,成垄状,另外那座在东北面,有尖顶。我们下山来到哈肯河边的草地上,我们先顺着山岭布满峭岩的边缘从山脚和河汊之间的一条很干的小径走过,然后来到一片草很厚密的宽阔地面上,有一条就发源于此的小河卡拉苏潺潺流过。草地的西边是沙拉什山脉,东边有哈勒巴克塔格山,该山往南又是涅斯忒格塔格山。沙拉什和哈勒巴克两山之间有一片阶地,阶地背后低洼的草地上边有几个披着蓝青雾霭的唐努山脉的高峰探露出来。此地的南边有一个阿勒格湖。过了草地,我们登上了哈勒巴克山与河流之间的宽广阶地,并在哈肯河畔停了下来,这个地方的河道很深,石头多,水流也急。此处林木很多,生有一片片长条形的桦树林,杨树林也是这种样子,落叶松比较稀少。

10 月 2 日一直走了 12 个小时,前 6 个小时沿哈肯河左岸行进。从停宿地一出发就上山,在这个地方山与河的左岸已经连了起来,并形成几道临河的博姆。在这些山的北坡已经有稀疏的落叶松林了。翻过这些山,走下来又进入了哈肯河谷,这个地方有一块埋在地上的又粗又大的石头(丘绍塔什);在石头的一个侧面上,可以明显地看出有一竖行类似宗族标记的符号,然而这些符号(据我看)却与蒙古或者鞑靼文字毫无共同之处。[1]

　　从这个地方又开始上山,此后一直到停宿地点都是走在树木丛生的山上,大部分都是上坡路。一天的行程快要结束时天黑了下来,四周昏黑一片,骆驼身上的驮子常常挂到树木,再不然就是骆驼的缰绳缠在了树枝或者灌木上,因此一行人不时要停下来去解决这些事情,走得非常艰难。走到一个叫比奇阿希克的地方我们在山隘上停了下来,从这里开始就要下山进入布连河谷了。第二天我们看清了我们是停宿在几座不太高的轮廓和缓的山中间,山的北坡全都长着此前我们在蒙古还从未见过的高干白桦树。从我们停宿的地方往南6俄里就是萨利贾克部族的奥古尔塔乌梁海王公迈捷列的驻在地。

　　帕尔金和那个哥萨克被派带着护照和礼品去见奥古尔塔。奥尔洛夫送给奥古尔塔一支火枪,我送的是一块怀表和几样小东西。派出的人回来说,奥古尔塔马上就亲自到我们这里来。确实,不一会儿公爵就带着随从人员来到了。这是我们在蒙古西北部旅行的整个期间所见到的唯一一位公爵,他正值中年,身着中国的衣冠,帽子上饰有孔雀翎,袍服外罩马褂(курма);[2]同来的有他手下的两名官员,其中一人是个类似法官的什么官儿,另外一个是一般的录事,或称洪杰。奥古尔塔显然不像杜尔伯特王和其他公爵那么愚昧傲慢,再不然就是他的为人比较容易接近,因而这次造访才没有令人感到十分尴尬或难堪,不过我们的谈话也只是没话找话地敷衍而已。听说奥古尔塔对我们的赠品很满意,第二天他就派他的两个儿子和一位章京送来了回赠的礼物:两块绸缎,一块斜纹布,几盘剥好的松子,几盘羊奶酪,等等。奥古尔塔的长子18岁,是位喇嘛;次子14岁,是公爵爵位未来的继承人,这个少年人与外国人在一起举止很腼腆,他只会说乌梁海话,而他的父亲及其长子蒙古话都讲得很流利。

――――――――――

　　[1]丘绍塔什:和基沙契洛夫一样,都是石俑;宗族标记:标志某个宗族的记号;哈萨克人和阿尔泰人的每一个宗族都有自己的与宗族历史上某种传说的事件相关的标记。

　　[2]孔雀翎:公爵爵位的标志;中式马褂:一种穿在袍服外面的宽袖短上衣;日常穿着的用普通的黑色布料缝制,隆重场合穿的用绸缎缝制;官员穿着的马褂前面饰有缝上去的花纹或是龙的图像。

·欧·亚·历·史·文·化·文·库·

　　我向奥古尔塔提出,请他派两个人把我们从布连戈尔河送到捷里呼利[捷里努尔]湖;一个要年青,熟悉那一带地方,既可以给奥尔洛夫当帮工,同时又能充任向导;另一个我是给自己要的。我对第二个人的要求是:他要擅长讲故事,为此我建议挑选一位老年人。第二天,公爵选定的人来到我们住的地方:一个叫成吉杰克的老头和一个年纪较轻的乌梁海人。上路之后情况就反了过来:成吉杰克担负起了向导的职责,而那个年轻的乌梁海人却能讲很多乌梁海的传说故事,我听他讲并记下了几则。

　　10月5日走了15俄里。开始是从山上往下边的布连或叫穆连(两种叫法都有)河谷走,下山的路和上山的路不同——绵软,没有树木,比奇阿希克山只有北坡生有落叶松。布连河宽约10～15俄丈,深及马镫,河底尽是石头,沿岸落叶松林十分茂密,中间夹杂着云杉。过了布连河,顺着卡拉苏河往上走,在乌梁海人靠河用桦树皮搭的几间圆锥状窝棚旁边停歇下来。[1]

　　10月6日,登上我们停宿的那道小溪右岸的山岭,顺着山岭往前行走,从几道峡谷的谷口处经过,最后进入其中一条下端谷口通着哈肯河谷的峡谷。山上满是由落叶松、云杉、桦树、山杨组成的难以通行的密林,[2]灌木很多,还有杜鹃花和山楂。进入哈肯河谷后,在一片长着森林的阶地上沿河谷往上走,树林里边一些地方有大片的空地。我们在哈肯河岸边距谢津河河口还有一段路的地方停宿。哈肯河在这个地方流经的河谷很窄,最宽处也超不过0.5俄里,这片位于淤积河谷之上的阶地有好多高达数俄丈垂直耸立于河面之上的山岩。

　　10月8日开初是沿着哈肯河边的阶地前行,到达谢津河边,涉水过河(没过马膝),开始向谢津河右岸的山上攀登,总共走了12俄里。路经的冈峦很多,但不像[昨天走过的]布连河与别利河之间那段路那

────────────

〔1〕窝棚是乌梁海人居住场所的一种结构形式,用细树干搭成一个圆锥体,在上面盖上桦树或其他树木的树皮,这种窝棚就叫做阿兰奇克。

〔2〕Трущоба(密林)指充斥着风折木、已朽烂的倒木或枯枝而无法通行的密林;不见天日难以走出去的森林,灌木丛生的沟谷(达利:《现代大俄罗斯语详解词典》,俄文版第4卷,第450页)。

么难以通行。连翻3道直插哈肯河边的山脉之后,我们一行人沿布满森林的山坡向上攀登的时候,河就隐匿不见了,而当我们上到最高处时,河又展现在我们的眼前。从最高点下山的路,通常都没有林木,地面被太阳晒得滚热。谢津河谷很窄,河谷的阶地冈峦起伏,山上被覆着密林;林中主要是落叶松,中间混有云杉、桦树、山杨。这个地方的草长得又高又密,块根糙黄几乎与人等高,升麻与骑在马上的人齐腰。河两岸的云杉和落叶松疯长,荒僻而难以通行。河流蜿蜒曲折,风景很美,然而却是千篇一律,缺乏变化。谢津河谷林木之繁茂与俄罗斯阿尔泰地区丘亚河流经隘谷的那一段(卡通河支流)不相上下,只不过这里没有阿尔泰河流沿岸那样阻塞水流的险崖峭壁;山比较低,也没有那么陡峻,不过也因此林木比丘亚河沿岸更加葱郁。

10月9日一整天都在从谢津河谷沿一条山岭的峰脊向上攀登,该岭西北头的山根一直伸入到谢津和哈肯两条河的交汇角里,我们停歇在山隘顶上。这一天至多也就走了12俄里,因为这条路骆驼几乎没有办法走,这是一条很窄的小径,有的地方就从长满密林的陡坡上穿过,有些树早先已经被砍掉了,但也只能容驮载货物的马匹通过,并非为骆驼开的路,宽度不足以让骆驼通过。小径上还有不少横七竖八的倒木,[1]骆驼不时得从那上面跨越过去;秋雨过后小径的地面结了冰,因而骆驼的蹄掌老是打滑,一会儿绊到倒木上,一会儿让树挂住了驮包,一会儿又踩不稳小径结冰的路面,不断地摔倒。在好多地方不得不用斧头把挡路的树砍掉或是把倒木砍断,顺着山坡推下去;再不然遇到路太滑的地方,就得把小径铲去一层,扩宽一些,再往上面撒些沙子。就这样,人们只好一路上不断地用斧头砍,用铁锹挖。

然而,还是没有办法做到处处防止骆驼摔跤,有时一道岩石露头或是盘根错节的落叶松根系横挡在路上,骆驼只能踏着倾斜的石面或者斜长着的树根走,蹄掌下得不到牢实的支撑,骆驼就会侧倒在地,顺着

---

〔1〕Колодник(倒木):森林里边的风折木、风倒木(达利:《现代大俄罗斯语详解词典》,俄文版第2卷,第140页)。

289

山坡滚下去,直到被某种障碍物,比如说树干之类的东西挡住。时间再早一些这条路会好走一点。其实,在萨利贾克奥古尔塔的驻在地我们就曾被告知,经吉别河去捷里呼利湖这条路只能走驮马(从布连河驮运粮和盐去湖区售卖),记忆中仅有一次走过骆驼,是一个喇嘛赶了9峰骆驼从那里经过,走完这段路,他只剩下了4峰骆驼。这一天路上见到的森林中夹杂有雪松。

接下来的3天(10月10、11和12日),只好停留在山隘上,因为在我们停住的第一个夜晚,天气毫无变化却飘起了大雪,整整两个昼夜雪一直下个不停,地上的积雪有半俄尺。小云杉树落满了雪,样子很奇特:柔韧的树梢被白雪压得弯了下来,卷曲成蝎子的模样。骆驼和羊没有牧草可吃了,羊没有草吃是因为雪太厚,它们刨不开;骆驼没有草吃则因为它们根本就不会扒开雪找草吃。在地上找不到草,骆驼就一群一群地围着落叶松啃树皮吃。

11日,4个人在停宿地的前面砍树开路,经过察看发现,那个地方没有任何路径,也没有伐树开辟的小道。从我们住的地方到下山进入通向吉别河的那道峡谷的地方是无路可通的泰加森林,林中满地都是枯树枝,有的堆积在地上,有的歪歪斜斜立在那里。有些树木朝不同方向倾倒下去,树梢支靠在旁边的树上,把个森林弄得乱七八糟的。这个地方在空中的枯树枝绞缠成一个个拱顶,骑在马上必须低着头才能从下面走过。那种地方,不光是要给驮畜的脚下清出一条路来,还得扫清它们头上的东西。结果,我们的雇工花了一天的时间,只把去下山的路清出来一半,总共有4俄里,所以我们只得在这里再停留一天打通道路,直到10月13日方才起身前行。

走过这段清理出来的道路,就该从山上进入峡谷了。下坡路虽说石头不很多,但却异常陡峭,夏天骆驼从这里走下去没有什么困难,可是在这个时候下山路上有些地方结了冰。我们那几个杜尔伯特人断言,不能指望骆驼能够顺利地走下去,我们只得减轻一部分骆驼的驮载,而状况差的就把驮包全部卸掉。这些驮包被放到了马身上,而人则全都得徒步行走。一天的时间走了至多10俄里,而走在后面的骆驼还连续行走了 12 个小时。走完了在先前所走的同一座山的峰脊上一天前刚清理出来的那段道路后,我们下到了奥什科卡纳什峡谷中。下山走的是一道突进峡谷的山岭的峰脊,那道峰脊朝南因而不生林木。下来之后,沿峡谷的左侧壁行走,这是一些没有林木的山坡,比峡谷的底部高出一些,有的地方高出 10 俄丈或再多一些,直到临近停宿的地方,才下到了峡谷的底上。山坡很陡,因此骆驼如果摔倒那是很危险的。谷底生有茂密的森林,还有令人望而生畏的倒木,谷的底部大概是沼泽地。有几峰骆驼从陡坡上跌下去,滚落到谷底,幸而是发生在不十分危险的地方,因此才没有摔死。由于出事的时间已经很晚了,就把它们扔在那里等到明天再说。我们一行当中最靠后的一批人到达停宿地时已经是晚上 10 点钟了。第二天我们只能原地停留,好去找回那些被扔在路上的骆驼,同时也让其余的骆驼休息一下。

10 月 15 日沿峡谷底部向下走,两次涉过流淌在谷底的河流,路大部分都在河的左岸。走出峡谷就到了吉别河谷,过河上了右岸之后,就在那里停宿。河水没到马的小腿的一半,宽近 10 俄丈,河底尽是石头,可以看到有很多鱼。河谷宽约两俄里,谷底没有树木,只在某些地方沿一些横穿谷底的细小支流才有小树林。我们在吉别河谷见到几个上面盖着树皮的阿兰奇克,里边住着乌梁海人。这里的草长得又密又高。从布连河到吉别河整个这一带地方的山上,无论坡面朝着哪个方向,全都长满了郁郁葱葱的泰加森林。只在南坡的一些地方有裸露的山岩,[那些地方]山岩特别陡峭,然而就是这些悬崖峭壁裸露出来的也只是中间部分,其脚下和顶上依旧生长着密林。

10 月 16 日,沿吉别河右岸前行,多次涉过此河的一些支流,然后要从一道西端一直伸到吉别河边的高高的山岭上翻过去,在这个地方不得不再次把骆驼驮载的东西搬到马身上去。我们在差半俄里不到阿德克巴什河的地方停宿,那条河自东边流入吉别河。

10 月 17 日,涉过阿德克巴什河,翻过一道高高的山岭,下山进入乌卢格吉别(即大吉别)河谷,涉水上到左岸;然后朝右边往南走;这是一个宽广而平缓的地方,两条吉别河在此处汇合。我们经过这片平地

·欧·亚·历·史·文·化·文·库·

走到安亚克吉别河（即小吉别河,从左侧流入大吉别河）边,接下来又顺着小吉别河的左岸前行,再也没上河谷旁边的山岭。有一个地方安亚克吉别河边矗立着一道博姆,不过我们从它的脚下走过去了。后来我们就停宿在安亚克吉别河边,此河宽度近两俄丈,水很浅但流速急;河底全是石头,风折木严重地阻塞着河道,而河水却无力将之冲走。山上生着很密的林木,只是这里的山要比靠近哈肯河的那些山低——至少这些山高出谷底不那么多。

10月19日向南方行进,即沿着小吉别河林木茂密的河谷底部逆流上行,频繁地涉水在两岸间转移,用斧头为骆驼开道。谷底有很多倒木和草丘,夏天这个地方沼泽大概是很多的,路从右岸的几个博姆上经过,那里的树木要比左岸少些。森林里边有桤木、红茶藨、野蔷薇、树锦鸡儿、全缘枸子、柳树、喇叭茶。

10月20日先沿安亚克吉别河逆流上行,在右侧和左侧各经过一道峡谷之后,顺着中间的支流走了一段,便登上河左岸的山岭。山岭宽阔,平缓,有树林,然而并不十分茂密,已不需要伐树开路了。当天只在刚刚起身的时候砍了一些树木。安亚克河谷上段左面的侧壁和谷底生着茂密的云杉林,右侧的山崖则长的是落叶松;云杉林在这个地方只长在山麓处,山隘上则生长着许多雪松。从隘口下山的路在一条很宽的谷地的右侧,很好走,此谷通往奥伊姆盆地的东头;这条路上虽然森林也很多,但只是走到底下路的最末一段才不得不砍掉一些树。再往前走就进入了一个处在高山之间的盆地中,盆地底部像杰利温河谷的情形一样成水平状态,山就像人行道边的楼房一样凌空矗立于其上,底部遍布沼泽,长满了密密的矮树丛[小桦]。[1]

沿盆地的北缘朝东走了几俄里之后,在一眼沼地泉旁停住。奥伊姆盆地宽近10俄里。在这个地方有数顶盖着落叶松树皮的圆锥形帐

---

〔1〕矮树丛:一种又矮又小、枯槁畸形的灌木状树林;矮桦树丛(Betula nana——灌木桦,小桦),矮白柳丛(Salix herbacea——草本柳)是不生主干的矮树丛中的一个特别的属,生长在北方温暖和寒冷地带中泥炭沼泽、松林和多石地点的岩高兰(Empetrum nigrum)也被称为矮树丛。格·尼·波塔宁所说的矮树丛是小桦。

幕,那是由沙格达(шагда)率领的一个小队,萨利贾克人派他们出来递送邮件和在布连河与捷里呼利湖之间进行联系。这两个地点中间的大片地区是没有人烟的荒漠,迄今为止,我们曾经碰上过人(属萨利贾克部族)的地点仅有 3 个:谢津河畔、吉别河渡口和安亚克吉别河口。奥伊姆盆地是第 4 个地点。

从进入奥伊姆河盆地的那个地方开始,自乌卢格吉别河下游到安亚克吉别河上游一直是朝南的道路转而朝向了东方。从一道自北边伸进奥伊姆盆地的多林木的岬角上翻越过去,我们于 10 月 22 日下到一条自北延伸过来、南边与盆地相接的宽谷谷底。横穿宽谷,再经过另外一道岬角南端的山麓,我们便进入了奥伊姆河流经的那条宽宽的河谷。此河发源于盆地以南名为艾占泰嘎或安占科鲁姆的大山中,因有横在盆地南面的其他较低山脉挡着,仅能看见这些矗立于其后的大山的巅峰。近处这些山从上到下整个处在森林覆盖之下,而安占科鲁姆山的峰巅上却是一片皑皑白雪,并无林木。山上的那些雪夏天大概是会融化的,不过那些山还是很高的,已超出了森林生长的上限线,应该不低于 8000 或 9000 英尺。奥伊姆河到达盆地沿其东缘流过,进入一条较窄的谷地,从盆地的东缘流过;该河谷在我们穿越的那个地方有 1 俄里多宽,谷底只生些矮树丛;仅在靠近河边的地方,有一条针叶树和落叶松的混交林带。接下来,从吉别河谷与奥伊姆盆地之间的一道高高的岬角左边经过平坦的洼地来到乌卢格吉别河边。吉别河左岸在我们渡河的地点以上矗立着一座峰上没有林木的高山翁贡。

在我们涉渡的那个地方,大吉别河水分成了几条支汊,这些河汊宽近两俄丈,水深没过马的膝盖,石头河床上水流甚急。我们过河的那个时候,岸边结着冰,河底的石头也裹着一层冰壳。过了河之后,沿着有一股不大的泉水流动的峡谷右侧往上走;上坡路并不陡,但山坡上结了冰,很滑,骆驼常常摔倒。在这里砍伐的树木并不多,然而骆驼由于日复一日的跋涉劳累,经过大雪盖地的森林地带时又没有东西可吃,力气已经消耗殆尽,我那几峰从春天就开始在考察活动中使用的骆驼尤其如此。从山隘上缓缓走下,到达哈普塔盖河的上游。路在河的左岸,从

293

自左侧,也就是北侧流入的支流科利贾瑟的河口穿过,这条支流我们是从冰上走过去的,该支流的河岸呈 1 俄丈高的断崖状。

10 月 23 日因为下雪原地停住一天。

哈普塔盖河,或称科普塔盖河自上游到注入塔尔巴哈台河的河口自西向东经过了一道几乎是笔直的河谷。10 月 24 日顺着这条河往下一直走到停宿的地点,河谷的西段平缓,宽阔,也不很深。一天走下来,河谷变深了,山坡靠近谷底的部分也都成了陡崖。这一天开头的一段路是走在河的左岸上,后来从河上往返穿行了 4 次;河面已经封冻,偶尔有未结冰的窟窿。左岸的山上生有落叶松林,而右岸的山上长的是云杉。我们停宿在哈普塔盖河左岸与扎尔里特阿克瑟峡谷相对的地方。

10 月 25 日顺着哈普塔盖河谷往东走,这个地方的河面也结了冰,河宽近 3 俄丈,深近 1 俄尺,一些地方有冰窟窿。河谷底部有许多土墩。穿过了两道博姆,第三道是从底下绕过去的,之后不久就进入了从南边流过来的塔尔巴哈台河的河谷。沿着河的左岸往河谷的上面走,在哈普塔盖河的河口处塔尔巴哈台河谷有半俄里宽,但往前不远就变窄了。塔尔巴哈台河谷两侧的山坡上都长着落叶松林,沿河只在河边和宽谷里才有云杉。在我们过河的那个地方,河水分成了两个支汊:左边的河汊宽近 3 俄丈,已经封冻;右面那条也有冰,但没有把整个河面封住;右河汊水深没到马腹的一半,宽度在 4 俄丈以上。河底多石,底上的卵石很大(比人头还大),水流湍急。在塔尔巴哈台河谷第一次看到了鬼箭锦鸡儿,我们过了河往上走出不远就停下来歇息。

10 月 26 日先沿塔尔巴哈台河右岸往上走,然后向左拐,进入亚巴忒河狭窄的谷地,沿谷往上行进;谷内有森林,地面上土墩很多。河谷的上段逐渐变得平缓了,山坡的下面部分已不再是陡崖,而是逐步地融入平缓的谷底。森林仅仅生长在山坡上,到了河谷的中部就消失了,那里只长矮树丛,树丛中间仍然可以看到鬼箭锦鸡儿。谷底并非像很深的河谷里那样是水平的,而是成盆槽的形状。[1] 离开亚巴忒溪流的上游,开始向山隘上攀登。攀登上去并不困难,下山的路却十分陡峻,不过我们还是走了下来,没有发生什么意外。山隘的两个坡面及隘顶都有森林,不过亚巴忒河谷里许多林木都已干枯。从山隘上走下来,进入了辛格利河又窄又深的河谷,此河是在塔尔巴哈台河更往上的地方流入哈肯河的那条哈尔吉河的一条支流。

　　10月28日几乎一动身就沿着辛格利河谷右侧的一条很宽的谷地往山上走,上山路是缓坡,谷底光裸着;谷左面的侧坡生着茂密的雪松林,右侧朝南的坡面上却是落叶松;谷内有一条溪流阿希克(?),溪流下面一段宽约1俄丈。下山路也是慢坡,但较上山路陡些,谷里林木也多了。这一天的路途中,只有此谷中的一段需要清理,但也没怎么太费事。谷里有一条伊图格塔什河(意为“有孔洞的石头”)。河的下游宽近1俄丈;沿左岸往下走,进入哈尔吉(或卡尔吉)河谷,此处谷宽100～150俄丈。哈尔吉河(哈尔格音戈尔河)左岸自我们下山经过的那道宽谷以下是连绵的无林石灰石岩山。风化作用在岩石上造成许多鸽子蛋大小的坑,河的名称“有孔洞的石头”即由此而来。哈尔基河谷里的积雪超不过1/4俄尺,到这个地方我们又看到了离开奥伊姆河以后再也没有见过的乌梁海的帐幕、人和牲畜。

　　10月29日,在停宿地附近从冰上走过上了哈尔基河的右岸,河宽10～15俄丈,一些地方有冰窟窿。河两岸生有茂密的落叶松林,偶尔有云杉林;临近湖泊处鬼箭锦鸡儿极多,一大片一大片的长到足有1俄丈高。[2] 沿着河的右岸顺流向下走了一段,我们便离开此河转向右侧,翻过几道不太高的平缓山隘朝东北方向行进。在这个地点我们碰上了一些乌梁海人,尽管时节已晚,他们还是带着家用什物,赶着牲畜从捷里呼利湖来哈尔吉河谷放牧。他们的家当一部分用牲口驮着,一

————————

　　〔1〕槽状谷在地质学上有一个专门的术语——“冰川槽”,意思是古冰川原来的河床。现在已知,在蒙古以及东萨彦岭都曾广泛地发生古代的冰川作用。在格·尼·波塔宁那个时期,尚无古代冰川活动的资料,因此他没有注意到过去冰川活动的明显迹象。

　　〔2〕在抗爱山脉我从未见过这种植物有高度超过半英尺的。——作者注

部分装在由公牛拉着的大车上,这个地方没有骆驼。翻过几个山丘,我们开始沿着一条宽宽的没有林木、底部有很多沼泽的谷地往下走,这里的谷底沼泽和一些小的湖泊交错分布着,我被告知这个地方叫做吉尔格伦格忒。谷地右侧壁长着茂密的落叶松林,左侧壁上也是同一种类的树林,只是长得很稀疏,只在宽谷里才有。在这个地点,路的左方有一个乌梁海人的库连,居住在湖的四周的人都组成了呼利苏门,即湖区苏门。

库连包括一个木造的庙及修盖在庙周围的 10 来间单独的小房或棚子,那里面住着喇嘛。从此庙往下,宽阔谷地的底部变成了一条又深又窄的沟壑或沟谷,里面的林木非常茂密;道路经过的谷右侧的底部保持着原来的高度,成了一块阶地。一天走下来,到达了上面提及的那条深沟处,从阶地上迅速下行至沟壑下端尽头处,走出后就来到了捷里呼利湖盆地。湖泊与哈尔吉河之间的山脉平缓,林木没有哈尔吉河以西那些地方多。这一天走过的那些地方积雪要比哈尔吉河谷里的深。捷里呼利湖(蒙古语是捷里诺尔[捷里努尔]湖[1])长约 10 俄里,湖的四周是林木繁茂的山脉,湖西面的山不是很高,但是湖的东边却自北向南矗立着长长一列高大山脉。那些高大山脉只有靠下的坡面生着森林,上面部分没有林木,完全为白雪所覆盖。那就是地处捷里呼利湖盆地与捷利吉尔莫林河[穆伦戈尔河]河谷之间的罕泰嘎山脉,该山脉对着湖泊的一面看来要比对着捷利吉尔莫林河的一面更加陡峭。从湖岸望过去,那是一道又长又高的山脉,有许多锯齿般的尖峰。罕泰嘎山是唐努山脉的东余脉,唐努山脉自阿嘎尔河上游往北伸延,与叶尼塞河上游的主要支流(先是希什基特河,后为哈肯河)的流向成直角。山一直绵延到河边,把该河流经的谷地挤成了一条窄谷,按当地的乌梁海人和蒙古人的叫法就是哈齐勒、克瑟勒或黑瑟勒那种地形。这个词有时可以翻译成俄语的"晓基"(夹壁隘谷),它在这个地方变成了一条河流的专

---

[1]捷里在乌梁话里是天空的意思,和蒙古语里的腾格里意义相同,所以捷里诺尔的意思就是"天湖";另外一个湖泊——乌布萨湖平原上的捷里诺尔或称杜里诺尔湖的名称也是同样的意思。——作者注

有名称。希什基特河从多德诺尔湖流出后,同坚吉斯河汇合到一起,随后该河流入狭谷中,并且有了一个新的名称——克瑟勒。河流从坚吉斯河口到同哈肯河汇合处这一段流淌在一条荒僻且无法通行的峡谷里,那条峡谷的名字就叫做黑瑟勒。在讲述叶尼塞河发源地的故事中,黑瑟勒这个名称有时作普通名词使用,例如有这样的说法:"在坚吉斯河以下,希什基特河从黑瑟勒中流过",假如某一条流经晓基(夹壁隘谷)的河流俄语名称就叫"晓基"的话,也是会出现这种情形的。

听乌梁海人说,捷里呼利湖中有一个岛屿似乎还保存有一个哈尚,或者叫院子的土墙的遗迹。乌梁海人的传说认为,那原是叶利吉根汗王的府第或是驻在地。关于土墙的信息与莫斯科鲁缅采夫博物馆收藏的 17 世纪列梅佐夫手绘的地图册标示的情形有部分吻合。[1] 正是在这幅地图上,叶尼塞河被绘成是由一个名称标注为达赍诺尔的湖中流出的。湖的西边标有特殊的符号,下面记载着:"陈旧的石筑城,两面墙完好,另两面已坍塌。"顺便说,这幅地图有一点很值得注意,即图上标出卡姆萨[哈姆萨]河一带的 4 个乡被征收了实物税,那些地方直到近期才偶尔有俄罗斯商人深入进去。[2]

听乌梁海人说,此湖中有几种鱼:舍列希和托尔希或称舒尔希(长

---

〔1〕谢苗·乌里扬诺维奇·列梅佐夫手绘的地图册题名为:"遵奉大俄罗斯、小俄罗斯及白俄罗斯之君主、大公彼得·阿列克谢耶维奇沙皇陛下之谕旨绘制,全西伯利亚及城市与土地注解图册附毗连之居民点,上帝创世第 7203 年,基督降生第 1701 年 1 月 1 日。"格·尼·波塔宁所说列梅佐夫绘制的该册西伯利亚地图集藏于莫斯科的鲁缅采夫博物馆(现今的全苏弗·伊·列宁公共图书馆)这一点并不准确,因为 А. И. 安德烈耶夫于 1940 年在列宁格勒的国立萨尔蒂科夫—谢德林公共图书馆、埃尔米塔日博物馆的藏品中发现了此地图册的原本,而藏于莫斯科的复制本有很多错误。列梅佐夫的地图集没有刊印,但其中所包括的信息却为后来绘制的地图提供了资料(М. С. 博德纳尔斯基:《俄罗斯普通自然地理学史概论》,莫斯科,1947 年,第 76 – 77 页)。

〔2〕实物税:向西伯利亚被征服的民族征收的一种以毛皮抵缴的贡赋。格·尼·波塔宁所说列梅佐夫地图上的记载很是耐人寻味,因为直到最近在各种地图上哈姆萨拉河都标的是虚线,其原因在于该河沿岸没有像样的道路,至今没有进行过测绘。根据同阿尔滕汗签订的条约,乌梁海地区自 1617 年起属于俄罗斯所有,兀良哈人于 1689 年 3 月 12 日承诺向俄罗斯交纳贡赋(В. 波波夫:《第二次蒙古之行》,1910 年,第 3 部,第 86 页),然而这一点只有在叶尼塞河上建起了城堡(要塞)——1701 年在克拉斯诺亚尔斯克上游 150 俄里处建堡,1707 年建阿巴坎城堡,1709 年建萨彦城堡——之后才有可能做到(Г. Е. 格鲁姆 – 格日洛夫:《中国西部纪行》,第 3 卷,第 2 分册,第 529 页)。根据 В. 波波夫的资料,1726 年居住在哈姆萨拉河一带的兀良哈人也缴纳了贡赋。

约 1 英尺）、比尤捷利格理（1 俄寸大小），而在巴雷克忒格河口有泽别格（山鳕鱼？近 3/4 俄尺）和哈特尔赫（长近 1 英尺）。此外，湖中还有一种扁平的鱼，蒙古人叫它托苏托洛戈（肥油头），乌梁海人叫卡尔巴克。据说此湖不深，随便在哪个地方用长竿就能触探到湖底，湖底有软的淤泥。

15 从捷尔诺尔湖
到达尔哈特人的库连

　　我们打算从捷里呼利[捷尔诺尔]湖去达尔哈特人的库连,可是去那里夏季通行的道路在我们想去的这个时候已经被雪封住了,我们只能从南边绕道,走巴利吉河与塔里斯河共同的支流巴嘎什河上游的那道山隘。我们在捷里呼利湖边停了一天去寻找新的向导和雇工,因为我们在布连河雇的那几个人只送我们到湖这里。经过同捷里呼利的章京一天的交涉之后,我们又启程赶路了。

　　10月31日先经过湖泊生有森林的南岸。这里的湖岸有的地方很陡,长着落叶松,弯弯曲曲地形成好些各种形状的水湾,夏天这里大概不乏美丽的风景。在湖的东北方有一些山岭,高处是白皑皑的岩峰,下面的山岭中间可以看到有一条峡谷,哈肯河即从该谷中流出。我们离开湖岸,登上湖东边的山岭,上行的山坡有森林,林中是一色的落叶松。从山隘上往下走,进入一条很深的宽谷,此谷往北通向巴利吉河谷的下段,而这一段河谷是一片非常广阔的低地,与湖区的低地合成为一个整体。

　　从这道宽谷里我们还得要攀上一面陡峭且很长、林木也很茂密的山坡,骆驼不得不在没膝的大雪中蹒跚而行。从山隘上下来,进入了阿希克河谷。此谷宽1.5俄里,谷底没有林木,前方在谷的东面横着一道被覆着森林的山脉。我们就在山谷北面的边上停宿。

　　11月1日,从河谷上头一端横穿过去,开始攀登该谷右侧又长又高十分累人的阿克瑟雷格山口。此山口对着湖一面的山坡上长满了森林,山口顶上却没有林木。从山口上下来进入阿克瑟雷格河谷的路很陡,河谷既窄且深,长着雪松林。河宽6俄丈,自左侧流入巴利吉[巴利金戈尔]河,这是此河的蒙古语名称,乌梁海人把巴利吉叫成巴雷克忒格,翻译出来意思是"有很多鱼的河"。我们停歇在阿雷克忒格［阿克瑟雷格］河口处,在巴雷克忒格河谷的这个地方发现了数顶乌梁海人的帐幕。

11月3日一开始是顺着巴雷克忒格河的左岸行走,后来过河到了右岸,并沿着这一边的河岸走到阿嘎什河的那道峡谷处。巴雷克忒格河谷宽约半俄里,自南往北的走向,两边都是峭壁巉崖,上面长着清一色的落叶松。在渡河处河流分成为好几条支汊,有几条河汊我们是涉水渡过去的(深没马膝),余下的几条踏冰走过。到了阿嘎什河边,沿河谷的右侧逆流上行,到达塔尔亨忒河自右侧注入阿嘎什河的那个地方停住下来。阿嘎什河谷很窄,林木很多,这里除落叶松之外还有云杉,都是生在峡谷的底部和左面的侧壁上。

11月4日顺阿嘎什河的右岸往上走,再过河上到左岸。在这边岸上横穿过一道自左边伸展过来的陡峭且林木茂盛的干涸宽谷或者叫峡谷,之后又过河上了右岸;右岸长的全是落叶松,左岸的落叶松里则杂有云杉,而左岸的那道很深的宽谷里却又是茂盛的云杉林。阿嘎什河沿岸开始出现大量的鬼箭锦鸡儿,大丛大丛地生长,有的竟达到5平方俄丈,沿着河的两岸形成稠密而又奇特的花边。河谷上段的底部没有林木,只生矮树丛,而贴近河岸针叶林换成了由鬼箭锦鸡儿暗色枝干组成的断断续续的丛带。沿着右边的河岸我们走到了河谷岔开成为两道的地方。我们沿右侧这条岔谷前进,峡谷狭窄且林木茂盛,然而却用不着清路。只在狭谷的上方有峭壁,总的说来上坡路平缓易行。旁边的山上树林一直长到山隘的高处,但山隘本身却没有林木,而且靠隘口最近的一条谷里林木都已干枯。

过了隘口就是一个平缓的山冈,上面几乎没有树木。从隘口处有一条很宽的谷地通向东南方,下边与塔里斯河谷汇合到一起,我们沿着此谷左侧的山坡下山,坡面上的路积着很厚的雪;在风吹积雪成堆的地方,骆驼蹚出来的沟痕有半俄尺之深。尽管这样,在这里碰上的暴风雪还是很快就把走在前边的骆驼踏出的痕迹掩盖住了,我们一行人后面的那一部分在前边的骆驼过去一小时后走到这里只能勉勉强强地辨识前边骆驼踏出的痕迹。我们停宿在一座不大的山岩下,这里没有水,所以锅和茶壶里边放的都是雪。之所以选定这样一个地点(卡拉格尔),是因为有柴烧,这里有几棵落叶松,而且都已干枯,这表明此地是相当高的。我们在这里停留了一天,好让牲口在深雪中跋涉一天之后得到休息。牲口吃的是针茅,草长在南面山坡上,上面落了薄薄的一层雪。除了停宿地这里那几棵落叶松之外,看不到附近的山上有别的树木,只有一些灌木——1/4 俄尺多高的金露梅和鬼箭锦鸡儿,我们就把骆驼赶去吃这些东西。

　　11 月 6 日,沿着塔里斯河没有树木的平缓谷地往上走,到达上游后,翻山来到捷尔米斯河的发源处。此地的特点和先前的一样——山岭平缓,没有林木。到了塔里斯河与捷尔米斯河之间的这道山隘,我们就要变换行进的方向了:从湖边出发我们是朝东南方走,现在我们就该往东北走了。

　　11 月 7 日沿捷尔米斯河的左岸往下走(其实此河应称为栋杜捷尔米斯,即中捷尔米斯。该河有 3 条源流,分别称为捷捷尔米斯,栋杜捷尔米斯和托捷尔米斯,亦即上、中、下捷尔米斯河)。捷尔米斯河谷的右侧有一条措苏河的谷地并入进来,在这个地方我们碰上了几顶乌梁海人的帐幕,这还是离开巴雷忒格河后的第一次。此河谷里的积雪很薄,草的尖梢从雪层下面伸了出来,因此河谷的底部是一片黄色。一位名叫卢布森或是兰加的属明格特部族的乌梁海人骑马朝我们迎过来,把茶水送到路边,然后邀请我们到他的帐幕里去做客,在帐幕里又一次用奶茶和麦基尔粥招待我们。从这个地方我们沿着捷尔米斯河的右岸前行,停宿在该河河口下游 1 俄里的地方。我们必须离开河岸,到山上树林的边上去住宿,因为河谷底部和河的沿岸没有树木,找不到烧柴,而水却可以用雪替代。捷尔米斯河谷宽 2～3 俄里,左侧的山光裸着,只看到顶峰之下有树林;而右侧的山上则生着小落叶松林〔落叶松林〕,树林很茂密,然而却没有延续到河谷的深处。河谷底上和山坡没有树林的地方长着繁茂的禾本科草类和苔草,饲草很不错,雪很少,一些地方干脆没有雪。土著人讲,这个地方的积雪通常都不到 1.25 俄尺

[89 厘米]。

11 月 8 日,我们从捷尔米斯河河谷里上到山的高处并住了一宿之后,便没有再下到河谷里,而是沿着我们与自左侧流入捷尔米斯河的乌鲁图姆忒河河谷之间的山脉,与捷尔米斯河谷保持平行前进。过了那条河便登上沙拉戈尔山,翻山来到自左侧注入捷尔米斯河的塔申忒河边。塔申忒河在陡峭的石灰质山岭之间流过,从塔申忒河谷又登上卡拉苏克山,过了此山,再往下来到大阿济尔嘎河的上游,从左边绕行过去之后,顺着平缓的山岭渐渐地走到了下面的阿嘎尔[阿嘎雷音戈尔]河的河谷。在我们进入河谷的那个地方,谷宽半俄里,旁边的山脉平缓无林木;河面结着冰,宽近 6 俄丈;冰面并不平坦,大概是有冰锥。

在小阿济尔嘎河口以下,阿嘎尔河流入了峻峭的石灰质的岩山之中,那些山上生有落叶松林。河谷的景色好起来。道路一会儿在这一岸,一会儿又到了那一岸,绕过一个个临河而立的博姆,但都很好走。

从这个地方开始就是达尔哈特[1]人的地界了,所以又得在这儿重新寻找向导和雇工。结果得知,管理所有达尔哈特人的 3 个塔尔加之一的奥敦贾普就在阿嘎尔河谷离我们停住地不远处放牧。于是我们决定全队向他在库鲁姆苏克那个地方的驻住地尽可能地靠近,因为离着 10 俄里或者还要远办事总是不方便的。

11 月 9 日我们走到了更靠东的地方。先顺着阿嘎尔河谷往下走,然后沿着一条无水的河谷来到了河的上游,从那儿经过陡峻的下坡进入了库鲁姆苏克河或如达尔哈特人叫做库鲁姆祖嘎河的河谷。在这条河谷的上头一段我们找到了奥敦贾普塔尔加驻住的地点。我们的到来令这位塔尔加感到突兀且有些不快,他守护着这块地方是要给自己的畜群留作冬季牧场的,我们住在这里使他有些不悦。今年冬季牧场上

---

〔1〕称为达尔哈特人的是乌梁海(图瓦)族的一支,说蒙古语,居住在希什基特河的上游地带。因在 17 世纪曾向中国政府举报蒙古公爵希德尔王之事(见本书第 324 页注〔1〕),达尔哈特人被免除国家赋役,隶属库伦呼图克图(喇嘛寺院的首领),向呼图克图上交油品作为贡赋。格鲁姆-格日迈洛指出,他们只能通过别利忒斯一个哨卡同外界往来,因为他们的地域在分隔蒙古部族和乌梁海部族的哨卡线以外。外观和日常生活方式都显示出蒙古人的影响(《蒙古西部和乌梁海地区》,第 3 卷,第 178-183 页)。

收获的草不怎么多,正因如此,达尔哈特人本年冬天转移到这个地方来的时间才比往年要晚一些,这大概尤其让他不愿意见到有这样的客人来到他的地面上,奥敦贾普是在我们到来之前刚刚来到库鲁姆苏克河谷的。达尔哈特人有意在希什基特河谷的夏季牧场多待了一些时日,就是想缩短在越冬地扎驻的时间,好让牧草可以吃到春天。然而,这一次很晚才转场的行动,他们并非没有损失;入秋时候牲畜已经瘦乏,在翻越希什基特河与捷利吉尔莫林河水系之间的山脉时,雪很深,山隘上又没有牧草,牲畜疲乏已极,有很多落在了人的后面,散失或死掉了。塔尔加在这次转移牧场的过程中也损失了数头牲畜。

除了这些令人不快的情况之外,还有其他一些烦心的事:正好在这个时候塔尔加对骆驼进行了骟割——这可是一件大事儿,主人对事情的后果通常都是提心吊胆的,可不凑巧的是,恰巧在这个时候,他的妻子又病倒了。一开始塔尔加不想和我们进行任何接触,一个劲地要我们离开库鲁姆苏克河谷,随便到别的哪一个达尔哈特人的地方去,他一口咬定这里的土地是指定用于放牧属于库伦呼图克图的牲畜的。事情可能真的是这样,收上来给库伦交阿勒班[贡赋]的牲畜大概是与塔尔加的畜群合在一起放牧的。不过当我们告诉塔尔加,一旦他满足了我们的请求,我们会立即离开库鲁姆苏克的时候,他就张罗着去办了。

之后我们就要和奥尔洛夫分手了。他原本只答应参加一个夏季的考察工作,现在急于去伊尔库茨克,转道去鄂木斯克;因此他开始物色有没有人愿意把他送到国境线上,条件是不付钱,而以属于他的驮畜相送作为报酬。这件事对达尔哈特人来说是很合算的,第二天就有一个家道殷实的人带着亲属把奥尔洛夫的牲畜全部牵走,承诺送他到伊尔库特河谷的蒙恩那个地方,那里有臣服于俄罗斯的布里亚特人。我则打算对自己的牲口另做安排,我想把牲口留在达尔哈特人的地界过冬,由士兵帕尔金在这里照看,因为预定明年夏天还要继续进行考察。我本人则必须去伊尔库茨克,向当地官长申请另派一名做地形测量工作的军官接替奥尔洛夫去蒙古,还要筹措明年夏季用的款项,更换已经损坏的仪器,等等。塔尔加答应派人去寻找愿意送我和我的同伴去俄国

·欧·亚·历·史·文·化·文·库·

边境的人,还在呼呼马拉地区指定了一个地方给我放置牲口。

11月11日我们转移到呼呼马拉这个地点。先是顺着库鲁姆苏克河谷往下走到此河注入阿嘎尔河的地方。库鲁姆苏克河的峡谷是石灰岩,高处还长着一些有1/4俄尺高的鬼箭锦鸡儿,但是低处就一点都没有了。在库鲁姆苏克河口,左岸出现了花岗岩,在库鲁姆苏克河与阿嘎尔河之间形成一座高冈。从这个地方开始沿阿嘎尔河下行,河谷宽1/4俄里,河面宽度与先前的一样。河谷左岸上的山生有稀疏的落叶松林,右岸的落叶松林比较茂密,也更多一些。石灰岩山脉往往形成一些尖顶的山峰,在一些地方石灰岩又换成了灰花岗岩。那些裸露出来的花岗岩石的形态与石灰岩截然不同,是一堆堆略呈圆形的石块。这一段河谷的景色总的说来还是美丽多姿的。靠近呼呼马拉河谷时河流变得宽阔起来,这里的针茅长得短小而且稀疏,出现了黑色的古吉尔(达尔哈特人把一种很差的古吉尔称为呼呼呼吉尔,或者呼呼马拉,这一地区的名称即由此而得)。这个地方的山上峭岩少了,河谷底部出现了阶地。呼呼马拉有两块阶地,一块高出河面约两俄丈,而另一块又高出这一块阶地3~4俄丈。两块阶地对着河的一面都是垂直的暗灰色石灰陡崖,上面阶地的断崖上有明显的水作用的痕迹;垂直的岩面上,夹在中间的较软的岩层被冲刷出一道道3指或者更宽一些的沟槽;有些地方岩石上被钻出一些碗状的圆坑;有一处的两个圆洞相距非常近,就好像隔着一道间壁或者隔墙的两个鼻孔,而在间壁之后又有一个管道似的腔室相通。岩壁的角和棱已被冲刷得很平滑。所有这些冲蚀出来的沟穴,我们发现都在高出阿嘎尔河现今的水位不下4~5俄丈的地方。[1]

在呼呼马拉我们待了两天,等候愿意送我们走的人。第三天他们来了,于是我们雇了5匹马供人骑,4匹马驮东西,告别了帕尔金和我们那些必须留在达尔哈特人地区的杜尔伯特族雇工,〔上路〕朝北而

---

〔1〕格·尼·波塔宁指出的那些沟槽和洞穴,有可能是在河的水位高出现今水位5俄丈以上的时候被水冲刷出来的,但更有可能是比较软的岩层遭受风化而形成的。

去。

11 月 14 日在阿嘎尔河谷距该河河口还有 1 俄里处停宿,河岸的特征和上游的相同。阿嘎尔河注入捷利吉尔莫林[穆伦戈尔]河之前的一段是正对着这条河迎头流过来的,11 月 15 日我们在阿嘎尔河河口以下踏冰横穿捷利吉尔莫林河而过。该河在此处正从石灰岩山岭之间的一道隘谷中流过,我们从河的左岸登上位在捷利吉尔莫林河谷与该河左支流亥斯河河谷之间那条山脉末尾的岗岭;沿山脉往上走了数俄里,然后顺着一道无水的宽谷往右转;谷里边长着草。谷的顶端开始有积雪,而在捷利吉尔河谷及阿嘎尔河谷里是没有雪的。上到陡峭的山隘顶上,在隘口的北侧吃了点儿东西,然后下山进入阿勒特雷克河谷,此河向南流入别利忒斯河。河谷很宽,周围的山岭平缓;有落叶松林,但却是单独的小片,分布在一些突出的高峰的北坡。阿勒特雷克河宽约 1 俄丈,已经结了冰。过了此河,登上平缓的科舍忒达坂山口,此山口与伊连达坂之间有一道很宽的平缓谷地,蒙古人把这样的谷地通常称作洪代,这大概就是下托姆河峡谷的谷口了。我们在伊连达坂的顶上过夜。

在寒冷的山隘顶上度过了一个大风雪的夜晚之后,11 月 16 日我们于中午 12 点钟上路。伊连达坂的位置在分水岭上。在达坂的北面我们横穿了两条平缓的谷地,或者说是洪代;两条谷地之间是平缓的贾迈坚达坂山隘;这是两个谷口,到了下面,二者合而为一就成为流入贡河的巴利布雷克河的河谷。穿过最后一个平缓的谷口之后,我们便沿一条长丘攀登奥连达坂山隘,路右侧沿长丘有一道有林木的茂盛的宽谷。山隘顶上用枯树枝堆着 13 个锥形敖包;这些敖包一字排开横在路上,中间的一个要比其余的高出许多。上达坂和下达坂的路都是慢坡。总起来说,从捷利吉尔河谷到希什基特河谷没有难行的坡道,都能走大车了。站在奥连达坂之上就可以望见希什基特河平原了。下到平原上我们在树林中过了一夜。

11 月 17 日到达了达尔哈特人的库连。道路是平坦的,穿过多条长长的落叶松林带,那些林带都生在从山岭那边流向希什基特河的小河,也或许是干涸的河道边上;而那些山一路上一直蜿蜒在路的右侧,它们共用一个名称——霍里杜利萨尔德克;南北走向,把阿拉赛河谷与希什基特河低地分隔在两边,对着低地一面的山坡是险峻的崖壁。山脊上有许多尖峰,最高的一座位于山脉的中央,名为捷利吉尔罕。我们在库连附近涉过吉尔甘忒河。库连是一些木棚子,喇嘛们只在夏天才住在那里边;冬天他们在院子当中支帐幕住,里面烧铁炉子。达尔哈特人的库连比乌兰固木的小,然而器物之多却绝不逊色。我们在这个地方碰上了伊尔库茨克的商人波瑟林,他在离库连不远处有一个不大的庄子。我们骑马快步从阿嘎尔河急匆匆地赶到库连,从日出到天黑连马都没下过,一天下来已经疲惫不堪,便愉快地接受了好客的主人要我们去库连[到他家]玩一天的邀请。

11月19日先经过从库连直到阿拉赛河的那片平原,然后沿着河往上走,再进入河左边的乌孙古吉尔河河谷。这两条河的河谷宽度都在1俄里左右,周围是峻峭的山脉,有些山上生着落叶松和云杉树的森林,此外,乌孙古吉尔河谷里还有很多矮树丛。一天的路程快要走完时,乌孙古吉尔河谷窄小起来,河谷上段出现了雪松林。上山的路不难走,但是积满了深及马腹的雪,我们停宿在山隘的西侧。森林几乎分布到了山隘的最高处,然而隘口处都没有林木。

11月20日我们登上了山隘,但还是没能看到库苏泊[库苏古尔达赉湖],而只看见了乌列河谷,该河发源于山隘的东坡,流向南方。隘口也就按照此河的名字叫做乌连达坂或乌伦达坂。沿乌列河谷的左侧壁下山进入河谷,然后顺着河谷往下走了几俄里,接着向左拐,穿越隔在乌列河与另外一条更靠北的奥依格河之间的山脉。直到登上这道山隘,湖泊(其实是湖的北面部分)的景色才呈现出来,在湖的另一侧耸立着雄伟的蒙科萨尔德克[蒙库萨尔德克]长白雪山,雪山伸展出来的两翼占据了整个的地平线。雪山的山麓有一部分为多兰奥拉山所遮挡,后一座山一直伸入到湖水当中成了个半岛。我们顺奥依格河谷走下来到了湖边,沿河岸向北行进;脚下是一块向湖泊缓慢倾斜下去的台地(或阶地),在湖边形成2~3俄丈高的断崖。台地约十多俄丈宽,上面生有树林。这个地方几乎没有雪。

11 月 21 日继续沿着湖的东［西］岸[1]行进。往北台地地面逐渐变成了水平状态,也越来越低,越宽,成了宽有 2~3 俄里的一片低洼地。一路走来左边全都是高山,杜兰奥拉山远远地伸入到湖水中,山上长着林木,与陆地相接处是低洼地,我们自杜兰奥拉山的左边,由南向北从这片洼地上穿过,晚上天已经黑下来了我们才走到了湖的北头,顺乌留姆赛里河谷来到山上。

11 月 22 日早晨翻过占格斯达坂山隘,从占格斯(扬吉斯)山的左边走到了察干戈尔河谷,从此河谷里还能最后一次看到蒙科萨尔德克长白雪山。过了察干戈尔河之后,在地势很高的草原上走了很长时间。草原上长着茂密的禾本科植物或针茅,草原的尽头处是通往下面伊尔库特河谷的又深又陡、林木也很多的坡面。走下坡来就到了那个叫蒙恩的地方。该地住着大约 70 来户布里亚特人,这些人不像其他的布里亚特人那样种粮食,而是专门种供应牲畜的饲草;他们也没有通卡布里亚特人用的那种烧火炉的冬季帐幕,这里的帐幕全都是八角形的,中央有一个炉灶,有 8 个坡面的帐幕顶棚正中开着一个大洞。

到这里以后,我们打发送我们来的达尔哈特人回去,另雇布里亚特人送我们去哥萨克村图兰。在去该村的途中我们不得不又一次在野地里过夜(在布库尔捷那个地方),因为在冬季的前一半时间里,从蒙恩去图兰只能使用驮畜,只有到冬季过半的时候,道路才可以行走。那个时候就可以乘雪橇直接到达尔哈特人的库连了,去别利忒斯以至于更远的地方也是可以的。

从图兰开始就有大车道了。到达这里后,我们就坐上雪橇,经通卡镇和库勒图克镇直奔伊尔库茨克。

---

〔1〕格·尼·波塔宁在这个地方写成"沿着湖的东岸",显然是一个笔误,他走的是湖的西岸。

·欧·亚·历·史·文·化·文·库·

16 1880 年:达尔哈特地域及多德诺尔[多德努尔]湖之行

1879 年至 1880 年之间的冬季我是在伊尔库茨克流过的。我们本打算春天去蒙古做一次新的考察旅行,然而就在考察队从俄罗斯起程的日期之前,我国同中华帝国的关系紧张起来,我们接到库伦领事的建议,要我们把考察队的牲口转移到靠近国界的地方去。在伊尔库茨克坐等来年春天比较有利的时机,还要重新在这个城市里安排一个过冬的处所只能是白白地耗费拨下来用于考察活动的款项。因为伊尔库茨克,尤其是在 1879 年一场大火烧掉了地理分会[俄罗斯地理学会东西伯利亚分会]那所藏书达两万册的大图书馆之后,[1]并不具备对上一年收集来的材料进行整理、准备刊印所必需的条件。所以我决定暂且放弃蒙古之行,回彼得堡去。然而考察队的牲口还留在蒙古,得把它们卖掉,因此我必须先到达尔哈特库连去一次,我就利用这次机会去就近了解我还没有见过的夏日情景的库苏泊和希什基特河谷这两个地方的周围地带。

---

〔1〕俄罗斯地理学会成立(1845 年)6 年之后,在伊尔库茨克建立了学会的西伯利亚分会(1851 年),后来由于在西西伯利亚和远东边疆区也成立了地理学会的分会,便改为东西伯利亚分会。在地理学会的系统里,这是历史最久也是最大的一个分会,在研究东西伯利亚的自然和人口方面做了大量的工作。该分会组织了一系列对东西伯利亚各个地区进行考察的活动,出版了大量的书籍,建有一个很大的图书馆和一座极好的博物馆。伊尔库茨克有很多流放到那里的政治犯,他们在该市的民众中文化修养最高,曾积极参与该分会的工作。这些人中有一部分后来成了大学者和旅行家。例如:切尔斯基,切卡诺夫斯基,戈德列夫斯基,德博夫斯基,克列缅茨,科恩,塔恩;从外地来该分会工作的(非本地的)科学工作者我们可以举出:格·尼·波塔宁,亚·维·波塔尼娜,B.A.奥布鲁切夫,A.П.格拉西莫夫,A.B.沃兹涅先斯基,B.Ч.多罗戈斯泰斯基,П.A.克罗波特金,H.M.普热瓦利斯基。

1879 年伊尔库茨克城中发生大火,东西伯利亚分会的财产全部被毁。后来博物馆和图书馆又重建起来,但经历了重重困难。如今博物馆的楼房(建于 1882 年)用作州的区志博物馆,该馆收存了东西伯利亚分会的部分藏品。

我于 5 月 9 日到达图兰,10 日动身去蒙恩。走过一个哥萨克村之后,我们涉水渡过自东流入伊尔库特河的图兰和阿贡两条河;这两条河之间有一处木建营房的遗址,从前那里住着被临时派到这里来察看边境的哥萨克。

这些营房就是在老的地图上被称作图兰哨所的那块地方,现在已经不再往各个哨所派队伍了。下达这一命令之后,有一些通卡哥萨克自动迁到原来的图兰哨所附近居住,组成了图兰哥萨克村,目前村里最多也就是 7 户人家。过了阿贡河之后,我们又从伊尔库特河上穿过,沿此河的左岸一直到达蒙恩那个地方。

过夜的地点在博尔托河边距图兰 18 俄里处,博尔托河自右侧流入伊尔库特河。我们在这个地方发现了一顶布里亚特人的帐幕,里边住的布里亚特人在这个地方栽种马铃薯,这里是不种粮谷的。第二天,5 月 11 日继续前进。走到一个不大的湖泊萨干努鲁边向左拐,走出 1.5 俄里后找到了蒙恩这个地点的头领布里亚特人索尔达特·伊万诺夫的帐幕,他可以找到马匹供我们走到[骑到]达尔哈特库连。

一直到 5 月 13 日我们才得以动身,先是往西边去,让我们的向导可以顺路回自己的帐幕取些厚的衣服和用品。这一段的伊尔库特河谷到处都是森林,再往下伊尔库特河就流入夹壁隘谷了。从与蒙恩相对的地方我们涉水走过了伊尔库特河(水深及马腹部,不过渡口处水的深度并不总是一样的,有的时候还根本不能渡河,这种情形出现在大雨之后;不过过上一个昼夜或者是略长一点的时间水就会回落下去,那时又可以过河了)。

从渡口处开始又走上了冬天经过的那条道路,就是说先要沿着长满林木的很陡的坡面从深深的伊尔库特河谷里向上攀登,上去之后脚下是一片地势很高,但很平缓的地面,没有林木,但一直到察干乌贡河边,即前面所称察干戈尔河的河边都生着针茅。

离开上坡路尽头处不远,走过了一个界桩,或者如蒙古人和布里亚特人所叫的敖包,此一敖包立在伊尔库特河与库苏泊之间的分水岭上。由此往前的平坦地带已经属库苏泊水域了,滋润着这一地带的所有水流汇集成为一条汉卡河,注入湖的东北端。察干乌贡河(下游称察干赛尔河)也属汉卡河水系。察干乌贡河谷的底部及其北侧壁都没有林木,南侧壁上有稀稀落落的一些衰枯的落叶松;两侧的坡面角度都较平缓,没有什么岩石露头。我们在河边吃了一些东西,喝了茶,也让马匹稍稍休息了一下之后,继续赶路。从河边直接走扬吉斯山脉缓慢隆升的北坡的上山路,路并不是直接通往山上的,而是沿河往上走,与之成锐角逐渐地拉开距离,最后到达达坂的山顶。从山顶可以向南眺望,然而却只能看到湖西北边的一角。达坂是东边的扬吉斯山峰与西边比该山峰高出许多的蒙科萨尔德克长白雪山之间的一个很宽阔的鞍形部。山隘的南坡要比北坡树木多得多。到了这个地方,我们先向下进入古伦赛里(乌留姆赛里)河谷,此河经库苏泊的北岸流入其中。在这条河谷里我们遇到了第一个乌梁海人的帐幕,周围走动着好多牦牛。这顶帐幕的主人是乌梁海人萨姆布,他本人不在家,他的妻子迎了出来,把我们让进帐幕,用茶水和味道鲜美的新鲜塔雷克[1]招待我们。我们用20个银戈比从她那里买了刚从古伦赛里河里打上来不久的20条巴拉尤苏鱼就又接着往前走了。走过另一条河锡杰格涅后,我们从山隘上下来,到达湖区的低地上,在吉尔格伦格忒河的右岸停宿,那个时候此地正好有3顶老达诺音布伦奥博奥古尔德的小老婆的帐幕。

  5月14日,沿着平平的地面从吉尔格伦格忒河走到了霍罗河畔,这里有3个乌梁海人正在用塔图尔打一种特别的海留子鱼,他们把这种鱼叫做博柳贡,蒙古人则叫它巴拉尤苏。塔图尔用一根长杆和一个铁耙做成,耙上有4个齿;耙上面的一个齿用皮条绑在长杆的一头上,耙子的齿尖对着握住长杆另一头的人。打鱼的人把塔图尔放到水下边,等鱼群[2]从塔图尔上游过时,猛然把它往自己身边一拉,鱼就被挂住了。霍罗河比吉尔格伦格忒河及古伦赛里河要大得多,涉渡的河水

---

〔1〕塔雷克是用鲜奶制作的。先在鲜奶中加入一些旧的塔雷克,放在火上烧热,然后倒入盛有旧塔雷克的桶里,再用皮袄裹住。早上做,晚上就好了。这是一种颜色很白、颤巍巍,类似酸牛奶的东西,口味微酸(《蒙古西北部概况》,第Ⅱ分册,第112页)。

〔2〕руно:通常的意义是羊毛,少数情况下有群、堆的意思。本处的意义是鱼群(达利:《现代大俄罗斯语详解辞典》,俄语版,第4卷)。

没到马的膝部。

霍罗河南边那片地方叫奥隆诺尔,星罗棋布着许多湖泊,湖上有好多灰雁和雪雁、鸭、天鹅、鹬、蓑羽鹤。湖岸平缓,底部急剧下陷;岸边长满了草,但是没有树木。湖与湖之间有沟渠相通,好像有往库苏泊泄水的通道。从蒙科萨尔德克山开始就一直和西岸相伴相随的山脉有一道满山是树的岬角插向库苏泊的西岸,从湖边到岬角处是一片已被牲畜踏毁的平坦的干燥草原。再往北,西面山脉的山麓与湖之间有一块数俄里宽的洼地。湖面上还结着冰,只有靠近湖岸的冰已经融化,因此整条湖岸靠边处是一道无冰的水面。落叶松上既没有针叶也没有花儿,而在蒙恩那一带针叶已经长出来了,树枝上也结了许多粉红色的球果。柳树上的花苞刚刚开始绽裂,整个库苏泊的西岸能够见到的花儿只有蒙古白头翁和长毛点地梅。森林中有许多戴胜鸟在聒噪。

在我们停下来吃东西的那个地点的对面,是多兰奥拉山的北端,重峦叠嶂,树木繁密,从北向南有 10 俄里长。山脉北、东和南 3 面的山麓连接湖水,西麓与陆地有一条平坦的地峡相连,那地峡与我们先前走过的那片洼地一般高,也就是地峡的地面高出湖面不过 7~10 英尺。地峡南北长 6~7 俄里,从多兰奥拉山麓到西边山脉的山麓宽约 3.5 俄里。自西面的山中有一条巴嘎哈通河流到地峡上来,从地峡的正中流过,但是到了距多兰奥拉山还有 1.5~2 俄里的地方却朝南拐去,与同样自山中流到地峡上来的伊希哈通河汇合在一起,从南岸注入湖中。巴嘎哈通河沿岸生有河柳,靠近山脉的地方有落叶松,在我们穿河而过的那个地方河宽不到 1 俄尺。伊希哈通戈尔河是一条干的砾石河道,经过地峡的那一段宽达 10 俄丈。从这条干河道往南走出约 1 俄里,我们又穿过了另一条同样是干的,而且显然是很久都没有水流过的河道,此河道宽达 30 俄丈。河道里边有沙子和黏土,一些地方还长出了草,如果河道里每年都有水流动,是不会有这些东西的。

在对着地峡中间一段的地方,西边的山脉又朝西退回去,山中上面讲的两条河流出的隙谷都可以看见(两条河的上游段是彼此分开的,不可认为是一条河的两个分支)。地峡上的土壤干燥,生有稀稀落落

311

的植簇。我们没有在地峡上见到人，只在朝向多兰奥拉山一边的地方有一顶孤零零的帐幕，人都待在西边的山脉和多兰奥拉山的峡谷里边。不过，在停下来吃东西的地方和哈通戈尔河边我们都曾看到过多群牦牛，另外，在地峡上还碰上过一些空着的越冬地点。

地峡以南的沿岸洼地有一个特别的名称：沙拉布伦；那是一片很大的遍布草墩的沼泽，在这个季节沼泽并不太泥泞，上面长着茂密的苔草。水大概是从沼泽西面边缘处的那些泉里流出来的，一道道宽宽的水流从沼泽面上的草丛中流过，而并没在地下冲出沟来，草被水冲得朝地面倒伏下去。这样沿着草丛流淌的水流从我曾在阿勒滕哈弍森地区、布孔布连河谷和贡塔姆嘎地区见到过。沼泽地的中间部分还积着尚未融化的冰，于是我们就踏着冰穿过了沼泽。在此地区的南部我们靠近了湖岸，于是在这儿我们看到了一种可以证实当地人所说的一种现象：库苏泊到秋天就涨水，会把沙拉布伦地带淹掉。我们在这个地方正好见到两条短的水道横对着湖岸，水道深 1.5 或两英尺，宽 1 俄丈或略小，长度一条是 5 俄丈，另一条是 10 俄丈。这大概是沙拉布伦沼泽旧日的泄水道，这种水道今年在这里冲了出来，明年又把另外的地方冲开了，不断地变换着地方。湖水秋天涨高时不仅会把卵石冲塞到旧水道的入口处，还可以把卵石冲过［湖水在湖与水道中间冲积起来的］矮小堤垒，而慢慢把水道都填满。

在沙拉布伦以南，山脉又靠近了湖岸；向湖边靠过来的不仅是山麓，还有秃峰[1]的山体。洼地到此为止，路从前边提到的那块高台（或称阶地）上通行。此阶地尽管很高，地面上却布满了卵石，中间还混有黏土和沙子，而且一些地方还有一片片光裸着的卵石。在这块阶地上我们穿过了一条乌利曾河。走在这个地方，可能是因为离秃峰已近，我们常常惊起一群群的阿洪［柳雷鸟］。

阶地的南头开始升高，最终变成了一面相当陡的上坡，上边有沼泽，还有很多石头和倒木，攀登起来很困难。我们看到在这个地方有很

---

[1]在东西伯利亚把顶峰高于木本植被上限的山称为秃峰。

多金腰,花儿开得正盛,其他的花儿却没有。上坡的尽头处是一条峡谷下端的谷口,坡面与峡谷的底部连接着,谷底有一层干燥的砾石,从路北一直延伸到湖边。峡谷的下段没有水,而且看样子是始终都没有,一直走到谷的上段才算找到了水。我们的布里亚特族向导说这条河叫乌列或乌雷河,也就是这一条河,1879 年冬天给我们引路的达尔哈特人却叫它奥依格河。

沿这条峡谷往上走,过了一条河就上了右岸的山岭,然后再下来进入旁边更靠南的河谷中,我们的布里亚特人把这条河谷也叫做乌列。在这道山隘的顶上,北坡生有牛皮茶,上面刚刚长出花蕾,而南面的厚叶美花草已经开花。北面和南面这两条乌列河谷的底部,除很少的几株白头翁外,还没有什么花儿。南面的乌列河谷水要比北面的那条多。我们先沿着谷底往上走,然后顺着自乌伦达坂的东坡流下的河的左支流的宽阔河谷或宽谷向上行进。通向乌伦达坂的上坡路是慢坡,但是有沼泽。山顶上是混有角砾的黏土地,没有沼泽。到了这个地方我们发现有几种秃峰所特有的植物在开花,这与河谷深处及湖边洼地上的植物经过一个冬天之后依然处在毫无生气的状态之中的那种情景形成了反差。这里的花儿有高山柳(尚未长出叶子)、鸦跖花和无茎麦瓶草。在表面没有草根土而裸露着的秃峰上这些植物生长得不算茂密,然而不计其数的花儿却同时竞相开放,对此我们用秃峰之上春意盎然这句话来形容是再恰当不过的了。而在温暖的河谷里只不过刚刚出现春天将要降临的迹象,这一点明显地表现出高山草类对热量要求不高的特性,上述植物在低于山隘的林带里并不生长。我们下行进入乌孙古吉尔河谷后,先顺着河谷往西走。在这里的森林里又有了蒙古白头翁和多裂白头翁、单叶毛茛、厚叶美花草。

从狭谷中出来,进入一道自北往南走向的宽阔的河谷。河水出谷后向右流去,而道路却朝南从河谷左侧的缓坡上经过,坡上生有小片稀疏的落叶松林。谷底朝西缓慢地低下去,沿河谷右侧壁的地势最低,这一侧的谷壁是巉岩陡峭的山脉。左面山前地带的背后,乌伦达坂的南边有一座金字塔状的秃峰矗立在隘口之上;该峰左侧一道很深的峡谷里有一条河,河水流入乌孙古吉尔河中;在靠近此河口的地方有很多泉水涌出,造成一大片河滩,也就是长满了灌木和树林的沼泽。我们在此河河口往下一点的地方过了乌孙古吉尔河走上右岸,流到这个地方的乌孙古吉尔河比在峡谷里大多了,不过河水是否流到了阿拉赛河则不得而知。过河之后走了没有多久,便离开乌孙古吉尔河,进入辽阔的阿拉赛河河谷,在这个地方河谷(南北)宽7俄里。阿拉赛河是从南边流过来的,到达这里后向西边弯过去。从这个地方往南望,可以看到几座很高的秃峰,我们被告知那些山叫霍廖杜勒。阿拉赛河的东面在河与湖之间也有一些秃峰,这些山伸延到北边便同乌伦达坂山隘连接起来。在山对着阿拉赛河向西拐的那个地方有一道隙谷,顺此隙谷上到山顶,再下行来到了流入库苏泊的那条基吉列克河畔。人们肯定地说,这个地方根本没有隘口——山体的裂隙太深了。冬天里沿封冻的湖面行走的冬季路线可以通行的时候,通常都会有一队队从通卡拉着货物去达尔哈特库连的雪橇从这里经过。可是夏天经基吉列克河的交通就中断了,因为该河河口与乌列河口之间有好些垂直立于湖水之中的博姆。

乌伦达坂的西面要比东面暖和,这里的落叶松已经长出了粉红色的球果,在阿拉赛河谷停宿时也没有霜,然而在湖边过的那两夜都下了霜。大概是湖面上的冰层使乌伦达坂东面,特别是湖的北头的气温大大地降低了。

我们在阿拉赛河谷右侧谷壁下一个不大的泉旁(在这一段河谷里的阿拉赛河没有水)过了一夜后,顺着这条河谷继续往下走,终于左岸的山低了下来,变成一道不太宽的低矮然而却生有林木的山岭。路就自北向南从山中穿过,山岭的南面就是达尔哈特库连,我们于5月16日中午时分到达那里。

库连的四周是平展的黏土地,一些地方有沼泽;沼泽地里有很多大坑或是很深的凹穴,里面积满了水;黏土地里混有卵石,沼泽地里也有卵石露出地面;也有干燥的地块,但是那上面却有填平了的凹坑的痕迹。看来,这个地方的沼泽位置在变化;现今有水渗出地面并弄出一些凹坑的地方,过一些时间水就会不再渗出,沼泽就要干涸,而凹坑逐渐填平。这样分布着凹坑、杂有卵石的沼泽地块阿拉赛河谷里也有,位于阿拉赛与库连所在的平原之间那道山岭的北坡上。

吉尔甘忒河,或称吉尔格伦格忒河从库连的南边流过,大部分河面还被冰封着。这个地方的河流(萨彦岭北面也是如此,例如基托依河、戈卢梅特河,等等)春天开河的过程很特别,不会出现流冰,而是一些地方的冰层往下塌陷,而且并非是整个河面而只是在河的中间发生塌陷,靠着河岸总会留下宽宽的冰带。最后河上出现一片片已经化开的水面,每一片水面的四周都是高在两俄尺左右侧面成垂直状的冰层。尽管河水很浅,却没有办法经过这一块块的水面过到对岸去,有时一块块水面之间只留下一道非常窄的冰桥,一旦连这些冰桥也塌陷下去,那就只能等待哪一个地方岸边的冰带彻底融化了。

在达尔哈特库林,俄罗斯的生意人我只碰到了 Г. И. 波瑟林一个人。虽然已经快要到通卡的生意人都会赶到这里来的那个时候,但是他们还没有到来。我在这里还碰上了 В. А. 帕尔金,他是随着达尔哈特人从阿嘎尔河谷赶着考察队的牲口游牧到这里来的。达尔哈特人已全部离开阿嘎尔河与别利忒斯河,转移到希什基特河边的夏季放牧地去了。

俄罗斯人在达尔哈特人的地面做的生意就是用俄国的货物去换达尔哈特人的畜牧产品,也外运少量的毛皮。达尔哈特人地区输出的主要一样东西就是牛,每年从达尔哈特人的地界赶走的牛约在 2000 头上下。外运的还有蒙古绵羊,但是很难判定有多少只,因为年年都有变化。牛的价格逐年上涨。体形大的牲畜都被挑出去了,做生意的人都抱怨说,达尔哈特人的牲畜越来越瘦小了。另外,牲畜的数量也在减少,因为产下的仔畜数量不足以补充卖到外边去的数量,特别是倒毙的头数。人们没有采取任何措施去改善对牲畜的饲养照料,没有暖和的棚或圈来养羊,就是在住人的帐幕里养上 10～15 只,刚刚生下来的羊羔过不了多久就要被推到外边去,好给新生下来的让地方。人们也不储备干草,因此春秋两季由于虚弱和缺乏饲料而导致牲畜大批死亡。1岁大的小公牛由于体力屡弱在转移牧场的过程中有时得用骆驼驮着走,它们常常就被丢弃在草原上了。东西伯利亚对肉类的需求量很大,而蒙古人又不善于照料牲畜,按照牲畜商贩的说法,再过10年,达尔哈特人的地界里就没有什么牲畜可以往外地赶运了。而建立自己的庄园来养育牛羊,俄罗斯商人认为是一桩有风险的事情:他们害怕牲畜会大批死亡。不过通卡的生意人不光在达尔哈特人地界各处奔波做买卖,他们还越过哨卡线深入到蒙古去,西边直到萨尔套勒旗和乌里雅苏台,南边则越过了色楞格河。

从达尔哈特人地区外运的生皮数量微不足道,熟羊皮运往外地的数量也不大,外运的奶油约1000普特。波瑟林有时往外运鱼,多德诺尔[多德努尔]湖的下游区域鱼的产量很大;这里可以捕到白鲑、细鳞鱼(在阿尔泰叫做鲑鱼)、哲罗鱼和海留子;在多德诺尔湖和希什基特河捕捞的最多的是白鲑。

黑貂可以运出300来只,主要是从乌梁海托钦人手中收购来的,在哨卡线一带没有黑貂,一年收上来的貂超不过两三只,虽然也有狐狸,但没有人往外运,因为狐狸的毛皮质量不好。狼皮也没有人收,旱獭皮只有布里亚特人少量购买去自用,再说希什基特河一带也没有这种动物,旱獭只在多德诺尔湖以北洪戈尔戈依河边的一个地方才有,过了哨卡线往南那才是旱獭真正世代生息之地。马鹿[西伯利亚鹿]角,达尔哈特人自己运往乌里雅苏台。希什基特河谷没有黄羊,羊猞猁[野猫]只在哨卡线上才能见到,猞猁这里没有。野猪、熊、马鹿[西伯利亚鹿]则出没于希什基特河与库苏泊之间的山里,那道山脉里还有楚布尔狼[豺]。

达尔哈特人地界的矿物资源目前并未得到利用,说是阿利特雷克河与巴利布雷克河之间的奥连达坂山隘处有石墨,在托钦人驻地的某个地方有煤,还有铅矿,不过地点在哨卡线以南。波瑟林曾去看过那个地方,就在从达尔哈特人的地区去库伦的路上。波瑟林把样品送到了伊尔库茨克,据他说,那边的黄金熔铸厂的实验室[黄金熔铸实验室]化验分析得出的结果是每普特矿石含铅33俄磅、银11佐洛特尼克。达尔哈特人的地界里没有盐,当地人代之以盐土,不过也只加在茶里,煮肉则不加盐,俄罗斯人从通卡运盐过来自用。

达尔哈特人吃的面粉[也是]来自通卡,达尔哈特人地区不种粮谷。波瑟林至今不仅未能做成播种粮食的试验,甚至也没能在园子里栽培出蔬菜来。不过有人指出在呼克河上有古灌溉渠的痕迹。

有趣的是,在达尔哈特人地界以及与之毗邻的哨卡线一带,在瓦尔贡旗和去库伦的整条路上,人们都毫不犹豫地接受俄国的卢布。当然,人们接受卢布是有行市的,而且在换卢布的时候会受到很大的损失,尽管如此,总还是可以拿俄国的钞票去购买物品和雇用工人的。达尔哈特人对纸币甚至比我们的银卢布更加习惯使用。我在阿嘎尔河边同奥尔洛夫分手的时候,我手里没有银卢布,还特意请他把我的钞票换成了银卢布;奥尔洛夫走后我才去雇达尔哈特人车夫送我去伊尔库特河谷。他们要求让他们看看我用来付给他们的钱,我拿出了装银币的袋子。令我惊异的是达尔哈特人竟拒绝收银卢布,而要我付钞票,可是我把自己的钞票全部换成了银币,于是只得派人飞马去追奥尔洛夫要回我的钞票,幸好奥尔洛夫只走出距我们一站路远。

我们经过通卡与蒙古发生的贸易往来同比斯克那边的贸易活动有一个不一样的地方:这里边境上的农村人在很大程度上参与了交易活动,这种情形在比斯克大路上是没有的。布里亚特人自不必说,俄罗斯农人在希什基特河谷也是常见的,他们到这个地方来或是买鱼,或是收购羊毛。冬天坐雪橇可以从通卡一直到达达尔哈特人的库连的时候,这种往来更加频繁。还有一种情况使这种交往更加积极活跃,那就是通卡的非俄罗斯族[土著的]人的发展水平要比比斯克州南部的非俄罗斯族人高——那些人居住在暖和的房屋里,从事粮食种植,而阿尔泰人和特伦吉特人全都是以游牧方式饲养牲畜。而且布里亚特人同国外相邻而居的人讲的是同一种语言,可是阿尔泰人和特伦吉特人却说鞑靼语,听不懂与自己相邻而居的蒙古人的话。最后,除贸易上的往来外,一致的信仰和佛教的圣地圣物也吸引着布里亚特人到蒙古去。

在返回伊尔库茨克之前,我在达尔哈特人的地界里做了一次短时间的旅行;我尤其想看一看多德诺尔湖和湖周围的熔岩露头,也想访问

·欧·亚·历·史·文·化·文·库·

一下呼克河畔的乌梁海人。我和帕尔金,还有出去收债的商人波瑟林的经纪人共3人于5月20日从库连出发往北走,我们想从北边绕着湖走,再沿湖的南岸返回来。穿过希什基特平原与阿拉赛河谷之间那一道道的小丘陵之后,我们来到了河的左岸。我们看到阿拉赛河靠上游的一些地方是没有水的,可是河的这一段却有水。到了这个地方河面很宽,水量丰富,大部分砾石地面上还有一层将近1俄尺厚的冰。沿河有杨树。我们踏冰过河到了右岸,沿着一片平地继续赶路,此处大部分地面都覆盖着森林(落叶松和云杉),右侧离路不远就是阿拉赛河沿岸山脉边缘的峭壁。我们过河处以下的阿拉赛河两岸,除杨树外又有了河柳和甸生桦;这里还有已经开花的洼瓣花、亚欧唐松草、长毛银莲花、西伯利亚金盏花、矮香豌豆、荷包牡丹车轴草、长花马先蒿和多色马先蒿、红花粉叶报春、西伯利亚败酱、小叶杜鹃和兴安杜鹃花。

我们朝西北方向走去,离阿拉赛河渐渐远了。在还不到科通河的地方,我们从一道窄窄的高约1.5俄丈的沙垄中间穿过,垄两边的坡面是一样的。沙垄的西面有科通河流过,河的两岸平缓,河底有沙子。此河从一道很窄的峭壁峡谷中流到希什基特河平原上,一出谷就在峻峭的山脉脚下急剧北转,一直到注入贾拉河的那个地方几乎都是与此山麓保持平行流动的。我们过了科通河后在河的右岸停下来过夜。路右面不远处的山脉中有另外一道峡谷,贾拉河就是从那条峡谷里流到希什基特河平原上来的。帕尔金在这里打到一只斑头雁,这种雁波瑟林在库苏泊的南端也曾见到过。

第二天(5月21日)我们接着往前走。前边就是与科通河平行流动的贾拉河,我们该从这条河上过去,可是靠近山脉的上游河段平常原本不难涉渡过去,而在现今这个时节,据我们在科通河边碰到的几个达尔哈特人说,却过不去了,因为整个河面上的冰和所有的冰桥(达尔哈特人叫做"先吉")都已坍塌,而岸边的冰带还没有哪个地方化开。给我们充当向导的波瑟林的经纪人知道河水较深的下游河段有一个浅滩,所以我们就往那个地方走去,也就是往西朝着希什基特河的方向走。再一次渡过科通河之后,我们朝西行走,渐渐地接近了贾拉河。路从一片没有林木的平坦草原穿过,土地干燥,地面上的植物只有二裂叶委陵菜一种,达尔哈特人的库连四周和整个希什基特河平原上所有的干燥野地上都铺满了这种植物的黄色花朵。然而我们曾寄以期望的那片浅滩却无法通行,这里的水太深,没有办法赶着身上驮有东西的马从这个地方涉[过]河去。由此往南或是东南有很多湖泊,其中一些湖的水泄向贾拉河里,另一些泄往希什基特河;我们在一个湖边停下来吃了些东西,然后顺原路往回走。傍晚时分我们来到贾拉河边靠近该河自其中流出的那个峡谷的一个地方,终于找到了一个适于过河的地点。涉水过去之后,就在右岸茂密的落叶松林里停歇,林中偶尔有开着花的林堇菜、南山堇菜和戈麦林堇菜以及柏大戟。

在这个地方河宽近 10 俄丈,水深及膝。

5 月 22 日,重又与秃峰的山麓平行着朝西北方向行进;这些秃峰只在低处生有针叶林,宽谷的顶端有黑压压的雪松。贾拉河低低的岸边有高达 5 俄丈的阶地,在阶地上往前走了数俄里,然后下到低地里,哈拉乌苏河自西向东流过这片低地,造成好些深坑或称小湖。在一个河道较窄的地方过了这条河来到了沙尔格河边,此河要比贾拉河大,河底却和贾拉河一样,有石头,宽 12～15 俄丈。沿河生有落叶松林。右岸是一片沼泽,长着矮树丛、柳树和小叶杜鹃,杜鹃此时正繁花似锦。我们到达托霍山麓没有翻山便停宿了,这个地方有几顶达尔哈特人的帐幕。总的说来,一路上都曾遇上过达尔哈特人,但多数都是一顶孤单的帐幕。到处都可以看见牦牛群。

5 月 23 日朝西南方向行进,先翻越托霍山岭,山的北面有落叶松林。此山岭平缓,地面绵软,没有岩石露头。南面的下坡上没有林木。我们下山走进一道宽谷,顺着宽谷来到托尔洪戈尔河的北岸,此河几乎是从托尔贡诺尔湖的北岸边流入多德诺尔湖的。在这个地方,宽谷的底部和湖泊旁边又出现了干燥的地面,那种地方除了二裂叶委陵菜之外再没有别的植物。

从南边走干燥的地峡绕湖而过,沿托尔贡诺尔湖的西岸继续往前走。湖的北面部分扩展成圆形,南边部分则形同一条狭窄的支汊,湖面自东向西南长约 12 ~ 15 俄里。托尔贡诺尔湖岸有些地方,特别是比北边宽阔部要长的南边那个狭长部分是灰色黏土,岸边常常有裂缝[1]和崩塌之处。

我们在托尔洪戈尔河的右岸停下来过夜,此河几乎就在希什基特河的源头附近流入多德诺尔湖中。在南边,托尔贡诺尔湖与多德诺尔湖的西端相接;多德诺尔湖的这一部分和东边那一部分之间有一段狭窄的湖面只有 1 俄里宽,从那个地点往东,多德湖面扩展到 4 俄里来宽。在西头湖面逐渐变窄,形成希什基特河,这同埃格河源出自库苏泊的情形很相似。

此地区的植物群包括如下一些种类:西伯利亚铁线莲,蒙古白头翁和多裂白头翁,西伯利亚小檗,条叶庭荠,南山堇菜和戈麦林堇菜,卷耳,鳞叶龙胆,黄金鸢尾,问荆,脆冷蕨,本格仙女木(在无林木的山坡上),长毛点地梅。

在希什基特河的发源地,人们乘木筏用长杆撑着河底过河。我们在河畔发现了两个或 3 个打鱼的人家,他们可以打到很多的鱼。自渡河点往下,希什基特河谷的底部有很多四周封闭的深坑,这些坑证明从前湖靠下面的终端比现在更靠东边。从阶地上可以看到,希什基特河自湖中发源往下流出数俄里之后,贴近到左岸的山下,扩展得非常宽,成了湖泊的样子。顺着希什基特河再往下,可以看到披着白雪的阿格秃峰。[2]

我们在希什基特河畔待了一天,然后过河上了南岸,朝着呼克河进发。离开希什基特河先沿着多德诺尔湖的南岸走,路从一条高冈上经过,垄冈下边的湖区低地里一些地方有帐幕。我觉得这个湖是弧形的,至少南岸是弯向湖里边的,南岸是一片高出湖面 100 ~ 200 英尺的草原。这个时节草原上开花的植物只有二裂叶委陵菜,蒙古白头翁和长毛点地梅。草原上一些地方分布着有坚硬的岩石露头的单个或成排的

---

〔1〕отсеаина:在此处的意义是裂缝、裂罅(达利:《现代大俄罗斯语详解辞典》,俄文版,第 2 卷)。

〔2〕格·尼·波塔宁注意到河的两边都有阶地状的梯台,左岸有 3 阶,右岸有 5 ~ 6 阶。

山丘,成排的山丘大部分坡面都是慢坡,较软,也没有延伸到湖边来。我们在草原上走了数俄里之后,便向南拐进哈尔莫河谷;此谷是南北走向,南头窄,而靠近多德诺尔湖时逐渐变宽,同时谷两侧的山冈也逐渐降低,在虽未到达湖边但也离湖岸不远的地方与草原的地面融合到了一起。我们走在河的左面,在哈尔莫河畔停下吃了一些东西。在这个地方河的宽度有两俄丈,河底有石头,河水清澈;岸边有落叶松和柳树林子,不过河谷底部的其余地方可没有树木。进餐之后继续逆流上行,下游宽达数俄里的河谷到这个地方窄得只有 1 俄里了。在整个河谷里都有阿伊尔和牲畜,住在这里的是达尔哈特人。在哈尔莫河右岸我们该向呼克河方向拐过去的地方停下来过夜,这里河边的灌木比下游的要茂密,还有一些单株的白雪报春在开花。

5 月 25 日朝着东南方行进,一出发就开始沿着河谷的左坡往山上走,此坡的下部没有林木。上坡路很平缓,下山的路也一样,没有岩石露头。山隘的东面和西面都有森林,林中长毛银莲花很多,出了森林,河谷的底部长着不少南山堇菜。从山隘上下来进入一道辽阔的草原谷地,伊比特河在此谷中与呼克河汇合,河谷宽近 10 俄里。与哈尔莫河谷的情形一样,在伊比特河的上游河谷很窄,到了下游就变宽了,两侧的山岭通向外面的一端慢慢地低下去。伊比特河与哈尔莫河之间的山岭朝着湖的方向伸延出去很远,而伊比特河右面的山岭在距伊比特河河口尚远的地方,即以一个对着东北方向的白色岬角而终结。往左一些有一座孤零零的平缓且长满森林的山托察希尔,该山位于呼克河的右岸,在那山西南方的岬角和伊比特河与呼克河之间的山岭终端之间有一块两俄里宽的空隙,样子就像一座大门。出了这道"门"就是广阔的平原,一直不间断地展延到捷利吉尔罕山矗立于其间的那些秃峰的脚下。

来到伊比特河的左岸,我们看到在一大片含腐殖质的地面上,散乱地扔着许多骨头。大约在 10 年前这个地方曾是达尔哈特人的一个库连,但闹过一场瘟疫[流行病]之后,迁到吉尔格伦格式河去了。我们在伊比特河边休息,进餐。此地的河底是沙子,河宽近 3 俄丈,河水深

·欧·亚·历·史·文·化·文·库·

浅不一,水流中有许多漩涡,有几处水深及马膝的浅滩。河水很清,连水里游的鱼都看得很清楚。我们捉到了好些海留子鱼,一个拿着鱼叉的达尔哈特人走到跟前给我们叉了一条细鳞鱼。河的两岸是黏土陡崖。我们离开伊比特河,顺着呼克河谷逆流上行,傍晚时分拐入位于侧面的几条峡谷当中那个叫巴音阿门的谷中。曾有人告诉我们,那道谷里住着几户乌梁海人。确实,我们在这里见到了 6 顶乌梁海人的帐幕,于是就在这里过夜。巴音谷很宽,没有流动的水,住在这里的人用的是蓄水池[1]里的水。

因为乌梁海人的主要部分都在乌黑尔腾戈尔河谷,所以第二天,即 5 月 26 日,我们一早就沿着呼克河谷继续往上游进发了。我们贴近左岸的山脉行进。在河水流近左岸的山下那个地方我们来到了河边。这里河面宽近 20 俄丈,看上去河水很深,波涛汹涌,这里没有可渡河的浅滩。常常可以看到生有落叶松的岛屿,河岸上也有一丛丛的落叶松,但没有河柳。在河水拍击到山岩的那个地方附近有 5 座凯来克苏尔(在贾拉河左岸也曾发现有 6 座凯来克苏尔),呼克河上的凯来克苏尔有的带用石头摆成的正方形边。从这个水浪击岸的地方[2]往上约两俄里,山脉从两边向呼克河谷夹挤过来,河道变窄,只有 10 俄丈了,而河谷则变得与河道等宽。这里河水波涛汹涌,浪高流急。再往上去,河谷又宽阔起来,河面变成了长约 4 俄里、宽 50 俄丈的窄湖,河水很深。这一段河谷周围的山上长着落叶松树,在河谷的底部则发现了披针叶黄华、扭藿香、叉岐繁缕,而在岩屑层上有欧亚绣线菊。还没有到达乌黑尔滕戈尔河,就在这里已经开始见到乌梁海人的帐幕了。我们也就是差了 1 俄里来路没有到达那条河的河口。呼克河的乌梁海人自称是乌黑尔滕——乌梁海人。在呼克河畔逗留了一天之后我们便动身返回库连,一开始我们还是顺着呼克河谷走来时的原路。呼克河右边的山叫

〔1〕коианв:大坑,没有木头围栏的不太深的坑状井(达利:《现代大俄罗斯语详解辞典》,俄文版,第 2 卷)。

〔2〕пришиб:伏尔加河那一带用语,指拍岸浪,水流拍击,河流急剧转向时弯曲部的陡岸(达利:《现代大俄罗斯语详解辞典》,俄文版,第 3 卷)。

做巴斯忒克,山的末尾有一个很陡的岬角,岬角的北边是平坦的草原。呼克河畔的平原与希什基特河沿岸的平原之间隔着一道山岭,该山与巴斯忒克山并不相连,而完全是孤零零地伸展在平原中间,而且有着几个不同的名称。

在这个季节只有在紧靠伊比特河口的地方才能找到可以涉渡呼克河的浅滩,而且就是这片浅滩也有一个地方河水没到马腹的一半。从这个地方往前不再在两道察希尔山之间行走,而是从下面的察希尔山中穿越过去;从山上下来便到了希什基特河边,涉渡这条河没有像过呼克河那么困难。在这个地方希什基特河的两侧都是平缓的沙土岸,从希什基特河到库连就只剩不到 10 俄里的路程了。

返回伊尔库茨克我走的还是经乌伦达坂山口的那条路,现在这一带地方可不像先前走过的那一次那么死气沉沉了。植物都已经长了起来,乌孙古吉尔河谷里真龙胆和阿尔泰龙胆那淡淡的天蓝色花朵数不胜数;在那个地方还见到了少花紫堇娇嫩的淡蓝色花朵;杜鹃的花儿挂满枝头;在森林和矮树丛中银莲花(长毛银莲花)繁花点点;鬼箭锦鸡儿这时也开花了。在乌伦达坂山口上,除了前边说过的无茎麦瓶草、鸦跖花之外,还发现有山罂粟和数量不小的寒蜂斗菜,而靠近林带和林带里边有春美草,双花堇菜和单花堇菜,六齿卷耳,长鳞红景天,多瓣木,刺虎耳草、斑点虎耳草和对生叶虎耳草,五福花,金腰,西伯利亚铁线莲,瓣蕊唐松草,等等。库苏泊依旧冰封湖面(旧俄历 6 月 6 日),听居住在当地的人讲,只有到了仲夏之月的 15～20 号,也就是 6 月 10 日前后湖才能解冻。湖岸上新长出来的植物也绽放出了花朵,有长花马先蒿和岸边砾石地面上繁多的花荵,而在旁边的森林里还有北悬钩子。

这次经由乌列河与沙拉布伦沼泽之间的台地返回的途中,我发现有两条干河道横卧在我经过的路上,一条可能就是前文提到过的乌利曾河,现在那条河里已经没有水了,但是山间回响着河水流动的轰鸣声,可见河谷的上段至今仍有水在流动。

随后走的就是以前讲过的那条路了。我只是在行程临近结束时把线路稍稍变动了一下,即:这次不走扬吉滕达坂,而拐进了汉卡河谷。

·欧·亚·历·史·文·化·文·库·

我很想看一看在蒙古西北部很有名的王托洛戈或称斑固托洛戈山丘,神话传说中讲,为蒙古民族而受难的公爵王就是在那个山冈上被俘的。[1] 6月7日到达从西北角流入湖中的吉尔格伦格忒河边,这个时候正有一伙乌梁海人住在河边的窝棚里打鱼。8日我们沿库苏泊的北岸往东去。先走过一片夹在湖泊与洼地之间的沙滩,洼地上分布着一些小的湖泊。在格伦赛尔河峡谷以东山脉和湖靠得很近,然而岸边还是有一条可容道路通过的条形地带。到哈布奇勒河流入湖泊的那个地方,岸边的这一窄条地带就到了尽头。随行的两名乌梁海人只用半个小时就徒手从这条河里给我们捉了10条巴柳贡鱼——河里的鱼就是这么多。过了哈布奇勒河,走上一块很高的阶地,此阶地朝着湖的一面的边缘是个很陡的坡。一开始我们走在阶地上的树林里,后来树林没有了,我们来到所谓的洪代,也就是宽阔而无水的山沟或者干谷里面。到了这里已经可以看到就在谷东头的王托洛戈冈了,不过它比起其他的山丘也并不怎么显眼,那是扬吉特山脉东方末端伸入到汉卡河谷里边的众多岬角之一。河谷的右侧是一个接着一个的林木葱郁的山冈,我们一行人在其中一片落叶松林的北缘停下来进餐,我就利用这段时间徒步去了一趟王托洛戈冈。

此山冈只有顶部未长树木,而且仅限于南侧,所有其余的山坡上都生有针叶林。在山冈顶上我连一个堆垒起来的敖包都没找见,只有一张用不大的石块砌起来供烧香用的祭台。山冈的地面是软的,哪里也看不到有坚硬的岩石露出来。不过一些地方有面积不大的细粒暗色片麻岩从土里露出来。我在这里发现的植物有:红花叶矢车菊,瓣蕊唐松草,北紫堇,双花堇菜和短瓣菴马先蒿。

---

[1] 在蒙古有一种流传很广的传说,讲希德尔王串通其他的蒙古公爵阴谋反对中国皇帝,但被其中的一位公爵出卖,于是经由唐努山脉(萨彦岭)往北方(俄国)逃跑,到此处被捉,押往北京后被处决。波塔宁记录到20余则不同说法的有关希德尔王的故事,并在《蒙古西北部概况》的第Ⅳ分册中用小号铅字把这些故事排成15页篇幅的注释(第852–866页);经过同其他民族的传说故事对照比较,他得出这样一个结论:所有这些故事讲的都是同一个神话人物。依据一些中国的历史资料可以推断出,早在7世纪中央亚细亚就已有这种传说了。后来,随着蒙古人的流动,这一传说流传到西边去了,然而故事中人物的名称和细节已经不一样了。

傍晚时分我们穿过扬吉特山脉的东端,在自左侧流入汉卡河的呼呼穆雄河畔停下来住宿。第二天我要应汉金寺住持之邀,从这里去他那里走访一次。汉金库连距我们在呼呼穆雄河畔的停宿地仅 4 俄里,离库苏泊的北岸 1/4 俄里;汉卡河从库连以东流过,并在距库连不远处注入湖中。这一带的湖岸是平缓的,但在东西两边,有距库连一远一近的两座生有森林的岬角。汉卡河右岸的中间矗立着一座黑云母页岩山冈呼塞,山冈朝向湖的一面是陡峭的悬崖,而对着毗邻地带的却是慢坡,库连就建在这慢坡之上。库连以北是一片洼地或是一种类型的洪代,洼地自东向西绵延,往西渐渐隆起。库连以北似乎有一条与湖岸相平行的古代河谷。

　　6 月 9 日我们离开了在国界以外的最后一个停宿地,从这里到蒙恩不足 20 俄里。我们经由一片尽是宽阔而平缓的谷地及宽阔而平缓的山口的地方往北行进,一直到进入伊尔库特河谷都没有一处重要的上坡和下坡,所以,伊尔库特河与库苏泊之间那道山口的最高点(大概是国界界桩处的那个地方)也只是比库苏泊的湖面高出不多一点。从呼呼穆雄河的岸边就已经清晰地看到了伊尔库特河谷左侧的那些秃峰,伊尔库特河与呼呼穆雄河之间的那些近处的高地只不过遮住了那些秃峰的麓脚而已。

大兴安岭中部之行
（1899 年夏）

17　大兴安岭中部之行
——1899 年夏

　　俄罗斯人对中亚山原东部的边缘地带的考察主要是沿两个方向进行的:从外贝加尔的各地出发朝着中国的直隶〔чжи-и〕省方向进行考察和沿阿穆尔河及其支流松花江河谷、吉林和乌苏里江河谷,还有滨海地带进行考察。沿前一条路线俄国早就同中国有贸易和官方的往来,俄国的外交使团经由该路线去往中国,俄国的旅行家、官员和商人经由该路线奔赴北京,商队经由该路线从中国运进茶叶。

　　随着阿穆尔河及乌苏里江一带被占据,沿阿穆尔河一带地方也开始有俄国的旅行家和科学家频频光顾。地处这两条路线中间的大兴安岭地带则少有人注意。有关沿兴安岭地带的图书文献也因此少之又少,这一地域至今没有经过详细考察。对兴安岭地带周围的所有地区早已开展了全面的研究,关于那些地方的图书文献与有关兴安岭一带的图书文献相比可称得上丰富。与这些相邻的地区相反,西兴安岭,特别是其中段,在科学研究上至今仍是一个不折不扣的空白点。

　　在我们此行之前穿越过兴安岭的欧洲旅行家屈指可数:总共也不过 4 位。[1]

　　我们有一片从北到南(从呼伦湖到塔尔湖)600 余俄里、从西到东同样广阔的地域尚无一位研究大自然的旅行家走过。兴安岭中部之行将会拓展我们对于已知的各种形态地理分布情况的了解,并能为我们的博物馆增添许多来自这个迄今一直被研究大自然的旅行家所忽视的

---

　　〔1〕这 4 位旅行家就是:天主教传教士热比隆神甫(1689 年和 1698 年);天文学家弗里彻(1869 年);俄军总参谋部军官加尔纳克(1887 年),以及 A. M. 波兹涅耶夫(1893 年);另外,布京弟兄的商队曾于 1870 年穿越考察队工作的地区。讲述这一地区的所有书籍都开列在 B. A. 奥布鲁切夫所著《蒙古东部》(莫斯科,1947 年)一书中。

·欧·亚·历·史·文·化·文·库·

地区的［植物］标本。为了填补这一空白，我们的考察路线直指这片尚无人涉足的地域的中心——汗塔本苏梅寺庙一带。在去兴安岭中部的中途，考察队要从蒙古东部最大的两个湖（呼伦湖和贝尔湖）中之一的岸边经过，这两个湖里边的鱼还从未为欧洲的博物馆收藏过。最后一点，考察队将要穿越的这两个湖的周边地带正是巴儿忽惕部族的游牧区，关于这个部族直到最近除了它的名称外，人们几乎一无所知，甚至对于该部族进行游牧场所的位置也没有一个确切的说法。

根据上述这些设想，我和我的旅伴（B. K. 索尔达托夫和 A. M. 兹维亚金两位大学生）于 1899 年夏季去西兴安岭（人们也称之为大兴安岭）的中部做了一次旅行。

我们于 5 月 15 日到达阿噶草原杜马。[1] 阿噶斯科耶村有两条成直角交叉的街道，村里有 50 来座房屋，一座木造教堂，一间草原杜马会所，两所学校：一所村办的；一所传教士办的，还有 7 间小商铺，其中大部分都是汉族人开的，有一间是布里亚特人经营的。起初在村庄这个地址上只盖了一座草原杜马的用房，但是后来教区的主管机关在这里建立起了一个传教士营地并建造了一座教堂，对其他的草原杜马教区机关也是这么做的，目的是推行俄罗斯化。受过洗礼的布里亚特人听从传教士的建议都住进了教堂附近的房子，这样一来，在建有草原杜马的那些地点就形成了一个个信奉基督教的村落。阿噶斯科耶村部分是小木屋、部分是大房子：小木屋里住着新受洗的教徒，大房子则是阿噶的有钱人盖起来的，不过他们只在逢集或是有官长到来的时候才在这里临时住一住，其余时间这些房子里只有看房子的人。[2]

为使考察队的活动不受行经地区当地人的牵制，我们决定考察活动全程需要的人员和马匹都从布里亚特人那里去雇。我们雇了 6 匹马拉两辆大车装载我们的行李，5 匹马供乘骑。雇了两名布里亚特

---

〔1〕草原杜马：在酋长（台吉）（汗或公爵出身的人）主持下召开的布里亚特各族族长会议。

〔2〕阿噶斯科耶村始建于 1811 年，现为赤塔州阿噶区的中心。村中有（据 1929 年的资料）360 户，1321 人。居民主要从事畜牧业。从前阿噶区曾经是喇嘛教的中心，如今阿噶斯科耶村里有农业所、兽医院、学校以及其他的区的和教育方面的机构。

人——30岁的贾尔萨赖和18岁的塞伦占——作随行李车的马夫,他们两人的职责是看管马匹、套车、为骑乘的马备鞍具,还有在停宿的时候支架帐篷,煮饭,总之要承担考察队日常生活中的各种活儿。雇来的马匹中有3匹是塞伦占的,其余的分属几个不同的主人,他们就托付贾尔萨赖照管自己的牲口,他还得照料考察队租用布里亚特人的那些鞍具和大车,使其保持完好。布里亚特人收了600卢布的报酬,承诺把考察队送到汗塔本苏梅寺,再从那里返回,送到阿巴盖图伊。整个这次旅行预计在从5月20日至8月20日的3个月时间内完成。贾尔萨赖年长几岁,又受到马匹主人的托付,在这种情况之下自然而然地就成了考察队里支配畜力的管家。

在阿噶除了贾尔萨赖和塞伦占之外还有两个人加入到考察队里来,这就是 Ш. Б. 巴扎罗夫和卢布森。巴扎罗夫参加到我们的考察队里来担任翻译,他出生在阿噶草原,在伊尔库茨克教师培训班学习了两年,然后当上了阿噶斯科耶村村办布里亚特族学校教师的助手。[1] 另外那位新旅伴:卢布森是我的老相识了。他生于西藏的北部地区,是哈拉耶古尔人。1886年我经过苏策乌城东南那片哈拉耶古尔人的地面时,曾雇用过他1个月,可是他却喜欢上了我们这队人过的那种生活,所以整个一夏天都留在我们队里,随我们一直走到恰克图。从那里他本已动身返回西藏,但却在库伦滞留住了,于是再次来到恰克图,在那里的布里亚特人帐幕里一直住到我1892年来到这里的时候。我又带上他去做一次新的旅行,带他到了塔尔桑多,从那里又去了北京,并结清报酬解雇了他,然而他却和我的一个旅伴拉布丹诺夫一起又去了恰克图,在阿噶草原拉布丹诺夫父亲的家里住了下来,当我们来到阿噶的

_____

〔1〕Ш. Б. 巴扎罗夫和村办学校的其他布里亚特族教师一样,立意在村办布里亚特族学校中采用注音方法教学生识字,并为此目的印行了一本类似乌申斯基(俄国进步教育家。——译者注)所著《祖国语言》那样的教程。为此他希望收集一些布里亚特族的民间谜语、谚语、俗语等等进行收集。在陪同我们去兴安岭旅行期间,他真的开始收集谜语了。他在蒙古东部记录到的40则谜语汇编成的集子,由我转给了俄罗斯考古学会东方分会,将在该会的会刊上发表。在与我们一起旅行的过程中,巴扎罗夫熟悉了植物的干制方法,现在继续为赤塔博物馆收集植物,记录谜语、传说和植物的布里亚特语名称。迄今他已记录到150条布里亚特的谜语。——作者注

时候,他找到我们,要求留下他为考察队做事。以前我没有机会去认识曾随我多次旅行的这位伙伴身上那些特长的真正价值,只知道他是一个忠心耿耿且尽心竭力的仆役而已,可是在新近的这次旅行中他却成了一位极其难得的旅伴。首先,他会说几种语言,这对我们很有用;除自己的本族语,即突厥语外,他还能说蒙古语、汉语,俄语虽然不会讲,但他能听懂别人讲的话,所以和我同行的大学生吩咐他做事时都说俄语。其次,在这次旅行的过程中他显示出对草原旅行具有完全出乎我先前预料的高超技能,他能根据草原的颜色或是草类的色彩从很远的地方判断出前面看到的那个湖里水的性质——是淡水还是苦咸水;在1俄里开外,他可根据草的颜色预先就断定前方有泥泞的沼泽,每当贾尔萨赖不信而朝着那个地方前行的时候,他过不了多一会儿就会信服卢布森的话是对的:马匹开始往下陷,于是只能折向卢布森预先曾说到的干爽的路上去。卢布森的第三种本事是他那非同一般的视力。虽然他的眼睛常常疼痛,还流泪,但他那只健康的眼睛(他的另一只眼睛长满了白翳)视力之好让我们感到惊奇不已。他可以正确无误地辨识出我们看到的10俄里远的一个小黑点是什么东西——牲畜、帐幕,或者是石头,还是树木。通常都是他第一个告诉我们这些人,看到前边有水或是人烟。当长时间赶路而疲惫不堪的时候,大家都开始急切地盼望结束一天的行程,于是我们就看着卢布森,迫不及待地等着他喊出那一声极具魔力的"阿伊利"[1]或是"马勒"(帐幕或是牲畜),这一声足以让我们劳累已极的神经和肌肉立即振奋起来。如果我们有哪个人在草原上丢掉了什么东西,如记事簿、马鞭子或者是照相机三脚架上的螺丝钉,就找卢布森帮忙:卢布森就沿草原骑马往回走,总会把丢掉的东西

[1]阿伊利(阿伊尔):在蒙古语里就是帐幕(奇尔也是这个意思),用于指几顶帐幕的时候,阿伊利相当于突厥系语言里阿乌尔的概念(村庄,宿营地)。

兀鲁思(突厥—蒙古语词)既有村庄的意思,也有某个蒙古宗族属有的地域的意思,后来指国家;在雅库梯苏维埃社会主义自治共和国,兀鲁思相当于区的概念。

找回来。[1]

旧俄历 5 月 22 日我们离开了阿噶斯科耶村,在一个叫哈通霍顺的地方过了一夜;次日从诺策伊湖旁走过,此湖先前本来没有水,直到 1897 年洪水泛滥时才灌满了水。在湖的东南边我们第一次看到了代里苏,一丛丛零散地分布在草原上,长得不算茂盛。诺策伊湖的南边有一道与湖岸平行的土堤,名叫诺真达伦,就是"诺策伊的垄冈"的意思。1897 年那场大水没有淹到垄冈这个地方,这道土堤显然是湖水冲积出来的,不过此过程发生在湖内已经无水的那段时间之前的时代里。

5 月 23 日我们停宿在一个叫库戈奇或者库索奇的地方。这里有一个不大的湖泊,湖边竖立着一块石头,底部埋在地里,但上面没有刻凿的痕迹。在俄语里被称为 каменные бабы(石俑)的这种样的石头布里亚特语叫库戈,蒙古语叫库绍,此地的名称库戈奇[察苏琴]即由此而来。

5 月 24 日我们到达钦丹特村。

我们从阿噶走到钦丹特路经地区的特征,在今后往南行走的途中一直到克鲁伦河都保持不变。这就是:不太高大的山连成道道岭脉,山脉之间分布着一块块广阔平展的凹地;山的轮廓柔缓,景色单调;土质和植物都是草原性的;山上与小河边都没有林木。从阿噶开始,草原上遍地都是开着花的伞序点地梅,布里亚特语叫达伦托普奇,意思是"70 个纽扣"。布里亚特人告诉我,羊非常喜欢这种草,吃了会长膘的。整个草原都撒满了这种白色的"纽扣"。在从阿噶出发第一天行经的地方我曾见到过金露梅丛(布里亚特人叫舒尔),秆儿很高的草原蓼(布里亚特人叫塔尔南格)和藜芦(布里亚特人叫霍龙,即毒草之意)。

5 月 25 日我们停宿在草原上,26 日则把帐篷架设在库卢苏台哨所附近。这是一个不大的哥萨克村,总共只有一条街道,两旁的木头房子

---

[1]我在《四川及西藏东缘旅行考察概述》(圣彼得堡,1899 年,第 4 页)一书中讲到过卢布森。他四处游荡,朝山进香,一心想要找到神圣的"鸡脚山",这只怕是朝山进香的佛教徒们传说的一种神话,该山以库库塔帕达帕尔瓦塔这样一个梵文名称(有鸡或鸟的脚爪的山)见于佛教的传说中。——作者注

看上去很不像样。我们这些人进村在该村的日常生活中可算得上一件大事,然而却没能给那条死气沉沉的街道造成任何影响。而这个村子的外观也同样不能让我们喜欢,一眼就看得出来,这里住着的是一群被抛到荒漠之中、弃在俄国疆土的边缘之上的俄罗斯人,在这种地方他们遭到相邻的游牧民草原文化的压制。首先,村子周围没有耕田,这一点极其显眼,在西伯利亚的村庄里随处可见的牧场四周篱笆墙在这里难寻难觅,这就告诉你这里没有什么东西需要防止牲畜践踏的。无论是在房子之间还是房屋的后院里都看不到一棵小树。少了这种农耕文化的装点,村里的房子就好像是帐幕,只不过不是用毡子围盖起来的,而是用木头搭建的而已。

村子坐落在一片高地上,高地以西是一个湖。村子的东边地平线被近处的冈峦遮住,西边则可朝地平线望出去很远。村子与湖岸之间的缓坡上生着鸢尾(玉蝉花),在 1 俄里多长的地面上连成密密地一大片。这种植物从根部繁殖,新长出来的植物成同心圆形状分布在老植株的四周;栽下第一棵植株后几年的工夫就可以长成一片或是一窝鸢尾,轮廓是圆圆的,直径在 1 英尺以上。大片的植物就是这样一窝一窝组成的,窝与窝之间的地面没有任何植被。在一窝植物里,周边是新长出来的植株,中央的植株最老;最后老的植株死去,于是鸢尾丛就变成了连在一起的许多圆环,好似环状珊瑚岛,这就使生满鸢尾丛的地面上某些部分现出了类似雪豹身上的那种斑点。

在库卢苏台一名哥萨克被指派送我们穿越国境线去蒙古的泽连图伊哨所。

5 月 26 日我们离开库卢苏台,傍晚时分来到一个叫博罗霍莱的地方,这个地名的意思是"灰色的支流",字面上是"灰色的戈尔洛"。蒙古人说的霍莱或者叫戈尔洛,通常是指连接两个湖泊的水道。在这个地方道路从西托列伊和东托列伊两个湖之间经过,因此我们很自然地就料想将会穿过一条这样的有水或无水的水道了,然而道路附近就根本没有什么支流。据向导讲,尊托列伊湖,即东托列伊湖是没有水的,只有西托列伊湖,即巴伦托列伊湖有水。两个湖的湖岸地势都很平缓,然而西边的湖周围都是泥泞的盐沼地,因此岸边极难行走。两湖之间的地带是一些平缓的长丘。博罗霍莱地区往北,路旁有两块石头从冲积土中冒出到地面之上,其中最大的那块高约1俄丈,两块石头非常突兀地挺立在平坦的地面之上。这种石头蒙古语叫乌黑里契洛,即"石牛"之意,笃信宗教的蒙古人把这两块石头当做奇异之物,在旁边垒起一堆石头,即所谓的"敖包"。从路的这个地方就能望见西托列伊湖了。

国境线在博罗霍莱地区以南数俄里处,明天我们就将在中华帝国的臣民蒙古人中间住宿了。

5月28日,我们在博罗霍莱地区以南经过了一个叫做哈拉托鲁姆,也就是"黑色的托鲁姆"的地方。此地在这个时节是一片绿色,有些地方的地面是潮湿的碱性土壤。这种泛白的碱性土壤地块星罗棋布在绿色地面上,数量很多。其中最大的一块盐土在路的右边,那儿很潮湿,但却没有水。我们的向导哥萨克人贾布利科夫解释说,蒙古人把水——他是这样说的——并非是由底部深处渗积出来,而是雨后流注进去的那样的湖泊称作"托鲁姆"。从哈拉托鲁姆地区再往南走,就是一片长满了茂密的针茅(蒙古语叫希拉嘎纳)的干燥高地,针茅中间已经可以见到披针叶黄华了。

我们就沿着这片干燥的沙土草原一直走到安吉尔图湖,该湖的名称来自于安吉尔(棕麻鸭)这种禽鸟。过了该湖又是与之有一道平缓地峡相隔的另一个更大的湖——噶洛图湖,即"雁湖"。在快到安吉尔图湖的地方,路左1.5~2俄里处有一道山丘,据说山丘的那一边是达贝斯图诺尔湖,一个自出盐湖(达贝孙在蒙古语里就是"盐"),我国的哥萨克们把该湖叫做近盐湖。安吉尔图湖长约1俄里。这儿设有几顶帐幕,老章京那顶寒酸的帐幕在湖的东边,可是他刚刚卸任,而新任章京又到某个地方去了,所以在通过国境线时并没有验看我们的护照。

安吉尔图湖边湿润的黏土质盐沼地上生有玉蝉花(成圆片状或环状丛群)、欧洲蒲公英、小灯心草、海韭菜;略高于水泛地的干燥沙土草原上长的是奥国鸦葱、披针叶黄华、3种黄芪;黄芪中有一种(乳黄芪)

布里亚特语叫做卡泰林采齐克,说是羊如果吃了这种草,就会生肠虫(Strongilus contortus)。布里亚特人把这种病叫做卡泰尔(采齐克在蒙古语里是"花"的意思),而生了病的羊如果再吃伊尔圭草(白头翁),他们认为羊[的病]就会好。

次日,5月29日,我们朝远处的盐湖进发。我们从西边绕过安吉尔图和嘎洛图两个湖,再翻过一片平缓的冈峦,就到达了盐湖。从湖的东边绕行过去,停在湖的南岸,这里紧靠岸边从不算厚的植被层下面涌出几股淡水泉。泉水边涌边冻结着,我们在植被层的下面发现了还冻得很结实的冰。这片地下冰层的面积长宽各40步,厚度为半俄尺,冰很洁净。冰上面的土层有1/4俄尺厚,冰上面的黑土层上生长着苔草,形成一个个的草墩。

湖里的盐还没有开始沉淀,水下湖底的淤泥绝大部分还裸露着。只有个别地方盖着薄薄的一层淤积下来的盐,这种盐颗粒很小,不过有的地方也淤有大粒的盐。个别地方淤泥上结有一层"硬壳",在无水的地方这壳颜色发灰,很脏,在水下它是白色的,很干净。壳的厚度有10毫米,天热的时候可达1俄寸厚。

湖内的盐在降雨期来临之前的那段炎热的日子里,也就是6月份会沉淀下来。一到那个时候,蒙古人便会纷纷来到湖边,把盐捞到岸上堆起来,并把其中的一部分卖给哥萨克。卖的时候全凭目测估价,不用任何计量工具。哥萨克们用10~30戈比可以买到1普特盐,而运到外贝加尔地区就转手以[每]普特1卢布或者更高的价钱卖出。产量高的年份从湖里可以收获多达5万普特的盐,俄国人从各地赶到湖边来的大车多达200辆。此地出产的盐一直卖到阿穆尔河边。

在俄国人和蒙古人发生冲突时占便宜的总是俄国人。如果是蒙古人受到欺压,那事情永远都不了了之;而一旦俄国人受了欺负,这事就会由吃亏的人自行或是交由章京解决。

湖的四周都是干燥的草原,在南面和东面草原和湖直接相连,北边靠岸处有一块盐沼地,上面稀疏地分布着几片鸢尾丛。与草原相接处生着很细的代里苏,代里苏中间有少量的哈尔梅克(白刺)丛。

盐湖旁边有几顶哨所上的蒙古人住的帐幕,然而在这里依然没有人出来检查我们的护照;只有哨所的录事过来把护照拿过去看了一下就交还给我们,都没有对护照做记录。我们到达的这个蒙古旗是以当前掌管旗务的公爵的名字来称呼的:索南贝瑟公爵旗。

5 月 30 日我们从盐湖来到曼德拜湖。两个湖之间的地方是一些平缓的山脉或者说长丘,山中间的峡谷坡度也不大。盐湖的西南方有一座平缓的巴音罕峰,我们经该峰的左面,也就是靠东边走过。曼德拜湖大小和安吉尔图湖相仿,也就是说长约 1 俄里。

我们在湖的北岸停下来过夜。这里在距湖岸两俄丈左右的地方有好多泉往外涌水,积成一个很深的水坑,水坑四周的小片草地上长着"棍棍草",外贝加尔南部的俄罗斯人是这么叫小灯心草的。

此地的植物可以划分出 4 个区系:

(1)毗邻湖岸的沿湖潮湿黑沼泽土带系:灯心草,海韭菜,苔草,曼德拜湖边在这个时候大量的天山报春花开正盛。

(2)不像前一种地带那么潮湿的沿湖盐土:玉蝉花。

(3)针茅草原带系:针茅,又分蓼(大概就是在库伦和恰克图之间地带见到的那一种)。

(4)无针茅的沙土草原带系:披针叶黄华,蒙古白头翁,小叶锦鸡儿(蒙古语叫阿勒塔嘎纳,西藏语叫金扬哈,在这里长成高不足 1 英尺的矮小灌木丛),黄芪,奥国鸦葱。

当然,在山岩和石坡上还可能发现有特殊的植物,然而在我们经过这里的那个时候,那些地方尚无任何花儿。

在这个季节里湖上的禽鸟不计其数,这里有安吉尔,两种鸥,雁,鸭,天鹅,鹤。湖边只有一顶帐幕,那里面住着察克达,也就是初级警察。

次日(5 月 31 日)我们继续赶路,登上曼德拜湖南面的一道平缓山丘,我们看到了路左侧的霍勒博诺尔湖,该湖水中含古吉尔,在太阳的照耀下泛着白光。湖泊位于一片凹陷地里。过了此湖我看到路旁有一个不大的冈丘,丘顶露出了不断碎坏、多处开裂的灰花岗岩。这是目力所及的整片地域里能够发现的唯一一处岩石露头。整个这片草原并不平坦,布满了平缓的冈峦,有的地方冈峦上会隆起一些丘陵状的山头,然而任何地方都看不到岩石露头,就连那些小山头上也没有。

走过有花岗岩露头的那个岗丘,我们看到了前面的吉里姆湖。该湖被盐整个覆盖起来,不过那可不是食盐。湖的南边有片稍稍高出湖面的数俄里宽的平地,那片地方上分布着一块块的盐土,过了那片地又是沙土草原,地势朝南慢慢隆起。盐土地当中有一块位置在湖的南边,地里涌出一股又凉又清的泉水,我们就在这股泉水旁停下来进餐。这个地方有 3 或 4 个蒙古包。

在从此处往南渐渐隆起的草原上,路的右方有一道平缓的小山脉博尔博,或称吉里梅博尔博,左方是另一道山脉察干敖包台努鲁,也就是"有白色敖包的山脉"。我们从这两道山脉之间地带的中央穿过去,于晚上 9 点钟到达海尔门察干诺尔湖北岸一个有数口井的地方,也就是说到了"海尔门白湖"。

在距湖尚有 4 或 5 俄里的地方,我们从一道土堤中穿过。在蒙古的民间传说中这道土堤是同成吉思汗的名字联系在一起的,俄国人称之为"成吉思汗堤",蒙古人则叫它成吉思海里姆,海里姆就是"墙"、"堤"的意思。由此,湖也就叫海尔门诺尔了。蒙古人肯定地说,这道堤所在的地方处处水草丰美。这道土堤如今的高度超不过两英尺,宽有 7 英尺上下,是自西向东的走向。北侧堤附近有一条大车道,堤北其他地段有壕沟起着隐蔽的作用。

据文献中现存的记载看,此堤有数百俄里长。对此堤最西头的描述见于记载布京弟兄商队行程的文字[1]中,谈商队于 1870 年从托列伊湖以西穿越边界,到达克鲁伦河的拉贝瑟城附近。商队是在距国境线大约 120 俄里处穿过该堤的,可见在那条路上土堤的位置要比我们路上这段堤更靠南方。在东头该堤距我们的国境线较近,在我们路经

---

〔1〕《俄罗斯地理学会西伯利亚分会通报》,第 2 卷,No1 和 2。——作者注

的这个地方土堤距国界在 70 ~ 80 俄里之间。在与计划中的满洲[1]铁路沙里森车站选址相对的地方,该堤处在蒙古境内,距车站仅 50 俄里,再往东,在阿巴盖图伊哨所的那个经度上,堤已经进入俄国的地界了。晚些时候,8 月份考察归来时,我曾有机会再次亲自观察这道土堤:那个地方的土堤宽 12 ~ 13 步;从北面,也就是地上挖有壕沟的那一面看,高约 1 米;堤体的土看样子就是从沟里挖出来的——挖壕沟的时候把土就堆在了沟的南面。土堤是自西南朝东北的走向。给我们赶马车的那个阿巴盖图伊的哥萨克说,此地以东和以西土堤的南侧一些地方贴着土堤有四方形的小城,小城的方圆在 20 俄丈上下,城与城之间的距离大约是 30 俄里左右。[2]

吉里姆湖和察干诺尔湖之间这片草原的特点与曼德拜湖和盐湖之间的那片草原相同。最高的地方针茅长得比较繁茂,那种地方的土壤颜色也更为深暗,仿佛是沙土里掺杂有黑土;靠近湖岸草原的情况就比较差了,针茅植丛稀少起来,而且已被牲畜踏毁;湖的附近是盐土——离湖稍远很干燥,是白色的,离湖稍近处颜色发灰;最后,地面下较浅处有淡水或是淡水已涌出地面之上的地方就有长满了棍棍草(灯心草)的草地,那种草地上还有天山报春、鹅绒委陵菜,等等。

在这一天的行进途中,我们曾听到一群群叫做诺克特鲁的禽鸟(布尔都鲁克,毛腿沙鸡)啼叫着从旁边飞过。

我们停宿的地点,听别人告诉我们叫奎通,意思是"寒冷的,冰凉的",这似乎是我们停宿地旁边那几口井的名字。

6 月 1 日,我们离开奎通井,顺着海尔门察干诺尔湖的东岸前行,登上湖南的山岭,先朝东南行进,然后转向西南。在后半天的行程中我们来到一些丘陵的东南脚下,这里就是海尔门察干诺尔湖凹地草原的

---

〔1〕满洲:地理名词。十月革命前,俄语中对我国东北三省的统称。下同。——译者注

〔2〕在现代的地图上成吉思汗堤都已被标示出来,它自西向东从 111°30′一直绵延到 119°的额尔古纳河。蒙古人民共和国境内一段约长 415 公里,满洲境内 50 公里,苏联境内 110 公里,总长 575 公里。土堤至额尔古纳河沿岸中断,显然该河本身已是一道强大的屏障,再往前,在额尔古纳河向北弯去之后,在河对岸的满洲境内仍然修有土堤,继续向东延伸了 60(原文如此。——译者注)公里。

·欧·亚·历·史·文·化·库·

边缘。这些断崖高出湖区盆地底部 300~400 英尺,西北坡陡峭多石,东南坡为砂质,朝东南方缓慢下降,不易为人察觉。这些丘陵都是深灰色的长石玄武岩,它们彼此并不相连。水浪的冲击早先曾经削掉了丘陵西北面的部分山体,但尚未来得及把断崖脚下冲刷平整便停止了:崖脚处密布着一堆堆未被冲刷掉的岩石碎块,有的形状就像一个圆锥;这些残留下来的石块分布成与断崖完全平行的一列,石块与断崖之间是一道凹槽,槽底高于盆地的底部。

走在这些断崖上重又看到了湖泊所在的那片凹地,此凹地长约 10~12 俄里;湖泊仅只占去或者说在我们经过的那个时候占据着盆地西北面的边缘部分,而其余部分(可能有 9/10 吧)都是盐土。蒙古人把这些断崖叫做察贝。

走到断崖的西南端我们一行人走下来进入盆地的底部,在这个地方我们第一次见到了西伯利亚紫丹,后来再往南走,在贝尔湖边以及更前边的地方,就经常见到这种植物了。这些小小的植物竟使空气中充溢着浓郁的芳香。

一天的旅程将结束时我们的车驶近一条自东南方朝海尔门察干诺尔湖流去的小河边。河宽约 1 俄丈,水没到马的距毛,流得很慢,水底是盐土烂泥,然而尝起来水却是淡的。河边既没有树木也没有灌木。河流的下段两岸和附近地带都很平缓,然而上段沿岸都是不太高的山峦,甚至还有岩石露头;其中的一处露头从我们在河左岸的停宿地就能望见,我们是在小河出山峦流向察干诺尔湖平地的那个地点过的河。这条河流经的谷地叫哈滕霍博。

这是我们在国境线与克鲁伦[克尔伦戈尔]河之间的整个地域碰到的唯一一条流动河水,在蒙古的这一带地方能找到一条河那就是地理方面的一个发现。这一地区的主要特点可以这样表述:遍布凹地或称盆地,凹地底部有湖面雪白的古吉尔湖,凹地之间是宽阔且平缓的沙质山岭,山上草类长得比较好,山形是类似奥伦堡省和萨马拉省的瑟尔特那样的平缓岭脉。[1] 只存在于凹地最深处的湖泊在降雨期蓄满了水,而在夏季炎热的日子里和干旱的时候,有时会彻底干涸,露出积满盐的湖底。

分隔索南公爵(贝瑟)的喀尔喀旗和巴儿忽惕人(蒙古人和巴儿忽惕人都常把这个名称说成巴尔哈)[2]地面的西部边界从哈滕霍博地区通过,我们在这里的确发现有巴儿忽惕人住的帐幕。我们结识的第一个巴儿忽惕人是在察贝断崖以北的草原中碰上的一位喇嘛,他正骑着马去察看一些马群,他说他叫杜布泰,这很可能是他当时为了应付我们而信口说出的一个假名字。后来我们得知,这位喇嘛是为我们后来认识的巴儿忽惕夏布伦做事的。在草原上加进我们这一伙人里边之后,这位喇嘛颇受欢迎的愿意与人攀谈的特点和蒙古人少有的活泼性格立即赢得了我们的好感。他非常好动,就像歪脖鸟一样,头老是在颈椎上转来转去;他骑着一匹步子轻快的小马走在我们这队人的前面,把一张笑脸不停地一会儿转向走在右边的人,一会儿转向走在左边的人,嘴里滔滔不绝地说着。我很想把这位喋喋不休的喇嘛罗致过来,长期陪伴我们旅行,然而我未能办到。

我们在巴儿忽惕人的地面上得出的初步印象是令人愉快的,我们仿佛从一个无人理睬的荒漠里一下子来到了热情友好的环境之中。我们一路上所走的那些地方荒无人烟,停宿过的安吉尔图、曼德拜等等湖泊的沿岸空寂无声,在那些地方得费好大的劲才能把一位蒙古人请到我们的帐篷里来。经过这一切之后,哈滕霍博地区与先前停宿过的那些地方形成了一个尽管还算不得很大的反差,到了这里我们的心情愉快起来。虽说从我们的帐篷这里只能看到一个窝棚(那是萨满道尔吉

---

〔1〕在扎沃尔日耶地区,瑟尔特指处在既宽且深的谷地之间、坡面缓倾的长丘,坡上有干沟(谷)通向谷地里,可流泄春天融化的雪水和夏日降下的雨水。而在中亚的山区却与此相反,把地处山脉之间绝对高度相当大的(在天山为 3000 米以上)具有明显草原特征的高原谷地称为“瑟尔特”(脊背)。格·尼·波塔宁指的当然是前一种(扎沃尔日耶地区那一种)样式的瑟尔特。

〔2〕巴儿忽惕人:居住在满洲的一个蒙古东部族;他们更为接近布里亚特人,而非喀尔喀人。巴儿忽惕人居住的地区就按照部族的名称叫做巴尔哈,在布里亚特——蒙古苏维埃社会主义自治共和国,布里亚特人中间有一支巴尔虎人部族,居住在贝加尔湖东北的巴尔虎津河畔(河名来自部族的名称)。

341

住的),然而翻过我们停住地四周的冈峦就有很多巴儿忽惕人和喀尔喀人的阿伊利。在这个地方阿伊利的位置都离水很远,在1俄里或更远处的山冈上,其原因据说是在那种地方可以更清楚地看到有饲草的地点,也更便于照看在那些地方放牧的畜群。这里最好的饲草都长在很高的瑟尔特上,凹地里的草又稀又矮;另外,那种地方的草大概是在冬天和早春时节已被踏毁了。我们停住的这条小河沿岸风光平淡无奇,然而一天里牲畜要几次被赶过来饮水,一会儿羊群赶来了,一会儿牛群过来了,一会儿又是马群,这时岸边便热闹起来。这种时候各种声音交相嘈杂:放牧人高声吆喝,牛吼,羊鸣,马嘶响成一片。次日清晨天刚亮,整个草原便唧唧喳喳地响起一片小鸟儿欢快的鸣叫声。我们到达哈滕霍博的那天晚上,我们的帐篷里高朋满座,那位一刻也不肯安静的喇嘛摇唇鼓舌,把这帮人的情绪弄得不断地高涨起来。他顺便悄悄地告诉我,萨满也在来客中间。这对我来说是一个尤其令人愉快的消息。离开俄国之前就曾有布里亚特人告诉过我,巴儿忽惕人中间萨满很多,那就是说,这话是确实的了。我们开队会做出一项决定,为了巴儿忽惕人做一番初步的了解,明天我们不走了,原地停留一天。不过,后来关于巴儿忽惕人地域的这些令人愉快的印象和美好的愿望却有些黯然失色了。比如说,除了我们在此地发现的那位萨满在整个旅行期间我们竟再也没有遇到过同萨满会面的机会;而且就连这个萨满(别人告诉我们他的名字叫道尔吉)也并非巴儿忽惕人,而是来自达赖贝瑟公爵旗的一个喀尔喀人。[1]

我问道尔吉萨满,他可不可以当着我们这些人的面跳神作法一次,他爽快地答应就在当天做一次表演。跳神作法的事定为祷告当地神灵保佑我们一路平安。随后立即从萨满的窝棚里拿来了他的法衣和铃

---

〔1〕达赖贝瑟公爵旗的位置在海鲁伦河以北,库伦的东北边。——作者注

喀尔喀人——蒙古的主要和人数最多的部族,居住在蒙古共和国的中部和东部,占人口总数的近70%。喀尔喀人保持着语言、生活、经济的纯正状态,受到汉族人文化和经济的影响比蒙古的其余部族都少,是蒙古人最鲜明的代表(Э. M. 穆尔扎耶夫:《蒙古人民共和国》,第46页)。

格·尼·波塔宁在《蒙古西北部概况》(第Ⅱ分册)以及格鲁姆–格日迈洛在《蒙古西部和乌梁海地区》(第3卷)中对喀尔喀人都有详尽的描述。——编者注

鼓,他把法衣穿在了身上。

法事开始之前,道尔吉先点燃了装在一个浅盘里的甘噶草(香薄荷,欧百里香)粉末,随后要一盘白面包干,给他拿来之后,他走到外面的草原上,把面包干朝四面八方抛撒。接下来他就在我们的帐篷里坐下来跳神作法:他握住铃鼓上的槌儿,边敲边唱。在所唱的歌中,他有时呼唤布哈诺音和达音杰里赫——两位法力最高的萨满。[1]

次日我们去萨满的窝棚进行回访。这是一个蒙古的奥巴亥,也就是窝棚的框架只有乌宁(构成帐篷侧壁的"矢杆")和托恩(作帐篷顶用的带有横梁的圆环),而客列阁(构成框架下部圆柱形部分的栅格)奥巴亥则没有。这个奥巴亥非常之小,非常之低,里边最多只能坐下5个人,而人一站立起来,头就会顶到托恩上。奥巴亥旁边放着一辆单轴的双轮马车,这显然是转移牧场时载运奥巴亥和全部家中什物用的,看得出来,除了奥巴亥里面的那些什物之外,萨满就再也没有什么别的家当了。我们在萨满的帐幕里见到了一个年青的女子,那是萨满的妻子,也可能她只是和他同居而已,那女人有3个孩子。奥巴亥一贫如洗,这同我们昨天看到他身上穿的那件华美的法衣真是一个绝大的反差。

6月3日,我们离开哈腾霍博,过河上了对岸。那河底部的样子很特别:绿色的小草,多数是小灯心草,一丛一丛地分开来生长在白色的地面上;然后向着东南方,朝河右岸的山冈上走去。在那些山冈上面,我们走过了十多个阿伊利,都在我们走的那条路的近处。除此之外,可以看到离路远一些的地方还有许多阿伊利。这个地方也有一些比较富裕的阿伊利:每一个阿伊利旁边都停放着几辆单轴双轮马车,有一些带篷,有一些没有篷;带篷的车上显然是装着那些被认为没有必要搬进阿

---

[1]据格·尼·波塔宁讲,布哈诺音在布里亚特语里意思是"牛爷"——一个受到贝加尔湖以北和以南的布里亚特人尊崇的神话形象。在逃脱追捕时,就在将要被追上的那一刻布哈诺音变成了石头。在通卡(伊尔库特河的支流,在布里亚特一蒙古苏维埃社会主义自治共和国境内)河谷,布里亚特人曾指给我们看他们认为是布哈诺音变成的那座山岩。

达音杰尔赫(达音杜尔罕)是蒙古北部——科布多河上游和埃格河谷两个石俑的名字。关于这两个石俑,传说那是一位法力高强的萨满在受到追捕的时候化成的石头。格·尼·波塔宁认为,布哈诺音和达音杰尔赫是同一个人。《蒙古西北部概况》的第Ⅳ分册中(第264-268页)收录有数则关于布哈诺音的神话故事。

343

伊利的东亚。这种车起着我们家里仓房的作用,没有篷的车是载运阿伊利用的。阿伊利旁边的一辆车上总是放着一个装水用的大木桶。在一个富裕的阿伊利旁边,我数了数,共有 20 辆带篷的双轮马车和 5 辆不带篷的。这些车在阿伊利的两侧各排成一列,恰似停在会让线上的两列火车车厢。

我们登上平缓的山峦后,看到前边耸起几座高峰。靠右边是苏勒哈山,从该山往南一些是派扎图奥拉山,山右侧的岬角后面矗立着尊哈拉干忒山脉的一些高峰;左边从地平线后耸起的是库尔梅图山脉的几个山头,从那里再往南是春奥拉山脉的几个比较大的尖顶山峰。走下山冈我们来到水面上覆盖着白色古吉尔的湖泊岸边,湖长约 1 俄里;东北岸边沙土地上有一股很凉的泉水冒着气泡涌流出来,流出几俄丈后注入湖中。这就是泰穆尔图布雷克泉——"铁泉"。我们在泰穆尔图布雷克泉边停下进餐,喝过茶后继续赶路。

草原上分布着很多小丘,那是旱獭从它们的洞穴里刨挖出来的一堆堆土。这些小丘的颜色与草原的其余地方显著不同,因为那里边有被从洞穴深处挖刨到地面上来的岩石,地表是植被的颜色,小丘则颜色发黄。

旱獭洞丘的数量可以根据这样一个事实去推算:我在一个地方数了一下,直径约 200 俄丈的范围内竟有 20 来个小丘。旱獭洞丘颜色发黄是从洞穴里挖运上来的那些灰黄色的风化粗面凝灰岩碎块造成的。由于在路过的附近没有见到岩石露头,所以就只能采纳这些当地的"地质工作者"出力为我们提供的材料了。

离开泰穆尔图布雷克泉走了两个来小时,我们在叫乔尔邦的那个地方的一口井旁停歇下来,此时派扎图山落在了我们的右后方。

第二天(6 月 4 日),我们没走太多的路就到达了乌呼尔图诺尔湖(牛湖)。泰穆尔图诺尔湖与乌呼尔图诺尔湖所在的凹地之间有一些平缓的山峦,此湖比长约 1 俄里的泰穆尔图诺尔湖要小。此地也有旱獭。离开国境线南行的这一路上,我们从未在任何地方见到过凯来克苏尔,即古墓。如果不算成吉思汗堤的话,在库索奇那个地方见到的石碑就是最后的那处古迹了。从来乌呼尔图诺尔湖的路上最高的那个地点,我们远远地看到前边有一座中间的山头没有尖顶的山。那天与我们同行的一个蒙古人说那山叫做汗奥拉山(王山),该山右边的一些不大的山叫希博图山(鸟山)。这座汗奥拉山在克鲁伦河以南,后面我们还要不止一次地说到它。

沿途一直都有阿伊利,乌呼尔图诺尔湖边也有几个阿伊利分散在不同的地方。极受巴儿忽惕人尊敬的哈姆博－夏布伦(一位宗教界人士)正在此地他侄儿的阿伊利里度夏。据认识他的人讲,这是一个求知好学的人,他在外贝加尔布里亚特人中间住了几年,去过几次赤塔,能听懂一些俄国话,略识俄语文字,能看懂地图。他不仅知道欧洲的地图如何标示海洋、湖泊、河流、山脉、城市等等,还会在地图上判定方位并找到他所知道的地方。我送给过他一本利亚利娜的书,[1]他展开蒙古的地图,立即找到了北京、库伦、海鲁伦河、呼伦湖,还指出了乌呼尔诺尔图湖应在的位置。他曾几次去北京和乌台。他的府邸在克鲁伦河北岸的希拉诺戈音苏梅[绍拉诺戈苏梅]寺院里,在库伦他有自己的房子。和我一起到四川旅行过的拉布丹诺夫认识这个人,还在彼得堡的时候就曾对我讲起他。据拉布丹诺夫说,夏布伦特别喜欢询问欧洲有什么发明与发现方面的事情。

我们到达乌呼尔图诺尔湖之后,就去了夏布伦的阿伊利。他亲切地接待了我们,先上茶水招待,然后请我们吃用羊肉末汤煮的细面条。他是一个富有朝气的人,胖瘦适中,眼神灵活且相当聪明,善交际、健谈。我们在哈腾霍博河谷碰上的那个好动的喇嘛杜布泰也在这里,是他张罗着招待我们并送我们出来的,总是像是夏布伦身边的人。不过,尽管夏布伦很爱说话,我的旅伴巴扎罗夫盘算着听他讲一些神话传说并且记录下来的想法却落了空。夏布伦讲的那些话多半是回忆他在俄国的朋友们,布德·拉布丹诺夫及其他一些相识的人,可就是一则神话故事也没有给我们讲。当我们把他往某个话题上引导的时候,他则是

〔1〕格·尼·波塔宁:《中国、西藏和蒙古旅行记》,圣彼得堡,1898年。

·欧·亚·历·史·文·化·文·库·

表现出对这一类记述持怀疑的态度。我们向他详细询问成吉思汗堤的事儿时,他说蒙古人讲的有关该堤的话全都是瞎扯,根据中国史籍的记载,那道墙或者叫堤已经有 2000 年之久了,而成吉思汗生活的时代距今只不过 500 年而已。据他看,巴儿忽惕人从前是生活在阿尔泰—杭爱山脉之中的,后经库苏古利湖(库苏泊)迁到了贝加尔湖的北面,再从那个地方越过巴尔古津河与斯列坚斯克河到达呼伦诺尔湖。

我对夏布伦所抱的期望也没能如愿,我曾恳求他能让杜布泰离开哪怕是几周的时间,给我们带带路,或者至少我还希望夏布伦能帮我们从当地的土著人中找一个向导或是能够结伴同行的人,然而这两件事都遭到了夏布伦的拒绝。关于杜布泰,他说这个人为他管理事务离不开,而对于第二个请求回答说,他在乌呼尔图诺尔湖这里是客人。

夏布伦是出家人,因此他的帐幕里是按禅房的样子陈设的。旁边另有一个帐幕,好像是夏布伦已经结婚的侄儿住着。我们还没有见过殷实的巴儿忽惕人家居所的内部陈设是个什么样子,因此我问夏布伦,我可否进入他侄儿的帐幕里看看。很遗憾,不行。据夏布伦说,该帐幕的女主人刚刚分娩,或如夏布伦的说法,帐幕里有新生儿。

6 月 5 日我们离开乌呼尔图诺尔湖前行了 8 俄里,在博罗霍莱那个地方叫做叶利森呼杜克的一口井旁(叶利森是"沙子",呼杜克是"井")停下,准备吃点东西,再找一找能否买一只羊。此地的特征与北边的那一带地方相同,是沙土草原,上面生有针茅和数量极多的阿勒塔嘎纳。井边的浮沙已经被风吹走。中间空洞的四周变成了一面面陡壁,裸露出来的井底是黑乎乎的黏土,大概是由盐沼土变成的。陡壁约 4～5 英尺高,坑里的沙子也不知道被刮到什么地方去了,附近也没有积起沙丘或流沙堆。在沙子被风吹走的地方可以找到瓦罐的碎片、燧石碎块,某种啮齿目小动物的骨头,我觉得还有些东西像是石头工具的断片,比如我就找到了一块边沿平行且被砸得很扁很锋利的薄石片,一把用燧石做的刀子和一根似乎还没有完成加工的玉髓粗尖棒。玉髓在井边的沙地上和周围的草原里经常能碰到。这里的旱獭要比北边那一带少,土著人告诉我们,到了克鲁伦河以南我们就再也不会看到这种动物了。

从乌呼尔图诺尔湖到叶利森呼杜克井这里牲畜(牛和羊)以及帐幕都很多。在我们进餐的那口井旁边支着两顶汉族人的帐篷,一个帐篷里住着来向蒙古人收购熟羊皮的汉族人,另一个里边住的是售卖各种小商品(鼻烟壶,烟袋,火柴,等等)的买卖人;这些买卖人来自义州(И-чжоу)。我们队里的人用7个卢布买下一只羊,我们付给卖羊人中国的银子,他却觉得这银子可疑而没有要,不过以前和此后在我们旅行的整个期间,我们用银子支付他们都是接受的,没有任何问题;而两张俄国的纸币(1张面值5卢布,另一张面值1卢布)他却很痛快地收下了,尽管5卢布的纸币他还是第一次看到(这是蒙古人接受我们的俄国钱币最靠边上的一个地点了)。

我们曾被提醒说,从叶利森呼杜克水井到下一个停宿地这中间既没有水和草,也没有帐幕。在向停宿地行进的路上,我们经过一个半干的小湖泊,湖底已经干涸的部分撒满了细砾。从乌呼尔图诺尔湖往前走给我们领路的是在那个地方雇佣的一个喀尔喀族喇嘛达姆巴,他是库伦以南的焦诺克贝瑟旗人;那个旗里有一座乔里寺庙,然而达姆巴却和自己的弟兄们一起住在巴儿忽惕人的寺院希拉诺戈音苏梅的东边,我们现在已经离那座寺院不远了。

今天这一路上一直看到路的东边远远地有一道巉崖陡峭、颜色发红的山脉,我们被告知那山叫莫戈伊图——"蛇山"。在这一带那些最高的山峰当中有3座被认为是博格多,即圣山。莫戈伊图就是这几座"博格多"之一,我以为莫戈伊图在呼伦湖左近是最高的山了。达姆巴告诉我们,莫戈伊图山的南边是库伦湖,而在莫戈伊图山的左边,也就是靠北一些,是察干霍博图。我觉得此话应当做这样的理解:该山脉以北是巴儿忽惕人被称为察干霍博的那一部[1]的游牧区,因为达姆巴接

---

〔1〕巴儿忽惕人分为8面旗,或者说8面不同颜色的旗帜:(1)铜红旗:古利乌兰旗,(2)铜黄旗:古利沙拉旗,(3)蓝红旗:呼布特乌兰旗,(4)蓝青旗:呼布特呼呼旗,(5)蓝黄旗:呼布特沙拉旗,(6)蓝白旗:呼布特察干旗,(7)铜白旗:古利察干旗,(8)铜蓝旗:古利呼呼旗。——作者注
应该是指正红、正黄、镶红、镶蓝、镶黄、镶白、正白、正蓝八旗。——译者注

着就说,莫戈伊图山以南住的是古利希拉部的巴儿忽惕人。从察干敖包往北则是隶属于中国的哈姆诺贡布里亚特人[1]的地界了。

我们来到一片旁边挖有水井的宽阔盐土地上停宿,此地名为奎通。

此地挖有一口井的那片冲积层是浅黄色的流纹凝灰岩碎块,上面有9厘米厚的一层豌豆粒大小的碎屑,底下一层的石块(多数是扁平的石片)有手掌大小,两层之间的水平界面非常明显。旱獭的洞丘也是这种岩石。

盐土地位于被山峦围在中间的凹地中,样子像是已干涸的湖泊的底。南面的山冈比其余3面的要高得多,高出盆地底部约300~400英尺。这些山冈对着盆地的北侧有1俄里长的一段是陡峭的悬崖,和我们在海尔门察干诺尔湖见到的那些断崖一模一样,而且名字也和那些断崖的相同——察贝。

次日,6月6日,我们在那个地方一直待到中午。我就利用这段时间去观察断崖。水井是挖在盐土地北岸靠近东头的那个地方,所以我不得不从盆地的底部穿过去。盆地的这一部分地面上密密实实地铺满了角砾,[2]在盆地水平的底部开始朝着南边断崖的麓脚方向隆起的那个地方角砾层尤其密实。这里的角砾被古时的水浪拍击得太结实了,用挖根铲都无法挖出植物的根。悬崖是由深紫色的暗玢岩露头构成的,顺着崖脚有一条由同一种岩石露头形成的很宽的路,高出干涸的湖底2~3英尺。无论是干湖底上还是这条路上,都没有任何被风吹来并堆积在这里的乱七八糟的东西,仿佛盆地每年都有水灌注进来似的。雨水在悬崖上冲蚀出来很多细沟,沟底是干的,细沟侧壁的岩石上我看到有刚开始开花的哈尔梅克丛,黄花已经缀满枝头的小丛锦鸡儿,还有小丛的某种猪毛菜科植物,另外这里还生有卷耳和短芒大麦。这些细沟里出现盐生植物[喜盐植物]的原因大概是沿沟流过的雨水中混有苦咸的水。从拍压得很实的冲积层中穿过的路上有某种单株的风毛菊

---

[1]哈姆诺贡这个名字是布里亚特人对通古斯人的称呼。——作者注

[2]角砾产生于花岗岩受到风化作用而发生碎解的过程中,由大粒粗沙与细碎石屑混合而成。

扎根生长起来,这种植物还刚刚生出一簇叶子,一株和另一株之间的距离至少也有20来米。在从路上横着穿过的干水道里生有数量略多的西伯利亚紫丹,这种植物总是长在有雨水流过的地方。

从奎通湖出发我们行进在始于盆地东头的浅平凹沟中,我们所走的这条干河道在南边岔开了,我们顺着左面,也就是西边那条岔路走去。雨水显然是顺着这条河道流到湖里去的。这条干河道的谷地两侧都是不太高的丘陵。

在哈拉托洛戈丘陵("黑色丘陵")之间,具体说就在我们停宿的那个地点,干河道上挖有一口水井;水井边上有一个木盆,或者说是用一块木头凿出来的槽子和一个绑在长杆上的皮制的桶子,这一地区所有的水井都备有这些器具。

此处的草原和以前的一样,还是沙土地,不过沙粒更大,常常变成了角砾。沿干河道长着很多哈尔梅克,不过这种植物的丛簇在这个地方直径超不过50厘米,最高也就是7厘米,枝条紧贴地面。河道底部松散的沙土上长着好多西伯利亚紫丹,正在盛开,而土壤密实的地方则生着黄芪,丘陵顶部的岩石露头上有蓍缀和北芸香草。

在这个地方还有旱獭,但是再往前靠近海鲁伦河就再也见不到了。听见有布尔都鲁克的鸣叫声。

6月7日还有最后一天的路程就到达海鲁伦河了。一开始我们还是顺着那道丘陵之间的谷地往前走,可是没过多久,丘陵就分散开了,变成数条平缓的山冈,山冈之间是很宽且侧壁平缓的槽沟。我们走的这道槽沟分成为两条,我们顺着右边那条岔河来到叫做西泰尔亥的(意为"破碎的")地方。这里的水井旁边有3顶帐幕。听说这口井在这一带地方是最深的,水质极佳,据说比克鲁伦河的水还要好。在我们此前停宿过的所有那些地方:哈拉托洛戈丘陵,乌呼尔图诺尔湖,泰穆尔图诺尔湖和叶利森呼杜克井等地的水质都不好,尽管说在泰穆尔图诺尔湖有涌流的泉水而且非常之凉。在乌呼尔图诺尔湖,夏布伦用的水取自另外的一个比较远的井,我们在他那里停留的期间,他一直拿他桶里的水供给我们使用。

·欧·亚·历·史·文·化·文·库·

西泰尔亥看样子是奎通湖与克鲁伦河之间地势最高的地方,从西泰尔亥往南草原变成了平原,路从那上面缓缓地朝克鲁伦河降下去。几乎是从西泰尔亥这儿就能看见距克鲁伦河北岸两俄里的希拉诺戈音苏梅寺院——"黄草地寺院"。莫戈伊图山的景色再一次展现出来,这一次更加广阔,不仅能够看见山岩峻峭的峰脊,还可以看到该山矗立于其上的宽广的麓脚,蒙古的所有山脉都是这种样子的,右侧是有着3座高峰的古尔班博格多奥拉山,这就是我们的向导先前称为汗奥拉的那道山脉,在地图上这条山脉标准的名称是杜兰哈拉,这个名称我们后来也曾听到过,不过总共只听见过一次。古尔班博格多奥拉山的高度不次于莫戈伊图山,还可能更高一些。从古尔班博格多奥拉山再往右,在克鲁伦河的上游我们看到一条单独的山脉阿布德兰台(阿布德尔的意思是"箱子"),再往右,和前边说的那些山脉同样有着一段间隔,是阿勒滕埃梅利山,山名的意思是"金马鞍"。听蒙古人讲,阿勒滕埃梅利山被克鲁伦河一劈两半,形成两个单独的山头,状似马鞍的两个鞍桥,山名即由此而得,克鲁伦河从两个山头的中间穿流而过。在现有的地图上既没有阿布德兰台山,也没有阿勒滕埃梅利山。[1]

西泰尔亥周围的草原上角砾比此地以北更多,草原上散布着很多玉髓,蒙古语叫措希乌尔(此一名称也用于燧石),都是从这一地区分布很广的火山岩中剥离出来的。草原上只有牲畜啃剩的草(即去年的草),好像这个夏天还没有下过足以催生新的植被的雨水。

当我们一步步走近寺院的时候,有一个巴儿忽惕人骑马来到我们一行人面前,询问我们是什么人。关于自己他向我们介绍说,他本人的帐幕在梅尔根奥拉山下,在阿勒滕埃梅利山以上有2~3天的路程,紧靠巴儿忽惕人地域与喀尔喀人的分界线。他讲的这番话让我们弄清了

〔1〕格·尼·波塔宁的报告原本附有一张由与波塔宁同行的兹维亚金目测绘制的考察队行程路线图,比例尺为1:840000,1俄分等于20俄里(1厘米等于8.4公里)。当把这些路线标绘到现代地图上去的时候,却出现了许多很不一致的地方,而穿越大兴安岭的那一部分,地图和路线是相互矛盾的。B. A.奥布鲁切夫(《蒙古东部》,莫斯科—列宁格勒,1947年,第250页)对此发表了如下的看法:"波塔宁是一位有经验的旅行家,且写有详尽的日记,所以只能对新地图的精确性表示怀疑,而兴安岭这一段40俄里的地图根本不准确。"

克鲁伦河畔巴儿忽惕人地域西面边界的位置。

希拉诺戈音苏梅寺院的位置距克鲁伦河左岸两俄里多,寺院与河流之间是一大片沿河草地,顺着草地的北缘架设着很多巴儿忽惕人的帐幕。到处都能看到许许多多的牲畜,其中也有一群群的骆驼。我们既没停在寺院旁边,也没停在帐幕附近,而是穿过此处宽有两俄里多的草原,停在紧靠克鲁伦河的地方。

这片草地与邻接的草原相反,铺满了绿茸茸的嫩草,连片的青草只在某一些地方才被淡黄色的代里苏丛隔断;南边沿河生有河柳林带,树高近 1.5 俄丈。在我们停下的这个地方,两岸都很陡峭,然而高度最多只有两英尺。沿着陡岸上面的边缘生有沼地千里光,这种植物的地下块茎样子很怪,成扁平的泡囊形状。沼地千里光这个时候正在开花,它只生在陡崖的边缘,在崖的下面和紧靠河水的地方有时还能见到很少的几个单株,但在另一边,即朝着草地的一侧,距崖边半英尺以外就一棵也找不到了。河底是混有沙子的烂泥,河宽 8 俄丈,我们停下的这个地方水深 1 俄丈,不过再往上去有一片浅滩,水没到马小腿的一半。

我们在克鲁伦河边停了两天(6 月 8 日和 9 日),8 日我们一行去了一次寺院。寺院整个是用砖砌成的,而且明显是由汉族泥瓦匠人修造的,组成中央建筑群的佛殿用红色的石头院墙围着。寺内有喇嘛近300 名,但是 6 月 8 日那天寺内只留有 50 名,其余的人都到敖包去了。现今这个第五次月出的第 19 天(即 6 月 14 日)[1]将在那个地方祭祀呼伦湖。喇嘛们都住在佛殿围墙之外的石头房子里。这个寺院看上去很兴旺,日子越过越好,寺内根本没有残砖碎石,或是极少,所以它给我们留下的印象就好像是刚刚完工的新寺一样。喇嘛们居住的房子洁净而雅致。寺院近旁的草原上有两处堆放着烧柴,也就是干畜粪;每一处都有 40 来堆,每一堆大约是 0.5 立方俄丈。

经过短时间的商谈,一位名叫希尔比特的古奇特家族出身的喇嘛

---

[1]根据月亮的运行,即按照阴历的月份计算日期的方法仍为某些东方民族(其中包括汉族以及蒙古族)所沿用。

同意在自己的住房里接待我们。喝着他用来款待我们的茶水,吃着炒米、蒙古烤饼和汉族的甜点,其间我们得知佛殿是进不去的,因为打开锁住围墙大门那把锁的钥匙被分派管理佛殿的那个喇嘛带到别的什么地方去了。我们这次到这位喇嘛房中拜访的唯一收获是他向我们介绍了一些情况。

据希尔比特喇嘛说,巴儿忽惕人加在一起共有 17 个旗,其中有 8 个"老巴儿忽惕"旗:科克申巴尔虎人;8 个"新巴儿忽惕"旗:希涅巴尔虎人;还有一个厄鲁特旗。为管理这些人设置了 3 位奥古尔达,一位管希涅巴儿忽惕人,第二位管科克申巴儿忽惕人,第三位管厄鲁特人。每两个旗设置一名伊格尔达进行管理,每一个旗分为 3 个苏门,两个苏木设置一名章京,低于章京的最小的官吏称为哈班。

关于克鲁伦河希尔比特喇嘛告诉我们,此河有时会泛滥,能把现在长着绿油油的禾本科植物的整块草地都淹没,水一直到达黄色的代里苏丛那里,不过并非年年如此,今年夏天克鲁伦河就没有溢出河岸。呼伦诺尔湖的水现在好像上涨了(由于哈拉哈与海拉尔两条河来水?),但克鲁伦河的水却很小。阴历 8 月和 9 月河上开始结冰,2 至 3 月开冻。

我们没有得到机会自己动手捕鱼。大学生们忙着往克鲁伦河右岸运送我们的东西,因此没有充裕的时间去捕鱼。他们只捉到了一条鲶鱼。

我们在克鲁伦河畔停留的这段时间一直刮着令人讨厌的大风。听当地的人说,今年春天的风特别大。据我们测量,克鲁伦河水的温度是 15.5℃,背阴地的气温为 15.2℃。

尽管贾尔萨赖在我们停住地的上游找到了一处浅滩,但是河底很泥泞,所以载有重物的车辆过河是危险的——大车会陷在河里。据当地人说,河上又没有船,必须把车上的东西卸下来,用人骑的马匹把行李分批驮载过去。在我们到达的次日早晨,大约有 5 个骑马的巴儿忽惕人结伙来到对岸。我们问他们愿意不愿意赚上几个卢布,他们表示同意,但是运行李过河却要了 12 两银子的大价钱。于是,我们的大学生从车上搬下早在彼得堡我们就已买好的帆布船,安装好以后放下水去,我们就乘着这条船渡过海鲁伦河上了右岸。这让坐在岸边观看的巴儿忽惕人惊奇不已。

3个来小时之后,我们的全部行装都已搬到了河的另一侧,我们立即在那里支起了帐篷,大车则是空着涉水拉过来的。

6月10日我们离开了克鲁伦河。开头的半个小时走的是草地(右岸的草地也有两俄里宽),然后就进入了角砾地面的平坦草原。这草原的东南面十分平坦,一路之上古尔班博格多奥拉山前面从未出现过其他的山脉,而在克鲁伦河以北,草原上不断地有平缓的冈丘隆起,古尔班博格多奥拉山常常(而且往往是长时间地)被遮没在这些冈丘的后面。不过从克鲁伦河到西泰尔亥这一带以及北边也都是平坦的草原。在角砾地面的草原上行走的过程中,我们曾穿过两道平缓且不很深的沟,这两条沟大约与河是平行的。这显然是河的两条支流,克鲁伦河水上涨时,水就会通过此两条支流从河里排泄出去。沟底与草原的情形截然不同:长满了斗篷草,出现一片生机盎然的绿色。我们发现整片草原上到处都有 Anodonta Herculea[河蚌]的贝壳碎片;[1]根据黄鼠从洞穴里掘出的土堆中这种碎片很多这一情况可以断定,碎片是被这种动物从地下一定深度的地层里掏挖到地表上来的。我们在哈伊尔塔那个地方的一口水井旁停下来进餐。

从克鲁伦河往南开花的植物多了起来。这个地方开放着很多银灰旋花,还有3种黄芪,披针叶黄华的花儿已经开始凋谢并且结荚,偶尔也能见到汉族人吃的那种韭菜,布里亚特人称之为戈格勒。

我们来到叫做多隆多博[7道山冈]的地方停下来过夜。在这里遇到了第三道沟,沟宽40步左右,深至多1俄尺。沟底生长着斗蓬草和苍耳。据从此路过的一个达里甘加辖区的蒙古人说,苍耳这种植物蒙

---

〔1〕格·尼·波塔宁及其同行者发现的是第四纪的一种大型淡水软体动物河蚌(Anodonta Herculea)的贝壳,在兴安岭附近带找到大量这种贝壳表明,这一地区从前曾经存在过许多大的湖泊。B. A.奥布鲁切夫在其所著《蒙古东部》(莫斯科—列宁格勒,1947年,第51页)一书中指出,波塔宁在呼伦湖以南距地表70厘米深的地方找到了巨大的河蚌贝壳(20～25厘米)。

古语叫赞古,被认为是有害的。据说牲畜吃了这种东西,就会日渐消瘦。[1]

在今天住宿的这个地方,我们取水的那口井打在那条长满了绿草的细沟边上。井的样子就像一个宽大的坑,直径有 1 俄丈,深 1.72 米。从陡立的井壁边缘处可以看出覆盖在此地草原上面那层冲积物的组成。[2]

次日正当我们准备起程的时候,一大群牛被赶到这口井边来饮水。详细询问赶牛的人之后,我们得知这些人来自一个叫达里甘加的特殊辖区,是赶牛到阿姆贡城去卖的。

达里甘加蒙古人被从其他几个喀尔喀人的旗里边划分出来,成立了一个特殊的辖区,他们有自己的管理机关,有自己的地界,该区位于从库伦去张家口的路上,在北纬46°翁金河以东90俄里的地方。这些人负责在自己的草原上放牧属于阿贾格根(蒙古语是丹斯伦格根)的畜群,而格根则驻住在西藏北部的古姆布姆(安多地区)。格根共有80群羊,每群羊由6人放牧;如以牧人分为两班放牧,每人负责200只羊计算,则羊只的数量就是4.8万只。

达里甘加的地界里计有13座寺院。主要的苏梅西藏语叫做加图布,蒙古人则叫它奥尔连苏梅,那儿是格根的驻住地。

在多隆多博地区有几顶帐幕聚拢成两组。我们想从住在这里的人中雇一个人领我们去贝尔湖或是连接贝尔和呼伦两个湖的乌尔逊河畔,却没有人愿意去,我决定不去找章京要求给我们指派人。由蒙古官员指派的向导总是尽力让人从一个章京的驻地往另一个章京的驻地走,这样做并不全都符合旅行者的本意,因而不得不和他们争执,坚持

---

[1]苍耳(Xanthium):是一种菊科植物,种子含有30%~40%可制成干性油的干性脂油。整颗的种子是有毒的,这种草可用为配制稳定而鲜亮的绿色和黄绿色涂料的着色剂,着色的物质尚未得到研究。有最新的资料说,干性油和苍耳油对糜烂性毒气和芥子气十分稳定。在哈萨克的民间医学中,用苍耳汁治疗瘰疬、癣、咽喉脓肿,用苍耳的籽和根治痢疾。此植物的各个部分均含有丰富的碘(H.B.帕夫洛夫:《哈萨克斯坦的植物原料》,莫斯科,1947年,第464页)。

[2]在70厘米深的地方有一层35厘米厚的细砾,里边混有 Anodonta 的贝壳;个别的贝壳宽达20~25厘米,厚有8~9厘米。

走自己的路线。这时,应该依靠与我们长期相伴的贾尔萨赖和卢布森的机敏头脑和在草原上生活的技巧。

生活在多隆多博巴儿忽惕人中间的一位喀尔喀族老人曾对我们讲过,从此地去往乌尔琼河(在这个地方那条河的名字是这样叫的)有两条路:一条是朝东南方向走——这条路比较直,路上如果顺利,一天就可以到达乌尔琼河,可是那条路上没有水;另一条路是绕着走:得先朝南边古尔班博格多奥拉山(也叫杜兰哈拉山)的方向走,然而该路沿途水井和阿伊利都很多。老人讲的情况被证实是对的:这一整天(6月11日)不断碰上一个帐幕或是3个帐幕的阿伊利,这些阿伊利之间的距离有的在1俄里上下,有的是半俄里左右。我们在希林呼杜克水井(山脉之井)旁停下进餐。从多隆多博开始,草原的地面由角砾变成了沙子(就是说沙粒变小了),特征与西泰尔亥那个地方以北的草原一样。在这个地方,银灰旋花和黄芩开放出无数的花朵,河蚌贝壳的碎片再也见不到了。

希林呼杜克水井里面镶嵌着木板,所以看不见断面的组成情况。和所有其他的水井一样,井旁摆放着水槽和羊皮水桶。木料是居住在这片无林木地区的人从东边哈拉哈河的支流莫戈音戈尔河岸边弄来的。希林呼杜克井所在的那一小片地的土壤与四周的沙土草原不一样,四周草原上的地面是疏松的沙子,植物的根一拔就出来了;而在那一片地上井的周围却是非常坚实的黏土地,马走在上面连个马蹄印都没有,也不长任何植物。这样不长任何植物好似镶木地板一样的地面(或者说是不毛的地块)此前也曾见过,吉尔吉斯人把这样的地方叫做"塔克尔"。[1] 希林呼杜克井边的这一块地有20来俄丈宽,60~70俄丈长。这种光秃的地块大概是由于滞存雨水而形成的,看样子是雨水流到这片不偏不斜的平地上,造成一片水洼,雨水滞存过久,盐分沉积

---

〔1〕格·尼·波塔宁指出的这种名为漠境龟裂土的现象在中亚的荒漠和草原(卡拉库姆,卡拉卡勒帕基亚等等地方)广泛存在,也就是地面上大片的然而并不很深的洼地里春天积满了水,变成一些浅湖,到夏天水就干了,其底部形成为平整光滑且十分坚硬的黏土表层,上面分布着很有特点的多角形龟裂纹系和结晶盐。龟裂土的面积有时会达到数平方公里之宽,由于土壤中饱含盐分,龟裂土上根本不长植物。

到土壤里,弄得植物都死掉了。有时还可见到多片这种样的光滑地块之间有细沟相连,沟底的土壤和高度都与大片地块相同(光滑地块略低于沙土草原)。狭窄的细沟大概与明显偏低的地点是一致的。当天傍晚我们来到阿马呼杜克井边,此井也是打在完全一样的盐土中;从一口井到另一口井沿途一直有这样的盐土地,因而可以做这样的设想:在地表之下,沿着这条道路有一股地下水流,这些井就标示着地下水流动的方向,而在地表上面雨水流动的方向则与之相吻合。这里的代里苏要比先前的那些地方多,不过这种植物还没有现出绿色,全是一些干枯的黄色茎枝,且被牲畜啃吃过。

杜兰哈拉山从这个地方望去有 3 座山峰,与莫戈伊图山的峰脊一样,这些高峰都有着又高又宽的麓脚,在我看来,样子很像科布多城附近哈拉乌苏湖边的那些山脉。

6 月 12 日,经过一天的行程我们到达了乌兰诺尔湖。我们没有向导,边走边向碰到的巴儿忽惕人问路。草原上生长着针茅,锦鸡儿很少,偶尔可以见到这种植物的细秆,长得不高,最多也就是半英尺,就是生长在海鲁伦河以北的锦鸡儿我们也没有见到比这更高的。见到最多的植物是银灰旋花、黄芩和北芸香草。可以常常见到韭(此地的蒙古人称之为坦,布里亚特人则叫它戈格勒)和角葱(在俄国的西伯利亚叫"斯利尊")了,我们采了好些角葱,作汤的佐料用。

这个地方没有旱獭和堆着大土丘的旱獭洞穴,也见不到河蚌的碎壳。巴儿忽惕人把这种东西叫做希索,从贝尔湖畔拾来,当希帕格(舀塔拉克,即酸奶的勺子)用。有布尔都鲁克;鸹则是七八只一群地飞来飞去。

我们从塔里亚滕呼杜克水井(耕地井)旁边的一些帐幕前走过,折向东方,来到乌兰布卢克水溪边的几顶帐幕跟前。有一条深沟,或者说得准确些是一道谷自西北向东南从此处穿过,沟底的沙质河道上渗出薄薄的一层水,浅得舀都舀不上来。朝向南面一侧的谷壁已成了一片广阔光裸的漠境龟裂土,上面有一些流泄雨水的细小槽沟伸向谷底,对面的[侧壁]则长着草。龟裂土的颜色带有淡淡的浅红色,小溪的名称乌兰布卢克——"红色的泉"——即由此而来。我们从小溪的右岸走到左岸,再次上到与草原等高的地方后,看到前方乌兰布卢克溪以东有一座用石头垒成墙状的敖包。在中央依然是用石头接着往上垒出一块,在敖包的这个高出来的部分上面插着一些枯枝,枝条的上端呈向外散射的形状。这面墙的旁边垒着 6 个排成一列的锥形石堆,3 堆在东侧,3 堆在西侧,敖包在中间,每个石堆上也和中间的敖包一样,都有一些成束状的枯枝。这是供奉乌兰诺尔湖的敖包。来到敖包跟前,我们看到前方湖的西岸边有数顶帐幕,过了一会儿我们也把帐篷搭在了这些帐幕之间。乌兰诺尔湖是乌尔逊河在呼伦湖与贝尔湖之间的中间地点泛溢出来的一片水域。对面的湖岸看不见,乌尔逊河大概是从湖的东部靠边穿流过去的。湖岸很平缓,靠近西岸处湖水很浅,没到人的小腿的一半;湖底有淤泥,不过可以探摸到淤泥之下是坚实的角砾底。湖泊附近的草生长得很好。

离我们的帐篷不远就是一个来自巴林王旗钦苏梅寺的喇嘛扎姆塞的帐篷,这是一个做生意的喇嘛。在他的帐篷旁边停放着十来辆装载着货物的大车。在十来年里扎姆塞每年都要从他那盛产粮食的故乡到呼伦湖来几次,卖小麦面粉和在茶水里吃的燕麦面粉(蒙古语叫做博洛森古里勒,汉语叫莜麦),炒稷米和生稷米,还有挂面(细面条)[汉语]。除此之外,他不往这儿拉任何其他货物。买卖双方以货物交换羊皮。扎姆塞得知我们行经巴儿忽惕人的地界时,想弄到奶或者什么奶制品非常困难——巴儿忽惕人总是推托说他们要遵守塞泰尔(不把奶给人或从家中拿走的誓愿),就宽慰我们说,等到了乌珠穆沁旗情形就不一样了:那个地方的草很好,牲畜,特别是绵羊很多;据他说奶也很多。他说的有关牲畜的那些情况也许是真的,但是关于热情待客的话却没有得到证实。

盐,巴儿忽惕人要到位于此地以南的乌珠穆沁旗的松霍尔湖(聪霍尔湖)去拉。波兹涅耶夫曾经到过一个盐湖,根据该湖的地理位置判断,这似乎就是他说的那个湖了。盖房或制作一些小物件用的木料取自由此往东有 8 天路程的莫戈伊图的谷地里。

我们到达乌兰诺尔湖的当天得知,有一位唐古特族格根从拉卜楞(在西藏的东北部)来到了杜兰哈拉山。次日他到达湖边,他那顶蓝色的帐篷就架设在了离我们帐篷不远的地方。卢布森到他那里去献了一次哈达。这位格根日常驻在的地方在拉布楞以西不远处,跟随格根来的有几个年青的唐古特族喇嘛,其中一个经卢布森一再恳请,到我们的帐篷里来了一次。格根带来了一个令佛教徒欣喜的消息:撒拉部族[1]已经被汉族人彻底扫灭,现在安多的光明时代到来了。格根到这一带来,毫无疑问是要向忠厚老实的蒙古人收贡赋,供他在安多的那个寺院的僧侣们使用。

扎姆塞对我们不要向导带路前行的决定不仅没有泼冷水,甚至还很赞成。他告诉我们,从这个地方往前顺着平坦的大车道走,我们就能一直到达汗塔本苏梅寺院——我们此次旅行的终点。在前面讲过的多隆敖包附近有一条大车道,6月12日我们顺着那条道走到该地。据扎姆塞说,我们得把车赶到那条路上去,顺着该路横穿一片无水地带走25俄里,就会到达一条横向的道路旁边,要在那个没有水的地方住一夜;第二天还要经过无水地带走到布塔呼杜克水井处,过了那口水井一直到贝尔湖畔仍然是无水地带。

我们就按照扎姆塞说的办法做了,我们把车上装的一个水桶加满了水,于晚上5点钟离开乌兰诺尔湖,顺着扎姆塞喇嘛指的那条路向前走去。道路在长满针茅的草原上穿行,看不到任何开花的植物。天黑下来时,马儿拉着车小跑起来。走了5个小时来到横向的路旁,用桶里的水烧茶做饭,然后就停宿在该地。马匹一夜都没有饮水,在离开乌兰诺尔湖之前曾给它们饮过两次水。夜里我们听到了别人的马群的嘶鸣声,远处还有火光;可见,不远处确实有人居住。早上6点钟我们继续前行,过了一会儿就看到四面都有阿伊利,一个小时后到达一口挖在龟裂土上的水井布塔呼杜克旁,此时正好有巴儿忽惕人赶着他们的畜群

---

〔1〕撒拉族人是西域的一个小的部族,居住在黄河兰州城以上的峡谷中。——作者注

到井边来饮水。[1]

6月14日晚6时起身继续赶路。巴儿忽惕人告诉我们,还要走25俄里,在无水的地方过一夜,然后再往前走25俄里到达代里孙哨所,走到那里巴儿忽惕人的地界就到头了。我们于傍晚动身,走了5个小时。太阳落了下去,一开始夜很黑,没有月亮;我们在辗轧得很平坦的路上慢步前行。月亮升上来之后,在地平线上道路所指方向偏左一点的地方出现了刺眼的银白色的闪光。卢布森那只视力非凡的眼睛首先看见了,他高喊一声:"诺尔!"(湖泊)那是贝尔[贝尔努尔]湖水反射出来的月光。尽管在当夜就赶到湖边的想法很具诱惑力,但是我们的布里亚特人还是决定在这没有水的地方停宿。的确,对到湖边的距离判断很可能发生错误,在我们这些人当中,对这一点看法就不一致。我们从路上拐下来,在一片寂静和漆黑之中我们开始给马卸套并支架帐篷。还未等把篷布完全盖好,把所有的木桩都打下去,就听到有狗吠叫起来。6月15日早晨一看,我们周围全是阿伊利;四面八方牛吼羊叫响成一片。为了收集湖里的动物标本,我们必须住在湖的边上,所以就在那个早上我们转移到离湖更近的地方,把帐篷设在距湖岸10俄丈处。[2]

距湖越近,草原上开花的草类越少。不过,也许是阿伊利和牲畜集聚在湖的沿岸部分地加重了这种情形,阿伊利距湖岸最近的也有两俄里。湖四周的草原上根本没有花儿。在草原的边缘沙土与砂岩的相接处有一条宽仅1俄丈的代里苏带,犹如一道窄窄的花边,这种植物在此地长到1.60米高(其中有60厘米为圆锥花序)。代里苏丛中间杂有好多姤麻丛,代里苏尚未转绿,仍然是去年秋天那种麦秆一样的颜色,而且只有被牲畜啃咬过的秆子保留下来。在这种植物的衬托下,深绿色

---

[1]布塔呼杜克水井以西有一个叫泰盖霍莱的地方。我们听人讲,那个地方到秋天蘑菇非常之多,巴儿忽惕人把它们采集起来,晾干,和肉一块炖着吃;巴儿忽惕人向来收购的汉族人出售羊只、羊皮和羊毛。现今巴儿忽惕人地区的绵羊虽然有很多都赶到西伯利亚铁路线上去了,然而还是没有往南赶送到中国去的数量多。——作者注

[2]我一再向人打听,在蒙古语里贝尔这个词是什么意思,为什么给湖起了这样一个名称,得到的回答是:贝尔的意思是"大片的水"。——作者注

·欧·亚·历·史·文·化·文·库·

的焮麻格外显眼。在蜇人的深绿色焮麻丛中缠绕着匍生蝇子草那柔嫩的细茎；在开阔地带被太阳晒得比较热的疏松沙土地上，代里苏丛之间这个时候已经有植物在开花：角茴香、黄芪、日本鹤虱（有的已经结果）和地梢瓜。沟槽之间的砂岩埂上不长任何植物，而顺着沟槽生有西伯利亚紫丹。只有这条装点在草原朝向湖泊一侧边缘上的花纹才稍稍改变了植被单调而令人郁闷的氛围。上面历数的这些草类囊括了贝尔湖岸边的全部植物，至少也是概括了6月中旬湖边植物的状况。

早在距贝尔湖还有几天路程的时候，就发现我们的家当出了一点毛病，因而影响了我们的情绪。我们在赤塔用考察队的经费购置的那辆大车上一个后轮的轮箍松了，不断地从车轮上脱落。在邻近的阿伊利里找到了一个巴儿忽惕族铁匠，他说他本可以把轮箍重新箍紧，但是没有必要的工具。于是只得另做打算，四处询问可否把这辆车和一部分今后再也用不着的行装，比如说那条船，寄存在什么地方。对着贝尔湖的南端有一个不太大的寺院噶钦苏梅，我们开始寄希望于该寺院的僧人会答应替我们保管这些东西。现在我们为当初不得不放弃用牲畜驮载的办法而选择使用俄国的大车感到后悔和苦恼。作为一种应急措施，我们每天两次：早晨出发时和中间进餐时，用水浇车轮，但是并不总是有水的。由于采取了这样的措施，那辆车顺利地行驶到了贝尔湖。一到这里，贾尔萨赖便把那个轮子推到了湖里，在水中泡了大约一个小时，这样一来，轮箍便又紧紧地箍贴在车轮上了。这件事也就没有造成什么更严重的后果。

我们在贝尔湖畔还停了两天：6月16日和17日，好让索尔达托夫有时间做一套更加完全的贝尔诺尔湖动物标本。虽然帆布船已经安装起来并且下了水，但是由于湖水在离岸相当远的地方依然很浅，索尔达托夫宁愿拿着捕捉浮游生物的网兜在湖里一步步移动着工作，也不愿意乘船。湖底是沙土，很坚实；有很多死鱼和贝壳被水浪抛到平缓的湖岸上来；整个湖岸都散布着鱼的骨头和完整的骨架。贝壳可以分辨出3种形状，不过，这有可能是同一种河蚌不同年龄段的贝壳。巴扎罗夫骑马沿湖岸跑了一趟，用口袋装回来30来个贝壳，不过大部分的边缘都已毁坏。在巴儿忽惕人的帐幕里(前边已经说过,他们把这种东西叫作希索)也能找到完整的贝壳。我买了几只。

据巴儿忽惕人讲,贝尔湖里有几种鱼:索尔博勒泰(鲶鱼),博洛萨盖(鲤鱼),伊列根——一种四棱体形的鱼(鲢鱼)和亥勒泰克——一种不大的鱼。索尔达托夫用网子捕到了 3 种鱼,其中的两种是(重唇鱼的)两个属,每一网撒下去,捕到的数量极多;第三种是鲤鱼,总共只捕到了一条。撒网并没有打到鲶鱼,但是我们在岸上发现了被风浪抛上来的此种鱼的尸体,已经在太阳地上风干了。另外,还发现了狗鱼的颚骨,所以目前可以说贝尔湖至少有 5 种鱼。

6 月 18 日我们继续朝南方行进。大部分路程都是走在和先前一样的针茅长得很好却没有花儿的草原上,贝尔湖一直在望;每走过半俄里,路左或是路右就会有几顶帐幕。我们在哈班的帐幕对面停下来进餐。在我们停下来的这个地方,湖岸凸伸入陆地里面,形成一个弧形的湖湾,对着湖岸有一个岛。这里沿着湖岸看样子也是和上一个停宿地那里同样的砂岩露头,都被水浪冲刷得光光的。在我们停下的这个地点的北边有一道岬角,那上面也有砂岩露出来。在我们停下的这个地点左边,砂岩被吹过来的沙子盖住了。

这里也像前面那个地方一样,边缘处有一窄条代里苏带,只不过燉麻不见了,匍生蝇子草和角茴香倒还有。湖的中央可以看到很多雁,然而比 6 月 15—17 日停住的那个地方要少;和那个地方的情形一样,雁都待在离湖岸很远的地方。在科布多附近的哈拉乌苏湖畔,禽鸟成群地落在岸边,只在有人走近的时候才往水里跑,那种情形我在这里没有见到过。造成这种状况的原因可能是此湖沿岸的人太多,一会儿牛拉的双轮马车载着大木桶到岸边来打水,一会儿牧人又赶过来一群牲畜饮水;再不然就是此湖近岸的水里禽鸟可吃的东西太少。此处靠近岸边的湖底和前面停宿的那个地方一样干净,湖岸也没有被鸟粪弄脏。

进餐时先是来了一个博奇科(博什科一词在此地的叫法即小官吏),随后哈班也来了。这位哈班把我们护照中印着的满语文字抄录下来,那里边留给我们写名字的空白处并没有填上,而填写着我们名字的蒙古文字他却不认识。在抄写那一行满语文字之前,哈班得先用歌唱般的腔调把它念一遍。他很费劲地做完这件事之后,告诉我们他派人到哨所的衙门去叫比切齐(即叫录事),让比切齐把蒙语文字抄录下来。送走哈班后,我们继续赶路。比切齐在中途赶上了我们,此人还认识汉字。他毕恭毕敬地翻开我们的护照,歌唱般的念诵了两行,就合上护照还给了我们。我们的护照就这样没有被完全抄录下来,我们的姓名也就不可能在蒙古的办公处里为子孙后代保存留下去了。由于后边的旅程将要离开此湖泊,从一些少为人知的地方,也可能(我们当时并不知道)要从绝对没有人烟的荒漠中走过,所以我们重又为我们一行人未来会有什么样的遭遇担忧起来,于是再次想雇用一名向导。比切齐派了一个人送我们去最近的一个喀尔喀官员的驻在地,并让这个向导带一封信给那位官员,请他不要让我们在无人领路的情况下继续往前走。当我们经过喀尔喀的察克达的帐幕时,指派给我们的那名向导和卢布森一起去找他,然而这位察克达不仅没有给我们派向导,还在卢布森身上找茬儿,几乎给他扣上背叛祖国的罪名——一个中国的子民,出生在西藏,却在俄国游游荡荡。然而卢布森却一点也没害怕,他说,如果把他抓起来送到北京去,那又有什么关系,他会很高兴能有车把他送回祖国去。

进餐之后又走了 3 个小时(一天之内总共走了 5.5 小时),牧草比先前的更好了,有两种禾本科植物开放出无数的花朵,然而和先前一样,很少有其他的新的植物开花。植物标本集塞得鼓鼓的。天近傍晚时,看到前方有一条淡淡白色的条带从路上横穿而过。那是一片非常宽阔的代里苏丛,足足用了 20 分钟的时间才从其中穿越过去(也就是说,丛带的宽度可以判定为近两俄里)。丛带里边有一片片的盐土,那种地方有一洼洼不能饮用的水;盐土上生有很多哈尔梅克,此时正好繁花满枝。我们在丛带附近停下,这里无水可用,附近有阿伊尔。这一地区叫做布伦代里孙,这里有一个喀尔喀哨所,因为巴儿忽惕人和喀尔喀公爵主王〔джу - ван〕或称大王的旗从此处分界。

6 月 19 日,走了不长一段路便到了巴音诺尔湖。虽然此站与前一站之间的距离并不远,我们还是没有接着往前走,因为我们听居住在当地的人讲,前面将有两段经过无水地带的长距离行程。他们说,在从巴音诺尔湖出发的下一天行程中,我们需在草原中找一个路旁有井的地方停宿,然后备足井水,一直行走到天黑,在没有水的地方过一夜,只有在接下来的那一天我们才能到达洪图湖,那里就有挖在敖包旁边的井了。考虑到这种说法,我们开会决定在巴音诺尔湖旁待一天,让马匹休息一下。

巴音诺尔湖的是贝尔湖南面的部分,此湖与贝尔湖是连着的,不过那道水峡从我们停住的这个地方看不见,有几个岬角把它遮住了。巴音诺尔湖的水微咸。靠岸的水中漂浮着冲积至此的水藻,从水藻里面发现了眼子菜的断枝和水生甲虫。巴音诺尔湖的底部覆盖着一层 1/4 俄尺厚的含盐淤泥。有巴儿忽惕人把一大群马赶进了湖水里,马蹄搅动了湖底,一股硫化氢的臭气升腾起来。

这一天行进的途中和此前一样,见到过一些阿伊利,巴音诺尔湖边的这些是最后一批,再往前就是没有人烟的荒漠了。在巴音诺尔湖以西有一座不大的噶钦苏梅喇嘛寺庙。

有关道路情形的消息我们是听一个骑马来到我们帐篷前的老头说的,他的手里拿着两根拐杖。他很愿意与人交往且十分健谈,假如他愿意带领我们走上哪怕只是几天的话,那我们这支考察队简直就是如获至宝了。现在我们面临的任务是穿越贝尔湖与卢赫苏梅喇嘛寺之间的这片无人烟的荒漠,从海拉尔城去多隆诺尔城的道路自北向南经过该寺。那个老头说,他是愿意带领我们走的,可是回来的时候他一个人可怎样穿过这没有人烟的荒原呢?他的腿瘸,没有别人帮忙,连马都上不去。

于是我们于 6 月 20 日在没有向导的情况下起程继续前行,登上第一道希利(希列,说短一点就是希利,在蒙古语里是"山脉"的意思,此词相当于奥伦堡地区使用的"瑟尔特",至少此地是这样用的),我们看到了一道霍赖,即山沟,奥伦堡地区叫"巴尔卡",沟里生有代里苏和哈尔梅克,代里苏中间有一些水洼。过了这道山沟登上第二道"希利"或

363

者叫瑟尔特,翻过去之后又有另外一道山沟,也长着代里苏丛。在这个地方我们看到有一个水并不能用的小湖泊,还存放着一些阿尔嘎勒。拄拐杖的老头跟我们说的那口井大概就是在这个地方,但是这里离巴音诺尔湖太近了,因此谁也没有想到要在这里来寻找水井。走过这条山沟就是长长的攀登第三道瑟尔特的上坡路。到了这条路上,我们这些人开始寻找水井,然而骑马满荒原找了一阵之后,都一无所获地回到了大车停下的地方。后来我们认识到,如果对该地的自然环境特点了解得更深一些,我们预先就能知道寻找是不会有结果的。在这个地方瑟尔特或者说是"希利"是最缺水的地方,只有山沟里才会有水。我们经过一番寻找而毫无结果之后,决定晚上6点钟在这个无水的地方进餐。晚8时继续赶路,又接着走了两个半小时;这一天总共走了8.5个小时,也就是说,一天走了34俄里的路程。可是这些无水的瑟尔特上却有又密又高的植被,禾本科植物长到将近1俄尺高,有的还要高,都可以割下来晒干草了;这里的草原上花儿比先前那些地方要多,这里的花儿有:银灰旋花,数量最多的是麻花头,北芸香草,两种黄芪,格梅林匙叶草,甜草,山韭和辉葱,还有数种禾本科植物。

我的几位旅伴在这里见到过很多黄羊,它们5只或者更多一群地在草原上游走,一群里至少有5只。20日至21日之间的那一夜很冷,21日早晨(早7时是17.1℃)降了很重的露水——后来我们了解到,这在此地是一种很平常的现象,可是在蒙古的其他地方却极其罕见。

植被的上述这样一种情景出乎我的意料。我原以为,离开贝尔湖岸,我们要走的地方会是戈壁特点的荒原,既没有水也没有草,当地人说要在没有水的地方走好几天也让我确信一定会是那样一种情形。可是实际情况却大大出乎我们的意料!昨天草原还无法让人高兴起来,也没有多少花儿,可是21日一早我们走出帐篷,发现我们竟置身于绿草遍地的大草原之中,草长得又高又密,令我不禁想起了1862年我于萨马拉[古比雪夫]和乌拉尔斯克之间穿越的那些花草繁茂的瑟尔特。从6月21日早晨我们所在的这个地点望去,前面(也就是在东南方向上)有几座山峰矗立在地平线上。

由于水桶不大,所余的水已不够煮早茶,便连茶也没喝,在 8 点钟便从停宿地出发了,一直走到下午两点钟。原来看似单个的那些山峰,在其山麓从地平线下露出来之后,就连接成为一条占满东南方整个地平线的山脉。今天的大部分路程走的都是与早晨我们停宿地四周相同的那种青草茂密的草原。青草之间的地面上到处是一堆堆蚂蚁挖穴掏出来的土,土堆里边和四周的土壤呈浅褐色,看样子在这个地方沙土里边混有腐殖质。随着道路的上坡和下坡,地平线上的山脉一会儿隐没一会儿出现。总的感觉是在慢慢往高处走,照西伯利亚人的说法就是走"大缓坡"。

　　路程走到一半,来到一个状似凹地的地方。凹地的低处是盐泽,植被茂密;还有好多积有混浊咸水的水洼,里边有许许多多的甲壳纲生物游来窜去。水里有泥土因而变得很稠,在里面游动的鲨虫不把脊背露出水面根本无法看见。这个地方丛生着一种茂密的禾本科植物,那个地方却又是另外一种了,蓝色叶子的梯牧草远远望去就好像夹杂在其他绿色植物当中致哀用的纯黑色斑块,早熟禾则是一团团褐色,短芒大麦也自成一片片单独的密丛。在光裸的白色盐土上长着一些单株的蓼,稀稀落落但分布得很均匀,犹如印花布上的花儿一样。在一丛丛禾本科植物中偶尔还有刺藜和一种猪毛菜属植物形成的条边。穿过凹地之后,重又走上了隆起的干燥草原,这里的植被要少于凹地以北的地方;这里的土壤大概不含腐殖质。

　　没过多久我们就看到了一个湖,随后又看见了一个敖包,这就是洪图湖。看不到人,也不见畜群。应该在这个地方找到一口井或是一处泉水,然而出去侦察的巴扎罗夫在草原的敖包左右两侧转悠了好长时间,显然他没有找到水井。卢布森建议在湖边停宿,他肯定地说湖里一定是淡水,可是我们马车夫的首领贾尔萨赖却不相信这话。不过,在比敖包还要近的地方的路旁有一片起自湖边的洼地,在那里的一片草地上发现了一洼水,水虽然带有沼泽的味道,但是可以饮用,于是我们在这里停下来,距湖泊两俄里。路与湖之间的草地大概是因地下有泉水而保持着湿润,我们看到那上面除禾本科植物外,还有长叶碱毛茛、宽

·欧·亚·历·史·文·化·文·库·

叶独行菜和白山蓼。湖里边确实是淡水。卢布森了解一些据说可以在
3~4 俄里之外判定湖泊水质的征兆。当天晚上我的两位旅伴索尔达
托夫和兹维亚金到湖边去了一趟,捕捞了很多甲壳纲生物。由于他们
感觉到湖里边还有鱼,于是便决定次日停留一天去捕鱼。第二天(6 月
22 日)在这个远离人烟的湖里边真的抓到了两条不大的鱼。在这个停
宿地点我们第一次尝到了被蚊子叮咬之苦,这是此地的一大祸患。此
后,一路之上我们不断地受到蚊虫的侵害。

　　用望远镜可以分辨出 6 月 21 日早晨我们从住宿地就曾看到过的
那些山上有几片树木,但并未连接起来成为不间断的森林。从这条生
有树木的山脉背后耸起另一道山脉的峰脊,不过没有林木。

　　6 月 24 日我们又走上了草长得很繁茂的干燥沙土草原。这儿有
正在开花的麻花头、宽叶独行菜、野鸢尾。中午时分到达哈利勒噶地
区。这个地方有好多沙土丘陵,这些丘陵可以认作是已稳定下来的沙
丘,附近低处有淡水小湖,湖的四周是泥潭和湿漉漉的草地。沙丘上长
着 0.5 俄丈高的榆树,而草地里沿着泥潭的边缘生有茂密的河柳。沙
丘上的榆树中间开放着花朵,有草本岩黄芪(这种植物半木本的灌木
丛使我想起了花儿缀满了鄂尔多斯那个地方沙丘的光岩黄芪),条叶
庭荠,宽叶独行菜,黄芩,单花矢车菊,直立地蔷薇,全缘叶花旗竿,知
母;湿草地上有毛茛,矮香豌豆,宽叶红门兰。同是在草地上,土壤比较
干燥的地方则长着山罂粟和小黄花菜。

　　就是这个哈利勒哈地带 6 月 21 日早晨被我们从停宿地看成了一
条山脉,我们看到的山上的树林就是此地的榆树。通向这些高地的上
坡路坡度很小,所以开初我根本没有想到我们已走上了曾在远处看到
的那条山脉的顶峰,一直觉着是走在平坦的草原上。另外,那道从较近
的山脉后面探出山脊的山脉,后来发现也是和哈利勒哈同样平缓的山
峦,那是阿布代尔地区的瑟尔特。

　　我们在哈利勒哈地区进了餐,随后下起了大雨。然而尽管雨还没
有完全停下来,我们还是给桶里装上水,继续赶路了。行走在这个缺水
的地带,我们遵循着这样一个规则:一旦有可能便要储备淡水带上。途

中我们又一次遭到大雨的淋浇。在走完榆林之后,重又踏上地面干燥的草原。青草很多,在这个地方仍旧有开着花的知母,红纹马先蒿,小黄花菜;野鸢尾不只是长满了花蕾,已经绽放了。

在一条夹在两面平缓的山坡之间的槽沟里,我们虽说没有找到水,可是大雨却迫使我们提前在这里停顿下来。这道槽沟的东头窄缩成为不很高的"夹壁窄谷"。在这个地方,有几个蒙古人来到我们的帐篷前,这是我们离开巴音诺尔湖后遇上的第一群人。他们告诉我们说,我们现在正处于阿布德拉或称阿布代尔河畔,6月22日我们曾停留了一天的那个湖泊的确是洪图湖,而生有榆树的那个地区叫哈利勒哈,从这里可以看见槽沟上头的"夹壁窄谷"里有水。从夹壁窄谷往下,就在我们横穿槽沟底部而过的那个地方,我们在槽沟的中间看到了一道细沟,当时沟里只有一些烂泥;可是第二天,下过这场持续了20个小时的雨之后,沟里已经自东向西流淌着一股没人膝盖深的水流。从我们停宿的地点往上,小溪的右岸有一处粗粒黑云花岗岩的露头。

小溪两侧槽沟缓倾的坡面覆盖着由禾本科植物和其他植物组成的茂密的植被:委陵菜,数种蒿,麦瓶草,地榆[1](布里亚特人叫胡敦,蒙古人叫苏敦;布里亚特人食用这种植物的根茎,他们自己动手挖掘,还把鼠穴里储藏的收集起来),辉葱(布里亚特人叫曼吉尔)和山韭(阿鲁霍尔沁旗的蒙古人称之为埃梅盖松根格——"臭韭"),北芸香草,偶尔有山丹花,苜蓿极多。

槽沟朝北的左侧坡面上生有一丛丛的野桃(西伯利亚杏)树(蒙古语叫布依利亚苏),叶子是心的形状,很宽,树有1英尺多高,已经结果。24日晚和25日晨有露水。

次日我们只走了1小时50分钟,到达一位台吉的阿伊利后便停住下来。因为我们被告知,往前一直到博罗利济图地区都没有水,而那个

---

〔1〕地榆(Sanguisorba officinalis)的根茎含有大量的鞣质(8%～14%)。在中国和西藏的医药学上,普遍使用以该植物的根茎熬制的汤汁作为治疗出血、腹泻等等病症的收敛剂。在兽医实践中也用于治疗同样的疾病,并用作驱肠虫剂(H.B.帕夫洛夫:《哈萨克斯坦的植物原料》,第283－284页)。这种用途与波塔宁所说布里亚特人食用地榆根茎之事不符。

地区要从清晨一直走到日落才能到达。另外,昨天那场雨把我做植物标本集用的纸打湿了一部分,这些纸一夜之间也未能干透。这个地方只有一顶帐幕,旁边停放着几辆大车,还有两大堆阿尔嘎勒。阿伊利的北边有一条沟谷,我们前一站停宿的阿布代尔河就从那里边流过,这里是该河的上游。这个地方沟谷的坡面也和下游一样倾斜的角度很小。沟谷的右侧有一些岩石露头,从颜色上判断,仍然是下游的那种粗粒花岗岩;这些露头形成一些黄色的斑块,都不太大,稀稀落落地分布在绿色的坡面上。这里出现了在鄂尔多斯常见的那种细叶黄芪(草木樨状黄芪)。

26日沿着原来的方向,在丘陵起伏的地带朝东南方行进。前一半的路程是上坡,然后顺着一道很长的沟谷往下走,沟谷的东南头就是博罗利济图地区。地面上还是同样的植被,禾本科植物的叶子长得有3/4英尺高。一些长到1~1.5英尺比较高的植物把它们的花朵绽放在这层绿茸茸的植被之上:有如安石榴般鲜红的细叶百合(山丹)花,小黄花菜的黄色喇叭花,棉团铁线莲的白花,山罂粟淡黄色的头状花序,蓬子菜的云絮状黄花;而伸展在这些花朵之上的则是叉分蓼灌木丛枝叶繁茂的尖梢了。这种植物蒙古语的名字是特尔南,高有1米多,不过这种植物在草原上并不是接连成片的生长,而是一丛丛分散开来,彼此相距甚远。在毛皮上通常会区分出绒毛或者说是细密的短而柔软的毛,其次是能使毛皮现出颜色、比绒毛要长的真毛,最后是最长然而稀疏、能使毛皮具有光泽的毛——长毫。如果把植被比作毛皮并不算怪异的话,那么在生于此地瑟尔特上的绿色植被里,禾本科植物的绿叶就相当于绒毛,而植物那些披满花朵的尖梢就是真毛,是它们使草原具有了色彩:如果这个地方占多数的是委陵菜或柴胡,那么草原的主色就是黄色;如果多数是各种各样的风铃草,或者杂有韭类的紫菀,那么草原就会变成一片蓝色;而散布在草原上的特尔南(叉分蓼)丛就是植被的长毫了。在纵横于草原上的沟谷里有不很高的河柳丛,最高的也超不过半俄丈。

在博罗利济图地区的一个不大的湖旁有几顶蒙古包,那个湖显然是靠泉水来补给的。从阿布代尔河到博罗利济图地区这一带住的是泰克达贝瑟公爵旗的喀尔喀人，再往前就是乌珠穆沁或乌祖穆沁旗了，也就是说再往前就已经不是喀尔喀人，而是乌布尔霍顺人的地界了。在科学文献中，乌布尔霍顺人通称南蒙古人，然而就其地域的位置说，东南蒙古人这个名称对他们来说更为适宜。

在博罗利济图地区，我们不得不停留两天（6月27日和28日），尽管我们并不想这么做。我们的马有一匹生了病，两天后马死掉了。这使我们陷入了困境，我们必须得或是买一匹新马来代替已死的马，或是从车上卸下一部分东西，留在碰上了这件倒霉事的那片草原上，在返回俄罗斯路过时再把留在这里的那些行李带上。我知道，察克达就住在邻近的一个阿伊利里，而且他整个夏天都会待在这个地方，于是我就去找他，看看能否把我们的东西留给他照管。察克达帐幕里的陈设很简单：东面摆着一张矮床，一个柜橱，一个盛着奶油的高木桶和几个塔布尔，也就是木头架子，上面放着一些多姆布，即带盖的小木桶，我在这里没有看到在蒙古中部和西部用来装奶油和酸奶的那种皮囊。察克达不做马乳酒。察克达拒绝未经管旗的公爵的允许就代我们保管东西，在几个阿伊利里也没有找到要卖的马，我们只好凑合着去卢赫苏梅寺，期望能把我们的东西寄放在那个地方，距该寺只剩一天的路程了，该寺地处从多隆诺尔城去海拉尔城的通商大路之上，把东西卸在那里要比留在博罗利济图这个偏离大路且没有石头房屋的地点方便多了。

我们来到察克达住处的时候，他正准备要出门去，已经穿戴好了，因此我们不好耽搁他，拜访的时间不长；我们只能趁他招待我们喝茶的时候询问一些情况，请他回答了事。

据他讲，这个阿伊利里是没有羊的，我们看到的那些羊群是本地的蒙古人从乌珠穆沁旗的人那里租养的。本地蒙古人替乌珠穆沁旗人放牧绵羊的条件是饮用羊奶3个月并将剪下的毛归己，风险由放牧的人承担。如果放牧者与乌珠穆沁旗约定，放牧者不对羊群的损失承担责任，承牧方就要在3个月的时间内向羊群的主人为每只羊交一斤（中国的磅，比俄磅大）艾留柳，就是干奶酪。此地骆驼很少，由此往南就更少,但从这里往西南方向走出很远,那个地方骆驼多。木料是从巴儿忽惕人的地界运到这里来的,盐从聪霍尔湖拉来。有一条消息很有意思,是说乌珠穆沁旗所有庙宇的喇嘛做了一次祷告,祈求上天让俄国人的路线避开乌珠穆沁旗。人们盛传俄国人正在向乌珠穆沁旗推进,这种流言大概是因满洲[中东]铁路的工程技术人员进行勘测活动而引起的。

博罗利济(或者按另外一种发音是博罗利吉)一词是蒙古人用来指称生有灌木,主要是河柳的沙丘的。从这次停宿的那个地点到卢赫苏梅寺(已经是在乌珠穆沁旗境内了)之间的整个地带,也就是说有20来俄里长的地段上全都分布有这种样的沙丘。从位于察克达的阿伊利旁边的那个停宿地开始,沿着那里一个湖泊的北岸这种沙丘一直都有,只不过在那些地方我还没有看到沙丘上面生有灌木。这里并没有流沙,这些丘冈可能是固定下来的沙丘。这些丘陵一直延续到了卢赫苏梅寺,因此就连寺院的房子也建造在这样的丘冈中间。在寺院左边的丘冈上,除河柳之外还生有两俄丈来高的榆树和双针茶藨。一些地方的丘冈遭到风力的破坏,沙子裸露出来,形成沙土坡面或是侧壁和底部都是光裸的沙土的坑,这种坑穴或说是风蚀坑当地人叫做曼哈。离远一些看,博罗利吉是这种样子:你会看到面前有一片灌木,其上缘线因沙丘轮廓不同而高低不齐,灌木之下是光裸的沙土台基。

紧靠一群沙丘南边的低洼地上分布着一块块满是烂泥的草地,草地之间有一些蒙古人称之为布尔杜的小湖泊。这种布尔杜与托鲁姆不同,里面总是有水的,其中的水显然来自地下泉。此后在一直到兴安岭脚下的整个行程中,我们经常碰到这种"博图利吉"和"布尔德",可是在克鲁伦河以北经常碰到的那种仲夏时候积满水而寒冬将至时就干涸的白色古吉尔土底的湖泊,在这个地方却一次也没遇到过。这一带似乎也没有托鲁姆,至少我在这一带的几个地区使用的复杂名称中间没有听到过这么一个词。

我们把帐篷架在了寺院以南约百来俄丈的地方。从我们这里往北可以看到一些墙壁泛白的不大的佛殿;寺院村的左侧,沙丘上有几棵榆树,可是寺院村的里面却一棵也没有。我们住地以南的平缓地面上分布着好多块草地和沼泽,再往前远远地看到有一个湖泊。就在我们帐篷的旁边,盛开着山罂粟的淡黄色花朵,密得就像园子里的菜畦,旁边还有格梅林匙叶草——一种唤起人们对蒙古中部地区和吉尔吉斯[哈萨克]草原的回忆的草原植物。在来卢赫苏梅寺院的这一天途中,在我们走过的那一段路上我第一次发现了盐生苦马豆,这种植物正在开花。

在沙丘之间的凹地底部也有潮湿的地方,有时还露出一汪汪的水。据住在卢赫苏梅寺里的喇嘛说,在整个博罗利济图地区随便在哪里挖一下,都可以找到地下水。

到了卢赫苏梅寺,我们的处境更是雪上加霜:我们在乌兰诺尔湖从巴林旗的那个喇嘛处买来的食品已经吃完了;我们只买了够走到这座寺院的路上吃的,打算到这儿以后再找一家汉族人的商铺重新购买一批。可是我们的计划出了差错,据喇嘛们说,这里确实有一间汉族人开的商铺,不过听说铺主已经卖光了所有的货物,现在到多隆诺尔进货去了;而喇嘛们又说自己没有多余的存粮,这话却未必是真的。我们既无面也无米,羊肉也全吃光了。贾尔萨赖到左边的阿伊利去买羊,也没有找到。我们唯一能够从喇嘛那儿买到的东西就是盐。按喇嘛们的说法,往南走上4或5天,在塔克希勒苏梅寺那里可以找到汉族人的商铺,但是我们不买到一匹新马来代替已经死掉的那匹,是无法离开卢赫苏梅寺前行的。摆脱我们这种处境的出路就是把我们的一半行李留在卢赫苏梅寺,赶着经过轻装的车辆尽快地往前走。这就得找寺院的主管人员,可是不知道出于什么原因,这些人竟避而不见我们,我们徒劳无功地奔走在寺院内几条空荡荡的路上,到处寻找住持或是他的副手的住所。偶尔碰上几个喇嘛对我们的询问也回答得支支吾吾,不是说他们什么都不知道,就是说为首的喇嘛全都到兀鲁思去了,寺院里现在没有管事的人。

喇嘛们心存恐惧,不敢和我们接近。这些人中间有一个喇嘛1885

年曾在古姆布姆[1]待过,那个时候我正在那里过冬,他曾经见到过我,这就使他有理由把我看做老相识,他有时到我们的帐篷里来,对我们表示同情,甚至还拿来一袋沙拉布特(稷子)和少量的博尔齐(干肉)送给我们,然而他也无法给我们更大的帮助。一开始他曾经对我们说过,寺里能找出空房子堆放我们的东西,只要喇嘛们同意这样做就行;还说,我们如能争取到寺院管理者的允许,他可以把这些东西放在他自己的院子里。可是后来他不知被什么事情吓住了,便开始推托,说如果留下的行李中少了什么东西或者有什么东西损坏了,他负不起这个责任。

除开以上种种倒霉事之外,蚊子也来找我们的麻烦。这次旅行中,到任何地方也没有像住在卢赫苏梅寺旁这样饱受蚊虫侵害之苦。每天晚上蚊子都把我们骚扰得不胜其烦,太阳刚一落山,我们就得用网子把头部套住,整个晚上都得这样套着,就连睡觉的时候也不能把网子摘下来。

卢布森提出了一个摆脱当前困境的办法:不把我们的东西放在寺院里,而是送到一个距卢赫苏梅寺数俄里远的阿伊利去,留下他看着这些东西,而我们则可带着轻装的大车继续朝大兴安岭前进,返回时再到卢赫苏梅寺来取这些东西。同卢布森这样一个对考察队十分有用的人分开真是令人遗憾,然而我们也只能无可奈何地采纳这一方案了。

7月1日晚上我们刚刚决定按照卢布森想出来的办法行事,第二天7月2日乌珠穆沁旗的扎伦敖奇尔就来到了卢赫苏梅。那个时候他正带着自己的家眷和家屋在瑟埃利金戈尔河边距卢赫苏梅寺70俄里的地方游牧。喇嘛们背着我们派信使去瑟埃利金戈尔河飞报我们到来的消息,以及我们向寺院的喇嘛提出的请求,而他们却不知如何是好的情形。扎伦带着10名随从赶到,来帐篷里见我们。此人35岁上下,身材不高,体形瘦削,眼睛灵活有神,言谈机敏,嗓音尖细。大概就是因为

---

[1]古姆布姆是位于西藏边缘安多山原上的一座大型喇嘛教寺院,距西宁城25公里。这座建在喇嘛教创始人宗喀巴故乡的古老寺院是从全蒙古及鄂尔多斯去西藏的宗教中心拉萨朝拜的信徒们集合的地点。朝拜的人于秋天骑骆驼到达古姆布姆,在寺里过一个冬天,春天时骑犛牛向西藏进发。1885—1886年波塔宁曾在古姆布姆过冬,其他一些俄国旅行家也曾经到过该寺。

这种讲话的声音,民众送给他一个绰号胡逊扎伦——就是"扎伦姑娘"的意思。不知因为什么扎伦拒绝劝说喇嘛为我们提供方便,也没有去说服他们答应把我们的一部分东西寄存在寺院内。"为什么他们不愿意这样做,对此他们有自己的想法",扎伦这样告诉我们。后来同当地人打交道的次数多了,有可能把乌珠穆沁旗人对待我们的态度和阿鲁科尔沁旗人及扎鲁特旗人的态度进行一番对比,这时我才做出这样一种判断:乌珠穆沁旗的人行动如此小心谨慎的原因在于乌珠穆沁公爵讲究迷信,或是他缺乏独立的性格。这位公爵很迷信,我觉得这一点我没有说错。作为一个讲迷信的人,他会认为欧洲人能散放出有害的气息,因而把欧洲人出现在乌珠穆沁旗牧区中看成是上天的一种惩罚;也许另外的原因还有他想不出如何同欧洲人打交道,才能让北京的上司感到满意,于是他就想方设法去做一件事:让我们尽快地经过他的地盘,进入相邻的公爵地面。

扎伦此来看样子有人密嘱,不能让我们把东西放在卢赫苏梅寺,因为那样我们还得回到卢赫苏梅寺,再一次经过乌珠穆沁旗。为了不把东西留下来,扎伦提出他可以帮忙或是买一匹马,或是雇几头牛把我们送到前面的哈利勒苏梅(塔克希勒苏梅)寺。由于牵来准备卖给我们的那匹马要价太高——30两银子,我们决定雇牛;一个喇嘛应承以10两银子的价钱用两头牛把我们的一部分行李送到哈希勒苏梅(塔克希勒苏梅)寺所在的乌利根戈尔河,并且讲好4天到达。因为帮了这么一个忙(如果可以把这叫做帮忙的话),考察队送给扎伦一架望远镜。扎伦推辞了好长时间不肯收礼品,他推说他到此地身在家外,他的家离这里很远,因此无礼物可以回赠。

扎伦似乎还被示意力劝考察队放弃去公爵驻在的瑟埃利吉河的意图,而让这些人走通向多隆诺尔的大道。由于我们预定在返回俄国的途中对瑟埃利吉河谷进行考察,所以我们没有坚持走东路,而是很爽快地接受了敖奇尔扎伦极力向我们推荐的路线。

7月3日我们离开卢赫苏梅寺,沿从海拉尔城去多隆诺尔城的大路向南行进。有一半的路程是穿行在干燥的草原上,这些地方有很多

·欧·亚·历·史·文·化·文·库·

开着黄花的小株金匙叶草、风毛菊、石头花、斜生龙胆。后来我们看到了一个水大面积泛滥出来的湖泊,被泛滥出来的水淹没的地面上生着禾本科植物,而在水面中间的干地块上开放着旋复花,还有同样开着黄花的金匙叶草,不过长得很高——将近半米。我们涉水走了很长时间,有时水没到了我们的车毂;水是迎着我们流过来的,也就是朝北流的。听我们从卢赫苏梅寺雇的那个喇嘛说,这些全都是雨水。早春时节这里是很干燥的。泛滥出来的水面四周是些轮廓和缓的干燥丘陵,哪里也看不到岩石露头。在离开道路很远的地方有比较高的山,托孙托洛戈山(肥沃的山丘)已经落在了我们的后面,那些山是在卢赫苏梅寺以北的。前面是察干托洛戈山冈,路左边有奇洛呼杜克(石井)和塞里贡。我们看到西边有个湖,好像是乔龙诺尔湖。湖泊以东直到塞里贡的山麓和奇洛呼杜克,以南到察干托洛戈山麓,整片低地全被泛滥的大水淹没。我们停宿在泛滥水域南面边缘地带的一个干山丘顶上,这个山丘的组成成分只能根据丘顶地面的角砾和散布在丘冈顶上的白中泛黄颜色的流纹岩碎块[1]来判断了。我们停宿的这个地点,充当向导的那个喇嘛说叫乌兰吉勒古。

第二天,7月4日,所经地方的特点依然未变。穿行于干燥丘陵之间的洼地上,不过这片洼地只有部分地方被水淹没;路是比较干的;这条路是通向南面的比柳台山的,路左10来俄里,或许还要近一点的地方有一条很长的山脉,不过那喇嘛叫不出该山的名字。比柳台山轮廓和缓。这一天我们在途中碰上了到蒙古北部去做生意的汉族人拉着货物的车队,我们从他们那里买了一些炒熟的稷子和大米,可令人懊丧的是没有面粉。我们刚给几个汉人付完钱,便风雨大作,暴雨倾盆而下,随后又下起了冰雹。雹子足有鸽子蛋那么大,噼噼啪啪地打在我们的头上和肩上,很是难受。马匹很难控制住,首先是马竭力要把尾部对着冰雹来的方向,可是暴风却是从西边对着我们的侧面吹过来的,所以要

[1]流纹岩(同义名称还有斑岩,粗面岩)的成分与花岗岩相似,与之不同的是组成该种岩石的矿物质都包在玻璃状的基质中。

顺着路把马往南边赶很是费劲。其次,马匹挣扎着要疾跑,以求逃脱这从天而降的击打。冰雹使我们这一天无法如所预计的到达雷克森诺尔[雷克辛努尔]湖;我们便依傍比柳台山(励石山)的东支脉停下来歇宿。

7月5日我们从组成比柳台山东余脉的那些冈丘中穿越过去,这些冈丘正处在我们住宿的那个地点与雷克塞湖所在的低地之间。湖边有好些乌珠穆沁旗人的阿伊利,5~6个为一个群组。我们从湖的左边走过,车队要从湖东边的一片洼地穿过,这片与湖相接的洼地样子像是已经干涸的沙土湖底,还没有生长出多少植物,这里长的主要是风毛菊。由于刚刚下过一场雨,地面上还有大面积的水洼和小股的流水。我们在这儿灌了一木桶水,因为那个喇嘛告诉我们,往前一直到乌利根戈尔河都没有水,当天晚上我们又赶不到那条河边。从雷克塞湖区洼地走出来,上了丘陵地,从丘陵之间穿行到达住宿的地点。这个地方最主要的植物是针茅,也有很多块根糙苏,还常常看到野鸢尾。因为我们有储备的水便不再操心这里是否有水,就在干燥的草原上停下来。可是我们惊奇地发现,附近竟有一个阿伊利,旁边就有水。那喇嘛把我们骗了:他想方设法为自己谋求好处,一路上谎话连篇,还故意把距离说得长一些,目的就是延长我们到达乌利根戈尔河的时间;我们走的时间越长,对他就越有利,因为讲好他的报酬是按日算的。

在这个叫埃梅莱霍布的地点过了一夜之后,7月6日我们在丘陵起伏的草原上继续前进。我们走进一片凹地里,这个地方有两个彼此相距很近且有一条水峡或叫串沟相通的湖——伊黑尔诺尔(孪生湖),我们从湖的西边绕行过去,开始攀登两湖所在的凹地南面边缘处的希利或称瑟尔特。我们一登上这道希利的顶巅,没有近处山岭的遮挡,看得更远了。我们看到,我们所处的这个地方高出前面草原差不多有250~300英尺,乌利根戈尔河从那片草原上流过。我们脚下这道希利朝南的坡面很陡,希利的山麓与河之间是一条宽约3俄里的平缓地带;在河的南岸有一条同样平缓只是没有那么宽的地带,过了那条地带,草原又开始升起,但是那边沿乌利根戈尔[乌鲁根戈罗]河谷延伸的山岭

比北边的希利可低多了。就在我们站立的这道山岭上,路西 1 或 1.5
俄里处高度与我们这里完全相同的地方就是哈希勒苏梅[塔希勒苏
梅]寺。寺院里看样子有约 100 来间房子,一座汉族建筑式样的佛殿矗
立于其间。

在道路横穿河流而过的地方,河宽约 10 俄丈,而在其他河水较深
处,河宽仅有两俄丈;我们过河的那个浅滩处水深没过了马镫。河边生
有花蔺、两栖蓼和荇菜。

在靠近河岸的草原里可以看到很多鸨。

河是自东向西流的,不过流速极慢,因此要想在没有长草的光裸河
岸边上判定流向是很困难的。我们当中几个爱钓鱼的人下河试图抓几
条鱼上来,可是却没有发现鱼,他们只看到有蛙类。住在当地的人告诉
我们,在干旱的季节中这儿的河道里是没有水的,我们现在看到河里的
水这么多,那只不过是因为前不久刚刚下过大雨的缘故。不过,这种说
法不一定可信。他们还说,河的源头离此地不远,就在从路上都可以看
到的那些不高的山冈中间。他们厚颜无耻地撒谎,说他们根本不知道
乌利根戈尔河还有发源于瑟埃利吉山的一段上游;这种话很难令人相
信,因为他们的公爵的驻住地有时就设在乌利根戈尔河与瑟埃利金戈
尔河之间的那块狭长地带,而且乌珠穆沁旗的土地也是沿乌利根戈尔
河往上一直分布到公爵驻地以北的。总之,乌珠穆沁旗的人在同我们
的交往中表现出的不信任态度更甚于巴儿忽惕人,他们好像是尽力要
让我们此行对他们这个旗里我们没有亲眼看到的那些地方得出一种与
实际不符且混乱不堪的概念。也许,他们是把我们当成给铁路做勘测
的人了。在我看来,乌珠穆沁旗的人可不愿意让他们大草原的宁静有
一天被机车的笛声所打破。

就这样,我设想此河是由瑟埃利吉山不间断地流到哈希勒寺的看
法始终未能得到土著人的证实,而我对这一点是毫不怀疑的。既然认
定河道和谷地都没有间断,那么恐怕也就没有必要同时还去设想河水
会流到中间断了。土著人避而不提河谷向北伸延出去的那一段很可能
是因为他们讲究迷信,不愿意说起他们那位神圣的公爵爷进行放牧的

地方。[1]

乌利根戈尔河分开成几条下游河的地点,土著人告诉我离此地并不远,不超过一天的路程,就在巴彦霍舒[巴彦霍顺苏梅]寺的附近,到了那个地方,河水流经的沟谷有很多起伏的丘陵。

沿乌利根戈尔河河岸的低地南侧有一些不很高的山冈,上面有好些乌珠穆沁旗人的阿伊利;我们也把自己的帐篷支架在他们的阿伊利中间,因为靠河再近一些,蚊子定会把我们连人带马折磨得苦不堪言的。就是在这些山冈之上,晚上我们还是吃尽了蚊子的苦头。阿伊利在我们帐篷的东西两侧一字排开,一直延续出去很远。站在这里我们可以看到河北边山冈上的哈希勒苏梅寺,它几乎就在我们的正北方,还能看见我们东北边的那座较小的噶布吉苏梅寺。我们推测兴安岭山脉应当是在东边,可是那一面从我们的停宿地这里只能看到一片平坦的草原,而不见任何山峰。

乌利根戈尔河以北的瑟尔特上出现了旱獭。从这里开始就是沿兴安岭的旱獭分布地带了。旱獭分布的西部界线从这里起,穿过卢赫苏梅寺东边的一个地方向北伸延。

在乌利根戈尔河边过了一夜之后,第二天我们并没能在清早就出发赶路。办理一些考察队必须办的事情耽搁了我们的时间:派人去哈希勒苏梅寺购买面粉;买了两匹马——给我们赶车的布里亚特人自己花钱买了一匹马来替代已死去的那一匹,另一匹是我给考察队买下备用的;下乌利根戈尔河试着捕鱼;最后,还要向住在当地的人详细打听去兴安岭的路和翻越兴安岭的山口的情况,并且寻找一个愿意给我们充当向导的人。

乌珠穆沁人组成大、小两个乌珠穆沁旗(伊亥乌珠穆沁旗和巴噶乌珠穆沁旗)。我们在这里正好走在了两个旗的分界处,这对我们打听前面的路该如何走产生了非常不利的影响。巴噶乌珠穆沁旗的人希

---

[1]后来当我们路过乌利根戈尔河上靠近瑟埃利吉河河口处的霍舒苏梅寺的时候,住在当地的人告诉我,流经哈希勒寺的乌利根戈尔河是从霍舒苏梅寺旁流过的那条河的下游段,中间水流是连续不断的。——作者注

望把我们尽快地打发到伊亥乌珠穆沁旗去,就想指引我们走一条尽可能少经过他们的地界,使他们的土地尽可能少受到我们欧洲人气息玷污的路。而伊亥乌珠穆沁旗的人则力求把我们推到巴噶乌珠穆沁旗的地面上去。一些人说,到我们要去的汗塔本苏梅寺最快捷、最方便的路是走某山口;而与他们对立的人又悄悄地告诉我们,那些人在骗我们,就是要让我们离开他们那个旗,并建议我们走另外一个山口,还劝告我们不要相信那些骗子的话,绝不要让他们遂了心愿。谁在更大的程度上欺骗我们,是伊亥乌珠穆沁旗的人还是巴噶乌珠穆沁旗的人——很难弄清楚。

只有一个办法了:谁的话也不去听,根据罗盘,朝着东一南一东的方向走。同乌珠穆沁旗人谈话时我了解到,在恩济根苏梅寺或音扎噶因苏梅寺以北有一个马拉盖坚达坂山口;因此才决定朝东一南一东方向走,途中遇上蒙古人再详细打听去马拉盖坚达坂[马尔根塔巴]山口的路。

7月7日近傍晚时分我们离开了乌利根戈尔河边处在巴噶乌珠穆沁旗人中间的住宿地。住在最靠近我们帐篷的阿伊利里的一个老头曾经很爽快地给我们指点过前边要走的路,他答应让他的儿子随后赶上来给我们当向导,然而夕阳已经西下,还没有人赶到我们这一行人这里来。我们看到前边有几个阿伊利,那个地方自然是有水的,于是我们的人开始寻找水井,找到之后就在那里停歇下来。这些阿伊利原来已经是伊亥乌珠穆沁旗人的了;就这样,我们又从巴噶乌珠穆沁旗进入了伊亥乌珠穆沁旗。我们在这些阿伊利里找到了扎克达,一开始他拒绝给我们派向导,还对我们说,他是第一次听到马拉盖坚达坂山口和博尔霍坚达坂山口这两个地名,有关这两个山口的消息我们在乌利根戈尔河就曾收集到一些;他后来又告诉我们,他派人去见他的扎伦请求指示,如果我们想要一名向导的话,就得在某个地方等上一天。

我们没有同意,第二天就冒险继续前进了。在东边依然看不到任何山脉。扎克达赶了上来,开始给我们指路,可是他同我们的贾尔萨赖又发生了分歧,贾尔萨赖更相信乌利根戈尔河边的那个老头的话。我们已经走近一大片广阔的"曼哈"地,也就是覆盖在草原上的浮沙被风吹刮翻卷,造成地面上到处是沙丘和坑穴的那种地方;扎克达建议我们从北面绕着沙地走,而贾尔萨赖按照乌利根戈尔河那位老人说的,赶着车偏南走去。因此扎克达很生气,便离我们而去。我们绕行的这片曼哈叫扎拉图。就在这时老头的儿子来到我们这里,带领我们走到了一条路上,他告诉我们,顺着这条路走就到马拉盖坚达坂了,可是他并没有跟我们一起往前走,而是返身回去了,然而这条路不久就消失了。这个时候扎克达又带着一个伙伴出现了,他介绍说他那个伙伴认得兴安岭的各个山口,而那个人则肯定地说我们走错路了,我们的车队正驶向巴林旗而不是阿鲁科尔沁旗。正在此时,东南方的地平线上现出了许多大山,山山相连,接续不断;众山之中有4座以宽阔的鞍形部分隔开的特别突出的山峰。傍晚时分我们到了一口开掘在一片草地边上的水井舒尔噶处,那片草地北面就连着整个这一天的行程中一直在路的北侧绵延不断的沙丘。我们看到草地里边还有几个小的湖泊。井的水质很好。这里生长的是典型的瑟尔特地带植物,有一种开着黄花的伞形科植物特别多,有时大片地丛生在一起;披针叶黄华也到处都有,已经结满籽实;还有小花花旗竿和大籽蒿;最后这种植物此地的蒙古人叫做乌尔马,而布里亚特人则叫乌尔木杜勒。

7月9日早晨,另外一个人来到我们的帐篷,替代昨天的那个人做向导,此人来自水井北边那些沙丘中间的阿伊利。他建议我们先到卢津或是卢金哨所(他本人就是那个哨所的人),再从那里去马拉盖坚达坂山口。当日一整天都在朝东南方行进。在卢津水井旁边我们看到有4顶帐幕,那里边住着哨所的人和他们的家眷;我们在这里稍事停留便继续前行了,离山越来越近。10点钟我们来到一直朝着它前进的那个山岬前,岬角后面露出另外一些更靠南边的山,我们看到这个山岬和那些山岭之间就是进入谷地的入口。这就是埃尔根滕戈尔河谷,我们的路就通入那条河谷里边。我们还未及进入谷中太阳就已落了下去。向导建议我们就停在这个没有水的地方,他说因为离谷内最近的阿伊利还有很远的路。尽管已经靠近山岭,夜里蚊子还是非常之多。

7月10日我们顺着河谷向上前进,结果发现,前一天晚上只要再往前走上两俄里,就会到达有水的地方,也就是埃尔根忒河谷里河道开始有水的那个地点。自那里以下河道是干的。我们继续沿河往上走,来到几个阿伊利跟前,那里面住着霍苏内哨所,即"桦树哨所"的人。河宽1俄丈,水很清,河底是沙土;我们先从右岸过河上了左岸,走到霍苏内哨所跟前又回到右岸。河谷里人烟稠密,从河谷的入口处到霍苏内哨所我数了数,共有73个阿伊利(即73顶帐幕)。这是乌珠穆沁旗境内的最后一个哨所了,下一个哨所在马拉盖坚达坂山隘下边,那已经属阿鲁科尔沁旗了。

这个地方的阿伊利都很整洁。阿伊利周围一定范围内地面上的草已被清除,帐幕都用篱笆栅栏圈着。在帐幕旁边还用篱笆特别圈出一块地方,人们在那里面用毛擀毡。

在河谷入口处的草原上我采到了轮叶沙参,而在山岭把河谷夹挤变窄的地方,草地上就有了拳参、金莲花和瞿麦。在乌利根戈尔河一带出现的旱獭在进山的入口前重又消失了。

从霍苏内哨所往上,埃尔根忒河谷突然因两侧有高山而变得狭小起来,从两山之间的窄孔里可以望见一座双峰的高山,而在更远的地方隐隐约约大致可以看出还有一座更高的青蓝色平缓山峰。我们被告知,那就是马拉盖坚达坂山隘。河谷靠上这一段狭窄的部分是沿着南—东走向的。

山隘的马拉盖坚达坂这一名称是因马拉盖奥拉山而得,该山的峰巅据说像是一顶帽子(蒙古语就是马拉盖[马拉海])。

7月11日,我们离开了霍苏内哨所,然而并没有沿着埃尔根忒河往上走去它那狭窄的谷隙,而是拐进了左面的一道侧谷。这条侧谷一开始至多有100~200俄丈宽,可是后来扩展到了6至7俄里。这条谷的名字叫呼连布伦,即"干燥的角落"。谷底是草地,这草地却与谷的名称不一致,有些地方积有雨水。这里的草很好,没有像埃尔根忒河谷里那样遭到践踏。在潮湿的地方开着很多拳参的花朵,还有金莲花。草地边缘的土壤干燥,所生植物与兴安岭以西的瑟尔特上的相同,只不过是多出了一些小丛的大花地蔷薇。

呼连布伦谷上端的尽头处有两座山:一座呈椭圆形,靠右,叫察干罕奥拉,另一座靠左,顶部很尖,叫乌兰哈达。两座山的外形都很缓和,看不到岩石露头;山麓和岬角处的断面露出来的全是沙土冲积层。在这一带的山上似乎只有在山巅之上才能找到露头,而且还得是顶峰尖削的山。

顺着呼连布伦谷向东南蜿蜒而去的路在察干罕奥拉山的右侧边缘处折向南方,翻过谷南面的那些山冈,向下进入另一条谷地;此谷起始于马拉盖达坂山隘西北坡上道路的左侧,横穿道路而过,向右边伸过去,绕过左边的山岬,消失在岬角之后,也就是转往南边去了;它的下端谷口极有可能是与埃尔根忒河谷相通的。我们从霍苏内雇来的向导说,这道谷里的河叫做吉布滕戈尔河,他们还告诉我们,阿鲁科尔沁哨所就在此河的下游,但却只字未提此河最后流到什么地方去了。我推断此河系注入埃尔根忒河的一个支流,如果这种推断是正确的,那就是说分水岭在马拉盖山隘上。上和下这个小山隘的路都很平缓,向下通入吉布滕戈尔河谷的山坡上草长得又高又密,这使我想起了我国的阿尔泰和萨彦岭上生长的那种很高很密的青草。这个地方有开着花的穗花荆芥,草长得齐人胸部高。

在吉布滕戈尔河谷左侧的山上有几条自山顶伸延下来的宽谷或者沟壑,可以看到里面有小片的树林,但却没有往下一直长到谷底(在呼连布伦谷里我们也曾看到路的右边有一片树林)。这些小树林都是一些灌木形态的桦树并杂有一些杨树。我们沿着吉布滕戈尔河往上面的马拉盖隘口行进。上山的路平缓,生长的植物也还是先前的那一些。隘口的左边耸立着一座尖顶的高峰,山体中有 2~3 道从山顶直到山麓的岩墙[岩脉],看样子是霏细岩,这就使该山看上去像是一顶有 3 个棱的帽子,或者有着多条饰带或花边的头盔,那应该就是马拉盖奥拉山了。向导说那山叫奎通[惠通]山,也就是"冰冷的山"。蒙古人出于因迷信而产生的恐惧心理,在接近高大且受到崇敬的山峰的地方不用本来的名字称呼这些大山,而叫它们的代用名[化名]。山隘的右边是通图古尔山。奎通与通图古尔两山相距 1.5~2 俄里,所以隘口的山脊就很长。在这段距离的中间有两个堆垒得又整齐又结实的大敖包,其中的一个有宽阔的侧坡与地面垂直的正方形台座;台座高度接近 1 俄尺,正方形边长 1.5 俄丈;台座上面是一个坡度不大的四方形角锥体,锥体顶上插着一束尖梢上拴满了马鬃、布条和用木头雕刻出来的鸟雀的枯树枝。另一个较小的敖包垒在大敖包的右侧,上面也有一束同样的枯树枝。最后还有第三个敖包,但却非常之小。以这几个敖包为主,右侧和左侧各有一排小的石头堆,每一排好像是 13 堆。

从马拉盖坚达坂山隘往下走的路几乎和上山的路一样平缓,我们的车子上达坂走得轻松,下达坂也很顺利。路顺着一条河谷朝东面缓缓下降,我们被告知这条河谷叫昆杜伦,走到本是朝东的河谷弯向东北方的那个地方我们停下来歇宿。在左边的山上和我们帐篷以下的峡谷里,都长着森林,植物的种类有桦树,柞树,多毛稠李(蒙古人叫莫伊勒),榆树(栓皮榆),榛子,齐人高的刺玫蔷薇,欧洲花楸(蒙古人叫奇尔贝),六瓣合叶子(绣线菊)和蒿柳。森林里正在开花的植物有:大花龙芽草,白芍,北山莴苣,柳兰,蚊子草,[1]波塔宁水杨梅,黄连花,费菜,山罂粟,柔软紫菀。

晚上我们好像听到有松鸡和石鸡在啼叫。在 3 条源流的汇合处有一个阿伊利。从昨天起我们就已经身在阿鲁科尔沁旗境内了,该旗的土地起自马拉盖坚达坂山隘的北侧。

7 月 12 日我们顺着昆杜伦河谷往下走。在这个地方山上已经没有树林了,轮廓比较圆,看到有霏细斑岩的露头。河谷里有很多毛毡帐幕和蓪草帐幕。蓪草帐幕的木头骨架或者栅格的结构与毛毡帐幕的相同,只不过这种栅格外面罩的不是毡子,而是用捆成束的蓪草编成的席片。帐幕下边的圆柱状部分的蓪草茎秆是直立的,帐幕圆锥形的尖顶盖着一个锥状的蓪草盖子,顶子的蓪草束被做成散射状。在帐幕的最上头,再往这个蓪草棚盖上铺一块毡子,中央剪出一个洞放烟,把毡子

---

[1]阿鲁科尔沁旗的蒙古人叫托莱坦格内,就是"兔子的上颚"的意思。——作者注

的边剪掉一块,让毡的 4 个角成为长长的楔子或是舌条的形状,再把这些楔状部分用绳子系牢,绳子的另一头绑在下面的帐幕上;这一块毛毡经绳子拴紧之后,就会把锥形的蔍草盖紧紧地压贴在帐幕的木头栅架的拱顶上。出烟的那个孔洞另外用一块毡子盖住。帐幕里边空荡荡的,除了储存奶和奶制品的器物外一无所有。很明显,人们到这里来只不过是为了度夏,家具什物全都放在了越冬的地方。

我们停下来过夜的地点在昆杜伦河的右岸,从这个地方河谷彻底折向了北方。河的左岸在这里有一道长长的斜坡,坡的峰脊成一条几乎是水平的直线,这好似阶地的断崖。斜坡的上半部与下半部的颜色不同,处在半中腰的分界线与崖脚相平行,把坡面的上下两层划分得一清二楚。分界线以下有斑岩的露头,上边那一层则是平坦的慢坡,生有草本植被,不过紧靠分界线有些地方没有植被,于是显露出上边这一层是沙子。

7 月 13 日我们离开昆杜伦河谷,开始攀登河右岸的山脉。一小时后我们登上了巴尔坚达坂山隘,此处生有橡树、榆树和桦树组成的小树林。上山前在平坦的地方我们曾被告知,这是一个很陡峻的达坂,确实,在兴安岭众多山隘中这可能是比较险峻的山隘之一,然而它终究还是没能难住我们俄罗斯的四轮马车的;在山隘顶部,路上的车辙都轧进了已被过往的载重车队碾轧得粉碎的沙土中,我们车辆的轮子陷在了这些辙沟之中,这在下坡时起到了一种有益的制动作用。只在刚开始下山的时候,离山隘顶点数俄丈处的路面上有一个不大的岩石露头,赶车经过时需要多少加点小心:那个地方石头形成了一个高约 1/8 俄尺的台阶。大车顺利通过,什么事也没有,再往下就已是坡度不大便于行走的软路面了,我们的车辆平安地下到了一条河谷的底部,此谷的上端在路的左侧。我们路遇的一个蒙古人说,这是苏金戈尔[苏真戈尔]河谷。从山隘走到苏吉河路从谷地最狭窄的路段通过,河谷向路的右侧弯去。苏金戈尔河沿岸生有河柳丛,草很茂密,而且相当高,蚊和蚋多极了。在道路变成水平状态的地方河谷开阔起来,在这里的河右岸我们看到了第一批帐幕。河谷变宽是因为有另外一条从北边伸延过来的河谷在这里与它合并到了一起。我们被告知,河谷右侧恰好矗立在帐幕上方的那些山叫察干达板,也就是白色山隘;经该山隘有一条比较近的路去汗塔本苏梅寺。不过我们又被告知,那条路上有几处烂泥地,所以我们认为还是走已经进入的这道河谷里的路比较好。从第一批帐幕往下,谷底很快就具有了草原的特征,又密又高的草再也不见了,只有河边或是泉边的小块潮湿草地是例外,河谷很宽阔,最靠下的那个地方至少也有 1 俄里,山的轮廓都很柔缓,看不到峭而尖的山峰,总共只在一个地方见到过陡峭的山峰,可就是在那里河谷也有 1 俄里来宽。从蒙古高原登上兴安岭,我们似乎又回到了原来的高度上,并没有降低。帐幕很常见,都是十多顶凑拢在一起的。草地上开始出现头状花序呈鲜艳的橙黄色的猫儿菊和千屈菜;山岩上生有叉岐繁缕、灌木蓼、西伯利亚菊蒿、羽茅、光落草、帚枝臭草、长梗韭、锯齿沙参、大花地蔷薇。

我们在河的右岸停下来进餐,这里河的左岸上有一眼泉,涌出的水又凉又清,河的宽度也不过是人无法一步跳过去而已。在距离河的左岸数俄丈远的地方还有另外一条比较宽的河。

弄不清楚这是同一条河的两股支流还是两条彼此不相关的河。也许我们停车的这条河是从巴尔坚达坂山口流下来的,经我们下山走过的那道河谷流到了这里,而另外那条河是从在察干达坂山下与上面那道河谷相会合的那条河谷里流出来的。经进一步打听,得知另外那一条谷是昆杜伦河谷,该谷沿巴尔坚达坂的子午线通往北方,拐了一个弯后折向东方,然后又往南,同苏吉河谷会合到一起。我们停下来进餐时遇到几个蒙古人,他们说左面那条河不叫昆杜伦,而叫苏吉。

沿河谷再往下走,住人的帐幕就再也没有了,但是却经常碰到空着的冬天住所和耕田,还有长着稆生植物——荞麦和粟(狗尾草)——的地块。这个地方青草又茂盛起来,同时蚊子也更多了。我们在一处距河数 10 俄丈的空闲过冬地旁停下来过夜。过冬地附近有荞麦和稷子两种庄稼,过冬地四周长的不是杂草,而是一丛丛长得很高的大麻。

河里并没有鱼,河底铺满了石头,河有 2 ~ 3 俄丈宽。

次日(7 月 14 日)一整天仍然走在这条河谷里。开头河谷里是没有人烟的,只在一个地方我们看到路左河的对岸有一些房子,那是汉族人的一个庄园,里面住着一个汉族人,他有农田,还开了一家商铺。再往下走,河右岸的山脚下有一座托苏拉克沁苏梅寺,寺院的石屋掩映在高大榆树的绿荫之中。苏金戈尔河谷除最上头的一小段之外,全都处在不见一棵树木的群山包围之中,看够了那一道道令人厌倦的景色之后,一见到浓绿的树木和石屋白墙上投洒着的树荫,眼睛无比地惬意舒适。蒙古喇嘛竟如此善待树木和树荫,除兴安岭之外,我还从未在任何地方见过。寺旁有一口深井,井内四周砌着石头,在这圈石头护壁上生有地钱;寺院周围的垃圾上长着大麻、野西瓜苗、野葵。

从托苏拉克沁苏梅寺往下,河谷左右两侧的山下又有了帐幕。从该寺走出数俄里之后,我们横向穿过一条干河道,我们向别人询问得知这是哈希尔河。确实,对着这个地方河谷右侧的山有一处断裂,然后朝西北方远远伸延过去。这里仿佛是一条侧谷的宽阔谷口,干河道看样子就是从那里边伸延出来的。因为蒙古人也用这一名称去称呼在我们看来乃是苏金戈尔河下游的那个河段,所以应该算作侧谷的乃是我们迄今所走的这条河谷,而过了托苏拉克沁苏梅寺才看见的那条河谷当是主谷。

穿过干河道之后又走了一个小时,涉水过了一直处在我们左边的那条小河。此前该河一直是沿着河谷左侧的山脚流的,而由这里往前它转到右侧的山下去了。原来,哈希尔的主河通到这个地方来的只是一条没有水的干河道,下一段河谷里的水,至少是地面水,并非得自哈希尔河的上游,而是来自昆杜伦河与苏金戈尔河。过了河之后,我们停车进餐。离河不远处有硅质片岩山,上面长着茂密的艾蒿,偶尔还有带刺的灌木希利(帚枝鼠李),灌木已经结果,鄂尔多斯有这种灌木的另外一个品种柳叶鼠李,蒙古人称之为亚希利。一位在河谷里放羊的蒙古青年人请我们一行人吃了地梢瓜的果实,此地的蒙古人把这种东西叫做托木格或者泰门呼呼——"骆驼的乳头"。这种植物的荚鲜嫩多汁的时候,蒙古人采来食用。

用餐之后,我们继续赶路,打算于傍晚时分到达位于哈希尔河谷当

·欧·亚·历·史·文·化·文·库·

中的汗塔本苏梅寺,然而我们行至中途夜即降临,我们还得走好长时间才能到达寺院位于其脚下的那座山。月亮出来得很晚,因此起初夜是很黑的,天空中飘浮着朵朵黑色的云,山岭都变成了黑魆魆的影子,而且显得矮小了(因为在昏黑之中就连高大的东西也会失去其威势)。[1] 我们一行人完全是在漆黑一片当中向前行走,每当前边或是旁边闪出一点光亮的时候,便会活跃一起儿。这个地方到处都有阿鲁科尔沁旗人的阿伊利,光亮多数出现在道路右侧哈希尔河流过的那一边。有的时候亮光离我们非常近,都能听见狗的吠叫声,甚至是人说话的声音,然而拐到他们那里去,停歇在阿伊利之间是危险的。从汉族人的那个庄园或者还要往前一些的地方开始,整个河谷里都是阿鲁科尔沁旗人的耕田和菜园,耕田里种着荞麦和稷子,菜园里栽植着黄瓜、甘蓝、萝卜和葱。这些耕田都分布在河的附近,阿伊利也在那个地方。如果我们把帐篷安设在耕田的附近,夜里我们的马匹就可能溜到稷子地里去,因为在这个地方农田四周都不设围栏,那样的话,第二天我们可就得为踏坏的庄稼赔钱了。月亮升起来了,照亮了那座脚下就是寺院的山,不过我们是在离寺院大约还有 5 俄里路的一小片榆树林边住下来的,树林旁边修着一个苏布尔甘。[2] 我们茶也没喝就躺下睡觉了,第二天也没有喝茶就上路了,我们走到距寺院约有 150 俄丈的地方,对着寺院朝南的正面架起了帐篷,那个地点距离哈希尔河的左岸只有几步远。

就在寺院附近有一条塔雷尔河流入哈希尔河,那条河是自北边流过来的,在进入哈希尔河谷之前两侧的山脉一直连绵不断。从我们停住的这个地点只能看到塔雷尔河谷左侧山脉的末尾一段,其余的山都被哈希尔河谷左侧山脉尽头处的一个岬角挡住,我们看不见,汗塔本苏梅寺就建在该岬角的脚下。那些山只有在沿哈希尔河谷往上一些的地

---

〔1〕对于远处的山来说这句话是正确的,然而近处的山在昏黑之中就会显得又高又陡。

〔2〕苏布尔甘是佛教里的一种碑碣,用于标示某种事件的发生的地点或是墓碑。由台座,主体部分和长杆 3 部分组成:台座多为阶梯形状;主体部分样子像是一个扁平的球体或者倒置的平头锥体;长杆的顶端有太阳、月亮和至圣烈焰的形象。最好的苏布尔甘的长杆上饰有 13 个金属环。苏布尔甘设在佛教殿堂附近或是殿堂之上,有时也单独或成组地修造在草原上。"苏布尔甘"一词的起源见巴尔托利德:《突厥斯坦文化生活史》,列宁格勒,1927 年。

方及塔雷尔河谷出口处才看得见,哈希尔河右侧的山脉也终止于寺院的对面,形成一个岬角。东南面整个敞开着,那边好像是一片平坦的草原,只在某些地方才有远处仿佛是沉没在地平线之下的山脉把它们那青蓝色的巅峰探露出来。翻越兴安岭之后,我们置身之地竟然好似延伸到这里来的蒙古山原。

汗塔本苏梅寺的喇嘛多达千人,寺院的房舍分为两个群落或是两个庄子,中间相隔1/4俄里。两个庄子都位于山的一个岬角之上,不过一个是在岬角朝向哈希尔河一面的山麓上,而另一个在朝向塔雷尔河一面的山麓上。寺内建有5座佛殿,举行打鬼节[1]活动。此寺被认为是3位格根的驻在地:第一位于数年前死在靠近我们的外贝加尔地区边界的某个地方,另外两位目前正在拉萨。关于此寺的名称喇嘛们是这样解释的:用"汗"作名称的第一个组成部分据说是因为有一位汗看到这个地方有杨树,便决定在这里修一座寺院,而在名称里又加上了"塔本"是因为汗在这里一次就盖了5间"苏梅",也就是佛殿。

汗塔本苏梅寺周边没有汉族人的村庄,寺院附近只有3家汉族人的商铺,一家开在建于寺院以南哈希尔河右岸的汉族式样的石头房子里,其余两家设在帐篷中。在这些商铺里可以买到面粉,茶、[2]糖(冰糖和砂糖)、[3]烟草和中式甜点。除了这间房子之外,我们在哈希尔河谷托苏拉克沁苏梅寺以上的地方曾经看到过另外一座汉族人的庄园;第三座是后来在塔雷尔河谷里见到的。汗塔本苏梅寺附近地带的汉族人总共就是这些。

寺院内的房子全是用石头修盖的,房与房之间长着相当大而且树荫很浓的榆树,所以此寺在外观上和托苏拉克沁苏梅寺完全一样,只不

_____

[1]喇嘛教寺院的宗教活动"打鬼节"包括喇嘛们列队游行和舞蹈活动,喇嘛们都戴着装扮神佛或野兽的巨大而吓人的面具,舞蹈表现神佛鬼怪之间的争斗。打鬼活动一般是每年在夏季的第3个月份举行1次,届时人山人海,为寺院带来巨额收益。

[2]在蒙古的这一地区,即南兴安岭以东,蒙古人习惯喝一种特别的茶,蒙古人称之为博尔图克茶。蒙古语中的博尔图克意思是篓子,篮子,茶叶叫这样一个名字是因为这种茶是用圆筒形状的篓包装起来的;这是一种散体茶,而不是砖茶。——作者注

[3]中国的糖以砂糖或冰糖的形式销售,因为中国人不会制作精制方糖,糖的质量极差。

·欧·亚·历·史·文·化·文·库·

过这里的房子较多。两座寺院周围的这些榆树加上汉族商人住的那间房子旁边那 2~3 棵榆树,还有我们到达汗塔本苏梅寺前曾在旁边度过了最后一夜的那片小树林,这就是此地全部的木本植物了。除开这些树木之外,整个哈希尔河谷,几乎是从顶头一直到汗塔本苏梅寺就没有林木。所有这些树看样子都是人工栽植的,就连我们曾在边上过夜的那片小树林有可能也是由人栽种的。那个地方会不会曾经有过一个寺院,而后来被迁走了呢?

索尔达托夫和兹维亚金两人下哈希尔河捕鱼大有收获,此河里边有鮈鱼(?)和雅罗鱼。

我们的帐篷刚刚支架完毕,便不断地有一群群着红裙披红奥尔基姆吉[1]的喇嘛走进来,汗塔本苏梅寺的人很多,因此我们的帐篷里就挤满了来客。这其间来了一位带有数名随从的上了年纪的喇嘛,他说他是寺院管理者派来的使者,受委派告知我们,此地并没有世俗官长,因此喇嘛们对我们的到来大感不解;还说他们这里没有人可以对我们的护照进行查验、登记,所以喇嘛们请我们带着全队的人沿哈希尔河继续往下走,去阿鲁科尔沁旗贝利的驻地,据他说那里离汗塔本苏梅寺只有一天的路程。对此我们回答说,能有机会会见阿鲁科尔沁公爵我们是很高兴的,然而我们却不得不拒绝向我们提出的这个建议。告诉他我们得赶快回国,没有富余的时间。另外,我们想让我们的马匹休息一下,我们没有多余的钱去租马使用。我们告诉他,我们无意在此久留,只是要修理一下车辆(布里亚特人提供给我们的那辆大车的车轴断了),再买一些食品,之后立即动身北上。那位喇嘛要求我们,即使我们不可能整队人都去公爵的驻地,那至少也要派考察队里的哪一个人去,然而基于同样的原因,我们对此项要求也予以回绝。那喇嘛也没有再坚持自己的要求。那些紧紧挤坐在我们帐篷里的胡瓦拉克[2]一再

---

〔1〕喇嘛通常是穿蒙古长袍式的黄色衣服,但在某些寺院里却穿裙子和坎肩,外面再披上一块红布,称作奥尔基姆吉。

〔2〕在佛教的寺庙里,喇嘛分为几个等级:最低一级的喇嘛叫做胡瓦拉克,相当于俄罗斯修道院中的"见习修士"。

讨要书写纸和钢笔,还要求卖给他们。我们向他们赠送了这两样东西,虽然说数量少些,因为我们自己剩的已经不多了;不过即使只是送了那么两三张纸,一般都会让胡瓦拉克露出一脸满意的笑容。除纸以外,我们还送给他们一些硬脂蜡烛。过了一会儿,又有几个寺院里上了年纪的喇嘛来找我们,抱怨说我们的帐篷太惹胡瓦拉克的注意了,引诱得他们不去做自己分内之事,在做佛事的时候殿内人都走空了,因此寺院的主事人请我们把帐篷搬得远一些。我们立即满足了[这一愿望],把我们的帐篷从左岸搬到了右岸。胡瓦拉克来得少了,此后寺院的主事人也就彻底放下心来。

7月16日下了一整天的雨,因此,直到7月17日早晨我们才得以参观寺院。寺院周围没有墙,因此我们毫无阻碍地就走进了寺院的街巷里。主殿里正在做佛事,不过在门口迎上我们的胡瓦拉克说,我们不能进到里边去。于是我们就沿着寺院里的街巷闲逛,想找到希列图伊或称大喇嘛,也就是高级喇嘛的禅房。我们向遇见的胡瓦拉克询问希列图伊住在什么地方,得到的回答却是高级喇嘛有很多个,巴扎罗夫请他们指点一下这许多人中随便哪一位的禅房,回答竟是不知道他住在哪儿。我们在窄巷里走来走去一无所获,最后还是卢布森帮我们摆脱了困境。他不知从哪里打听这个寺院里有一个叫蓬苏克的喇嘛,以前曾在外贝加尔州布里亚特人中间待过几年。一个胡瓦拉克告诉了卢布森,怎样去寺院的西北角寻找蓬苏克的禅室。

蓬苏克在他那间小禅房中亲切地接待了我们。这是一个长至多5步的小房间,房门的左侧是一扇与墙等长的大窗户,顺着这面墙摆了一张睡铺,还有一张较低的睡铺挨着对面的墙放着,两张睡铺之间余下来的一条过道只有房门那么宽。窗下的那张睡铺上放着几个红色和黄色的靠枕,确切说是给来客坐的方形褥垫;右边的睡铺上放着蓬苏克自己的卧具。贴着后墙摆了几个玻璃柜,里面的几层格板上摆放着一些佛像。那里边还放着几幅镶着廉价镜框的照片,是蓬苏克从外贝加尔带

·欧·亚·历·史·文·化·文库·

过来的,其中有斯卡西[1] 1885 年在甘肃旅行考察期间为拉卜楞寺格根扎音扎帕所拍,后经摄影师恰鲁申于特罗伊茨科萨夫斯克翻拍之照片;伊尔库茨克附近的佩列瓦洛夫工厂[2]制作的瓷茶叶罐;达尔马特跳蚤粉,及其他一些能令人回忆起外贝加尔州那段生活的东西。

蓬苏克把我们让到窗下那张睡铺上坐下,自己则坐到了对面那张铺上。这位喇嘛有 60 来岁,身材不高,体格健壮,看样子,他对我们的来访丝毫没有感到局促不安,他亲切地望着我们,愉快地交谈;他吩咐人给我们上茶和中式甜点。就在此时禅室里进来了一位格布奎,房主人急忙站起身来,我们也都站了起来,可是格布奎却坐到了主人的身旁,而请我们仍然坐在原处。

在考察队走过的地区遭到人们的猜疑和冷遇之后,蓬苏克的姿态和他公开表现出来的友好态度令我们十分愉快。这也许是他对从前居住在外贝加尔地区时曾受到布里亚特人的厚待心存感激的一种表示吧。不过,有一个问题使我们感到窘困不安:是否应该把蓬苏克的这种好感和友善理解为是因为我们的布里亚特族佣人,而并非是对我们生发出来的呢? 因为俄国的警察当局当年未必能让蓬苏克在外贝加尔过得安宁愉快,无忧无虑。不管怎样,我们感到仿佛是长期漂泊在外国人中间,不经意间竟遇到了自己的同胞一样。

我们在蒙古东部所经之处,遇到过 3 个对俄国人、有时还包括俄国人的生活状况的了解不仅限于道听途说的人(沙拉诺戈音苏梅寺的巴儿忽惕族的夏布伦,卢赫苏梅寺那个曾在古姆布姆住过的喇嘛和汗塔本苏梅寺的蓬苏克);这种人在蒙古传播着俄罗斯这个名称,有时还可能让人对俄罗斯产生好感。如果我国改变对蒙古的政策,那么这种能使两个民族之间的鸿沟趋于缩小的人会更多;如果我国的布里亚特人受教育的程度更高一些,如果外贝加尔能有一所布里亚特文的印刷厂,

---

〔1〕在 1883—1886 年西藏—唐古特考察旅行期间,大地测量方面的工作是由阅历丰富的旅行家奥古斯特·伊万诺维奇·斯卡西进行的。他凭借自己的经验、智慧和机敏曾给予处理实际事务能力极差的格·尼·波塔宁极大的帮助。

〔2〕现今为海京工厂,主要生产研磨制品和瓷器。

而布里亚特人也有了关于大自然和人类历史的通俗书籍,那么到外贝加尔来的蒙古人,返回家乡时就不会只是带瓷茶叶罐或者一盒达尔马特跳蚤粉这样的小小纪念品了。[1]

考察队作为到访汗塔本苏梅寺的留念,赠送给蓬苏克一架望远镜、一个罗盘和3俄磅硬脂蜡烛,向格布奎也赠送了一个罗盘和1俄磅的硬脂蜡烛。

与蓬苏克友好地道别之后,我们起身回自己的住地。天气虽然很暖和,但却落起了雨点,蓬苏克舍不得让我们做客穿的服装遭雨淋,给我们拿来了遮雨的衣物,有的人是厚毛披巾,有的人是俄罗斯红呢雨衣。次日蓬苏克来我们的帐篷回访,送给我们一些大米、希拉布特[稷子]、奶油、干酪,两个中国瓷碗和一瓶中国烧酒。对此我们回赠给他一瓶白兰地酒。

我们车上的轴修好之后,我们去汉族人的商铺采购食品。这家距离我们的停住地约50俄丈的商铺纯粹是一间农家房舍,里面住着几个没有带女人的汉族男人。[2] 房子里边没有任何陈设,汉族人在这里过着军营式的生活,炕(烘热的睡铺)[3]上只有卷起来的被褥。[4]

7月18日晚7时,我们离开哈希尔河边的停住地,朝北面的塔雷尔河谷进发,也就是踏上了回国之路。在进入河谷的时候,我们从已笼罩在一片暮霭之中的寺院东庄经过。过了寺院,朝一些不很高的山冈上走去,上山的路并不陡,但路都已轧坏,车轮不断陷入沙土之中。贾

---

〔1〕格·尼·波塔宁的这种愿望,一直到伟大的十月革命之后,蒙古受其影响得以成为一个同苏联友好的独立人民共和国的时候,才有了实现的可能。然而波塔宁经过的那一片蒙古地区却并未归入蒙古人民共和国的版图,那里的居民并没有像蒙古人民共和国的民众那样,实行文化、经济和政治上的革命,仍然停留在与1899年相似的水平上。

〔2〕汉族人没有权利把自己的妻子带出中国内地,因此如格·尼·波塔宁在《蒙古西北部概况》中所讲的那样,在长期居留在中国境外的时候,他们就从当地人中找临时的妻子。

〔3〕在中式房子里,炉灶的热气从炕——烘热的睡铺——底下通过,一般情况下人就睡在炕上。

〔4〕除食品外,考察队还根据俄国农业部的订单,购买了荞麦。

· 欧 · 亚 · 历 · 史 · 文 · 化 · 文 · 库 ·

尔萨赖赶着前边一辆车从这段松软而深厚的沙地[1]上跑过,翻过坡道的最高点,消失不见了,而塞伦占赶的后面这辆车却陷进沙土中无法行走。寺院的僧众纷纷跑出来给我们帮忙,喇嘛们把车从沙土里拉出来,告诉我们走靠右边的另外一条上山的路,那条路毁坏的程度要轻一些。我们这辆车就沿着那条路上了山,但是前边那辆车已经看不见踪影了:贾尔萨赖已经远远地走到前边去了。我们在这些沙土山冈上走了大约一个小时,不断地停下车来,预先去寻找道路绕过地面受损无法通行的地方;可是在一个地方我们却彻底陷住了,只得打消继续前行的念头。两辆车分别在两个地方过夜:贾尔萨赖在前边几俄里的地方,我们在后边。我们派人给他送去了几个"馒头"[汉族人吃的面包]和一支装好子弹的枪。

7月19日,我们靠近河谷的右侧继续往上走。赶上贾尔萨赖那辆车后,我们在河旁停下来喝早茶,上午11时又上路了,总共走了6个小时。塔雷尔河谷在这个地方宽近10俄里,与哈希尔河谷一样,也没有林木。谷底有的地方是干燥的沙土草原,青草之间有一块块的地表土露出来;有的地方则变成了鲜绿的草地,成片的绿草把地面覆盖得严严实实。这里的植物和哈希尔河谷里的一样。

河谷右侧有一处流纹角砾岩的露头,十分陡峭,岩脚处生着两种卷柏(北卷柏和垫状卷柏),和卷柏长在一起的还有球茎虎耳草,斑叶堇菜(已经没有花朵,只剩下了肾形叶)和细小的鳞毛蕨:高山岩蕨,相异石韦,银粉背蕨。

我们先在河的右岸行走,涉过了被我当成塔雷尔河右支流的那条河,有人告诉我那条河的名字是吉普滕戈尔,然后涉水过河上了塔雷尔河的左岸,走了几俄里之后又过到河的右岸。整个这段时间里路一直是朝向北方的,但是从距停宿地还有数俄里的地方,却向西北方向偏过去。在方向发生变化的那个地点,河谷左侧的山脉离开塔雷尔河远远

---

[1]原词据达利的解释(《现代大俄罗斯语详解辞典》,俄文版,第4卷,第471页),意思是深而松软的积雪;此处格·尼·波塔宁是想用这样一个古老的俄语词来说明,驾车走在松软深厚的沙地上其艰难程度与走在那种雪地上是一样的。

地向北方退去,在这个地方仿佛是有另外一道同样很宽的河谷并入了宽阔的塔雷尔河谷;另外那道河谷的轴线与塔雷尔河下游的流向是一致的。蒙古人告诉我们,那道谷地里有一条伊莱河。

河谷里人烟比较稠密:蔍草帐幕一直没有间断,走过一群立即就会看到另外一群,在几个地方竟有 30 来顶帐幕聚集在一起。在帐幕旁边有编起来圈羊的篱笆,这种东西叫做库舒梅尔或是杜古里克,还有用 4 根柱子支起的棚子——萨尔巴奇,里面放着家具什物。我没有看到这里的阿鲁科尔沁旗人有毡帐;蔍草帐幕各个部分的名称和毡帐的相同。包在帐幕下部外面的蔍草套子叫托尔格,帐幕顶部的罩子叫代比尔,盖在帐幕尖顶上那块中央开有圆洞的毡子叫呼利特雷克。

我们停下来过夜的这个地方蒙古人叫做乌利泽图。

离我们的帐篷数俄丈处有一个由好几顶帐幕组成的蒙古阿伊利,那是科尔沁喇嘛拉希的阿伊利。这个喇嘛开始吓唬我们,他说前边的路很不好走,石头多,还有很多沼泽地,而俄国大车的轮距窄,车轮低,因此车会碰到石头上。他建议分出一部分行李装到蒙古大车上去。我一想到连续几个日夜我们这个团体里将会有一个当地人同行,可以听他讲一些该地的自然环境和居民方面的情况,便动心了,表示同意。拉希应承收 5 两银子提供一辆车、两头牛,保证由随车的向导带领我们从塔雷尔河谷翻山进入呼伦戈尔河谷。

7 月 20 日,我们继续沿着塔雷尔河的右岸往上游走,最后过河上了左岸。一开始河谷还保持着原先近 10 俄里的宽度,后来竟只有半俄里宽了;到了这个地方,河谷的两侧都出现了峭岩山岬。其中一个位于右岸朝向北方的石英斑岩山岬上长满了灌木,当中有绣线菊;我在这里采集到了桔梗,所有前述 3 种鳞毛蕨、两种卷柏和地钱。

从乌利泽图的停宿地走出不远,我在一片干燥的草地上发现了几株有花有果的角蒿,这大概是此种分布于北京以西的山中植物能够生长的最靠北的地方了。

过了这个狭窄的地段之后,河谷又开阔起来;这个地方山脉重又分散开来,位置有远有近,走向似乎也不相同。河谷右侧山脉当中与这一

·欧·亚·历·史·文·化·文·库·

扩宽地带相对的地方有一道霍廖图峡谷。

塔雷尔河窄的地方有 1 俄丈多,深可没到车的轮毂;河水雨后很混浊,流速很快。

途中在一个地方发现有城池的遗迹,低矮的土堤(高至多有两英尺)围出一片四方形的地块,堤的外侧有壕沟的痕迹,四方形的每一个边有 70 俄丈长。给我们赶租来的那两头牛的土默特人说,那是噶利族人建造的土城(噶卢兀鲁赛浩特)。[1] 我们的向导,也是那两头牛的主人拉希却讲了另外一种传说:那是埃利吉根奇克捷汗所修;汗自东往西去,用土堤来标记自己走过的路,而在住宿的地方要挖堑壕或是修场子。据拉希讲,在这一带地方常可见到一些古时的物件,风吹走了沙子,地面上就会露出来香炉、令牌和其他的什么东西;埋有这种遗物的土堤或是冈丘称为泰吉尔。[2][3]

我们住宿的地方向导说叫诺利,7 月 21 日我们从那里朝梅莱亥达坂山口(青蛙山口)进发。这个地方的河谷有半俄里宽,山脉轮廓柔缓,尖峰很少,坡面上生着青草,岩石露头呈被切齐的岬角状,或是在半山腰上形成陡直的岩崖,没有岩屑层。宽谷出口处因冲积而形成的锥状堆都长着草,沿河出现了河柳。谷底的草很高,没到了人的腰部。据当地的人讲,此地冬天雪有一人多厚;无论冬夏这里都没有人,秋天才会有人上这里来放牧。河谷右侧,也就是西侧的山上生有茂密的森林,林中除桦树、橡树以及其他一些树木外,还有色木槭,我并没看到长在地上的树,只从在此地买来作柴烧的枯枝里边发现过这种树的干枝。听说这些树林里边有马鹿,兹维亚金在这里打到了一只雌雉。

我们在快到山隘的一个河谷大大扩宽、山脉平缓起来的地方停下

---

〔1〕在中国的史册中,高丽这个名称是指朝鲜人。——作者注

〔2〕格·尼·波塔宁记写为古代的城镇或工事的遗址。在现代的地图上,此处标示有"高丽街城墙",向东一直延伸至霍连戈尔河,长 125 公里。

〔3〕埃利吉根奇克捷汗这个名字翻译出来意思是"长着驴耳朵的王"。与这个名字相关,在蒙古有一则与希腊关于米达斯国王的传说相似的传说。在鄂尔多斯以及叶尼塞(哈克姆)河源头处的捷里诺尔湖也有城镇的废墟或遗迹说是埃利吉根奇克捷汗留下的。不过这段故事与蒙古北部关于成吉思汗堤的那些传说很相似。那些传说讲,成吉思汗也像埃利吉根汗这样,用土堤标记自己所走过的路[关于埃利吉根的神话故事收在本卷的故事部分里]。——作者注

来住宿。在停宿地以西的山中,距此约有 5 俄里的地方可以看见有一条峡谷。

7 月 22 日我们登上了梅莱亥达坂山隘。此山隘是两条平缓的山峦之间的一个宽阔的鞍形部,两边山峦的山麓相距约 3 俄里。上山的路极好,非常平缓;路面绵软,没有什么石头,也没有泥泞的地方。塔雷尔河谷从乌利泽图到山隘的这一段既没有什么石头,也没有泥泞的地方,拉希竟然是一个骗子,这一切都是他为了从我们手里弄到 5 两银子而编造出来的;他给我们提供的有关本地区的情况也没有多少对我们有用的东西:他有时竟厚颜无耻地撒谎。只有一点可以聊以自慰,那就是租牛,减轻了我们车辆的载荷,让给我们赶车的布里亚特人感到满意。

站在隘口处就可以尽览莫古钦河与霍伦戈尔河河谷四周的群山。河谷 7 或 8 俄里宽的谷口紧靠着山隘,顺着河谷下来,我们就到了莫古钦或称莫古图河的岸边。该河河谷靠近路的右侧,再住下一些就同另外一道也是从右边延伸过来的河谷汇合到一起,那一道谷里边是霍伦戈尔河的上游段。我们在莫古钦河边茂盛的青草中间停下进餐。梅莱亥达坂山隘的上下山坡都长着茂密的草,这里有委陵菜,长梗韭和短韭,山罂粟,喜马拉雅沙参和钱袋沙参,野鸢尾,而且都在开花。莫古钦河边的草地上没有什么人,在这里我们只看到有一顶汉族商人的帐篷,他是从乌珠穆沁旗赶着牛、马和羊往南去的。

进餐之后我们便沿霍伦戈尔河谷往下走,并停宿在该河谷里。这个地方有 5 顶扎鲁特旗人的帐幕,阿鲁科尔沁旗已经走过,往前就是扎鲁特旗的地方了。

据一个扎鲁特旗的人说,霍伦戈尔河(或称霍雷音戈尔河)流入托罗河,他随后又说:托罗河又流进农尼河里。

我们在塔雷尔河畔看到最后几个阿鲁科尔沁旗人的阿伊利,那里住着阿鲁科尔沁哨所的人,这个哨所位于阿鲁科尔沁和扎鲁特两个旗属有土地的分界处;哨所的名称是栋杜哈拉乌勒,意思是中间的哨所。阿鲁科尔沁旗的土地北部边界上有 3 个哨所:巴伦哈拉乌勒,即西哨所在哈希尔河的上游;栋杜哈拉乌勒在塔雷尔河畔;最后一个尊哈拉乌勒,即东哨所在乌兰布尔噶苏河边。

如果扎鲁特旗人所说霍伦戈尔河属托罗河水系是对的(没有理由不相信他们说的话),那么[这就]意味着我们现在的位置还是在兴安岭的东坡上,梅莱亥达坂山口也并不在分水岭上,真正翻越兴安岭的那个山口还在我们的前边。

游牧在霍伦戈尔河谷的扎鲁特旗的人对我们非常友好,我们的帐篷里高朋满座,他们拿来好多成块的干酪和好些成团的奶油送给我们,我们此次在扎鲁特旗人中间停宿收到的这一类赠品数量之多是其他任何一个地方都没有过的。一位扎鲁特老人从离我们的住地大约7俄里的阿伊利来到我们这里做客,据他说只是想祝福我们一路平安。扎鲁特人的生活看样子是富足的,河谷里有大群的马匹。他们住的都是毡帐,旁边常有用篱笆围成再抹上阿尔嘎勒的羊圈。

兴安岭西侧的草原上有一层很厚的浮沙。兴安岭附近古瀚海地带沉积着的那种红色戈壁砂岩在这里看不到,仿佛瀚海海域未曾到达呼伦和贝尔两湖的盆地以及两湖左边的那些湖泊处。这里的浮沙是产生流沙丘的极大的富源,这在蒙古的其他地方很难找出第二个来。这里只在此一地区的北部海拉尔河与哈拉哈河之间的有限地域发现有流沙,在哈拉哈河以南的某些地方地表被风吹起了皱,蒙古语把这种地方叫做"曼哈",然而堆积起来的流沙我们在任何地方都未曾见过。这可以用当地的气候特点加以解释,在蒙古其他任何地方都没有的丰富的雨量和露水催生出此地那种又密又高的植被,这就保护了地表免遭风的破坏作用。在风把植被揭起并开始卷走沉积物的地方,被风卷起来的沙子遇到又密又高的青草这道障碍,便被挡住并均匀地撒落在整片地面上。假如这一地区没有植被而裸露着,沙子便能畅行无阻地滚滚掠过大片地带,直至遇到地势条件适宜的地方才会落下来。

浮沙不仅一直铺展到兴安岭的脚下,而且还深入到山谷里,覆盖在东西两面的山坡上,差不多要达到山顶了。浮沙无处不在的这种情形在兴安岭的山谷里最容易观察到。当你走在山谷中央的时候,你会看到左右两边所有的山麓都被风刮削掉了一块儿,白色的积沙因失去植被层而裸露出来。每一座山仿佛都被加上了一条白线而显得特别醒目。山隘顶部也为浮沙所覆盖,车走在山隘顶上,轮子有时就会陷进已被辗碎的浮沙层中。覆盖在上面的这层沙子使兴安岭枯燥乏味,缺少秀丽的景色。浮沙使山脉的轮廓失去了棱角,显得臃肿。山脉锯齿形的峰脊到这里换成了柔和的波浪起伏的轮廓状,尖峭的山峰在这里很少见,多数山峰都是圆顶的。在离主分水岭较远的山前地带,山脉就是一连串的顶部浑圆基底极宽的扁平锥体。兴安岭没有隘谷,无论在西坡还是东坡,谷地都很宽阔;在谷底极少能见到峻峭的侧壁,岩石露头之间有时相距达 10 俄里。兴安岭可没有浪漫的景色,浮沙侵蚀使沟壑隐去了各具特色的面貌,让所有的一切都变得单调乏味,毫无特色,令人毫无兴致可言。[1]

7 月 23 日直到下午 5 点钟,我们才从霍伦戈尔河畔的停宿地出发。在霍伦戈尔河谷里,我们又看到山麓处有曾在塔雷尔河下游的山下见过的那种浮沙断面,但在塔雷尔河谷的上半段这种景象是没有的。这里的大部分山坡似乎都被一道白色的线条勾画得很明显。风吹走了沙子,造成一些直径在 10 俄丈、深有 3 俄丈的大坑;坑的侧壁有的很陡,像是一面两俄丈高的断崖;断崖的上半部分是垂直的,这块垂直部分的侧壁上常常布满了雨燕的巢穴。

我们沿着霍伦戈尔河的左岸前行。至此,地面越来越平坦了,只在路的左、右两侧 15~20 俄里开外的边缘上有山,中间完全成了一片平地。我们脚下似乎是一块与霍伦戈尔河的左岸相接的高原。霍伦戈尔河流到哪里去了我没有注意到。处在这块高原边沿上的山脉都呈连接在一起的扁圆锥体形状。

前方是恰克图奥拉山脉,道路通向该山脉中部的一个鞍形部,我们

---

〔1〕B.A.奥布鲁切夫指出:"格·尼·波塔宁对面积如此之大且在沿兴安岭山麓处长出了草的沙子无法做出解释,然而,对于地质学家来说这却是完全可以理解的。这些沙子是被风从戈壁吹来的,沿着山麓慢慢聚集起来,盖住了挡在它们继续前移路上的山坡和山隘。由于该地带邻近太平洋而气候湿润,在聚集的过程中沙子上不断生长植物,因而形不成对于戈壁南缘来说十分典型的那种遍布沙丘的大面积流沙"(《格·尼·波塔宁》,莫斯科,1947 年,第 241 页)。

到达这个鞍形部时天已经开始黑了下来。鞍形部的西侧有一座黑乎乎的高峰突立于众山之上,东侧也有这样一个高峰,所以从这里过就好像走进一道大门一样。扎鲁特旗的人曾说过,恰克图奥拉山的南面有一眼泉,但是我们的人因天色已黑,未能找到该泉,因此我们决定翻越恰克图奥拉山,希望能在山的北面找到水。恰克图奥拉的山隘上面垒有一个敖包。这正是霍伦戈尔河与乌利根戈尔河之间的分水岭。我们走过敖包时天已经是昏黑一片,我们还在黑夜里从山隘往下走了一段路,没有找到水就停下来过夜了。四周都是植被厚密的冈峦,委陵菜特别多,长得也很高,黄芪和蓼(又分蓼)也不少。

第二天早晨我们看到,停宿地是一面缓慢倾斜的山坡,前面是一片广阔的平原,我们就经过这片平原走到一个孤立在草原之中坡面很陡的丘陵状小山前,那是格里乔隆山——"石头帐幕"。该山的顶部有岩石露头,但我没能抽出时间去那里观察一下。过格里乔隆山后又走了大约1俄里,我们在一片因流泄雨水而形成的盐泽旁停下来。一条由雨水汇成的小溪从这里的盐土河道里流过,水里还没有溶解进太多的土壤所含盐分。不过,同是在这个地方的几个大的单独的湖泊水质却很差。溪水旁边有几顶帐幕,这是碰到的第一批乌珠穆沁旗人的阿伊利,我们已经从扎鲁特旗进入了伊亥乌珠穆沁旗。这次同乌珠穆沁旗的人逢却因我们的人同当地维护秩序的人意外发生冲突而弄得很不愉快:我们的人[刚刚]挖好灶坑(蒙古语叫久哈)并生起火来,立刻就有一个人从阿伊利里走过来,要我们说明是什么人让挖这个坑的。原来乌珠穆沁公爵给全旗下了命令:不许挖掘土地,说是由于人对土地实施了这种暴力行为,民众中间发生了某种疾病。我们后来得以证实,此人并非是他个人无理取闹跑来质问我们的,确实是有这样的命令,而且是公爵发出的。蒙古的公爵们就这样在民众中间散布迷信思想。

格里乔隆冈所在的这片平原四面差不多都很开阔,只有我们来的这个方向——东南面,远远地有一些峰脊略呈锯齿状的山岭,再就是正北面地平线处露出来一座山峰。乌利根戈尔河在距格里乔隆山大约4俄里的地方从这片平原上流过。

我们到达的第二天,乌珠穆沁旗的梅伦来到我们停住的地方,他受公爵的委派来迎接我们并协助我们进行考察活动,而实际上他此行的目的是劝我们放弃沿瑟埃利金戈尔河往上走(公爵就驻住在那条河谷里)的想法,而让我们考察队往卢赫苏梅寺的方向去。梅伦开始执行自己的使命,他首先声称乌珠穆沁公爵接到北京发来的信函,北京的官长在信中指出,北京和彼得堡的两国宫廷之间最近确立了特殊的友好关系,因此,北京的官长要公爵热情对待俄国的考察队,如果考察队有什么需要,应予以满足。梅伦首先问到,考察队缺不缺烧柴?然后他告诉我们,公爵委派他伴送我们按我们自己选定的方向通过该旗,给我们指出由于某种原因而难以通行的地点并指引我们绕过这些地点的道路。

因为我们当即就向梅伦说明了我们打算沿瑟埃利吉河往上走,所以梅伦也没有表示异议便答应带我们去瑟埃利吉河。我们担心马匹不等进入俄国境内就已耗尽力气再也走不动,便想把车的载荷减轻一点,于是请梅伦帮我们买一匹马和一辆车。他想了一些办法,当天就找到了卖主。我们花了 23 两银子买下了一匹马和一辆车,连同挽具,也就是鞍具;在梅伦的帮助下,雇了一个人特别骑在马上拉着缰绳驾驭这匹新买的马,因为这匹马以前没有拉过车,只在我们从这里出发的前一天,贾尔萨赖才训练它驾辕拉车稍稍走了一会儿。

7 月 25 日我们从停住地起程了,走在前边的是新买的那辆车。那个蒙古人握着缰绳驾驭套在车上的马,他作为本地人要充当我们的向导。车队起程向乌利根戈尔河进发,梅伦率领他的随从也和我们一起走。过了不长时间,我们车队开始走的方向就让我们不安起来:我们要去的瑟埃利吉河在我们的北边,可是车队却越走越向西方偏过去。我们问梅伦,为什么我们不直接向瑟埃利吉河行走,他说车队正在朝一个浅滩走,河的其他地方都很深,河底有很多坑和烂泥。我骑马来到河边一看,河岸果真很陡,车很难走下去。梅伦保证说,车队一涉过河去,就会被带着朝北往瑟埃利吉河行进,后来他又说,前面的那个蒙古人会给我们指引去浅滩的路的,随后就到旁边的阿伊利里喝茶去了。从住宿地到浅滩我们走了整整一个小时,末了,是彻底朝西方走了。涉水过河之后,赶车走在前边的蒙古人继续按原来的方向行走。我们问他现在走的这条路是去哪里的,他回答说,是去卢赫苏梅寺的。于是我们命令贾尔萨赖和塞伦占朝北走,车队一分为二。那蒙古人坚决反对,他解释说就是梅伦命令他把车队带到卢赫苏梅寺去的。但是我们没有理睬他的抗议,把我们那辆车和车上的东西扔给他,便头也不回地朝北方走去。过了一会儿梅伦领着他的随从赶上了我们,他开始劝说我们去卢赫苏梅寺,因为瑟埃利吉河沿岸的道路据他说沼泽太多,后来又很肯定地告诉我们,领头的车走的那条路也通瑟埃利吉河。最后他承认了,他是受命带领我们去卢赫苏梅寺的,这回他定会受到公爵的严厉责罚。

不过一天的旅程临近结束时梅伦的情绪彻底平静下来,并同我们言归于好。对本地公爵的意愿表现出这样一副尊重的态度实在是令人不快,可是公爵手下的官员们那种让人难以捉摸的做法又使我们无可奈何,只能如此。假如他当初能坦率地告诉我们,公爵希望考察队能绕过他的驻住地,我们是会主动走一条从旁绕过公爵驻住地的路线的。大概公爵也并没有断然下令阻拦我们去瑟埃利吉河;梅伦只能讲一些有沼泽和泥泞地的话来吓吓我们,也许这些理由会使旅行者自己就不去瑟埃利吉河了。

我们一直顺着乌利根戈尔河的右岸[1]行走,7 月 25 日傍晚时分来到霍顺苏梅[霍肖苏穆]寺所在的地点。在寺院以南约两俄里处路贴近到河边,这个地方的河面宽 2~3 俄丈,沿岸生着茂密的河柳,游动在河里的鱼儿溅起片片水花。我们从乌利根戈尔河的左边朝北方的山脉麓脚走去,但并未直接朝着寺院,而是向寺院偏左一点的地方走。在去这座山下的途中,我们穿过了一条不知是什么样的有水的沟。此沟相当深,我们一时竟未能找到可让我们的大车涉过的地点。里边的水根本看不出来是在流动,我向旁人打听,他们告诉我这是巴音布雷克河。涉过去之后还经过了另一条河道,不过里边却一点水也没有。当我们

---

〔1〕这一带也和乌利根戈尔河下游地带一样,有很多鸨。——作者注

距离霍顺苏梅寺傍靠的那座山还有十多俄里的时候,我们被告知,瑟埃利吉河从该山的南麓下流过。我们过了瑟埃利吉河之后,就在山旁停宿。这一路上,除了那条听别人说叫巴音布雷克的河之外,我们没有经过任何其他有水的地方。所以我想,巴音布雷克河就是瑟埃利吉河,告诉我们另外一个名称是出于蒙古人的一种迷信习俗:对尊崇的山、河与湖不称呼其真实的名称,而要叫化名。在这一天我们到达乌利根戈尔河的时候,我曾经向一个当地的蒙古人询问,这条河叫什么名字,他直截了当地告诉我,他不能讲这条河的名字,叫此河的名字不合乎他们的习惯。当我们停下来,我一再追问瑟埃利吉河到底在哪里的时候,他们肯定地对我说,巴音布雷克河过来之后我们穿过的那条干河道就是瑟埃利吉河。

梅伦从霍顺苏梅寺送我们往北走出几俄里之后,就告别我们走了。

乌利根戈尔与瑟埃利金戈尔两条河的河谷汇合之处是一个直径有数 10 俄里的宽阔地方。路过的很多地方都有烂泥,地面因雨水而湿漉漉的,土壤中浸透了地下水,大部分河水仿佛都是在沙土冲积层的下面流动的。瑟埃利金戈尔河谷的底部也有这种特点,人们劝告我们不要贴近河岸走,因为那个地方路很泥泞。路在河谷左侧的山上,我们离开停宿地直接就上了山,头两个小时我们从路上望不见谷底,河谷被近处的山冈遮挡住了;后来我们进入到河谷里,走在河谷东侧的斜坡上。河谷宽约 5～6 俄里,谷底是已变成沼泽的湿草地,一些小的湖泊点缀于其中,湖上有很多鹬。这个地方有了旱獭,但是据说乌珠穆沁人并不去射杀这种动物,也不吃这种动物的肉。山脉的轮廓柔和,岩石露头很少且离路都很远。每天都有露水,虽然时间已经到了 7 月末,然而不仅是草地里,就连希利和山坡上的草都还是绿油油的,尚未变黄。草的种类仍然是从卢赫苏梅寺到哈希勒苏梅寺之间的瑟尔特上长的那一些:委陵菜,二裂叶委陵菜和菊叶委陵菜,石头花,沙蓝刺头。

7 月 27 日和 28 日两天我们停住在瑟埃利吉河谷里没有动,我们停住的地方离一位富有的乌珠穆沁扎伦塞贝克的阿伊利不远,这里还有一顶到巴儿忽惕人那里去做生意的几个汉族人的帐篷。我们这一次

401

停歇是不得已的,因为给我们赶车的布里亚特人叫苦说,马匹已经有些乏了。

7月29日继续沿瑟埃利吉河的左岸前行。到这个地方河谷已经扩展到了10俄里宽,路离河岸很远,平缓的谷底都是草地,一路上的山都很平缓,山脉是由一个个圆顶锥状的山冈连接而成,根本见不到岩石露头。这一天走过的路都很平坦,绵软,轧得很好,只是在快要到达祖尔金哈拉乌勒哨所时,出现了一些平缓的上下坡,我们停宿在哨所旁。在哨所这里两岸的山脉相互靠近到只有1~1.5俄里的距离,使河谷变得很狭窄。此处河面仅有1俄丈宽,水深不及人的膝部,两岸之间整个河道的底部都长满了茂密的蘆草。草地里出现了正在开花的梅花草和金黄蒿,雨后长出来了许许多多不同种类的蘑菇。

瑟埃利吉河右岸靠近哨所的地方,有几面山崖形成一堵1.5俄丈高、6~7俄丈长的垂直峭壁墙,在离河不远处沿河而立。

河里边有椎实螺(Lymneus)和扁卷螺(Pianorbis)两种软体动物及很小的鱼,这个地方有几顶阿伊利。

7月30日,我们涉水过了瑟埃利吉河,朝着一座单独的山走去,那座山我们从位于该山以北的停住地就已经看到了。在我们向该山行进的过程中,一直是在缓缓地上坡;路是很好的,可是到了山跟前,路就很差了。路从山的东麓下经过,这一边的山麓与一片水平状态的地面相接,山就像一面垂直陡立的墙一样平地骤地,高约2~3俄丈,长有10~15俄丈。这是一个流纹凝灰岩的露头,这些山岩让我们想起了瑟埃利吉河边的流纹岩露头。与山相接的那片地上长着又高又密的草,不过,在对着山岩正中间的地方,植被为一片水平铺展着的岩屑隔断,岩屑下面可能有泉水涌出。路到这个地方紧贴在山崖脚下,右边的地面变得很泥泞,再往右在距山体较远的地方,鲜绿的草地变成了棕褐色的地带。这就是说,那里长着已经结了褐色穗子的蘆草丛,在那个地方土壤层下水已经涌到了地面上。

从这座山到预计今天在克雷姆地区停宿的那个地点还有1/3的路程要走。在这片石地沼泽耽搁了一点时间之后,前边的路都很好,我们顺利地到达了克雷姆。在克雷姆地区平缓的宽谷里有一条小河,水深没到人小腿的一半,在道路穿河而过的那个地方河宽约有两俄丈,其他地方要窄一些;此河的流向朝西。此河谷北侧的山峦到尽头处变成了一面垂直于谷底的石壁,从颜色上判断仍然是流纹岩。克雷姆——在蒙古语里是"墙壁"的意思,极有可能就是这些山岩为此地区取这样一个名称提供了依据。而由这一个词又产生了河的名称(克雷姆特或克雷姆坚戈尔)以及设在这里帐幕里的哨所名称——克雷姆坚哈拉乌勒。

和祖尔金哈拉乌勒哨所的情形一样,住在此哨所里的人正忙于用羊毛擀毡。时间已经到了擀毡的季节,不过,此前我们在埃尔根滕戈尔河的霍苏内哨所就曾见过这种情景。克雷姆特是乌珠穆沁旗人设立的最后一个哨所。从塞贝克或翟贝克扎伦的驻住地到克雷姆特哨所,除祖尔金哈拉乌勒哨所外,我们没有遇上过阿伊利。

从克雷姆特哨所去凯雷奥拉山下官家设立的哈拉哈河摆渡口据说有两条路:一为东路,经布音戈尔哨所。另一条为西路,经代利比尔赫(鲜花盛开的)哨所;人们劝我们不要走西路,那条路多沼泽,现在下过雨之后车辆很难通行,因此我们走了东面这条路。

7月31日,我们自克雷姆特河边的停宿地出发,缓缓地朝克雷姆特河谷右侧的平缓山峦上走去,上面讲的那一处岩石露头现处于道路的左方。到了山上,我们沿一道瑟尔特前行,左右两侧8~10俄里处的山岭有好些圆顶锥形的山;瑟尔特上有很密很高的植被,菲氏蓝盆花、委陵菜、沙参和伞形科植物都很多,茎秆很高的岩黄芪先前就曾见到过。7月30日走过的那片沼泽中较多,在这里也有,西伯利亚火绒草正在开花,各种韭已经结籽儿。

在停下过夜的地方找不到水,第二天(8月1日)走了不长一段路就到了布音戈尔河畔,这里有喀尔喀人的第一个哨所,图舍图贝瑟旗的地界就从这里开始。布音戈尔哨所有11顶帐幕;住在这里的人从事大车的制作,并采集察干蘑菇(即白蘑菇)向汉族人出售。

8月2日因下雨,我们在布音戈尔河畔停了一天。

· 欧 · 亚 · 历 · 史 · 文 · 化 · 文 · 库 ·

从布音戈尔往北去的路先要穿过几道瑟尔特,一会儿上到瑟尔特平缓的脊部,一会儿又向下进入浅浅的沟谷中,之后便通向下边一道相对狭窄、侧壁很陡的沟谷。在通向下面沟谷的坡面上有几处不大的玄武岩露头,这些露头都是单个的大石块,凸立在虽陡但却很平的冈坡上,仿佛几颗赘疣,大概有 5 或 6 块。顺着这道沟谷的底部我们来到了纳林戈尔河("窄河")岸边,整条沟谷两边的侧坡上都能看到岩石露头。纳林戈尔河是一条很小的溪流,从发源地到注入诺姆雷格河的地方没有多远;诺姆雷格河谷的侧壁和我们下山冈时走过的那条沟谷一样,虽然并非垂直的,却也相当的陡峻。纳林戈尔河里水的流动根本察觉不出,而诺姆雷格河的流速却很快,不过很平稳,没有因河底凹凸不平而激起的波浪;河宽近 3 俄丈,河水清澈见底;底部布满石头。沿诺姆雷格河岸生有虽然很窄但却连绵不断的河柳丛带,这是我们过了乌利根戈尔河以后第一次见到河柳。我们看到旁边的山上有几棵松树,这大概是生得最靠南边的松树了。

在纳林戈尔河流入诺姆雷格河的那个地方有几顶阿伊利,那是喀尔喀人的哨所。住在那儿的人和布音戈尔哨所的情形一样,采集蘑菇,拿了去向汉族人换博尔图克茶(篓装茶),饮用这种茶的习惯是从汗塔本苏梅寺那边传过来的。汉族人用一篓茶换蒙古人的 4 斤蘑菇。[1]

在这个地方,我们听到了一则牵动整个草原上人们的心的新闻。据传,有 30 名索伦人[2]从瑟埃利吉河谷,正是采贝克扎伦驻在的那个地方赶走了上千匹马。按照此地的说法,伊亥乌珠穆沁公爵贝利的驻

---

〔1〕中国的重量单位斤在中国的各个省份额度不尽相同,最少是 450 克,最多的为 1200 克(1876—1877 年在蒙古的西北部为 446 克);在满洲 1 斤相当于 600 克左右(在 539 至 605 克之间)按照 1915 年 1 月 7 日颁布的法令,在中国 1 斤等于 597 克,而根据 1929 年 2 月 16 日颁布的法令,1 斤被规定为 500 克(A. B. 马拉库耶夫:《中国的计量单位和秤具》,符拉迪沃斯托克,1930年,第 26–61 页)。

〔2〕索伦人是一支不大的通古斯满族部族,居住在满洲北部嫩江流域及阿穆尔河右岸地带。索伦人多数讲蒙古语,也有一部分人说鄂温克(通古斯)语的方言。

按照 Л. 施伦克的看法(《阿穆尔地区的异族人》,第 1 卷,圣彼得堡,1883 年,第 193 页),"索伦"一词在通古斯——满语中应该是"住在河上游的人"的意思,这应该是住在阿穆尔河下游的通古斯人对他们使用的称呼。E. M. 扎尔金德在其所著《契丹人及其民族关系》(载《苏联民族志学》,1948 年,No.1,第 55–56 页)一文中,也对上述这种看法表示赞同。

住地离采贝克的驻地原来只有 7 俄里,乌珠穆沁旗的人对我们隐瞒了此事。大概采贝克和贝利两个人都因这次侵袭蒙受了损失。因为出了这件事,所有 4 个哨所都被调动起来,命令每一个哨所派出两个人,组成一个小分队去追缉;哨所上的人都惴惴不安,他们说索伦人可是神枪手。

8 月 4 日走了不太长的一段路便到达了昆杜伦河,此河河谷与纳林戈尔河谷之间隔着一道平缓的山岭。昆杜伦河的水很少,流动不明显。昆杜伦河与纳林戈尔河之间的那道瑟尔特有一层黑腐殖土,上面的草又高又密。昆杜伦河谷里有花岗岩露头。这里有数个喀尔喀人的阿伊利和一顶汉族人的帐篷,这些汉族人是到北方来做生意的,现在是要回他们的老家义州去。他们向巴儿忽惕人收购熟羊皮、羊毛、蘑菇,往这里运的是大布、斜纹布、烟草,等等,但是不贩运任何吃的东西。

因为下雨在昆杜伦河边停了一天,8 月 6 日我们继续前行。从昆杜伦河一出发,就在一些平缓的山冈上穿行;在冈丘的脚下常可见到沙质被覆层出现断面,快到代根戈尔河时从一块曼哈地穿过。我没有看到这里有冈丘,有的只是风刮出来的坑穴。有的地方这种坑非常之多,竟形成了迷宫。坑与坑之间残留下来的冲积层变成了沙土条垄和长堤,上面长满灌木,主要是河柳,但是也有山楂(蒙古语叫多洛戈纳),结着红果的茶藨(蒙古语叫泰欣舍克)、绣线菊、刺玫蔷薇(为 1 英尺高的灌木形态,数量极多),偶尔还有松树。这片沙土地上还生有钝叶瓦松,布里亚特人叫做伊利季。代根戈尔河宽 1 俄丈,但却很深;与诺姆雷格河平行流入哈拉哈河,但在哈拉哈河有单独的河口。旁边的冈丘上有绿灰色的黏土质页岩露头,但并未形成悬崖,只是一些凹凸不平的山岩,岩体中嵌着一窝窝直径达半俄尺的白色块状石英。这种由页岩组成的凹凸不平的坡面在河谷的各个段落都有,有些地方石英从地面下露了出来,远远地就能看到一块块的白斑。有两条很小的河从左侧流入代根戈尔河——萨勒希滕戈尔河与巴音戈尔河。涉过萨勒希滕戈尔河后,我们于当天就到达了巴音戈尔河边,并停宿在那里。在萨勒希滕戈尔河畔的草地上我发现有黑藜芦。

·欧·亚·历·史·文·化·文·库·

8月7日我们中途没有停下来进餐，一气走到了哈拉哈河边。途中曾穿过3道平缓的沟谷：第一道谷里有一条贝尔金戈尔河；第二道谷里是萨拉戈尔河，两条河的沿岸都是宽阔的草地；第三道谷里有草地，但在路的左边我们却没有发现水，这好像就是阿勒滕布雷克（金泉）谷。大概这里在路边的什么地方有水坑或是泉水，至少在前一站停宿时蒙古人曾建议我们在这个地方停歇进餐。沟谷之间的瑟尔特上和先前一样，草长得又高又密，这里开着大片的紫菀和地榆花，委陵菜和柴胡已经结籽实。在潮湿的草地上生有梅花草和东北龙胆。

在今天走过的整个一路上一直都有曼哈地段，上面生长着河柳，并间杂着其他的灌木。在靠近巴音戈尔河的地方，沙子形成一些自西北—东南走向的垄堤。我只是观察了紧挨着我们停宿地点的一块不大的沙地，因此，我所看到的情形可能只是一种局部现象。此地沙子下面是黑色土壤，看样子是巴音戈尔河边草地上的那种沼泽土。沙堤的垄脊极窄，很难从那上面行走，无法行走的另外一个原因是垄脊上长着河柳。我看到有两道沙堤在北边距离越来越大。这些沙堤究竟是固定下来的沙丘，还是浮沙层被风搅碎，吹出许多圆坑之后残余下来的部分，我不敢断言。

走在路上，有时能见到成排成行的大坑，这些坑的长轴都是从西南指向东北，在坑的西北边沿上有的会有一堆流沙。坑显然是被西南风吹出来的，风吹起来的沙子被从西北面的边沿卷出坑外。大部分沙子都被吹到远处去了，但也有少量沙子落在坑的边上，于是这里就形成了一个高超不过1英尺的丘或堤。坑的边形成小小的黑土（植被层）垂直断崖，可见被风吹卷起来的沙层是被这层黑土盖在了底下。

在贝尔金戈尔河畔我们碰上了一支很大的由牛车和马车组成的汉族人商队，在这里宿营的有一百多辆大车。这些汉族人是去参加甘珠尔物资交流大会（甘珠尔迈马）的，他们来自博罗浩特城（汉语名称是五塘镇，[1]在老哈河以北）。

---

〔1〕此地名系译音。——译者注

哈拉哈河在此地流经的河谷很宽,河的北岸有一道连绵不断的山岭,河就从这道陡立在河边的山岭脚下流过,河南是一片南边缓缓隆起的草原。在南岸,位于地平线处的那些山中只有一条向这边延伸过来,那山在渡河点的西边,南坡很陡,尽是悬崖峭壁。我们在河边碰上了几个巴儿忽惕人,于是向他们打听那座山的名称,他们的回答是他们不能说那山的名字,那是一座神山,是哈伊尔罕。这大概是凯雷奥拉山,我们此前已经听说过在渡河点以西有这样一座山。沿着河的南岸生有不间断的高高的河柳林带,除了这一条窄窄的河柳带之外,哈拉哈河沿岸几乎就没有湿草地。

哈拉哈河北岸山脉的麓脚,或者更准确点说是沿哈拉哈河北岸绵延的瑟尔特山体下部的边缘,有好些地方被削去了一层,植被没有了,露出冲积沙层。在这些坡面上偶尔有栽植的榆树。

沿哈拉哈河的南岸居住着巴儿忽惕人。在靠近河口的地方,喀尔喀人的土地好像是与河流连接着的,可是往东一些地界就离开了河岸。在渡口以东,比诺姆雷格河还要靠东一些,有一条哈勒巴噶台河(勺河,哈勒巴噶在蒙古语里就是勺子)流入哈拉哈河,那条河的河谷里有一处温泉,据说那个温泉是在巴儿忽惕人的地界里。

听蒙古人说,哈勒巴噶台河边有好几处能治病的泉水:泉水有的热有的凉,有用石头围砌起来的浴盆,从5月到9月有很多人到这里来治疗。从官家设立的渡口到这些泉水处路途顺利的话要走两天。

在哈拉哈河畔我们又听到了新的令人不安的消息。就在几天之前,在呼埃戈尔河一带游牧的索伦人把巴儿忽惕人的好多牛赶跑了,不过人家追了上来,他们把牛扔下,人逃掉了。

在我们停于哈拉哈河南岸期间,又有另外一支由牛车组成的商队经过这里往北去了,他们有将近250辆大车。

在渡口处哈拉哈河分成了两股支汊:南边的河汊宽12俄丈,北边的一条较小,两条河汊的水深都在蒙古大车的轮毂以上。河水流速很急,河底都是石头。我的旅伴们在河里捕捉到了狗鱼和重唇鱼,还发现了河蚌的介壳,此地人把这种东西也叫做希索或者希萨。

8月9日,我们跟在汉族人商队的后面涉水渡过了哈拉哈河,走了至多13俄里路,就在派雷尔地区停歇下来。有一道槽沟从这里穿过,顺着槽沟分布有一汪汪长形的水洼,仿佛是一截截断开了的河流;里边的水中游动着大量的甲壳纲生物,这个地方再没有别的水可供做饭用。派雷尔地区与哈拉哈河之间的草原上的草远不及我们在哈拉哈河以南见到的那么高,那么茂密;这里的草都长得很矮且已处于凋谢状态,不过草原尚未变黄,仍旧是一片绿色。

我们的停宿地点的东北方有一座生有松林的圆顶山峰,四周都是曼哈地带——也就是布满了沙丘和坑穴,那就是达尔汗山。

在派雷尔这个地方我们看到了好几个去赶甘珠尔物资交流大会的汉族人营地,这些满载货物的车队花了一个月的时间才从家乡走到此地。赶车的是巴林[来自巴林旗的]蒙古人,他们受雇把货物送到甘珠尔,在那里再装上用南方的东西交换来的北方货物,再运到南边去。这样,每辆车可得6000乔赫(即4两白银)的报酬。营地里的货物只有面粉、稷子、荞麦面(莜麦)、中国烧酒[伏特加酒]、大米,不过多伦诺尔和北京的商人也来参加甘珠尔物资交流大会,他们会带来其他的货物。

在派雷尔有几顶巴儿忽惕人的阿伊利,他们是古利呼呼旗的巴儿忽惕人[古利贡巴尔虎人]。古利贡巴尔虎人说他们自己是第四代巴儿忽惕化的索伦人,属于所谓的库克申巴儿忽惕人,即"老巴儿忽惕人"。按照这种说法推断,"陈巴儿忽惕人"(也就是最初的,原本的巴儿忽惕人)这个名称是指已蒙古化的通古斯人;"新巴儿忽惕人"则是巴儿忽惕部族当中较晚归并进来的那一部分人,就是加入到半通古斯部族——索伦人中间来的蒙古人。沿通往甘珠尔苏梅寺的大路分布的古利呼呼旗游牧地到哈拉诺尔湖为止,再往前直到甘珠尔都是古利察干巴儿忽惕旗的土地。

8月10日离开派雷尔地区,一直到傍晚到达住宿地都是走在曼哈地上,不过道路很硬实,车轮只在很少的几个地方陷进了沙土里。在有沙土的地方长着松树,这一路直到诺蒙汗布里代地区的停宿地都能看到松树。有的地方沙土上生有西伯利亚山荆子(巴儿忽惕人叫乌尔莱,布里亚特人叫乌利尔)和多毛稠李。在靠近道路的几个地方我看到有农田,种的全是稷子。农田的四周堆着许多 1.5 英尺高的角锥形土堆,这些土堆的形状足以吓跑鸟雀,此地人把这种恐吓鸟的东西叫托木克。巴儿忽惕人是在十多年前经历了一场牛瘟之后才开始种粮食的,他们只种稷子,种子从阿鲁科尔沁旗运来。

　　我们停宿的地点在一个不大的湖泊(布里代)旁边,湖的四周都是草地,草地的边上布满了沙丘。这些沙丘上的松树是我们见到的最后一批,由诺蒙汗布里代地区往北我们再没有见到过松树。在这一地区我们第一次见到了流沙,在我们的周围都是古利呼呼旗的巴儿忽惕人的阿伊利。第二天因为下雨我们在原地停留未动,因此我们离开派雷尔地区时还待在那里的汉族人车队在这里赶上了我们,直到 8 月 12 日我们才启程往前走。

　　从诺蒙汗布里代到察干诺尔湖路的左右两侧都有流沙,这些流沙成长长的堤状,这也可能是大片沙地的边缘,不过我们没能找到机会去亲自查实。路没有一个地方从流沙中经过:也见不到哪里有马蹄铁状的沙丘。流沙覆盖下的地面很平坦,从沙堤之间的空隙里可以望见开阔的地平线。沙堤之间的地面上有很多湖泊和水洼,水面的四周是湿漉漉的盐沼地。经过路左侧第一个湖时,我们被告知此湖叫海尔先诺尔,随后又看到路的右侧有好几个湖,其中的一个叫察干诺尔湖。再往北走路左边还有措呼尔莫里泰诺尔湖和数个共用哈拉诺尔这样一个名称的湖泊(这里就是古利呼呼和察干呼呼[两旗]之间的界线)。

　　这一天中途遇上了一个汉族人的车队,车上装着从海拉尔城(鄂姆博浩特)拉来的熟羊皮和生牛皮;赶车的那些汉族人老家是奉天,在海拉尔做了两年买卖;装载皮子的大车有 24 辆,另有十多辆车上装着箱子和筐子,还有几辆坐人的篷车。牛皮每 50 张为一捆,一辆车上装 3 捆,也就是说每辆车装 150 张牛皮;成捆的牛皮都是侧立着装在车上的,而不是平放;一捆顺着放在中间,另一捆横着放在车的前面,第三捆横着放在车后面。这已经是我们见到的第二支拉皮子的车队了,在 8 月 10 日从派雷尔去诺蒙汗布里代的途中,我们也曾碰到过一支同样拉着牛皮的大车队。

从我们旁边走过的另一个车队是蒙古人的,他们给甘珠尔苏梅寺运送修建新佛殿用的松木。每根木头有 1 俄丈来长,都是从古利呼呼旗的莫戈音戈尔河谷里砍伐来的。古利呼呼旗的巴儿忽惕人把林木砍伐下来,以一块茶砖换一段原木[1]的价格卖给其他的蒙古人。

我们停宿在柴达木诺尔湖以北、噶布基苏梅寺以南的一个布里代旁,噶布基苏梅寺仅有 50 名喇嘛,房屋很少,佛殿就像是一间不大的房子。此寺院由噶布基喇嘛丹赞创建。噶布基是视佛教禅学知识的多寡而授予喇嘛的几种称号之一,共有 4 级:久布奇、噶布基、多罗姆博和赫拉拉姆博,最后这一种称号的级别最高。寺院就按照创建人噶布基喇嘛的称号叫做噶布基苏梅的。

8 月 13 日冒雨前行,我们淋了一路的雨。噶布基苏梅寺的人告诉我们,由此去甘珠尔苏梅寺有两条路:西路和东路。走西路到甘珠尔有80 里,在正好一半的地方有一口奥布杜克呼杜克井(膝井);东路则要经过一个现在的名称叫诺姆捷买卖的地方,[2]叫这样一个名称是因为那里有一间汉族人的商铺,那家商铺距噶布基苏梅寺要比到奥布杜克水井近。我们决定去诺姆捷迈马,然而却摸到了西边的路上,井也没找到,就在无水的情况下过了一夜。因此,第二天(8 月 14 日),我们只走了不长的一段路,就到达拉马苏梅寺。这座寺院和噶布基苏梅寺一样,也很小。在朝该寺行进的路上,我们远远地看到了西边那座我们早已熟悉的博格多奥拉山(杜兰哈拉山),6 月 12 日我们从克鲁伦河去贝尔诺尔湖的时候曾从该山下经过。拉马苏梅寺旁有一眼泉。

从拉马苏梅寺往北先是平坦的草原,后来一道状似很高的阶地边缘的垄丘从东边伸延过来,垄丘之下有一条槽沟。到了离路不远的地方,垄丘转向北方去了,这样一来,路就和垄丘平行了。有一个地方我们看到垄丘上搭着几顶帐篷。我们被告知,那里有一眼泉,泉水虽然很

---

[1]约 1 俄丈长的 1 截原木。——作者注
[2]买卖:来自汉语,卖:做生意。——作者注

凉,也没有什么气味,但人们认为能够治病。

道路以西可以看到有流沙,据说那个地方有大面积的沙地。西边的沙地走过之后,东面又出现了连续不断的沙埂。走过这些沙埂,甘珠尔寺[甘珠尔庙]的殿堂就出现在我们的眼前。甘珠尔寺内的房子和拉马苏梅寺及噶布基苏梅寺一样,都是用木头建造的。这座以物资交流大会驰名整个蒙古东北部的寺院却出乎我们的意料,规模竟然如此之小。我估计,寺内的喇嘛超不过200人。寺庙周围全是沙土地,盐泽湿漉漉的却没有流动的水,植物有代里苏、布杜尔嘎纳,一到晚上,蚊虫令人生畏。草原很平坦,但是盐泽之间大堆的积沙却挡住了人们的视野。

物资交流大会的地址原先就设在寺院的旁边,后来中国行政当局应寺院主事人的一再要求,将会址改至寺院以北4俄里处。大会于农历8月1日苏梅举行呼拉勒[庆典]之日开幕,今[1899]年,根据我国历法计算应是8月22日,也就是说离大会开幕还有5天。参与大会的各方还没有到齐,汉族人商户尚未全部到达,齐齐哈尔和多伦诺尔方面还没有人到来,俄国人也还一个人都不见。我们在会场中心以南数10俄丈开外的地方停住下来。

会场设成一字长列,面对南方。来自南满一些城市的商家在西边一侧搭设帐篷,场地的中央是来自海拉尔(鄂姆博浩特)的商家,在他们这个区域里茶叶堆得像座小山一样,上面盖着草席。东边一侧为北京和多伦诺尔的商人所占,这里也堆着一大垛茶叶。俄罗斯人在汉族人的场地以北设了一个单独的场区。蒙古南部的商人拉来了他们的粮食,北京的商号送来的是丝绸和各种小商品,多伦诺尔的商家则带来了两种茶叶:博尔图克茶(篓茶)和祖赞茶(砖茶)。

汇集到物资交流大会上来的人可达1.5万人之多。蒙古人从300俄里之外赶来,兴安岭东坡的扎鲁特人和库伦附近的喀尔喀人在这里相逢。大会的交易额达百万卢布。[1]

这个地方没有河流;商人们每次都挖新井取水使用,因为在两次交流大会间隔的时间里,风就会在井里填满沙子。商人们在帐篷背后挖出一个个不太大的坑——这就是炉灶了,在这些坑上支架起锅盆做饭吃。在这个地方所有的事情都是在露天地里做的。这边一个汉族人坐在茶叶箱子上,另外一个人聚精会神地用剃刀给他剃头;那边一个大师傅就坐在路上剁肉,另有一个汉族人就坐在旁边缝补裤子;再往前是一大帮人在玩纸牌,还有人就在帐篷背后毫无顾忌地就地大小便。有一些商人租用当地蒙古人的帐幕,一顶帐幕租用一个交流会期费用为 10件茶叶。

交流会场的四周都是荒凉的盐土平原。喇嘛们曾试着在寺院附近栽植树木,可是树都死了,这种努力的结果仅仅是留下了一些当初引水用的沟渠。

8 月 16 日走了 16 俄里(从甘珠尔苏梅寺算起是 20 俄里)。路的东侧始终有很高的流沙垄冈,路的西边则是分布有沼泽的盐土平原。我们停宿在一个叫博罗霍舒的地方,这个地方蚊子比我们在物资交流大会场地旁停宿的那个地点还多。

次日还是在和昨天一样的平坦草原上行进,走的就是俄罗斯人从阿巴盖图伊哨所过来参加大会通常经过的那条路。草原一开始很干燥,没有水;草还很绿,但是除了一些地方生长的紫菀之外,已经没有什么花儿了。和前一天路上的情形一样,不时可以看到一小垛一小垛达斡尔啼兔储备起来的干草。我发现,在每一个单独的草垛里边堆放的大多是同一种草:一些草堆里放的主要是柱腺独行菜,另一些里以艾[蒿]为主,第三类里则是另外一种蒿类,第四类里又是紫菀,这种情形我以前在蒙古的西北部也曾发现过,例如在杭爱山脉草堆里大多数(也可能清一色)是黄华,而在库苏泊附近则是唐松草。

---

〔1〕格·尼·波塔宁列出了有关俄罗斯商人在物资交流大会上交易情况的资料,他指出,按照俄罗斯商人们的说法,他们每做 1 卢布的交易无论如何也能赚半个卢布(等于 50% 的利润)。

过了这片草原,我们又穿越了一块布满湿润草地的低地。蒙古人把这样的地方叫做布伦,这是一个适用于一切同类地点的非专有名称。在"布伦"以北路开始通向一个山冈上,当我们到了山上之后,由此地向北展现出来一片草原,我们看到西北面远远地有一个敖包。在前一天停宿的那个地方有人告诉我们,走过平坦的草原,再从草原登上一道垄冈之后,就会看到前方的巴塔盖敖包。那个敖包远远地就能看见,因为它堆垒在一个比附近的草原都高的地点上,在该敖包的周围我们会找到水的。我们猜测,现在看到的敖包就是人们跟我们说的那一个。确实,在路的右边,距离我们和距离敖包都同样远的地方,又看到另外一块布伦,就是有湿润草地的平地。一道槽沟里遍地都是泉水,沟里有巴儿忽惕人的阿伊利,我们把帐篷也支在了这个地方。该地好像是叫做莫东盖里霍莱,意即"木头房子的水池"。

　　还在从第一块布伦登上山冈的那个时候,我们已经看到北方的草原上有一道很高的山脉,原来那就是巴音察干山。8月18日我们沿着平坦的大车道前行——所走的方向能让我们从巴音察干山西边很远的地方通过。从停宿的地方走出大约16俄里,我们遇上了几个停在积满雨水的水洼前的哥萨克,他们赶着3辆大车去参加甘珠尔物资交流大会。车上拉的货物是呢子、平绒、粗平纹布,还有其他一些类似的东西。他们当天就走了,我们却在那里停下过了一夜,因为我们有一匹马病了。哥萨克告诉我们说,我们走的这条路前面要穿越霍伊尔霍勒博山,那个地方有两座小山像乳头一样并排而立,路就从两山的中间穿过。不过,从停宿的这个地方看不见这两个山头,有近在眼前的亥奥拉山东端的岬角挡着。

　　8月19日朝圆顶锥状的亥奥拉山进发,脚下是长满绿草的平坦草原。整个草原上到处有紫菀,但是开花的也只有这一种植物,偶尔能看见个别的几枝开着花的格梅林匙叶草[1]和厚叶风毛菊。途中遇到了

―――――――――

　　[1]在外兴安岭一带,蒙古人把这种植物称作乌胡林海莱,意为"牛舌"。——作者注

几名从布拉戈维申斯克去甘珠尔交流大会的莫罗勘派教徒，[1]他们先乘轮船到斯列坚斯克，再从那里坐大车到阿巴盖图伊的。他们没有带任何货物来，而是去用汉堡银币购买中国货物的，他们有大约 25 普特的汉堡银币。

傍晚时分我们到达亥奥拉山的东南面山麓之下。这里有一口水井，可是这个时候井里的水已经腐坏，散发出一股硫化氢的气味。傍晚，这个停宿地点竟聚集了 20 辆俄国哥萨克的大车，他们都是去参加甘珠尔物资交流大会的。这些人当中有一位 И. Г. 斯科尔尼亚科夫，他非常熟悉这附近一带地方，也很了解交流大会上买卖的状况，假如我们同他会面的时间不是如此短暂的话，此人是可以给我们讲很多有关交流大会的趣事的。哥萨克给了我们一些好的水煮茶。他们停在亥奥拉山下的水井旁过夜，但是只用井里的水饮马，而自己用的水是从先前的停宿地带过来的。

在亥奥拉山附近的草原上出现了河蚌贝壳的碎片，情形就和呼伦及贝尔两湖的西岸一样。据哥萨克说，在亥奥拉山高出山麓 100 来英尺的山顶上也能找到这种东西。从水井这里可以望见东南方十多俄里处的乌戈梅尔寺。

从亥奥拉山到阿巴盖图伊俄罗斯人说是 60 俄里。第二天（8 月 20 日），我们刚从东边绕过亥奥拉山，一眼就看到了前边有两座麓基宽大的圆顶锥形山峰，中间是一个宽阔的鞍形部，路就一直通往鞍形部。走在通往鞍形部的上坡路上，我们看到了西边 10 俄里外的呼伦湖［达赉努尔湖］，湖的北面是一道长长的山脉，我看那山好像岩崖很峻峭。听哥萨克说，那道山脉对着湖泊一面的山坡确实都是些悬崖峭壁，岩石中间还有"山洞"，大概就是一些凹穴；蒙古人把呼伦湖北岸的这道山脉叫做察贝山或是萨贝山，看样子这仍旧是我们曾在海尔门察干诺尔湖

---

〔1〕"精神基督教派莫罗勘派"有这样一个名称是因为他们在"大斋"期内饮奶（这是正教所不允许的），他们对圣经和福音书做了多处别有寓意的、"从精神方面的"阐释；莫罗勘派教徒摒弃教会的仪式、祭典，不承认教会的威力和神甫；他们禁酒，关心家庭。莫罗勘派教徒中间有很多生意人，如牲畜贩子和经纪人。

和奎通诺尔湖畔见到过的那种高出于湖面之上的草原遭到冲刷的边缘部分。

到达鞍形部的顶点之后,就是一片略微向下倾斜的平坦草原;然后是一个陡峭然而却很短的下坡,我们就好像是从阶地上走下,来到下面的平地上,再往前走,路右侧很长一段都像是阶地的断崖。在一天的路程快要走完的时候,这道断崖下出现了一些很小的湖,里边的水中泡着很多畜粪。在其中的一个小湖旁边我们看到有几个苏里,就是存放蒙古人到夏季牧场去时没有带走的家什的地方。这些苏里旁边有一个阿伊利,是看东西的人住的。在亥奥拉山下住宿时,哥萨克告诉我们,在这些苏里处能找到水,所以我们才在这里停下来住宿,可是我们的人一开始找到的那眼井里边并不是水,而是牲畜的粪汁。看守苏里的人给我们指了另一眼井,那里面的水还可以将就着用。

第二天(8月21日),贾尔萨赖赶着车一路小跑着上路了。不多一会儿我们的车就沿着平坦的草原到达了穆特纳亚沟,在多雨的年份额尔古纳河的水就通过这条水沟流入呼伦湖。

我们在穆特纳亚水沟旁停下来进餐,煮茶喝。此时又有一支从阿巴盖图伊去赶甘珠物资交流大会的商队来到这里,不过人数不多。哥萨克们喝足了茶,一路小跑往南去了,我们也小跑着往阿巴盖图伊[阿巴噶图伊]奔去。路就顺着这条穆特纳亚沟一直通到村里,左边沿路有一排山冈。在阿巴盖图伊以南8俄里处,这些山冈中间有一个通入库拉寨谷的谷口,满洲铁路的电讯线路就从该谷通过。下午4点钟我们到达了阿巴盖图伊哨所。

阿巴盖图伊是一个有着50来户人家的哥萨克村庄,村子位于丘陵起伏的地带,丘陵之间的凹地都是盐泽,有一块盐沼地把村子一分为二。村庄离额尔古纳河有1俄里,该河有一条支流从村旁流过,无论是村子里边还是村的四周都没有树木。阿巴盖图伊地处我国边界突伸入蒙古形成一个岬角的地方,在俄罗斯居民点中距呼伦贝尔荒原最近,这样一种地理位置就使阿巴盖图伊村有了一种独特的生活方式。如果你是从外贝加尔州的中心到这里来,那么越接近阿巴盖图伊,农业耕作会

· 欧 · 亚 · 历 · 史 · 文 · 化 · 文 · 库 ·

越少,而阿巴盖图伊本身就根本没有人从事农耕。处于主导地位的行业是畜牧,从事这种活动有时竟从一个行业变成为一种竞赛:饲养者努力去增加牲畜的数量只不过是为了在竞争对手面前炫耀一番自己比他们多出百来头牲畜而已。阿巴盖图伊人的服饰饮食显示出他们同东方交往之密切,在阿巴盖图伊人的厨房里你会发现有"挂面",就是中国人吃的那种细面条;吃饭时总要上一瓶"塔拉孙",即用奶酿造的酒。如果你听到外面有伴随着姑娘们的歌声的类似打谷的响动,你若以为那是俄罗斯农村中的寻常事儿(姑娘们聚在一起,帮什么人在砍削甘蓝),那你可就错了。在阿巴盖图伊这个地方,那是姑娘们成群结伙地在帮人擀毡。

除畜牧外,此地人还从事捕鱼。大规模的捕捞通常是在春天进行;那个时候呼伦湖的水位上涨,湖水灌进穆特纳亚沟,经过该沟漫遍整个广阔的谷地,而在平时谷里是没有水流动的。那个时候一个令捕鱼人满心喜悦的时刻就到来了:大群的鱼随着水流从呼伦达赉湖涌入穆特纳亚沟,挤满了大水泛滥造成的所有小水湾、小湖泊,数量之多足以让一个人用鱼叉在极短的时间内就能捉到满满一车鱼。捕捉的主要是鲤鱼,这种鱼在此地很受欢迎,当地人还腌起来既供自家食用,也卖给别人,咸鱼被拉到那些种粮食的村子里去换面粉。据住在此地的人说,每年运往外地的鲤鱼有上千普特。除鲤鱼外,还捕捉一种扁腹的红鳍鱼(鲢鱼),鲶鱼,狗鱼,偶尔也打塔利缅[哲罗鱼]。

阿巴盖图伊村所具有的特色及所处的独特环境:不事农耕,普遍从事畜牧、捕鱼,靠近大面积的水域,邻近中央亚细亚荒原,使这个村子的生活带上了一些在外贝加尔的其余地方再也找不出的典型特征。阿巴盖图伊地处外贝加尔地区的边缘,对该地区来说,其所居地位与古里耶夫城对奥伦堡—萨马拉边区来说占据的地位完全相同,只不过这里的典型特征表现在比较细微之处而已。

除沿穆特纳亚沟的那些被水淹没的低地以外,阿巴盖图伊的哥萨克还到呼伦湖去打鱼,不过是偷偷地去,因为他们在那里会遭到蒙古人的阻挠,因为这一地区的主要渔业资源是在他们的地界上。蒙古人不吃鱼,因此也不捕鱼。佛教禁止他们杀生,这条戒律虽说在绵羊和旱獭身上并未得到履行,但却适用于那些肉和皮都不为蒙古人所利用的动物身上。哥萨克在夜里偷偷地来到湖上,一夜之间打足鱼后,再趁夜返回。蒙古人有时会抓他们,遇上那种情况就会发生斗殴。俄国当局着手同蒙古官员举行和平谈判,但至今未能就此事做出安排,呼伦和贝尔两湖依然没有开放准许俄罗斯人捕捞。俄国地方当局就这个问题与驻海拉尔的昂邦进行了接触,但是昂邦认为以他自身的权力无法改变事情的现状。为了让此事有所进展,还需由更高级别的地方当局通过我国的大使馆向北京方面提出申请。

在整篇这份报告中,我对我们走过的地带的一些地方进行了描述;在报告的最后,我再提出几点总括性的意见。

与大兴安岭西麓相接的沿山地带是一片北方下倾的平川地:南边的塔尔湖海拔 4200 英尺,卢赫苏梅寺海拔 2700 英尺,哈拉哈河的渡口处海拔 2400 英尺,阿巴盖图伊海拔 1800 英尺。这些已计算出来的从塔尔诺尔湖到阿巴盖图伊一路上几个地点的高度能使人对该地区的地形有一个粗略的了解;如果能够获得这条道路以西乌卢圭河与奇克尔河下游那些凹地高度的数据,那么,情况会更加清晰明了。

我们经过的地区整个都覆盖着很厚的沙土冲积层,沙子里偶尔掺杂有细砾,掺有卵石或小碎石的情况则更为罕见。最后这种情况见于平缓丘陵的顶部,那种地方冲积层覆盖下的岩石比较接近地表,也就是说那种地方冲积层要薄一些。沙土冲积层在兴安岭的谷地里扩展的程度在前文中已经说过,前文也指出了这种状况对该山脉山地景观的影响。从俄国边境到兴安岭这一路上,我们没有在任何一个地方见到过红色戈壁或是瀚海沉积物,仿佛蒙古的这一地区就不曾有过戈壁瀚海

·欧·亚·历·史·文·化·文·库·

一样。[1]

在气候方面,蒙古的这一地区与其余的地带不同,大气降水量丰富。我们旅行的这3个月(从5月22日到8月21日)当中,据我们计算,总共89天中间有35天下雨(6月有12个雨天,7月有13天,8月有10天)。该地早晚露水很重,这种现象是蒙古其余地方所没有的。如果我们看一下外贝加尔地区的降水量分布图的话,就会发现,额尔古纳河谷的降水量远较该州其他地方丰富。也许不应把这一情况理解为额尔古纳河谷在大陆这一地带许多河谷当中是一个例外,这也许是意味着我们一走进额尔古纳河谷,就进入了西边以此谷为界的另外一个气候区,此气候区与雨水稀少的外贝加尔地区不同,降水丰富。

丰富的雨量,可能冬天还有与之相当的降雪量影响到该地区的外观,首先表现在这里的植被生长的高度上。如上所述,毗邻兴安岭的草原乃是蒙古最好的牧场。那里草类繁茂,平均高度为1.5英尺,而个别种类[的植物](叉分蓼,地榆)可长到1米以上。地面上的植被极其茂密,只有在脚下方能看见土壤,几步之外,茸茸的青草已经汇聚成一片绿茵,再也无法看到土壤了,这种情景也是蒙古中部所没有的。在蒙古中部,第一草长得很矮,第二草株之间距离很大,就是离得再远看过去,青草也不可能形成翠绿的一片。

丰富的露水和雨水造成的另一个使兴安岭附近地带有别于蒙古其余地区的特点,是那里的植被一直到8月末都不会失去绿色。在我们走到阿巴盖图伊附近的那个时候,草原仍然和初夏及仲夏时分一样,满眼绿色;而在蒙古的其他地方,草只有在雨季才能保持住绿色,一到7

---

[1]格·尼·波塔宁指出,在整个这一路上他都没有见到过戈壁海,或称瀚海的红色沉积层。正如德国地质学家李希霍芬所认为的,戈壁的腹地是属第3系的瀚海这种以前曾占据主导地位的看法已为B.A.奥布鲁切夫的研究成果(1892—1894年)所推翻。奥布鲁切夫根据对蒙古的沉积层所做的研究证明,瀚海是根本不存在的,所有的沉积物(不论是第3系的还是更早期的)都是侏罗系的,是湖沉积物或地面沉积物。奇怪的是格·尼·波塔宁1901年还说到戈壁海,因为B.A.奥布鲁切夫的考察结论在1895年就已经公开发表,在1900—1901年又做了更为详尽的阐述,波塔宁不可能不知道这些结论(《中央亚细亚及其东南边缘的山岳形态》,载《俄罗斯地理学会通报》,1895年,第31卷,第253－344页;中央亚细亚,中国北部和南山,第Ⅰ卷,圣彼得堡,1901年)。

月草就开始干枯,绿色的草原逐渐变黄。不过,植被稀疏的草原却没有蚊子,而在蒙古的这一带地方蚊虫让我们饱受了前所未有的磨难:一天里只有中午可以不戴网罩,傍晚时分还有整个一夜我们都不敢把网罩取下来。在从贝尔诺尔湖到汗塔本苏梅寺这一整片地带上,蚊虫不断地袭扰我们;就连靠近山隘顶部的窄谷也躲不开这一祸害;草长得越高,河柳越茂密,蚊子就越多。

茂密的青草的根系可以将地的表层连接固定住,而其地上部分又能够遮蔽土壤使其免遭风的破坏,浮沙便会停止在它们沉积下来的地方不动。虽然这些浮沙可以大量地变成流动沙,但由于浮沙被盖在草层下面,这个地方并没有沙丘;只是在该地区的北部哈拉哈河与海拉尔河之间有一片不很大的流沙。

我们经过的那个地区有4种地带:(1)国境线与海鲁伦河之间草类繁茂的草原;(2)呼伦湖和贝尔湖凄凉的沿岸荒漠地带;(3)贝尔湖南岸至兴安岭山麓之间丰美的大草原;(4)峡谷里生有小树林的兴安岭。也许,我没有理由把克鲁伦河以北的草原和我在贝尔湖以东看到的那些大草原或称瑟尔特划分开,两者之间可能有很多共同之处。对此我只能做一些推测,而未能亲自进行观察予以确认,因为我们从克鲁伦河以北的草原经过的时候,那里的植被还没有长起来。不过我却记住了这些草原的一个特点:那里小叶锦鸡儿丛极多,但是也有可能是贝尔湖和兴安岭之间的大草原上锦鸡儿隐蔽在繁茂的青草当中没引起我的注意。

从组成看,该地区的植物群属达斡尔区系,就是说分布于所说地区的植物与外贝加尔东南部常见的那些相同,此地区只在南方的边缘地带才能见到几种南方的类型。此处的盐土地生长的植物类型与蒙古的盐土地相比不算丰富,哈尔梅克这个地方倒是有,可是扎克(盐木)、苏亥(柽柳)和绯红锁阳我却一次也没有见到过。我在山西和甘肃两省认识的那些中国植物中,在这里我见到了两种:角蒿和知母;常见于满洲的植物当中目前我们可以举出的有桔梗、猫儿菊和金黄蒿。

在动物地理方面我们可以指出两种情况:(1)我们所经过的这片

地带是旱獭分布区域之一,但是中间有空白区,克鲁伦河谷、呼伦湖和贝尔湖沿岸地带以及贝尔湖与卢赫苏梅寺之间那片地区没有旱獭;(2)兴安岭是雉分布的西部界线。

在我们旅行所到的各个地点找到的所有那些蜥蜴都属于一个种——麻蜥,在蒙古中部的荒漠中分布极广的沙蜥我们在这里竟一次都没见到过。我们带回来的所有蟾蜍都是花背蟾蜍中的一个种(Bufo Raddei)。

哈希尔河及贝尔湖里的鱼属阿穆尔河动物区系。鱼类学家将会对我们未能坚持不懈地去努力获取乌卢圭河的动物标本感到遗憾:关于哈希尔河与贝尔湖可以能够预先做出推测,那里边的鱼属于阿穆尔河区系,但是对于乌卢圭河就不能这样讲了。乌卢圭河以南是塔尔湖,根据水中的鱼类判断,该湖属另外一个水系,那么乌卢圭河属于哪一个水系——是塔尔诺尔湖水系还是贝尔湖水系,这个问题只有通过对乌卢圭河下游河段与贝尔湖之间的地域进行详细的水准测量或是以该河里边珍贵的生物做依据才能解决。

在文化方面,兴安岭是两种地域之间的一道明显的分界线——岭东人烟稠密,住花布帐幕,帐幕附近有菜园,有种着稷子和荞麦的耕田;岭西人烟稀少,住毡帐,绵羊成群;兴安岭以西不种庄稼(只在这一地带的北部不久前种了一些稷子)。不过据我看,这一带并非不宜耕种。如果说这里没有河可供挖渠引水灌溉农田,那么这里并不缺乏雨水,既然草在这里长得这么好,粮食作物也一定会长得很好。这一地区无人从事农耕的原因大概并不是土壤和气候方面的条件问题,而是由社会方面的状况造成的。一旦汉族人大举搬迁过来,这一带就会立即变成农业地区。

在当前的状况下,外兴安岭地带的南部地区就成了蒙古东北部地区的粮仓。呼伦湖和贝尔湖周边那些地方的食粮都是从这里运过去的。从兴安岭南段的乔洛图隘口到海拉尔河畔的鄂姆博浩特城有一条平坦的大车道,沿途满载货物的牛车络绎不绝。即使满洲铁路建成之后,这条路也未必会受到冷落;比罗浩特和博罗浩特两城距兴安岭近,而距满洲铁路南段较远,该两城周边的人宁愿把他们的粮食拉到甘珠尔物资交流大会上去,也不愿运到比如说吉林去,从比罗浩特去那个地方,路未必会近多少,也未必更好走些,而到了那里却有可能遭到当地种植同样粮食的人的竞争。将来可能会提出从阿巴盖图伊或者海拉尔单另修筑一条去比罗浩特的铁路支线的问题。

在考古方面,沿兴安岭地带没有多大意义。我们遇到的古迹只有成吉思汗堤和塔雷尔河谷里的城壕遗迹两处。在从国境线到哈希尔和塔雷尔两河岸边的整个这片地域上就没有见到过凯来克苏尔。[1]

---

〔1〕格·尼·波塔宁 1899 年大兴安岭之行走过的一些地方,40 年后载入了史册:他曾经到过哈勒欣河及贝尔诺尔湖,1939 年 8 月日本军队试图侵占蒙古并突入苏联西伯利亚后方,在这些地方遭到蒙古和红军的联军的迎头痛击。

·欧·亚·历·史·文·化·文·库·

故 事

（格·尼·波塔宁辑录）

故事 1:旱獭[1]

旱獭原本是一个名叫库伦拜的富人,他有成千上万的马、牛、骆驼和羊。常有穷人、瞎子、瘸子、老乞丐来向他讨要施舍,库伦拜却什么都不给。于是穷人们去向老天爷诉苦,他们说:"塔克瑟尔(老天爷),你真不该给库伦拜那么多的财产。我们这些穷人去找他讨要一点施舍,他却从来一点东西都不给。"老天爷问库伦拜:"你给不给施舍?""不给,"库伦拜回答说,"我干什么要施舍呀?"于是老天爷把他变成了一只旱獭,让他吃草过活。旱獭离开家时不断地叫着:"安格特!安格特!"意思就是:对不起,永别了!直到现在旱獭一钻出洞来,还要喊这句分手时说的话。库伦拜的牲畜被老天爷变成了野兽:牛变成了马鹿(博古),绵羊变成了阿卡尔羊,山羊变成了原山羊(套伊什凯),马变成了野驴和苏尔塔兹,骆驼变成了秋埃吉克。

记录地点:塔尔巴哈台的一位吉尔吉斯人(贾斯塔班家族)家里

如能将旱獭一箭射死——很好,如果旱獭带箭爬回洞去——很糟,它会变成奇特库拉(魔鬼)。那样,10 个人,甚至整个一个旗的人也无法把它挖出来,就是全盟的人一齐出动也难以抓住。

霍托盖图讲述

故事 2:公牛

有一个老头养了一头公牛,牛的脊背被磨破了,老头便把牛放到野地里去。喜鹊把它的背啄得更加烂了,狼跑来撕去了它后大腿上的肉,狐狸从前边咬它。牛只剩下了一个头。老头来看这头牛的时候,牛头却对他说:"不要为我被它们吃掉了觉得可惜;你把我的头砸开,从两只角里边得到的东西足够你过上 6 年而用不着去乞讨。"老头把这只

---

[1]前 9 篇故事选自《蒙古西北部概况》的第 II 分册,其余各篇均取自第 IV 分册。

牛头抱回家里。砸开之后,一只角里边是银子,另一只角里边是金子。

塔尔巴哈台的一位拜基吉特家族的吉尔吉斯[哈萨克]人讲述

牛是用水做的,骆驼是用太阳做的,马是用风做的,绵羊是用天空做的,人是用土做的,山羊是用石头做的。

一位贾斯塔班家族的吉尔吉斯人讲述

从前大地上是没有水的。一头由两个人放牧的灰毛大公牛(科格奥古兹)口渴难耐,放牛的人也是一样。"我一定要弄到水",科格奥古兹说着就用角在地上掘起来,水便翻滚着喷涌而出,于是形成两大片水:一片是斋桑湖,另一片是大洋(滕吉斯)。

一位贾斯塔班家族的吉尔吉斯人讲述

故事3:啄木鸟

啄木鸟(吉尔吉斯语叫托库勒道克)从前是佩噶姆巴尔穆萨(先知莫伊谢伊)的奴仆,它偷了好多东西藏起来,却未曾料到穆萨对这一切都了如指掌。终于先知决定对它进行惩罚,用烟子在它身上画了很多条斑,并禁止它吃草和肉,只准吃干木头。啄木鸟喊叫"塔马格姆焦克,图克焦克!"意思是:"一丁点吃的东西都没有!"但是它只能喊出来:"基——伊克",人们听不懂它的意思。

西尔拜(属塔尔巴哈台丘巴赖格尔家族的吉尔吉斯人)讲述

故事4:攀雀和蛇

从前蛇的身子是弯曲的,害死过很多人和动物。攀雀(库尔库勒泰)因为害怕,便把巢筑在了水面之上,躲了进去。一位仙人在地上行走时碰到了一个人。"你这是上哪儿去呀?"仙人问他。"去找神告状",那人说,"告蛇的状,它害人,害动物"。仙人说:"要设计制服它。"仙人来找蛇说:"蛇呀,我把你的身子变直,你就能跑得更快了,你愿意吗?"蛇表示愿意。仙人用钳子把它夹住,用镰刀压着抽拉过去。这样一来,蛇的身子就变直了,变得光滑无力了。

拉伊(属塔尔巴哈台丘巴赖格尔家族的吉尔吉斯人)讲述

故事5:锦鸡儿

有人想要打死圣徒伊利亚斯[伊利亚],他便进入荒漠里边,支起一顶帐幕,搭了一个睡铺,以打野兽为食。有一只狐狸来到他这里说:"把你打来的肉给我吃,我给你找个媳妇作为回报。"伊利亚斯就给它肉吃,狐狸真的给他领来一个媳妇,可是它自己却跑掉了。这只狐狸刚一消失,那个媳妇就变成了一株带刺的锦鸡儿。于是伊利亚斯说:"狐狸呀,我永远都不想再见到你!"

贾克瑟拜(属塔尔巴哈台拜基吉特家族的吉尔吉斯人)讲述

故事6:骆驼和马鹿

古时有一个喇嘛会创造各种生物,他想要让世上所有的汗都臣服于他,而自己成为独一无二的汗。为了达到这个目的,他造出了一个足可把人咬死的动物,那就是长着一对马鹿(博古)角的骆驼,它用角顶人,用牙咬人。这峰骆驼害死了好多人,最后有一位汗在它的鼻孔里穿了一个布伊利(小木棍),又在布伊利上拴了一根缰绳,汗就用这种办法制服了这头野兽,给它取了一个名字叫泰门(就是骆驼)。汗告诉它:"以后你就去拉烧柴和阿尔嘎勒(就是厩肥,畜粪)。"于是骆驼开始驮运阿尔嘎勒,由人牵着它的鼻子去饮水,那位汗后来成了格根。一天骆驼正在草地上吃草,一只当时还生着察(北方鹿)那样角的马鹿跑到它的面前。马鹿说:"今天狮子和老虎举行婚礼,把你的角给我用一下,明天你来喝水的时候,我就把角还给你。"骆驼把角给了它。第二天它来喝水,却不见马鹿,于是骆驼再也没有角了,马鹿把它骗了。就是因为这件事,现在骆驼喝水的时候才把头高高昂起左右顾盼,它是在看马鹿在什么地方。而马鹿则每年都要失去自己的角,因为那东西本

·欧·亚·历·史·文·化·文·库·

来就不属于它。

奇林道尔吉（塔米尔河畔的喀尔喀人）讲述

故事7：狼与狐狸

狼和狐狸在路上发现了整整一古泽［袋子］的肥肉。"我们来把它吃掉！"狼说。"不行"，狐狸说，"这里不方便，总是人来人往的，得把这些肥肉搬到一座大山上去吃，你拿着它！"狼把肥肉拿到了大山之上。狐狸说："这点肥肉咱们俩吃太少了，不值得分，还是让谁一个人吃掉吧。""咱们谁吃呢？"狼问道。狐狸说："谁年纪大谁吃，你多大岁数了？"狼想，得想一个什么巧妙的法子蒙骗狐狸。他说："我小的时候，苏梅鲁山只有沼泽里的一个小土墩那么大，而大海就像是一个萨勒巴克（沼泽里土墩之间的小水洼）。"狐狸趴在地上大哭起来。"你哭什么呀？""我想起我生的那3个小狐狸了，最小的那个和你年纪一般大。"狐狸就这样引诱狼上了当，狼觉得羞愧难当，转身跑掉了。

达巴（亥比图舍贡旗的喀尔喀人）讲述

故事8：萨尔塔克泰

在古代萨尔塔克泰住在埃杰尔河的源头处，他从那个地方骑自己那匹没有尾巴的花斑马一天就能来回布伦朱（西藏）一次。他有妻子和8个孩子；他打过很多野兽，也捕过很多鱼；一家人都穿着破旧的皮袍和衣服。就是这个萨尔塔克泰想把苏布先诺尔（乌布萨）和哈拉乌苏两个湖连接起来。于是他开始挖掘，从沟里挖起一锹土一抛——就是一座山，再一抛——又是一座山。他挖了33锹土抛到外边，就成了组成罕呼亥山脉的那33座山峰。然而水并没有从乌布萨湖往外流，用锹往外抛一次，水从湖里涌了出去，可是接着马上又流了回来。萨尔塔克泰非常生气，便再也不干了，他说："你就叫苏布先诺尔湖吧。"苏布苏是［蒸馏］罐中出的尾酒，质地很差。

奇林道尔吉（塔米尔河畔的喀尔喀人）讲述

在哈拉乌苏湖平原上科布多城附近,科布多河的右岸有一条越往前离河越远的天然沟渠,当地的人认为这条沟渠是萨尔塔克泰勇士所挖。据他们说,这位勇士从前曾从哈拉乌苏湖挖了一条水道直通北京,并曾坐船经这条水道于一天之内到达北京又返回。

穆诺(土尔扈特人)讲述

故事9:博罗尔泰库

博罗尔泰库住在一个草窝棚里,身上穿的是毡袍,他唯一的财产就是一根长皮条。有一天他看到了一个狐狸的洞穴,并挖出来一只狐狸。那狐狸对他说:"你不要打死我,我可以让你娶国王的女儿做妻子,让你当上国王。"博罗尔泰库就把狐狸放了。狐狸跑去见古尔布什滕汗,它说:"非常富有的汗博罗尔泰库想娶你的女儿为妻。""如果博罗尔泰库确实是一位富有的汗,那就让他给我送一只雪豹、一只狮子和一头大象来",古尔布什滕汗说。狐狸跑来找博罗尔泰库,说:"给我3个奥布拉季。"博罗尔泰库就用自己那根皮条给它做了3个奥布拉季[笼头]。狐狸带上奥布拉季先去找雪豹,对它说:"古尔布什滕汗和另一位富有的汗博罗尔泰库一起举办夏季节庆活动,因为你是一个高贵的畜类,所以汗吩咐邀请你去参加。"它给雪豹戴上奥布拉季就牵着走了。它又以同样的借口给狮子和大象戴上了奥布拉季,牵来见古尔布什滕汗。汗命令修一座铁的拜申(房子),3面用墙围住,把野兽锁在里面,之后他说:"如果博罗尔泰库确实是一位富有的汗,那就让他把自己的畜群赶来并亲自来我这里。"狐狸嘱咐博罗尔泰库跟在他的后边走,博罗尔泰库就穿着他那件破旧的袍子,徒步跟着去了。在去见汗的路上他们遇到了一条河,狐狸让博罗尔泰库留在河边,而它自己先跑去见古尔布什滕汗,说道:"博罗尔泰库,就是那位富有的汗已经走到河的渡口了,可是却碰上了倒霉的事,整个畜群,驮着东西的骆驼,绸缎衣服还有金子都在过河时沉到河里去了,博罗尔泰库连身上的衣服都没有了。赶快给他送些绸缎衣服去吧,他穿上好来见你。"绸缎衣服送去之后,博

·欧·亚·历·史·文·化·文·库·

罗尔泰库来到了汗的驻地。汗把自己的女儿给了他,就放他回去了,还派了自己的一位诺昂带人伴送。狐狸先往前跑了,恳请路上遇到的每一个牧人,如果从此路过的人问畜群是什么人的,就说是博罗尔泰库那个富有的汗的畜群。汗派来的那个诺昂一路上询问,听见人们都是这么回答的。狐狸跑到曼格斯汗的帐幕跟前,卧倒在地唉声叹气。汗问它:"狐狸,你哼哼什么呀?"狐狸说:"可怜我就要倒霉了——要有大雷雨了。""啊呀,那我也要遭灾了",曼格斯汗说。"对你这算得上个啥",狐狸说,"你可以命人挖个 10 俄丈深的大坑,躲到那里面去呀。"汗真就那么办了。博罗尔泰库就像回到自己家里一样走进了曼格斯汗的帐幕里。狐狸告诉古尔布什滕汗的诺昂,这就是富有的汗博罗尔泰库的家。"这里只有一样不好",它说。"什么事?""帐幕的地底下住进来一个鬼,你能不能把闪电引过来,把它击死。"诺昂把闪电引了下来,击死了深坑里边的曼格斯汗,于是博罗尔泰库就当上了汗,带上曼格斯的全部财产、牲畜和民众,去了古尔布什滕汗那里。

达巴(亥比图舍贡旗的喀尔喀人)讲述

从前有一座很大的城,城里有一个昂邦(总督,督军)。城里的集市上出现了一块很贵的奥利丘尔(披肩)。昂邦问这件东西是谁做的,人们告诉他:那是一位住在湖边的贫苦妇人做的。当昂邦得知,奥利丘尔是那个妇人的丈夫拿到这里来的,便命令他建造一座宫殿。老头哭着回到妻子身边。妻子对他说:"不要哭,你到湖边去把白衣人叫出来,下到湖底后口中念:'亥利梅尔钦!'"老头这样做了,湖中果然走出一个白衣白发的人,领着他下到了湖底,那个地方有一座漂亮的城池。走进城里边他念道:"亥利梅尔钦!"那白衣人便从湖底取了些沙子给他。老头想:"我要沙子干什么呀?"不过他还是用[长袍的]前襟把沙子兜回来交给了妻子。妻子告诉他:"这就是亥利梅尔钦。"她把沙子撒在昂邦命令修造宫殿的那个地方,那里就出现了一座非常漂亮的塔楼。第二天早晨,昂邦看到这座塔楼大为高兴,于是下令:"让此人修造 5 座金子塔楼,否则我就砍下他的头。"老头又哭着回到妻子身边。

妻子让他再到湖边去,叫出白衣人,到水下的那座城里去,到那里后又说:"托布古塔钦!"当他念完这个词儿后,白衣人给了他一个小铁盒子,妻子又告诉他这就是托布古塔钦。她打开盒子念道:"请从里边变出五百兵卒和五百匹战马。"这支军队朝那座城冲去,把城攻下,杀了昂邦。然后这些军队又都回到小盒子里边。那妇人把这个小匣子留在自己手里,想要多少军队,就能变出多少来。

达巴(亥比图舍贡旗的喀尔喀人)讲述

故事 10:熊

从前有个吃人的怪兽杰利巴噶,它把人都吃光了,只剩下了一个老头儿和他的老婆子。杰利巴噶想把他们也吃掉,可是这两个人逃跑了:丈夫跑进森林,变成了一头熊,而妻子跳进了水里,变成一条梅济利鱼。就是因为这个缘故,熊才能"基日鸟甘杜",也就是具有人的理智,掌印也和人的脚印相像。

69 岁老人奇金杰克和比尤尔贡讲述,两人都是布连戈尔河萨利贾克家族的乌梁海人

有一个猎手(古列奇)碰上了一头熊,熊把他扑翻在地,开始用掌击打他,等到那人再也没有力气的时候,熊就去试这个人是死了还是依然活着:把耳朵贴在人的身上,听见有呼吸就接着打。猎手把呼吸屏住,于是熊就往他身上堆了些树枝,走掉了。

一位喀尔喀人讲述

一位古列奇偶然看到一头母熊领着几个幼仔走过来。母熊找了两截树木,把熊仔带到悬崖边,让它们躺下,用一截树木把它们压住,然后带着另外一截去了下面的谷地里,用那截木头打死了一头马鹿。

一位喀尔喀人讲述

·欧·亚·历·史·文·化·文·库·

故事 11：蝙蝠

那个时候噶里杰（雕）汗还未成为鸟中之王。众鸟雀开始选鸟王，它们商定：谁能飞得最高，然后又以最快的速度落下来，谁就做鸟王。于是众鸟开始飞升。萨里森·巴克巴盖（蝙蝠）带着一块石头跳到了噶里杰汗的背上。噶里杰汗没有发现这件事，就开始飞，它飞得最高，看到所有的禽鸟都落在了它的下面，就对它们喊道："有谁飞得比我高？"它听到头顶上有说话声："我，萨里森·巴克巴盖！现在该往下落了。"萨里森·巴克巴盖把石头抱在胸前，从噶里杰汗的身上跳下来，迅速地落到地面上。鸟王虽没有让它当，但却免除了它的阿勒巴（贡赋）并决定由鸟雀为它筑一个巢。噶里杰汗的儿子出生了，汗的妻子说得给新生的孩子用鸟雀做一个摇篮。汗听信了自己妻子的话，把百鸟集合起来，在它们的嘴上穿出孔洞，准备把它们编结到一起，做成摇篮。萨里森·巴克巴盖却没有来。噶里杰汗命鸟雀去叫它，萨里森被带来了。汗问他为什么接到汗的第一道命令后迟迟不到？萨里森回答说："我正忙着解两道题：白天和黑夜，男的和女的——哪一个更多？"汗问："哪个更多呢，黑夜还是白天？"萨里森回答说："黑夜更多。""那是为什么？"萨里森答道："有那么一种时间天虽然亮着，可是没有太阳；那就是黎明和黄昏这两段时间，这种时间应该算到黑夜里边。""那么男的和女的哪个多呢？"汗又问。"男的多"，萨里森答道，"因为如果女的向丈夫提出什么非分的要求，丈夫只要呵斥她一声，女的就会把嘴闭上。"汗心里想："萨里森这是在说我哪，这话说得对。"于是，他吩咐把所有的鸟都放掉了。

萨里森（王旗的杜尔伯特人）讲述，于乌兰固木城

萨里森（蝙蝠）结识了一只雌金雕，到夜里便去它那里睡觉。雌金雕从未见过家里这位来客长的是个什么样子，因为它晚间来得很晚，清晨早早就飞走了，所以白天光线好的时候雌金雕从未见过这位客人。

雌金雕很想知道它究竟是一只什么样的鸟儿,便在萨里森的腿上拴了一根红线。次日,噶里杰汗下令所有的鸟雀集合:鸟雀全部到齐了,年长而体型大的落在赞登树的树梢上,金雕在中间,它们的下边是各种小的鸟雀,而最下边是麻雀。雌金雕留心观察,它的那位拴着红线的朋友在什么地方。在上面没有这样的鸟,于是它开始往下边看,一直到最底下它才发现了自己的那位朋友:它脸朝树躲在阴影里,因为它怕在阳光下被晒干。自那以后,雌金雕就和它断了交情。

帕尔金根据古嫩(属卢贡旗的喀尔喀人)的讲述记录

故事 12:马内和它的 7 个儿子[1]

马内有 7 个儿子:大儿子叫博尔苏克(獾),下面几个儿子的名字分别是:杰肯(狼獾),伊尔比斯(雪豹),舒卢津(猞猁),克什凯(猫),卡凯(猪),最小的一个叫帕尔(虎)。它们都以捕兽为业,常到外边去打猎。有一天,它们碰上了一只穆伊噶克兽(赤鹿)。帕尔说:"我去把它逮住。"博尔苏克却对它说:"不,我是大哥我去抓。"说着便咬住了穆伊噶克的一条腿。穆伊噶克却踢了博尔苏克一下,把它的前额踢伤了。后来伤口长好了,但是那个地方却长出了白毛。因此,獾的额头上就有了一块白斑。

布图什(属伊尔克季家族的阿尔泰人)讲述

故事 13:七弟兄

从前有 7 个以打猎为生的弟兄:狐狸,獾,兔子,旱獭,人,狗和猫,它们都属于同一个种类。它们猎捕野兽。另外一伙的 5 个:杰利别根,熊,狼,雪豹和狮子(阿尔斯兰)单独进行捕猎。狐狸和熊碰到了一起,熊说:"狐狸,我要吃掉你!"狐狸说:"你不要吃我,不然你不会有好日

---

〔1〕马内:阿尔泰人这样叫[野]猫,蒙古人叫马努拉,或简称曼[Otocolobus manul——兔狲]。——作者注

子过的,我可不是孤身一个,我有 6 个伙伴:旱獭,人,獾,兔子,狗和猫;你若是把我吃掉,它们定会找你报仇,其中的猫尤其凶猛。"熊就没有动它,来找同伴说:"我碰上了狐狸,想把它吃掉,可是它却对我说:'你不要吃我,我有 6 个伙伴,它们会为我报仇的,其中最凶猛的就是猫。'这旱獭,人,狗,兔子,我们都知道它们有多大力气,可是那个猫是一种什么野兽呀?我们必须把它除掉,如若不然,它如果真的比我们力气大,我们可就活不成了。"这几头野兽想出了一条妙计,它们挖了一个大坑,上面盖上树枝,再把许多吃食摆在树枝上,然后请狐狸去邀请猫来赴宴。它们又对杰利别根说:"我们几个当中你最勇敢,最机灵,就由你首先向它表示欢迎,请它品尝食物。"熊爬到大坑边沿的一棵桦树上,雪豹、狼和狮子去了悬崖顶上。猫走到大坑旁边,一眼看到了食物,两只眼睛便瞪得大大的。杰利别根心想:"真的,长这么大眼睛的野兽一定是非常有劲的。"它嘴里对猫说:"请到这边坐,请品尝一下这些东西。"可是它却很怕这只猫,便不住地往后退。退着退着便踩到了树枝上,一头栽进坑中。猫被吓了一跳,便往桦树上蹿。熊想道:"一个哥儿们被它送进了坑里,现在又奔我来了。"便扑通一声从桦树上也掉进了那个大坑里。猫吓得又从树上往悬崖上跳,狮子正好蹲在那个地方,狮子从悬崖上往下一跳,摔死了,猫又往另一道悬崖上蹿。就这样,5个力气很大的伙伴都摔死了。

米哈伊尔·奇瓦尔科夫牧师(乌拉勒村[戈尔诺—阿尔泰斯克]的特勒乌特人)讲述

故事 14:花鼠

花鼠正在捡坚果。熊向它讨要一些坚果,花鼠就给了它一些。为此熊用掌抚摩了花鼠一下,这一来花鼠身上长出了花斑条纹。

通卡的布里亚特人讲述

故事 15:兽中之王

野兽和禽鸟聚集到一起推选各自的王。选出的鸟王是一只名为坎克列杰的雕,兽王选的是狮子(阿尔斯兰)。在这次大会上,还给鹤授了一个什么官职,长脚秧鸡站在一旁说:"为什么把这样一个职位授予那个长脚长嘴的家伙呢?"鹤很生气,就啄了长脚秧鸡一下,弄断了它的脊背。就是由于这个原因,长脚秧鸡现在没有办法就地马上起飞,而必须先在地面上跑几步;而长脚秧鸡也啄掉了鹤头顶上的冠毛,只剩下了靠近耳朵的两撮。

米哈伊尔·奇瓦尔科夫牧师(乌拉勒村的特勒乌特人)讲述

故事16:多隆埃布古特(大熊星座)

有两个孤儿弟兄,哥哥富有弟弟穷困。弟弟出去给人打工,在一个富人的家里找到一份活干,那富人打发他去砍柴,穷弟弟进入森林,他想砍一棵树,那棵树长得这么好,他想:"这棵树长得很好,又漂亮,就像我那富有的哥哥。"他觉得很可惜,便朝另外一棵树走去。那是一棵长得很差的树,他又想:"这棵树太可怜了,就像我似的。"又动了怜悯之心,也没有砍伐。之后他再也没有去选择树木,而是捡了一大堆树条、枯枝,就离开森林回去了。主人把弟弟骂了一顿,又派他到森林去了。第二次他还是觉得那些有的像富有的哥哥,有的像他自己的树,下不了手,又背了些枯枝回来了。主人第三次派他去森林砍柴的时候,情形还是一样,于是主人把他赶了出来。他走在路上碰到了一位老人,老头问他:"你上哪里去呀?"他就给老人讲了自己的遭遇。他们停下来休息,这个穷弟弟竟睡着了。这时老人便把他的舌头从嘴里拉出来,用细针在上面扎了70下。等这个穷弟弟醒来时,老头已经不见了。接下来他看到,有一只大乌鸦尖嘴里衔着一只眼睛,飞到他躺在下面的那棵松树上,后面跟着雌乌鸦。雌乌鸦问大乌鸦:"你从哪里弄来一只眼睛?""别说话",大乌鸦说,"树底下躺着一个人,他会听见的。""难道他能听懂鸟类的语言?"而这个穷苦人被老头用针扎过之后真的能听懂所有的语言了。大乌鸦开始给雌乌鸦讲,在某个很远的地方,国王的儿子生了病,现在有很多大喇嘛和萨满聚集在汗那里治病,献了很多的祭品(塔伊勒甘),这只眼睛就是它从宰杀的牲畜身上啄下来的。雌乌鸦又问道:"王子得的是什么病呢?""有一条蛇爬进了他的嘴里,在他的肚子里繁殖出好多小蛇,这样他的肚子便鼓胀起来。"雌乌鸦问道:"怎么才能把王子的病治好呀?"大乌鸦说:"得从9个马群里边挑出一匹3年没有产驹的肥壮母马来,把它杀掉,把它的肥肉切碎,一块块地扔进火堆里,不过火堆的位置要选好,要让王子站在高处能够张开嘴把燃烧的油脂冒出的油气吸进去。"

这个穷弟弟于是就朝那个地方走去,见到汗之后告诉汗他能治王子的病。国王吩咐奴仆们遵照他的命令行事,感到委屈的喇嘛们便不再进行治疗。于是穷弟弟便一切都按照大乌鸦说的那样干了起来。王子被安置在房顶上,那个地方正好让肉块投入火中冒出的油气可以飘入其张开的口中。那些蛇一闻到肥肉的气味,便一条接一条地从王子的嘴里爬了出来,那蛇可真多呀。国王想要奖赏这位穷弟弟,提出把自己的财产分一半给他,但是穷弟弟谢绝了,只要了7匹瘦弱的鬃毛颜色很淡的黄毛母马,鞍具也都很老旧。得到这些报酬之后,穷弟弟就离开了。路上他碰到一个人正在把一座座大山搬起来调换位置。"你这是在干什么?"穷弟弟问他。"都说我是大力士,我试试我有多大力气。"穷弟弟邀请他和自己一起走。接下来他碰上一个人正把耳朵贴在地面上。"你这是在干什么?"穷弟弟又问。那人回答说:"人们说我的耳朵连地底下的声音都能听见。""那你听到什么了?""地下的人正闹瘟疫,死了好多人。"穷兄弟也邀请这个人和他一起走了。3个人一起朝前走,碰到一个人正在对着天空望。问他在干什么时他回答说:"人们都说我是一个出色的射手,我试着射出一支箭,现在我正在看我那支箭能不能很快回来。"过了一会儿,那支箭呼啸着从天而降,上面还带着一块从天空上射下来的钢。穷弟弟邀请这位射手和他一起走。4个人接着往前走,遇上了一个人正在把大乌鸦身上的羽毛往喜鹊身上插,又把喜鹊身上的羽毛插到大乌鸦身上去。问他在干什么,他回答说:"人们说我的手非常巧,能把各种羽毛和物品进行调换,我正在尝试我的技艺。"这回他们就有5个人同行了。途中还遇到了一个能把整个一条河的水吸入口中，然后再喷吐出来的人。他们把这个人也带上一块走了。再往前走他们又遇到一个跑得比狍子还快的人，就把这个人也带上一起走了。然后他们对那个什么都听得见的人说："你把耳朵贴到地上听一下，远处在干什么。"那人听了一会儿说："有一个地方汗正在给自己的女儿选女婿，汗的女儿前面有 12 层幔帐遮着，已到结婚年龄的年青人从四面八方赶来求婚，他们先得经受 3 种考验，右边的桌子上摆满了有毒的珍馐美味，左边的没有毒。"

　　7 位壮士跨上黄马就出发了。来到汗国之后，穷弟弟派出自己那个能够搬山的伙伴先去迎战汗的大力士，起初人们对着这位对手哈哈大笑，因为他的个子很小。可是他却一把抓起对手，试着朝地下插去，只让他留下一只大脚趾露在地面上。然后比赛的双方要射悬在天与地之间的一面阿尔滕祖尔格——金盘子，穷弟弟把自己的射手派出去，他射碎了那面金的祖尔格。接下来让跑得比狍子还快的那个人同两个噶克沙哈梅根（野人老太婆）一起赛跑；老太婆领着她们的对手退到指定的距离处，坐了下来，请他休息一下，开始对他的头脑作法，他就睡着了。这时老太婆就跑起来，等他醒过来，老太婆已经跑了一半的路程。他追过这两个人，并先于她们跑到。在这之后，7 个伙伴便带着汗的女儿走了。汗派人去追赶他们，当军队越来越近的时候，他们在一座高山的顶上停下来住宿。这时 7 人当中那个会吸水的把整个大海吸入口中，再从山上把水放出去，军队全部淹死在大水里。过后他们来找喇嘛，请求他宽恕他们的罪过。喇嘛不但没有答应，反而命他们爬上一座很高的山，再从上面滚下来，他们就从山上滚了下来，可是每个人的头都掉了。老天爷看到他们为喇嘛的奸计所害，便让他们复活并升到天上，这就是现今的大熊星座（多隆埃布古特）里的 7 颗星，中间的小星星是它们的妻子。老天把那个喇嘛变成了一只安吉尔，并且诅咒他说："害你自己的孩子去吧。"

阿巴舍伊（阿拉尔辖区的布里亚特人）讲述

故事 17：猎户星座

　　科科利—迈曼曾经猎捕乌奇梅噶克。猎户星座里有一颗星是科戈利的狗,另一颗星是他的金雕,第 3 颗是箭,其余的 3 颗星是乌奇梅噶克的尾巴。捕兽的人都要向这位科戈利—迈曼祷告,祈求保佑他们有丰盛的收获。

延丘(翁古岱村的阿尔泰人,萨满)讲述

勇士科戈利杰伊曾经猎捕雌性马鹿(梅噶克)。他有一次曾说过:"我要把它们全都打尽,一头也不留。"为此神对他进行了诅咒。3 头梅噶克变成了天上的 3 颗星,猎户座的第 4 颗星是科戈利杰伊巴噶图尔本人,第 5 颗是他的马,第 6 颗是他的箭,第 7 颗是他的狗。

一个阿尔泰人讲述

故事 18:长生水

布尔亨—巴克希住在太阳行走的高天之上,他想要降落到地上看一看人和动物的生活是怎样一种情形。他降到地上,带着两个沙比(徒弟)海登和贾普瑟尔开始四处游走。他砍了几拐棍,做了一个哈布奇克(行囊),扮作巴特尔恰(朝圣的人)的样子,和两个徒弟在整个大地上走了一遍。饱览了地上的生活之后,布尔亨—巴克希对自己的两个徒弟说,人和动物在地上生活得很艰难,不幸福。徒弟们很惊讶,他们并没感觉到地上生活的环境多么艰难。于是布尔亨—巴克希把一根针针尖朝上立住,往上撒谷粒,他说:"要让每一粒粮食都落在针尖上有多难,地上的生活就有多难。应该让他们生活得长久,幸福!"抱着这样一种目的他又重新回到天上,开始对着水念诵经文制作阿拉尚[长生水]。就在他离开一小会儿的时候,阿拉希—阿米滕[怪物]把阿拉尚喝下逃跑了。布尔亨—巴克希找不到已经做好的长生水,便问太阳:"谁把阿拉尚喝了?"太阳说:"阿拉希喝了。""它在哪里?""跑远啦,跑出去很远啦!阿拉希说,他喝下阿拉尚已经可以长生不老,他要把你打死。"布尔亨—巴克希又往前跑,问月亮是否看到了阿拉希。月亮回答说:"看见了。刚刚从这里跑过去。"还指给他到哪里去找阿拉希。布尔亨—巴克希追上阿拉希,用奥奇尔朝它腰部一击,便将其打断成两截:下半截坠落到地上,上半截升到了天上,一泡尿从它被砍破的肚子里流出来。布尔亨—巴克希把尿接在一个碗里,心里想:"把它洒到地上——地上的万物都会被这毒液毁掉,把它泼到天上——曾格里[腾格里]也要遭殃。"他便自己喝了下去,他的脸变得黑黝黝的,身体变成了蓝颜色。以后的人们画出来的他就是这个样子。阿拉希虽然被斩成了两截,但是他喝了阿拉尚,已经长生不死了,因为太阳和月亮把它的事情说了出去,便对这两个星体进行报复,总想把它们吞下肚去。太阳它吞不下去,而月亮虽然一次次被它吞下去,但是由于它的臀部已被砍掉,月亮便会从它的肚子里重又掉出来。因为月亮把事情全都如实说了,而太阳却隐瞒了阿拉希就在近处这一情况,阿拉希攻击月亮的次数就比攻击太阳的要多。

奈登(库伦城的喀尔喀人,居住在博格多——沙宾)讲述

后来布尔亨—巴克希重又开始做阿拉尚,把它交给了乌鸦,命它送到地面,洒到人的头上。乌鸦飞到地上,落在一棵云杉树上,等待有人从此经过时好把水洒到他的头上。碰巧当时树上正好有一只雕鸮,它鸣叫了一声,乌鸦吓了一跳,把阿拉尚洒掉了。由于这种原因,云杉树永远是翠绿的,针叶从来不会从树上脱落。第二次失败之后,布尔亨—巴克希回到了天上,至今仍然待在那里,只把博格多格根派到地上来替代他。

奈登(库伦城的喀尔喀人,居住在博格多——沙宾)讲述

故事 19:酒的发明

酒是成吉思汗创制出来的饮品,在成吉思汗之前人们不知道这种东西。他有许许多多的牲畜,有许许多多的奶,多余下来的怎么办呢?他安装上比尤尔海利和措尔戈[酿酒的器具和斜槽],用大锅酿出了酒,他把大臣们召来,请他们喝酒,他自己也喝了。大家全都醉了,汗也

·欧·亚·历·史·文·化·文·库·

一样。在汗的大帐里支柱都是红颜色的,酩酊大醉的成吉思汗把红色支柱当成了自己那位通常总是穿着红绸衣装(洪图斯)的妻子,抱住支柱就亲吻起来。第二天,当别人对他讲起这件事的时候,他说:"这是毒药! 如果说汗都做出这种事情来,那么他的臣民又将干出什么事情来呢!"他把所有的器具都装进比尤尔海利里,放到河里顺流漂去;他自己则拔营而起,向河的上游迁移。在新的地点搭建好汗的大营,人们去打水,来到河边一看——推下河去的比尤尔海利也在这里,它竟逆流而上漂到了这里。于是汗说:"看来,是腾格里[上天]希望我发明这样一种饮品。"于是便命令自己的臣民酿酒,但不可喝醉。他在世的时候,人们还有所节制,但是在他死后,民间的风尚败落了,出现了酗酒的现象。奶、马乳酒、奶渣是不可泼或是倒到地上的,如果是不小心泼或是倒到了地上,那就要用手指蘸着洒掉的东西,擦抹到右侧的肩膀上,因为这三样东西是成吉思汗留下来的吉祥之物。

萨里森(乌兰固木城的杜尔伯特人)讲述

故事 20:关于世界的创造

马吉希里变成了一只青蛙,伸开双手俯伏下来,把由它自己创造的大地放在肚子上。如果这只青蛙有一根指头动一动,那就要发生一场地震。

萨里森(杜尔伯特人)讲述于乌兰固木城

故事 21:敖奇尔瓦尼

敖奇尔瓦尼是一位力大无穷的神。奇特库尔(魔鬼)想骗他上当,便对他说:"如果你真的那么强壮有力,那你就在冬天下到海里去。"奇特库尔心里盘算着:等湖面被冰封住,敖奇尔瓦尼的脖子让冰卡住动弹不得的时候,就用马刀砍掉他的头。大海结冰了,冰围住了敖奇尔瓦尼的脖子,奇特库尔已准备动手砍他的头了。敖奇尔瓦尼往上抬了抬身子,却动弹不得,又往起站了站,还是不能动,第三次终于站了起来,抖掉了身上的冰。如今敖奇尔瓦尼转世成为贾汗泽格根。

巴彦察干（乌兰固木城沙茨盖家族的杜乐伯特人）讲述

故事 22：成吉思汗

有人说成吉思汗是布尔亨［神］，有人说他是一位汗。据传，他是上天之子，降到地上之后，躺在一棵树的下面。那棵树的旁边还有一棵树，两棵树的顶梢低垂下来，连结在一起。从一棵树的枝条上有汁液滴下来，落入婴儿的口中，孩子就靠着这种浆汁生存。这时准噶尔汗死了，却没有留下继承人。大臣们聚在一起，想推选汗，但却无法达成协议，因为每一个人都想当这个汗，所以决定从他们这些人之外去选一位汗，于是就选定了这个孩子。喀尔喀人把这个孩子叫成吉思汗，杜尔伯特人则称他为敖敦泰博登泰泰希古尔布斯坚汗。

卢曾喇嘛（乌兰固木城的杜尔伯特人）讲述

故事 23：机智的骗子
（多隆东德希与甘齐缅特什）的故事

从前有 7 个东德希（多隆在蒙古语里是 7 的意思），他们有 7 位母亲，另外还有一个叫甘齐缅特什的人及他们的母亲。东德希们打死了缅特什的母亲，缅特什把母亲的血装好，走向了野地，他看到那里有 7 峰前额带白斑的骆驼，便把它们的白斑涂抹上自己妈妈的血。涂毕就继续往前走，路上碰到一个人，那人问道："看没看见我的 7 峰白脑门儿骆驼？"缅特什告诉他："我看见过 7 峰骆驼，可是它们的脑门是红的。"那个人就说："那准是我的骆驼，只不过你弄错了，把前额上的白斑看成了红斑。"争执了一阵之后那个人对缅特什说："咱们现在就去看看，如果额上的斑真是红的，这些骆驼就归你。"他们来到骆驼待的那个地方，这时，骆驼的主人不得不相信缅特什说的是对的，就把骆驼送给了他。甘齐缅特什赶着骆驼往前走，碰上了多隆东德希。那几个人问道："你从哪儿弄来的骆驼？"缅特什回答说："汗因为你们打死了

·欧·亚·历·史·文·化·文·库·

我的母亲给了我几峰骆驼。"7 个东德希便回到家里,把自己的 7 位母亲打死,送到汗的面前,请求汗为每一位被打死的母亲给他们 7 峰骆驼。汗拿起一干一湿两根棍子把东德希们好一顿痛打。他们一路哭着回到家里,他们要找缅特什报仇。后来他们找到缅特什,一顿暴打之后,把他面朝外紧紧地捆在一根柱子上,他们决定杀死他,便回家去取斧头。一个骑着红毛公牛的驼背老头赶着一千只灰毛绵羊来到树下。"你为什么被绑在这里啦,小伙子?"驼背老头问道。"我的背驼了,我把自己绑在树上好让脊背伸直",甘齐缅特什这样对他说。"咱们俩换一下,你把我捆住,让我的脊背也直过来",驼背老头提出要求说。他把缅特什身上的绳子解了下来,缅特什又把老头紧紧地绑在树上自己原来的那个地方。老头说:"我绑在这儿的时候,你替我放一会儿羊。""好的",缅特什说着就骑上那头红毛公牛,赶着老头的羊群回自己的家了。东德希们回来了,想要砍死驼背老头。驼背老头大声喊叫起来,说他是另外一个人,他们绑起来的那个人骗他说绑在树上能让脊背伸直,那个骗子已经赶着他的羊跑了。东德希们不相信这个驼背老头的话,就把他砍死了。在回家的途中他们碰到了骑在牛背上赶着上千只羊的缅特什。他们问他:"你从哪里弄来的牛和羊?"缅特什回答说:"有两个湖泊在分遗产,我帮它们分好了,为此我就得到了这样一份礼物。"东德希们又问:"难道说还能到湖里边去吗?"甘齐缅特什说:"那非常容易,只须把腰带拴在一根棍子上,再把棍子放在水面上,然后跳到棍子上去,棍子会打着转,向湖底沉下去,你也就毫不费劲地随着棍子下到湖底了。""跟我们说说去那两个湖的路",多隆东德希向他提出了要求。甘齐缅特什把通向不远处那两个湖的路指给他们看。东德希们就照缅特什教给他们的那样做了,结果这 7 个人就都淹死了。多隆东德希的心坏,所以都死掉了,而甘齐缅特什的心好,所以就发了财。

巴音察干(杜尔伯特人)讲述,于乌兰固木城

故事 24:塔伦胡图尔奇

　　塔伦胡图尔奇(70 个爱撒谎的人)一张嘴就非撒谎不可。有一次

他到一个什么地方去,路上碰到一个头上顶着一口锅的人。"喂,塔伦胡图尔奇,说一段谎话给我听听。"塔伦胡图尔奇却说:"没有心思跟你说话,整个天空都着火了,你还在开玩笑。"那人望了一眼天空,就把锅掉到地上摔破了。这个塔伦胡图尔奇就是后来的巴伦—先格。他来到一顶帐幕前,里边的一个妇女已经快要死了,叶尔利克[魔王]已经派来两个叶利奇[小鬼]守在门旁,一个小鬼对另一个说:"明天太阳一出来你就要捉住这个女人的灵魂,她会被抬到另一个帐幕里去过夜,我掐住她病痛的那个地方,她一打喷嚏,你就捉住她的灵魂,可别错过时机。"巴伦—先格走进帐幕对这个女人的家人说:"我可以做到让她不死。你们不要把这个奄奄一息的人送到另外那个帐幕里去,只把她的衣服穿到一个泥人身上送到那边去,其余的事情由我来做。"他自己则脱光衣服,藏到帐幕旁边。等到叶利奇抓住那个泥人的时候,巴伦—先格一下子跳了出来,大声喊道:"你们这是干什么? 莫非叶尔利克派你们来把泥人掐死吗!"后来他们说好 3 个一块往前走,走在路上巴伦—先格问道:"你们惧怕什么?"叶利奇告诉他:"我们害怕带刺的锦鸡儿、火花和用没有洗过的腹膜煮出来的汤。那你怕什么呀?""我怕红茶、五花肉(即带有白臁块的肥肉)和馇馇(白面包)。"当他们走到锦鸡儿旁边时,巴伦—先格一下子就跳了进去,叶利奇想把他从那里边赶出来,便开始往那里面投撒茶、肉和馇馇。巴伦—先格在锦鸡儿丛中过得挺自在,有吃有喝。叶利奇折腾来折腾去闹了好长时间,最后扔下[他]走了。等他们走了之后,巴伦—先格继续往前走,看到有一位姑娘牵着一头牛站在大坑边上往里看。巴伦—先格问道:"你看什么哪?""我把戒指掉到里边了,不知道怎样才能取上来。"巴伦—先格说:"这很简单,我用绳子把你放下去。"他把人放下去后就把绳子扔掉了,把牛牵过来,骑上走了。叶尔利克迎面走了过来,提出和他进行交换,用骡子换了他的公牛。公牛不肯往前走,叶尔利克就按巴伦—先格告诉自己的办法,击打牛的前额,竟把牛打死了。叶尔利克把牛头割下来,带走了。此时巴伦—先格已经先跑到了地狱里,他说:"来了一个背着牛头的人,你们赶紧去狠狠地揍他一顿。"然后他又自己去找叶尔

·欧·亚·历·史·文·化·文·库·

利克,对他说:"你把人不加分辨地就往你自己的地狱里推,连污泥和明镜都不加区分。"自那以后,叶尔利克就只把有罪孽的人下地狱,过一个时期之后再把他们放出来。

古嫩(卢贡旗的喀尔喀人)讲述

故事 25:埃利吉根

古时有一位埃利吉根奇克捷汗(驴耳汗)。他把每一个给他剃过头的人都要杀掉。一天,他叫来了一个男孩子,那是一个贫苦妇女的儿子,贫妇人便用面粉和上自己的奶水和白糖,搓成一些胡尔古勒(胡尔古勒有丸,团的意思,其实就是羊粪蛋),告诉她的儿子:"给汗剃头的时候你就吃这个东西。"男孩带上这些丸子就到汗那里去了。剃头的时候,他中间停下吃起这些东西来。汗问:"你吃的什么东西?给我一个。"男孩给了他一丸。汗觉得很好吃,便把男孩手中剩下的那些全要了过去。吃完之后,他问男孩:"这东西是用什么做的?"等那男孩给他讲完这些丸子里都有些什么东西的时候,汗说道:"噢,现在我已经喝过你母亲的奶了,所以我不能把你杀掉。你回家去吧,但是对谁都不要讲你看到的事情。"男孩便动身回家了。他走在野地里,草儿摇曳着,他以为青草是在问他都看见了些什么,他真想把这件事情告诉它。他忍不住,便告诉草儿说:"咱们的汗长了两只驴耳朵。"再往前走,老鼠从洞里探出头来张望,嘴里叫着:"奇尔特,奇尔特。"他以为老鼠是在问他看到了什么,他又非常想把事情告诉它们。他实在忍不住,就告诉老鼠说:"咱们的汗长了两只驴耳朵。"再往前走,有一棵树枝在空中摇来摆去,他以为树在问他看到了什么。他又很想说这件事,便告诉树说:"咱们的汗长了两只驴耳朵。"汗出门巡视自己的汗国,草儿摇摆着喊喊喳喳地说:"瞧,长驴耳朵的汗来了!"大树把叶子抖得哗哗响说:"瞧,长驴耳朵的汗来了。"于是汗心里想:"现在不光是汗国的民众,就连青草、树木、小动物都知道了。"他也就不再杀给他剃头的人了。

古嫩(卢贡旗或者伊亥埃利古根旗的喀尔喀人)讲述

444

故事 26：耶真汗

　　有一次耶真汗[成吉思汗]问几个女巫,自己的命运如何? 那些人告诉他说,他的性命难保,不过他若是出去偷盗一次,则可保无虞。于是耶真汗秘密出宫,想偷点什么东西。他碰上一个人,便问他:"你上哪里去呀?"那人回答说:"我去偷东西。""我也是要去偷东西,你带上我去吧。""那就走吧。"耶真汗问他:"我们上哪里去呢?"那人告诉他:"这个地方住着一个叫科克占金的人,他家的院子里有很多绵羊,我们偷他一只。"他们来到院子旁边,这个同伙问耶真汗,他会不会偷东西,耶真汗回答说:"糟糕的就是这一点,在这方面我不行。""那你就站在帐幕旁边望风",那个小偷教他说,"你要注意听着动静,可别让人把咱们抓住。"耶真汗留在了帐幕旁边,而那个人钻到院子里去了。耶真汗从小缝往里一看,只见帐里坐着科克占金和他的妻子,面前放着一个瓶子。妻子问道:"你这瓶子里装的什么呀?"丈夫说:"你干什么要知道这些,这不关你的事。""我怎么不该知道,我是你的妻子呀。"丈夫这才说道:"这是给耶真汗备下的礼物,是毒药。我想把它献给汗,他中毒死后,王位就归咱们的儿子了。"这时那个贼偷出来一只羊,于是汗和小偷就溜掉了。走在路上,小偷对汗说:"这羊我现在不能和你分,你只不过望了一会儿风,没干什么事情,以后你再来找我,我给你点东西。"耶真汗问:"我怎么才能找到你呢?"小偷提议说:"我们可以把帽子交换一下。"汗同意了,他们交换过帽子之后就分手了。汗回到了宫里。第二天,科克占金来见他,拿出一种饮料请他喝。耶真汗对他说:"我现在有病,刚吃过药,过一会儿再喝。"然后往碗里倒了一些送来的饮料,端到科克占金面前。他先是推辞,后来汗一再坚持要他喝,就喝下去死掉了。然后汗命人把那个小偷叫来,问道:"你昨天去偷东西了没有?"小偷答道:"没有,汗。"汗又问:"你昨天是不是偷过一只羊?""没有,汗。""你昨天夜里是不是和同伙一起去科克占金家偷东西了?""没有,汗。"汗拿出小偷的帽子,问道:"这是不是你的帽子?"小偷说:

445

"这不是我的。"这时汗告诉他："你不要害怕,和你一块去偷东西的那个人就是我。"又给他讲了望风的时候在暗中听见了些什么,这又如何为他揭露出一场反对他的阴谋,然后汗给了小偷一些奖赏,就让他走了。

伊林钦(喇嘛,达尔哈特人)讲述,于希什基特河畔

故事 27:文字的发明

蒙古人外出去寻找文字,途中碰上一位正在熟制羊皮的老妇人。他们认为这是上天对他们的启示,对此事做出了如下的解释:白色的熟羊皮是纸,埃德林(砍有许多凹槽用以加工羊皮的棍子)留在羊皮面上的那些符号就是字母。于是便借用这些符号做了托多蒙古语的字母形象。

伊林钦(喇嘛,达尔哈特人)讲述,于希什基特河畔

故事 28:关于罂粟起源的神话

一个汉族人有两个仇人,那两个人死去之后,他把他们的孩子:一名男孩,一名女孩带走,锁在一处中间用玻璃隔开的房子里。当孩子满 15 岁的时候,这个汉族人撤掉了玻璃隔扇,两个被囚禁的人相互认识后结合了。后来,那汉族人把屋墙下面的土挖空,屋顶塌落下来,压死了这一对情人。在他们遇难的地方长出来一种草,那就是罂粟。那汉族人把它的浆汁采集起来,当烟吸了吸,发现这种草有一种奇妙的性能。

扎姆岑(贝尔诺尔湖畔的巴尔虎—索伦人)讲述

故事 29:偷牛贼与老虎

有一对老年夫妇,他们家只有一头牛。有一天晚上,来了一只老虎(巴尔)想要吃这头牛,它卧倒在牛的旁边,等待两个老人离开帐幕。

而此时早已看中这头牛的一个小偷也来到院里，他感到很奇怪：以前只看到有一头牛，可现在竟有两头。他决定骑走一头，却正好骑到了巴尔的身上，巴尔吓了一跳，撒腿就跑。窃贼不知如何是好，他想抱住一棵树，却把那棵树连根拔了起来。到了早晨，巴尔驮着他来到汗的院子里，人们把巴尔抓住，心里想，这肯定是一个很机智的人，连巴尔都给他降伏了。汗的院子不时遭到6只巴尔的光顾，咬死好些牲畜，汗就请这个人把它们除掉。这个人叫人把他骑来的那只巴尔的尾巴剁下来然后放掉，完了他问那6只巴尔待在什么地方。人们指给他看一处垂直陡立的山崖，崖顶还有一棵树。这个人爬到树上，看见崖下有7只巴尔，其中就有那只被砍掉尾巴的。当这几只巴尔发现了树上的人之后，便想要把他吃掉。可是怎样才能够得着他呢？于是，没有尾巴的老虎站到了树的下边，其余的一只站到另一只的背上，打算用这种办法让最上面的一只正好够到这个人。这个人在上面大喝一声："你这个秃尾巴的东西，是不是嫌我把你整治得还不够，想让我再惩治一下吗？"那只老虎听出了这个人的声音，撒腿就跑，它背上的其余几只老虎都掉到石崖下的山谷里摔死了。

奈登（库伦［乌兰巴托］的博格多沙宾人）讲述

故事30：喜鹊和它的神奇礼物

从前有一对老年夫妇，他们没有什么家畜，只有一匹小马驹，可是马的脊背还被喜鹊啄坏了。小马驹又蹦又跳，最后还是淹死在了湖里边。老头对喜鹊的气很大，就去追逐那只喜鹊，在它落地的时候把它捉住，说："我打死你。"喜鹊说："不要这样，你别打死我，我送你3件礼物。"喜鹊送给他一头奶牛，老头就把喜鹊放了。老太婆开始挤奶——奶很多，老头还拿这头牛当马骑。有一天他忽然想起去拜访汗，到了汗那里之后，把牛拴上，就走进汗的帐幕和汗交谈起来。汗有事走出帐幕，看见了那头牛，就说："好漂亮的牛哇！到我的畜群里抓一头同样毛色的牛来，把老头子的鞍具换到那头牛上，把这头牛放到我的畜群里

·欧·亚·历·史·文·化·大·库·

去。"说完就进了帐幕。后来老头骑上牛往家走,把牛又抽又打,才勉勉强强回到家里,老太婆动手挤奶,却一点奶也没有了。老头就说:"这喜鹊骗了我,给我的是一头劣牛,只能使用一阵子。"于是他捉住喜鹊想要打死它,喜鹊又给了他一个阿特巴什——耶尔捷涅(宝马头)。他把这件宝贝放在帐幕里摆神龛的位置上,不管老头想要什么东西,耶尔捷涅都能给他:酒,奶,马乳酒,出门骑的马。有一天,老头忽然又想要去汗那里拜访,就向耶尔捷涅要一匹马,马就来了。他给马备上鞍子,把耶尔捷涅拴在马鞍上,就走了。他把耶尔捷涅留在鞍后的皮带上,自己就去找汗了。汗招待他吃完饭,自己走出帐幕,看到了耶尔捷涅就说:"那边扔着好些马的颅骨,拿一个过来绑在老头马鞍后边的皮带上,把这一个藏到我那里去。"说完就进了帐幕。老头回到家里,把马颅骨放到神龛的位置上。他想要吃东西了,要了之后什么都没有;不管要什么东西,就像前一次那样一件都没有。他摔碎了颅骨,又去把喜鹊抓住,说:"给我第三件礼物。"喜鹊给了他一件捷米尔——梅纳(梅纳,在臼中捣大麦用的木杵,捷米尔——梅纳就是铁杵)。"我拿它干什么用?"老头问。"如果你想打点野味,用它瞄一下就打着了。"老头就拿着这根铁杵打起猎来。他又一次来拜访汗,人们看见后就报告汗说,那老头带着一根铁杵来了,大概是来报复的。汗吩咐把铁杵从老头手中夺过来,可是那杵却开始打人,把好多人都打死了,打死了汗本人、他的几个妻子和孩子。老头牵回了自己的牛,拿回阿特巴什——耶尔捷涅,还接过了汗的全部牲畜和百姓。他成了富有的人,他对妻子说:"你过去,把捷米尔——梅纳抓住。"妻子就过去抓,可是杵却把老太婆打死了,老头又派了几个人去,杵把那几个人都打死了,他亲自过去抓,杵连他也打死了。

比尤尔古特(萨利贾克家族的图卡——乌梁海人)讲述,于布连戈尔河畔

故事31:扎亚奇

有一个人家贫如洗,一无所有。他就去找梅尔根喇嘛(学者),请

求教给他发财之道。喇嘛说,他做不了这种事情,让他去向自己的扎亚奇［庇护神］讨教。这个穷人来到扎亚奇行走经过的路上。一个身穿红绸面皮袍的扎亚奇骑着骏马从这里走过,这个穷人抓住他又扯又打,嘴里说道:"你是我的扎亚特,你自己穿着绸面皮袍,却让我受穷。"那个人喊道:"我不是你的扎亚奇,我是另外一个人的。"穷人放他走了。他看到又过来一个同样很阔气的扎亚奇。他举手便打,可是这一个也高声喊叫,说他不是他的,而是另外一个人的扎亚奇。放走这一个之后,他看到又有第三个走来,还是同样的情形。过去了很多个阔绰的扎亚奇,可都是别人的。最后,一个穿着破衣烂衫的穷扎亚奇骑着一匹瘦弱的驽马艰难地走了过来。"我的扎亚奇是不是你?"穷人问他。"是我,"那一个说。"啊,原来你自己就是骑驽马穿破袍子东奔西走的,你就让我也过同样的日子!"穷人开始责难他。"都怨你自己",扎亚奇说,"你非偷即骗,什么也没挣来,所以你就什么都没有,我落到这个地步也是因为你的缘故。"穷人就请他教给自己怎样才能发一笔财。扎亚奇告诉他:"你想办法到什么地方去弄一峰骆驼来,把它杀了,在它的皮里填上干草,缝好背到山上去。"当扎亚奇全都集合到神那里之后,那个穷人的扎亚奇高声喊道:"看哪,这个人力气多大呀,把骆驼都背到山上去了。"所有正在开会的神和扎亚奇一齐朝那边望去,就在这一刻穷人的家里出现了许许多多牲畜。不久,这些牲畜繁殖得非常之多,老头一个人都照管不过来了,可是他又不愿意雇人放牧。他有一个不好的想法,他以为,他家附近的人会来偷盗从而富起来的。他又找到梅尔根喇嘛,说:"我的牲畜太多了,我照管不过来;盗贼来偷,狼也来叼。你把它减少一些,保持一个合适的数量。"喇嘛回答说:"你的牲畜并没有减少呀,你自己足够了,就让贼偷狼叼好了,它们也得要吃饱肚子呀。"这个先前的穷人叫了起来:"那牲畜可是我的呀,难道我不心疼吗?"于是梅尔根喇嘛教给他该怎样做:"一连 7 天把灰烬倒在帐幕外的南边,一连 7 天开门时用木盆和长柄勺推,用凿子打狗 7 下。"[1]他

---

〔1〕这几件事都是杜尔伯特人禁止做的。——作者注

就照这样做了，于是他又失掉了一切，重又成了和从前一样的穷人。

萨里森（杜尔伯特人）讲述，于乌兰固木城

故事 32：贝克捷尔—占金

这位有头脑而又正直的昂邦曾经掌管北京政务 3 年；其他的昂邦对平民百姓巧取豪夺，并为常被拿贝克捷尔—占金和他们比照而进行责难心怀不满。3 年过后，贝克捷尔进行占金请求耶真汗［皇帝］准他回归故里，因为他很想看一看自己的家乡。汗准许他离开。当了 3 年官，清正廉洁的贝克捷尔—占金什么也没攒下，但是他却命人把许多箱子里面装上砖，让 50 头骒子驮着走。在他出了城以后，其他的昂邦们便向汗报告，说一向以清正廉洁著称的贝克捷尔—占金走时竟用了 50 头骒子驮银子。汗命令将贝克捷尔及其携带的东西追回。贝克捷尔返回到北京，与贝克捷尔做对的人得意洋洋地对他说："都说你清正廉明，没有攒下什么钱财，那你箱子里带的这些沉甸甸的东西不是银子又是什么？"贝克捷尔说道："我从老百姓身上确实没有索取任何东西，可是给耶真汗作了 3 年的昂邦，却两手空空地离开北京那多难堪啊。一个昂邦给耶真汗当差却什么也没挣下，人们对这样的昂邦会怎么说呢？所以我让人在箱子里装上了砖头。"那些告状的人说："你这是胡诌，就是不想让人检查你的箱子。"于是贝克捷尔说道："如果箱子里装的都是银子，那这些银子就归你们；如果箱子里全是砖头，那你们就要用银子把箱子装满。你们同意吗？"那些昂邦对箱子里装的是银子深信不疑，就同意了。箱子打开了，结果是耶真汗命令那些告状的人拿来自己的银子把箱子装满。贝克捷尔赶着 50 匹骒子驮着装满白银的箱子回乡了。

萨里森（杜尔伯特人）讲述，于乌兰固木城

故事 33：聪明的妻子和愚笨的丈夫

一位妇人有一个蠢笨的儿子。一天她想道："我倒要看一看，城里边有没有比我儿子还蠢的人。"为此,她打发儿子赶一只绵羊进城去,以 12 碗面粉的价钱卖掉,再让羊把面粉驮回来。傻小子在城里东走西走,但是不管是谁听了他的这种怪诞条件,都哈哈大笑着走开了。一个女人从大门里边看到他,把他叫过来,听明白价钱之后就把羊毛剪光留下,然后付给他 12 碗面粉作为买羊毛的钱。傻小子带着面和羊回到家里。他的妈妈心想:"这想必是一个聪明的女人,我就娶她给我儿子作媳妇。"于是把她娶了过来。这个女人很穷,只带过来一头黑毛公牛。她和傻丈夫过腻了,就让他牵着牛到城里去卖,不多不少正好要 50 两银子。在城里有人出价多一些,有人少一些,但傻小子都没卖。有一个汉族人同意给 50 两银子,便把牛买下了。"钱呢?"傻小子问。"过后你再来取钱",那个汉族人说,"你根据这样几个特点就能找到我的家:上面两条龙,西侧两个狮子,在西方白色的油流成河,在东方流黄色的油;到半拉阿亚卡满了的时候,你来拿钱。"傻小子把这个汉族人的话转告给妻子。妻子解释说:"两条龙就是房上有两根烟筒,两个狮子是磨房里的两片磨盘,白色的油是有人织白色的大布,黄色的油是有人织红色的大布,半拉阿亚卡是月牙,月圆的时候你去找他。"傻小子按期来找那个汉族人要钱。汉族人问他:"是你自己猜破了我的哑谜,还是别的什么人猜出来的?"傻小子说,是他妻子猜出来的。那汉族人心想:"这么聪明的妻子怎么嫁了这样一个傻瓜?要把她夺过来。"他付了 50 两银子,同时还让傻小子给他妻子带回去一份礼物:一包马的阿尔嘎勒(干畜粪)和一包红糖加冰糖。妻子猜透了这个哑谜的意思:"你的丈夫是粪土,让他单独过去,我们两人在一起就像这两种糖合在一起般地甜蜜。"她就跑到那个汉族人那里去了。傻子把 50 两银子花光之后,来找那个汉族人,把自己老婆跑掉,肚子饥饿难耐这些伤心事讲给他听,然后请他给些东西吃。那汉族人觉得他可怜,就让他披上两块毡鞍垫,上面放两副马鞍,四肢着地在城里爬一圈,并且注意观察都有谁看见他了。傻子在城里转了一圈又回到汉族人这里。那汉族人问他:"怎么样,有人看到你了吗?""好多人看见了,他们都笑我。""你老婆看见了吗?""她也趴着门看了一下。""那好,现在你回家去吧,她已经在家里了。把这5两银子交给她。"傻子回到家里,看到妻子已经回了家。因为她领会到,两副鞍子的意思就是你们在一起过活吧。同时那汉族人还是给她捎来5两银子,这就意味着他是昂邦之子,是有俸银的。这就是一个信号,表明那个汉族人并没有放弃娶她的念头。她把银子裹在一条长长的哈达里,又送回给那个汉族人。那汉族人就明白了,她愿意嫁给他,会来找他的(哈达表示路途),但是请他把时间推迟一些。后来那位汉族人的父亲亡故,儿子接替父亲的位置当上了昂邦,就娶了这个女子为妻,而让她的丈夫作了一名助手。

萨里森(杜尔伯特人)讲述,于乌兰固木城

故事34:穆蒙托

贡多尔国王有两位妻子:他的正房妻子生了一个蠢笨的儿子,而二房妻子所生的儿子又聪明又漂亮。大儿子取名穆蒙托,国王给了他一根长铁杆子,让他去放羊;小儿子名叫阿尔坦塞格塞,给他穿的都是好衣服,因为他是受宠爱的。有一天夜里,穆蒙托穿着小牛皮袄腰系一根绳子正在睡觉,醒来看到了一股冲天的火旋风,中间有一个金轮不停地旋转而无法挣脱,穆蒙托就用铁杆子把轮子挑了出来。这轮子一下变成了一个漂亮的年青人,他自称是莫戈汗,曾同戈尔托莫戈汗长期作战,失败后被囚禁在火焰当中,已经旋转90年了。为感谢穆蒙托搭救之恩,莫戈汗邀请他去做客。母亲挤出两只羊的奶,用奶和面做了两块干粮,给儿子带着路上吃。穆蒙托穿越草原,跋山涉水地走,脚掌磨破露出了骨头,他就跪着走;双膝磨破露出了骨头,他就手脚并用往前爬;手掌也磨破了,他就俯身躺在地上往前滚。他滚到一顶帐幕前,住在里边的老人告诉他,莫戈汗已离此不远;还给他出主意说,见了汗只向他讨要阿古—诺贡这一件东西。穆蒙托来到莫戈汗处,向他讨要阿古—诺贡。莫戈汗送给他一只用金手帕裹着的蓝色小鸟,还送给他一只小黄狗好在路上捕捉黑琴鸡和鹰食用。带上这两样礼物,穆蒙托动身往回走。那小狗什么也没抓到,穆蒙托就把它打死了,自己却突然到了一个富贵的宫殿里,身旁还躺着一位美女。穆蒙托大吃一惊,从宫殿里跑了出去。他到了城里,来到市场上,拿了女商贩的一些糕点,吃完饭之后就去找睡觉的地方,可是进马厩马把他赶了出来,钻狗窝狗把他赶了出来。他又来到宫殿里。那位姑娘这时把他那件小牛皮袍扔进了火里,告诉他说她是他的妻子,他是这个城的王,不可从宫里跑掉。穆蒙托穿上国王的衣装,来到市场上,有几个女商贩说:"这就是拿我们糕点的那个小伙子。"另外一些人说:"这是我们的国王。"

就在此时阿尔坦塞格塞出来查看父亲的马群,他看到了一个新的富庶的王国,就问:这是哪位国王?人们告诉他:"贡多尔的儿子穆蒙托。"阿尔坦塞格塞就去看望哥哥,后来回到家中把哥哥的事告诉了父亲贡多尔。贡多尔很忌妒自己的儿子,便叫他过来,想要打死他将这个新的王国据为己有。穆蒙托来见父亲,贡多尔命他到阴间爷爷那里去一趟,向爷爷要备有鞍具的白马,那是爷爷死时贡多尔给他的,可是爷爷至今都没有归还。穆蒙托回到家里,把父亲要他做的事告诉了妻子。阿古—诺贡把到阴曹去该如何走法教给了丈夫。穆蒙托来到一块黑石头前,叫出来一只大狐狸,抓着狐狸的尾巴,他下到了地府,在这里他看到有很多鬼魂因为造下罪孽而遭受各种各样的折磨。终于他见到了爷爷。爷爷对他说:"朋友不可驱逐,火炉不可跨越。"然后爷爷领着他往回走,路上给他讲了对有罪孽的人实行的各种惩罚。有两个女人,一个自己什么都没有,但却想要什么就有什么,这是因为她在人世的时候自己什么都没有,但却一直向穷苦的人施舍;另一个虽然富有,却很吝啬,因而到了这里就忍饥挨饿,以灰代烟吸,虽然她身边就有美味的食品和烟草。一些光身子的妇女搂住干木头把自己弄伤——那是不忠的妻子。一些男人手拉着手脚连着脚地在一起受罪——那是盗贼。一些官吏和萨满被放在大锅里用水煮,官吏受此苦是因为受贿和执法不公,萨满则是由于大肆勒索,收取祭品,无中生有地用神鬼发怒来恐吓人们;那些明知病人已经不可能治好,为了赚钱还是硬要跳神驱邪的萨满也要受这种刑罚。一些妇女嘴唇对嘴唇、舌头接舌头地被连结在一起,因为她们曾造谣中伤别人,挑拨他人是非。一些家畜站在没膝的青草当中,可是却骨瘦如柴,虚弱倒毙,这就是凶暴主人家的马,它们劳累已极,上好的草料也不能使它们恢复过来。光秃秃的石头地上却有一些肥壮的马匹,那是善心主人家的马,它们被喂养得膘肥体壮,就是待在光光的岩石上也不会掉膘。

爷爷和穆蒙托走出来到阳世间之后,爷爷交给穆蒙托一匹备好鞍具的白马,让他转告贡多尔,说爷爷命他骑这匹马到阴曹去见他。贡多尔听了自己父亲的命令后怕得要命,可他还是让穆蒙托去找埃塞盖马兰腾格里巴拜[神],要回在穆蒙托还小的时候奉献给他的那只白毛绵羊和9张兽皮。阿古—诺贡安慰了丈夫一番,在他的肩上拴了一根红丝线,然后用自己的力量把他送到天上。穆蒙托把自己父亲的要求报告给马兰腾格里。马兰腾格里说道:"3天之后我把他用来抵付该向我交纳的贡赋的这些东西还给他。"穆蒙托开始向地面降落。就在此时,埃塞盖马兰腾格里巴拜降发出雷电。贡多尔及其一家,还有畜群和房屋全被毁掉了。穆蒙托在父亲家的那个地方只看到自己的妈妈坐在一个丘冈上,他把妈妈带回自己的家里,从此就和妻子阿古—诺贡一起过日子,当起了国王。

加尔哈诺夫根据库金管辖区的布里亚特人的讲述记录

故事35:塔恩和沙姆两弟兄
——查甘达里亥和诺贡达里亥的丈夫

从前有两个勇士弟兄,一个名叫塔恩,骑一匹叫胡留恩亚曼(褐毛山羊)的马,马角尖利如矛,马蹄黑褐色,生着十字状的银白牙齿(或银钉般的牙齿),每一根鬃毛都像画出来的一样,腿上生有翅膀。另一个是弟弟名叫沙姆。一天沙姆正在念诵诺姆[经文],就在这个时候卢赛汗的女儿奥特孔查甘达吉内来到他家。在她听他诵经的时候,她滴下一滴泪水,由这滴泪水就生出了一个儿子,随后从另外一只眼睛中又滴下一滴泪水,由这一滴泪水也生出了一个儿子。这两个婴儿取名叫马恩和桑贾。

沙姆读毕诺姆,奥特孔查甘达吉内并未真正离去,而是躲进了门里。沙姆往屋外走时惊奇地发现门重了,于是看到奥特孔查甘达吉内在那个地方。他问她为什么没有回家,她说想嫁给他为妻。他就娶了她做妻子,这乃是查甘达里亥的呼毕勒罕[化身]。哥哥住在天上,梦见弟弟娶了妻子,就到他这里来了。他们欢庆了60天,饮宴了80天,然后塔恩返回到天上。在睡觉时他又做了一个梦,说他也该结婚了,告诉他:"你往东走,可以看到那边有一个苏蒙(寺院),那里有21个达吉内,你应娶其中的一个为妻。"

他就动身去了,找到了苏蒙,看见篱笆墙上吊着一条蛇阿比尔嘎。蛇请他把它放下来,蛇说:"作为回报我可以告诉你应该娶哪一个达吉内为妻。这里有21个达吉内,每天早晨她们都要围着院墙为21位达里亥歌唱。"蛇告诉他:"你把最后那个穿一身绿衣服的抓住,她虽然现在并不美丽,可是你把她娶回去之后,她会很漂亮的。"塔恩就把那条蛇放掉了,并且按照它教的那样做了。于是,诺贡达里亥就成了他的妻子。

故事 36:卢赛汗的女儿

从前有一对老年夫妻,他们只有一个儿子,家境非常富裕。他们有1000峰骆驼,1000匹马,1000头牛和同样多的羊。有一天儿子对父亲说:"我们行行善该有多好啊,你已经活到这么大的岁数,可是还没有做过一件善事哪。"父亲让儿子去把住在附近的一个喇嘛叫来,喇嘛来了,开始念诵《阿尔滕佐特维》经文。他一边诵经,一边不断地要求奉献祭品,到最后甚至硬要他们把所有牲畜宰杀掉,还得把其余的财产全部奉献出来。等到他们几乎什么都没有了的时候,那喇嘛才终于说:"好了,你们的前愆赎清了。"这之后,他们总共只剩下了9两银子。老头和老婆死去了,儿子拿了这9两银子就离开了这个地方。路上,他碰到了一个喇嘛,给了他3两银子,说"耶列利塔比",意思就是请为亡魂做一次追祷。那喇嘛答道:"往前翻过7座山。"说完就走了。

·欧·亚·历·史·文·化·文·库·

儿子接着往前走,翻过 7 座山之后,他又碰见一个穿黄绸面皮袍的喇嘛,又给了他 3 两银子,请他为自己指点一个能够过上幸福生活的地点。喇嘛说"翻过右边的山到海边去吧",说完就走了。这个年青人继续往前走,又碰到了一个喇嘛,就把仅剩的 3 两银子给了他,请他指点去海边的路。喇嘛指着山说:"从这座山上翻过去,到了那一边你就看到大海了。"年青人朝那边走去,他筋疲力尽,勉勉强强走到了海边。他看到有好多渔夫正在打鱼,就向他们要一条小鱼吃。他们给了他一条新孵出的幼鱼,那鱼的前半截是金的,后半截是银的。他不忍心把这鱼吃掉,心想:"我能吃多少呢!"就把鱼重新放回大海中去了。他喝了几口水,洗洗脸,又往前走去。这时迎面走来两个人,走到他面前要他下海去见卢赛汗,说他们是汗派来接他的。年青人不去。他说:"我怎么能到水里去呢?下去我会淹死的。"可是汗派来的人根本不理会他说些什么,把他的嘴和鼻子堵住,就带着他一起跳进水里。年青人到了卢塞汗那里,看到自己的牲畜全都在那里。原来把这些牲畜充作祭品的那个喇嘛是卢塞汗派去的。

卢塞汗告诉这个年青人:"我女儿变作小鱼在海里玩耍时,是你搭救了她死里逃生,为此我把这件东西赏赐给你!"说着交给他一只褐色的匣子。还说:"不过,你只能在 3 天之后才能打开它。"然后就放他走了。他回到地上以后,他很想打开匣子,看一看里边装的是什么东西,可是他又不敢提前打开,便忍住了。到第三天他实在忍不住了,便打开匣子,看到里边竟然是他先前放回大海的那条小鱼,于是就说:"他可真行啊。把我自己扔掉的东西又赏赐给我了。"说完,便倒头睡觉了。

早晨醒来一看,自己竟躺在一顶极好的阿伊尔里,被褥和衣服都是绸缎做的,而他那身旧衣服在门外扔着。身旁还坐着一位美丽高贵的女人。他惊异不已,这是在什么地方,怎么会来到这里的,他一点都想不起来了。他就问坐在他旁边做针线活的那位美女:"这是谁的阿伊尔?"美女回答说:"你的呀,我是你的妻子,卢塞汗的女儿。"他走出阿伊尔,看到了 5 个很大的畜群,分别是骆驼、牛、马、羊和牦牛。就这样,他过上了幸福的生活。

过了几天，他听说有一位什么汗带领两千兵丁到他们这里来了。兵丁们打到3只胡奇贡—胡卢贡纳，[1]汗便派他们到卢赛汗女儿夫婿的阿伊尔来烧烤这些野味。来了3名兵丁烤这3只胡奇贡—胡卢贡纳，可是，这位美女让他们看呆了，竟把烤的东西全都烧掉了。他们向这位美人诉起苦来，说看她看得出了神，把给汗吃的东西烧掉了。"这回汗非打死我们不可！"他们这样说。她觉得他们很可怜，便用面粉给他们做了3只一模一样的胡奇贡—胡卢贡纳，告诉他们："你们的汗不会知道这不是真的。"他们把这东西拿给汗，汗吃过之后把余下的给了兵丁们，大家都吃得饱饱的，可是依然没能全部吃光。于是汗吩咐这3名兵丁第二天再打5只胡卢贡纳，他料想有5只够兵丁们吃两天了。第二天兵丁们来阿伊尔烤5只胡卢贡纳，这一次他们烤得恰到好处。送到汗的面前，他一个人全都吃完还没吃饱，他就问他们："怎么会这样呢，昨天是3只小兽，我们大伙全吃饱了，可今天是5只，还不够一个人吃的？"兵丁们这时就把昨天发生的事情告诉了他，于是汗就来看看这个美人。一看到这位美女，她的美貌便令他立即昏厥过去。她命自己的女仆把他扶起来，帮他恢复知觉。汗留在他们这里过夜，当他们准备躺下睡觉的时候，卢赛汗的女儿请汗出去把乌尔克（覆盖帐幕顶上空洞的毡子）放下来。汗来到帐幕外边就被拴乌尔克的绳子缠住，在阿伊尔旁边的露天地里过了一夜。第二天汗对她的丈夫说："我们来相互寻找（玩捉迷藏游戏），如果我找见你3次，而你却找不着我，我就做你妻子的丈夫。"丈夫想要推辞，可是妻子却对他说："你必须同意汗提出的这件事，这是你提前打开匣子要受到的磨难。"丈夫同意了，于是汗藏了起来，丈夫该去找汗了。他忧心忡忡地来找妻子说："我没有办法找到他，他想必是变成了一件什么东西。"于是妻子告诉他："你从右边绕到阿伊尔后面去，你会看到那里有3棵金杨树，你砍中间的那棵树。"他去到那里，对着中间那棵杨树举起了斧头，变成杨树的汗喊道："不要往人家的脊背上砍。"现在轮到丈夫藏了，可是他不会"伊利比"

---

[1]胡卢贡：鼠及一般的啮齿目小兽。——作者注

（变身术），就来找妻子问道："我怎么藏啊？"妻子把他变成了自己的顶针，汗找不到他。于是汗就告诉那位妻子："让他再来找我吧，我找不着他。"说完就走了。妻子把丈夫变回原来的样子，告诉他："去找汗吧，他变成了自己阿伊尔里的一张弓，你在那里可以看到3张弓，你拿起中间那张，放在膝盖上掰弯。"他就照着做了，就听汗喊道："别把人家的脊背掰断了。"汗说："你两次都找到我了，我却没找到你；你再藏起来，我再试试。"丈夫去找妻子，请她把他藏起来。妻子把他变成了一根针，汗又没能找到他。他开始第三次找汗，他去问妻子，妻子告诉他："你到羊群里去，抓住站在整群后边的3只伊里克（成年绵羊）里边的中间那只，把它按倒在地上，做出要杀它的样子。"他照此行事，抓住中间那只伊里克就要杀，这时又听到汗大叫："不要割破人家的肚子。"于是他又变成了人。这时年青人说道："亚森阿普捷—吉普捷。"汗问道："阿普捷—吉普捷是什么？让我看看。"丈夫就去找妻子，告诉她自己说漏了嘴，当着汗的面说出了"阿普捷—吉普捷"这句话。妻子说："这事得禀告父亲，你赶紧把那匹察干希博（白鸟）［鸮］马备好，骑上去见我父亲。"他抓住察干希博马，就去见卢赛汗，到地方之后把事情一五一十地讲给他听。汗说："这都是你不听我的话，提早把匣子打开闹出来的。你不提前打开匣子，本来是可以安安稳稳过日子的。"不过卢赛汗还是动了恻隐之心，给了女婿两峰白骆驼，告诉他："你回到家里以后，就给那匹萨利欣（风）马备好鞍具，骑上飞奔去见汗，要跑得连骆驼的骆驼都断掉了。见到汗后，他会问你：'把阿普捷—吉普捷带来了吗？'你什么话也不要讲，在骆驼的脑袋和屁股上各拍3下，扯断缰绳，抽出银布伊利（穿在骆驼鼻子里拴缰绳用的小棍），使出浑身的劲把它们赶跑！"他就一一照办：把骆驼牵回来，备好萨利欣马，就往汗那里跑去。汗问他："把阿普捷—吉普捷带来了吗？"卢赛汗的女婿一句话不说，抽出骆驼鼻子里的布伊利，把它们赶开就跑掉了。当他回过头来看的时候，那个地方已经变成了一片湖泊。自那以后，他们的日子一直非常安稳。

附录：

原著所用度量单位
对公制度量单位换算表

俄制度量单位	公制度量单位
俄里	1067.80 米
俄丈	2.13 米
俄尺	71.12 厘米
俄寸	4.44 厘米
英尺	30.48 厘米
英寸	2.54 厘米
普特	16.38 千克
俄磅	409.51 克
佐洛特尼克	4.26 克

译后记

摆在读者面前的这本书是译者多年前的一部译稿,如今它终于有机会出版,作为译者我们自然是高兴的,同时这也说明了此书的价值。关于这一点,原书编者奥布鲁切夫院士已分别在前言和序言中做了详尽的介绍,此处无须赘言。在这里只想向读者简要说明一下在翻译的过程中遇到的几个棘手的问题以及我们是如何处理的。

首先,书中讲到的动物、植物数量相当大,仅植物种类就有600余种之多。在这些名称中,大部分都能在各种俄汉词典中直接查到译名,但也有不少是查不出的,只得将俄文名称按字母的对应关系转换成英文,到英文的工具书中去翻查,或是通过书末所附以及我们自己查到的拉丁文名称到有限的几本拉汉专业词典中去查找。这样仅靠转移对应字母的办法,通过译者并不通晓的英文和拉丁文得来的译名,难保不出现个别的张冠李戴现象。

其次,书中山川河湖、树草兽禽的名称大多为蒙(有两种称名方法)、布里亚特、哈萨克等当地各民族语名称的俄语译音与俄语自身名称混杂使用,且俄语以外的名称皆为根据当地不同的人所讲记录下来的,有不少前后拼写形式都不一致。就连作者本人也不能肯定其准确性,因而常在一个名称之后又用括号及“或称”给出另外一种或者另一个略有差别的名称。再加上作者行旅匆匆,日记中出现笔误也在所难免。同时,所用计量单位也不统一。如此种种问题原书编辑都一一予以指正,然而他们“对原著的文字未做任何改动”,“竭力要把原著的格调最大限度地保存下来”(见原书的编者前言)。在这种情况下,译者对这些名称也只能依原样传达给读者。如加以改动既有悖于原书编者的初衷,也是译者所无法胜任的。这样自然会给读者带来一些不便。

再次,原书的作者行文有独特的风格:“段落冗长,分号用得极多",有"冗文赘句,陈词旧词和方言俚语"(见原书的编者前言)。由于汉俄两种语言差别实在太大,这些特点是无法在译文中完全体现出来的。有些语句如完全按照原文翻译,不仅读者无法看懂,而且就译者的水平和能力而言,甚至干脆无法译出,因此译者对过于冗长的赘句做了一些拆解和变通。当然在可能的情况下还是尽量保留了原貌。这种处理方法虽然能让译文在某种程度上接近原文的风格,却会让读者觉得拗口。

最后,书中的大量山川河湖等地名以及不时出现的当地各民族日常生活中使用的器物的名称,如前所述绝大多数都是用俄文字母拼出的各民族语言的发音,准确与否我们无从判断。但三种语言的语音都各具特点,不可能完全相同。这样,从俄文转译过来之后汉语的读音与最初的当地民族语的发音出入就有可能更大一些。那么能否完全按照俄汉语译音常用字去处理实在把握不定,因此在翻译此类名称时大胆地使用了极个别的较为冷僻的字。对于不懂这些民族语言的我们来说,这是一种并无把握的尝试。

还有一点需要声明:原书后面附有几个总表,我们觉得对于理解本书的内容关系不大,便删除未译,即:(1)格·尼·波塔宁已发表的科学著作目录;(2)亚·维·波塔尼娜著文目录;(3)格·尼·波塔宁关于蒙古的著作中涉及的植物名称一览表;(4)格·尼·波塔宁著作中涉及的植物当地名称一览表;(5)格·尼·波塔宁在关于蒙古的著作中涉及的动物名称一览表。

在翻译的过程中,我们是尽了最大努力的,但是结果如何,书中尚有哪些不尽如人意之处,只能请读者来评说了。

2012 年 8 月 12 日

索　引

·欧·亚·历·史·文·化·文·库·

俄罗斯人

　4,6,14,56,57,64,69,140,181,
217, 268, 279 - 281, 283, 285,
315, 317, 329, 334, 337, 411,
412,414,417

俄亩　　61

俄丈

　7,10 - 12,16,18,21,22,34,36,
38,39,43,49,50,53,65,66,71,
72,75,79,81,84 - 87,91,94,
98,100,108,110,111,113,114,
117, 120, 121, 123 - 125, 127,
129, 133, 136, 138, 141, 142,
144, 145, 147, 150, 153, 154,
157,159 - 161,163,165 - 169,
171 - 173, 179, 188, 189, 195,
196,206 - 208,210 - 212,215 -
217, 219, 223, 230, 231, 233 -
239,241,242,246 - 248,250,
251, 253, 255, 256, 258, 260,
261, 264, 266, 267, 270 - 272,
276 - 278,286,288,291 - 295,
299,300,302,304 - 306,311,
312, 318, 319, 321, 322, 335,
337, 339, 340, 344, 351, 354,
355, 359, 366, 368, 370, 376,
380,382 - 384,386,391,393,
394,397,400,402 - 405,407,
410,411,430,459

额鲁特人　　23,26,29 - 32

厄寮特人　　50

F

伏尔加河　　15,17,322

G

戈比

　16, 43, 57, 82, 206, 207, 211,
310,336

戈壁

　6,20,29,41,61,74,83,84,86 -
92,99,104,106,108 - 115,137,
141, 198, 199, 252, 364, 396,
397,417,418

哥萨克

　3, 4, 23, 24, 27, 135, 203, 287,
307,309,333 - 336,339,413 -
417

格根

　22 - 27, 29, 34, 54, 159, 186,
193, 249, 354, 358, 387, 390,
427,439,441

古城

　14,54,67,75,89,90,140,216,
268

H

哈达　　55,358,381,452

欧亚历史文化文库

已经出版

林悟殊著:《中古夷教华化丛考》　　　　　　　　　定价:66.00 元

赵俪生著:《弇兹集》　　　　　　　　　　　　　　定价:69.00 元

华喆著:《阴山鸣镝——匈奴在北方草原上的兴衰》　　定价:48.00 元

杨军编著:《走向陌生的地方——内陆欧亚移民史话》　定价:38.00 元

贺菊莲著:《天山家宴——西域饮食文化纵横谈》　　　定价:64.00 元

陈鹏著:《路途漫漫丝貂情——明清东北亚丝绸之路研究》

　　　　　　　　　　　　　　　　　　　　　　　　定价:62.00 元

王颋著:《内陆亚洲史地求索》　　　　　　　　　　定价:83.00 元

〔日〕堀敏一著,韩昇、刘建英编译:《隋唐帝国与东亚》　定价:38.00 元

〔印度〕艾哈默得·辛哈著,周翔翼译,徐百永校:《入藏四年》

　　　　　　　　　　　　　　　　　　　　　　　　定价:35.00 元

〔意〕伯戴克著,张云译:《中部西藏与蒙古人

　　——元代西藏历史》(增订本)　　　　　　　　定价:38.00 元

陈高华著:《元朝史事新证》　　　　　　　　　　　定价:74.00 元

王永兴著:《唐代经营西北研究》　　　　　　　　　定价:94.00 元

王炳华著:《西域考古文存》　　　　　　　　　　　定价:108.00 元

李健才著:《东北亚史地论集》　　　　　　　　　　定价:73.00 元

孟凡人著:《新疆考古论集》　　　　　　　　　　　定价:98.00 元

周伟洲著:《藏史论考》　　　　　　　　　　　　　定价:55.00 元

刘文锁著:《丝绸之路——内陆欧亚考古与历史》　　　定价:88.00 元

张博泉著:《甫白文存》　　　　　　　　　　　　　定价:62.00 元

孙玉良著:《史林遗痕》　　　　　　　　　　　　　定价:85.00 元

马健著:《匈奴葬仪的考古学探索》　　　　　　　　定价:76.00 元

〔俄〕柯兹洛夫著,王希隆、丁淑琴译:

　　《蒙古、安多和死城哈喇浩特》(完整版)　　　　定价:82.00 元

乌云高娃著:《元朝与高丽关系研究》　　　　　　　　定价:67.00元

杨军著:《夫余史研究》　　　　　　　　　　　　　　定价:40.00元

梁俊艳著:《英国与中国西藏(1774—1904)》　　　　定价:88.00元

〔乌兹别克斯坦〕艾哈迈多夫著,陈远光译:

　　《16—18世纪中亚历史地理文献》(修订版)　　　定价:85.00元

成一农著:《空间与形态——三至七世纪中国历史城市地理研究》

　　　　　　　　　　　　　　　　　　　　　　　　定价:76.00元

杨铭著:《唐代吐蕃与西北民族关系史研究》　　　　　定价:86.00元

殷小平著:《元代也里可温考述》　　　　　　　　　　定价:50.00元

耿世民著:《西域文史论稿》　　　　　　　　　　　　定价:100.00元

殷晴著:《丝绸之路经济史研究》　　　　定价:135.00元(上、下册)

余大钧译:《北方民族史与蒙古史译文集》　定价:160.00元(上、下册)

韩儒林著:《蒙元史与内陆亚洲史研究》　　　　　　　定价:58.00元

〔美〕查尔斯·林霍尔姆著,张士东、杨军译:

　　《伊斯兰中东——传统与变迁》　　　　　　　　　定价:88.00元

〔美〕J.G.马勒著,王欣译:《唐代塑像中的西域人》　定价:58.00元

顾世宝著:《蒙元时代的蒙古族文学家》　　　　　　　定价:42.00元

杨铭编:《国外敦煌学、藏学研究——翻译与评述》　　定价:78.00元

牛汝极等著:《新疆文化的现代化转向》　　　　　　　定价:76.00元

周伟洲著:《西域史地论集》　　　　　　　　　　　　定价:82.00元

周晶著:《纷扰的雪山——20世纪前半叶西藏社会生活研究》

　　　　　　　　　　　　　　　　　　　　　　　　定价:75.00元

蓝琪著:《16—19世纪中亚各国与俄国关系论述》　　　定价:58.00元

许序雅著:《唐朝与中亚九姓胡关系史研究》　　　　　定价:65.00元

汪受宽著:《骊靬梦断——古罗马军团东归伪史辨识》　定价:96.00元

刘雪飞著:《上古欧洲斯基泰文化巡礼》　　　　　　　定价:32.00元

〔俄〕T.Б.巴尔采娃著,张良仁、李明华译:

　　《斯基泰时期的有色金属加工业——第聂伯河左岸森林草原带》

　　　　　　　　　　　　　　　　　　　　　　　　定价:44.00元

叶德荣著:《汉晋胡汉佛教论稿》　　　　　　　　　　定价:60.00元

·欧·亚·历·史·文·化·文·库·

王颋著:《内陆亚洲史地求索(续)》　　　　　　　　定价:86.00 元

尚永琪著:

　《胡僧东来——汉唐时期的佛经翻译家和传播人》　定价:52.00 元

桂宝丽著:《可萨突厥》　　　　　　　　　　　　　定价:30.00 元

篠原典生著:《西天伽蓝记》　　　　　　　　　　　定价:48.00 元

〔德〕施林洛甫著,刘震、孟瑜译:

　《叙事和图画——欧洲和印度艺术中的情节展现》　定价:35.00 元

马小鹤著:《光明的使者——摩尼和摩尼教》　　　　定价:120.00 元

李鸣飞著:《蒙元时期的宗教变迁》　　　　　　　　定价:54.00 元

〔苏联〕伊·亚·兹拉特金著,马曼丽译:

　《准噶尔汗国史》(修订版)　　　　　　　　　　定价:86.00 元

〔苏联〕巴托尔德著,张丽译:《中亚历史——巴托尔德文集

　第 2 卷第 1 册第 1 部分》　　　　　　定价:200.00 元(上、下册)

〔俄〕格·尼·波塔宁著,〔苏联〕B. B. 奥布鲁切夫编,吴吉康、吴立珺译:

　《蒙古纪行》　　　　　　　　　　　　　　　　　定价:96.00 元

敬请期待

许全胜著:《黑鞑事略汇校集注》

张文德著:《朝贡与入附——明代西域人来华研究》

张小贵著:《祆教史考论与述评》

贾丛江著:《汉代西域汉人和汉文化》

王永兴著:《敦煌吐鲁番出土唐代军事文书考释》

薛宗正著:《汉唐西域史汇考》

李映洲著:《敦煌艺术论》

徐文堪编:《梅维恒内陆欧亚研究文选》

〔苏联〕K. A. 阿奇舍夫、Г. A. 库沙耶夫著,孙危译:

　《伊犁河流域塞人和乌孙的古代文明》

徐文堪著:《古代内陆欧亚的语言和有关研究》

刘迎胜著:《小儿锦文字释读与研究》

李锦绣编:《20 世纪内陆欧亚历史文化研究论文选粹》

李锦绣、余太山编:《古代内陆欧亚史纲》

郑炳林著:《敦煌占卜文献叙录》

陈明著:《出土文献与早期佛经词汇研究》

李锦绣著:《裴矩〈西域图记〉辑考》

李艳玲著:《公元前 2 世纪至公元 7 世纪前期西域绿洲农业研究》

许全胜、刘震编:《内陆欧亚历史语言论集——徐文堪先生古稀纪念》

张小贵编:《三夷教论集——林悟殊先生古稀纪念》

李鸣飞著:《横跨欧亚——马可波罗的足迹》

杨林坤著:《西风万里交河道——明代西域丝路上的使者与商旅》

杜斗城著:《杜撰集》

林悟殊著:《华化摩尼教补说》

王媛媛著:《摩尼教艺术及其华化考述》

李花子著:《长白山踏查记》

芮传明著:《摩尼教东方文书校注与译释》

马小鹤著:《摩尼教东方文书研究》

段海蓉著:《萨都剌传》

〔德〕梅塔著,刘震译:《从弃绝到解脱》

郭物著:《欧亚游牧社会的重器——鍑》

王邦维著:《玄奘》

冯天亮著:《词从外来——唐代外来语研究》

芮传明著:《内陆欧亚中古风云录》

李锦绣著:《北阿富汗的巴克特里亚文献》

〔日〕荒川正晴著,冯培红译:《欧亚的交通贸易与唐帝国》

孙昊著:《辽代女真社会研究》

赵现海著:《明长城的兴起
　　——"长城社会史"视野下明中期榆林长城修筑研究》

华喆著:《帝国的背影——公元 14 世纪以后的蒙古》

杨建新著:《民族边疆论集》

〔美〕白卖克著,马娟译:《大蒙古国的畏吾儿人》

余太山著:《内陆欧亚史研究自选论集》

淘宝网邮购地址:http://lzup. taobao.com

·欧·亚·历·史·文·化·文·库·